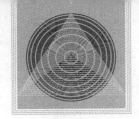

域观经济学研究

金 碚 等◎著

经济管理出版社
ECONOMY & MANAGEMENT PUBLISHING HOUSE

图书在版编目（CIP）数据

域观经济学研究/金碚等著 . —北京：经济管理出版社，2021. 11
ISBN 978-7-5096-8173-2

Ⅰ. ①域… Ⅱ. ①金… Ⅲ. ①区域经济学—研究 Ⅳ. ①F061. 5

中国版本图书馆 CIP 数据核字（2021）第 238360 号

责任编辑：张莉琼
责任印制：黄章平
责任校对：张晓燕

出版发行：经济管理出版社
　　　　　（北京市海淀区北蜂窝 8 号中雅大厦 A 座 11 层　　100038）
网　　　址：www. E-mp. com. cn
电　　　话：（010）51915602
印　　　刷：唐山昊达印刷有限公司
经　　　销：新华书店
开　　　本：787mm×1092mm/16
印　　　张：28. 25
字　　　数：583 千字
版　　　次：2022 年 3 月第 1 版　　2022 年 3 月第 1 次印刷
书　　　号：ISBN 978-7-5096-8173-2
定　　　价：138. 00 元

引　论

经过长期观察思考，2018 年，我提出了经济研究的"域观"及"商域"概念，可与现代主流经济学的"微观""宏观"概念并称。几年来，我和一些对此感兴趣的学者发表了一系列相关文章，并产生了一定的影响。最近，一些学者相互交流，提出可以探索建立"域观经济学"的设想。在一次以此为专题的学术研讨会上，与会的各位学者就域观经济学问题进行了广泛的讨论。大家议定，在经济管理出版社的大力支持下，将有关经济学域观范式研究的论文编撰成书，作为建立域观经济学的理论铺垫。在此基础上，各位学者将继续进行域观经济学的学术体系研究，适时完成和出版域观经济学的学科体系研究著作。

凡进行学术研究，要解释一个复杂现象，都可能涉及无数多的因素，但不可能将所有的因素都考虑在内。在形成理论模型时，必须在无数多的因素中进行选择，确定若干因素来进行因果关系的逻辑建构，其他因素则作为"干扰因素"而抽象掉，排除于逻辑建构体系之外。实际上就是必须确定观察和研究视角的学术取向，并根据一定的取向进行因素选择。观察和研究的学术取向，在理论上也被称作学术"范式"。也就是说，所谓学术范式就是从复杂世界里抽象出来的基本逻辑思维构架，以假设或想象的理论逻辑世界（理论模型）代替现实世界，作为认识和刻画现实世界的思想工具。人们观察现实世界所基于的范式视角不同，获得的现实世界图景就不同。范式发生变革，所观察到的世界图景也就会发生变化。所以，从经济学的微观—宏观范式，转变为域观范式，即形成"微观—宏观—域观"或"史观—微观—宏观—域观"的经济学范式承诺建构，我们就可以更贴切地认识和刻画现实世界。

一、从纵向看经济学的学科发展

经济学是社会科学中一门很年轻的学科，作为一门独立学科，只有两百多年的历史。19 世纪以前，只有"哲学""法学"和"史学"学科，而没有独立的经济学学科，高等学校中也没有经济学系或经济学院，关于经济现象和问题的研究，只是作为"哲学""法学"或"史学"学科体系中的研究内容。最初，经济现象的研究对象主要是国家，讨论的问题主要是如何使国家强盛，其中没有微观概念和个人概念，因此称为

"政治经济学"。

后来，发生了学术范式的两个重要变革，使得对经济现象的研究思路发生重大转变。第一个变革是古典的政治经济学。亚当·斯密的《国富论》从"史观"出发，第一次将经济研究的逻辑起点置于个人之上。其范式承诺是：承认和假定每个人都追求私利，即从自己的利益出发，社会财富能否有效增加并实现最大化？众所周知，他做出了充分肯定的判断，并进行了市场经济机理逻辑体系的理论性描述，开启了从"史观"范式向"微观"范式转换的先声。最重要的是，从"政治"（即国家主体）转向个人主体，而且是自利的个人主体（即"经济人"），从而使个人主义成为经济学的主导。第二个变革是马克思的政治经济学范式承诺。马克思在批判继承以往的政治经济学的基础上，将古典政治经济学推向理论高峰，其学术范式既坚持了唯物史观，又具有高度的逻辑抽象性。我们知道，《资本论》的内在精神仍然坚持"史观"范式，而不是抽象的人性。也就是说，马克思认为现实的人性是社会关系的总和。而同时，《资本论》又希望构建一个"好像是先验的结构"，即演绎逻辑体系。通过演绎逻辑，将纷繁复杂的世界在好像是先验的体系结构中展现出来。众所周知，《资本论》的叙述体系以"商品"为逻辑起点，假设其为经济体中的"细胞"。然后，从商品及其二重性的假设出发，推演出整个资本主义经济的学术体系，在此过程中，纷繁复杂的世界重现于这个具有严密逻辑的学术体系之中。马克思想要把世界上包罗万象的现象都归纳到《资本论》构建的演绎逻辑体系中。可惜，他未能完成这个宏大的学术工程。

上述两个范式变革的方向，在美国经济学家马歇尔那里发生了一个"急转弯"。在显示性意义上，马歇尔的《经济学原理》（1890 年）是现代经济学产生的一个重要标志。从那时开始，经济学才有了自己独立的学术地位，从"哲学""法学"和"史学"中脱离出来，成为一个可以独立门户的大学科，高等学校中开始有了经济学系或经济学院。马歇尔所进行的范式变革是将"史观"因素全部抽象掉，使演绎逻辑高度形式化和严密化，也就是把经济学完全先验化，这就产生了微观经济学。马克思《资本论》的底层逻辑是唯物主义，而范式承诺体系同时具有演绎逻辑和归纳逻辑的方法，具有黑格尔逻辑学的风格。马歇尔只是把亚当·斯密的经济人假设彻底形式化、抽象化，历史因素在其体系结构中完全不予考虑，只剩下抽象经济人作为整个经济学体系的逻辑起点，而经济人的抽象特质一是具有自私本性，二是具有交换本能。这就是《经济学原理》实现的范式变革，从此，政治经济学转变为微观经济学。众所周知，在此基础上后面又有了宏观经济学。

从学理的方法论角度看，微观经济学和宏观经济学都是在复杂的现象中抽取出以经济理性为唯一决定性因素的经济学分析维度，而将其他因素尽可能都作为"干扰因素"而抽象掉。并使微观范式承诺与宏观范式承诺相衔接，形成所谓"新古典综合"的微观—宏观范式体系结构。

一旦抽象掉了经济理性之外的所有其他因素，经济学自身就似乎变得更"精致"、

更"纯粹"、更"高深"了，但必然严重弱化了识别解释客观世界的科学发现能力。于是人们发现，越来越多的经济现象和经济发展问题已经无法用微观经济学和宏观经济学这一理论体系进行有效的解释。所以，必然要让"史观"的因素一定程度地回归，这就像是一个"否定之否定"。从"史观"范式转变为微观—宏观范式，又很大程度地加入"史观"因素，那就必然将走向"域观"范式。这样，与传统主流经济学倾向于单一维度的抽象分析方法不同，域观范式所采用的是多维度分析框架，由理性、制度、文化三个维度来进行经济观察、模式刻画和现实解释。在涉及复杂空间的分析中，若必要还可以加入地理维度。

总之，经济学的范式发生变化，标志着经济学的学术进展，但域观经济学没有离开经济科学发展的学术大道，仍然走在经济学发展的学术演进大道上。只是在观察世界的时候，所抽取的因素不同，学术范式承诺的取向有别，从而形成一个新学派。当然，我们所抽取的因素也未必是唯一正确的，而且也不可能将所有的因素都抽取出来，其他学者也可以抽取其他因素，形成其他学派。每一种学派都有自己的优点和局限，多种学派共存，本身也是域观范式的取向承诺。以上就是从纵向逻辑对经济学学科发展所进行的简要梳理。简言之，就是从"史观""微观""宏观"走向"域观"。

二、从横向看经济学的理论逻辑

可以说，在学术范式上，现代经济学在很大程度上是沿着牛顿力学或机械论的隐喻发展起来的，因而被视为"科学"，即有意无意地将经济体和市场体系想象为某种程度上同牛顿所理解的物理世界相类似，终而形成了微观经济学和宏观经济学的学术范式体系的基本框架。其逻辑起点是从假定经济活动的"粒子"出发，就像是物理学中的"原子"，视其为最基本的"微观主体"。假定微观主体的行为目标相同，在空无、匀质的被称为"市场"的绝对空间中运行。可以想象为：在不存在其他影响因素的绝对空间中，"粒子"般的微观主体自主决策，并发生相互间的供求活动关系。而且，经济学将微观主体想象为追求如利润最大化的"黑箱"，即不考虑其内部结构；宏观经济主体则是由微观主体在其中发生自主交易活动的匀质性空间（称为"市场"）中的微观主体的集合，宏观经济学严格界定为仅关注市场供给与需求的总量关系。

经济学家当然知道在现实中的经济主体并不是单纯追求利润最大化的同质企业，但是，经济学分析的"科学"和"精致"要求，必须把复杂的具象世界抽象到这样的程度，即把企业（微观经济主体）想象为是跟外界有绝对界限的"粒子"。因而"粒子"的运动可以区分为内部和外部。内部组织结构为"黑箱"，并假定外部行为由唯一的因素市场价格来进行调节。实际上，价格就成为微观经济主体进行决策的外部信号系统。这就是经济学的微观范式承诺下的市场经济逻辑，所以微观经济理论有时候被

简称为"价格理论"。

微观经济学假定人总是追求自身利益最大化，同理，企业也是"经济人"，追求利润最大化，只要让其自主决策、自由交易，市场交易就会倾向于局部均衡，以至达到全局性的均衡状态。即使我们所观察到的现实经济并非如此，但坚持微观—宏观范式承诺的经济学家仍然认定（假定），自由市场经济一定会趋向于达到经济理论所假想的均衡状态。即使发生不合意的偏离均衡现象，如宏观经济所承认的，市场未必能自动实现充分就业的均衡，也可以通过以宏观经济学范式承诺为基础的宏观政策的总需求调节来达到宏观均衡，并实现"充分就业"目标。

特别值得注意的是，宏观经济学有一个哲学问题没有解决，或存而不议，即除了个人利益之外，还有集体利益吗？"社会福利最大化"尽管也被承认为社会利益目标，但并没有其决策主体和感受主体，至多是设想有一个"公共选择"机制来进行集体决策。可以说，在微观—宏观范式承诺中，真实的集体利益是不存在的，或不必要的。而所有以"集体"或类似概念为名的利益，被认为其实都是虚拟的利益，而不是真实利益。因为，只有真实的个人才会因成功而喜乐，因损失而痛苦，没饭吃会饿，吃了饭会饱。而"集体利益"没有这样的感受主体，"集体"既不会喜乐，也不会痛苦，既不知饿，也不知饱，那么为什么还要在意"成功"或"损失"呢？进行所谓集体决策的公共选择机制，只不过是一套程序安排，按照一定的程序所作出的选择决策。决策的本质并非断定集体（社会）利益，而不过是各不同利益集团之间的妥协，决策结果未必等于社会福利最大化。如英国，以公投的微弱多数赞成，决定脱欧。没有人会认为脱欧体现了英国的社会利益，那只不过是大家都要遵守公共选择的规则，接受这个少数服从多数的投票结果而已。这就是公共选择的逻辑：并不在意有没有真正的社会利益，只要是按照基于个人利益的公共选择程序，大家服从其投票结果即可。

微观经济学的另一个聊以自慰的经验验证就是，可以解释工业化导致的近现代经济发展。产生微观经济学的牛顿世界隐喻跟启蒙运动是比较一致的。启蒙运动之前个人利益不重要，启蒙运动突出了个人利益和个人主义精神，强调个人自主。其后人类进入工业化时代，所以解释工业化的高增长机理完全可以基于个人主义的逻辑。直到21世纪初期，这样的理论被认为是唯一正确的（除了曾经有一段苏联社会主义计划经济理论迷失和失败实践之外），也就是说，西方的工业化道路被认为是唯一能够取得成功的经济现代化道路，因为事实确实如此。那么，基于这一事实所抽象出来的理论体系也被认为是唯一正确的，不接受这样的理论就不能实现现代化。新中国成立前，中国的许多仁人志士都主张必须走全盘西化的道路。新中国成立后，曾经试图走计划经济的道路，没有成功。此后实行改革开放，回到市场经济。实际上也就是承认必须向西方道路学习。西方国家一度以为中国也将走上西方化的"正确"道路。

但是，直到21世纪20年代初，西方道路唯一成功和唯一正确的理论逻辑被颠覆了。实践证明，中国工业化也取得了举世公认的成功，但中国道路却是原有的经济学

理论体系无法给出合理解释的。按照以往被认为唯一正确的市场经济理论，可以推演出经济全球化，那是一个完全同质性的全球化世界。那么，如何实现同质化的经济全球化呢？历史上有过两种方式：一是英国方式，即通过殖民地的手段，试图通过"消灭"异己而实现同质性的全球化。二是美国方式，虽不强行殖民，承认民族独立，但各国必须门户开放，并实行与美国相同的经济制度，也就是通过将其规则强加于所有国家而实现同质性全球化。通俗地说就是，如果英国方式是"消灭异己"，那么，美国方式就是"改变异己"，结果都是所有国家达到同质性的市场经济理想世界。

中国经济崛起之后，世界产生了百年未有之大变局。无论是英国方式还是美国方式都不灵了。中国不可能被消灭，也不可能被改变，但经济发展的强盛又不可阻挡，所以，在逻辑上和现实中都带来了新的巨大变局，并告示天下：人类世界不可能形成同质性的经济全球化格局。人类的经济全球化只可能是一个异质性的域观格局世界，所谓域观格局就是和而不同的世界。不是同质性微观主体所组成的经济格局，而是各种域类经济体，即各类"商域"所交互构成的经济格局。经济世界跟语言世界一样，不可能形成全人类唯一的"世界语"。语言的特质就是多样性，经济格局的特质也必然是多样性的。抽象地说，经济理性、效率非常重要，甚至可以是发挥决定性作用的力量。但还有其他各种各样的因素也重要，也可以发挥决定性作用。经济行为的目标函数不是唯一目标。我们以往所相信（或假定）的微观经济学的最大化行为目标，只不过是用一个最大化或最优化函数形式抽象出来的想象图景。最大、最优、最强并不是这个世界的所有经济主体的行为目标，既不是市场经济的理想图景，也不是真正的现实世界。经济学思维的牛顿力学或机械论的隐喻已经不适应了。经济体不应是"机器"隐喻，而应是"生命"隐喻。我们正处于从机器工业化（也称"机械体工业化"）向生态工业化（也称"生态体工业化"）过渡的时代。生态体的行为目标并非像机械体那样一味地强调"最大最优最强"，而是适度、平衡和可持续。按照生态工业化思维，任何事情都不能求"最大"和"极值"，因为，物极必反；而且，适可而止，多样性的世界才是可持续的世界。也就是说，世界是丰富的、多样性的，经济体也是如此，必须是各种类型的行为主体的共存，以生态体和生态化的格局而存在。绝不要把世界想象为由经济理性唯一主导的精致机器。人类世界发展到今天，如果不在微观经济学的理性世界中加入文化因素、制度因素和地理因素，就无法解释这个世界和这个世界上的人类行为。

三、域观经济学当前须研究的若干重要问题

将经济学的范式从微观—宏观变革为域观后，所观察世界的面貌就发生了变化。这样，经济学所研究和关切的问题也会发生变化，或者说，以往的经济学范式承诺下

所无法解释的现象和问题，可以在域观范式承诺下进行解释和探究。当前，有以下若干问题特别值得研究。

1. 关于经济主体的理论理解和刻画

现实经济世界中的行为主体，不是抽象的同质性"粒子"，即行为目标相同的个人和企业，而是具有域观特质的行为主体，并且，还有各种社会性的行为体：家庭、社会组织、利益集团等。特别是，国家作为一个拥有强大力量的行为体，在经济世界中发挥着巨大的且往往是关键性的作用。换句话说，经济社会是以具有不同特质的"商域"形态所构成的。不同性质经济主体（行为体）的行为张扬（极端化），可能导致行为体间关系的性质变化。那么，如何刻画市场经济中各类行为体的特征，就是经济学需要着力关注和研究的，而不应仅仅以同质性微观经济主体的抽象假设将其忽视。企业并非是以利润最大化为唯一目标的微观"黑箱"，而是存在着各种不同域态类型的企业，其中，有自利型企业，也有兼利型企业；有私人所有的企业，也有国家所有的企业；还有社会企业，即以社会利益为目标而以市场经营为手段的企业。因此，对各类企业不能都仅仅以"经济人"来理解，以"假定"抹杀其特质，而要进行深入的理论解释和特征刻画。这样才能真正懂得域观世界的真实状况，获得更鲜活的理论认识，经济学才能不只是摆设品，而是如培根所说的"有用的知识"。

2. 中国模式的域观特质研究

中国经济具有一系列重要的域观特质，其中最重要的特征之一就是中国共产党的领导作用。全世界很少有像中国共产党这样直接肩负国民经济长期发展使命、全方位投入经济发展实践、具有丰富的经济发展思想积淀、发挥引领经济发展的决定性作用并取得巨大经济成就的政党，因而成为中国经济最大的域观特质。中国模式的域观特质，决定了其制度逻辑的特征：中国共产党的领导、中国特色社会主义、国有企业，三者间的密切关系。这是全世界独一无二的经济体和域观现象。在传统主流经济学的微观—宏观范式承诺下，这样的经济体是难以理解的。但在域观范式承诺下，这恰恰是一个极具域观价值和域观意义的鲜活经济机体。它的优点和局限都特别值得研究。这是一个不可忽视的事实，一个深刻而长远地影响中国经济发展的域观特质。

从这里放眼世界：人类文明是多样化的，西方文明不是普世的，中国创造了新的文明形态。过去说，社会主义要"解放全人类"；现在说，社会主义不是唯一的道路，每个国家都自己决定自己的道路。而且承认，社会主义也有多种模式，中国只是其中之一，所以叫中国特色社会主义。总之，人类世界绝不是一个"同质性微观经济主体世界"，而根本上是一个"多元化的域观世界"。作为中国经济学者，重要使命之一就是要深入研究中国经济模式的域观特质。

3. 不同域态之间的衔接和经济共同体逻辑

西方著名哲学家莱布尼茨说过："没有两片完全相同的树叶，世界上没有性格完全相同的人。"从域观经济学的学术范式看，世界上任何经济体都是有其"特色"的，不

存在无特色的纯粹市场经济过程。文化是多样的，世界是多元的。但经济活动是开放的，市场经济是互利的，所以，市场经济的体制机制绝不应是不同经济体相互分割的和碎片化的，不同域类之间更不是老死不相往来，也不可能人为"脱钩"，经济全球化和世界一体化，是人类命运共同体的演进方向。如前所述，世界处于生态工业化发展阶段，市场经济呈现为生态体状况，其中有我们的朋友，也有我们的"敌人"，对手和朋友也往往是相依共存的。所以，在多种文明状态共存的世界里，深入研究共处的规则，认识世界经济倾向于形成能够使具有不同域观特征的经济体进行互联互通、广泛交易和公平竞争的国际秩序。在此过程中，各国之间进行规则博弈和规则协调，形成各类体现自由贸易要求的国际协议体系，是域观经济学特别需要着力研究的重要现实问题。而在学科理论体系上，关于不同域态之间的衔接机理和共同体逻辑的研究，是域观经济学的重要特色之一。因为，与传统经济学假定经济运行应有唯一规则不同，域观经济学承认经济规则的多空间性，或规则空间的域观差异性，所以，多重规则空间的协调就成为特别需要深刻研究的课题。

4. 用域观思维来解释重大现实问题

创立域观经济学，并不是凭空创造一个新的学派。经济学发展的逻辑延伸必然产生的问题是，在以微观—宏观范式承诺为基点的主流经济学之后，经济学向何处去？依照微观经济学和宏观经济学，现实世界中存在的很多问题已经无法得到科学的解释。尽管微观经济学和宏观经济学的经济理性也有其一定的解释力，并形成了一系列成熟的分析模型和方法，但是，现实中有许多重要现象是经济学的微观—宏观范式体系所无法解释的。例如，中国经济最大的域观特质——中国共产党的领导，在微观—宏观范式框架中就无处可放。依照微观经济学和宏观经济学的理论体系，中国共产党只能被放入"政府"概念中。这样的理解和解释显然是不得要领的。再如，中国国有企业是一个极具特色的"商域"，仅仅用以微观—宏观范式承诺为基础的经济学理论来认识和研究，也是极为困难的。中国有中国的特色问题，其他国家也有各自的特色问题，域观经济学可以提供更贴近现实的经济学方法和工具来进行研究，取得更多的研究成果，更好地为现实经济服务。

特别不要忘记，当前世界的主题是和平与发展，需要有理解和平与发展的思维方式和理论支持。但是，按照传统经济学的微观—宏观范式承诺的思维逻辑，市场经济必须向同质化方向演进，如果不能以和平的方式实现同质化世界，在逻辑上就可能导向以强制、强权，甚至非和平的方式实现同质化世界。所以，如果执念于经济同质化，而不承认和不理解异质化的域观世界，那么，人类在追求长久和平共处的发展过程中是存在重大风险的。如果能承认和理解域观范式承诺所支持的异质化世界，多样化的文明形态可以长期共处。不同性质、不同意识形态和不同价值观所主导的国家，不仅可以共存，而且可以丰富人类文明，让世界更精彩。关于与此相关的许多问题，域观经济学都可以进行深入研究，并对解释和解决重大现实问题做出经济学的实际贡献。

　　本书分为"范式变革""理论探索""现实研究""历史思考""国际视野"五个部分进行编撰，从相关论文中可以看到，域观经济学研究深刻触及了国内国际经济发展的诸多亟待研究的现实问题，反映了经济学所面临的学术挑战，可以形成许多重大研究课题，值得更多的研究者和学者共同探讨。

　　经济学域观范式研究和域观经济学学科研究，得到"经济学管理学中国学派研究60人论坛"和"经济学管理学新学科孵化基地（郑州大学）"的推动。

目　录

第一部分　范式变革

第二部分　理论探索

第三部分　现实研究

第四部分　历史思考

第五部分　国际视野

第一部分　范式变革

关于开拓商域经济学新学科研究的思考[*]

金 碚

摘 要：新时代呼唤经济学和商学研究的新拓展。经济学作为以演绎逻辑为主线的推理表达体系，实际上是存在"逻辑断点"的，而经济实践中所做的各种努力实际上都是在承认这一思维起点或参照系的基础上，尽可能实现经济学逻辑断点的衔接，从而使现实经济顺畅运行。而从根本上说，最重要的就是必须依靠各种"价值文化"因素和手段，以弥合经济学抽象逻辑之断点。我们将经济理性、价值文化（及其体现的社会道德）和制度形态的特质，统称为"文明型式"。经济理性和一定的价值文化及制度形态互动交融表现为各商域的文明型式，这就是商域经济学最基本的学术特性。商域经济学和域境商学都是体系开放并具有极大拓展空间的学科，是一个发展前景非常广阔的研究领域，在这样的科研"蓝海"中，尽管机会无限，但也充满挑战。

关键词：商域经济学；域境商学；经济理性；价值文化；文明型式

本文讨论的主题，是关于建立商域经济及域境商学新学科的学术思考及体系构想。商域经济学和域境商学是笔者首创的概念，以期界定一个可以进行客观观察和理论研究的学术领域，形成一定学术范式，开拓一个新的学科建设方向。商域经济学及域境商学的基本含义是：以具有一定价值文化特质和制度形态特点的各经济区域或领域内及其相互间所发生的经济现象、商业活动及经营管理方式为研究对象的学科，并特别关注于研究各商域中所产生的商业思想及其演进过程。按现行的学科分类，属经济学、管理学等的跨学科领域。其中，商域经济学属经济学，是域境商学的基础和核心；域境商学则涉及经济学、管理学、地理学和哲学、社会学、心理学等更宽泛的研究领域。在不导致含义误解并损害学术严谨性的前提下，商域经济学概念可以作为一个简化表达方式，表意域境商学。本文旨在探讨商域经济学及域境商学的学理基础、体系构想和研究范围。

---

* 原文发表于《区域经济评论》2018 年第 5 期。

一、新时代呼唤经济学和商学研究的新拓展

当代中国经济发展，从 1949 年新中国诞生起，经由 20 世纪 50 年代至 70 年代中后期和 1978 年开始的改革开放 40 多年，到今天的"新时代新征途"的再启程，似乎完成了一个"轮回"过程：起始于极度贫穷落后的战后恢复时期，经历从以实物产品为生产目标到追求物质财富为动力，再从以物质财富增长以至无限追求货币财富的工具理性时代，逐渐转向本真价值时代的到来。即从朴素的"前物质主义时代"，通过推动改革开放的"思想解放"，进入特别强调经济理性的"物质主义时代"[1]。当前，中国社会正在从"亢奋的物质主义"转向"权衡的物质主义"，进而向着"后物质主义"的本真价值时代演进，其具象表现就是从高速度增长转向高质量发展阶段。正是在这样的历史进程中，中国经济学以及管理学（商学）理论也发生着根本性的变革。如果以 20 世纪 70~80 年代的改革开放为界，在此之前的中国经济学和管理学以计划经济思维为主导，相信在一个计划中心的安排下，鼓足干劲，力争上游，就可以"多快好省"地实现（以实物量为指标的）社会发展目标，而在此之后的中国经济学和管理学，全面接受市场经济思维，相信只有遵循市场经济的工具理性原则，让经济行为理性化，才能实现物质财富的增长。尽管关于市场和政府的关系，一直是这一时期经济学界和管理学界非常纠结的问题，但接受传统经济学和管理学的基本逻辑则是基本趋向，一般称为"市场取向的经济改革"。因为，除此之外，没有更值得信服的理论逻辑，可以支持以消除贫困、发展经济为基本取向的"思想解放"。而且，在那个以摆脱"落后"为主要目标的历史时期，那样的经济学和管理学（商学）理论也"基本够用"。

进入 21 世纪，当改革开放取得巨大物质成就，而新的矛盾和问题也日益凸显时，特别是当中国的社会主要矛盾已经从人民日益增长的物质文化需要同落后的社会生产之间的矛盾，转化为人民日益增长的美好生活需要和不平衡不充分的发展之间的矛盾时，即在中国基本解决了经济"落后"这个最主要问题后，对经济发展质量的关切日益超越对经济增长速度的关切。实际上就是发展目标的偏一性（作为第一要务的经济发展目标压倒性地优先于其他目标）演变为更具多维性（作为第一要务的经济发展目标必须同其他目标相权衡）[2]。此时，人们深切地感觉到，以往那样的经济学和管理学（商学）理论越来越"不够用"了：不仅越来越难以解释丰富的社会经济现实，而且越来越难以指导多维目标下的战略安排和政策选择。特别是，处于进一步全面深化改革和扩大开放的重大历史性抉择关头，各方面的挑战都十分严峻，面临的矛盾非常尖锐，如何以更加适合和有效的经济学和管理学（商学）理论，来更新我们的思维，成为学术界的一个重大问题。尤其是，全面深化改革的方向选择，再次摆到中国的面前，更需要有新思维的引领。因此，深刻审视经济学和管理学的思维方式，进一步开阔研

究视角，拓展学科领域，具有重大的现实意义和重要的现实紧迫性。

我们知道，"财富"是经济学和管理学（商学）的核心概念之一，如何创造更多财富是经济学和管理学（商学）的中心议题。人类近现代经济高速增长，即工业革命的爆发和工业化的推进源于"财富"观念的觉醒，即只有承认追求财富的正当性，才会有近现代经济的高速增长，才能走上快速工业化道路。那么，什么是"财富"呢？美国经济学家保罗·海恩（Paul Heyne）等在《经济学的思维方式》一书中以比较通俗的文字写道："按照经济学的思维方式，财富就是人们认为有价值的任何东西。"而"价值是选择者眼中的价值""不同的人可以（也确实）有不同的价值观"。他们强调，"经济增长并不在于生产更多的东西，而在于生产更多的财富""但是，财富的增长和物质产品的体积、重量或数量增长没有必然的联系，我们必须从根本上抛弃'财富等于有形物质'这一见解。它讲不通，而且会妨碍我们理解生活中的方方面面，比如专业化和交换，而它们正是亚当·斯密所谓'商业社会'的核心"[3]。海恩等的这一理解在学理上是很彻底的，也合乎逻辑，但显然不是推动了近现代经济高速增长（资本主义经济）的那个财富意识，现实经济中的人，并非按照那样的思维来行动。而按马克思的论述，资本主义经济的动力机制就是资本家对剩余价值的无度追逐。资本主义的财富意识是赤裸裸的物欲意识，与"贪婪"几乎同义。这样的理论当然也是抽象的，但确实是具有现实性的理论抽象。

按照保罗·海恩等学者所论述的经济学思维方式，"财富""价值""价值观"具有内在联系。但这样的定义又是同经济学和管理学（商学）的理论逻辑主线有很大差距的。经济学追求逻辑"严密""自洽"和论述的"精致"，因而是高度抽象的，一直抽象到假定所有的人在"价值观"上是没有区别的，即所有的人都完全按经济理性行事，其行为就像经济学教科书所描述的那样"正常"；管理学尽管比经济学更具象、丰富和务实，但其底层逻辑是服从经济学的，否则就会被认为"不理性"，或偏离正常。尤其是当经济学和管理学在"高深"的学术研究领域，关于"财富""价值"和"价值观"的定义（假设）实际上是相当任意和武断的，几乎被断定为可以用一个最大化或最优化函数形式来表达。这样，它实际上就非常接近于关于开拓商域经济学新学科研究的思考。上文所提及的资本主义财富观，或市场经济原教旨价值观，即抽象掉了所有的价值文化因素，而只留下赤裸裸的"经济理性"，也就是马克斯·韦伯所说的"工具理性"抽象逻辑。在我们的高校中所讲授的经济学和管理学内容，基本上都置于这样的学理逻辑之上，并往往以精致复杂的数理模型为包装，使之"完美"化。经济学和管理学的学术论文也大都沿着这样的思维轨迹涌向"核心期刊"。

以这样的经济学和管理学理论作为思维方式和思想武器来应对中国和世界的复杂现实，难免"尴尬露怯"，往往会"捉襟见肘"，形式似乎很精美，但离现实却相当遥远，就像是"象牙塔"与真实建筑物那样不可同日而语。不过，实际经济活动和管理实践倒并不因经济学和管理学理论的不适应而无法进行，现实经济活动从来没有因此

而"停摆"或混乱，仍然生机勃勃，不失秩序。因为，实践者们总是以自己的观察和理解来随机应变地应对复杂情况。既然现实复杂多变，那么，应对之策必定是"管理无定式"，即每一个企业家都有自己独特的"商业思想"和解决问题的独特方式。几乎可以说，管理的规律就是没有一定之规律。甚至如凯恩斯所说，市场经济的行为规律类似于彩票，无人可以有百分之百的胜算把握。

不过，实践家有实践家的招数，理论家也有理论家的使命。如果经济学和管理学不能与时俱进，贴近现实，提供思想养分，实践者终将陷入困惑。我们可以看到，经济学和管理学学科专业几乎成为高校招生中最高考分的生源聚集地之一，MBA 教育长盛不衰，反映了一种社会性渴望，即获得有价值的经济学和商学知识，以求解疑释惑，提高能力。2018 年是中国改革开放 40 年，正应了孔子所说的"四十而不惑"，新时代呼唤经济学和商学研究的新拓展，走向不惑之路。因此，开拓商域经济学及域境商学的学科研究，致力于形成一个新的学科或新学科群，是摆在经济学和管理学（商学）研究和教学者们面前的难以推卸的历史性使命。

二、经济学的"阿基里斯之踵"及其在经济现实中的弥合

经济学被誉为社会科学"皇冠上的明珠"，是因为它的理论体系具有严密的逻辑一致性，只要承认它的"假设"前提，就可以运用演绎逻辑十分严谨地推论出整个学术体系，也就是说，经济学体系具有难以挑剔的理性主义特性，只要假定"其他条件不变"，其推论结果毋庸置疑。那么，经济学果真是如此的吗？其实，在完美的形式逻辑外观下，经济学也有其内在逻辑缺陷，不仅在逻辑推演中过度依赖于"假定"条件，而且有的假定是脱离现实甚至无视真实的，为了贯彻工具理性而往往丢失本真价值理性。也就是说，经济学作为以演绎逻辑为主线的推理表达体系，实际上是存在"逻辑断点"的。我们可以从经济学底层逻辑的假定和推论来看看经济学的"阿基里斯之踵"。

第一，经济学假定人总是会选择一定手段来从事有目的的活动，即人的行为是有目的的。这可以简称为"目的"假定。

第二，从上述假定推论：既然人性具有目的性，那么人的行为目的一定就是追求个人效用最大化，即人是自私的，人总是进行收益与成本的权衡与优化，期望实现个人利益最大化。这可以简称为人性"自私"假定。

第三，从自私假定推论：自私的人追求个人效用最大化，总是体现为追求收入（或财富）最大化，即人性从"自私"被推论为"爱财"，即所谓"人为财死，鸟为食亡"；并且假定人有能力进行理性计算，即人人都是精于计算的利己主义者（一般假定为以货币为计算单位，不考虑难以用货币计算的因素，即是精明的"财富"追逐者）。

因为，从逻辑上说，如果人只是"爱财"而不会"算财"，那么"爱财"也是没有意义的。这可以简称为理性的"经济人"假定。

第四，从自然人的经济人假定直接推论出：作为法人的企业也一定是以利润最大化为唯一目标，即企业也是"经济人"，而且比自然人更强烈地具有工具主义的经济理性。这可以简称为"利润最大化"假定。

第五，从经济人和利润最大化假定推论（以一系列严格的条件假定为前提）：在如同"空盒子"般的市场空间中，自由市场竞争机制（如同一只看不见的手）可以保证实现社会福利最大化，即完全自由市场竞争可以实现社会福利最大化的"一般均衡"，至少在趋势上是如此。这一般称为"新古典经济学"假定。

在通常的经济学分析中，以上五个假定都是很"自然"的，而且是必不可少的，舍此就无法（从分析技术要求上）保证经济学的逻辑一致性和推理的自洽性。但是，深入思考就不难发现，从上述第一个假定到最后的推断，每一步推论其实都是相当勉强的，甚至是很武断的。因而可以看到，经济学的抽象体系中实际上存在明显的逻辑断点，导致抽象的经济理性（从假设到推论）同现实世界间的明显不合。

关于第一个假定。人的行为是否有目的，取决于如何定义"目的"。如果将"目的"定义为任何"想要的东西"，那么，动物的行为也是"有目的"的。如果将"目的"定义为"具有合理性的想要的东西"，即假定人可以区别"合理目的"和"不合理目的"，前者为"理性"，后者为"非理性"，人的行为目的性体现为追求合理的目的，即假定人具有"理性思维能力"，那么，关于人的行为目的性假定就不是一个无须证明的"纯粹理性"假定前提，即它本身是需要证明的，并不具有公理性，因而对其是否真实可能产生各种争议。显然，以此为支点，经济学的逻辑基础并非无懈可击、坚不可摧。不过，我们可以暂且承认它的"公理性"，不要陷入关于人是否"理性"的争议。

关于第二个假定。从人的行为"目的"假定，为什么就可以推论出人具有个人主义的"自私"本性呢？人性注定是自私的吗？自私是人的唯一理性表现吗？关于人性，学术界已有很多研究，形成各不相同的观点主张。从现实中可以看到，人的自私和无私、利己和利他的行为表现是非常具象化的，利己自私并非"天经地义"。因此，在经济学和管理学的学术研究中，关于"人性假设"有各种理论，除了最抽象的"经济人"假设之外，还有"资本主义人"、"社会人"、"自动人"（自我实现人，self-actu-alizing men，由马斯洛提出）、"复杂人"等多种理论观点。在现实中，更是存在着各种不同价值取向和行为偏好的人，一些人可能倾向于"经济人"或"社会人"，另一些人可能是难以类分的"复杂人"。可见，关于人性的假定，经济学的逻辑基础也并非无懈可击，坚不可摧。不过，承认人的自私性，而抽象掉其他特性，是一般经济学和管理学学术体系不易改变的性质。本文将讨论商域经济学的学术特性，认为采用"复合人"假设，可以具有更大的学术包容性（见后述）。

关于第三个假定。从自私假定推论出"经济人"假定，实际上是在人的个人主义自私性中加入了"经济理性"。而在市场经济制度中，经济理性具有高度的工具理性倾向，即目的与手段的反转：原本的工具（手段）因素反转为目的因素，原本的目的因素反而成为追求工具性目标的手段。所以，收入、财富等成为"经济人"最具显示性的利益最大化目标，而真正的有用之物反倒成为获取和积累个人收入和财富（物质的和货币的）的手段。而且，假定"经济人"具有精于计算的能力，就必须将收入和财富等工具性目标抽象化为可以货币计量的数值（不货币化就难以比较价值的大小）。这样，"经济人"行为就被抽象化为"贪婪地"和无限地（最大化地）追求可以货币单位计量的"财富"。很显然，这样的假定是非常任意和武断的，在现实中根本没有这样的"经济人"，除非是在文学作品中。更没有人会承认自己是这样的"经济人"，甚至可以说，如果真有这样的"经济人"，他在现实中是无法生存的，因为没有人可以接受和容忍这样的人，更没有人（或企业）愿意同其交往合作。如英国经济学家约翰·凯伊所指出的："总体来说，极度贪婪的个人长期来看不会成功，因为在复杂的现代经济中，成功需要与他人的合作。最优秀的商业领袖比起金钱更关心事业。"[4] 不过，"经济人"假定仍然是经济学和管理学的一个方便的工具（假定），如果完全抛弃"经济人"假定，经济学和管理学的逻辑体系就会变得极为复杂，难以形成内在的和形式的逻辑一致性。可以说，"经济人"假定只是经济学追求逻辑自洽性的一个权宜之策，或"次优选择"。

关于第四个假定。从个人主义的"经济人"假定直接推论出企业行为的"利润最大化"目标假定，更是非常武断的。企业是法人，本身并没有可以感觉的利益得失，它们既不会因盈利而快乐，也不会因损失而痛苦，为什么要以利润最大化为目标？当然，企业的所有者会特别关切企业利润，但绝大多数企业是由各类参与者或利益相关者所组成：除了所有者，还有管理者、生产者等。企业利润同所有者、管理者及生产者的利益关系是很复杂的。即使是所有者也未必关切利润最大化，而可能更关切企业净资产最大化，甚至是企业的"估值最大化"（即使利润为负也无关紧要）。而管理者和生产者更有其自身的利益目标。由这些并不以利润最大化为目标的人所组成的企业，为什么会以追求利润最大化为目标呢？企业利润与各利益相关者利益是什么关系？如果坚持逻辑一致性，那么，既然企业目标是利润最大化，即以最小投入获得最大收入，那么，管理者和生产者也同样应是以自身利益最大化为目标，即以尽可能少的工作获得尽可能高的工资及其他待遇。这样的企业能有竞争力吗？除非否定逻辑一致性，即假定企业以追求自身利益最大化为目标，而自然人的行为目标则或主动或被动地（被激励）也追求企业利润（而不是自己的利益）最大化，实际上就是认定这些利益相关者都能达到目标一致，否则就很难摆脱上述矛盾。但如果这样，那么从逻辑上说，实际上就是主张：企业法人具有利己行为，而自然人却具有利他行为（无论是自愿的还是被动的，或是由"激励相容"的某种方式所导致的）。这是一个多么难以理解的逻辑

构建！但却是一般经济学和管理学所尽力描述并"追求"的图景。

关于第五个假定。新古典经济学假定，严格来说这已经不是假定，而是在假想的"空盒子"般的市场空间条件下，由假想的原子般的自利经济主体（个人或企业），进行最优化理性决策的推导结果。这并没有公理性，可以说只是一种学术理念或"信仰"。不过，新古典经济学的逻辑是基于上述各个假定之上的，是上述各个假定以及据之进行的推论结果。因此，学者们对新古典经济学的批判，也大都从对上述理论假定入手。例如，诺贝尔和平奖获得者、孟加拉国经济学家穆罕默德·尤努斯教授说："新古典经济学理论的基础是相信人是自私的，它认为最大化个人利益是经济理论的核心……许多经济思想家认为，自私甚至不是问题，事实上，它是'资本主义人'的最高美德。""我不愿意生活在一个自私至上的世界里。但经济理论的深层次问题是，它与现实脱节如此严重。值得庆幸的是，在现实世界中，几乎没有人表现出支配着'资本主义人'的绝对自私。"他认为："真实的人是多品质的综合体。他享受并珍惜与他人的关系。真实的人有时是自私的，但他们常常表现出关心、信任和无私。他们不仅为自己赚钱，而且想使他人受益。他们造福社会、保护环境，并给世界带来更多欢乐、美好和爱。""大量的证据能够证明利他主义的存在。"即使是"在商业世界里，尽管你可能认为资本家是至高无上的，但是无私和信任的美德也起着至关重要的作用"[5]。他进一步说："现行资本主义制度最根本的原则是这一制度只支持一个目标，即对自我利益的绝对自私的追逐。因此，只有围绕这一个目标设计的企业才能得到制度的承认和支持。然而，全世界有数百万人渴望实现其他目标，比如消除贫困、失业和环境恶化问题……而这就是社会企业与传统企业的不同之处。""如在发达国家和发展中国家都已存在的成功案例所示，社会企业的经济学逻辑是简单并自洽的。"尤努斯将所称的"社会企业"（social business）定义为"解决人类问题的非分红公司"[5]。

许多学者试图通过复杂的逻辑推理和所谓思想实验来弥合经济学体系的逻辑断点，而诺贝尔经济学奖获得者、美国经济学家弗农·史密斯认为，"经济中的理性依赖于个人行为，它是建立于文化规范及随着人类经验与社会发展而自然出现的机制，而并不是最终来自建构主义的推理"[6]。

不过，尽管经济学理论体系存在上述"逻辑断点"，但在现实中它仍然是人们从事经济活动的思维起点或参照系（无论是赞成还是不赞成），而经济实践中所做的各种努力实际上都是在承认这一思维起点或参照系的基础上，尽可能实现经济学逻辑断点的衔接，从而使现实经济顺畅运行。而从根本上说，最重要的就是必须依靠各种"价值文化"因素和手段（价值文化可以体现为各种正式或非正式的制度，显性或隐性人际交往关系），以弥合经济学抽象逻辑之断点。但是，一旦引入价值文化因素，实际上会使经济学的抽象逻辑（特别是"假定"设置）面临直接挑战，甚至使其成为"错误"，即承认传统经济学所依据的基本假定本身是与现实情况严重不符合的（实验经济学家则试图以心理因素的作用结果来检验抽象逻辑的理性推断）。总之，经济学所依赖的假

定与现实世界确实是存在明显矛盾的。最明显不过的就是，经济学假定人人都是自私的，但在现实中，很少有人认为自己或认定其他人都"自私"；经济学假定只有自私的人和自利的企业才能生存和发展，但在现实中，自私的人和自私的企业是难以被社会所接受的，因而是严重缺乏持续竞争力的。因此，实践者们时时面对和必须努力弥合两个无法回避的悖论：

第一，经济学悖论。经济学假定人与人、企业与企业在本质上是一样的，他们的决策方式同样遵循经济学所论证的以自利性为前提的"最优决策"原则①。但是在现实中，却没有两个完全相同的企业，企业本性在于"创新"，创新的实质是"与众不同"。"与众不同"与"最优决策"的理性要求如何实现逻辑自洽？

第二，管理悖论。即如上文所述，个人（自然人）经济人与企业（法人）经济人的自利，难以同时为真。管理学力图以各种"激励相容"制度安排或科层组织的"命令控制"方式设想，来应对悖论挑战。现实经济中的管理者则运用各种具有特定价值文化特点的方式来弥合悖论，使相互冲突的目标可以相容。

从这里出发，我们就走进了商域经济学及域境商学的研究领域。它的哲学思维方式则是如马克思所说的，相信"人的本质并不是单个人固有的抽象物。在其现实性上，它是一切社会关系的总和"[7]。

三、商域经济学的逻辑基础和学科特征

在现实中，所有人都不是生活在微观经济学和宏观经济学所描绘的抽象世界中，而是生活在一定的实际域境之中，即"一切社会关系的总和"映射下的某个局部世界里。人们的经济活动总是发生在具体"商域"之中，他们的各种感受和行为方式也都形成于特定商域，而不会有抽象人性所决定的抽象经济关系和经济现象。也就是说，人类的一切经济活动都是"商域"性的，抽象的经济现象和商业活动在现实中是并不存在的（而只是存在于人的思想中），即使是非常接近抽象经济理性的经济现象和商业行为都是很少见的。

商域是指具有一定价值文化特征和特定制度形态规则的商业活动区域或领域。商域经济学是研究不同商域中的经济关系和经济行为的学科。而域境则是指一定商域内的自然地理和经济社会境况，一定域境中存在的人群总是具有一定的价值文化特质，也可称为域境文化或商域文化。如何进行不同商域的划分，即商域分类，是一个需要专门研究的问题。

---

① 也有经济学家提出对"最优决策"的挑战，提出"次优选择""可以满意的目标"等理论，但其基本逻辑在实质上是相同的，只是在最优决策函数中引入了其他制约因素，例如决策成本、信息成本等。

由于在经济学理论体系中，引入了价值文化因素，商域经济学假定，在不同商域间，人群的价值文化特征是不同的，对同一人群从不同角度观察（在不同的境况中）也可能很不同，即商域人群总是具有不同层面的特征差异性（这也意味着，在同一商域中的同一人群，具有价值文化的某种相似性）。可以说，真实的人是各种因素或各方面条件决定或影响下的"复合"体，真实的人群更具有区别于其他人群的复合性特征。按照商域经济学的学术逻辑，"复合人"假设更能体现其学科性质，更具学术包容性。商域经济学研究方法如同是一面"多棱镜"，致力于分辨不同域境中人（或人群）的特征"光谱"，并依此进行经济学及商学关系和现象的多视角观察和研究。

复合人假定，认为人与人、人群与人群之间既有差别也有共性，因而可以按不同的复合层面进行分类，在一定的商业情景或制度规则下，不同的人是可以"类同"甚至"整齐划一"的。但在另一些复合层面上，或在另外的商业情景或制度规则下，不同的人或人群可以另外的标准划分为不同的"类别"。例如，在一定的情景下，人是"自私的"，但又是"不自私的"；在另一情景下，人可能表现出另一种"自私"和"不自私"，或"利己"和"利他"。因而难以绝对地将人区分为"自私"或"不自私"，因为在不同的情景中，甚至从不同的角度观察，人充当不同的"角色"时，其"利己"和"利他"的表现分类都可能是很不相同的。也就是说，商域经济学承认人性具有多面性（既不是完全抽象的，又不是杂乱无形的），而以其多面特征形成了"复合人"性质。

基于其学术包容性特征，商域经济学承认经济理性的"经济人"假设即"人与人本质相同"的部分意义，也承认"社会人"和"自动人"以及"复杂人"关于"人与人不同"的部分主张。不过，商域经济学的"复合人"假设，更强调从不同的层面对人群的"分类"进行研究，因此，在承认"人与人不同"的前提下，探寻在各种域境中，人与人之间的类同性，观察特有的"人群共性"，以及具有各自"共性"的不同人群之间的异同。

所以，商域经济学的逻辑基础，既是抽象和演绎的，同时又是具象和归纳的。其抽象性和具象性的协同，形成对人和人群的经济行为的独特观察角度和分析方法。

如果我们同意"财富就是人们认为有价值的任何东西""价值是选择者眼中的价值"和"不同的人可以（也确实）有不同的价值观"这样的思维方式，并将其"商域化"，那么，观察和研究不同商域（区域或领域）中人们的"所思、所言、所行"，就可以揭示他们的价值观及其对获得经济发展成果（或结果）的影响。

关于所思，可以借用笛卡尔的名言："我思故我在。"人所进行的一切商业活动均发端于某种想法，而想法总是受到各种因素的影响，有习俗性、信仰性、继承性，也有创造性、变异性、演化性。思维方式是一定商域的价值文化特征的深层内核，是何以为"我"的内因。

关于所言，可以说"无言不商业"。在一定意义上，"商业就是商议之业"，沟通、

承诺、议价、交易、信用，无不基于言语之上。如何言说，即表达方式，是各商域的价值文化特征的重要表现之一。关于所行，可以说"商业既是科学思维也是行动的艺术"。商业具有规律性，也具有"创意"性，又是最务实的。所思所言，归根到底落实和体现为所行，听其言最终还要观其行。

在不同商域中，作为"复合人"，人们的所思、所言和所行，即想法、说法和做法，是很不相同的，而且，不同人群的想法、说法和做法之间的关系也是有很大差别的："心口如一""言行一致"以及"知行合一"等从来都不是绝对的，现实中的人总是存在不同程度的"口是心非""言行不一"和"知行分离"。可以观察到，在各商域中，对于在多大程度上允许所思、所言、所行的一致或分离，也是有不同的制度规则和道德标准的。也就是说，对于"言论自由"（即想什么说什么）、"为所欲为"（怎么想怎么说就怎么做）、"言必行，行必果"（说到做到），总是有限制尺度的，从强制限制到自我限制是文明进步的体现，"自律"（即对言行的自我限制）在各文化圈中都被认定为是重要美德。

在不同商域中，不同的思、言、行特征，以及思、言、行之间的关系特点，反映了各自的价值文化特征。在经济活动和管理实践中，价值文化和经济理性共同发挥着决定的作用。这导致了各商域中人的行为表现以及习俗和制度的各色特点，例如：坦直、信任、诚实、透明、圆通、谋略、自律、兼利、包容、严明、守则、变通、分界、疏通等。这就是商域经济学的基本逻辑，这一基本逻辑不仅是构建商业经济学学术体系的学理基础，而且是发展域境商学的基本思路。需要指出的是，承认价值文化的重要性，并不是断定具有不同价值文化特征的人群（商域）注定会有可以接受或不接受经济理性的根本差异，即承认文化差异并不是主张文化歧视。如美国经济学家戴维·兰德斯所言："所有各种宗教信仰和不信教的人都可以成为理性、勤奋、有条理、讲实效、整洁和严肃的人。他们不一定都是商人。在各行各业，人们都可能展现出这些品质并从中获益。"[8]价值文化的差异，会影响经济理性张扬过程的模式形态，导致经济发展和商业进步过程的商域特色。

在价值文化中有一个特别值得重视的问题是，各商域的社会道德状况，如果没有一定的社会道德环境，单纯的经济理性是根本无法存在的。商业活动具有社会性，涉及广泛的利益相关者，其行为总是具有程度不同的"外部性"，即对其他人产生正面或负面的利益影响。所以，任何商域中都必须要有一定的"商德"环境，来进行社会人群的利益关系调节。在不同的社会道德环境中，人的所思、所言、所行因其影响而不同，而对社会道德环境的最低限度要求，是具备能够支持经济理性存在所必要的最低限度道德条件。正如保罗·海恩教授所说，解决外部性造成的问题，要依赖于"公民体谅、礼貌、谦虚和容忍的美德。如果一个民族没有足够多的这些美德，文明是不可能存在的；如果人们坚持一定要得到他们认为有权得到的任何东西，文明就会让路给战火"[3]。社会道德环境是影响不同商域中经济现象和商业活动的重要因素，是各种正

常经济行为和商业活动赖以发生和进行的必要条件。也就是说，如果没有一定的价值文化及作为其重要体现的社会道德背景，商业文明和有序经济行为是无法存在的，正如保罗·海恩教授所说的，如果那样的话，"文明就会让路给战火"。总之，经济活动和商业实践是不可能脱离价值文化及其体现社会道德环境而以赤裸裸的经济理性方式而存在的。

与经济理性相关，同时也是作为经济理性存在的必要条件的现实因素，是制度规则。商业活动总是在一定的经济体制和政治制度中进行的，不同的政治经济制度对商业活动产生着非常重要的影响，而制度安排本身也会受到社会价值文化的深刻影响，在一定意义上确实可以说，文化是制度之母。对于这方面的内容，无须赘述，就可以得到大多数人的认同，即制度是重要的。

我们将经济理性、价值文化（及其体现的社会道德）和制度形态的特质，统称为各不同商域的"文明型式"①（对于较小的商域，可以称为"文化类型"）。这就奠定了商域经济学的学理基础和学术逻辑，即经济理性和一定的价值文化及制度形态互动交融表现为各商域的文明型式，这是商域经济学最基本的学术特性。商域经济学假定商业活动受经济理性、价值文化和制度形态三方面因素的决定和影响，经济理性的逻辑具有内在一致性和抽象性，而价值文化和制度形态则具有丰富性、复杂性和多元性。因此，商域经济学既具有逻辑严谨性，也具有内容丰富性，不再是"一门沉闷的科学"。卓越的企业和企业家，既遵循经济理性，又适应域境条件，弘扬价值文化，并在此基础上进行重大创新，以独特的商业思想成就商业业绩。而所谓商业思想，其实质是：在一定商域中进行商业活动的思维逻辑和创新想象，从学理上说，就是以独特方式解决或弥合体现为经济学悖论与管理悖论的经济学逻辑断点。

四、从商域经济学到域境商学研究

经济学家约翰·凯伊指出："如果没有政治、社会和文化环境的支持，协同工作、共享信息、协调经济活动，以及个人和商业行为之间的互信，都不可能存在，而这些是复杂的现代经济运行过程中不可或缺的。"他提出了"嵌入式市场"的观点，即认为，市场过程（制度）"嵌入社会环境才会起作用""市场的胜利，是一种机制在社会、政治和文化中发挥作用所产生的胜利"[4]。借鉴他的观点，我们也可以说，各种商业成就，都是在社会、政治和文化环境中进行理性的和创造性的努力而取得的成就。不同的社会、政治和文化环境体现了各种文明型式的基本特征。

---

① 表达商域的差异性使用"型式"（pattern）这一概念，是为了强调其含义，即各商域间的异质性不仅是外在的（形式性的），而且更是内在的，具有显著的类型特性。

如前所述，经济理性是商域经济学的底层逻辑出发点，并是其理论体系的逻辑主线之一。基于经济理性，商域经济学才有基本的逻辑依托，经济现代化也总是体现为经济理性化的进展。而在现实中，各国各商域中的经济和商业发展，特别是进入现代经济发展进程，其基本逻辑都是传统价值文化与经济理性相衔接，通常是价值文化即社会观念的"革命"或"解放"，使得经济理性得以张扬，居主导地位，从而导致商业活动兴旺，国家（地区）进入现代经济增长过程。至于什么样的文明型式更适应于接受经济理性，经济理性如何融入或嵌入具有域境文化特征的商域中，正是商域经济学首先要致力于研究的基本理论问题。

按照我们的定义，文明型式主要体现在经济理性、价值文化和制度形态三个方面。在不同文明型式的各商域中，经济理性表现出种种"变形"状态，"价值文化"和"制度形态"对其产生了全方位渗透性的深刻影响。例如，关于人的动机，不同人群（商域中）的价值观各有不同，对于如何界定"己"和"他"，如何对待"利己"和"利他"，判断利益的眼界长短等，各文明型式中都有不同的表现。再如，基于不同的价值观，在认识和判断"什么更重要"或"什么更有价值"上，各文明型式的商域中，也会有很不同的表现，即所谓"理性"是各有不同的。特别重要的是关于工作的理性，更倾向于"为生活而工作"还是"为工作而生活"，或者"为工作而工作"？这关系到对劳动（或工作）的价值判断，影响人的勤劳程度。如果认为某种劳动方式是人的本能需要，即为了实现人的能力而劳动，则劳动本身具有正效用，进行这样的劳动通常具有弱报酬动机，即不计报酬多少而自愿劳动（特别是创造性工作）；如果认为某种劳动方式是谋生的需要和手段，是迫不得已的，即为了生存和改善生活而付出劳动，则劳动本身具有负效用，是一种"辛劳"，进行这样的劳动通常具有强报酬动机，即必须计算获得多少报酬才能够补偿所付出的"辛劳"，否则就是"不公平"。对于工作理性的理解和思维方式，在商域经济学研究中具有根本性的意义，它是人的价值观和行为动机的内在心理基因。社会学家认为，人类文明的进程，不仅是"社会发生"过程，也是"心理发生"过程。如果把文明进程视为人类理性化的进程（认为文明的人比不文明的人更理性），那么，"这种理性化的进程和全面的文明进程一样，其本身既是心理现象，也是社会现象"。[9]

不同的价值文化和制度形态，当然有其存在的"理性"逻辑或哲学解释（说明什么因素决定了各种文明型式的差异），国家、民族、哲理、信仰、宗教、地理、历史等各种因素都会成为文明型式中的"基因"要素。深入和广泛地进行研究，商域经济学就超越了经济学范围，进入了多学科领域，即扩展为域境商学。当然，除非进行专精的纯学术性探讨，我们没有必要对商域经济学和域境商学做绝对的划分，就像经济学和商学并无绝对的界限一样。

从商域经济学扩展到域境商学的研究路径，体现了从抽象到具体，从一致性到多元化，从因果决定论到演化论的基本趋向。例如，经济学研究从"企业同质"和"企

业无文化"（实际上是抽象掉的文化因素）出发，逐步深入到认识和研究"企业异质"和"文化多元"。管理学研究从"企业本质相同，管理须规范化"出发，逐步深入到"没有完全相同的企业，管理无定式"。

按照这样的研究路径，对各商域中的经济和商业活动的观察也大体遵循这样的趋向。例如，各国近现代经济发展（指进入工业化进程后），初期的表现具有较显著的型式共性（钱纳里等学者称之为经济发展的"标准型式"），实际上就是接受经济理性主导的发展阶段（通常称为"物质主义"时代）；而到了现代经济发展的中后期，特别是进入工业化后期，世界上再没有完全相同的国家工业化表现，几乎每一个国家都是一个具有显著独特性的商域。因为除了地理因素外，价值文化、社会道德和制度安排所发挥的作用越来越显现。人们会发现，文明型式的决定性作用如此"顽强"地体现在各商域的经济发展和商业活动中，即使人们认为其中的有些影响是"不合理""不理想"的，甚至是"落后的传统力量"或"落后的传统观念"，但是，就像人不可能拽着自己的头发把自己拎离地面一样，站在特定文明型式的基础上很难让经济和商业活动脱离商域价值文化和制度形态的深刻影响。

当然，重视文明型式特别是价值文化的重要性，并不是主张传统文化决定的宿命论。如美国经济学家迈克尔·波特所说："我们看到某些信念、态度和价值观有助于繁荣和促进繁荣。最关键的是人们对于繁荣的基础所普遍持有的信念。个人和企业对自己取胜之道的见解，强有力地影响到他们的态度和经济行为。能支持成功经济发展的最基本的信念，大概就是相信繁荣是取决于生产率，而不是依靠资源控制、经济规模、政府优惠或军事力量；相信生产率范式对社会有益。"[8]而有助于促进经济发展和繁荣的信念、态度和价值观并不专属于哪种文明型式。而且在社会经济发展中，人和社会的价值文化也是演变进化的。是适应生产率提高，还是妨碍生产率提高，接受和促进经济理性的张扬，又或是同经济理性背道而驰，扭曲社会经济发展轨迹，阻碍文明进步，情况千变万化，各种文明型式各具优劣势。

研究商域经济学和域境商学，就是要在深刻认识各商域中经济理性和价值文明及制度形态的互动交融中所产生的商业成就和阻碍因素的基础上，探寻现代经济发展和商业进步的可行道路，通过对各商域中经济发展和商业活动的比较研究，发现共性，分析特色，借鉴经验，形成新的学术思维和分析方法，为促进各商域经济发展和商业进步，启发改革思想和变革主张，发挥积极作用。

为此，商域经济学需要进行基础性理论探索，更可以在具有应用价值的研究领域中，对涉及商业活动的各类专门问题进行探讨，取得有益成果。例如，商业实践中如何处理"在商言商"与价值观导向的关系、优秀的商人通常有哪些共同素质、不同的商业思想在商业行为中的表现、商业创新所形成的可行商业模式、不同商域（国家或地方）中政府（规管当局）对商业活动的管制方式特点及其对商业行为的影响等。

商域经济学和域境商学都是体系开放、具有极大拓展空间的学科，并与其他相关

学科发生着相当密切的联系，可以形成跨学科和协同性的研究课题，也可以形成若干分支学科，进行多方向的学术开拓。商域经济学和域境商学的研究成果可以渗透于经济学和商学各学科（及各分支学科）中，体现出它既具有基础理论性，又具有专业应用性的突出特点，也对其研究者提出了既要具备理论思维的深刻性，也要有分析现实的洞察力的要求。因此，商域经济学和域境商学需要有庞大的研究团队，具有不同学术专长的学者和研究者，在各个相关学术领域，从不同的学术视角，多方位地进行研究探索，也需要更多经验丰富的实践者的积极参与。商业实践是产生商业思想的主战场，中国改革开放40多年，在市场经济中摸爬滚打数十年的中国企业家们，对于商业思想在商业活动中的决定性意义更有切身感受，将他们的所思、所言、所行，记录升华，可以形成中国商业思想研究的宝贵财富。所以，商域经济学研究和学科建设特别需要更多具有丰富实践经验和深切感悟的企业家们的参与。他们对于各商域中的经济理性张扬和文明型式特质及其演化过程，曾经亲力亲为，耳闻目睹，成败得失，铭记于心。经历沧桑变迁的企业家们，可以自己一生从业经商的"酸甜苦辣"感悟，现身说法，为商域经济学的建立和发展做出特殊的贡献。

五、主类商域和特殊商域

按照我们的学科定义，既然商域经济学及域境商学的研究对象是："以具有一定价值文化特质和制度形态特点的各经济区域或领域内及其相互间发生的经济现象、商业活动和经营管理的规律和型式""并特别关注于研究各商域中所产生的商业思想及其演进过程"，那么，它的研究对象既可以是客观现实（现象、活动、规律、型式等），也可以是精神现象（思想、理念、价值观、经验等）。所谓商域，是一个相对性概念，是指具有显著特性的特定区域或领域，特定商域中的人群进行经济和商业活动，通常表现出一定的相同倾向，并深刻影响着该商域的经济运行和商业活动，使之具有区别于其他商域的独特性。"商域"的含义可以是指"区域"，也可以是指"领域"，其划分（或类型）可以是主体性的，例如，国民、民族、种族；也可以是空间性的，例如，国家、地区、城市、乡村；可以是观念性的，例如，信仰、文化、宗教；也可以是制度性的，例如，各类经济体制、特殊制度安排等。总之，着眼于类别划分，"域"可以被简单理解为"一定范围"；"商域"就可以被简单理解为"一定的经济和商业活动范围"，而所谓"范围"是可以根据研究需要进行界定的。

商域经济学的研究对象主要是商业性经济活动或现象。商业性经济活动或现象，以经济理性为主导，其目标导向致力于（或倾向于）营利，一般称为"传统企业""营利性经济"。我们将这样的商域称之为"主类商域"，由于主类商域更大程度上体现了商业活动的共性，也可以称为"一般商域"。所谓主类商域不是一个商域，而是具

有一般性质的多种（多个）商域的集合概念。在主类商域的各个不同商域中，主体人群和经济主体（企业），由于价值文化的深刻影响，对于经济活动及企业的社会性责任会有不同的理解，并显著地影响其行为。值得注意的是，其中的一些优秀企业家希望把"传统企业"办成"伟大企业"，实质上就是超越了经济理性（追求盈利）而致力于实现"改变社会"或"造福社会"的宏大目标。

定义"主类商域"或"一般商域"的概念，其含义意向并非是指经济活动和商业行为具有共性的商域，而是指具有不同价值文化特点，可以划分为不同文明型式或文化类型的各个商域。也就是说，商域经济学的理论假定是"一般商域并不一般""属于主类商域的各个商域均不相同"。研究各个不同商域的特性，是商域经济学的主要着力方向。总之，商域经济学主要不是关注各商域的共性，那是一般经济学和一般商学的主要研究方向。

在主类商域的研究领域中，可以重点研究以下五类：第一，世界商域，包括以全球大"文明圈"划分的商业活动圈、各国各民族的商业活动圈，以至（全球化）跨国商业领域等。由于工业革命发端于西欧，所以西方商域及其演化过程和扩展形态具有重要的研究价值；而当前特别值得研究的是"一带一路"沿线国家的商域经济学问题。第二，中国大陆商域，包括中华商域（东方商域）的演化过程和基本格局，以及被称为"晋商""豫商""苏商""浙商""粤商""徽商""闽商"等中国各地区的商业活动。各民族地区的经济和商业活动是值得商域经济学着力研究的重要领域。民族经济学是与商域经济学密切相关的学科。另外，进入中国的外国企业也形成一定的商域；大陆台商也是一个值得研究的商域。第三，境外华人商域，包括港商、台商、澳（门）商，以及遍布全球各地的华商或华裔商界，以至世界各地的"华商"商业活动等。第四，各类产业商域：各产业或行业各具特点的商业活动，包括农业、制造业、采掘业、建筑业、金融业、旅游业，以及各类服务业，特别是正在兴起的新产业，例如，互联网、人工智能、共享经济等，都具有非常显著的商域特点和价值文化特性，应该成为商域经济学的重要研究对象。第五，城乡商域：城市是经济和商业活动的集聚中心，不同的城市具有不同的商业文化和经济特质，是商域经济学应特别观察和重点研究的对象；乡村也是一类值得关注的商域，其商业文化和商业演化可以成为商域经济学很有特色的研究对象。

除了上述主类商域之外，在现实经济中还存在众多"另类商业"，可称为"特殊商域"。所谓特殊商域主要是指实行有别于主类商域的特殊制度、规定了商业活动的特殊行为规则、承担着社会经济中的特殊功能的那类商域。特殊商域的特殊性主要是由一定的制度安排所决定的，从这一意义上说，所谓特殊商域实际上是"特殊制度商域"。在这类商域中，由于制度形态的特殊性，价值文化和经济理性表现，以及运行机理都具有显著区别于主类商域的独特性质，非常值得专门研究。特别是在中国特色社会主义背景下，更需要对一些特殊商域进行深入研究。特殊商域主要有四大类。

第一，国有企业。国有企业是特殊企业，其设立宗旨、价值文化、管理规则、行为方式、决策程序等均具有非常不同于一般企业的显著特点。尽管在法律形式上可以尽可能接近一般企业，例如实行有限责任的公司制、公司股票上市交易、成立以董事会为决策中心的企业治理结构、实行劳动合同制等，但国有企业必然受到除一般民商法之外的其他法律或政策规定的规范，即使没有规定其具有"特殊法人"的法律地位（大多数国家都按"特殊法人"来规定国有企业的法律性质），但实质上是特殊法人。国有企业的价值文化必然具有区别于一般企业的很大特殊性。国有企业高管进行决策的价值取向和心理（风险）偏好，同民营企业家或企业高管都必然具有极大不同，这是国有企业的特殊性质所决定的。在中国，国有企业是一个特别庞大的商域，必须进行长期深入的观察研究。无论进行怎样的改革，只要仍然保持国有企业性质，就永远是一个需要专门研究的特殊商域。

第二，非传统企业。这类企业不以利润最大化为目标，但按照一般商业企业的规则经营（企业产生利润，但不实行利润分红），以保持可持续经营，致力于实现某些社会性目标，通常称为"社会企业"。这类企业不追求企业规模，但具有社会扩展性。例如，孟加拉经济学家穆罕默德·尤努斯开办的格莱珉银行，从事普惠金融，致力于脱贫，成效卓著，获2006年诺贝尔和平奖。世界上还有不少企业家致力于社会企业的发展，已形成了一个规模不小的特殊商域。

还有一些企业家，反对利己主义的企业经营理念和管理方式，创造性地以利他主义理念和经营方式管理和发展商业性企业（实行利润分红，企业股票还可以上市交易）。最著名的就是日本企业家稻盛和夫。他的经营实践表明，以利他主义理念和经营模式也可以办成非常具有竞争力的企业（他本人曾创办和领导了两家世界500强公司）。在他的倡导和影响下，以利他主义理念进行商业化经营的企业已为数不少，这可以成为商域经济学的一个很值得深入研究的特殊商域（这类企业也可以归之为主类商域，作为具有较强社会责任意识这一显著特征的一类企业）。

第三，商业组织。在经济社会发展中，还有众多与商业企业有别，但也发挥着为社会提供各种产品和服务的组织。在法律性质上它们不被称为"企业"，属于非商业性（非营利）组织，在税收等制度上也有别于商业企业，但同商业企业具有许多共性，例如，它们也需要进行财务核算，有收入目标，需要筹资，也会进行投资，存在市场竞争等。因此，完全可以将它们归之为一个（或多个）具有独特性质的商域，称为"类商业组织"。包括各种类型的基金会、（民间）科学研究机构、（民间）教学机构、（民间）医疗机构、体育（经营）组织、宗教组织（寺庙、教堂）的经营机构、党派组织的经营机构、军队的经济机构等。

第四，国家事业单位。这实际上也可以归类为"类商业组织"。在中国，一些重要的科研、教育、医疗、卫生、文化、体育等组织都是按国家事业单位的形式设立和运行的，是一个规模很庞大的特殊商域，在经济社会发展中发挥着特别重要的作用，而

且非常具有中国特色。国家事业单位的主业或主要经费由政府财政拨款，同时又有市场化的"创收"任务，财务分"预算内"和"预算外"两部分，不同程度上"自收自支"，具有"体制"内外双轨运行的性质。这样的特殊商域，其运行机制和价值文化必然具有很大的独特性，有必要作为一个专门的特殊商域类别来进行深入研究。

六、结语：一个前景广阔和充满挑战的新学科

本文的讨论表明，商业经济学和域境商学是一个发展前景非常广阔的研究领域，不仅可以从经济学的基础理论层面和学术体系的底层逻辑上进行深入研究，形成具有范式革命性质的突破性研究成果（可使人"茅塞顿开"），而且可以从现实经济的各个方面进行多视角观察分析，形成内容丰富的新颖性研究成果（可使人"耳目一新"）。它的研究方向既可以是学科导向的，也可以是问题导向的，或方法导向的。案例研究也具有重要学术价值。

在深度和广度上都具有极大推展空间和施展舞台的商域经济学及域境商学研究，对其研究者或研究队伍提出了很高的要求，这更可以激发研究者们的学术兴趣和促使更多年轻学人树立学术志向。这是一片辽阔的科研"蓝海"，有志者尽可以在这里发挥潜力，施展才能，成就事业。

从逻辑上说，商域经济学具有抽象和具象两个方向上的动能主轴，既可以抽象到极致，也可以具象到朴素。由于它的学术属性跨越理论经济学、应用经济学、工商管理以及诸多相关学科，其研究着力点可以是上"殿堂"，成为堂上明珠；也可以是进"花园"，迎来百花齐放。因此，商域经济学研究首先需要发挥高度的理论想象力，并运用逻辑抽象力和归纳综合力，体现对复杂现实世界的深入洞察力和剖析能力。当然，也需要研究者掌握一定的数理技术方法作为研究工具，特别是，现代数字技术支持的大数据分析，可以成为商域经济学研究的得力助手。在这样的科研"蓝海"中，尽管机会无限，但也充满挑战。是否真的能够建立和发展起一个新的学科和学科群，取决于能否产生高质量的研究成果，这需要众多有兴趣并决心长期致力于这一研究的学者、研究者和商业实践者的共同努力。锲而不舍，方有成效。

后 记

完成本文时，正好收到最近一期《经济研究》，读到周建波、孙圣民、张博、周建涛4位作者撰写的论文《佛教信仰、商业信用与制度变迁——中古时期寺院金融兴衰分析》[10]。这是一篇从理性、伦理、制度三维视角讨论经济现象和商业活动（寺院金

融）的有趣文章。作者说："本文揭示了，发展金融要重视对人文道德等金融伦理的建设。金融伦理要体现为金融制度，金融制度也要反映金融伦理的要求。而这正是唐中叶后中国金融业发展的方向，也是马丁·路德改革后欧美世界金融发展的方向。""寺院金融和本土金融的发展，都有力诠释了经济组织以提高效率为目标而进行的制度变迁，是一种非正式制度与正式制度的良性互动。"作者还进一步讨论了，从世界范围来看，宗教在金融发展史上所起的至关重要的作用。世界三大宗教对信徒从事金融活动的具体规定各有异同。他们都鼓励资金的流通，但不同点在于：佛教主张收取利息，相当于出租土地收取的定额租；基督教和伊斯兰教都反对收取利息，但赞成通过参与投资的形式分享利润，这类似于出租土地时收取分成租。这两种方式各有利弊，但收取利息更有助于提高经济效率。后来，基督教会承认了收取利息的合法性。伊斯兰教仍然坚持反对收取利息，但一些伊斯兰国家曾通过引进西方法律制度而允许金融机构收取利息（"伊斯兰复兴运动"的兴起又使之回到禁止收取利息的传统道路上）。这一研究令人信服地展示了，价值文化和制度形态对经济理性发挥了显著而深刻影响的历史事实。确实可以表明，经济发展不只是一个由经济理性主导的效率取向物质技术（资源配置）过程，而是一个多维因素互动交融的文明演化过程，因而，各商域的经济发展必然体现为不同的文明型式及其演化过程。

参考文献

[1] 金碚. 论经济发展的本真复兴 [J]. 城市与环境研究, 2017 (3).
[2] 金碚. 关于"高质量发展"的经济学研究 [J]. 中国工业经济, 2018 (4).
[3] [美] 保罗·海恩, 彼得·勃特克, 大卫·普雷契特科. 经济学的思维方式 [M]. 史晨, 译. 北京：机械工业出版社, 2018.
[4] [英] 约翰·凯伊. 市场的真相——为什么有些国家富有, 其他国家却贫穷 [M]. 叶硕, 译. 上海：上海译文出版社, 2018.
[5] [孟加拉] 穆罕默德·尤努斯. 普惠金融改变世界——应对贫困、失业和环境恶化的经济学 [M]. 陈文, 陈少毅, 郭长冬, 等译. 北京：机械工业出版社, 2018.
[6] [美] 弗农·史密斯. 经济学中的理性 [M]. 李克强, 译. 北京：中国人民大学出版社, 2013.
[7] [德] 马克思. 关于费尔巴哈的提纲 [A] //马克思恩格斯选集（第一卷）[M]. 北京：人民出版社, 1972.
[8] [美] 塞缪尔·亨廷顿, 劳伦斯·哈里森. 文化的重要作用——价值观如何影响人类进步 [M]. 程克雄, 译. 北京：新华出版社, 2010.
[9] [德] 诺贝特·埃利亚斯. 文明的进程——文明的社会发生和心理发生的研究 [M]. 王佩莉, 袁志英, 译. 上海：上海译文出版社, 2018.
[10] 周建波, 孙圣民, 张博, 等. 佛教信仰、商业信用与制度变迁——中古时期寺院金融兴衰分析 [J]. 经济研究, 2018 (6).

试论经济学的域观范式[*]
——兼议经济学中国学派研究

金 碚

摘 要: 在学术范式上,现代经济学在很大程度上是沿着牛顿力学或机械论的隐喻发展起来的,即有意无意地将经济体和市场体系想象为某种程度上同牛顿所理解的物理世界相类似,终而形成了微观经济学和宏观经济学的学术范式体系的基本构架。现代经济学的主流学术范式的缺陷或局限性,主要体现在两个方面:第一,关于经济活动的空间性质的假定;第二,关于人的行为的个人主义抽象目标假定。在现代主流经济学的微观——宏观范式中,引入域观范式,可以形成微观经济学、宏观经济学、域观经济学三大体系构架。其中,微观经济学和宏观经济学主要以经济理性为范式支柱,而域观经济学则以经济理性、价值文化和制度形态三维框架为范式支柱。中国的独特国情可以有力助推经济学的范式创新,使商域经济学得以建立和发展。而且,中国所面临的需要解决的经济发展问题,也对经济学范式创新提出了紧迫性需要。中国经济学的升华可以有两个主要的突破方向,或者说,中国年轻经济学者获取高水平经济学成就的学术路线可以有两种现实选择:攀登经济学的高地山巅和开拓经济学范式变革的创新蓝海,这两种都是中国经济学发展需要努力的方向。而对于经济学的经世济民使命而言,后一个努力方向恐怕更具现实紧迫性和更可能做出重大学术贡献。

关键词: 域观;范式;商域经济学;中国学派

经济学是社会科学中最显耀的学科之一,她的辉煌很大程度得益于其学术底层逻辑的抽象思维特征,以此支撑了其学术范式的严谨性,从而构架起庞大的学科体系。在经济学界,存在各派经济学家们所持的不同理论观点、分析意见和对策主张。对于同样的现象,经济学家们会形成不同的甚至是完全对立的意见和主张。不过,哪怕是

---

* 本项研究得到国家社会科学基金重大研究专项 "加快构建中国特色哲学社会科学学科体系学术体系话语体系" (18VXK002)、中国社会科学院学部委员创新工程项目 "经济学理论创新与实践探索" (SKGJCX2019-2020)的资助。

原文发表于《管理世界》2019 年第 2 期。

持完全不同立场和主张的经济学也可以同时获得同一种学术大奖，表明其都具有值得重视的学术价值。例如，弗里德里希·奥古斯特·冯·哈耶克[①]与冈纳·缪尔达尔[②]是两位学术立场完全不同的经济学家，但却可以在 1974 年同时获得瑞典皇家科学院颁发的诺贝尔经济学奖，他们甚至因观点对立而不愿意同台领奖。既然完全对立的学术理论都可以被同一个评审委员会认可，并都获得极高评价，那么，经济学的真理性还有客观标准吗？这样的奇异现象为其他学科所少见，但并没有因此而使人们怀疑经济学的科学性和影响其受尊崇的地位。其实，对于许多现实经济问题，经济学家们真正能作出准确判断和预测的把握也不是很大，重大经济危机的发生大都出乎经济学家的预料，甚至被认为，恰恰是实行了一些经济学家所主张的经济政策才诱发了经济危机。经济学家依据自己所精通的经济学知识去从事实际经济活动，例如办企业或从事各种交易活动，成功概率也并不一定就比其他人更高。那么，经济学究竟是一门什么样的学科呢？如果她的实际成就其实并不特别值得夸耀，那么，为什么还能享有如此高的声誉？经济学真的担得起"社会科学皇冠上的宝石"这份荣耀吗？她的未来将走向何方？中国经济学家有可能对经济学的发展做出自己的独特贡献吗？

一、现代经济学的微观—宏观范式及其局限性

现代经济学诞生于 18 世纪，一般认为以亚当·斯密《国富论》发表的 1776 年为标志。那也是近现代自然科学产生的时代，其最伟大代表艾萨克·牛顿（1643~1727年）爵士，作为英国皇家学会会长和英国著名的物理学家，是一名百科全书式的"全才"科学家，他甚至对经济学也有所贡献，曾提出了金本位制的主张。现代经济学的产生和发展深受以牛顿为代表的现代自然科学思想的影响。在学术范式上，现代经济学在很大程度上是沿着牛顿力学或机械论的隐喻发展起来的，即有意无意地将经济体和市场体系想象为某种程度上同牛顿所理解的物理世界相类似，终而形成了微观经济学和宏观经济学的学术范式体系。在那个时代也产生了达尔文的生物进化论，其中的生存竞争和自然选择理论对经济学发展也有所影响，但远不及牛顿理论对经济学的影响深刻。

本文先从简要讨论经济学的微观范式开始，来观察现代经济学的基本特质。现代经济学的研究和分析以至表述方式都倾向于希望按照体现逻辑一致性的思维，形成抽象的概念体系和学术范式。其逻辑起点是从假定经济活动的"原子"出发，视其为最

[①] 弗里德里希·奥古斯特·冯·哈耶克（Friedrich Augustvon Hayek，1899~1992 年），奥地利裔英国经济学家，新自由主义的代表人物，1974 年获诺贝尔经济学奖。

[②] 冈纳·缪尔达尔（Karl Gunnar Myrdal，1898~1987 年），瑞典著名经济学家，瑞典学派和新制度学派以及发展经济学的主要代表人物之一，1974 年诺贝尔经济学奖获得者。

基本的"微观主体"。最直观地看，经济活动的主体就是自然人或家庭，所以，现代经济学首先要对人的行为作出基本假设。这样，经济学的观念就基于个人主义之上，即假定人的行为目标是个人效用最大化。进而假定，这样的原子般的微观主体可以自主决策，而且是在没有任何其他因素干扰的如同空盒子般的牛顿空间中自由运行，用经济学的语言来表达就叫"假定其他条件不变"，而其实质含义则是，假定微观主体的活动不受其他因素影响。于是，在这个空无、匀质的被称为"市场"的绝对空间中，采用机械力学的隐喻，就可以想象为：在不存在其他影响因素的绝对空间中，原子般的微观主体自主决策并发生相互间的各种供求活动关系，在价格信号体系引导下为追求"最大化"行为目标而进行竞争，达到局部均衡和一般均衡。并且可以想象为，"市场"中的价格信号如同"看不见的手"，调节着原子般的经济主体的行为。

按照这样的思维方式，经济学虽然被归之为"社会科学"，其实是非常不"社会"的，经济学所设想的人是完全没有社会特性的。如著名德国学者诺贝特·埃利亚斯所说："把个人看作是完全自由、完全独立的人，看作是在'内心'完全独立自主的、与其他人相隔离的'封闭的个性'，这样一种个人观在欧洲社会的发展史上有着悠久的传统。""这个观点是某个发展阶段上人的自我认识的一个特点。这部分是因为人们错把理想当作事实，部分则是因为把人的自我控制机制物化了，把人的情感与人的行为机制相隔绝，把人的情感与行为以及与对行为的直接控制相隔绝的缘故。"[1]这一认识传统在经济学发展中越来越被强化，并且被形式化和数量化，从而使经济学所描绘的图景高度理想化。可见，经济学的世界实际上是经济学家定义和想象的完美世界。

当然，偏离完美世界的均衡状态的情况是可能发生的，经济学称之为存在"未出清"现象。不过，这种偏离如果只是偶然的，并且可以通过自发调整而趋向均衡，实现"出清"，那么，经济体系仍然可以算是完美的，大体符合"理想"。但是，如果会发生系统性的非偶然（周期性）的不均衡现象，则经济体系的完美性就成为需要专门研究的问题，这就涉及"总量"均衡与否的讨论。于是，形成了经济学的宏观范式。

经济学的宏观范式，假定各微观经济活动的个量都是同样具有理性的人的行为表现，因而是可以加总的，即加总是有意义的。所以可以定义各种经济总量概念，例如总供给、总需求、价格总水平、总收入、总产值等。并且可以在实际经济活动的某个环节上，定义（实际上是假定）各种可以计量的概念或指标数的意涵。这些概念的意涵同实际生活的真实过程不同，而只不过是可以以货币单位来计量的某个可观察的"瞬间"（或短期发生）值，这就是所谓"流量"，如"投资""消费"等。被定义的这些概念，并非常识概念所表达的那种真实的生产活动行为或真实的吃穿用等消费行为，而只是供需双方发生的买卖即支付行为中的"支付"量，所以被定义为"需求"量，并可以加总为"总需求"。其实，人们可以追问：既然将其定义为交易流量，那么，"买"和"卖"、"需求"与"供给"总是同时发生的，对一方是买，对另一方就是卖；对一方是需求，对另一方就是供给，因而总是相等的。既然这样，宏观经济概

念有什么意义呢？怎么可能会发生"不均衡"或"失衡"呢？按照定义，它们不都是"恒等"的吗？为此，经济学就把各概念都分别定义为"事前"意义和"事后"意义的量，"事前"就是"想要"，"事后"就是"实际发生"。所以，在"事后"意义上供需永远相等，而只有在"事前"意义上供需才可能不等。但是，既然是"事前"的"想要"，在流量上并没有实际发生，那么，没有发生的流量如何计算呢？这成为宏观经济范式的一个软肋。主流的宏观经济分析总是偏重于需求（流量）分析，而通常忽视"存量"因素和供给因素。因为"存量"是没有发生的流量，因此，其"价格"不是客观的，而是估值的。可见，按照宏观经济学的学术范式，由于局限于流量分析，其假设的经济空间仍然是（或可以是）具有空无、匀质特征的牛顿式绝对空间，在这个空间中，能够观察的是"流量"现象，而"存量"因素则被观察者尽可能地"抽象"掉了，并视而不见，尽管"存量"现象才是经济活动的实际内容和目的所在（例如，衣食住行均为存量现象），而"流量"不过是工具性的"走过场"环节（衣食住行物品的买卖过程）。

当然，以上所述仅为当代经济学学术范式的底层逻辑构架的概念假设。在这一范式构架上，经济学体系可以进行大量的拓展延伸，并产生经济学的各种衍生性学科。例如，产业组织理论、产业经济学、能源经济学、贸易经济学等；数理经济学、计量经济学、技术经济学；交易费用理论、制度经济学、产权经济学等；区域经济学、国际经济学等。用经济学方法研究社会问题，还产生了社会经济学、家庭经济学、民族经济学，等等，不一而足。这些衍生性学科，尽管各有其研究对象和专门方法，但其学术范式的底层逻辑特性仍然服从于经济学主流体系的"微观—宏观"范式，基本上是"万变不离其宗"。

马克思研究政治经济学，创造了自己的学术范式体系，但也没有离开"人类文明的大道"。马克思经济学的方法论，基于唯物史观，也具有高度的逻辑抽象性，其叙述体系以"商品"为逻辑起点，假设其为经济体中的"细胞"。马克思政治经济学体系也具有演绎逻辑性质，即可以从商品及其二重性的假设出发，推演出整个学术体系框架。但马克思坚持历史唯物论世界观，不承认抽象的人性，而认为现实的人性是社会关系的总和，这区别于西方主流经济学的"经济人"假设。在马克思的学术范式中，一定的社会关系决定了经济"原子"（或"细胞"）的社会性质。在资本与雇佣劳动关系中，资本家是人格化的资本，工人是人格化的劳动。他们的"人性"和行为特征是由其在社会关系中的地位决定的。这一理论显然更具有现实性。抽象人的行为，在马克思那里变为现实人的关系。马克思的理论对不同社会形态的经济关系及经济现象具有时代性的解释力。

不过，对不同时代不同条件下的经济现象和经济行为进行研究，不符合西方主流经济学派的范式承诺，他们所承诺的学术范式，是从抽象的人和抽象的人性出发的。所以，按照上述经济学的主流学术范式，其自身的学术发展偏向于竭尽所能地追求更

高程度的抽象性。抽象化程度成为学术水平高低的标志之一，认为那才是"严谨"科学的体现。由于数学具有最高的逻辑抽象性，所以，艰深的经济学推理和分析越来越倾向于采用数学方法。这样，经济学几乎发展为可以被称为"第二数学"的严谨科学体系，各种经济关系都被表达为数学关系，经济研究最重要的方法就是"建模"和"推导"。人们认为，这样才可以达到精致、严谨和没有概念歧义的高水平境界，而如果不用数学形式来表达，则几乎任何经济概念都被认为是不严谨的，即其内涵都是难以精确定义的。但是，经济学概念和模型的抽象性越高必然离真实现实越远。所以可以看到，经济学的无数论文和学术成果，几乎同现实世界无关，而完全是在自己定义的抽象世界中自言自语，自成一体，经济学家们则在此过程中自娱自乐。尽管如此，也不能否认经济学研究的学术价值，"高深"的经济学成果还是可以得到很高的学术评价，其对启发思想和梳理思路不乏积极意义。但是，人们也不能不质疑：建立了如此庞大复杂的学术体系，经济学真的能够被用来解释现实世界吗？要不就是，我们本来就不应该要求经济学解释现实世界，经济学根本就没有解释现实世界的使命？

需要说明的是，本文这里所说的"主流"经济学范式，在当代西方经济学界，一般认为是"新自由主义"或"新古典自由主义"经济学学派的学术范式。如有的学者指出，在当代，新古典自由主义经济学的影响虽然遍及世界，但是，从根本上说，它是美国环境的产物。它最显著的思想特征是：认定自由市场是一个与个人自由生死攸关的核心问题；在论证自由市场、有限政府和道德秩序的过程中充满乌托邦式的因素。而且，实际上，"新古典自由主义经济学家意识到，其所提倡的'自由市场'蓝图是永远无法实现的，但坚持认为自由社会应当朝着这个方向努力"。[2]一定意义上可以理解为，在牛顿式空间隐喻的范式思维中，新古典自由主义经济学所想象的经济世界是具有"审美"价值的，是一个美妙的乌托邦世界，这个世界是可以由"单一规律"来解释和描绘的。

其实，社会科学的许多理论都有"乌托邦"性质，因为它们总是基于理想化的范式承诺，不过，那种理想化想象往往是有些任意的。由于美国经济的强大，所以很大程度上使反映了美国经济的域观特征①的新古典自由主义经济学成为现代西方世界经济学理论的主流范式。经济学的这个主流范式，也许在如美国这样的国家，由其现实的域观特性所决定，还难以发生"范式革命"。但是，在高度多元的世界各国经济中，这样的经济学主流学术范式的缺陷，或其不适应性，正表现得越来越突出。许许多多的经济现象只能被认为是主流范式下的"反常""扭曲"或"悖理"现象。但是，现实世界中一些重要的"特色"现象事实上已经成为常态，但在经济学主流范式中却不予正视，而且在现实中总是欲除之而后快。同时，在现实世界中的特色性常态现象的许

---

① 本文以下部分将深入讨论与"微观"和"宏观"相对应的"域观"范式，在这里，本文暂且将"域观"简要定义为"一定区域、领域或时域中所呈现的现象或发生的行为"。

多经济学文献和研究成果，被视为不入流的旁门左道。其实，这些现象本身就反映了经济学主流范式的危机。

于是，经济学界开始进行另辟蹊径的尝试，试图突破主流经济学的范式框架。因此产生了演化经济学、行为经济学、制度经济学等学科，从经济学范式体系的基本隐喻（演化经济学对机械论的挑战），到关于真实的人性行为（行为经济学对行为"理性"的挑战），以及经济制度抽象假设（制度经济学对抽象制度秩序的挑战）等方面，发出了经济学范式变革的先声。人们不能满足于经济学体系的抽象完美和总是津津乐道于现实中并不存在的抽象的"优化世界"，而是希望经济学能更好承担解释真实世界和提供可行解决方案的使命。如果经济学不能"经世致用"，那她就只能是一座仅供观赏的象牙塔。

二、域观视角在经济学范式中的地位

以上讨论显示：现代经济学的主流学术范式的缺陷或局限性，主要体现在两个方面：第一，关于经济活动的空间性质的假定；第二，关于人的行为的个人主义抽象目标假定。其实，这两个缺陷或局限性是高度相关的：现实的复杂性和多元性，在主流经济学范式中，被假定为高度的抽象性和同质性，反而认为现实世界是被"扭曲"的。其实，完全可能是主流经济学范式曲解了真实世界。

如经济学家哈耶克所说："经济学打算加以解释的活动，涉及的不是自然现象，而是人。……它是有关人们为解释如何最有效地为不同目标而发现和利用不同手段的理论。"[3] 他指出："人类的独特成就，即导致他的其他许多突出特性的成就，就在于他的差异和多样性。除了少数物种因为人类施加的人为选择而产生具有可比性的多样性外，人类的多样性无与伦比。"[3] 也就是说，现实中的人是各不相同的，他们有"不同目标"。因此，"在这大量的人口中间，不仅发展出了多种多样的内在属性，而且形成了千姿百态的文化传统，他们强大的智力，特别是在其漫长的成熟期，使他们能够从中做出选择。人类的大多数现在能够维持自己的生存，正是因为他们具有高度的灵活性，因为存在着如此不同的个体，他们不同的天赋是他们能够吸收不同的传统所形成的无限多样性的组合，使他们彼此之间进一步各具特色"。[3]

关于人的行为是相同还是不同的理论假定是构建经济学理论的一个关键性的底层逻辑基础问题：如果认定人的行为是各不相同的，实际上就是否定抽象理性人的存在（或者承认人的行为不仅仅是理性的），如果那样，就无法解决经济分析的加总问题（不同的事物无法加总）。为了进行行为加总并使经济学可以有严谨的理论体系，就得假定人（至少是绝大多数人）是理性的，这实际上就是认定各个人的行为（在本质上）是相同的。经济学理论的严谨性建立在理性人的假定之上，才能构建起经济学的

理性人世界。不过，很显然，由完全相同的行为人组成的经济学世界与我们所生活在其中的现实世界相差甚远。现实世界事实上不是一个抽象理性人组成的世界。真实世界中人的行为既有相同性，也有差异性，有的相似性明显，有的相异性极大。经济学既要承认人的行为的相同性，也必须正视人的行为的差异性。如果将行为相同性较强的人群活动空间定义为一个"经济域"，并承认经济空间区分为各个不同的"经济域"，就可以为经济学的学术范式奠定更可信和坚实的底层逻辑基础。

在现实中，不仅人的个体差异巨大，而且处于不同国家、地域、领域以及各种可以成为"域"的情景中的不同人群之间的差异也是很大的。人的交往和从事的经济社会活动，总是在一定的制度条件中发生的，这些制度条件决定或影响着人们活动和交往的行为秩序。所以，人类存在的现实世界并非牛顿式的绝对空间，社会经济活动的现实空间总是表现为非空无、非匀质、非绝对的性质。也就是说，复杂的现实经济空间具有"域"性，即分为具有不同性质或特征的区域、领域或群域，因此，现实的社会经济空间是由无数"经济域"即"商域"所形成的复杂多维空间。

这个复杂多维的社会经济空间可以从经济理性、价值文化和制度形态的三维视角来观察和刻画，这就形成了经济学的学术新范式：域观范式。在现代主流经济学的微观—宏观范式中，引入域观范式，可以形成微观经济学、宏观经济学、域观经济学三大体系构架。其中，微观经济学和宏观经济学范式主要以经济理性为支柱，而域观经济学范式则以经济理性、价值文化和制度形态三维框架为支柱。微观经济学和宏观经济学仍然可以追求"均衡"状态的"最优"（或最大化）为逻辑指向，而域观经济学则以刻画多元域态和发现域际机理为逻辑指向。简言之，微观经济学和宏观经济学具有逻辑"一维"倾向，而域观经济学则具有逻辑"三维"特征。

如果确实能够形成微观经济学、宏观经济学、域观经济学三大体系构架，则首先会深刻涉及经济学的"假设"问题。作为一门逻辑抽象度很高的社会科学学科，经济学所刻画的并不是一个可以肉眼观察的世界，而是由抽象逻辑的"假设"所构建的无形世界或符号世界，即经济学总是在一系列"假设"前提下进行研究和推理分析的。那么，经济学如何进行"假设"呢？有的经济学家主张，理论的价值不应该由它们的假设是否真实来判断，也就是说，不必要求假设的真实性，而只要求假设或假说具有"似真性"就可以了。而有些经济学家却不赞成这样的主张，例如，美国经济学家科斯就认为："如果我们的理论是旨在帮助理解体系为什么会以当前的形式运行，那么，假设的真实性就是必要的。假设的真实性要求我们分析真实的世界，而不是那些不存在的想象世界。"[4]

如果要使对经济运行体系的研究更加接近真实世界，而真实世界中的因素又极为复杂，那么，必然会发生经济学与社会科学其他学科相渗透的学术发展态势，实际上就是在以往的主流经济学体系中引入其他因素。如科斯所说，"如果说与其他社会科学相比，经济学确实获得了更快发展，那么，这要归功于经济学研究的幸运契机，即经

济行为的重要决定因素皆可以用货币来衡量。这意味着,其他领域的从业者现在所面临的那些问题,不可能因为经济学家的侵入而烟消云散,因为经济学家进入那些领域后,必须放弃那些曾经支持其成功的力量。如果不对经济学发展起来的分析方法做重大修改,这些方法就不可能被成功运用于其他社会科学"。因此他认为,"研究的进行可能需要其他社会科学界的协作,但没有经济学家,研究就不可能做得好。因此,我想,我们可以期待经济学的研究范围永久地扩展到其他社会科学领域,但是,扩展的目的是为了使我们能够更好地理解经济体系的运行"。[4]

如果我们将视野拓展到更真实的世界,对许多经济学的问题就会有不同的假设和判断。其中,最具决定性意义的是对"人性"的假定。科斯说,"通常,人们错误地认为,亚当·斯密将人视为一个抽象的'经济人',他只是单纯追求自身利益。但是,斯密不可能认为将人看做一个理性的效用最大化者的观点是合理的。他认为,人实际上受自爱主宰,但并非不顾及别人;人能够推理,但未必以这种方式达到正确目的;人仅仅是透过自我欺骗的面纱来感知自己活动的结果。……如果我们愿意有保留地接受斯密有关人性的即使不全是真理至少也是大部分正确的观点,意识到他的思想比通常认为的有更宽宏的基础,这会使他关于经济自由的观点更加强大,结论也更具说服力。"[4]

可见,经济学如果能更加增强其"假设"的真实性,减少其过度抽象而丢失重要决定性因素的任意性,就可以有效拓宽和夯实其学术基础,增强研究结论的可信性和说服力。这就是域观视角及以其为基础的商域经济学可以获得一席学术地位的机会。总之,现实世界是丰富多彩的,仅以"货币"这一把尺子,以抽象的"最大化"作为自利人的唯一行为目标,所刻画出的世界,是同真实世界相背离的没有生机的图像,甚至不过是"自我欺骗的面纱"① 下的幻像。所以,经济学需要进行范式变革,域观范式下的商域经济学的形成和发展,可以为经济学赋予更旺盛的生命和活力。

三、商域经济学的学术范式创新

基于以上讨论,我们可以进一步思考,如果接受微观—宏观—域观的经济学范式结构,能否使我们所看到和刻画的经济学世界,更接近于现实世界呢?如果这样,我们过去所熟悉和广泛使用的工具,还能有效使用吗?面对新的范式视角,我们必须创造怎样的新工具、新方法,以避免没有"金刚钻"揽不了"瓷器活"的尴尬?

以域观范式的视角来研究经济现象和商业活动,可以建立一门新的学科即商域经

---

① 货币常常被比拟为覆盖在实体经济上的一层"面纱",对实体经济运行没有实质影响。而追求货币则是"人性的欺骗"。货币本身虽然没有任何实际用处,人不可能靠货币生存,但却无度地追逐货币,是人类行为的"异化"现象。

济学。笔者曾经撰文指出："商域经济学的逻辑基础，既是抽象的、演绎的，同时又是具象和归纳的。"商业经济学范式假定，"在现实中，所有的人都不是生活在微观经济学和宏观经济学所描述的抽象世界中，而是生活在一定的实际域境之中，即'一切社会关系的总和'映射下的某个局部世界里。人们的经济活动总是发生在具体的'商域'中，他们的各种感受和行为方式也都形成于特定的商域，而不会有抽象人性所决定的抽象经济关系和经济现象。也就是说，人类的一切经济活动都是'商域'性的"，而"商域是指具有一定价值文化特征和特定制度形态的商业活动区域或领域。"[5]

在经济学研究，特别是经济史学研究中，关注文化（社会心理）和制度对于经济发展的作用并非先例，许多学者都在这方面做出过很大努力，并取得重要成就。例如，美国经济学家诺斯，将包括产权制度、意识形态、伦理道德、国家体制在内的制度因素作为内生变量引入经济分析框架中，而且特别关注人口增长所导致的区域及国家间制度差异和经济关系的演变，导致国际竞争，进而促使各国进行制度变革。他总结说，"那些国家的成功是所有权重建的结果。而失败……则是经济组织无效的结果"。[6]

中国著名经济学家厉以宁教授对经济运行调节机制的研究也超越了经济理性，他研究了除市场调节和政府调节之外的"第三种调节"，即"道德力量调节"或"文化调节"。他说："市场调节和政府调节无论在何种社会环境中或者经济形势下都不是万能的。市场调节有不可忽视的局限性，政府调节同样存在不可避免的局限性，如果没有道德力量调节来配合，无论市场调节还是政府调节都不可能发挥应有的作用。这通常被称为市场失灵或政府失灵。"[7]他还指出，"道德力量调节中最常见的和使用最频繁的就是自律。人人都要自律，无人能例外。自律就是一种无形的调节。它表现为各个行为人都按照自己的认同所形成的文化传统、道德信念、基本守则来约束自己的行为"。[7]

实际上，在西方经济学界，关于经济学是否能解释世界，即经济学是否可以称为"科学"，也存在长期的争论。经济学的形式化、数学化和过度抽象化因而越来越远离现实，也受到严厉批评和许多诟病。那么，经济学究竟有怎样的解释力呢？英国经济思想史学家罗杰·E. 巴克豪斯经过对经济学说史的深入研究，特别是在对关于"经济学是科学还是意识形态"争论的多视角剖析中，得出这样的结论："当问题得到严密和准确地界定，当所涉及的行为主体是在易于理解的限制条件下行事，当其行为动机易于把握时，经济分析的作用是相当强大的""经济学的成功至少部分有赖于创造出一个经济理论可以适用的环境"。[8]

巴克豪斯认为，现实的市场经济运行受到各种因素的影响，赤裸裸的理性市场经济是不存在的，"市场经济若要平稳运行，不仅需要摆脱政府的干预，还需要多得多的东西。它需要精心设计的制度结构。从广义而言，'制度'这一术语涵盖的不只是市场赖以存在所需要的财产权和基础设施，也包括与之相适应的思维习惯"。因此，经济学的有效性取决于能否在复杂的现实中识别出一些可以特别关注的经济机制。他说："对

于在严格界定的一些制度中的少数几类行为动机所产生的影响，经济理论具有强大的分析方法，但是在考虑整个社会的转型时，必须关注范围广泛的人类动机和不受政策制定者控制的制度，还需要涉及心理学和社会学。……一般而言，经济学家的理论只是识别出可能在运行的一些机制，而不是提供有关整个社会如何运转的具有非常普遍意义的理论。"[8]

根据他的研究，只有在能够被明确定义在一定范围之内的经济现象，而且在人的行为特性能够被较好把握的限度内，经济学才有强大的分析能力和解释能力。超出这一范围和限度，经济学就难以解释现实，而必须引入经济理性之外的"制度""思维习惯"等因素，才能解释现实。也就是说，经济学是难以解释无边无际的"整个社会"现实的，而只能解释可以被识别出具有显著特征的一定的"域"中的现实。换句话说，如果不对现实的经济空间进行"域"的划分和定义，经济学对现实的分析是无能为力的。总之，只有承认现实经济的域观性质，形成域观范式，经济学才具有真正的科学性。

可见，在汲取前人研究成果的基础上，进一步深入经济学的底层逻辑进行学术构建，在庞大复杂的经济现实中识别出不同的域境，使经济学的学术范式更具清晰性和解释力，是经济学发展的一个可以大有作为的努力方向。将"一致性经济空间"假设转变为"差异性域观空间"假设，是一个经济学学术范式创新方向。建立这一学术范式结构，更有助于解释当今世界的各种经济社会现象。而且，由于文化的多元性和制度的多样性，使得经济理性在不同的域境中也具有差异性表现，这样的经济学范式显然可以更接近丰富多彩的客观现实。

如前所述，以域观范式为理论逻辑的商域经济学，承认人的差异性和人所处的域境差异性，如马克思所认定的，作为资本家的人与作为工人的人具有不同的人格特征。在不同的商域中，人的价值观念和行为方式具有不同的文化特质，而且，由于制度形态的不同特质（制度形态及其特性又受传统文化的深刻影响，可谓"文化是制度之母"），决定或影响着人的价值观念和经济行为，所以，不同商域中的人的经济行为，具有理性（客观规律）和非理性（习俗文化）的双重性。简言之，现实中的人不是抽象的经济"原子"，而是具有复合特性的行为主体。

马克思发现了人类社会发展客观规律和社会形态演变的基本阶段，但他也并没有否定不同国家经济形态的特殊性（即我们所说的域观特征和商域性）。在他的理论中，社会经济形态尽管具有发展阶段的客观规律，但也并非"铁律"。马克思论述了西方世界的社会发展形态演变规律，同时也承认东方世界的"亚细亚生产方式"，即承认人类世界社会发展形态的不同演变道路。著名的奥地利学派经济学家哈耶克认为，人类社会具有制度演化的非理性特征（即他所说的"非构建性"），他认为，人类制度是一种"扩展秩序"，形成和发展过程受介于人的"本能"与"理性"之间的力量推动。尽管德国是黑格尔的故乡，但德国经济学的历史学派却主张各国经济受具体历史条件

和进程所决定，并非抽象体的逻辑演绎（如黑格尔所说的"绝对精神"的客观化）。总之，许多经济学经典作家都承认，现实经济现象即使是从学术抽象意义上，也绝不仅仅是"理性"或理性力量的产物，而是各种复杂因素的共同作用结果和现实展现。也就是说，现实经济是一个分域性的世界，人们必须以域观范式来把握这个世界。

如果承认人与人有差异，那么，更应承认企业与企业也有差异。其实，如笔者曾经所论证过的，"从个人主义的'经济人'假定直接推论出企业行为的'利润最大化'目标假定，更是非常武断的"。[5] 在现实中，特别是在不同商域中，不同企业之间的行为差异是很大的，这种差异具有本质性，是难以完全消除的。尽管人和企业都具有经济理性，经济理性通常更倾向于逻辑一致性，但人及企业的文化差异性也很大，甚至可能会比经济理性的逻辑一致性还要强大得多。而且，植入不同文化和制度中的经济理性，其本身也会变形，而不再具有抽象的纯粹性。即连"经济理性"也会变得很有"特色"。人们常常要求处事要理性，"不要感情用事"，但现实情况是，理性和感情都对人类行为产生决定性影响。特别是在制度形态和价值文化差异显著的不同商域中，即使是作为法人的企业，其行为特征，包括"经济理性"所决定的行为特征也是非常不同的，各商域中的企业都会具有强烈的域观特征。

也就是说，现实中的企业实际上是非同质的，而且非同质性往往表现为类别差异，即具有不同的域观特征。例如，国有企业和民营企业（非国有企业）可以被视为不同商域中的企业，它们之间存在难以同化的域观特性。国有企业的价值文化和制度形态（包括长期形成的秩序特征）必然显著地有别于民营企业。国有企业无论怎样改革，也不可能被改变得同民营企业的行为方式完全相同，除非改变为民营企业。所以，无论是在制度形态、价值文化还是其决策理性的倾向偏好上，国有企业必然是特殊企业，即具有显著区别于民营企业的域观特征的企业。在现实中，不仅国有企业同民营企业属于不同商域，各具特性和行为特点，而且，还存在不同组织形态的各类企业。总之，在域观经济学范式下，企业世界是一个多元多类的商域现实。

在经济学理论框架中引入域观视角，对于经济学各学科及跨学科的学术研究也具有重要意义。例如，在研究财政学的理论基础时，学者们也发现基于以往的经济学范式所形成的财政学理论范式对现实财政关系缺乏解释力和预测力。他们看到，"事实上，市场是一个包含着多种行为主体的'平台'，是各个生产行为主体进行交易活动的空间和区域"。[9] 他们的研究成果也表明了在财政学的学术思维中，也必须要有经济活动空间的域观范式承诺，即承认众多经济活动主体的行为差异性，使经济活动空间由具有不同域观特质的商域所形成非均质空间，形象地说，就是人类经济活动是在多区间多层次的不同经济空域（即商域）中发生的经济现象和经济行为。

四、域中有域、域际相通的域观世界

域观经济学范式中，"域"的界限取决于观察者的定义，而并非只能是指地理空间中的区域。经济学研究所界定的商域，可以是较抽象的域，也可以是较具象的域。一些商域的形成是由制度差别导致，也有一些商域的形成是由国家归属、民族文化、宗教信仰、地理区域等各种因素所导致。之所以会形成一定商域，总是由于存在一些十分突出且不易改变的因素，特别是深入价值文化内核而形成的特定商域根深蒂固的特质或特色，具有长远和深刻的影响。当然，商域特质或特色并非不可改变，不过这种改变具有演化性质，是在现实过程中逐渐演变的。当我们界定了一个商域后，在其中还可以界定不同的次级商域，并进一步细分。现实经济呈现为域中有域的状态，当我们认识和描述现实经济时，是可以进行多层级的商域类别划分的。也就是说，商域不仅是客观现实，也是经济学研究的范式工具，即域观经济分析方法的运用。

域观经济学范式下的商域经济学，不仅研究各不同商域中的经济主体的行为和经济现象，揭示他们的理性、文化和秩序特性，而且要研究不同商域之间的关系，可称为"域际关系"，即不同特征的商域如何互通共存；如果商域间发生竞争关系，如何构建域际分工的相容关系，特别是能否形成"竞争中性"的域际秩序。在现实中，如果存在域际壁垒，商域经济学应着力研究各种域际壁垒的性质、演变趋势以及可选择的解决方案（如果需要解决的话）。

从域观经济学的学术范式看，世界上任何经济体都是有其"特色"的，不存在无特色的纯粹市场经济过程，即牛顿式绝对空间中的抽象市场经济。经济活动所处的文化环境和制度环境都不相同，也根本无法实现不同商域间的文化及制度（秩序）的完全无差异化。换句话说，即使是完全基于经济理性的行为主体，也不可能绝对脱离多元化的文化和制度环境，因此，其经济理性也必然会被植入文化和制度"基因"或"染色体"。世界上不存在赤裸裸的纯粹的理性经济人，除非它是设定了经济理性程序的机器人，而非真实的人类。

美国著名历史学家彭慕兰和史蒂文·托皮克在《贸易打造的世界——1400年至今的社会、文化与世界经济》一书中指出："人或许是聪明的动物，但几无证据显示人是天生'经济理性'的动物，换句话说，人性是否真驱使人竭尽所能积累物质以追求个人最大的福祉，几无证据可资证明。""不管是过去，还是现在，人类买入某物或将该物送人，除了为极尽可能满足自己的物质享受，有时还在借以表明某人或某群体既有的身份或希望取得的身份，表明自己与他人间既有或希望拥有的社交关系。经济活动是社会活动，因此这类活动能聚拢不同群体的人，而且这些群体往往因文化背景上的差异，对生产、消费、买卖的理解大相径庭。"[10]他们的研究表明，"市场并非总是自

然形成的。市场的出现依赖于社会习俗的形成"，因此，"我们认为文化是起作用的。文化总是能改变特定人群想要的东西，并且会让某一事物在不同地方的价值千差万别"。"在制度和信念中凝结的因文化而异的偏好，和地理因素一起，创造出了不同的地区（region）。有时候，人们认为所谓的地区，只不过是通向一个真正'全球化'的世界的跳板，但是否如此，我们并不清楚。"[10]

经济学家通常将复杂的现实经济尽可能抽象为经济理性主导的过程，以求理论分析和推断的逻辑自洽和严密。而真实的现实却是由各种因素所决定和影响的。其中，最具深远影响的因素是价值文化因素和制度因素，而价值文化和制度形态并非由人类的理性过程所决定。正因为这样，所以，尽管经济发展有其客观规律性，似乎可以被理论家推演为一个"标准型式"的动态过程，因而各国各地区的经济发展特别是工业化过程都会有某种相似的推进轨迹。但实际上，各国各地区的工业化过程的表现却是各具特点的，有些甚至大相径庭。所以，经济发展过程总是表现为某种具有"域"性特征的道路，世界各国的工业化，特别是到了工业化的中后期，没有两个完全相同的国家，各国都有自己的特色，千姿百态。

这样，我们的讨论就直接涉及了国际经济和经济全球化的问题。经济全球化的实质是世界经济倾向于形成能够使具有不同域观特征的经济体进行互联互通、广泛交易和公平竞争的国际秩序。一方面，各国经济具有自己的域观特性，不可能做到全球同质化；另一方面，各国家（各商域）之间要达到顺畅交往、交易和公平的竞争与合作的全球化格局。其间，经济理性当然是重要的，这是全球化的主导因素之一；但文化和制度的多元化和差异化也是不能回避和无法消除的。如果在制度和文化上不能沟通、衔接，经济全球化必然矛盾重重，壁垒森严，纠纷不断。

由于经济学理论范式在人们构建经济制度中会发生强烈作用，所以，当经济学主流范式的缺陷凸显时，人们据此所构建的制度也必须进行改革。世界贸易组织的构建就是一个很好的例子。它原本是在经济学主流范式的思维框架下形成的，实际上假定所有国家都会趋向于发展为相同的经济形态，只不过有些国家已经处于发达状态，而有些国家尚未达到，被称为"发展中国家"。由于发展中国家的经济实力弱，因而可以给予一定的过渡性的优待。而当发展中国家达到相当的经济实力水平后，其经济形态同发达国家趋同，就应执行同发达国家相同的自由贸易标准。但是，各国经济发展的现实却是，各发展中国家的经济发展并没有导致趋向于同发达国家相同的经济形态，也就是说，无论达到怎样的经济发展水平，国与国之间的价值文化及制度形态间的差距仍然巨大，并没有发生经济发展水平提高后，各国价值文化及制度形态也趋同的情况。换句话说，各国的域观特征差异并不趋于收敛。现实使人们开始"失望"，于是，世界贸易组织就不得不进行改革。其深刻性在于：以往的那个经济学范式所构想的世界同现实世界产生重大矛盾，人们的思维方式必须改变，即承认世界经济是由具有不同域观特性的国家所组成的非匀质空间，以往那个经济学主流范式所设想的均质性的

自由贸易世界是永远不会到来的，而自由贸易的全球经济空间永远会"和而不同"，各国之间不可能实现"百国一体"。世界贸易组织的制度必须以新的学术范式为思维方式，进行重大改革。在各国域态不同的条件下，实现更好的域际相通，这才是可以实现的经济全球化格局。

综上所述，可以看到，经济学的域观范式变革和商域经济学的建立，不仅具有学术和理论意义，而且具有非常重要的现实意义，尤其是全球性意义。如果缺乏域观范式的思维观念，不承认现实经济是一个域中有域、域际相通的域观世界，仅以微观—宏观范式观念所想象的经济全球化格局是难以顺利实现的。只有确立域观范式观念，才能真正实现经济全球化。

五、中国独特国情助推经济学范式创新

经济学的范式变革，即域观经济学范式的形成，之所以有可能发生于中国，很大程度上是因为，巨大规模和极具特色的中国经济是域观经济学研究或商域经济学的绝好观察对象。正因为中国经济的价值文化及制度形态具有显著特色，而且中国历史漫长，人口规模巨大，其价值文化和制度形态特色具有极强的坚韧性，其"坚固内核"具有极强的稳固性。所以，中国经济绝非市场经济中的一个"例外"模式，而是同西方市场经济共存的另一个域观常态。而且，中国经济体的内部结构极为复杂，中国多元文化和制度特质使中国经济体成为一个巨大的并具有多层结构的复杂域观空间，因此，其域观经济特色极为丰富，是以域观经济学范式视角进行经济学研究的一个极为难得的客观经济体对象。如果要在世界上寻找另外具有同样规模和现象丰富性及特征稳固性的研究对象，恐怕需要选择众多国家才可与之媲美。例如，中国一国的域观现象丰富性，几乎可以相当于整个欧洲；美国、加拿大、俄罗斯等虽然是国土大国，但其域观现象丰富性也远远不及中国。

中国经济的域观特征决定了她具有强劲的增长潜力和发展过程的商域丰富性：长江三角洲、珠江三角洲、粤港澳、京津冀等；实行"一国两制"、扩展为大中华经济圈、"一带一路"倡议等；以及经济主体（企业）类型的丰富性等；特别是多民族国家的特点等。这些丰富国情，使经济学范式变革，具有独特的研究对象条件。过去，我们有意无意地有一个观念：西方世界是"先进"的和"现代"的，中国则是"传统"的或"落后"的，经济发展的趋势是落后模仿先进，向先进趋同，传统变为现代，所以，现在的西方经济就是未来的中国经济。从域观经济学范式来看，这样的观念是不现实的。中国经济的域观特质决定了：中国同西方国家永远不可能完全趋同，它们将永远是人类发展中域观特色各异的不同经济体。所以，中国的独特国情，不仅不应令人诧异或"失望"，而且可以助推经济学范式创新，对确立域观范式，做出独特贡

献，使人类各国更好地理解自己所处的现实世界，并准备迎接这个世界的未来。

中国经济的一个特质是，东西方文化的大规模交汇和深度融合。一方面，中国有漫长的历史，深具东方文化基因和制度特色的延续性，而且也有东西方交流的长久经历。另一方面，中国的现实制度和意识形态，遵循马克思主义和列宁主义，这是在西方文化背景下所形成的巨大价值文化力量，输入中国后，成为中国当代国家制度和官方意识形态的正统因素，产生强大和深刻的决定性影响。这样，中国经济体的域观格局就变得极具特色。所以，"中国特色"确实是世界无双的域观现象。商域格局和域观现象，在中国经济发展中将展现出人类文明大格局中的多方位演绎过程。总之，中国经济的域观性质，既不是完全东方性的，也不是完全西方植入性的；中国一方面向西方学习，接受西方现代文明的科学理性、先进文化和制度因素；另一方面强烈地保持着中国的思维、文化和制度的历史遗产因素，坚持"文化自信""制度自信"。可以说，中国经济体具有并且会不断地丰富展现出基于域观经济学范式所刻画的图景。这是中国经济学界可以为经济学范式变革做出重要贡献的独特国情条件。

由于中国经济体和社会形态的极大"特色"，许多领域中所发生的现象向商域经济学提出了各种"难题"，这也正是对中国经济学界致力于研究商域经济学的激励和更可能取得有价值成果的机会。例如，中国有14亿人口，而且正在趋向人口结构的老龄化，这是一个极大的域观难题。因此，健康医疗和被称为"大健康产业"领域中的现象和行为就是一个需要着力研究的庞大而复杂的商域。对这个特殊商域的研究，必须突破微观—宏观范式，而在域观范式的框架中展开。笔者在《关于大健康产业的若干经济学理论问题》一文中指出："大健康产业是满足人民健康需要的一个涵盖面相当广泛的特殊商域。这一商域具有独特的理性逻辑、价值文化特征和制度形态，而且，不同国家的大健康产业也各自具有不同于其他国家的特征和特色。也就是说，大健康产业这一商域空间，是极为丰富复杂和多元化的。研究大健康产业，必须要有多维视角。在大健康产业这一特殊商域中，生产、交换、消费，以及政府的监管制度等，其具体模式都有极大的可选择性，即以不同的组织形式和运行机制，应对和解决不同的问题。所以，在大健康产业这个复杂商域中，生产形式和供应方式纷繁复杂，几乎涉及各类经济组织形式。包括商业性（营利性）生产和供给方式、非营利性生产和供给方式、社会企业生产和供给方式；互助性生产和供给方式、慈善性供给方式；公共性生产和供给方式（公立医院，应急系统）等。"而且，"既然健康如此重要，关乎基本人权和终极需要，而且满足健康需要的生产组织和供应方式又如此多样复杂，进入大健康领域的各类主体的经济和法律性质纷繁复杂，行为目标各不相同，那么，如何确保各种供需活动的正常有效进行，避免出现不良行为和失序现象，就一定会成为十分重要的公共管理问题"。[11]

再如，由于科学技术进步，产生了各种新兴的高科技产业，发展中国家在有些领域已经走在世界前列，如任正非先生所说的"进入了无人区"，一系列前沿问题将层出

不穷。特别是，互联网和数字经济的极大发展，以及人工智能产业的兴起，已经并正在形成更多具有显著区别于传统产业性质的特殊域观现象。对于呈现为特殊的经济关系、价值文化和制度形态的这类新兴商域现象，是难以由经济学的微观—宏观理论范式来驾驭的。而基于域观范式变革的商域经济学，则可以成为研究这类新兴领域的经济现象和商业行为的学术新工具。特别是，这些新兴的高科技产业，或颠覆性科学技术的运用所导致的崭新经济社会关系，如何同其他商域衔接、互联，使整个经济体顺畅有效运行，更是商域经济学需要着力研究的重要问题。

再一类绝好的研究对象是中国经济开放过程中所发生的独特域观现象，包括商域特性和域际关系。从世界经济发展的大趋势看，"贸易创造世界经济格局"是一个重要规律。其中，贸易密集的地区就会逐步形成具有越来越紧密联系的区域，区域之间的贸易频繁化，就会使这些区域形成更大的区域。如果区域间的贸易联系跨越国界，就会形成各种跨国性的区域。各国往往倾向于在这些区域达成更顺畅的贸易关系，突破国际壁垒，成为国际自由贸易区。当然，更为理想的是使世界各国间都形成自由贸易关系，这就称之为"经济全球化"。这一逻辑是一个经济理性主导的过程，从经济效率上说，当然是理所当然的经济进步方向。但是，现实是复杂的。例如，中国的粤港澳大湾区就是一个极为典型和有趣的域观经济现象和商域经济学研究对象，而绝非现有的基于微观—宏观范式的区域经济学分析方法所能驾驭的问题。

粤港澳大湾区中的 3 个经济体（目前包括有十几个行政市），虽然位于一个紧密的地理区域，却各具非常不同的价值文化和制度形态特性。所以，由 3 个经济体构成的粤港澳大湾区内部具有显著的"域际"性，是由经济社会特质显著不同的"域"所构成的一个经济关系复杂地区。在经济学视野中，产生了一个非常典型的域观问题：具有不同域观特性的 3 个经济体，需要整合为一个更紧密联系的经济一体化区域时，如何实现域际沟通、协调和交融？

具有不同域观特性的粤、港、澳 3 个经济体，各有不同的历史，文化差异较大，政治体制和法律制度更具有很大的本质性差别。从经济理性上说，粤港澳大湾区中的 3 个经济体之间，贸易及其他经济交往关系越自由、互联互通越发达，就越有利于整个地区的经济发展。但是，由于 3 个经济体的域观特质的深刻差异，完全拆除相互间一切壁垒，成为高度统一的经济共同体，实际上又是很不容易做到的，即使要达到欧盟那样水平的经济一体化程度，实现欧盟内部那样的高度自由流动的经济关系，包括商品、资金、人员、信息等的自由流通，也面临一些难以解决的问题。其中，最根本的当然是"一国两制"这个特殊政治关系。欧盟经济体中的各国虽然本质上是国际经济关系，却可以实现高度一体化，以至几乎可以达到通畅性，接近"国内化"的程度。因为，重要的是欧盟各国虽然主体不同，但国体性质是基本相同的。而粤港澳虽然属于一国，相互间的经济关系本质上是一国之内的不同区域间的关系，但其相互间的壁垒和通畅性障碍往往表现得强过欧盟内部各国间的阻碍。

可见，粤港澳大湾区经济一体化，是一个非常独特的域观经济现象，不可能模仿世界上现有的任何一个经济区域，来构建粤港澳大湾区的一体化模式，而必须因地制宜地进行制度创新。这至少可能会涉及：如何安排好商品、资金、人员、信息等受阻碍的可流动要素在粤港澳大湾区内的流动自由化程度。总体来说，商品流动的自由化相对比较容易，主要涉及关税差别、卫生及质量标准差别、文化产品（例如图书）的道德标准差别、知识产权制度差别等。资金流动的自由化，涉及对于"金融自由化"的理解和处置，特别是面临一些关系金融体制和金融安全方面的敏感问题以及外汇管理制度差别等。尤其是，数字货币的迅速发展，包括区块链技术导致的对法币体系的冲击，金融当局不得不采取各种管制措施，粤港澳之间的金融制度差别也会成为一个需要协调的重大而敏感的问题。人员流动的自由化，是一个涉及国家治理体系中比较复杂关系的问题，实际上，粤港澳大湾区内人员流动自由化主要表现为人员身份多元化条件下的国家管理问题，也就是说，具有不同身份的人如何被赋予不同的自由流动权利，才有助于实现国家治理。特别是，由于国家治理制度和人口规模的巨大差别，相对于港澳地区人口，内地人口在粤港澳大湾区自由流动必然会受到较大程度的限制。至于信息流动自由化问题，则主要是基于粤港澳间的治理体系性质差别的不同制度安排所导致的差异化管控要求，体现了粤港澳三地不同的政治制度性质。在这方面，互联网的管理和联通规则将可能成为一个需要重点研究的问题。而且，在信息技术越来越发达的条件下，信息流与资金流的界限可能越来越模糊，甚至在数字货币成为不可阻挡之势时，资金流完全表现为信息流（数字流），会对粤港澳大湾区的经济自由化形成新的挑战，需要尽快研究。

可见，粤港澳大湾区的经济发展、合作协调和经济自由化，不只是经济理性问题，更是涉及深刻而广泛的价值文化和制度形态的问题。社会科学理论界必须投入更大力量进行研究，特别是对于前沿性的问题和可能出现的重大现实挑战，要有前瞻性的关注和研究，从而科学预见粤港澳大湾区的域际演化前景。

总之，中国的独特国情，可以有力助推经济学的范式创新，使商域经济学得以建立和发展。而且，中国所面临的需要解决的经济发展问题，也对经济学范式创新提出了紧迫性要求。从域观范式研究和发展商域经济的努力中，可以看到中国经济学发展的轨迹和前景。

六、经济学在中国的范式演变及其前景

当代中国经济学发展的历史不长，仅仅几十年。新中国成立时，以往的经济学理论和学科体系基本上被"出清"了。如同是在一片处女地上，按照"资本主义"和"社会主义"两个假定社会形态，植入两大理论范式：按照马克思《资本论》的逻辑

构建"政治经济学（资本主义部分）"；按照苏联《社会主义政治经济学教科书》的逻辑构建"政治经济学（社会主义部分）"。除此之外，反映中国经济体系的现状，还产生了统称为"部门经济学"的分支学科，例如，工业经济学、农业经济学、国民经济计划学、国际贸易等。

1978 年，经济体制的改革开放，使传统经济学的研究对象发生根本性变化，经济学学科体系也必须变革。政治经济学仍然维持"政治经济学（资本主义部分）"和"政治经济学（社会主义部分）"两大板块，但其具体内容，特别是"政治经济学（社会主义部分）"的具体内容随着体制改革、政策变化和实践中发生的新现象而不断修正。期间也有一些范式变革的尝试，例如，北京大学厉以宁教授编著的《社会主义政治经济学》，试图在原有的马克思政治经济学理论体系中融入西方主流经济学的理论因素，以至实现两种体系的衔接甚至融汇。但迄今为止，中国经济学界所接受的政治经济学的学科理论范式基本未变，当然，在其中也不断引入了西方经济学的理论因素以及加入了中国经济发展和经济体制改革中所取得的经验性成果，特别是加进了反映中国经济政策变化的重要思想内容。例如，由洪银兴教授主编的《新编社会主义政治经济学教程》，由"经济学时代""经济制度""经济运行""经济发展"和"对外经济"5 篇构成[12]，基本反映了中国政治经济学学科发展所达到的前沿水平。

在政治经济学理论体系演变的同时，中国经济学 40 年来最大的变革是，全面引进了西方经济学的学科体系，通过学习、吸收、消化（中国化）和体系化，形成了今天中国经济学的庞大学科体系。这个庞大学科体系的构成，主要体现为两大板块，一个是原有政治经济学体系的扩展和改进（如前所述）；另一个是西方主流经济学体系的移植。所谓"同现代经济学接轨"和高等教育的教学"国际化"，基本上体现了上述后一理论体系板块的形成和发展。尽管中国将经济学划分为"理论经济学"和"应用经济学"两大"一级学科"，并分列了比西方经济学学科体制更多的"二级""三级"学科，但其整个经济学体系的底层逻辑同西方经济学主流的微观—宏观学术范式没有根本差别。也就是说，在主流经济学的常规范式中，微观经济学和宏观经济学的思维方式是整个经济学体系大厦的底基以及学术范式和逻辑的"主心骨"。一定意义上可以说，中国经济学学科体系的形成过程同现实经济的改革开放进程基本同步，相得益彰。因而，也如中国经济的引进、模仿、消化、吸收过程已基本完成一样，中国经济学体系的引进、模仿、消化、吸收过程也基本完成了。目前，西方经济学体系中的几乎每一个学科领域，中国经济学都已充分进入，并形成了相当规模的教学科研力量。可以说，近 40 年，也是中国经济学的高速增长和规模大幅扩张的时代。中国不仅是一个经济大国，而且也已经是一个经济学的研究和教学大国。

那么，当确立了经济学范式之后，中国经济学发展是否面临着范式变革呢？托马斯·库恩指出："取得了一个范式，取得了范式所容许的那类更深奥的研究，是任何一个科学领域在发展中达到成熟的标志。"当确立了一定的科学范式，成为"常规科学"

时，科学的继续发展，或科学家的科学成就就主要不再以书（著作）的形式出现，而"通常以简短的论文的方式出现，只写给专业同事们读，这些人被认为都具有共同范式的知识，唯有他们能够写出论文，也才能读懂为他们写的论文"。在这样的成熟阶段，"一种范式给人们留下非常多的扫尾工作要做，而完成这些扫尾工作又是多么地令人迷醉。……大多数科学家倾其全部科学生涯所从事的正是这些扫尾工作。……这些活动似乎是强把自然界塞进一个由范式提供的已经制成且相当坚固的盒子里"。托马斯·库恩称这样的工作为"常规科学"，并指出："常规科学的目的既不是去发现新类型的现象，事实上，那些没有被装进盒子内的现象，常常是完全视而不见的；也不是发现新理论，而且往往也难以容忍别人发明新理论。相反，常规科学研究乃在于澄清范式所提供的那些现象与理论。"此时，人们将等待"科学革命"的发生，"科学革命就是科学家据以观察世界的概念网络的变更"。他称为"范式转换"，并指出："范式是一个成熟的科学共同体在某段时间内所认可的研究方法、问题领域和解题标准的源头活水。因此，接受新范式，常常需要定义相应的科学。……以前不存在的或认为无足轻重的问题，随着新范式的出现，可能会成为导致重大科学成就的基本问题。"[13]

笔者在这里较多引述托马斯·库恩《科学革命的结构》中的话，是因为我们希望从科学发展史的角度来判断当代经济学是否走到了以范式转换为标志的"科学革命"关头。从以上引文中可以看到，当前的主流经济学已经非常吻合托马斯·库恩所描述的"常规科学"的表征。大量的以论文形式出现的经济学研究成果，似乎真的不过是在做"扫尾工作"，试图把现实中发生的现象塞进既定范式的"相当坚固的盒子"里。因此可以看到，经济学期刊发表的大量论文表现得高水平、很深奥、充满复杂公式、非同行专业人员难以读懂，但并无新理论新思想，其结论往往并没有超越常识，不过是将常识性的因果关系用复杂的"建模"和"推导"方式表达出来。现实中的许多重大问题，却反倒被"常规科学"认为无足轻重。因此，尽管笔者不敢冒言经济学的"范式转换"，因为，主流经济学的既定范式还十分强大，新旧范式的完全替换恐怕为时尚早，但部分改变和积极创新却在所难免，这样的改变和创新至少可以反映经济学范式的重要变革。变革之后，变革前的范式并不完全失效，其所刻画的图景可以成为新范式图景中的一个"特例"，即在做了一系列假定，限于一定范围之内，原有范式仍然部分有效。如果发生与时俱进的范式变革，经济学将会变得更有价值，现实意义更加重大。"范式不仅给科学家以地图，也给了他们绘图指南。在学习范式时，科学家同时学到了理论、方法和标准，它们通常是彼此纠缠、难分难解的。因此当范式变化时，通常决定问题和解答的正当性的标准，也会发生重大变化"。[13]

中国经济学范式变革同中国经济发展成就高度相关。同中国经济发展取得了巨大成就后其局限性反而凸显出来一样（所以提出要树立新的发展观，实现从高速增长向高质量发展的转变），当中国经济学的发展取得了耀眼成就后，她的局限性（质量不高）也凸显出来，这主要表现在两个方面。一是尽管从西方经济学界吸收知识，并形

成了完整的学科体系，经济学从业人数庞大，但中国经济学的学术水平离西方经济学界还有很大距离，其直接表现就是，在所谓国际"顶级"学术期刊上发表的学术论文很少，更不用说还没有中国经济学家能够获得国际公认的经济学大奖，例如诺贝尔经济学奖等。二是中国经济学缺乏原创性的学术创新，不仅因其学术底蕴不够厚实而缺乏想象力，而且对于崭新现象的观察、刻画和解释缺乏学术穿透力和范式构建能力。中国经济学正处在能否实现进一步升华的路口上：一边是高山，一边是大海。"高山"是西方经济学的学术成就的高耸山巅；"大海"是现实经济的鲜活生命运动的浩瀚空间。

因此，中国经济学的升华可以有两个主要的突破方向，或者说，中国年轻经济学者获取高水平经济学成就的学术路线可以有两种现实选择：第一，进一步努力逼近现有经济学学术范式下的"世界水平"，这一学术路线可以称之为"尖极化"方向，即向经济学的顶尖和极地攀登。第二，另辟蹊径，进行范式变革，创造新的学术进步路线，例如，建立以域观范式为支撑的商域经济学体系，这一学术路线可以称为"域观化"方向，这就如同是开拓经济学未曾开发或少有人涉足的广阔"蓝海"①。总之，攀登经济学的高地山巅和开拓经济学范式变革的创新蓝海，都是中国经济学发展需要努力的方向。而对于经济学的经世济民使命而言，后一个努力方向恐怕更具现实紧迫性和更可能作出重大学术贡献。

按照第二条学术发展路线，就可以形成经济学的"中国学派"。其实，其他国家的经济学也在开拓被称为"某某国学派"的经济学流派，为世界经济学做出很有价值的贡献，例如芝加哥学派、哈佛学派、奥地利学派、瑞典学派以及德国历史学派等。经济学是一种科学范式体系，不同的人即使看到的是同一个世界，所刻画出的也是不同的映像世界，一定意义上可以说，"人所看到的世界是自己心中的世界"。更不用说，各国经济学家总是倾向于更关注自己国家的经济现象和问题，即使观察世界其他国家的经济现象也是立足于自己国家的视角。所以，实际上各国经济学家所看到或关注的是不同的现实世界，所形成的往往是以不同的学术范式所刻画出的不同的认识图景和表达形式。可见，在进行经济学范式变革和专注中国经济新现象这两个方向上，都可以拓展出经济学中国学派的广阔空间。在中国经济发展的新时代，建立经济学中国学派，是中国经济学界得天独厚的天赐良机。

对经济学进行域观范式变革，并非凭空构建一个新的学术大厦。如前所述，各国经济学家已经在这一方向上做出过不少努力，从经济学范式的隐喻、对经济学理性假定（经济人假设）的心理实验、对不同国家的人群的价值观特征的研究等都是对经济学的理性逻辑的突破性研究。一些衍生性的经济学科，也将经济理性之外的因素，例

---

① 人们将尚未充分开发的领域或未知的市场空间称为"蓝海"，而将已经充分开发因而十分拥挤的领域或市场称为"红海"。将以开发"蓝海"市场为主要方向的企业行为称为"蓝海战略"。

如文化、信仰、民族、地理等引入经济学的分析框架或模型。

其实，只要是观察和研究接近现实的经济现象，就必然会从高度抽象的经济学世界，迈入域观视角的领域。回顾和总结中国改革开放 40 多年的历史，可以清晰看到，中国经济发展所取得的成就突出体现了域观经济范式的现实力量：各项宏观政策和微观改革均有意无意地运用了域观经济规律，没有任何一项改革和重大政策调整可以仅仅依据微观经济学范式和宏观经济学范式作出决策；而且，各地区、各行业、各领域的改革，凡是能够取得积极成效的，无不是因地制宜的，其具体举措无不是"接地气"的，而没有任何成功的改革措施和制度安排可以仅仅从抽象的理性逻辑出发。相反，凡是仅仅以经济理性的抽象逻辑制定的改革方案，例如有的国家实行的所谓"休克疗法"改革策略，都无不以失败告终。所谓"实践是检验真理的唯一标准"和"摸着石头过河"，实际上就深刻体现了域观思维，即不仅依据经济学的理性逻辑，而且必须从中国的历史文化及制度形态特质的各个维度观察和处理现实问题。因此，中国所走的只可能是"中国特色的经济发展道路"，所建立的只可能是"中国特色的社会主义制度"。脱离了域观特色的经济制度和发展道路是行不通的，实际上也是不可能存在的。由此可见，中国经济学发展的"蓝海"路线，可以具有非常广阔的前景。

七、中国学派对经济学范式变革可能的贡献

中国经济学家，经历了与其他国家的经济学家截然不同的成长过程，身处于不同的社会制度和文化环境中，其思维方式不可能不受到深刻影响，所以，完全可能对经济科学的发展，包括对其范式变革做出独特贡献，形成经济学的中国学派。当然，有的经济学家可能认为并没有或者不可能有什么中国学派，全世界的经济学都只能有共同的范式，经济学应该像数学那样，一套同样的方法适用于一切国家和所有领域。其实，坚持这样主张的经济学家本身也是一个学派，应该主要是那些完全接受西方主流（或正统）经济学的经济学家，他们认为在西方国家产生的被称为"现代经济学"的主流学术范式，也应该成为中国经济学界的唯一选择。这样的观点当然也可以成为一种学术主张，也许有其自身的思维逻辑和学术范式，希望将所有国家的经济现象都装进那个唯一的经济学范式盒子之中。不过，一些人主张有（或者可以形成）经济学中国学派，一些人主张没有（或者不可能形成）中国学派（按此逻辑，实际上是主张经济学根本不可分出不同学派），这恰恰表明了经济学家因某种差别，客观上是分为不同学派的。只不过是，有些居主流地位的学派可能希望成为普世性学派，实际上是体现其"一神论"的信仰。但无论如何，既然有自认的"主流"，也就实际上承认有非主流，既然有自认的普世取向，实际上也就表明存在不赞同普世取向的学派，这恰好表明了，不同学派的存在是无法否认的。

那么，经济学的中国学派对经济学发展的范式变革可能做出何种重要贡献呢？这与中国的独特国情直接相关，至少有三个特别值得重视的方面。

第一，伟大的实践性。中国经济发展，特别是改革开放以来的经济发展，完全可以称得上是人类发展史上最伟大的变革实践和建设实践之一：中国十几亿人口，占世界总数接近20%，在短短几十年时间内，通过工业化和城市化，摆脱贫困，进入中等收入国家行列，并成为GDP总量世界第二的国家，极大地改变了世界工业化版图和人类发展的面貌。伟大的实践产生伟大的理论，中国经济发展实践对经济学的发展，包括学术范式的创新发挥着极为深刻的影响。中国数千年历史所形成的价值文化特质和这一独特发展道路和制度探索实践，给中国经济学打上深刻的烙印：中国经济的微观主体、宏观态势均具有显著特色，中国经济的域观状况更具有极大的丰富性和多元性，这使中国经济学的理论体系必须要具有对复杂经济现象的有效解释力和对中国庞大经济体现象的多方位涵盖性，这就要进行艰难的理论建设和学术创新。否则，经济学如何驾驭中国伟大实践所创造的壮观现实世界？从这一意义上说，中国经济学如果碌碌无为，缺乏创新，就只能成为被中国的伟大实践所鄙弃或忽略的"纸上谈兵"游戏。反之，中国经济学如果要有所作为，成为同中国的伟大实践相匹配的真正学问，在中国的伟大实践中发挥思想启发和现实洞察的作用，就必须进行理论创新，特别是实现经济学学术范式的变革再造。按照托马斯·库恩的说法，科学的进步往往是从"事实的新颖性"引致"理论的新颖性"[13]。中国经济发展的新颖实践，为理论创新铺垫了肥沃的土壤并提供了丰富的养分。

其实，在中国经济发展过程中，中国特有的体制机制对经济学和经济学家们产生了直接或间接影响，留下了比在其他国家的域观条件下大得多的作用空间。在一般国家，包括经济发达的西方国家中，经济学或经济学家发挥社会性、地方性或全国性影响的作用方式和实现机制是很有限的。经济学家们就算是说对了，又能如何？能够通过什么方式和手段而成为影响社会实践的实际举措呢？——或者争取立法，那路径十分漫长；或者借助行政，但政府功能有限；或者诉诸舆论，却实际效能莫测。而在中国的域境条件下，情况显著不同。经济学界如果有好的意见，可以有"红头文件"机制，予以采纳、执行和实现。中国经济体系的一个可能的世界无二的域观特征是：虽然契约机制可能弱于西方发达的市场经济国家，但各级党政部门"红头文件"的形成—传达系统和执行系统所形成的作用机制，可以产生强大的信息能量，这一机制如同人体中的神经系统那样，将调节性信息传导给执行主体，而且具有程度不同的强制性（法规性）和资源调配效力。所以，在中国经济的域观条件下，经济学更有条件成为具有实践作用力的学问，因此，"应用经济学"在中国成为特别庞大的"一级学科"。可见，在中国的伟大实践中，中国经济学力争以更加切合实际的学术范式来观察、研究、洞察和引导经济发展过程，本身就是经济学中国学派的一个显著特征。从这一意义上甚至可以把中国应用经济学称为"实践参与型经济学"，从"上报""内参"到"批

示"和形成"红头文件",是中国经济学家发挥"智库"功能的一个中国特色体制机制。正因为中国经济学家可能发挥更积极和直接的参与作用,所以,仅仅依据微观—宏观范式所做出的研究成果是远远不够的,中国经济学家必须以域观范式来观察和研究现实,才可能"具体问题具体分析",使所做出的研究成果更加贴近现实,更具有实践的可行性。

第二,马克思的理论。如前所述,中国经济学的理论溯源,除了引入现代西方经济理论和学科体系之外,更重要的是马克思理论的基础和指导作用。经济学的底层逻辑依赖于关于人性和经济空间基本性质的认识或假定,在这个逻辑底层结构上,中国经济学极具特色,即马克思主义理论的输入与现代经济理性的输入,在中国深厚传统文化基础上,形成了中国学派的经济学科学思维的范式倾向。如本文前面已讨论到的,马克思理论体系中,关于人性和人的行为的认识,具有非常的深刻性,关于经济空间特征的认识同关于社会形态演化阶段的研究密切相关,这就为经济学中国学派的探索和学术建设提供了非常有利的范式演化条件。

众所周知,马克思的理论具有思维的辩证性和历史观的唯物主义原理,因此,将人的行为特征基于一定的社会历史条件中来定义,是马克思的理论原则,这就为本文所讨论的经济学的域观范式问题,提供了有力的理论支撑基础。即人非抽象之人,人的行为非追求抽象算计之"最大化",而是一定的现实条件中的具体行动,也就是说,经济行为都是具有域观特征或商域特征的行为,经济现象大都表现为域观现象,而非抽象的微观现象或宏观现象。在现实经济中,只有域观现象才是真实现象,各经济主体的活动空间都以商域形式而存在。而域观特征又同不断进步的生产力状况相关,这就是众所周知的马克思关于生产力与生产关系、经济基础与上层建筑之间关系的范式基础。显然,马克思的理论范式对经济学中国学派的研究探索具有重要的指导意义,即不存在抽象的人和抽象的微观—宏观经济空间,而只有现实的人和现实的域观经济空间。

第三,范式冲击反应。当前,世界科技进步和社会变迁对经济学的学科范式产生的冲击是广泛而深刻的。无论是在中国,还是在世界其他国家,原有经济学的那种绝对空间中"原子"式的微观经济主体间进行行为目标"最大化"竞争,进而形成均衡,这样的经济学学术范式正在受到极大冲击。如何应对这样的冲击,形成新的更符合巨大变化中的经济现实的新的学术范式,是全世界各国经济学界面临的共同挑战。挑战是共同的,但应对挑战的反应方式,即经济学创新发展的路径,可能有不同选择。中国经济学界受到前述两个重要因素的强烈影响,或者也可以说是由于具有前述两个重要的现实条件,因而可以形成对经济学范式冲击的具有中国特色的应对方式,即在微观范式和宏观范式的经济学体系框架中加入域观范式。这样,经济学体系可以形成一个更稳固的可经受冲击的范式结构,从微观、宏观和域观三重视角观察、分析和把握现实世界,其解释力会更强。

这可以做一个形象的比喻，按照微观—宏观经济学范式所看到的经济世界是：均质空间中的同质"生命体"，构成单元一色的单调世界。而按照域观经济范式则看到的是：非匀质空间中的各种物种，构成种群多样的复杂世界。将前一范式转换为后一范式显然更接近于现实的经济世界。

当然，按照微观、宏观和域观的范式体系来发展经济学的中国学派，是一项艰难的任务，因为，微观、宏观的经济学范式体系，已经相当成熟，而其成熟的标志是高度形式化、数学化和模型化，它的武装是非常"现代化"的。与此不同，至少到目前为止，对经济现象进行域观分析，难以做到同微观—宏观范式那样的形式化、数学化和模型化的程度，而且，域观范式是否也必须走向形式化、数学化和模型化方向，或者怎样进行统计表达和分析，本身就是一个需要以众多人的研究和探索才能回答的问题。所以，在目前条件下，微观、宏观、域观三者之间还难以有完美的范式结构。但这也许正是可以吸引更多年轻经济学家学术兴趣的一个十分具有魅力的研究方向，年轻的中国经济学家们有可能在此方向上做出具有世界意义的学术贡献。

八、结语

本文的讨论使我们不得不思考这样的问题：今天，经济学是否正在发生如托马斯·库恩所说的从"常规科学"进入"范式转换"的"科学革命"过程？如果确实正在或者将要发生以范式转换为特征的经济学的科学革命，那么，我们将会看到一个什么样的世界呢？托马斯·库恩说："范式一变，这世界本身也随之改变了。科学家由一个新范式指引，去采用新工具，注意新领域。甚至更重要的是，在革命过程中科学家用熟悉的工具去注意以前注意过的地方时，他们会看到新的不同的东西。……范式改变的确是科学家对他们研究所及的世界的看法变了。仅就他们通过所见所为来认知世界而言，我们就可以说：在革命之后，科学家们所面对的是一个不同的世界。"[13]

这就可以理解为什么会如本文导言中所提及的，两位学术观点对立的经济学家可以同时被授予诺贝尔经济学奖。因为他们观察现实世界所基于的范式视角不同，所获得的关于现实世界的经济学图景就不同，对于他们来说所看到的是不同的世界。所以，尽管人类的生产、交换和消费活动是客观现实的，但经济学所刻画的人类"经济活动"则是基于一定的经济学范式框架而形成的抽象世界，即是"观"中的图景。那么，从微观、宏观到域观的范式创新，可能反映了对现实世界真实性认识的逼近，使经济学的世界"观"，更接近于真实世界。

按照微观—宏观学术范式，经济学构建的是一个"货币故事"体系：微观范式的根基是"交换"，宏观范式的根基是"加总"，两者都必须以货币单位为"语言"和尺度，如果没有货币，微观—宏观范式就无法表达其含义。所以，在微观—宏观范式中，

货币不仅是"面纱",更是"主角"。经济学试图突破货币的主宰,引入"人口""自然资源""人力资本"甚至"气候"等角色,但是,只要进入微观—宏观范式的经济学世界,实际上还是不得不归入"货币故事"。在以货币计量的货币故事中,才可以讨论"交换""价值""均衡""最优""最大化"等经济分析的核心主题,但却离现实世界很远,甚至成为"虚构"故事。在现代经济学范式框架中,以虚构的一元化符号体系替代真实的多元化行为世界,难免陷入缺乏解释力的窘境,因为两者差距实在太大。所以,经济学家们要常常扪心自问:在我们所构建的经济学庞大体系的大厦中,究竟能装进多少"真实"?是否已经装入了太多的"虚构",这些"虚构"是否都是为了装进"真实"所必需的容器?如果经济学大厦中,存有太多的与真实无关的虚构容器,其中空无"真实";或者"真实"已经改变,却没有容器可以装载"新生事物",那么,这样的经济学大厦是否应该进行"范式转换"?当科技革命正在使我们所处的世界发生日新月异的变化时,相对于现有经济学所描绘的图景,现实中的许多领域已经"面目全非"。层出不穷的新现象,使原有的经济学范式体系无力应对,此时,"经济学向何处去"已经成为一个无法回避的"斯芬克斯"之问。

当然,现代经济学的成熟范式结构还是相当坚固的,具有强有力的内在逻辑自洽性,如果要进行范式创新,引入新的范式因素,将域观范式与微观—宏观范式相衔接,不是一件容易完成的任务。本文仅仅是提出了经济学范式创新的一个可能的方向,或者仅仅是提出了一个问题,以期引起学界同仁的学术兴趣,特别希望年轻经济学家们能够在此方向上不惜投入研究精力。

参考文献

[1] [德] 诺贝特·埃利亚斯. 文明的进程——文明的社会发生和心理发生的研究 [M]. 王佩莉,袁志英,译. 上海:上海译文出版社,2018.

[2] 杨春学. 新古典自由主义经济学的困境及其批判 [J]. 经济研究,2018(10).

[3] [英] 弗里德里希·奥古斯特·冯·哈耶克. 致命的自负 [M]. 冯克利,胡晋华,等译. 北京:中国社会科学出版社,2000.

[4] [美] 罗纳德·H. 科斯. 论经济学和经济学家 [M]. 罗君丽,茹玉骢,译. 上海:格致出版社,上海三联出版社,上海人民出版社,2014.

[5] 金碚. 关于开拓商域经济学新学科研究的思考 [J]. 区域经济评论,2018(5).

[6] [美] 道格拉斯·诺斯,罗伯斯·托马斯. 西方世界的兴起 [M]. 厉以平,蔡磊,译. 北京:华夏出版社,2017.

[7] 厉以宁. 文化经济学 [M]. 北京:商务印书馆,2018.

[8] [英] 罗杰·E. 巴克豪斯. 经济学是科学吗?——现代经济学的成效、历史与方法 [M]. 苏丽文,译. 上海:格致出版社,上海人民出版社,2018.

[9] 李俊生,姚东旻. 财政学需要什么样的理论基础——兼评市场失灵理论"失灵" [J]. 经济研究,2018(9).

［10］彭慕兰，史蒂文·托皮克．贸易打造的世界——1400 年至今的社会、文化与世界经济［M］．黄中宪，吴莉苇，译．上海：上海人出版社，2018.

［11］金碚．关于大健康产业的若干经济学理论问题［J］．北京工业大学学报（哲学社会科学版），2019（1）．

［12］洪银兴．新编社会主义政治经济学教程［M］．北京：人民出版社，2018.

［13］［美］托马斯·库恩．科学革命的结构［M］．金吾伦，胡新和，译．北京：北京大学出版社，2012.

论经济学域观范式的识别发现逻辑[*]

金 碚

摘 要：只要经济学算作是一门科学，那么，它理应同其他科学学科一样，其使命是发现和解释世界的规律和现象。经济学也是人类认识现实世界的一个理论性范式结构。就其识别和发现功能而言，经济学主要关注的是，以价格或价格化方式，对物质存在（物品）的非物质质态，即经济价值（交换价值）进行识别评价。经济学的研究对象可以延伸到对非物质存在的识别评价。非物质存在也有其物质质态（物质载体）和非物质质态。以经济学为基础，形成了各种应用性学科，直至形成管理学体系。这些应用性学科，尽管突破了经济学范式承诺的一些限制，但归根结底还是受经济学范式承诺所规范的。经济学所面对的识别评价问题，大多数属于关于"关系存在"的经济学识别评价。关系存在的质态主要有三种：域内关系（域类质态）、域际关系（异域交互）和域中之域（多层域类）。经济学范式承诺的变革，即在微观—宏观范式结构中引入域观范式承诺，是为了突破传统经济学范式的封闭性和狭隘性，使经济学能够包容更多的重要因素，增强对现实世界的识别评价功能，提高其现实解释力，可以开阔经济学的眼界，为经济学的学术研究开辟更大的"蓝海"。具有不同质态特征的域观经济体所构成的世界才是现实的和可持续发展的，经济学必须形成与此相应的识别评价逻辑体系，才能发现和解释现实世界的经济规律和复杂现象。变革范式，增强经济学之识别、发现功能和现实解释力，还经济学以科学本色，是中国经济学界进行学术创新的一个重要历史使命。

关键词：科学发现；质态识别；域观范式；现实解释力

经济学是一门什么学科？早年的学者认为经济学致力于"阐明财富如何生产、分配及消费"（萨伊，2014）。马歇尔认为，"经济学是一门研究财富的学问，同时也是一

---

* ［基金项目］国家社会科学基金重大研究专项"加快构建中国特色哲学社会科学学科体系学术体系话语体系"（批准号：18VXK002）；中国社会科学院学部委员创新工程项目"经济学理论创新与实践探索"（批准号：SKGJCX2019-2020）。

原文发表于《中国工业经济》2019年第7期。

门研究人的学问"（马歇尔，1965）。有人认为经济学是关于资源配置的学科，有人认为是关于人的行为的学科，有人认为是关于效率或选择的学科。一本具有广泛影响的经济学教科书（萨缪尔森和诺德豪斯，1998）中说："经济学涵盖了各种论题。但其核心在于理解社会如何配置它的稀缺资源。"马克思则认为政治经济学的研究对象是生产关系。也许还会有其他不同的观点，不一而足。不过，无论如何定义，只要经济学算作是一门科学，那么，它理应同其他科学学科一样，其使命是发现和解释世界（自然世界或人类社会）的规律和现象，并据此建立理论。要发现首先就要观察，要解释就要能识别，所以，经济学研究总是要基于观察现象和识别对象，通过思维加工对现实做出理论解释：刻画现象和发现规律。当然，人们也总是基于一定的问题设定或范式承诺来观察现实世界，完全无知者（没有先行知识或设问、假定）如同初生孩儿，是没有能力观察和识别现实世界的，所看到的只是混沌无序的乱象。经济学是高度理性化的，其问题设定和解释方式倾向于更加注重还原论的抽象性因果解释和逻辑推演的严谨性，这使其范式承诺的逻辑底基更倾向于依赖公理性"假设"而不是对现实的"识别"，因而强化了学术形式的精致性却弱化了其现实解释力。马克思在《资本论》第二版"跋"中引述了一段读者评论，马克思说"这位作者先生把他称为我的实际方法的东西描述得这样恰当"。这位评论者写道："在马克思看来，只有一件事情是重要的，那就是发现他所研究的那些现象的规律。"马克思（1975）还说：经济学的叙述方法可以呈现为"好像是一个先验的结构"，但其研究方法必须从"占有材料"即观察现实出发。为了增强经济学的发现功能，笔者提出，对传统主流经济学的微观—宏观范式进行变革，引入域观范式承诺，以增强经济学的现实解释力（金碚，2018b，2019a）。其实质是，期望在经济学的"假设"基础上增强其"识别"基因，让经济学更具科学的发现性和解释力。

一、经济学的认识论思维逻辑

早在"经济学家"（Economists，也译为"经济学派"）这个概念产生之初，就曾被法国学者萨伊（2014）批评说："他们不是先去观察事物的本质或事物如何发生，把这些观察结果分类，并根据观察结果推断出一般定理，而是先设立一些抽象的一般定理，并称之为公理，因为他们认为这些公理包含了证明它们真实性的固有证据。然后他们试图使个别事实适应这些公理，并根据这些事实推断其'规律'，这样就使得他们去拥护那些与常识及一般经验明显不同的原理。"萨伊的批评的确有历史穿透力，仍然可以击中现代经济学的要害。

经济学如果只是从被认为是"公理"的"假设"出发，进行"建模""推论"，抽象地构建理想图景，而对所观察的现实对象的主要特性都无法识别（或根本无意于进

行观察和识别），并据此有所发现和做出解释评介，那么，凭什么可以自称为是"科学"呢？如果经济学把"科学"理解为形式化的严谨数学表达，而不是识别和解释现实，那么，这样的经济学表达形式尽管精美，但有何用处呢？以数学建模为主导倾向的西方经济学在 20 世纪 70 年代受到奥地利学派的严厉挑战和批评，后者主张经济学研究应坚持人的"行动学方法"，采用"逻辑—现实理论体系"，而不是数学方法。他们认为，"经济学并不是一门专门研究'物质财货'或者'物质福利'的科学。经济学是一般地研究人满足其欲望的行动，尤其是研究每个人将财货交换作为手段'获得'自己的欲望满足的过程"（罗斯巴德，2015）。不过，问题的关键仍然在于：无论对经济学的性质持什么主张、采用什么研究方法，再复杂的理论争论都不应掩盖一个朴素的问题：经济学究竟是不是科学。如果是科学，那么，它是否致力于观察、识别和发现现实世界之客体？它的认识论具有怎样的思维逻辑？

科学的使命是"发现"及以此为前提的理论发明，如托马斯·库恩在其名著《科学革命的结构》中所说，理论化的科学及其进展表现为学术"范式"的形成和转换。作为一门社会科学，经济学也是人类认识现实世界的一个理论性范式结构，在其形成和发展过程中借鉴了自然科学的学术范式，基于抽象和归纳的逻辑方法，以自然科学作为"隐喻"，构建了经济学学术范式。不过，这也受到一些批评。哈耶克在 1974 年 12 月 11 日的诺贝尔奖获奖演讲中尖锐指出："在我看来，经济学家之所以未能以一种比较成功的方式指导政府政策，实是与他们总是倾向于尽可能全力地去模仿已取得辉煌成就的自然科学的做法紧密联系在一起的——然而一如我们所知，在经济学领域中，这种努力则可能酿成大错。"（哈耶克，2014）"比如说，总需求与总就业之间的相关关系，也许只是一种近似相关的关系，但是由于它是唯一一种我们拥有量化基据的关系，所以它也就被人们认定为唯一具有重要意义的因果关系。因此，根据这个标准，完全有可能存在这样一种'科学'的证据，它们更有助于支撑一种错误的理论，而无益于佐证一种有效的解释。换言之，这种错误理论之所以被接受，实是因为它更加'科学'，而一种有效的解释之所以被否弃，则是因为我们没有足够的量化基础可以用来支撑它"（哈耶克，2014）。哈耶克 40 多年前所说的，几乎仍然可以非常具有现实针对性地警示今天的经济学家和经济学研究者们。经济学如果要解释现实，至少要能够识别所研究对象的主要性质、特征和状态，如果因为缺乏自然科学可以充分依赖和运用的计量方法，就武断地舍弃（叫作"抽象掉"或"简化"）了实际上具有重要作用的因素，而只是采用那些可以计量的因素来构建"因果"关系的逻辑，则依据这样的逻辑来观察和解释现实，显然会如哈耶克所说的"酿成大错"。

那么，经济学的观察对象是什么？采用什么方式来识别这些被观察或识别对象的质态（性质、特征、状态）呢？按通常的理解，经济学主要研究人类的物质生产、交换和消费活动，即如何有效配置和使用资源，获取（生产）最大产出，以此实现"利益最大化"或"效用最大化"，或如马克思所说的，通过交换而获得和享用商品的使用价

值。那么，我们来简要分析一下，看经济学是如何确定所要识别和评价的对象的。

经济学研究从物质产品开始，先假定人类通过获取（采集）或生产物质产品来满足生存和繁衍的需要。物质产品或任何物质存在，都有其物质质态，即可以通过人的感官或采用物质计量或测量的方式来识别和评介的物质表象，直至按（因果关系的）还原论方式可以测度到的物质质态及其量值。但这并不是经济学主要的关注对象，物质存在的物质质态的识别和评价是自然科学的主要关注对象。而经济学主要关注的是物质存在的非物质质态，即无法以物质手段来识别和评价的质态。简言之，自然科学主要关注物质属性，而经济学则主要关注物质存在的非物质属性，最重要的就是其"经济价值"。马克思论证了商品的二重性：使用价值、价值及其表现形式——交换价值，即价格。在马克思看来，商品的价值是商品中所包含的"社会必要劳动时间"，它不能用任何物质性方式来识别和评价，而只能在交换中显现出来。西方其他经济学理论也大都按照这样的理论逻辑，即在交换中显现价格及其量值。价格就是物质产品的非物质质态的衡量方式。

对于物质存在的非物质质态的识别和评价，除了可以通过交换过程来显现和揭示，还可以对并未交换，或实际上难以交换的物质存在的非物质质态进行价格化识别，即用价格尺度识别和评价其"经济价值"。而且，如果以产权关系来模拟，甚至也可以进行交换（因为有价格化的识别和评价量值），例如，自然环境、气候因素（二氧化碳排放量）等。

当然，并非所有的物质存在的非物质形态采用价格或价格化尺度进行识别和评价都有意义，有些非物质形态需要采用价格之外的其他维度进行识别和评价，即采取多维量化的方式进行识别和评价。例如，以价格尺度为主进行识别评价，是会计和会计学的任务；以多维量化方式进行识别评价，是统计和统计学的任务。

另外还有一些物质及非物质质态具有模糊性，无论是物质手段（在一定的技术条件下）还是价格或多维量化方式都难以进行识别评价，即无法采用标准化的指标进行量化识别评价，那么，就只能采用主观识别评价方式，即依靠人的主观识别判断能力，或依靠众人的主观识别判断来进行物质或非物质质态的识别评价，前者如人的面貌识别、性格识别等；后者如专家评价、投票抉择等。随着科学技术进步，对模糊性的物质甚至非物质质态的识别评价，有可能越来越倾向于采用数字化方式来解决，例如，利用大数据技术进行人脸识别。但是，从分类意义上说，模糊性的物质及非物质质态识别评价永远会是一个重要的领域和技术发展及制度安排空间。

按照以上讨论，经济学的范式逻辑首先关注物质存在，特别是其非物质质态。对物质质态可以采用物质性计量、测量工具，以重量、体积、尺度等物质性观察计量单位进行识别评价。如前所述，这些物质质态不是经济学的主要关注对象。就其识别和发现功能而言，经济学主要关注的是，以价格或价格化方式，对物质存在（物品）的非物质质态，即经济价值（交换价值）进行识别评价。这是经济学狭义范式的基本逻

辑基础。

经济学的研究对象可以延伸到对非物质存在的识别评价。非物质存在也有其物质质态（物质载体）和非物质质态。对其也可以采用价格、估值、多维量化、包括非价格标准及非标准化的主观判断等方式进行识别评价。识别评价手段也可采用对非物质质态物质载体的计量、会计核算、统计数据、评审投票等工具，而且还可以进行综合性评价，例如，竞争力评价。此外，也可采用竞争性方式进行识别评价，例如组织竞赛、评奖等。凡此种种，可归之于广义的经济学范式所包容的识别评价领域或范围。

更为重要的是，在经济学关注的非物质质态中，实际上主要聚焦于"关系存在"。马克思经济学的研究对象集中于生产关系，所谓"经济基础"，实际上就是基于一定生产力水平的生产关系总和。如前所述，其他经济学理论的基础是价格理论，而价格就是交换关系中所呈现出的非物质质态。在现实中，关系存在的质态主要表现为域态，即一定的空间域、行为域、制度域以及其中的物质或非物质存在所具有的复杂质态。域态的识别方式可以是物质性显示，也可以是非物质性显示，即一定的域态会通过物质性现象和非物质性现象呈现出来，基于对同质性与异质性的识别（形成显示性指标），进行多重分类刻画，从而实现对现实世界的"发现"：通过观察判断、调查统计以及大数据等方式进行识别评价，包括域类特征描述和域际关系刻画，特别是进行域态特色比较（见表1）。

表1 存在体及其质态的识别与评价

识别对象	识别对象的质态	识别方式	主要评价工具	举例
物质存在 （经济学的狭义范式）	物质质态 非物质质态 模糊态	物质属性 价格、价格化 多维量化 非标准化	计量、测量、检测 会计、核算 可获得数据 主观性评价	重量、体积、含量 财务或经济评估 统计报表 面貌、性格
非物质存在 （经济学的广义范式）	物质质态（载体） 非物质质态 模糊态	物质性呈现 价格、估值 非价格标准 非标准化	载体计量 会计、核算 可获得数据 主观性评价 综合评价	语言文字记载 财务或经济评估 统计报表 投票、评审 竞争力评价
关系存在 （经济学的拓展范式）	域态（空间域、行为域、制度域等）	物质性呈现 非物质呈现 多重分域	观察判断 调查统计 大数据分析 主观性评价	域类特征描述 域际关系刻画 特色比较

对关系存在的研究，不仅是经济学的最实质内容，而且是经济学研究最广阔的拓展空间。可惜如下文将要讨论的，由于关系存在涉及群类行为、文化价值、制度规则

等复杂因素，被传统主流经济学的抽象化、形式化和数学化而"简化"掉了。所以，反倒没有成为经济学范式承诺的重要关注领域，而被排除于经济学理论体系的主体框架之外。

二、经济学的主流范式与其识别发现逻辑渐行渐远

经济学家们都会承认，现实世界是复杂的。各种经济主体及其行为，既有各自的个性，也有共性，所以，对现实世界的识别和评价，以实现科学发现，必然是要分类的，即具有某种共性的主体或现象，属于某种特定（或具有某些特色的）的类别。因此，如果要反映现实世界，那么，经济学的识别评价逻辑本应是基于分类（域类）的思维方式和范式结构。但是，主流经济学并未走向这样的道路，而是相反，越来越倾向于去分类化假设条件下的抽象评价方式，不仅微观经济学假定企业无分类，即使是研究产业的"产业组织理论"，也是将"同一产业内的企业间关系"作为研究对象，所谓"同一产业内的企业"实际上就是假定性质相同的企业。总之，在经济学的假设世界中，倾向于追求的是尽可能无分类的经济体运行的理想状态。似乎越抽象，越无差异，关系越"对称"，就越完美。最高的抽象是数学，数学被称为自然科学"皇冠上的宝石"，经济学力图以自然科学为"隐喻"，构建尽可能抽象化的体系，就可以成为"社会科学皇冠上的宝石"。现代经济学产生和发展的年代，自然科学的两个最主要范式是牛顿力学的机械论范式和达尔文的生物进化论范式。这两个理论范式对经济学的发展都有重要影响，但前者的影响更具有决定性。也许是因为，前者的逻辑严密性、可以用数学方式表达和推演，以及"均衡""优化""最大化"等，更具有理性逻辑的完美性（有物理学家认为物理学的根本规律是"美学"，相信"上帝"一定会按照美学原理例如"对称"来创造世界），所以，导致经济学走向抽象化、形式化、数学化的逻辑严谨性道路，而越来越远离复杂的现实世界（金碚，2019a）。这样，经济学的范式承诺就使得假设的世界替代了观察的世界（金碚，2019b）。

特别是当西方主流经济学的中心从欧洲转移到美国后，形成了更清晰的微观经济学—宏观经济学的主流范式结构。中国当代经济学体系的形成（其实，中国经济学的体系尚未真正形成）受到美国主流经济学范式的强烈影响，在思维框架上几乎全面接受了美国主流经济学的微观—宏观范式。按照这一学术范式，在微观经济学中，假定微观主体自主决策，所有个体均以自己的利益最大化为行为目标，在如同匀质的物理学绝对空间中，相互作用，即进行自由交易，必然会倾向于达到局部均衡，以至全局性的均衡状态。即使现实世界并非如此，坚持经济学范式结构的经济学家仍然认定（或"证明"）自由竞争和自由贸易的经济体，必然趋向于达到经济理论所假想的均衡。即使发生失衡，也可以通过宏观政策的调控来纠正总体性的偏离均衡现象。

当微观经济学与宏观经济学的范式相遇（相"综合"）时，在理论上可能产生两者是否能实现逻辑自洽的问题，甚至被认为微观经济学与宏观经济学在学术范式上存在深刻矛盾（例如前者坚持货币中性，后者认定货币非中性）。但关于这些问题的讨论和争议并没有对微观—宏观范式形成根本性挑战。至少是在进入经济学殿堂之时，几乎所有人都是以这一主流范式为入门向导的。当微观—宏观范式成为托马斯·库恩所说的"常规科学"后，经济学研究就变得"似乎是强把自然塞进一个由范式提供的已经制成且相当坚实的盒子里"。常规科学"是一项高度累积性的事业。它的目的在于稳定地扩展科学知识的广度和精度"（库恩，2012）。

在微观—宏观范式指引下，经济学逐步扩展其体系，形成了非常庞大的研究领域。从微观经济学生长出产业组织理论，即以同一产业中的企业间关系作为研究对象，假定企业同质，但规模即"市场势力"不同，导致出现垄断现象，妨碍企业间有效竞争，从而损害市场效率，因而需要实行反垄断政策。既然微观经济学范式可以研究同一产业内的企业间关系，那么，自然就要承认存在不同的产业，不同产业之间的关系也就合乎逻辑地进入经济学的视野，一般称为产业结构研究。如果承认不同产业的企业具有（至少是技术上的）异质性，那么，产业的"先进"与"落后"，或不同发展阶段产业结构的差异，以及随着经济发展产业结构的演变就成为需要识别评价的问题。于是，关于产业结构的研究，特别是调节产业结构的产业政策的研究和实施，就成为经济学的重要研究对象，进而形成产业经济学。不过，这实际上在一定程度上离开了经济学的古典范式，即认定企业及产业异质，并且同"发展"相关，还推论出为了实现发展，可以或有必要实行"产业政策"。这使得美国式的经济学微观—宏观范式承诺难以接受。当前，中美之间正进入关于这一范式承诺的争议之中，即"产业政策"是否违背微观—宏观经济学范式承诺所刻画的"公平竞争"原则。

在宏观经济学的范式承诺中，选取各种物质及非物质存在中的"流量"质态，通过"消费""投资"行为的交易环节中的可计量单位，即"收入""支出"流量的价格加总来识别评价经济整体的宏观质态，即总量均衡状态。显然，在这样的范式承诺中，为便于识别评价和进行计量核算，而抽象掉了"存量"因素，是宏观经济研究的一个风险很高的处理方式。如果某些存量因素严重影响着宏观经济质态，那么，将其忽视就是宏观经济学范式的一个严重缺陷（在分析现实经济状况时，人们也会试图加入一些存量因素，来增强判断的可信性）。总之，宏观经济学采用以流量为主的识别方式，加之其进行分析（建立模型）的假设前提，限制了对实际经济质态的发现能力和风险识别能力，所以，即使是对重大的危机隐患，也缺乏洞察预测能力。

更为重要的是，宏观经济范式承诺以微观经济范式的经济理性范式承诺为基础，即假定所有的人都是理性经济人，认为经济理性是每个人做出经济决策的决定性（甚至唯一）因素，但这一范式承诺的基础是很不牢固的。现实中，以追求自身利益最大化为目标的经济理性，并非人的唯一重要行为动机或"本能"，例如，哈耶克认为，除

了追求利益，人还有遵循规则的行为倾向，而无论规则是如何形成的（他认为规则不是人类理性设计构建的，而是自生自发地演化形成的，不仅包括正式制度，而且包括习俗等非正式行为规则）。乔治·阿克洛夫和罗伯特·希勒（2012）的《动物精神——看透全球经济的新思维》一书论证了："经济理论不能仅限于解释对亚当·斯密所描述的理想经济体系的最小偏离，还要解释实际发生且能观察到的偏离。鉴于现实经济离不开动物精神，因此要描述经济的真实运行，就必须考虑动物精神。"他们所说的"动物精神"实际上就是经济决策中的非理性，这种动物精神并非是失误，而是人类本能性的心理特征，即观念和情感的思维模式。微观—宏观经济的主流范式抽象掉了经济理性之外的所有其他因素，必然严重弱化了识别解释客观世界的科学发现能力。

相信大多数年轻人在迈入经济学大门之前，都是怀着渴望增强对经济行为和真实现象的识别发现能力的求知愿望的，以为掌握了经济学就能拥有对经济现实质态的识别发现能力。但进入经济学殿堂之后却发现，经济学并不关心现实经济体的质态特征和行为特性，这一切都已经被"假定"了，而凡是同这些预设"假定"不同的行为和现象都被"按学术要求处理"而排除于经济学分析框架之外，从而可以确保经济学形式的纯粹性、精致性和完美性。总之，经济学的发展方向变得越来越不需要致力于识别和发现什么，而是尽力地从假定出发"逻辑严密地"推导出"结论"，也就是通过设定前提、建立模型、输入数据、复杂推演，最终却少有发现，而往往是"证明"了某些符合常识的假说。

总之，经济学家虽然大都并不否认真实的人类行为具有理性和非理性的动机或心理倾向，但是在主流经济的范式承诺中，假定了经济理性的决定性作用，而舍弃了难以识别评价的非理性因素。也可以说，主流经济学范式承诺是一个捷径，试图直接通向最易于（甚至无需）识别评价的抽象世界。进入这个世界，一切非常美好：均衡、最优、充分就业、福利最大化等，存在于一个逻辑自洽的范式承诺体系中。而且，可以用非常精确、没有意涵歧义的数学方式进行定义、推导和刻画。但是，这毕竟是一个假设的世界，它越精致，越"高级"，越具有形式的"科学"性，就离现实越远。它不会有"错误"，是因为人们并不期望在观察、识别和解释现实世界时，运用这种精致的经济学，而只是在学术"殿堂"中展示"才华"和"技巧"。当人们真的需要对现实经济进行观察、识别和解释时，实际上就抛开了这样的精致经济学，而直接面对直观世界。经济学就像是一双价格非常高昂和造型极为精致的鞋，人们走路时并不穿它，因为光着脚跑路，似乎更畅快。精致的经济学更适合于放在学术殿堂中，供人欣赏和品鉴。

三、基于经济学范式的识别评价方式及其面临的挑战

尽管理论经济学高居现实之上，具有一览众山小的高傲，但是，在经济活动中进

行各种物质和非物质质态的识别评价却是不可推卸的任务和使命。因而以经济学为基础，形成了各种应用性学科，直至形成管理学体系。这些应用性学科，尽管突破了经济学范式承诺的一些限制，但归根结底还是受经济学范式承诺所规范的。

第一，会计学。它以货币作为最基本的识别评价工具，对经济活动以及经济活动主体企业的质态进行识别评价。迄今为止，会计学在经济活动的识别评价中发挥着最重要的现实功能，如果没有会计学，企业不记账算账，不做财务预算决算，以至不对各种存货价值进行盘点核算，经济活动就难以正常进行，更不用说是取得好绩效和高收益了。不过，会计学无法识别评价难以用货币尺度进行计量的物质和非物质质态。企业的行为，除非反映到货币收支上，通常无法在会计报表中反映。特别是，基于经济学范式，会计方法以所实现的"效益"即"利润"作为评价准则。如果当期有效益，利润高，就认为企业质态"好"；如果收益少，发生亏损，就认为企业质态"不好"。问题是，如果以效益和利润为准则，企业当期的质态不好，但未来的质态（可能）较好，那么，按会计准则如何对企业质态进行识别评价呢？如果可以考虑"未来"，那么，是多长期限的"未来"，即观察和评价的眼界应多长远呢？也许可以采用将未来效益"折现"的方式来进行核算，但如果眼界期限久远，甚至根本没有确定期限，例如，向火星发射飞船，会计学还能进行常规的识别评价核算吗？在科学技术飞速发展的时代，科学技术的能量难以估量，因此，传统的以当期或可预见时期的收益和利润来识别评价企业质态的方法，恐怕已经遇到很大挑战。特别是在存在很发达的资本市场的条件下，人们可以不再仅仅关注企业收益和利润，而是更关注企业本身的"估值"。只要企业"估值"提高，即使亏损也不算是企业质态不良。面对这样的现实，会计学面临挑战。对企业及其经济活动的质态识别评价，必须超越仅仅以货币为尺度的会计学。

第二，统计学。它是会计学的有力搭档。运用统计学方法可以进行多维度的数量化识别评价，并不局限于货币尺度，而是可以采用多种计量单位从各个方面来测度各种存在体及其质态表现，并且以数量显示的方式来进行识别评价。统计学如果能得到信息化高度发展后的大数据技术支持，则可以发挥更加有效的识别评价功能。大数据技术不仅可以使物质质态识别得以极大发展（例如，进行人脸识别），而且可以极大提高对非物质质态进行识别与评价的技术手段的有效性。但是，统计学所支持的各种统计方法都会面临一个挑战：对于那些无法准确量化的对象特别是非物质质态因素，如何使其真实质态显示出来？即如何设计显示性指标来识别评价那些本质上难以准确量化的对象质态。正如康德所说，不可认识的"自在之物"只有通过对其"现象"的识别（实际上是人的感官对"现象"刺激的反应）来获得间接的识别评价。统计学方法面临的另一个现实挑战是，人们需要识别评价的对象及其质态，特别是非物质质态，大都不可能由单一数字（指标数）来反映，通常需要用多种数据来识别评价物质质态特别是非物质质态的状况，那么，多种数字（指标数）如何合成才能得到有意义的和清

晰的识别评价结论？这就是多维度的量化识别评价常常面临的挑战。尤其是，在以统计数据和方法来识别评价高度复杂的存在体及其内在的非物质质态时，仅仅从技术上就很难避免数字（统计指标）选择的任意性，因而，即使是采用最高级的统计技术手段和分析方法所获得的结果数字，也难以避免人们对其识别评价结论的可信度的怀疑。正如马歇尔（1986）所说，"最严重的错误莫过于统计的错误""一个不谨慎的、带有偏见的人，常常由于挑选和编制数据的方法不当而得出错误的结论，尽管他所依据的统计报告本身是正确的"。

第三，对于企业竞争力的分析和评价，就是一个典型的多维度识别评价问题。市场经济的活力在于竞争性，具有竞争力的主体在竞争中发展，缺乏竞争力的主体在竞争中被淘汰，使得市场经济成为促进发展最有效的制度机制。那么，什么是竞争力，如何识别评价竞争力，就成为极为重要的问题。"企业竞争力的基本特点是具有内在性（即使是外部关系或环境对企业竞争力的影响，也是通过企业内在的因素而发生作用的）和综合性，对企业竞争力进行评价，就是要使其内在性尽可能显现出来，成为可感知的属性，同时，要对其综合性进行分析和分解，并且尽可能地指标化，使之成为可计量的统计数值。"但也得承认，"企业竞争力评价在使内在因素显现化和指标化的过程中不可避免地会损失部分信息，一些内在因素可能是难以显现化和指标化的，而且，企业未来的生存和发展不仅受必然性的决定而且也受偶然性的影响，企业竞争力可能不是决定企业命运的唯一因素。因此，对企业竞争力的评价必然含有一定程度的不精确性和或然性。我们的工作目标只能是尽可能地接近客观真实，揭示其内在的属性，但不可能十分精确地断定企业竞争力的量值，更不可能以精确的量值来断定具体企业的命运，就像对人体健康程度的评价不能精确地断定具体个人的寿命一样"（金碚等，2003）。除了识别评价企业竞争力之外，人们还试图识别产业竞争力、城市竞争力、地区竞争力，甚至国家竞争力，这就对如何运用统计学和统计方法来获得和处理数据提出了更大挑战。

第四，货币金融学。其理论逻辑的底基也是遵循经济学的微观—宏观范式承诺的，而且，其分析方法的抽象性更强，更依赖于数学方法和数字运用。可以说，无数字不货币，无数字不金融。数字是货币金融须臾不可或缺的识别评价工具。那么，货币金融运行所依赖的数字化识别评价方法和工具能够胜任吗？对这个问题的回答正变得越来越难以把握。例如，金融活动最重要的一个需要识别评估的对象质态是"风险"。对于各类企业和不同个人，如何识别和评价其信用状况和风险承受能力，金融机构如果提供贷款，是否超出了其信用和风险承受条件？如果采用大数据技术，尽最大可能获得事无巨细的数据，能否提高对信用和风险承受能力的识别评价水平？而且，对企业特别是个人数据的获取和使用，即使技术上可以做到，法律上是否应有规制，以免超过一定限度而产生严重的风险和越出道德界限？

第五，管理学。在企业管理中，基于经济学范式的制度和方法比比皆是，但经济

学实际上很难提供适用于各类企业的经济管理方法，因为解决具体管理问题的方式是否有效，取决于对企业现实质态的识别评价，即只有能够识别企业的具体情况，才能决定采用何种管理对策和制度安排。所以，越接近企业管理的实践层面，管理方式就越具有个性，因而越是"管理无定式"，即根本没有放之四海而皆准的管理方式，基于经济学主流范式的分析方法难有用武之地。所以，在管理学研究中，案例研究成为重要方法之一。也就是说，对于管理对象质态的识别评价，只可能是"具体问题具体分析"和"具体事情具体解决"。这样，计量化的识别评价方法的适用性显著降低，所以，有人主张管理学应采用"质性"研究为主的方法，即不过多依赖计量数据，而更注重对对象质态的直接判断。

我们看到，尽管情况复杂，但关于对各类对象及其被关注质态的识别和评价的主要倾向，还是尽可能数量化，最好是能够用货币尺度进行量化识别评价。如果无法使用货币，就尽可能采用具有直接显示性的数字指标，求其次是选取具有间接显示性的数字指标，再求其次则是寻找具有相关性的替代指标。这种思维逻辑不断向经济之外的各个领域延伸，特别是随着大数据技术的发展，人们对各种物质和非物质质态的识别和评价，信心越来越大，似乎只要设计好指标体系，无事不可评价。因而，各种评审、评估、排名、评奖等层出不穷。不过，认真研究可以发现，就像上述管理学领域的质性研究所提示的那样，识别评价的计量化往往是以损失质量识别为代价的，计量化意味着抽象化，抽象意味着排除了一些因素，抽象度越高，排除的因素就越多，直至仅剩下了"数值"。数值可以比较，但意义是否有价值，往往值得怀疑。特别是如前所述，大多数数量化识别评价方法，都有意无意地遵循了经济学的微观—宏观范式承诺，即将被识别对象想象为类似"原子"状的个体（原子内部则是不需识别或无法识别的"黑箱"），抽取若干可量化的现象，进行指标设计和统计处理。例如，在识别评价"国家经济规模"时，仅仅选取了"收入""支出"的流量数据，加总计算后的GDP 数字就成了整个国家"经济规模"的显示性指标。再如，在识别评价"科技水平"时，采用"学术论文数量""发明专利数量""获奖数量""高等教育人数"等指标，数量越大就代表科技水平越高。又如，在识别评价"企业实力"时，采用"销售收入"显示其规模，规模大就代表强，因而可以得出世界"500 强""TOP100"等的排名。其实，上述各种评价的意义是十分有限的，可以反映一些情况，显示一些局部质态，但不足以识别事物的关键质态，而关键质态才真正决定了事物的本质质态。

综上所述，对各类事物及其质态进行识别评价，如果基于传统主流经济学范式承诺，那么，将各类事物及其多种质态抽象为以人的经济理性行为假定为前提的量化数值，综合为各种"指数"，进行数量比较，就成为最基本的思维方式，具有强烈的工具主义倾向。识别评价的"理性"原则就是："以数字说话"，就如同经济学识别评价的"以价格说话"。这样的方法有其合理性和可行性（便利性），化繁为简，即将复杂现实简化为抽象图景。以抽象图景中可计量显示的表像"断面"数据，作为识别评价非

物质质态的单位尺度工具，就如同是在地图上进行对地理质态的识别评价。

问题在于，经济学范式承诺很大程度上采用的是物理学（机械论）的隐喻，即将经济活动想象为原子型的（内部结构相同的）物质主体在匀质空间中的运动。空间如同空盒子，物质主体在空间中的任何位置，其运动方式和相互着力关系均相同。但事实上，在特定历史过程中生成的制度条件和文化习俗中，由不同行为特征的人群所构成的经济空间，并不是一个如空盒子般的无差异匀质空间，而是具有强烈而稳固的域态差异。在现实中，经济活动空间是差异化的域态空间，即经济体是受到文化价值和制度形态深刻影响的域类存在体，任何现实经济现象都是域观现象，经济学抽象体系中的经济理性，在现实经济中都会具有内在的域观基因密码。赤裸裸的纯粹经济理性和经济动机实际上是不现实的。

面对这样的现实，经济学的识别评价机理必须遵循域观范式承诺。

四、域观范式的域类质态识别逻辑

对一个事物的判断评价，首先要识别其主要质态，尤其是关键质态。由于经济学所要识别的主要是非物质质态，并以微观—宏观范式承诺和货币尺度进行评价，所以，往往是在未有效识别的条件下就进行抽象的评价，而将对象事物的几乎所有重要和关键质态都在"假定其他条件不变"的抽象图景中进行描述。所以，在微观—宏观范式承诺中，所谓"经济体"都是抽象的，微观经济体是如同"原子"般的利益最大化"黑箱"；宏观经济体则是由微观经济主体在其中发生自主交易活动的匀质性空间（称为"市场"）中的微观经济体之集合。

如前所述，识别对象无论是物质存在还是非物质存在，经济学都主要致力于对其非物质质态（及域态）的识别和评价，而不是物质质态识别（那是自然科学的任务）。所以，在微观范式承诺中，识别对象具有同质性（假定行为目标相同），而宏观范式承诺就是微观经济同质体的集合总体。在这样的范式承诺中，识别的哲学意义是共性假定下的纯抽象评价（价格就是抽象的非物质质态评价指标）。但如果承认识别对象的性质是完全异质性的，对其质态的识别完全是个体性的，即完全个性假定下的纯具象评价，这在经济学和管理学中采用的就是直观描述或案例分析的方法。因此，我们可以看到，经济学家们在研究现实经济时，如果脱离微观—宏观范式承诺，就只能采用"调查研究"的直观描述方法；而管理学研究则更倾向于案例分析方法。此时，对个性的具象质态识别比对共性的抽象性识别更重要（当然也需要进行基于个性—共性质态的比较分析）。

在真实世界中，需要对上述完全同质或完全异质的对象进行识别评价的情况并不多见，即使有这样的情况，其识别评价的意义也不是很大，因为既然完全同质或完全

异质，就没有比较的必要，前者最多是需要进行抽象的数字化计量，后者则是根本没有比较维度（量纲）。经济学面对的现实研究对象，其实都是既有共性也有个性的"复杂体"，因而可以对识别对象进行分类，即形成分域集合的各种"域类"，这样的识别评价才具有现实性意义，即承认和反映了识别对象的共性及个性所具有的现实质态，这可以称为"域态"识别与评价分析。为此，笔者主张，经济学的微观—宏观范式承诺应变革或拓展为微观—宏观—域观的范式承诺（见表2）。

表2　经济学的范式基础

识别对象的性质	个体及其集合	识别的哲学意义	经济学范式
同质体	抽象个体（总体集合）	纯抽象（共性假定）	微观—宏观
异质体	差异个体（非集合）	纯具象（完全个性）	案例—直观描述
复杂体	域类个体（分域集合）	现实性（共性个性）	微观—宏观—域观

进一步地深入研究可以发现，经济学所面对的识别评价问题，大多数属于关于"关系存在"的经济学识别评价。如前所述，关系存在的非物质质态是经济学所真正要着力识别和评价的对象。关系存在属于上文所说的复杂体的集合。按马克思理论的定义，经济学的研究对象是基于生产力（决定）的生产关系，其集合称为"经济基础"。因此，经济学的观察视角和现实解释力主要体现在对"关系存在"的识别与评价上。从本质上说，经济学所最擅长的价格识别与评价也都基于关系存在，特别是交换关系，这成为经济学须臾不可脱离的识别评价功能基础。如果没有交换关系（特别是买卖、收入、支出），经济学就几乎没有任何识别和评价能力，甚至可以说，如果那样的话，经济学本身也没有意义，无以存在。对关系存在的非物质质态的识别和评价是对现实世界的认识逼近。

就经济学的观察对象而言，关系存在的质态主要有三种：域内关系（及域类质态）、域际关系（异域交互）和域中之域（多层域类）。在现实中，经济体和经济现象都具有域观性，都是域观主体（存在于特定的域境中，具有该域类的行为特征），而不会有抽象的微观主体。所以，各个经济体的内部都存在具有"特色"的经济关系，决定或影响该域类的质态。例如，在企业群体中，存在"私有企业"和"国有企业"等不同的域类，每个域类都有其行为规则和文化价值的域类质态。再如，各国以至各区域，由于各自历史文化特质和行为规则（习俗）特性，其经济主体和经济现象均具有显著的域类质态，表现为极具特色的经济关系和经济行为倾向。因此，不同国家或区域的经济运行和发展必然表现出各有特色的域观质态。我们可以看到，中国东、中、西的域观差异以及南、北差异，是由深刻的文化价值和行为规则（习俗等）的域观质态所决定的，同样的正式制度安排和政策安排，在不同的地区会有相当不同的结果表现，域观基因密码在其中发挥着重要而深刻的影响，更不用说国家之间域观质态的巨

大差异性了。

既然经济体是分域类而存在的，而且各域类的质态是有差异的，那么，必然会发生域类之间的复杂关系，即不同域类之间的交互行为和现象。例如，国有企业同私有企业之间的交互行为和现象；不同区域间的交互行为和现象。如果把国家也视为不同的域类，那么，国际经济关系也具有深刻的域际关系性质。例如，美国是一个低储蓄国家，中国是高储蓄国家，这不是由"经济理性"所决定或所能解释的，而是文化价值和制度形态差异所导致的两国经济间的域观质态差异，所以，中国与美国之间的经济关系必然具有深刻的域类差异，两国间的域际关系将呈现出极为复杂的现象。中美之间的密切关系不仅基于一定的共性，而且基于相当大的差异性。这样的域际关系绝非仅仅基于微观—宏观范式承诺的经济学所能充分解释。

现实经济中域观关系的复杂性，不仅表现为界限较分明的不同域类及其相互关系，而且表现为域观现象的多层性，即域类的划分是多层次的，大域之中有小域，域中有域的复杂结构导致经济行为和经济现象的高度复杂关系。各类经济体，按不同的域类划分标准，形成重重叠叠的域观世界，利益关系、观念文化及行为规则（习俗），纷繁复杂。不同的域类，不仅经济理性嵌入文化观念和制度规则中，而且理性、文化和制度因素间的相依关系使得经济体的域观现象深度交织，浑然一体。总之，现实的世界是域观的世界，域态化客体是经济体的基本存在状态。

在上述情形之下，经济学如何识别各经济域类（可以称为"商域"）及其质态呢？一个较可行的方式是，可以将各种复杂因素归为理性、文化、制度三个方面，即从经济理性、文化价值和制度质态的三个维度对经济域态进行识别和评价（金碚，2018b）。

关于域内关系及域类质态的识别评价。首先，从经济理性角度观察，主要看其域内的交易活动是否通畅，交易活动是否密切，经济密度大，表明经济发达，可以从这一角度评价其经济发展水平。其次，从文化价值角度观察，主要看其域内人群的观念意识及行为倾向有何重要特征，某种观念意识突出，行为倾向显著，直接影响着经济关系和经济运行，据此可以识别评价这一域类的质态特征，有助于解释经济现象的内在原因。例如，各域类中，信用意识、风险倾向、处事行为等，都会有其特征，深刻影响着经济发展进程及表现。最后，从制度形态角度观察，主要看域内各种制度规则的生成及治理体系的主要特色，即使是相同的正式制度，在各域内外各种因素影响下，其实际程式及变通性也会具有显著特点，而且域内经济体的行为还受到各种非正式制度，包括习俗性规则的影响，所以，各经济域类的制度质态均具特色，对经济发展及关系现象产生重要影响。如果能从上述三个维度对各域类质态进行刻画，就可以识别评价出经济活动空间中各具质态特色的域观主体。

关于域际关系及具有显著不同质态的域类体之间交互行为状态（异域交互）的识别评价。首先，从经济理性角度观察，主要看相关域类之间的联通性、协同性和竞争

性；联通性强，协同性密切，竞争秩序规范，域际关系就顺畅，对经济发展和经济合作更有利。其次，从文化价值角度观察，主要看相关域类间的文化差异、观念通融和互鉴关系的质态；各域类都有其文化价值特色，行为的目标优先顺序不尽相同，在发生域际关系时，能否实现文化融通互鉴，是影响经济发展的一个重要因素，对于识别评价域际关系质态具有重要意义。最后，从制度形态角度观察，主要看相关域类间的制度及政策安排与非正式制度间的衔接、协调，以及不同域类体的共治关系质态。制度因素显然对域际关系有重要影响，对于域际关系的协调和改善，制度及政策安排是最重要的手段，所以，观察域际关系中的制度质态，对于域态识别评价具有重要意义。

关于域中之域即多层域类体的识别评价。首先，从经济理性角度，主要看复杂域类的一体化质态及其趋向；域中之域即多层域类体实际上是域内关系和域际关系的复合关系体，对这种复合关系体的质态识别评价，主要看域态差异的趋同性或分化性及其对经济发展及各方面表现的影响。其次，从文化价值角度观察，主要看域中有域的复合关系体内，具有差异性的文化观念演进以及域类价值认同的状态及变化趋势；例如，城市经济就是一个典型的复合性多层域类体，城市及城市群是"文化大熔炉"，形成具有域观特色的城市文化质态，是经济发展过程中的一个重要现象，因此，进行文化价值域态的观察对识别评价复合域类体的质态具有重要意义。最后，从制度质态角度观察，主要看域中有域的复合关系体的制度即政策安排的包容性，以及能否形成共同体质态。域观范式承诺承认经济体及经济活动空间的差异性和非匀质性，但不否认经济发展演化也具有形成利益共同体以至命运共同体的趋向，域中之域、复合性多层域类的生成、演化，是人类经济活动的重要域观现象，对其质态的识别评价，也体现了关系存在的非物质质态是经济学最重要的识别对象，这一经济科学识别评价逻辑的最重要学术特征见表3。

表3 关系存在的质态识别与评价

关系存在的质态	经济理性维度	文化价值维度	制度形态维度
域内关系	交易通畅	观念意识、行为倾向	规则生成、治理体系
域际关系	互通、协同、竞争	差异、通融、互鉴	衔接、协调、共治
域中之域	一体化	文化演进、价值认同	包容性、共同体

如果要找一个最典型的案例来讨论微观—宏观范式与域观范式哪一个更契合现实，没有比观察欧洲更合适的了。欧洲是现代市场经济的发源地，历史最为悠久，自由竞争的市场经济关系最为发达、成熟。如果按照微观—宏观范式，它理应成为高度匀质化的市场经济体系和完全融为一体的自由经济世界。也就是说，无论是从个体理性还是集体理性来看，欧洲经济完全融合都是"最优"的。欧洲人也确实一直在向这个方向努力，从"欧洲煤钢联合体""共同市场"，到"欧洲联盟"和欧元货币体系，甚至

期望有朝一日建立完全融合的"欧洲合众国"。这能够实现吗？对世界大势具有高度洞察力的新加坡已故总统李光耀说："可惜，所有的迹象都指向欧洲不可能完全融合。"因为，欧洲内部文化差异很大，"每个国家的个性和特征都是经过几个世纪才形成的"（李光耀，2018）。按本文的分析思路就是：欧洲的现实和未来是，不可能成为微观—宏观范式所想象的世界，而只会发展为高度发达的域观世界。域内、域际和域中有域的复杂质态，是欧洲永远不可消除的域观特征。这是无人可以改变的事实！

尤其值得重视的是，当今世界正在面临百年未有之大变局。过去遵循微观—宏观范式，将市场经济想象为原子般的微观主体在如同空盒子般的匀质空间中相互作用，实现效率，形成均衡，还具有一定的可信性。在新的时代，一方面，经济主体（企业）的形态已经高度非原子化，出现了越来越多的集团型、网络型、平台型、中介型、关系型、跨域型企业，而且诸多企业形成跨国产业链及供应链，经济体质态呈高度差异化；另一方面，数字产业、信息技术产业、人工智能等新兴产业、高技术产业将呈爆发式发展态势，经济主体形态和运行方式形态越来越具有极大的域况情境特殊性（即域观特征）和独特域际关系，它们的长足发展所形成的经济（市场）空间是非匀质的和高度域态化的，其体制机制均有很大的域观特征，绝非传统的微观—宏观经济学范式所能刻画和驾驭。因此，经济学必须与时俱进，增强对复杂经济质态的发现能力，以域观范式思维来把握新时代的新现象，发现新规律。

基于上述域观范式承诺的思维框架，在对经济体及其主要行为特征进行有效识别的前提下，经济学就可以更好地发挥其分析评价功能，增强其对现实经济的解释力。据此才能提出应对和解决现实问题的主张和方案。可以说，经济学发现能力和解释能力的限度取决于对各域类的域观特征以及域际关系的识别评价能力。换句话说，经济学如果要提高其现实解释力，首先要进行域观特征的识别和刻画，即必须在经济学的识别评价体系中引入域观因素。这样，有些过去因被认为属于非经济性因素而排除于经济学分析体系之外的重要甚至关键的因素，就要在新的经济学识别评价体系中占有重要位置。如何使域观因素同经济学中的原有因素在新的范式架构和识别评价体系中实现逻辑自洽，是经济学实现范式变革的一项艰难任务。

五、识别评价功能的学科分工与协同

当我们将经济学的范式承诺从微观经济视角向其他更宽视野拓展，即引入域观视角，实际上就是从逻辑抽象端向具象方面的移动，在范式承诺中加入新因素，来更贴近现实地进行观察和视景描述。从浑然一体的现实中，抽取一些物质和非物质质态，作为识别评价功能的鉴别对象。这样，被识别对象就可以进行分类，从不同角度观察，可以得到不同的认识图像。而差别很大的观察视角，形成不同学科的学术范式，学科

之间相互分工，经济学是其中的一个学科门类。而且，经济学本身还可以分成不同的分支学科，从不同视角观察和识别评价经济体和经济现象的多种质态。

那么，作为一个学科，经济学本身的识别评价边界是什么？如果将许多属于其他学科的因素引入经济学，那还叫"经济学"吗？经济学确有这样的学科拓展倾向，即引入其他学科的因素，或进入其他学科的领域，以增强对研究对象的质态识别评价能力，例如，社会经济学（引入社会学因素）、行为经济学（引入心理学因素）、环境经济学（引入环境科学因素）、区域经济学（引入地理学因素），等等。学科之间的交叉、跨学科研究、多学科协同等突破学科边界研究方式，以及相互交叉形成新学科，或边缘学科，本来就是科学研究和学科建设的常态，原有学科产生新的分支学科，学科体现不断演化，是人类对现实世界的物质和非物质质态进行越来越深入的识别和评价的重要表现。

经济学进行识别评价，尽管有不同的方式，但主要倾向是最大限度地以"理性"尤其是"经济理性"作为识别评价的主要维度。经济学家尽管承认人的非理性，但在经济学范式承诺中，理性逻辑总是其主干。当涉及文化价值和制度因素时，经济学实际上仍然力图将其纳入理性逻辑体系，即使研究"非理性"行为，仍然试图识别"非理性的理性"或"理性的非理性"，在学术表达上仍然是相当理性化的，而且还可以形式化和数学化。可以说，经济学家们在增强经济学的现实解释力上做了各个方向上的努力，探寻其中的主干逻辑一直是主要取向。这实际上是关于经济学"抽象度"的把握。但是，关于什么因素（现象）可以进入经济学殿堂（纳入经济学），什么因素（现象）必须关在经济学大门之外（抽象掉），经济学家们并无一致意见。笔者曾引用过美国经济学家布莱恩·阿瑟的评论，他强烈地认为，主流经济学发展至今，"一方面，经济学的'门户'得到了清理，以前已经被接受为'经济学理论'的大量松散的、草率的论断被排除掉了；另一方面，人们对市场和资本主义制度的内在优势更加尊重，理解也更加透彻了。但是，这种努力也导致了思想的僵化，还导致了一种貌似正义、实为党同伐异的判断准则。某些东西可以被承认为经济学理论，而另一些东西则不被允许，最终的结果是经济学成了一个无法接纳其他思想的封闭体系。由此进一步导致了政治、权力、阶级、社会、根本的不确定性、创造生成和发展对经济的影响，全都被'关在了经济学殿堂的门外'。最终结果则事与愿违，这个研究纲领，至少它的超理性版本，已经失败了"。他认为，经济体和经济现象是高度复杂的，只有以新的思维才能认识即识别和评价经济体和经济现象的真实质态和情势（布莱恩·阿瑟，2018）。问题是，如果让各种复杂因素都进入经济学大门，使经济学殿堂中包罗万象，那还应该叫作"经济学"吗？

与此密切相关的一个问题是，由于经济现实的复杂性，特别是人性和人的行为的复杂性，一些经济学家认为，经济学的识别评价功能和表达形式都不应该使用数学和依赖量化方法，他们认为，如果广泛使用数学和计量就会脱离现实。但是，如前所述，

当前的主要倾向是，经济学越来越多地使用数学方法，向着"第二数学"的方向发展，认为只有计量化，才是科学的。许多经济学家认为，这样才能最好地体现经济学的理性特征和具有高度逻辑严密性的学科优势。其实，从最根本意义上说，经济学所要识别评价的对象原本是不可计量的非物质质态，即"效用"，"效用最大化"目标是经济学的根本性伦理原则。也就是说，经济学的底层逻辑是基于对不可计量之非物质质态的关注的。马克思最早深刻认识到这一点，因而以商品二重性和劳动二重性来进行理论刻画。他知道，人们进行经济活动，当然最终是为了获得和消费（享用）商品的使用价值，即商品归根到底是为了满足人的吃、穿、用等物质需要的。但是，经济学的识别评价功能则体现在对价值（交换价值）的质态及量值的揭示上，而商品价值无法直接计量，只能通过交换过程来呈现其由"社会平均劳动时间"所决定的价值量，这显然是一个理论抽象，而不是一个量值的真正计量问题。虽然如此，马克思也并不反对经济学运用数学方法，他本人也做了这方面的很大努力，尽管他认为政治经济学的研究对象不是物，而是物质生产过程中人与人的关系，即生产关系。很显然，生产关系是难以用数学方法和计量数据来刻画和研究的（当然不排除将其作为辅助性工具来使用）。

总之，现代经济学研究倾向于大量使用数学方法，经济研究论文大都采用"建模""推演""检验"等数理方法，力图体现其识别评价功能的严谨性和精致性以及表达方式的科学形式。尽管严谨精致未必有效，但大量的论文毕竟积累了许多学术成果和文化遗产，而且可以有思想的启发性。那么，如果将经济学范式拓展为微观—宏观—域观，是否要求其必须继承经济学的数量化传统？或者更明确地说，是否只有能够保持经济学分析的数量化形式，保持学术体系的逻辑严谨性，引入域观范式承诺才是可接受的呢？如果无法计量，怎么能体现经济学识别评价能力的提高？

其实，经济学已经发展为一个庞大的学科门类和学术体系，在中国的学科分类中，将理论经济学与应用经济学分列为两大一级学科。这可以表明，经济学的研究对象和研究方法都不是单纯的，而是具有相当的模糊性，其学科（包括各分支学科）界限并非截然分明，而且还可以进一步向其他学科领域拓展延伸，特别是可以成为管理学的重要学术来源之一。经济学对各学科领域的"侵入性"是强有力的（有人戏称为"经济学帝国主义"），因此，经济学已经不是一个单元性学科，其内涵的模糊和外延的扩展已经使其成为一个"域中有域"的学科大家族。所以，经济学的范式变革可以从这个巨大学科家族的多方面出发，它不是一个纯粹逻辑推演的演绎过程，而可能具有生长演化性，即从形成理论框架，到逐步拓展完善，再向精致性和丰富性发展，不断增强识别评价功能，使认识越来越逼近真实，提高对现实经济的解释力。如果这样理解，就不必为了"什么算（或不算）经济学""是否超越了经济学范围""什么是属于其他学科研究对象"等问题而纠结了。如果能够实现相关学科的协同，以增强对现实社会的解释力，也未尝不是有意义的事情。

以城市研究为例，城市可以是不同学科的研究对象。经济学可以研究，社会学等其他学科也可以研究。有社会学学者总结，关于城市的社会学研究有三种主导范式：全球城市理论、新自由主义和后殖民主义。第一个范式认为一个城市融入世界经济的方式和强度，以及其劳动力在国际分工中的角色，在很大程度上塑造了其内部的社会空间关系。新自由主义是 20 世纪 70 年代以来一系列放松国家经济规制的改革和寻求通过国家干预来放大市场作用的政策取向。后殖民主义聚焦当地历史、制度和国家—社会关系，对过度简化的新自由主义理论进行本土化，专注地方特殊性（任雪飞，2019）。很显然，城市研究的社会学范式，借鉴了经济学范式和研究成果，而社会学的城市研究同经济学研究可以相互借鉴，相得益彰，更好地发挥多学科协同研究的更强识别评价功能。

其实，世界的本质具有连续性，间断性是相对的。如果在本无边界的世界人为地截然划分界限，实际上就是对现实世界的曲解，无助于对现实的观察和解释。所以，经济学范式承诺的变革，即在微观—宏观范式结构中，引入域观范式承诺，是为了突破传统经济学范式的封闭性和狭隘性，使经济学能够包容更多的重要因素，增强对现实世界的识别评价功能，提高其现实解释力。

也许有读者会说，虽然经济学有微观—宏观的抽象理论范式，但人们在观察和分析现实经济现象时，其实并未受这一理论范式的限制，而总是具体现象具体描述，具体问题具体分析，发现什么就研究什么，未必会忽视现实经济中那些未涵盖于微观—宏观理论范式中的因素，也不会受经济学理论范式的约束。情况确实如此，但这也正是经济学家们的一个很尴尬的问题。如前文所述，如果我们把经济学范式比喻为鞋子，观察和解释现实经济比喻为走路，那么，经济学家的处境往往是：当在经济学殿堂中研究经济学的假设世界时，可以穿上那双完美的鞋。也就是说，当鞋没有用于走路时，似乎挺完美，很精致高贵。但是，当经济学家走出经济学殿堂，迈向广阔复杂的现实天地时，则发现道路很不平坦，那双鞋虽然完美精致，但是走路时非常不合脚。削足适履当然不是办法，那就只得脱掉鞋子，光脚走路。光脚当然也可以走路，观察分析现实经济也可以不要经济学的那个微观—宏观理论范式，那么，对于识别评价现实经济，解决实际问题，经济学家和非经济学家有何不同呢？经济学家们的学术素养，在识别评价经济现实和解决实际问题上，有什么知识优势或高明方法呢？如果经济学只是为了用于纸上谈兵，甚至是在经济学殿堂中自娱自乐，而并不用于识别评价现实和解决实际问题，那么，经济学的价值和意义显然就大打折扣了。形象地说，经济学的范式变革就像是要给行路者做一双更合脚和更好走路的鞋，即给经济学家观察和解释现实经济提供一个能够更有效发挥经济学的识别评价功能的思维模式。

经济学的范式变革是非常必要的。在识别评价现实经济时，仍然可以运用微观—宏观范式的理性分析方法以及以此为基础的数学方法即计量技术。同时，也可以遵循域观范式承诺的思维方式，观察和发现具体域类经济体的主要质态特征，将其植入经

济学分析的整体框架中；不是仅仅将经济活动视为"微观"主体之间的关系，以及某些可计量质态的加总量的表现，更是将经济活动和经济现象视为"域观"现象和"域际"关系，这就可以大大增强经济学的现实解释力。再以中美经济关系为例，如果按照微观—宏观范式承诺，那么，自由贸易和经济全球化意味着各国微观主体（企业）的同质化和各国市场及政府经济职能的趋同化。事实证明，那是一个关于自由市场经济的想象图景，没有现实性和可行性。而如果按照微观—宏观—域观范式承诺，自由贸易和经济全球化并不意味着微观主体（企业）的同质化和各国市场及政府职能的完全趋同化，而是承认各国的"域观"特征，包括市场及政府经济职能的"特色"，在域观世界中构建良好域际关系，使自由贸易和经济全球化在互联互通的域观世界中顺畅实现。而如果一味追求想象中的微观—宏观范式图景，实际上不仅难以实现，而且，强加于人的同质化要求可能导致矛盾和冲突。其实，按照微观—宏观范式所设想的企业—政府关系分析框架，也非适应于所有国家，例如，中国经济的一个最重要域观特征就是中国共产党的存在及其领导作用，在观察、识别和评价中国经济的质态时，如果忽视或"简化"掉这一域观特征，是完全不可取的（金碚，2019c）。

再如，高质量发展是目前特别受到关注的一个重大问题。对经济发展质量识别评价是对现有经济学范式承诺的一个挑战。过去，对于高速度增长，基于传统范式形成了一套核算评价指标，主要使用 GDP 这一指标，只要在理论上做一系列假定，GDP 及其增长率可以较可信地识别和评价经济增长状况。现在，对于高质量发展，无法使用单一指标来进行识别评价，必须从多维视角观察，采用多元指标体系才能反映发展质量的实际状况。笔者曾经研究了关于发展质量的识别评价方法，论证了"尽管经济发展质量具有非常丰富的因素，多维性是其基本特征，而且，随着发展水平的提高，发展质量的含义也必将不断变化，因为作为发展质量根本性质的人对美好生活的需要是不断增长的和变化的，但在理论上，我们还是可以对现阶段的发展质量评价因素进行量化归纳和指标体系构建，作为衡量发展质量的评价工具"（金碚，2018a）。为此，在关于经济行为和发展动能、关于工具理性与价值目标、关于经济主体及主体需要、关于结构性和精准性的方法论、基于新发展理念的策略法则等诸多方面都要有新思维（金碚，2018c），即要以经济学新的范式承诺作为高质量发展的识别评价的方法论基础，而且需要有多学科的协同，来更好地识别评价高质量发展的各种质态表现。

美国经济学家罗纳德·H. 科斯在评价经济学与社会科学其他学科的特点时说："经济学所拥有的巨大优势在于经济学家能够使用'货币测量标杆'，它使经济分析精确化。因为在经济体系中，凡是能用货币来衡量的东西都是人类行为的重要决策变量，这使经济分析极具解释力。而且关于价格和收入的数据通常比较容易获得，这使我们可以对经济假设进行检验。"（科斯，2014）但也正是经济学的这个优势，使一旦面临难以用货币来测量的社会现象，或难以用货币来进行衡量的因素成为行为决策的重要变量时，经济学就失去了其优势，除非进行范式变革和体系创新，或者同社会科学的

其他学科协同，进行跨学科研究。

六、域观识别的学术意义和社会意义

经济学遵循微观—宏观—域观范式进行识别评价的理论思维和分析方法的拓展，可以开阔经济学的眼界，为经济学的学术研究开辟更大的"蓝海"。面对纷繁复杂的现实经济，如果经济学的思维仍然局限于微观—宏观的传统范式，要么使经济学囿于范式承诺而脱离现实，要么观察研究现实时只能脱离经济学方法而"具体问题具体分析"，总之，运用经济学方法与把脉现实，似乎难以两全。因而，具有高深经济学知识和娴熟掌握经济学"建模"推导方法的经济学家，未必能比其他人更具解释现实和分析判断的优势。其重要原因就是，传统经济学的微观—宏观范式，实际上"简化"掉了对现实世界的特征识别问题，即以假定替代了识别。而武断地视简化的假定为"公理"，其实是回避了对真实世界丰富现象的识别难题。这样，如美国经济学家罗纳德·H.科斯所说："经济学家所研究的是一个存在于他们心目中的而不是现实中的经济体系，企业和市场似乎都有名无实。"（科斯，2014）

如果在经济学中引入域观范式识别评价的理论思维和分析方法，就可以克服传统范式的"假设的世界"的经济理论与"观察的世界"的两张皮相脱离的矛盾，使科学发现所依赖的识别功能重回经济学体系。经济学家可以在更宽的维度上运用经济学理论和方法解释现实和进行分析判断。这样，经济学研究就能够不因囿于经济学范式而将对经济活动和经济现象具有重要影响的因素排除于视野之外，也可以使许多经济学研究者摆脱苦于"无题可选"的窘境。排除域观现象的传统经济学范式思维，如同于平面观察的二维视角，而引入域观范式的经济学范式思维，如同于立体观察的立体视角，而且可以观察域观演化过程，将更多对经济现象具有重要影响的因素质态，收入识别评价的对象中。实际上，人们在解释现实中已经深切感受到了进行对域观经济质态及其演变进行识别、刻画和评价的重要意义，因而借用或创造了不少相关观念来刻画经济现实以及不同域类经济体的域观状况及其变化，例如，"经济生态""制度特色""营商环境""关系网络""工业文化""行为模式""价值观演变"等。总之，按照传统经济学范式，设想的是一个赤裸裸的经济理性图景，而遵循微观—宏观—域观范式，所设想的是一个置于复杂"社会背景"中的经济理性图景。

传统经济学忽视"社会背景"而追求"严谨性"，似乎不是为了识别和发现什么，而是为了"证明"什么，"技术化的经济学似乎经常是在把常识中的某些观点用公式重新表达，以及证明并不需要证明的东西（因为它显而易见），或者与现实脱节，因为经济学家须得弄出这些抽象的东西可应用他们的形式化技术"（巴克豪斯，2018）。诺贝尔经济学奖获得者保罗·克鲁格曼则批评说："经济学界之所以步入歧途，是因为从整

体上来看，经济学家们将披着光鲜的数学外衣的美误认为是真理。"（巴克豪斯，2018）而遵循微观—宏观—域观范式，则要使经济学不必费尽心力去证明什么，或者为了证明什么就必须抽象（简化）掉什么，而是要致力于识别和发现现实世界中的鲜活事物及其固有的和变化着的质态，并对其进行科学解释。

这样的范式框架和思维方式显然可以拓展经济学的研究空间，让经济学更具活力。但也需要指出，任何理论范式在识别评价中的运用，都可能发生多方面的影响，以致产生重要的社会后果。如果误解其理论含义，甚至以偏执方式误用某种理论，都可能产生不良影响。从哲学意义上说，域观范式基于分类识别评价的方法，分类识别可能导致评价的身份"认同"效应，而错误的分类方法所导致的关于人群身份的错误认同，可能产生歧视、冲突甚至暴力。诺贝尔经济学奖获得者，印度经济学家阿马蒂亚·森（2014）曾经提醒，要避免"高级理论的低级运用"。他指出，通过强调一个人的"社会背景"来建设性地理解身份认同，原本是一种高级理论，"但原本非常值得尊敬的更加'全面地'理解人类的理论尝试，到头来却几乎蜕变成一种把人主要理解为某一个特定团体成员的狭隘观点。这样的观点，可算不上什么从'社会背景'出发的观点，因为每个人都有许多不同的联系与归属，其各自的重要性因具体情况的不同而有很大区别。尽管'把人放在社会中去理解'这一令人称道的视角（它在许多社会理论中被反复援引）隐含着丰富多彩的观点，但是这种视角在现实应用的时候，却往往取得了一种忽视一个人多方面的社会关系的重要性，并严重低估其'社会处境'的多样性的形式，这种隐含的观点以一种极端化的形式看待人性"。

在现实中，这种"高级理论的低级运用"的现象确实多有出现，为一些极为错误的社会意识和歧视提供"理论背书"。或者强调绝对的"普世价值"，无视差异和域类现实，视"一样"为正常，视"特色"为异常；或者极端地进行歧视性身份认同划分，无视人类共同利益和共同价值的存在，甚至鼓吹"文明冲突"。这两种倾向都会产生严重误判，导致错误地识别评价，产生不良社会后果。民族学、人类学家的研究表明：在不同人群之间，"差异会造成敌意，差异也会导致融合"，但差异的族群也可以实现共存（李峻石，2017）。而且，人的身份认同是多方面的，在不同的概念空间中，每个人可以由不同定义来认同身份，而且可以进行身份认同的"位移"和"切换"，"比如从语言性身份认同切换到宗教性身份认同，完全取决于在某一特定的情境下、在用不着说谎时，何种选择才是对自身最有利的"（李峻石，2017），换句话说，对于身份认同是具有可选择性的。

域观范式的实质是从多维角度观察、识别、评价和解释经济现实，避免单一维度假定条件下的研究所导致的解释力不足，也反对以单一标准对不同人群或经济体进行绝对化甚至歧视性的分类。实际上，识别评价的科学价值正在于承认"共性—个性"关系的普遍存在。现实经济世界中，没有绝对的无差异，也没有绝对的无共性；世界是连续的，也是有间断性的；人类存在利益差异和矛盾，但也具有利益共

同体性质。提高识别评价的理论认识并进行方法创新，更准确识别评价经济体、经济行为和各种经济现象的域观特征及其演化趋势，不仅对于更贴切地解释现实经济具有重要学术价值，而且对于促进形成"和而不同"的全球经济格局具有重要社会意义。总之，具有不同质态特征的域观经济体所构成的世界才是现实的和可持续发展的，经济学必须形成与此相应的识别评价逻辑体系，才能发现和解释现实世界的经济规律和复杂现象。

七、结语

"现代经济学"在中国形成气候，实际上最多不过三四十年的历史，当前，在中国各高等院校所设立的经济学课程体系中，并无明确的学术范式构架，本文所说的"主流经济学"或"传统经济学"的微观—宏观范式，在中国经济学界其实还只是一个尚未完全成型的"隐形"范式，从这一意义上说，中国还谈不上"传统经济学"。但是，中国也还没有形成足以同西方主流经济学的微观—宏观范式体系相抗衡的经济学范式体系，而且中国经济学体系中的一级学科"应用经济学"所辖各分支（二级、三级）学科大多以微观—宏观范式为基础，甚至另一个一级学科"理论经济学"中的有些学科也默认这一学术范式，所以，微观—宏观范式实际上成为中国经济学界最具"主流"性影响力和渗透性的思维逻辑的"影子"基础，可以说是中国经济学家们的一个"默认"范式，甚至在党和政府的官方语境中也"潜移默化"地占有话语权地位。微观—宏观范式使经济学具有华丽的"科学"形式，但却弱化了科学精神的真正要义——发现。微观经济学和宏观经济学在西方国家都已经受到多方面质疑，在中国更表现出很大的不适应性。其突出表现就是：据此难以识别现实经济之质态，经济学的科学发现使命受到严重约束。所以，变革范式，增强经济学之识别、发现功能和现实解释力，还经济学以科学之本色，是中国经济学界进行学术创新的一个重要历史使命。

与此直接相关的另一个需要研究的重要问题是：当经济学的微观—宏观范式逐步占据经济学范式的"主流"地位，整个经济学的学科体系也受其深刻影响。这表现为：不仅因其抽象的假设逻辑而削弱了对现实世界的识别发现能力和解释力，而且使得经济学原本所具有的历史观性质被大大削弱，即经济行为和经济现象似乎同一定历史发展阶段的社会形态无关，在进行经济分析时后者可以被抽象掉。这样，经济学的研究对象似乎不再是一定历史过程中的社会现象（社会关系），而是同历史发展过程所决定的社会背景无关的先验性逻辑关系，也就是说，这种逻辑关系完全基于抽象理性（人性）的"公理"性假设，可以不证自明，而同历史条件及现实社会背景无关。这样，以史观范式为思维逻辑主线的经济学学科就同以微观—宏观范式为思维逻辑主线的"主流"

经济学学科相分离、相割裂。因此，可以看到，中国的整个经济学体系就呈现为以史观思维主导的"政治经济学"同以微观—宏观经济学范式思维主导的其他经济学学科相对立的"两张皮"状况。而一旦引入域观范式，张扬域观范式的识别发现逻辑，就必然要强化经济学的史观思维逻辑。这样，就可能改变这种"两张皮"现象，按照史观—微观—宏观—域观的构架，形成整个经济学新的学科体系。关于经济学学科体系演化的相关问题，笔者将另文进行专门讨论。

参考文献

[1]［德］卡尔·马克思. 资本论（第一卷）［M］. 北京：人民出版社，1975.

[2]［印］阿马蒂亚·森. 身份与暴力——命运的幻象［M］. 李风华，等译. 北京：中国人民大学出版社，2014.

[3]［美］保罗·A. 萨缪尔森，威廉·D. 诺德豪斯. 经济学（第十四版）［M］. 胡代光，等译. 北京：首都经济贸易大学出版社，1998.

[4]［美］布莱恩·阿瑟. 复杂经济学：经济思想的新框架［M］. 贾拥民，译. 杭州：浙江人民出版社，2018.

[5]［英］冯·哈耶克. 知识的僭妄——哈耶克哲学、社会科学论文集［M］. 邓正来，译. 北京：首都经济贸易大学出版社，2014.

[6] 金碚. 关于"高质量发展"的经济学研究［J］. 中国工业经济，2018a（4）.

[7] 金碚. 关于开拓商域经济学新学科研究的思考［J］. 区域经济评论，2018b（5）.

[8] 金碚. 高质量发展的经济学新思维［J］. 中国社会科学，2018c（9）.

[9] 金碚. 试论经济学的域观范式——兼议经济学中国学派研究［J］. 管理世界，2019a（2）.

[10] 金碚. 经济学：睁开眼睛，把脉现实——敬答黄有光教授［J］. 管理世界，2019b（5）.

[11] 金碚. 中国经济 70 年发展的新观察［J］. 社会科学战线，2019c（6）.

[12] 金碚等. 竞争力经济学［M］. 广州：广东经济出版社，2003.

[13]［新加坡］李光耀. 李光耀观天下［M］. 北京：北京大学出版社，2018.

[14]［德］李峻石. 何故为敌——族群与宗教冲突论纲［M］. 吴秀杰，译. 北京：社会科学文献出版社，2017.

[15]［英］罗杰·E. 巴克豪斯. 经济学是科学吗？——现代经济学的成效、历史与方法［M］. 苏丽文，译. 上海：格致出版社，上海人民出版社，2018.

[16]［美］罗纳德. H. 科斯. 论经济学和经济学家［M］. 罗君丽，茹玉骢，译. 上海：格致出版社，上海三联出版社，上海人民出版社，2014.

[17]［美］马歇尔. 经济学原理［M］. 陈良璧，译. 北京：商务印书馆，1965.

[18]［美］马歇尔. 货币、信用与商业［M］. 郭家麟，译. 北京：商务印书馆，1986.

[19]［美］穆雷·N. 罗斯巴德. 人、经济与国家［M］. 董子云，等译. 杭州：浙江大学出版社，2015.

[20]［美］乔治·阿克洛夫，罗伯特·希勒. 动物精神——看透全球经济的新思维［M］. 黄志强，等译. 北京：中信出版社，2012.

［21］［法］让·巴蒂斯特·萨伊. 政治经济学概论［M］. 赵康英，译. 北京：华夏出版社，2014.

［22］任雪飞. 从芝加哥到中国和印度：21 世纪城市研究［R］. 北京大学中国与世界研究中心研究报告，2019.

［23］［美］托马斯·库恩. 科学革命的结构（第四版）［M］. 金吾伦，胡新和，译. 北京：北京大学出版社，2012.

本真价值理性时代的区域经济学使命*

金　碚

摘　要：进入新时代，当我们取得了经济发展的巨大物质成就后，必须以更为科学理性的精神，来反思经济发展的本真价值，拨正人类发展的方向。无论是在经济学的宏观领域还是在微观领域，或者是在经济学的各分支学科中，区域经济学是触及经济活动的本真理性因素最广泛、最直接和最深入的学科之一。进入本真价值理性时代，区域经济学从其自身的研究领域和关注问题中向前推进、深入探索，将经济学反转的镜像端正过来，正视和直面经济发展现实。这就会顺理成章、水到渠成地将经济学引入对本真性问题和本真目的的研究领域，这实质上是将经济学所认知的使用价值和交换价值二重性置于统一的理论框架中，做出更符合实际和吻合人类发展本性的学术贡献。这是经济学研究视角的根本性调整：使经济学的视野从"独眼"观世界变为"双眼"观世界。独眼所见只是一个平面的图像，而双眼所见才是一个立体的世界。

关键词：本真价值理性；价值二重性；区域协调发展；时空

中国经济发展进入新时代，出现许多新情况，必须要有新理念、新思想、新战略。数十年来，几乎每一个历史时期甚至每一年都说要"新"，年年说"新"已成语言惯性。但当前所说的"新"，却与以往不同，更具有深刻性，不仅是战略新、政策新，而且真正进入了一个新时代，深入到了理念和思维方式的变革。这对经济学提出了极具深刻性的挑战。而在经济学的所有分支学科中，区域经济学是一个迎接新时代首当其冲的领域。区域经济学不仅率先面对各种新情况、新现象，需要确立新理念、新思维，并为制定新战略做出直接贡献，而且必须在经济学本身的变革中发挥重要作用。因为，随着工业化进入中后期，人们越来越深刻地感受到传统经济学的局限性，难以解释和应对日新月异的现实，甚至其学术逻辑的底层结构都面临挑战。从一定意义上可以说，区域经济学正在成为经济发展进入本真价值理性时代的学术"尖兵"，须从经济学的根基处进行变革，推进其发展，甚至发生具有颠覆性的理念更新和方法创新。

---

* 原文发表于《区域经济评论》2018 年第 1 期。

一、从交换价值主导向本真价值理性的演进

鉴于本文所研究问题的学术深刻性，我们的讨论需从经济学的根基处，即商品价值理论开始。按照马克思的商品价值理论，商品具有使用价值与交换价值二重性。人的消费需要是由商品的使用价值来满足的，但在市场经济制度下，由于所生产的商品是用来交换其他商品，即为交换而生产的，而且商品交换是以货币为媒介的，所以，人们的行为目标特别是生产活动目标主要不是消费使用价值，而是追求交换价值，特别是追求交换价值的代表——货币。于是，在市场经济发展历史中，往往充满了"重商主义"的观念、思维和行为，即视货币为财富，以货币单位所表现的交换价值为经济体系中的主人和统治者；而使用价值反而成为交换价值的仆人和工具。人们疯狂地追求交换价值，积累财富，增值货币，以致整个经济机体从微观到宏观都越来越金融化。而无限度地追求物质财富特别是物质财富的计量表现——货币以及核算数据（GDP 等），往往导致经济活动根本的目的——以有用的自然物质及所生产的产品和服务的使用价值满足人的生活和发展需要，反而被极大地忽视。即使是原本为计量使用价值量的指标，例如 GDP 等，也转化为交换价值单位（即货币指标），从而使人们认为，经济发展的目标就是交换价值量的增长，并且表现为货币单位计量的金融性数字。有经济学家称之为"认知俘获"，即人对事物性质的认识被根本性扭曲。

从 20 世纪 70 年代末实行改革开放以来，中国工业化和城镇化迅速推进，以经济建设为中心，发展生产力，追求物质成就，成为"中轴原理"，个人努力脱贫致富，企业经营以利润最大化为目标，而且，金融活动越来越兴盛。改革开放初期，"万元户"就已算是稀有的"暴发户"，而今天，"百万富翁""千万富翁""亿万富翁"以至"首富"，成为令人羡慕甚至奋力追求的身价目标。同时，各地区的发展也以物质成就论英雄，进行以 GDP 增长为目标的竞赛和竞争。为此，各地区追求 GDP 排名，乐此不疲，身不由己。在此过程中，稍有成就的企业家们纷纷转身为投资家、金融家。资本运作、收购兼并，转战房地产，涉足金融界，所拥有或控制的金融资产如同炼金术的产物，迅速膨胀。短短 30 多年，进入世界 500 强（实际是 500 大）行列的中国企业逐年递增。而"低调"地隐于各地的拥有百亿、千亿、万亿元资产的企业更是与日俱增，不计其数。

由于中国仍然是发展中国家，发展仍然是"第一要务"，所以，当前以至未来相当一段时期在总体上将仍然处于物质主义的发展时期。追求物质财富特别是物质财富的货币表现（即重商主义倾向）具有历史合理性和必然性。不过，从 21 世纪第二个 10 年开始，中国成为世界第二大经济体，进入中等收入水平，物质匮乏的境况已彻底改变，甩掉了"落后"的帽子，甚至在许多外国人心目中，"中国人"已经成为"有钱

人"的代名词;"中国"已经有了"真有钱"的形象。此时,物质成就尽管仍然重要,但已越来越不再是唯一重要的目标,甚至,为了实现其他目标,值得付出一定的物质代价,社会价值观倾向于多元目标,例如,为了保护环境,宁可牺牲一些 GDP,可以说,中国正在从"亢奋的物质主义"转向"权衡的物质主义"。

这是一个多么耀眼的经济繁荣的黄金时代!但也是市场经济发展的一个得失兼具的时代。"亢奋"是有代价的,"权衡"才是理性的本性。而当社会转向权衡的物质主义,人们和社会将更理智地认识使用价值与交换价值关系,在各种体现了交换经济或使用价值的目标中,有必要进行适当的权衡,以实现发展的平衡性和全面性。

如前所述,市场经济的基本特征之一是,绝大多数生产活动是为交换而进行的。生产者是为向他人提供使用价值而进行劳动,其目的是获得更多的交换价值(货币),而交换价值(货币)本身并不具有使用价值。这样的生产方式,实际上是生产活动目的与手段的角色反转。但也正因为这样,能够为社会生产注入经济增长的强劲动力。可以设想,如果生产者仅仅为满足自己消费的产品使用价值而生产,其数量将是非常有限的,如果由一个社会计划中心来计算所有人所需要的使用价值并据此进行生产(即计划经济的逻辑),其有效的动力和效率机制更是难以形成;相反,当人们为获得交换价值(货币)而生产时,其数量可以是无限的,动力可以极为强劲。因此,当以追求交换价值为目标时,物质财富可以快速增长和极大积累。而从整个社会看,大量商品的生产和交换,可以实现商品(主要是工业品)的消费大众化。所以,我们不必诅咒以交换价值为目的的市场经济活动的目的与手段的颠倒,所有的人都会在这个目的和手段换位的市场经济蓬勃发展中获益。

但是,事情不可走到极端,人对事物的认识不可偏颇,"认知俘获"不应泯灭了理智。如果极端崇拜交换价值,失去生产活动的根本目的,使目的和手段的颠倒走到盲目境地,就会导致出现如马克思所说的"异化"现象,即人所创造的物反而统治了人,并损害人的根本利益。例如,体现了交换价值统治的亢奋物质主义,有可能导致环境破坏、空间失序和人们的精神空虚。从理论上说,这就是因为无度崇拜"无用"的交换价值目标,而舍弃了"有用"的使用价值目的。为了"手段"的膨胀,失去了本真的"目的"。而我们的世界确实已经在很大程度上脱离了人类发展的本真目的。如美国学者拉娜·弗洛哈尔所指出的,金融原本是一种工具,但现在,金融业是世界权力和信息的终极聚所。如果把全球经济比作一个沙漏,金融业就是沙漏正中间最狭窄的那截通道:世界上所有的财富,所有谁创造了财富谁又攫取了财富的信息都从中间这通道穿过。金融家们坐在最高级的位置上,随心所欲地从中收取过路费。单从科技层面就可见一斑:科技通常能够降低行业的运营成本,却没能让金融中介的成本降下来。实际上,随着金融业采用了更新、更先进的工具,这个行业的成本越来越高,效率却越来越低。就像皮凯蒂在《21世纪资本论》中所主张的那样,金融家从某些意义上讲颇像旧时代的地主,只不过他们不控制劳工,而是掌握了现代经济中更加重要的资源

的使用权：资本和信息。结果他们成了地球上最富有、最有权势的那批人中的最大群体。比起硅谷巨头或石油沙皇，金融家才是当代资本主义的真正主人。在这样的世界中，经济脱实向虚，财富创造、积累和索取的过程，并没有带来大多数人实际生活包括生存空间同样程度的改善。

所以，当我们取得了经济发展的巨大物质成就后，必须以更为科学理性的精神，来反思经济发展的本真价值，拨正人类发展的方向，这可以称之为经济发展的本真复兴。

二、经济发展的本真复兴

市场经济是人类最伟大的制度创造，人类发展进入市场经济是一个伟大的历史进步。市场经济的基本逻辑是，以"换"（交换）激励和创造更多的"享"（享用），交换越发达，享用之物就越丰富。可见，只是将市场经济定义为"交换经济"是有失偏颇的。市场经济从本质上说是"交换"与"享用"的二重经济。市场经济的这一逻辑基于一个潜在的假设（有经济学家认为这是无须证明的公理）：人能够确定自己的行为目的和选择手段（当然未必是有效成功的手段）。而相信市场经济逻辑的有效性实际上是相信"市场最了解情况"，至少是相信没有任何高明之人或社会中心能比市场更了解情况。因此，让市场机制在资源配置中发挥决定性作用，说到了市场经济理论的根本点上。也可以说这是对人类最伟大的制度创造的理论认可。

认定市场经济的有效性，实际上还要有一个"技术性"假设：交换价值与使用价值具有直接的数量相关性，所以，实现交换价值量的增长或最大化目标，就可以达成使用价值量的增长和最大化目标。基于这一技术性假设，在统计上，就可以用交换价值单位作为使用价值的计量指标，例如，将以货币为单位的 GDP 作为计量真实产品和服务数量增长的指标，以致使人们误以为 GDP 是一个交换价值量，而往往忘记了它实际上是反映使用价值量及其增长的统计指标。

尽管经济学的整个体系都基于上述假设，而且这些假设似乎都合情合理，但人们对于以下推断并没有绝对的把握：第一，人类在任何情况下都能够分清目的与手段吗？第二，"市场最了解"这一信条是无条件正确的吗？第三，交换价值和使用价值具有完全的数量一致性吗？现代经济学（常常被称为"西方经济学"）试图将使用价值作为交换价值量的决定因素，例如，认为商品的（交换）价值取决于其"边际效用"。而马克思关于商品使用价值和交换价值二重性的理论却未得到后来的马克思主义经济学家们充分的学术延展。这往往使关于现实经济的认知陷入混沌。经济学本身也像谜一样，其大多为经济学家所"定义"的概念和术语，却未必符合现实。

人类所生产的具有二重性的商品，使用价值是"目的"，交换价值是"手段"，这

本应是不证自明的常识性"公理"。但如前所述，市场经济的行为机理实际上将目的与手段反转倒置，即原本的"享"是目的，"换"是手段，反转倒置为为了"换"的目的可以牺牲"享"的需要，例如，为了利润最大化或更多 GDP，可以损害环境和健康；为了金山银山，损失了绿水青山。人们花钱去旅游，不就是因为向往享受绿水青山而得愉悦吗？但就为了更多的钱（其本质不过是获取使用价值的"媒介"或索取权），为什么宁可破坏绿水青山呢？

如上所述，市场经济有"换"和"享"两个根本基因。而当以交换为统治（主人）时，就需要有产权的绝对封闭性，即只有取得所有权才可使用（获得使用权）。此时，"换"主导"享"，甚至压抑"享"。因为，许多东西在其性质上原本是可以共享的，即只要产权具有非封闭性，"享"的因素可以大展其能，大创其功。而交换价值的无度滥权，就可能使社会偏离"共享"的本真理性。例如，人类集体共享的生态环境就会因没有产权封闭性而受到破坏。而这就直接损害了所有人的享用利益。因此，经济发展必须实现其本真复兴，克服人类"认知俘获"所导致的各种"非理性的理性"现象，复兴人类发展的本真理性。这实际上是对市场经济认知的第二次思想启蒙。

经济发展的本真复兴首先会体现在区域发展的现实中（顺便提一下，"共产主义"的原意就是一个具有社区共享含义的概念，其词根为 commun）。一个区域就是一个具有共享性因素的地理空间。在区域中，生态环境是最基本的共享条件，区域空间条件具有极强的共享性，区域（包括城市和乡村）基础设施、公共服务也具有很强的共享性。所以，当前正方兴未艾的各种"共享经济"业态，也都是区域经济现象。

可见，经济发展的本真复兴，根本上说就是"享用"的崛起，是"享用"对于"交换"的"平权运动"。当然，市场经济条件下，"交换"仍然作用巨大，所有的"享用"或"共享"，都不可能完全脱离"交换"所发挥的手段作用。拓展交换空间，实现更大区域范围的互联互通，也是拓展共享空间的最重要手段之一。

三、区域经济学是本真价值理性时代的探路尖兵

笔者在《论经济发展的本真复兴》一文中讨论了当人类发展进入本真价值理性时代，经济学面临的挑战和使命。而市场经济发展的本质属性和内在关系所产生的"换"（交换价值）和"享"（使用价值）之间的对立运动和矛盾现象及突出问题，在区域经济发展中首先突出地表现出来。

例如，环境保护与经济增长的关系。生态环境是人类生存的最基本条件，是最重要的有用物。人类发展必须适应环境，或者改造环境以使之有利于人类到达和居住。但在区域经济发展的一定时期，追求以交换价值（货币）量为目标的经济增长（GDP 增长），反而导致生态环境的严重破坏，不宜人居。因此，站在本真理性的立场上，如

果是以严重破坏生态环境为代价追求经济产能和产出的规模扩张，那么，宁可不要"大开发"，也要进行"大保护"。

再如，房地产问题。房子是用来住的，这是一个极为浅显的常识，但在许多地区特别是城市化过程中，房地产被彻底地金融化，房子成为交换价值的体现物。原本是最实在的使用物，蜕变为像货币一样的"财富符号"和金融投资的标的物，其使用价值不过是资产增值的工具和"奴仆"。但房地产业在交换价值侧所发挥的独特作用，特别是当房地产成为投资标的而进行金融性交易运作，也确实能对经济繁荣和增长起到推动作用。而且房地产作为较可靠的抵押物也往往成为金融业的"宠儿"。特别是，房地产的价格主要并不取决于其自身的生产成本，买房子其实在很大程度上是购买房子的区位以及周边环境和公共设施，后者都属于区域性因素，而非房地产本身的成本因素。这样，房地产就是一个极具区域经济学性质的产业。由房地产的特殊性所导致的各种关系和现象，都是区域经济学应着力研究的。

又如，经济发展中产生的地区差距以及地区协调问题。经济活动在空间上的分布如何才是有效和合理的？以交换价值工具——货币、价格所引导的资源和人口空间分布，能否实现合理的优化格局？如果据此不能实现合理格局，那么，可以或者应该以怎样的方式来进行调节？例如，北京市要疏解非首都功能、超大城市要治理过度密集和拥挤的城市病等，从根本的理论上说，就是当交换价值这个"统治者"无力指挥时，必须诉诸对真实使用价值的直接安排。加强空间规划，也是基于这样的理论逻辑。

于是，我们的讨论触及了本文前述的现代经济学关于市场经济认知的最底层的逻辑基石，即关于人的行为的理性假定和人具有能够区分目的与手段的行为特征假定，以及关于"市场最了解"情况的有效市场理论。当人类发展进入本真理性时代，经济学关于市场经济的上述认识会发生怎样的变化？区域经济学首先就要面对这个问题。对于区域如何发展，市场真的具有可以无条件地"最了解"的功能吗？人为了趋利避害，真的在任何情况下都能分清目的和手段吗？并且能在区域经济发展中体现其"理性"吗？特别是，当经济学的利益主体"人"（个体）扩展为"居民"以至"人民"（群体）时，何为"理性"？区域经济学能够仅仅基于个体理性而忽视群体理性吗？

在这里，我们可以发现现代经济学的缺陷：对空间和时间的假定是非常任意的。可以说，在经济学主体逻辑中是没有现实的空间和时间条件的。因此，在那里，以交换价值（价格）调节的供求关系，似乎可以在没有空间障碍和时间过程的假设条件下瞬间完成。即使考虑到"时滞""期间"等问题，也总是在可以用数学方法进行处理的限度内进行思考，而不考虑空间和时间的现实复杂性问题。而当我们重点研究人类发展的本真价值时，就必须侧重于对真实使用价值的观察，复杂的现实时空因素是不可忽视的。区域经济学正是特别专注于研究经济发展的时间和空间复杂性的学科。显然，当区域发展进入本真理性时代，区域经济学研究大有可为。也正因为这样，面对急剧变化的现实经济以及解决区域发展问题的紧迫需要，区域经济学难免常常感到

"力不从心"。区域经济学有自己的"金刚钻",可以揽下区域发展的"瓷器活"吗?

在时间上,区域经济学面对的是超长期的"长程调节"经济问题,区域均衡、区域协调、区域优化、区域价值等,不能像一般市场均衡理论那样假定其可以在瞬间达成、及时调节,而是要有数十年、数百年甚至更长期(雄安发展是"千年大计")的眼界,其中要处理各种"不可逆"或现象(例如,把农地建成城市后,如果再要恢复为农地,其成本非常大;建成了道路、桥梁后,如果发现其不妥,要重建,也是很困难的)。因此,关于区域经济发展,如何进行规划和决策?对其价值的判断和评估应基于多长的时间跨度,以什么时点作为基准?以至如何据此而安排区域发展的演进阶段?这些都是区域经济学会直接面对的问题,甚至可以说,区域经济学的"主业"和专长领域正在这里,需要有其切合实际的学术逻辑和分析方法。

在空间上,区域经济学面对的是极为复杂而且范围迅速扩大、联系日趋紧密的研究对象。特别是由于基础设施建设的快速进展,过去相互分离、互不往来,甚至隔山隔水相望的不同区域,连接融合为同一个区域。因而,定义为"区域"的空间范围越来越大。那么,在区域内及区域间,众多人的"享用"还是都必须仅仅由"交换"(价格)来调节吗?如果需要"交换",那么,此种交换的原理是什么?特别是,那些共享性极高的空间设施(享用空间),例如,公园、风景区、博物馆的享用等,也都要以价格调节来进行交换性供给吗?再如,当我们说"京津冀协同发展"或"京津冀一体化""长株潭一体化"时,对于区域共享性很强的空间设施,经济学如何进行研究?应采用怎样的学术逻辑和分析方法?

在区域空间中生产(建设)的公共性产品,不仅具有很强的公益性,而且往往因规模巨大的土方工程而具有极强的不可逆性和长周期性,例如,水电站建设、高铁建设等,如果只能以价格所调节的供求来进行生产(建设)决策,则以交换价格机制调节的时滞性和超长程性(今天的决策往往对应着几年、十几年甚至几十年后的需求),使得难以判断"市场均衡"状态,所以不得不以群体理性来替代。空间性规划就成为群体享用的理性代表,此时,显然要重点考虑使用价值侧的因素,当然也要兼顾交换价值侧因素,即进行经济性预测。而当将更大程度上体现了群体理性的行政力量、空间规划行为引入区域经济的学术分析框架中时,就是对经济学时空假设缺陷的重大弥补。这在经济学方法论上是一个重大变革。

总之,无论是在经济学的宏观领域还是微观领域,或者是在经济学的各分支学科中,区域经济学都是触及经济活动的本真理性因素最广泛、最直接和最深入的学科之一。区域经济学很难像宏观经济学或微观经济学那样抽象掉经济活动的本真性(使用价值侧)因素,而专注于交换价值侧关系,或在一定的假设条件下以交换价值替代使用价值因素(以价格替代效用和享用)。也不可能像宏观经济学或微观经济学那样忽视时间和空间因素对经济决策(经济平衡与决策权衡)的复杂作用。而当经济发展进入本真价值理性时代,那些被宏观经济学和微观经济学抽象掉的因素,正变为区域经济

学特别需要重视和专注研究的问题。可见，称区域经济学为"本真价值理性时代的探路尖兵"，是毫不过分的。

四、基于本真价值理性视角的区域经济学

从本真价值理性的视角看，人类经济活动的根本目的是通过经济活动实现人类的生存、繁荣和传承，而且在此过程中感受尽可能的愉快（幸福感）。简单地说就是，经济活动的目的是促进人类的更美好生活。那么，更美好生活的首要条件是什么？人类需要生活在适宜的环境空间中，这一空间能够具有人类可以在那里满足衣食住行需要的良好条件，显然，这正是区域经济学（以及它的相邻学科经济地理学和城市规划学等）的研究对象。以传统经济学的方法来研究，区域经济学的这一本真价值理性被纳入以交换价值的工具理性的思维模式，即以成本—效益分析为基本工具进行经济分析，以一个地区的生产发展和收入水平的提高作为目标指向，研究各地区如何从低收入发展为中等收入以至高收入地区，以及各地区之间发展差距如何趋向收敛。

区域经济学的上述研究当然是很有意义的，特别是对于工业化中期之前的经济发展，区域经济开发是中心议题。但是，进入工业化中后期，人类更需要从本真价值理性的视角研究经济发展，需要研究经济开发所带来的可以用交换价值单位计量的产出和收入增长，是否真正带来人类生存环境的改善。其中特别需要研究的是，那些难以直接用交换价值单位（货币）计量而又对人类生活产生很大影响的因素，如何进入区域经济学研究的领域？区域经济学能够以怎样的方法来对其进行刻画和解释，从而能够提出对其进行改善的主张和对策？

对于人类发展来说，时间周期和跨度是另一个核心问题。人类个体有从幼年、成年到老年的过程，生命周期的不同时期对生活空间的要求不尽相同。在一定的区域中，如何更适合他们各个时期的生活？从人类发展的群体历史看，需要地区环境适宜于人类繁衍即代际传承，而从人类的本真价值看，人不仅是"个"体，而且是"类"体，进化中的群类，因此，区域经济学的研究方法不能仅仅是短期均衡，甚至不仅仅是生命周期跨度中的利益权衡（所谓"永久收入假定"理论），而是要将视野延展到数代人（数十年到百年）甚至"千年大计"的时间跨度。这是一个需要本真理性主导的问题。从本真价值理性的视角看，人类生产活动的目的是在一定的时间过程中改变自然物质的形态，使之为人所用。奥地利经济学家路德维希·冯·米塞斯指出，资本品——过去生产出来的再生产要素——不是一个独立要素，它们是过去消耗掉的两个原始要素——自然与劳动——的联合产品。资本没有它们自己的生产力，把资本品说成贮藏起来的劳动和自然（资源），这也不对。倒不如说它们是贮藏起来的劳动、自然和时间。不靠资本品帮助的生产与利用资本品的生产，其间的区别在于时间。资本品

是从生产的开端走向其最后目标（生产消费品）之过程中的一些中转站。利用资本品生产的人，比开始时不使用资本品的人享有一大利益：他在时间上更接近于他努力的最后目标。

如前所述，在本真理性视角下，人类价值不仅是生存、繁荣和传承，而且需要"幸福"。因此，如何使人身心健康和愉快（精神性享用的主观幸福感）是一个根本性目的。而达到这一目的的手段，需要有一定的物质条件，表现为物质财富的增长，这是传统经济学研究的主要领域。但仅此是非常不够的，人的身心健康和愉快还需要有更多其他条件，例如，除了优美的生态环境，还要有生活区域内的便利公共服务的可得性、共享空间设施的完备性、人际交流的便利性、文体娱乐活动方式和内容的丰富性等，所以，区域规划和区域建设，交换价值并非抉择的唯一准则，甚至不是首要准则。区域规划和区域建设的抉择原则首先是"功能"即空间效用，不同的区域应有不同的主体功能，各主体功能区域均有其特殊的区域经济问题。而在区域功能中，不仅有保护与发展的需要，而且也要留下"记忆"，即各种历史遗产遗迹，以体现历史记忆的区域功能。因为，历史性遗产遗迹对于人类也具有极高的享用价值（精神性使用价值），区域发展绝不应患"老年失忆症"。可见，在本真价值理性视角下，区域经济学的发展具有极大的学术张力空间。从这一意义上说，区域经济学不仅是一门"应用经济学"，它还涉及一系列非常深刻的基本理论问题，具有很强的基础性（甚至哲学性）学术特性。

总之，进入本真价值理性时代，区域经济学从其自身的研究领域和关注问题中向前推进、深入探索，将经济学反转的镜像端正过来，正视和直面经济发展现实。这就会顺理成章、水到渠成地将经济学引入对本真性问题和本真目的的研究领域，这实质上是将经济学所认知的使用价值和交换价值二重性，置于统一的理论框架中，做出更符合实际和吻合人类发展本性的学术贡献。这是经济学研究视角的根本性调整：使经济学的视野从"独眼"观世界变为"双眼"观世界。独眼所见只是一个平面的图像，而双眼所见的才是一个立体的世界。以前者的视角，经济学真的是一门"忧郁的科学"，正因为这样，我们可以看到，许多经济学论文都如同"精致的浅碟"，盘子似乎很华丽，但盘中盛不了多少新鲜物：尽管使用了各种精致的数学方法和复杂模型，却没有多少实质性思想新意。而以后者的视角，经济学是一门寻求人类幸福道路的科学，可以在广阔的时空中驰骋，观察丰富现实中的人类行为，发挥科学理性的想象力潜能，探寻实现人类幸福的真谛。

参考文献

[1]［美］大卫·哈维. 资本社会的 17 个矛盾［M］. 许瑞宋，译. 北京：中信出版集团，2016.

[2]［奥地利］路德维希·冯·米塞斯. 人的行动：关于经济学的论文［M］. 余晖，译. 上海：上海世纪出版集团，2013.

［3］［美］拉娜·弗洛哈尔. 制造者与索取者：金融的崛起与美国实体经济的衰落［M］. 尹芳芊，译. 北京：新华出版社，2017.

［4］金碚. 经济发展的本真复兴［J］. 城市与环境研究，2017（3）.

［5］金碚. 探索区域发展工具理性与价值目标的相容机制——基于长江经济带绿色发展的观察与思考［J］. 区域经济评论，2017（3）.

［6］［法］托马斯·皮凯蒂. 21 世纪资本论［M］. 巴曙松，等译. 北京：中信出版社，2014.

关于"高质量发展"的经济学研究[*]

金　碚

摘　要：从经济学的基础理论看，所谓质量，是指产品能够满足实际需要的使用价值特性。进入高质量发展新时代，体现经济发展的本真性质，对满足人民日益增长的美好生活需要的使用价值面即供给侧的关注，将变得尤为重要，受到更大关切。经济发展的本真性实质上就是以追求一定经济质态条件下的更高质量目标为动机。发展质量的内容所表现出的多维性和丰富性，要求发展战略和模式选择的高度创新性。系统性地创造发展优势，走符合实际和具有特色的道路，以各种有效和可持续方式满足人民不断增长的多方面需要，是高质量发展的本质性特征。各地区可以基于自身实际追求丰富多彩的优越。发展质量的高低，最终是以经济发展能否满足人民日益增长的美好生活需要为判断准则，而美好生活需要绝不仅仅是单纯的物质性要求，而将越来越多地表现为人的全面发展的要求。与高速增长阶段主要以工具理性为动力的机制不同，高质量发展阶段必须有更具本真价值理性的新动力机制，即更自觉地主攻能够更直接体现人民向往目标和经济发展本真目的的发展战略目标。这种新动力机制的供给侧是创新引领，需求侧则是人民向往。这种新动力机制的内在要求就是市场经济工具理性与经济发展本真理性的有效契合。

关键词：高质量发展；工具理性；本真价值理性；发展战略

习近平总书记在中国共产党第十九次全国代表大会所作的《决胜全面建成小康社会，夺取新时代中国特色社会主义伟大胜利》报告中指出："我国经济已由高速增长阶段转向高质量发展阶段，正处在转变发展方式、优化经济结构、转换增长动力的攻关期，建设现代化经济体系是跨越关口的迫切要求和我国发展的战略目标。"在经济学的理论意义上，"高速增长"是一个比较容易理解的概念，统计上也较容易把握和核算（尽管也有不少技术难点）。而关于"高质量发展"，则是一个看似简单却不易把握的概念，如何进行"高质量发展"的统计核算更是一个崭新的复杂课题。本文试图从经

＊　原文发表于《中国工业经济》2018 年第 4 期。

济学的基础理论上讨论高质量发展的含义及其相关理论问题。

一、"高质量"的经济学性质

将"高质量"作为一个核心概念置于重大政策意涵表达之中，是对经济学的一个挑战。在现代经济学的学术主体框架中，"质量"基本上是一个被"抽象"掉的因素，一般将其归之于"假定不变"的因素中，或者以价格来替代之，即假定较高价格产品的质量高于较低价格产品的质量，即所谓"优质优价"，可以称之为"质—价"对称性假定。但是，如果质量因素体现在生产效率或规模效益上，即发生工业化生产中普遍的"物美价廉"或"优质平价"现象，特别是当大规模生产和供应导致"大众消费"时，如何判断和分析经济活动及产品质量的经济学性质，往往成为理论经济学尽可能回避的问题。例如，作为高技术产品，今天智能手机的价格大大低于过去的手提电话"大哥大"价格，而前者的性能和质量显然不是后者能够与之相比的，此时，产品质量与价格之间不仅没有正相关性，反而是负相关的，价格完全无法显示产品的质量水平，即完全不存在"质—价"对称性。这一现象在工业革命之后的工业化时代实际上是普遍发生的，技术进步和创新也使这一现象普遍存在。但经济学却对其似乎视而不见，而只是假定在一定时点上，质量高的产品具有比质量低的产品更高的附加价值，静态地建构质量与价格之间的对称关系。

产生这一现象的根本原因是，自马克思将古典经济学推向理论高峰后，经济学知难而退，关于商品二重性的理论路线在后来的经济学发展过程中向一元化方向并轨，即走向了将商品使用价值并入交换价值的路线，而且倾向于以供求关系分析完全取代价值理论。例如，认定产品的边际效用决定其价值，边际成本和边际收益决定其价格，以此作为经济学的底层逻辑基础。这样，经济学发展和逻辑体系演进就可以走向易于用数学方法进行刻画和分析的方向。经济学研究方法的数理模型化倾向，使得经济学对复杂的质量因素避之唯恐不及，经济学研究的抽象方法尽可能避开了具有很强具象性特征的质量问题。按此方向发展，经济学似乎变得越来越"纯粹""精确"和"精致"了，所有的经济关系都抽象为数量关系，唯一重要的计量单位是"价格"（包括工资、利率等要素价格），所有的经济变量都转换为以货币单位计量的个量或加总量。这样，同使用价值相关的所有变量都有意无意地被"抽象"而归之为交换价值量，也就不再可能有质量含义。所以，经济学甚至被称为"第二数学"，几乎所有的经济关系都可以由数学来表达，而且认为只有用数学方式表达和刻画的经济关系才是含义最明晰和定性最精准的变量及其相互间关系。为此，对于现实经济中存在的质量因素（即具象的使用价值特征），只能采取两种方式来处理：第一种方式，将不同质量的同一种产品定义为不同的产品，即只有质量相同的产品算作同一种产品，这样，分析产品供

求关系时就不存在质量差异和计量困难了。第二种方式，将产品的差异包括质量差异都归之为"垄断"性因素，实际上仍然是将质量不同的产品定义为不具性能（质量）替代性的产品，正因为这样，质量不同的产品也就相当于不同产品或不具充分替代性的同类产品。对于产品质量，进而对于以此为基础的经济发展质量问题，经济学家往往是语焉不详，含糊其辞，不愿深入讨论。其根本原因就是现代主流经济学缺乏研究质量因素和质量现象的学理基础，以及以此为依据的分析工具。

经济学家们当然不是不知道，生产的最终目的是满足人的实际生活需要，即获得有用产品，而所谓"有用产品"实际上包含着强烈的具象性质量特性。但是，生产的最终目的并非就一定是经济行为的直接目的。而且，如果人们仅仅是生产自己使用的产品，也就是将生产的最终目的完全同化为生产的直接目的，那么，生产力反而会受到极大限制，因为这样的自给自足的自然经济实际上就否定了社会分工的可能性。因而，人类社会必然走向以分工为基础的交换经济（市场经济），产品成为商品，即为交换而生产的产品。这样，各个生产者的生产目的就从为自己提供使用价值，转变为以向别人提供使用价值为代价，而获得对方提供给己方的使用价值。此时，产品使用价值所体现的质量合意性，就从关注自己消费的产品的质量合意性，变为关注交换对方能否认可和接受产品的使用价值质量。亚当·斯密（1983）说："不论是谁，如果他要与旁人作买卖，他首先就要这样提议。请给我以我所要的东西吧，同时，你也可以获得你所要的东西，这句话是交易的通义。我们所需要的相互帮忙，大部分是依照这个方法取得的。我们每天所需要的食料和饮料，不是出自屠夫、酿酒家或烙面师的恩惠，而是出于他们自利的打算。"这样，生产者的"自利"动机就不是产品对自己有用，而是可以获得别人提供的交换物的有用性。这是人类生产活动的质量关注性的具有关键意义的关系"反转"现象，即由于交换关系的普遍化，产生了交换价值，并开始取代使用价值的地位。而当货币成为交换价值的全权代表时，使用价值就日益落入弱势地位；而使用价值之根——质量——也就退居次位，甚至被严重忽视。

当然，这不是说经济学家不知道人的实际动机并非仅仅为了自利，他们完全知道人的行为动机总是很复杂的。经济学家马歇尔（1983）承认："当我们说到一个人的活动的动机，是为他能赚得的金钱所激发时，这并不是说，在他的心目中除了唯利是图的念头之外，就没有其他考虑了。"但是，他也明确地说："经济学一方面是一门研究财富的科学；另一方面，也是研究人类在社会中的活动的社会科学的一部分，这一部分是研究人类满足欲望的种种努力，然而只以这种努力和欲望能用财富或它的一般代表物——货币——来衡量为限。"虽然他也承认"货币从来不是衡量这种动力的完美的尺度"，但仍然认为"如果谨慎小心的话，货币便可成为形成人类生活的大部分动机的动力之相当好的尺度"。可见，经济学家是"睁一眼闭一眼"的，经济学所进行的"抽象"和"假设"，只以研究货币可以衡量的现象和关系为限。这种独眼看世界的方法是相当"冒险"的，弄不好就可能走上歧途。因此，马歇尔指出，经济学千万不能

忘记两个假设条件:"第一,假定其他情况不变;第二,这些原因能够不受阻碍地产生某些结果。"并指出:"亚当·斯密和许多往代的经济学家,依照谈话的习惯,省掉了假设的语句,因而获得表面上的简捷。但这样却使他们不断地为人误解,并在无益的争论中引起了许多时间上的浪费和麻烦;他们获得了表面上的安心,却是得不偿失。"也就是说,经济学一方面要尽可能"抽象掉"使用价值因素,另一方面又不可无视使用价值。使用价值必须要留在经济学家心中,但经济学对如何处理使用价值又无从下手。如果引入使用价值及其质量因素,经济学会显得很"笨拙"、不精确,就好像是持枪射击闭上一只眼比睁着两只眼似乎可以瞄得更准;而如果无视使用价值及其质量因素,经济学就如同丢掉了自己的根基。这是经济学自始至今的一个"命门"性难题。

因此,研究高质量发展问题,有必要再回到马克思的商品二重性,看看这一问题的理论根基究竟是怎样的。关于商品价值理论的研究从古典经济学到马克思的劳动价值理论,一直基于二重性的方法论,即认定商品具有使用价值和交换价值的二重性,对两者的关注和关切都不可偏废。在经济活动的本真意义上,人类从事生产活动,归根结底当然是为了获得使用价值,以满足人的真实需要。这是一个再朴素不过的常识性事实。而随着真实需要的不断提升和生产能力的相应提高,产品的使用价值性能也不断提升,这也是经济活动的原初本真性。在这个根本问题上,马克思始终保持学术定力,将商品二重性理论置于经济学逻辑基底,并始终坚持,使之成为贯彻和决定整个学术体系的"基因"。按照他的逻辑,交换成为普遍现象特别是发展成以货币为媒介的市场经济时,商品的二重性就显著对立了,而且形成独立的供需双方:提供有用产品的一方为供给方,付出货币的一方为需求方。供给方的直接目的是获得代表交换价值量的货币,而需求方的直接目的则是获得具有使用价值的有用产品。而且,参与交换的主体都会递次居于供方和需方的地位,以达成获取使用价值的最终目的。这就是马克思以符号形式 W—G—W 所定义的简单商品交换关系和简单商品经济。此时,产品的使用价值质量关注方虽然发生了反转,但双方的最终目的仍然是获得使用价值。而进一步的实质性变化是,从简单商品交换经济演变为资本主义市场经济,生产和交换的目的再次反转,即成为 G—W—G′。此时,交换的目的不再是获得使用价值,而是为了交换价值即货币的增殖。此时,商品的使用价值及其质量的重要性"退居二线"并间接化了,即只是在能够有助于或者不妨碍交换经济即货币量增殖的前提下,使用价值及其质量特性才是重要的。极而言之,如果有可能采取完全不涉及使用价值及其质量的方式,就可以获得更多的交换价值即实现货币量增殖,那不是更好吗?货币如果能够自行增殖,岂不是求之不得的"高招"和"捷径"!这就是所谓"虚拟经济"的逻辑。也就是说,在经济活动和经济发展的原本意义上,使用价值是生产目的,交换价值即货币是手段,而现在却反转为:使用价值及其质量不过是手段,获得更多交换价值即货币才是目的。而如果能够不要(或省略)使用价值及其质量特性这个手段或工具,也能达到货币增殖的目的,那么,使用价值及其质量特性就完全可以被"忽略"

了（金碚，2017a）。

当然，在此情形下，使用价值及其质量特性也并非完全无关紧要，因为在市场经济条件下，虚拟经济归根结底是受实体经济所决定的，实体经济的供求关系是竞争性的，只有当产品的质量能够满足真实需要，才会有更多买家；只有当买方愿意购买时，卖方才可能获得货币，即实现商品的交换价值。这一情况可以称为交换对质量的合意性要求，即必须能够满足购买者对于使用价值质量的需要，否则使用价值就发挥不了获取交换价值的功能。更重要的是，通常情况下，生产和提供产品的供给者众多，卖方的产品交换价值要得以实现，必须要有更具优势的性价比，才能在竞争中战胜对手完成交易过程，这可以称为质量的竞争力，即同竞争对手相比较的质量优势。很显然，质量合意性决定质量竞争力。质量竞争力决定产品的价值实现。

从关于商品质量的上述含义看，所谓商品质量首先当然关系到产品的物质技术性质。一般来说，物质技术性能越高，产品质量也越高，其质量合意性和竞争力也越强。但经济学所定义或关注的商品质量也绝不仅仅关系产品的物质技术性质。在经济学意义上，产品质量是相对于满足人的实际需要而言的，如果没有人的实际需要，就无所谓产品质量。如果物质技术特性超过实际需要并且导致更高的生产成本和产品价格，则被认为是"质量多余"，例如，如果以高成本方式生产能够穿 100 年而不损坏的鞋，就是不经济的行为，属于质量多余，而并非经济学意义上的高质量。

总之，从经济学的基础理论看，所谓质量，是指产品能够满足实际需要的使用价值特性，而在竞争性领域，所谓质量，同时还是指具有更高性价比因而能更有效满足需要的质量合意性和竞争力特性。需要强调的是，所谓"需要"是很复杂的，特别是随着经济发展和社会进步，"需要"也是不断增进变化的。所以，当将这一理解推演到高质量发展的概念时，就赋予了其很强的动态性，在其基本的经济学意义上可以表述为：高质量发展是能够更好满足人民不断增长的真实需要的经济发展方式、结构和动力状态。

二、从高速增长转向高质量发展的理论含义

如上所述，当讨论增长和发展的质量时，这一概念就具有了强烈的动态含义。现实经济活动总是在一定的时间期限内进行的，作为一个连续推进的过程，社会经济发展是有阶段性的。在不同的历史阶段，经济增长和发展的方式及状态是不同的。也就是说，不同的发展阶段是以其不同的质态相区别的。中国改革开放 40 多年来，国民经济实现了高速增长，数量和规模的快速扩张是其最突出特征。进入新时代，这样的高速增长完成了其历史使命，中国经济将转向高质量发展阶段。那么，从经济学的基础理论上分析，高速增长与高质量发展的质态有何异同？两者间的内在关系又如何呢？

从根本上说，无论是高速增长还是高质量发展，其本质含义首先都是社会所生产和消费的有用产品的增加，也就是说，其经济学含义都是使用价值量的增加，更多的使用价值满足人民日益增长的需要。交换价值并无使用价值，从根本上说不是理性追求的目的，而只是获得使用价值的手段或工具。但是，由于各种不同产品的使用价值难以进行一致性计量和加总，所以经济学研究中不得不以货币作为一致性计量的核算单位。例如，GDP及其增长的真实含义是一国（或地区）所生产的各种各样的产品和服务总量及其增长，从本质上说是一个以货币单位核算的使用价值量及其增长，也就是说，GDP的实质是一个使用价值量，但不得不以交换价值（货币）量来刻画和表达。从技术上说，进行这样的替代，是假定产品使用价值与交换价值具有量的正相关性，所以，交换价值量可以在很大程度上反映使用价值量（可以称之为"量—质对称"）。当然，由于真正想要计量的是使用价值量而不是交换价值量，所以核算统计中往往采用的是"不变价格"以至"购买力平价"这类非现价统计指标，以尽可能剔除交换价值变动（名义价格变动）或国际差异（各国货币实际购买力因货币汇率而发生的偏差）所导致的对使用价值真实量的计量偏离（金碚，2016）。

除了高速增长与高质量增长的上述本质相关性之外，两者的差异也是明显的。在高速增长阶段，一方面，主要专注的是经济产出即产品和服务的供给量不足上。当时中国经济供给侧的基本特征是"落后的生产力"。为了摆脱落后，必须加快增长。另一方面，市场经济的工具理性发挥了强劲的力量，表现为经济关系中的工具性目标、收入、利润、GDP等，成为社会追求的最重要目标。在这一发展阶段，整个国家表现为亢奋的物质主义价值观倾向，而且对物质成就的追求很大程度上具有或趋向于对货币的强烈欲望。特别要指出的是，由于现代经济的货币体系以信用货币为主体，亢奋的物质主义价值观念和行为倾向往往蜕变为非理性地追求货币数字的疯狂游戏，导致产生所谓"非理性繁荣"和"泡沫"现象。不过，我们绝不要诅咒，而是要看到，那毕竟是一个取得了巨大经济发展成就的时代，整个社会和国家由此而实实在在地进步了，富裕了，强盛了。40多年来，中国经济总量大幅度扩张，GDP从占世界不足5%，迅速提升为15%以上，并且将继续增长，按（以汇率计算的）GDP总量衡量，中国已经成为世界第二大经济体，并且毫无悬念地将在不长的时期内超过美国，成为世界第一大经济体。而如果按购买力平价衡量，据一些国际机构计算，中国的经济总量规模已经超过了美国。中国人的形象从"穷人"变成了"有钱人"，在世界各国眼中，今天的中国"真有钱"！但是，不能忘记"钱"的性质是什么？也不能将"有钱"同经济发达画等号。

当度过了这个令人兴奋的高速度增长阶段，取得了巨大成就后，其内在的矛盾和问题也积累并日益显现出来。十多年前，人们就开始认识到中国经济发展存在"不平衡、不协调、不可持续"的突出问题。习近平总书记在党的十九大报告中又进一步指出：中国社会主要矛盾已经转化为人民日益增长的美好生活需要和不平衡不充分的发展之间的矛盾。此时，人们不禁产生新的困惑：为了经济高速增长，我们付出了很大

代价，产生了许多矛盾，"这就是我们所需要的经济增长吗"？我们是否因疯狂追求物质财富甚至是虚拟的货币数字，而失去了经济发展的本真目标了？高速增长完全等同于实实在在地实现了经济发展的目的吗？简言之，当经济增长的量的不足即"落后"问题基本解决后，经济发展质量的问题凸显出来。而经济发展质量不高主要体现在真实经济的结构上。而所谓经济结构，从经济理论上看，实际上就是产品及其生产过程的使用价值层面，即供给侧现象。当然，需求侧也有结构性问题，而真实需求的结构问题实际上也是与使用价值相关的现象，即对质量的要求。

因此，从市场经济的商品二重性角度观察，高速增长转向高质量发展，就是经济运行的目标和动力机制从主要侧重于以交换经济（货币单位）计算的产品总量增加，转向更加注重产品和经济活动的使用价值及其质量合意性。当然，这也绝不是说，转向高质量发展阶段，交换价值就不重要了。以交换价值所体现的市场经济的工具理性机制仍然具有重要意义，还将发挥重要作用。收入、利润、财富、GDP 等仍然是重要指标，关系到经济是否或能否有效运行并取得进步。但是，进入高质量发展新时代，体现经济发展的本真性质，对满足人民日益增长的美好生活需要的使用价值面即供给侧的关注，将变得尤为重要，受到更大关切。

正是由于上述客观现实变化，笔者曾经撰文指出：中国经济已经进入了本真复兴时代。"人类发展的本真复兴，实质上就是要在生产力高度发达的基础上实现工具理性与人类价值目标的契合。也就是要不失经济发展的本质目的，并以工具理性的可行性和有效性，来达成人类发展的本真价值目标，这才能使人类发展回归其本真理性的轨道。从这一意义上说，今天人类发展仍然处于'蒙昧'时代，尚未实现本真理性的主导，因而必须进行第二次启蒙，以实现其本真复兴"（金碚，2017b）。如果说在政治上要"不忘初心，牢记使命"，那么在经济上则要"不失本真，勿忘质量"。也就是说，当中国历经百年奋斗，终于甩掉了"落后的生产力"帽子，进入生产力已有很大提高的新时代，经济发展的本真性将越来越多地体现在使用价值侧的不断进步上，即经济状态的质量面的日益改善。这也就是经济工作要转向以供给侧结构性改革为主线的根本原因。

三、新时代经济发展的新质态

现代经济学起源于 18 世纪的启蒙时代，工业革命是其现实背景。因此，经济学的发展沿着工具理性主导的方向发展，并且很大程度上基于物理学的隐喻，把经济活动设想为"机器"。于是，均衡、最优化、最大化、控制、调节等范畴概念和分析方法成为经济学的主要思维工具。如诺贝尔经济学奖获得者美国经济学家理查德·泰勒（2016）所说，主流经济学的逻辑可以简单表述为："最优化+均衡=经济学"。沿着这

一方向，并且力图将更复杂的数学方法引入经济学，以体现经济学的"高深"和"精尖"，因而经济学的形式显得越来越"精致""优美"，同时却越来越远离复杂现实，失去其本真的研究对象。这导致一个奇特现象：越高深的经济分析似乎越是同真实世界无关，经济学的优美性似乎就是其自身推理逻辑的自洽性。这样，经济学似乎具有了"浅碟"性特征：精致华美的碟盘中盛不了多少实物。高级化的理论和精致的模型并不能很好地解释现实，特别是难以预测可能发生的重大变化，例如经济危机的爆发。这突出地体现为：应对"量"的问题，经济学似乎可以信心十足地进行得心应手的分析和判断，而一旦面对"质"的问题，经济学就表现出力不从心的窘迫。特别是，当社会经济的"质态"发生了重大变化，在过去社会的"质态"条件下形成的经济学分析方法无论如何精致高级，也难以适应具有新质态的新时代。关键还在于：现在所面对的主要不是一般意义上的经济发展质量问题，而是在中国特色社会主义新时代条件下的经济发展质量问题。因此，在我们的经济学"碟盘"中，需要放入这个新时代的新质态因素及其导致的新现象和新关系，并能对其进行分析研究和获得可信结论。

关于经济发展的研究，美国经济学家约瑟夫·熊彼特做出过重要贡献，他提出的创新理论产生了深远的学术影响，现在，凡提及创新和企业家，经济学家几乎言必称熊彼特。不过，从熊彼特（1991）的那本著名著作《经济发展理论——对于利润、资本、信贷、利息和经济周期的考察》的书名就可以看到，他主要关注的仍然是交换价值即货币侧的现象，而使用价值即供给侧的因素是处于从属地位的。不过，熊彼特在理念上是关注经济发展的质态变化的，他说："我们所意指的发展是一种特殊的现象，同我们在循环流转中或走向均衡的趋势中可能观察到的完全不同。它是流转渠道中的自发的和间断的变化，是对均衡的干扰，它永远在改变和替代以前存在的均衡状态。我们的发展理论，只不过是对这种现象和伴随它的过程的论述。"按照这样的思路，熊彼特实际上涉及了经济发展的质态变化现象问题，并将其抽象为经济循环中发生了各种要素"新的组合"现象，而引入新因素"实现新组合"也就是他所定义的企业家"创新"和经济发展质态变化的"动态"过程。当然，熊彼特并没有将经济发展的质态变化推展到"时代"的质态变化现象。这是今天的经济学家特别是中国经济学家所面临的研究课题。

基于以上讨论，可以将"高速增长"和"高质量发展"作为区别两个发展阶段的不同质态的概念表达，那么，新时代的中国经济质态发生了怎样的新变化？经济学能够以什么方法和工具来对其进行观察、研究和判断呢？

同过去40多年相比，中国经济的质态变化是显著的：从低收入变为中等收入、从生产力落后的贫穷国家变为世界第二大经济体、从GDP增长目标最重要变为实现平衡和充分发展更重要、从全力追求"金山银山"变为更要有"绿水青山"，等等。这样的基本质态变化，将导致发展观的实质性转变：过去的时代精神是"宁可少活20年，也要拿下大油田"，人们赞美和欢呼工厂烟囱冒出的黑烟如同美丽的"水墨画大牡丹"。

而新时代的新发展理念则是：创新、协调、绿色、开放、共享。

在市场经济中，主要生产活动的重要经济性质确实是交换性的，即大多数人的行为是以获得更多的交换价值（收入、利润）作为目的，以此才能获得消费（索取消费品）的权利，因此，消费是权属性的，即人们只能消费属于自己的产品。其实，现实情况比上述理论逻辑要复杂得多。生产不仅具有交换性（以市场价格调节市场活动），而且生产也需要外部条件（例如基础设施）支持，还会产生正面的或负面的经济外部性。同时，真实消费（使用价值的享用）也不仅是权属性的，即只有拥有产权才能消费，而且存在共享性消费，即不拥有产权也可以消费。只不过在过去，非交换性生产活动和非权属性消费（共享）并不具有实质性的重要意义，所以在经济学的一般理论分析框架中可以"抽象掉"。而进入新时代，经济质态发生了巨大变化，生产和消费的经济学性质具有了显著的新特征。所以，今天的生产和消费的社会质态特征和质量要求标准同过去也必然大不相同，因而其理论解释和表述也必须深化和改变。

正因为市场经济中，绝大多数生产活动是为交换而进行的，生产者是为向他人提供使用价值而进行劳动的，其目的是获得更多的交换价值（货币），而交换价值（货币）本身并不具有使用价值，所以这样的生产方式，实际上是生产活动目的与手段的角色反转。虽然这样的机制能够为社会生产注入经济增长的强劲动力，但正如美国著名学者大卫·哈维（2016）所说，那是一个交换价值是主人，使用价值是奴隶的机制。而当人类社会进入一定的发展阶段，经济发展的本真性质必会凸显其最终的决定性，即在新的发展阶段上实现本真复兴。根本上说就是"享用"的崛起，是"享用"对于"交换"的"平权运动"（金碚，2018）。在这一意义上，即从经济学的价值论上说，新时代是本真理性渐居主导地位的时代（或本真复兴的时代），必有发展理念的深刻变化，以适应和体现时代质态的演变趋势。经济发展的本真理性实质上就是以追求一定经济质态条件下的更高质量目标为动机。

进入新的发展阶段，由于经济质态的变化，发展的质量要求也会改变（提高），高质量发展所涉及的基本因素与以往时代也不尽相同，即发展的政策目标以及各目标的优先次序将有很大改变。基于过去的社会经济质态或发展阶段，当时主要强调"市场经济是交换经济"。也就是说，在马克思所定义的商品二重性中，强调了交换价值（索取权），而使用价值（享用性）反而成了获得交换价值的手段。在那个时代是可以如此理解和进行理论表述的。但进入新时代，继续这样简单地理解市场经济就有失偏颇了。尽管市场经济确实是交换经济，但这一性质并不能否定市场经济归根到底也是满足人民实质需要的经济制度，而且市场经济的前一个性质最终是受上述第二个性质决定的（创造使用价值满足真实需要）。正因为上述前一个性质可以成为实现后一个性质最有效的手段，市场经济才是人类发展中最具高效率和最现实可行的经济制度，即迄今为止，市场经济是满足人的真实需要最有效的制度。在市场经济的一定发展阶段，由于工具理性的强劲主导和社会生产力的落后，上述第二个性质被抑制了。而进入新时代，

市场经济的这个最终服从于满足人民实质需要的根本性质将越来越显著地显现出来。

因此,新发展观,即创新、协调、绿色、开放、共享的发展理念,就成为对新时代高质量发展的新要求,也是对是否实现了高质量发展的评价准则。而且,新时代的这些要求的实现也内在地决定了经济运行必须是效率和质量导向的,即体现质量第一、效率优先,以实现更高质量、更有效率、更加公平、更可持续的发展。

四、促进高质量发展的体制机制

从高速增长转向高质量发展,不仅是经济增长方式和路径转变,而且也是一个体制改革和机制转换过程。高速增长转向高质量发展的实现,必须基于新发展理念进行新的制度安排,特别是要进行供给侧结构性改革。也就是说,高质量发展必须通过一定的制度安排和形成新的机制才能得以实现。

第一,高质量发展依赖于市场价格调节的有效性,其基础性的体制机制要求是,必须使市场在资源配置上发挥决定性作用。所以,整个经济系统的价格体系的合理化,是经济高质量发展的前提。这里所说的价格,不仅包括产品价格、服务价格,而且包括要素价格,即工资、利率、汇率等。而价格调节的有效性,取决于市场微观经济主体(主要是企业)之间竞争的公平性。在现实中,市场体系中存在各种类型的微观经济主体:私有和国有、营利性和非营利性、大型和中小型、本国和外国、单元性和网络性、实体性和金融性、自然人和法人、特许经营和自由经营,等等,这些不同类型的微观经济主体具有不同的市场势力,相互间往往是很不对等的。如果不能达成各类主体"势均力敌"或权责相当的市场格局,那么,价格调节的实际后果是难以实现有效性和合意性的,这样也就无法保证实现高质量发展所要求的资源配置格局。因此,合理的价格体系和有效的价格机制是高质量发展的基础性、决定性因素之一。

第二,价格调节的有效性和价格体系的合理性,取决于产权制度和交易制度的有效性和合理性。只有当产权边界明确、产权安全可靠、产权权能有效、产权交易便利,价格机制才能有效发挥调节经济的功能。从这一意义上说,健全的产权保护制度,包括知识产权保护制度,是促进高质量发展的根本性保障。如前所述,市场经济的产权关系同生产及消费间的关系是复杂的,生产活动和消费享用及其影响,往往是会超出产权边界的,即产生"外部性"和"共享性"。此时,能否发挥价格调节的有效性和合意性,以及如何在特殊产权关系条件下构建能够使价格机制发挥调节作用的制度,就成为实现高质量发展的制度安排必须完成的创新工程。所以,促进高质量发展,不仅需要尽可能"放开价格",而且需要构建各领域特别是特殊领域的有效交易制度。

在经济学理论上,产权和交易是高度相关的,其相互间的关系及实际的制度安排决定了交易成本的高低。而交易成本对经济发展的质量具有重要影响。尽管实践中难

以做到交易成本为零的制度安排，但最大限度减少交易成本，因而使产权关系更有效发挥作用，是促进高质量发展的改革方向。从一定意义上可以说，市场运行较高的交易成本是经济发展质量不高的表现，也是导致经济发展质量难以提高的重要障碍。

以上两点表明，进入新时代，不仅没有否定市场经济关系，而且是市场经济的进一步发展和成熟，形成并更加依赖于更高质量即更有效的市场经济体制机制。一方面，市场经济的交换性所要求的权属性生产和消费将更为有效；另一方面，市场经济的享用性将提升到更高水平，享用的范围从个体权属，扩大到群体共享性（公共服务）、环境质量（生态环境保护），以至体现享用的包容性和平等性的更广泛领域。这实际上是，市场经济中生产和消费的个体（私人）权属性与公共权属性的结合和协调。总之，高质量发展阶段，需要更加有效的市场体制机制，更好体现市场经济的交换性和享用性的高度协调。

第三，更好发挥政府作用是实现高质量发展的重要因素。如前所述，市场调节机理的基础是工具理性的主导，尽管在完善的市场制度下市场调节是很有效的，但并非在所有领域都能确保"市场最了解"，因而表现为"市场最正确"。也就是说，在一些方面和领域，特别是当经济发展涉及深刻而广泛的质量方面时，市场可能"难以了解"，具有盲目性，因而可能发生调节失灵的现象。从另一角度看，也可以说，新时代生产和消费质量水平的提高，对公共权属性机制以及非权属性享用的保障（例如良好环境）提出了更高要求。因此，政府必须在对市场的治理规制、进行重大规划特别是区域规划、提供公共服务、保护生态环境、调节收入分配、构建社会安全网和援助弱势群体等方面发挥积极作用，而上述这些方面也都直接体现了经济发展质量的高低。因此，更好发挥政府作用，是实现高质量发展不可或缺的重要条件和治理手段。

当然，一个事物总会有其两面。如上所述，政府发挥更好的作用是促进高质量发展的一个不可或缺的因素，但政府的不当或过度干预又可能导致市场运行交易成本提高，因而成为损害发展质量的一个不利因素。所以，政府简政放权，增强居民的生活便利性和企业商事活动便利性，一直是改革开放40多年来的努力方向，至今仍然任重道远，还有大量的工作要做。中国已经是一个市场经济国家，但还不是一个低交易成本的高质量的市场经济体，所以在提高市场运行效率方面还有大量的工作和任务要完成。总之，政府发挥作用要体现为降低市场经济的交易成本而不是增加交易成本。

第四，科学发现、技术发明和产业创新是实现高质量发展的关键动因，只有创新驱动的经济才能实现持续的高质量发展。从经济学上说，创新是一个含义广泛的概念，而且有各种不同的类型，其中，技术创新具有特别重要的意义，往往受到更大的关注。产业或企业进行技术创新，首先要有新技术的来源，这可以是外源性的（例如，引进、模仿），也可以是内源性的（例如，自主研发、边干边学）。如果从社会分工的角度看，在现实过程中，几乎所有的技术创新都是内部资源与外部资源的结合。当然，由于分析研究的需要，可以将创新的技术类型划分为外源主导和内源主导两种典型类别。

作为一个后发国家，中国以往的发展特别是 40 多年的高速增长更大程度上依赖于外源主导的技术，表现为技术引进、招商引资、吸收模仿等经济行为。那么，当进入新时代，向高质量发展转变，中国的产业技术创新将走怎样的路呢？过去 200 多年，中国处于"落后的生产力"时代，今天，中国经济有了巨大发展，尽管仍然是中等收入的发展中国家，但毕竟已经不再是落后国家，而且具有了许多其他国家所缺乏的特殊优势，"中国特色"很大程度上就是中国优势，至少是可以转变为中国优势。在产业和企业的技术创新上，中国特色显然也是可以表现或转变为中国优势。

产业和企业的技术创新，是从科学发现、技术发明到研发和产业化这一完整链条中最终进入技术产品的市场实现过程的关键环节。因此，人们常说，"企业是创新主体"。在上述分工链上，对于企业来说，大多数的高新技术都是外源性的，即企业必须从从事科学发现和技术发明的部门（例如，高校和科研院所），获得科技资源或成果。而从国家和国际角度看，企业可以获取的科技资源和成果可以是国内的，也可能是国外的，当然也可能是国际合作的。进入高质量发展阶段，企业对科技资源和成果的要求越来越强，能够多方面多渠道获得高新技术资源，使之成为本企业进行研发创新的活水源头，这就成为一个关系重大而影响深远的体制机制问题。因此，在新发展观中，以及在体制和政策安排上，"开放"的含义绝不仅仅是指国际贸易和投资，同样重要甚至更重要的是，整个国家科技创新体制机制的开放性，实际上就是将科学发现、技术发明，同产业技术创新及企业研发和新产品产业化，各环节相互联通，形成合作机制的问题，即要以有效的体制机制来保障和促进科研成果的产生和产业化。总之，高质量的发展必须更好解决企业的高新技术"源头活水"问题。这是实现高质量发展的一个关键性体制机制改革要务。

五、高质量发展的多维性特征

在以上讨论的基础上，自然地会产生一个问题：既然从高速增长转向高质量发展，而一国或地区的高速增长的表现是可以用统计方式（采用收入、产出或 GDP 等指标）量化比较的，那么，高质量发展的表现是否也能够以统计方式进行量化比较呢？对经济增长速度进行核算统计时，采用的基本方法是，以交换价值数值即货币单位量替代使用价值量进行核算加总，从而获得以货币单位表示的产出总量及其增长数字，以此判定经济增长速度的高低。这一方法尽管也存在一些技术性的困难，但其获得的核算统计结果基本上是可信的，可用于进行比较和判断。总之，以核算数据判定是高增长、低增长还是中速增长，都是比较明确且通常是基本无疑义的。

但对"高质量"发展的核算统计和量化比较，情况就要复杂得多。本文以上提及的经济学通常所假定的"量—质对称"和"质—价对称"，在现实中往往是不存在或

难以确保的。更重要的是，所谓发展质量，本质上就是一个综合性概念，有其客观性，也有主观性，即关于质量的某些判定取决于其同相关人的关系以及相关人对其的关切程度。而所谓"相关人"又是一个复杂的群体，个体关切性（基于个体理性或感受）和群体关切性（基于集体理性或评估选择）又可能是有很大差别的。所以，就像很难精确判定不同人或者一群人的"素质"谁高谁低一样，也难以精确判定发展质量的高低。从理论上说，这至少涉及三个基本问题：一是关于发展质量，有些因素是可计量的，有些因素是不可计量的。对于本质上不可计量的因素要进行量化核算，只能采用替代性指标，而替代性指标只可能是粗略地反映实际，往往是数字越"精确"所反映现实的可信度反而可能降低。二是要将各种反映或替代性反映发展质量的主要数据进行加总使其成为可比较的单一指数，需要选择计量单位，还需要确定各数据值在加总数中的权重，这难以避免主观性的影响。三是对于质量的高低，不同人的感受往往是很不相同的，譬如对于温度这一环境质量因素，有些人认为20℃的温度质量高，有些人认为23℃的温度质量高，甚至有些人可能认为15℃最好。那么，如何判定什么是"高质量的环境"温度呢？而当涉及经济社会问题时，不同人对于"质量"的主观判断标准就更可能大相径庭了，例如，什么是"富足""自由""自主""幸福""公平""平等"？不同的人很难取得一致意见。

但是，对发展质量的统计核算和量化比较的上述讨论，并不意味着发展质量的水平高低是完全无法认定和比较的，只是思维方式须有所改变。如本文第一部分中所提及的，迄今为止的主流经济学思维，主要基于物理学（机械）的隐喻，把经济体设想为一个因果关系确定的机器系统，机器中的每一个"原子"的行为目标都是理性确定的（最简单的假定就是每一个人都是理性的"经济人"）。因此，这个经济系统的运行必有一个"最优"或"最大"目标值，现实经济越接近这个值就越好。虽然现代主流经济学也不否认这个经济系统会变化，甚至演化、进化，也有一些经济学家将心理学、生物学等引入经济学体系，并取得很有价值的研究成果，形成新经济学派别或分支（例如，行为经济学或实验经济学）；甚至有的学者认为，经济学思维的物理学（机械）隐喻已经不适应了，应改变为生物学的隐喻，即认为经济体不是机器而是生命体，今天的世界经济已经进入"新生物时代"，"遗传""变异""进化""涌现""分布式系统""神经系统"等生物学概念所反映的现象，在现代和未来经济发展中会发挥越来越重要甚至决定性的作用，但是，这样的经济学研究尚非常不充分，完全不足以抗衡或取代主流经济学的主导地位。

可见，当中国经济从高速增长阶段转向高质量发展阶段，不仅是一个社会行为方向的巨大转变，而且要有思维方式的适应性改变和引领性革新。尽管经济发展的"高质量"方向，是一个具有相当模糊性的概念表达，其根本性质决定了其量值的不精确特征，但是，模糊性量值并非不可比较，在实际行动上也是完全可以基于对模糊量值的估量而确定努力方向的（即可以判断什么是更高质量的发展方向），而努力的结果也是

可以进行量化评估的，尽管这种量化评估是难以高度精确的。这就像，尽管对人的"素质"进行量化核算难以精确，但并不妨碍判定对提高人的素质所进行的努力方向。例如，卫生、健康、教育、研究、文化、法纪等领域的工作对于提高全民素质的积极意义毋庸置疑，而所有这些努力及其所取得的成果也是可以进行量化评价的。因此，当进入新时代，转向高质量发展方向，也可以研发一套反映经济发展质量的核算指标，将创新、协调、绿色、开放、共享，以及效率、质量、结构、安全、可持续等因素进行科学量化和指标化，作为高质量发展状况和成就的显示性指标。也就是说，尽管经济发展质量具有非常丰富的因素，多维性是其基本特征，而且，随着发展水平的提高，发展质量的含义也必将不断变化，因为作为发展质量根本性质的人对美好生活的需要是不断增长的和变化的，但在理论上还是可以对现阶段的发展质量评价因素进行量化归纳和指标体系构建，作为衡量发展质量的评价工具。

当然，即使高质量发展可以在一定程度上进行量化指标评估，但其实质同高速增长的显示性指标是不同的，人们对其的关切性也是有区别的。后者是以关注总量为主，前者主要是关注结构即各个分量及其相互关系。从经济学基本理论看，后者是假定交换价值（货币单位）核算量替代使用价值实际量，并假定两者高度正相关。而前者却是一个多重因素复合的指数化数值，其中含有本质上难以量化的因素，因而任何量化表达都可能与真实情况存在相当程度的偏差。这一差别恰恰反映了高速度增长与高质量发展的实质性差异，也反映了高速增长阶段与高质量发展阶段不同的时代特征和经济发展质态。由于高速增长阶段方向主要是经济总量扩张，更强调的是工具性价值；高质量发展阶段方向主要是结构升级和系统优化，更强调的是本真性价值，因此，在实际工作中，前者往往表现为"锦标赛"似的竞争状态，你追我赶，快者胜；而后者却更需要"细工慢活"似的久久为功，稳中求进，恒优者强。人们对前者成就的感受更具有可直接计量性，例如，产出增加、收入提高、利润丰厚等；而对于后者成就的感受更具有权衡评估性，例如，生活质量、环境质量、主观幸福等。

高质量发展要求区域发展方式和路径的多样性。高速增长阶段主要表现为"突飞猛进"，高质量发展阶段主要表现为"稳中求进"；高速增长阶段主要表现为"鼓励先富"，高质量发展阶段主要表现为"人民共享"；高速增长阶段的关切主要表现为"GDP 居首"，高质量发展阶段更关切"绿色环保"。基于这样的变化，可以预期，中国经济发展的区域态势也将发生深刻变化。发展质量评价的一定模糊性，反映了发展价值的多维性和丰富性，并且其关切重点从物质成就表象层面逐渐深入到内在实质及体验感受上（外国学者将这一过程称之为"物质主义"向"后物质主义"的转变），这决定了各个地区的发展可以有多种路径选择，致力于发挥比较优势，创造各具特色的高质量表现。发展价值的多维性和丰富性以及各地区的地理差异性还决定了不同地区有不同的主体功能，并非 GDP 高速增长一条道路。尽管对于高质量发展，一定的经济增长速度特别是可持续的增长是必要的，而且是基础性的，但追求高质量发展的优

化目标则可以是"各显神通""各具特色"的。由于不同的区位、资源和历史条件，各地区的经济增长速度以及经济规模必然会有差别，"高增长"和巨大经济规模（生产规模）并非是所有地区都可能达到的目标。但是，各地区特色可以成为高质量经济发展的基础性因素，经济腹地的发展质量未必不如增长极中心地区，经济规模相对较小（经济密度较低）地区的发展质量未必不如具有大规模生产能力（经济密度较高）的地区。中国作为一个超大型国家，各具特点的多样性的区域格局和经济文化特色，是一个巨大的优势，为形成各具特色的高质量发展模式和路径，提供了各色条件和很大选择空间。高质量发展要求多样性，经济竞争力的不断提升基于发挥差异化优势，中国的巨大经济体正是具有这样的特殊优越条件，各地区都有发展方向的很大战略选择空间，非常有利于支持实现高质量发展战略。

可见，关于高质量发展评价比较的难点和指标体系构建的复杂性，可以形成重要启示：发展质量的内容所表现出的多维性和丰富性，要求发展战略和模式选择的高度创新性。系统性地创造发展优势，走符合实际和具有特色的道路，以各种有效和可持续方式满足人民不断增长的多方面需要，是高质量发展的本质性特征。总之，中国经济"做大经济规模"的目标在高速增长阶段已基本达成，而"提升发展质量"已成为新时代的主导方向；高增长的速度目标可以表现为一元性，但发展质量目标则是多元性的。因此，转向高质量发展阶段，更需要以新的系统性思维方式选择可行的发展战略，各地区可以基于自身实际追求丰富多彩的优越。

六、以全面性战略和现代化治理体系引领高质量发展

以上讨论表明，高质量发展的一个根本性特征就是多维性，表现在战略方向上就是政策目标多元性。因此，同高速增长阶段的战略思维不同，实现高质量发展的战略思维突出体现为全面性，许多重要举措往往要求"全覆盖"。而在政策目标多元化前提下，实现战略方向全面性，就成为引领高质量发展的关键。但这一要求在现实中也往往成为难点所在。因为多个目标之间可能会存在一定的冲突性，即追求一个目标可能会损失另一个目标。当然，战略方向全面性，也绝不是没有主攻目标，不分轻重缓急。恰恰相反，战略方向全面性的实现，必须通过一定时期的主攻目标的按期达成来推进。

从理论上说，在现实世界中，获得任何成果都是要付出代价的，经济发展更是如此。人类要争取或生产任何有效用有价值的东西，都不可能"不惜一切代价"。有时候，如果宣称要"不惜一切代价"达到某一目的，其实只不过是一种宣示决心的姿态。西欧工业革命以来的近300年历史，无疑是人类获得巨大发展成就的历史。但"获得"也伴随着"丧失"，成就总是以代价换取。从进入工业革命时期不久，其代价就开始显现。因此，关于工业化国家是进入了"黄金时代"还是"镀金时代"，在当年就成为

激烈争论的问题。实际上就是在追求财富的过程中，丧失了其他许多有价值的东西，那么，这是否值得？

18世纪的启蒙思想家已经深刻认识到经济发展可能产生的负面影响（即社会代价），他们指出："对财富的追求产生了精致的文雅，使得生活更惬意，礼貌更完备，艺术更繁荣，但也把公民转变成自私的逐利之徒，摧毁了所有的共同体意识，引入了错误的价值观——从而埋下了道德失范的祸根，而这种道德失范既是国家衰败的标志，又是导致衰落的原因。"（彼得·盖伊，2016）

从世界范围看，经济增长难以避免的代价至少表现为：生态环境破坏、收入财富分配分化、腐败现象蔓延、风险因素累积、社会道德败坏等。尽管这些现象并非经济发展本身所致，但却是高速增长时期难以完全避免的伴生物，世界各国很少有例外。因此，当高速增长转向高质量发展，缓解和遏制这些反映了发展质量不高（劣质性）的现象，就具有极为重要的意义和紧迫性。可以说，这也是评价判断是否实现了高质量发展的最重要标志。如果上述经济社会不良现象严重，而且，对其束手无策，那么，无论如何也称不上是"高质量发展"的。

很受马克思赞赏的18世纪苏格兰启蒙运动思想家亚当·弗格森曾经指出，快速的经济发展可能导致"共同体分崩离析"，财富的普遍增长并没有公平分配，精英集团成为既得利益者，大众的利益受到牺牲，这样一来，分工在一些人身上带来了自负和自私，给大多数人带来嫉妒和奴性。它是福音，也是诅咒，孕育着光明的发展前途，也带来了巨大的危险。在亚当·弗格森看来，经济问题是个社会问题，更是个政治问题（彼得·盖伊，2016）。

可以看到，党的十八大以来，中国的强烈反腐败行动和正在进行的"防范化解重大风险、精准脱贫、污染防治三大攻坚战"，以及以遵守"八项规定"为重点的党政廉洁建设等，都是向着高质量发展转变所做的极大努力。就像高质量的生活体现为清洁卫生一样，高质量发展当然必须体现为经济社会以至政治领域的"高清洁度"：生产清洁、环境清洁、政纪清洁、营商关系清洁、社会风气清洁。

很容易理解：与"清洁"同样重要的是"安全"。高质量的发展当然必须体现为更具安全性的发展，国家必须有能力将经济和社会风险控制在一定限度内，避免因风险失控而爆发危机。因此，实现高质量发展的一个关键是权衡自由与安全之间的关系，没有自由就没有高质量的发展，而如果失去安全则一切发展成果都会化为乌有。所以，新时代经济发展战略和政策安排的一个重大问题是要实现"宽松"与"管控"相协调的国家治理体系现代化。

可见，高质量发展的经济社会质态，不仅体现在经济领域，而且体现在更广泛的社会、政治和文化等领域。公平正义，是高质量发展的内在要求。以公平促进效率，以高效率实现包容性发展，才是真正的高质量发展。讨论公平正义超出了本文论题的范围，但指出高质量发展对公平正义的要求，却是不可遗漏的告诫。因为，如果失去

公平正义，就根本谈不上发展质量，可以说，公平正义是高质量发展的基本底线，包容性是高质量发展不可或缺的本质特征之一。

发展质量的高低，最终是以经济发展能否满足人民日益增长的美好生活需要为判断准则的，而美好生活需要绝不仅仅是单纯的物质性要求，而将越来越多地表现为人的全面发展的要求。习近平总书记在党的十九大报告中明确指出："中国稳定解决了十几亿人的温饱问题，总体上实现小康，不久将全面建成小康社会，人民美好生活需要日益广泛，不仅对物质文化生活提出了更高要求，而且在民主、法治、公平、正义、安全、环境等方面的要求日益增长。"所以，高质量的发展必须体现在人民美好生活需要的各个方面都能得到满足上，而且人民美好生活需要不仅是多方面的，更是"日益增长"的。经济社会发展水平越高，人的能力也越向全面化发展。高质量的发展从根本上说是为了满足人的能力全面发展的需要和要求。既然人及其能力的发展是趋向于全面和充分的，那么，实现高质量发展必然是一项覆盖社会全领域的伟大事业，而且是一个永远难以尽善尽美的永久持续过程。人民的一些需要满足了，又必然有新的更高的需要产生，永远不会达到完全满足的终点，因此，必须有更高质量的发展，而这也正是高质量发展永无止境的动因。

七、结语

从高速增长阶段转向高质量发展阶段，是一个在理论上和实践上都具有极大难度的重大挑战和艰巨任务。理论上如何认识，实践上如何应对，都面临一系列新问题。高速增长是由市场经济所具有的无限追求交换价值的工具理性所主导的，具有强劲的动力，可以并且确实取得了巨大物质成就，但也可能付出相当大的代价。当高速增长转向具有多维性的高质量发展，不再能够仅仅依赖于这种"单发"性动力机制，而必须实行具有全面性的战略，在各政策目标间进行权衡协调，以达到高质量发展的多维性合意目的，即满足人民日益增长的和多方面的美好生活需要。因此，与高速增长阶段主要以工具理性为动力的机制不同，高质量发展阶段必须有更具本真价值理性的新动力机制，即更自觉地主攻能够更直接体现人民向往目标和经济发展本真目的的发展战略目标。这种新动力机制的供给侧是创新引领，需求侧则是人民向往。而进一步的全面深化体制改革以及实现国家治理体系和治理能力现代化，正是要形成和强化能够推动高质量发展的新动力机制。从根本上说，这种新动力机制的内在要求就是市场经济工具理性与经济发展本真理性的有效契合。

参考文献

[1] [美] 彼得·盖伊. 启蒙时代（下）：自由的科学 [M]. 王皖强，译. 上海：上海人民出版

社，2016.

[2]［英］大卫·哈维. 资本社会的 17 个矛盾［M］. 许瑞宋，译. 北京：中信出版集团，2016.

[3] 金碚. 马克思劳动价值论的现实意义及理论启示［J］. 中国工业经济，2016（6）.

[4] 金碚. 基于价值论与供求论范式的供给侧结构性改革研析［J］. 中国工业经济，2017a（4）.

[5] 金碚. 论经济发展的本真复兴［J］. 城市与环境研究，2017b（3）.

[6] 金碚. 本真价值理性时代的区域经济学使命［J］. 区域经济评论，2018（1）.

[7]［美］理查德·泰勒. “错误”的行为［M］. 王晋，译. 北京：中信出版社，2016.

[8]［英］马歇尔. 经济学原理［M］. 朱志泰，译. 北京：商务印书馆，1983.

[9]［英］亚当·斯密. 国民财富的性质和原因的研究［M］. 郭大力，王亚楠，译. 北京：商务印书馆，1983.

[10]［奥地利］约瑟夫·熊彼特. 经济发展理论——对于利润、资本、信贷、利息和经济周期的考察［M］. 何畏，易家详，等译. 北京：商务印书馆，1991.

探索推进经济学范式变革[*]

金　碚

随着中国经济发展进入新时代，中国经济学发展面临新使命、新任务。创新学术进步路径，积极推进范式变革，进而形成中国学派，是中国经济学发展的时代使命。

经过数十年发展，我国不仅已经成为经济大国，而且已经成为经济学研究和教学大国。特别是改革开放以来，现代经济学体系中的几乎每一个学科领域，中国经济学都已充分进入，并且形成了相当规模的教学科研力量。我们培养了大批接受过经济学系统教育的人才，有力地支持了中国特色社会主义经济建设和改革开放进程。但也应看到，经济发展实践日新月异，经济学理论滞后于实践发展的矛盾日益凸显。尽管发表的论文和出版的著作很多，但对经济现象的观察、刻画和解释却缺乏学术穿透力，一些经济学"研究成果"所描绘的图景与现实经济差距甚远；经济学期刊发表的一些学术论文高度形式化、数学化，精致的"建模"和复杂的"推导"方式貌似高端、深奥，却往往缺少新意，不过是试图将现实装进形式化模型的范式框架中，而现有的经济学范式框架并不能准确描述中国经济以及国际经济的真实世界。这表明，经济学的范式变革日益紧迫。

改革开放后，随着党和国家工作中心转移到经济建设上来，经济学的研究对象发生了重大变化，经济学学科体系也随之大大丰富。其中，政治经济学吸收了改革开放中取得的经验性成果和反映中国经济政策变化的重要思想内容，获得创新发展。与此同时，经济学界通过学习、吸收、消化和体系化，引进了现代西方经济学，并大体接受了微观经济学和宏观经济学的学术范式和逻辑构架，逐步形成了庞大的学科体系。但是，面对具体的社会经济问题，这个体系常常难以作出科学解释和有效应对。特别是当新科技革命正在使我们所处的世界发生日新月异变化时，层出不穷的新现象更使得微观—宏观范式无力应对。无论是国际学术界还是中国学术界，越来越多的经济学者认为推动经济学范式变革势在必行。

在经济学范式变革方面，各国经济学者已经作出了不少努力，而中国经济学界则

---

[*] 原文发表于《人民日报》2019 年 4 月 8 日第 9 版。

可以承担起更重大的使命，为世界经济学发展做出更重大的贡献。这是由中国的独特国情所决定的：一方面，中国经济发展特别是改革开放以来的经济发展，是人类发展史上最伟大的变革实践和建设实践之一，为中国经济学发展提供了极为丰厚的实践土壤和科研养分。另一方面，中国经济学以马克思主义为指导，有马克思主义经济理论的坚实基础和指引启示，具有实现范式变革的优势。马克思主义认为，人非抽象之人，人是社会关系的总和。这启示我们，人的行为并不是为了追求抽象算计之"最大化"目标，而是一定现实条件下的具体行动。这些具体行动是由社会生产关系进而由生产力发展水平所决定的，也就是说，经济行为并非抽象人性的微观—宏观现象。在此基础上深入研究探索，就可以形成经济学研究新的范式，推动经济学创新取得新的突破。因而，以马克思主义为指导，吸收借鉴现代西方经济学的有益理论观点和学术成果，扎根中国国情和经济发展实践开展深入研究，就能够实现经济学范式创新，建立具有中国特色、中国风格、中国气派的中国经济学。

当然，已有的经济学成熟范式结构是相当坚固的，实现范式变革并非易事，需要广大经济学研究者特别是青年学者投入更多精力。开拓经济学范式变革的创新蓝海具有现实紧迫性，也是我国经济学界有可能做出重大学术贡献的领域。

论中国特色社会主义经济学的范式承诺[*]

金 碚

摘 要：中国特色社会主义经济学应基于怎样的范式承诺，即以怎样的思维框架来"框定"她的研究对象、学术逻辑和体系结构？建立中国特色社会主义经济最重要的是要研究中国经济的根本性域观特征。将党的角色和作用纳入经济学思维的逻辑框架，可以对中国经济有更深刻的理论认识和学术刻画。这就是中国特色社会主义经济学范式承诺的一个根本性域观特征。"中国事实"是中国特色社会主义经济学学术体系的逻辑起点，对基本中国事实的把握以及在此基础上的概念抽象是研究中国特色社会主义经济学的关键之一。经济学范式结构的变革将沿着史观、微观、宏观、域观的方向演进，形成更具科学性的学科体系和学术体系。而中国特色社会主义经济学则是契合这一范式承诺所形成的重大学术成果和持续创新方向。

关键词：范式承诺；经济学体系；中国事实；党的角色

如果将中国特色社会主义经济学作为一个严谨学术体系以至学科体系来研究，那么，首先要讨论的是，中国特色社会主义经济学应基于怎样的范式承诺，即以怎样的思维框架来"框定"她的研究对象、学术逻辑和体系结构？我们的讨论可以从对经济学发展历史的简要回顾开始，勾勒演化至今的主流经济学体系结构特征，进而在此基础上讨论中国特色社会主义经济学范式承诺的基本性质和底层逻辑。

一、经济学的范式演化及主流范式的框架

经济学的学术历史划分为两大阶段，在第一阶段，称为"政治经济（学）"，其

---

　* 本文为国家社科基金重大研究专项项目"新时代中国特色经济学基本理论问题研究"（18VXK002，主持人：洪银兴）的阶段性成果。

　原文发表于《管理世界》2020 年第 9 期。

学术范式归于"史观"承诺。当时的大学，没有独立的经济学系科或学院，政治经济学大致可以算是"史学""法学"或"哲学"学科中的一个学术研究方向。一般认为，亚当·斯密1776年发表的《国富论》（《国民财富的性质和原因的研究》）是现代经济学的开山之作。其学术范式承诺的逻辑起点是自利的个人，即具有个人主义行为目标的"私人"，也是最基本的真实利益主体。这实际上是政治经济学向经济学进行范式转换的转折点：从"政治"即国家主体的范式承诺，转向"经济人"即个人主体的范式承诺。可以说，亚当·斯密开启了从史观范式向微观范式转换的先声。

在经济学范式转换中，马克思的《资本论》是一个重要里程碑。马克思研究政治经济学，从批判以往的政治经济学开始：一方面，基于历史唯物主义，发现人类发展的客观规律，即继承了古典经济学的史观范式。另一方面，借鉴黑格尔哲学的逻辑思维，致力于构建具有高度逻辑抽象性和现象涵盖面的叙述体系，这就是《资本论》体系的构建，具有很强的演绎逻辑性质，使经济学体系呈现为"好像是一个先验的结构"（马克思，1975），并能够合乎逻辑地展现出丰富的现实。《资本论》体系以"商品"为逻辑起点，假设其为经济体中的"细胞"，即微观经济主体，然后定义微观经济主体的基本性质，从商品及其二重性的假设出发，推演出整个学术体系框架。但《资本论》的内在逻辑仍然坚持史观范式承诺，而不是抽象的人性，并认为现实的人性是社会关系的总和，这根本不同于西方主流经济学的以抽象人性为假设的"经济人"范式承诺。《资本论》的写作计划如果能够完成，人们将在这个逻辑严谨和内容丰富的学术体系中看到世界经济的完整画面及其发展前景。

遗憾的是马克思未能完成《资本论》写作计划。经济学发展的主流转为英美主导，在中国被称为"西方经济学"。西方经济学的形成以经济学范式转换为标志，一般称为新古典经济学，实际上是放弃了古典经济学（政治经济学）的史观范式承诺，而转向以抽象"经济人"微观主体为逻辑基点的微观—宏观范式承诺。1890年，英国经济学家马歇尔的《经济学原理》的出版是新古典经济学产生的一个重要标志，从此，大学中才开始有了经济学系（或学院），表明了经济学从史学、法学和哲学的学术体系中脱离出来而形成了一个可以独立门户的大学科。从此，西方的现代主流经济学走向了以假设—推论为范式承诺的发展道路。遵循这一范式承诺，力图刻画出一个形式精美而没有历史过程的抽象图景，而且将其"科学性"理解为，既具有理论体系的完整性和严谨性，还可以实现描述方法的精致化和计量化，数学成为她的重要工具。

按照这样的范式承诺，假定微观经济主体的行为均以自身利益最大化为唯一目标，只要让其自主决策、自由交易，就必然会倾向于达到局部均衡，以至全局性的均衡状态。即使我们所观察到的现实经济并非如此，但坚持微观—宏观范式承诺的经济学家仍然认定（假定），自由市场经济一定会趋向于达到经济理论所假想的均衡状态。即使发生不合意的偏离均衡现象，也可以通过以宏观经济学范式承诺为基础的宏观政策的总需求调控来达到平衡，且能实现"充分就业"目标。也就是使微观范式承诺与宏观

范式承诺相衔接，形成所谓"新古典综合"的微观—宏观范式体系结构。

当这样的范式体系结构成为如美国著名科学史学者托马斯·库恩所说的"常规科学"后，经济学研究就变得总是致力于"似乎是强把自然塞进一个由范式提供的已经制成且相当坚实的盒子里"（托马斯，2012）。经济学的"高深"研究成果就变得越来越力图从基于假设的"建模"，通过"推演"而获得"结论"，似乎还可以"验证"。而当真的需要观察和研究现实经济和解决实际问题时，经济学的微观—宏观范式却显得既缺乏可应用性，也缺乏预测力，连重大经济危机也往往无法预见。

但是，不可否认，迄今为止，西方主流经济学仍然是经济学的学术高地，人们看到了她的许多局限，甚至是根本性的缺陷，但至今尚没有可以被广泛接受的替代范式承诺体系，尽管一些非主流经济学派进行了很大努力，也取得了一些成果，但仍难以根本性地动摇和颠覆主流经济学的主导地位。

基于经济学的基本范式承诺，进行多方位的拓展延伸，产生了庞大的理论经济学和应用经济学以及与之高度相关的管理学学科门类体系。众多衍生性学科，尽管有其各自的主要研究对象和专门方法，但其学术范式的底层逻辑特性仍然服从于经济学主流体系的微观—宏观范式承诺，基本上是"万变不离其宗"。

从人类科学史的角度看，经济学的这一范式承诺构架实际上借鉴了牛顿力学的空间隐喻，并相信整个世界是可以由"单一规律"来解释和描绘的。所以，世界上只可能有唯一一种"科学"的经济学。如果对不同时代不同条件下的经济现象和经济行为进行研究，形成具有不同特色的经济学体系，就不符合西方主流经济学的范式承诺，因为，在他们的学术范式承诺中，经济空间和人性都是抽象而同质的。而"特色"现象和行为，都是必须作为"干扰因素"或反常现象而被抽象掉的，经济学只能是在"假定其他条件不变"（实际上是"假设其他情况相同"）的前提下进行逻辑推演。

现实的世界高度多元化和多样性，所以，经济学的主流学术范式承诺表现得越来越不适应于对现实世界的观察和研究。人们看到，在主流范式承诺下被认为的"反常""扭曲"或"悖理"现象，越来越多，现实世界中许许多多的"特殊"现象事实上已经成为（至少是在一定域境中的）常态。经济学如果对其视而不见，其实反映了经济学主流范式的危机，即主流经济学范式承诺框架已经无力于"框定"和解释现实，无能于将真实现象纳入自己的观察和研究视野。这表明，经济学已经走到了范式变革的临界关头。人们不能满足于经济学体系的抽象完美和描绘现实中并不存在的"优化"世界，而是希望经济学能更好承担起解释真实世界和提供可行解决方案的使命（金碚，2019a）。

二、探索当代中国经济学的范式变革方向

经济学的发展，特别是其范式变革，同社会经济发展的现实密切相关，经济学归

根到底是经济活动和经济现象在学术思想领域的反映。历经 70 多年，特别是改革开放 40 多年来的艰苦奋斗，今天的中国不仅进入了经济发展新时代，而且，中国经济学也将迈入新时代。创新学术进步路线，探索范式变革方向，研究中国特色社会主义道路和理论，形成中国学派，是中国经济学发展的必由之路（金碚，2019b）。

当前，以 GDP 计算，中国已经成为仅次于美国的世界第二大经济体，而且，中国也已成为经济学研究和教学大国，改革开放以来培养了大批接受过经济学系统教育的人才，有力地支持了中国特色社会主义经济建设事业和改革开放进程。但也要看到，在日新月异的经济发展实践中，经济学理论相对滞后的矛盾日益凸显。尽管发表的论文和出版的著作可谓汗牛充栋，但对经济现象的观察、刻画和解释却缺乏学术穿透力，经济学的许多"研究成果"所描绘的图景与现实经济差距甚远；经济学期刊发表的大量学术论文高度形式化、数学化，精致的"建模"和复杂的"推导"方式，貌似高端、深奥，其实，往往了无新意，不过是试图将鲜活的现实装进以形式化模型所表达的固定框架中，而现有的经济学范式承诺实际上已难驾驭中国（以及国际）经济的真实世界。对于这一判断，相信大多数经济学者都有同感。因此，经济学的范式变革已经越来越具有紧迫性。

简单回顾：新中国成立后，中国学界引入了经济学两大理论范式，即按照马克思《资本论》的逻辑构建的"政治经济学（资本主义部分）"和按照苏联《社会主义政治经济学教科书》的逻辑构建的"政治经济学（社会主义部分）"。除此之外，为反映经济现状和满足实务需要，还产生了被称为"部门（或专业）经济学"的分支学科，例如，工业经济学、农业经济学、国民经济计划学、国际贸易、财政学、会计学等。

1978 年开始实行改革开放，经济学的研究对象发生了根本性变化，经济学学科体系也随之改变。其中，政治经济学内容虽有很大变化，主要是吸收了改革开放中所取得的经验性成果和反映中国经济政策变化的重要思想内容，但其基本的学术范式并无根本性变革。

中国经济学近 40 年来最大的变化是：通过学习、吸收、消化和体系化（中国化），全面引进了现代西方经济学，形成了今天中国经济学的庞大学科体系。中国经济学学科体系的形成过程同现实经济的改革开放进程基本同步，相得益彰。今天，也如中国经济发展的引进、模仿、消化、吸收过程已基本完成一样，中国经济学体系构建的引进、模仿、消化、吸收过程也已基本完成。现代经济学体系中的几乎每一个学科领域，中国经济学都已充分进入，并且形成了相当规模的教学科研力量。如前所述，在世界范围内，经济学历经 200 多年的演化，微观经济学和宏观经济学的思维方式成为现代经济学学科体系大厦的学术范式和逻辑构架的"主心骨"。而中国经济学体系的构建也大体接受了这样的范式承诺和思维框架。

同样，跟中国经济发展取得了巨大成就后其局限性反而凸显出来相似，当中国经

济学的引进和吸纳取得了耀眼成就后，她的局限性也凸显出来。这主要表现在两个方面：一是尽管从西方经济学界吸收学术和专业知识，并形成了完整的学科体系，但中国经济学界的学术水平离西方经济学界还有很大距离。二是中国经济学界缺乏重大的为学术界所公认的原创性学术成就，不仅因其学术底蕴不够厚实而缺乏理论想象力和范式构建能力，而且对于崭新现象的观察、刻画和解释的学术穿透力不强。进入新时代，中国经济学发展处在能否实现进一步升华的路口上：一边是高山，一边是大海。"高山"是现代经济学的高耸山巅；"大海"是现实经济鲜活运动的浩瀚空间。

据此，中国经济学的创新发展可以有两个主要的突破方向，或者说，中国年轻经济学者获取高水平经济学成就的学术路线可以有两种选择：第一，进一步努力逼近现有经济学学术范式下的"世界水平"，即向现代经济学的尖顶和极地攀登。第二，另辟蹊径，进行范式变革，创造新的学术进步路线，就如同是开拓经济学发展的广阔"蓝海"。总之，攀登经济学的高地山巅和开拓经济学范式变革的创新蓝海，都是中国经济学界需要努力的方向。而后一个努力方向恐怕更具现实紧迫性，并更可能做出重大学术贡献。

在经济学范式变革方面，世界各国经济学家已经作出过不少努力，而中国经济学界则可以承担起更重大的使命，为世界经济学发展做出更重大的贡献。这是由中国的独特国情所决定的：一方面，中国经济发展，特别是改革开放以来的经济发展，是人类发展史上最伟大的变革实践和建设实践之一，为中国经济学发展提供了极为丰厚的经验土壤和科研养分。另一方面，中国经济学的理论溯源，除了引入现代西方经济理论和学科体系之外，更重要的是有马克思经济理论的坚实基础和指引启示。马克思认为，人非抽象之人，"人性"是社会关系的总和，因而人的行为并非追求抽象算计之"最大化"目标，而是一定现实条件下的具体行动，它是由社会生产关系，进而由生产力发展水平所决定，也就是说，经济行为并非抽象人性的微观—宏观现象。这就可以形成经济学新的范式承诺。因而，马克思经济学理论的输入与现代经济学理论的嵌入，在中国深厚国情文化基础上，形成了中国经济学思维的范式倾向，并提供了非常有利的经济学范式演化条件。

托马斯·库恩说："范式一变，这世界本身也随之改变了。科学家由一个新范式指引，去采用新工具，注意新领域。甚至更重要的是，在革命过程中科学家用熟悉的工具去注意以前注意过的地方时，他们会看到新的不同的东西。……范式改变的确是科学家对他们研究所及的世界的看法变了。仅就他们通过所见所为来认知世界而言，我们就可以说：在革命之后，科学家们所面对的是一个不同的世界。"（托马斯，2012）这就是中国特色社会主义经济学奏响"命运交响曲"的历史机遇。

三、中国特色社会主义经济学的范式特征

中国特色社会主义经济学的基本特征当然体现为其主要"特色"。如前所述，经济学的发展从史观范式主导，转变为微观—宏观范式主导，前者认定经济发展过程的演进性、阶段性和社会性，即经济学规律在不同历史时期、不同发展阶段和不同社会文化条件下具有不同的体现，因而承认经济学研究对象的多元性和多样化，因此，史观范式承诺可以包容更广泛的学术内涵。而微观—宏观范式承诺，尽管严谨、精致，更具有逻辑自洽性，但是，严重脱离现实，所刻画的不过是一个幻象的乌托邦世界。因此，经济学的发展和范式变革，需要复兴史观范式承诺，而一旦将史观范式与微观—宏观范式相衔接，就会形成经济学的"史观—微观—宏观—域观"范式承诺的思维框架。

按照这样的思路，建立中国特色社会主义经济最重要的是要研究中国经济的根本性域观特征。按照史观范式承诺，中国特色社会主义经济，即社会主义市场经济，是人类发展历史过程中超越自由资本主义阶段的社会主义初级阶段，在这一时期，仍然实行同自由资本主义经济相类似的市场经济制度，因此，以市场经济为研究对象的微观—宏观经济学范式框架仍然有其重要学术价值，值得中国特色社会主义经济学吸收、借鉴。另外，既然是社会主义经济，那么，必然有能够代表社会总体利益的决策主体，而这样的决策主体同微观—宏观范式构架中的"政府"是有明显区别的。

在微观—宏观范式承诺中，将人类理性简化为经济理性，即假定经济主体的行为以追求可以货币单位计量的"财富""收入"或利润最大化为目标。理论上也有社会福利，所谓"社会福利最大化"尽管也被承认为社会利益目标，但并没有其决策主体，最多是设想有一个"公共选择"机制、一个反市场垄断机制和一个宏观经济调控"当局"（可以是政府机构，也可以是非政府机构，但在经济学中称为"政府"）。甚至可以说，在微观—宏观范式承诺中，真实的集体利益是不存在的，所有以集体、集团为名的利益其实都是虚拟的利益，因为，只有真实的个人才会因成功而喜乐，因损失而痛苦。而"集体利益主体"既不会喜乐，也不会痛苦，那么为什么要在意"成功"或"损失"呢？而通过公共选择机制只不过是一套程序，所作出的选择决策并非集体（社会）利益，而不过是各不同利益集团之间的妥协，它未必等于社会福利最大化。如同英国，以公投的微弱多数赞成，就决定脱欧。没有人会认为脱欧体现了英国的社会利益，只不过是大家都要遵守规则，接受这个少数服从多数的结果而已。这就是公共选择的逻辑：并不在意有没有真正的社会利益，只要是按照基于个人利益的公共选择程序，大家服从其投票结果即可。

而按照社会主义的思维方式，集体（社会）虽然不会喜乐或痛苦，但作为集体成

员的个体对集体利益会有切实感受，集体（社会）利益也是真实利益，而且高于个体利益，因为前者体现了并影响着更多后者的利益，或者是后者利益的集中体现或权衡得失之最大"净利益"。如果这样，那么，在中国特色社会主义经济学范式承诺中，显然就需要有一个代表集体（社会）利益的感知主体和决策主体。而在中国的现实中，恰好存在这样的主体——中国共产党。

因此，在任何关于中国现实经济问题的探讨中，需要观察和研究的经济主体和参与角色就显著不同于西方主流经济学的范式承诺所假设的经济主体和参与角色。前者的最大特点是，具有决定性作用的一个角色是由宪法确认的居于执政地位的中国共产党（以下简称"党"）的存在。以党领政（共产党领导政府）和以党导经（共产党指导经济），是中国特色社会主义经济的最大域观特征。

以往的经济研究中，通常将党的角色和作用塞进西方主流经济学范式承诺的"政府"概念之中，即将党默认为"政府"的一个组成因素，用政府功能的行为假设来涵盖党的角色和作用。这显然是极为勉强的。因为，党在中国经济运行和发展中的作用，强烈地影响制度构建（及改革）取向、经济决策方向和观念行为倾向，但党并不是如同经济学假设中的"政府"那样的宏观经济决策（调控）主体或管制机构，党的角色和作用具有超然性。中国宪法确定了党的领导和执政地位，确认她作为社会经济制度构建中的一个超然存在体（超经济的领导力量），体现和代表社会理性（全体人民利益），对解决重大社会经济问题拥有领导权和决定权。在中国经济的现实域境中，忽视、无视或拒绝承认党的客观存在，不仅不是理论逻辑的合理"抽象"，而且是对客观世界的严重歪曲。可以说，经济学家们面对的所有关于中国经济的重要事实和文献，都离不开党的角色存在及其所发挥的重要作用，而且往往是决定性、关键性作用。总之，在中国经济运行和发展过程中，中国共产党的角色存在、重要地位和极具穿透性的作用是不可否认和忽略的重要客观事实。

美国经济学家约瑟夫·熊彼特说："人类的社会进程，宛如一条恣意汪洋的大河，生生不息而又浑然一体。所谓的经济事实，只不过是研究者用分类的手段，从这条大河中人为地分离出来的东西。当我们说某个事实是经济事实时，这其实是一种抽象的说法，因为所谓的事实，只不过是现实在一定技术条件下，在心灵中形成的复本而已，而抽象就是这个过程的第一步。"（约瑟夫，2015）

在探索中国特色社会主义经济学的范式承诺时，进行理论抽象，如果去除掉党的角色和作用，以迁就主流经济学的范式承诺，那么，实际上就是要求客观现实服从理论范式承诺，而不是理论范式承诺符合客观现实，那就无异于削足适履（金碚，2019c）。如果是那样，那么，70多年来，中国经济发展就似乎是一部"翻来覆去"反复"折腾"的历史，每一次历史性转折都会被简单理解为一次又一次的"否定以往""纠正错误""拨乱反正"；每一次变化都是往事不堪回首。由于过去的作为"走了弯路"，难以为继，就不得不进行"调整""整顿"，肃清旧观念，树立新思想。如果以

这样的思维方式来观察和解释中国经济发展，那么 70 多年的中国工业化过程就似乎支离破碎，没有逻辑。但是，如果在中国特色社会主义经济学的范式承诺中承认党的角色存在，那么，就可以看到中国经济发展曲折前行的 70 多年历史中，存在一以贯之的内在逻辑。可以更具现实性和合乎逻辑地刻画中国经济发展的历史及其所体现的机制和体制演化进程。

按这样的范式承诺来看中国经济发展：70 多年的历史分期大多是由中国共产党的行为和决策（通常是党的重要会议和重大决定）来划定的；各发展时期的秩序规则特征、战略决策倾向以至社会行为心理状态，都受到党的意志和行为的重大影响；甚至判断行为"正确"与否，以及安排政策目标优先顺序的准则，也受制于党的意志和决定。中国政府的行为，包括经济计划、重大决策、制度安排等，都是在党的领导下做出的；政府的经济调控政策方向总是在党中央的"经济工作会议"中确定的。总之，只要实事求是地正视中国经济的这一重大域观特征，就会看到，影响以至决定中国经济运行和发展走势的关键因素，是党的角色和行为所发挥的重大作用。作为社会利益和全体人民利益代表的党，有其自身的决策逻辑和规程，取向是明确一贯的，但路径难以笔直。经济体系任何层面的决策都有"试错"机制，中国特色社会主义经济的一个重要域观特征可能就是其自我纠错领导机制，而非如前述的那种公共选择机制。

英国经济学家罗杰·E. 巴克豪斯说："无论是在当代社会，还是在经济学学术领域，主导的神话观念都是：竞争市场和低效、腐败的政府。经济学家十分清楚地认识到，这些观念都不是普遍真理。但支持这类神话的新思想比质疑它们的思想更受欢迎。……还有罗纳德·里根和玛格丽特·撒切尔时期主宰公共话语的那一代思想家对集体主义的抨击，推动了私人经济活动比公共经济活动更有效这一神话的进一步发展。而世界社会主义出现的严重曲折再次强化了这一观念。"（罗杰，2018）历来的经济学家主要用"微观—宏观"即"市场—政府"的范式来刻画现代经济发展过程的逻辑，形成经济运行和发展的"神话观念"。而对于中国经济的运行和发展，以及她的历史过程，显然难以用这一学术范式来刻画。而如果将党的角色和作用纳入经济学思维的逻辑框架，则可以对中国经济有更深刻的理论认识和学术刻画。这就是中国特色社会主义经济学范式承诺的一个根本性域观特征。

四、中国特色社会主义经济学学术体系的逻辑起点

自从新古典经济学范式成为主流以来，经济学几乎是无可置疑地建立于个人理性主义的基础之上。具有抽象经济理性的经济人假设是其学术体系的逻辑起点和基石。经济人假设认定（或"定义"）：所有人的行为都受经济理性驱使，整个经济系统可以达到局部均衡和总体均衡；经济学的"推理"从这里出发，就可以逻辑自洽的方式

证明这个系统是可以在市场竞争主导的资源配置机制作用下向着"社会福利最大化"的方向逼近的。但众所周知的事实是，这样的经济学神话并没有在现实中出现，所以，许多人主张人类需要"社会主义"。即使是西方国家也承认，具有社会主义倾向的北欧国家，其制度和政策安排所建构的社会，是更值得向往的世界。当然，他们的社会主义福利制度能否持续，也是一个需要由未来的实践来证明的问题。但是，至少他们的探索是非常有价值的。

同样，中国向着中国特色社会主义经济的方向进行探索，也是人类发展中的一个非常有价值的伟大尝试，而中国特色社会主义经济学就是这一探索的理论呈现。

笔者曾经撰文指出，主流经济学貌似具有严密的逻辑一致性，即只要承认它的"假设"前提，就可以运用演绎逻辑方法十分严谨地推论出整个学术体系。其实，即使不计较它的"假设"是否符合现实，也会发现其底层逻辑存在"阿基里斯之踵"，即它的逻辑断点之致命弱点（金碚，2018a）。也就是说，传统主流经济学其实并不具有完美的逻辑自洽性。

许多学者试图通过复杂的逻辑推演和所谓思想实验来弥合经济学体系的逻辑断点，但如诺贝尔经济学奖获得者、美国经济学家弗农·史密斯所说，"我已经证明了，经济中的理性依赖于个人行为，它是建立于文化规范及随着人类经验与社会发展而自然出现的机制，而并不是最终来自建构主义的推理"（史密斯，2013）。也就是说，经济学并不能仅仅靠抽象概念的推理而建构起逻辑严密的体系，因为，经济学的研究对象是人的行为，而理性依赖于行为，行为依赖于社会。如马克思所说，"人的本质并不是单个人固有的抽象物。在其现实性上，它是一切社会关系的总和"（马克思，1972）。因此，经济学必然是社会科学，而不是"第二数学"，当然更不是自然科学。中国特色社会主义经济的理论基础是中国的经济实践，中国经济的实践不仅受工具理性的调节，更受本真理性所主导，而本真理性的体现不仅有微观主体的自觉（金碚，2017），而且有集体理性的主导（金碚，2018b）。

但是，以微观—宏观范式承诺为特征的主流经济学却一直试图走一条捷径，直接通向最易于识别评价的抽象世界，而显示完美的乌托邦图景：均衡、最优、充分就业、福利最大化等，而且这一切还能够呈现于一个逻辑自洽的范式承诺体系中，并可以用非常精确、没有意涵歧义的数学方式进行定义、推导和刻画。但是，这毕竟是一个假设的世界，它越精致，越"高级"，越具有形式的"科学"性，就离现实越远。它不会有"错误"，是因为人们并不期望在观察、识别和解释现实世界时，运用这种精致的经济学，而只是在学术"殿堂"中用以展示"才华"和"技巧"。当人们真的需要对现实经济进行观察、识别和解释时，实际上就抛开这样的精致经济学，而直接面对直观世界。经济学就像是一双价格非常高昂和造型极为精致的鞋，人们走路时并不穿它，因为光着脚跑路，似乎更畅快。精致的经济学更适合于放在学术殿堂中，供人欣赏和品鉴（金碚，2019d）。

其实，经济学如果要成为一门科学，就理应能够承担发现和解释世界现象的规律的使命，由于经济学研究社会现象，因而必须坚持史观范式承诺。但微观—宏观范式的主流经济学，遵循的却是假设—推演方法，所刻画出的是一个形式精美而没有历史过程的抽象图景，而且还以为那是其科学性的表现。

中国当代经济学体系受到这一范式思维的强烈影响。当这样的范式结构成为如托马斯·库恩所说的"常规科学"后，经济学研究就变得总是致力于"似乎是强把自然塞进一个由范式提供的已经制成且相当坚实的盒子里"（托马斯，2012），而不再是努力发现新的现象和规律。经济学的"高深"研究成果就变得越来越力图从基于假设的"建模"，通过"推演"而获得"结论"，似乎还可以"验证"，其实，"结论"中的"发现"已经包含在"假设"之中。

不过，这显然不符合人们对经济学应肩负"经世济民"使命的期望。微观—宏观范式在经济学学术发展过程中虽有其重要贡献，但也削弱了经济学发现规律的科学性。所以，必须进行范式变革，才能实现经济学的科学使命。托马斯·库恩说："科学发现既是范式变化的原因，又是范式变化的结果"，"范式是一个成熟的科学共同体在某段时间内所认可的研究方法、问题领域和解题标准的源头活水"（托马斯，2012）。这就是说：新的重大科学发现会导致学科范式的变化，而学科范式的变化，会为科学研究开辟广阔的新天地。

按这样的思维方式，如果改变范式承诺，经济学将看到另一个世界：现实的研究对象都是既有共性也有个性的"复杂体"，形成分域集合的各种"域类"。经济学只有致力于识别和发现体现经济学研究对象的共性及个性所具有的现实质态，才能是科学。而且可以大大增强经济学的现实解释力，拓展经济学的研究空间，这样的经济学才能够"接地气"。

按照这样的思维逻辑，中国特色社会主义经济学学术体系的逻辑起点就不能是某个抽象概念或假设"原子"，而只能是经济关系和经济现象的"中国事实"。"中国事实"不仅体现市场经济的一般规律，而且具有中国经济现实的强烈域观特征，是非常"有特色"的。"中国事实"的基本特色是：具有自我利益和自主决策能力的个人和各种类型企业是其微观经济主体；市场机制发挥调节微观经济主体行为和经济资源配置的决定性作用；政府通过经济、法律和行政等手段规范管理市场竞争秩序，并采取货币和财政手段进行宏观调控；而"党"则作为集体理性的代表和决策力量中心，对整个社会经济活动实施方向引导，并在必要时做出体现集体（社会）理性和维护全社会共同利益的全局性重大决策。

由于"中国事实"是中国特色社会主义经济学学术体系的逻辑起点，所以，对基本中国事实的把握以及在此基础上的概念抽象（定义和理论描述）是研究中国特色社会主义经济学的关键之一。在研究过程中，主流经济学的微观—宏观范式承诺所进行的概念抽象可以借鉴和有选择地吸取，而通过对中国现实经济关系和现象的深入观察

和理论剖析，形成对"中国事实"的经典性学术刻画，则是探索建立中国特色社会主义经济学的更重要工作。总之，中国特色社会主义经济学既是以往经济学研究历史遗产的继承，也是基于新的范式承诺的重大学术创新。

"现代经济学"在中国形成气候，实际上最多不过 30~40 年的历史，在中国，各高校所设立的经济学课程体系和学术内容，大量依靠从西方国家引入，具有明显的模仿性。迄今为止，在中国的经济学体系中，不仅一级学科"应用经济学"所辖各分支学科大多以微观—宏观范式承诺为基础，而且另一个一级学科"理论经济学"中的一些学科也默认微观—宏观范式承诺，甚至在党和政府的官方语境中经济学的微观—宏观范式承诺也占有很强的话语地位。其实，微观经济学和宏观经济学在西方国家都已经受到多方面质疑和批评，在中国更表现出很大的不适应性。所以，变革范式是中国经济学界进行学术创新的一个重要历史使命。如前文所述，经济学范式结构的变革将沿着史观、微观、宏观、域观的方向演进，形成更具科学性的学科体系和学术体系。而中国特色社会主义经济学则是契合这一范式承诺所形成的重大学术成果和持续创新方向。

最后要特别强调，致力于探索中国特色社会主义经济学必须基于一个最基本最底层的学术范式承诺：相信世界上的经济学科学体系并非"只有一种"，而是可以有多种经济学科学体系（各种学派共存），从而反映多元化和多样性的人类经济社会现实。换句话说，以具有不同域观形态（特色）的经济体或经济现象为研究对象，就可以形成不同的经济学科学体系①。世界和而不同，即使是高度全球化的经济也必然是一个异质性差异化的域观世界，所以，"域观特征"是经济学范式承诺的一个重要基因，并与另一个重要基因——"经济理性"共存：前者为特性之因，后者为共性之因。经济世界以及刻画经济世界的经济学因此而丰富多彩。中国特色社会主义经济学则是经济学世界大家庭中的一个中国成就和中国贡献。

参考文献

[1][美]弗农·史密斯.经济学中的理性[M].李克强，译.北京：中国人民大学出版社，2013.

[2]金碚.论经济发展的本真复兴[J].城市与环境研究，2017（3）.

[3]金碚.关于开拓商域经济学新学科研究的思考[J].区域经济评论，2018a（5）.

[4]金碚.关于"高质量发展"的经济学研究[J].中国工业经济，2018b（4）.

[5]金碚.试论经济学的域观范式——兼议经济学中国学派研究[J].管理世界，2019a（2）.

[6]金碚.探索推进经济学范式变革[N].人民日报，2019-04-08（009）.

① 当然，许多经济学家，包括中国的一些经济学家是不同意这一范式承诺的。他们认为，经济规律不分中国、美国或多国，如果有多种经济学，那么其中只可能有一种是科学的和正确的。这实际上是把经济学视同为自然科学，认为客观真相是唯一的（其实，现代自然科学量子理论也已不坚持这一观念了）。但经济毕竟是社会科学，多样性本身就是其真理性的体现。

［7］金碚. 中国经济 70 年发展的新观察［J］. 社会科学战线，2019c（6）.

［8］金碚. 论经济学域观范式的识别发现逻辑［J］. 中国工业经济，2019d（7）.

［9］［德］马克思. 资本论（第一卷）［M］. 北京：人民出版社，1975.

［10］［英］罗杰·E. 巴克豪斯. 经济学是科学吗？——现代经济学的成效、历史与方法［M］. 苏丽文，译. 上海：格致出版社，上海人民出版社，2018.

［11］［德］马克思. 关于费尔巴哈的提纲［A］//马克思恩格斯选集（第一卷）［M］. 北京：人民出版社，1972.

［12］［美］托马斯·库恩. 科学革命的结构（第四版）［M］. 金吾伦，胡新和，译. 北京：北京大学出版社，2012.

［13］［美］约瑟夫·熊彼特. 经济发展理论［M］. 郭武军，吕阳译. 北京：华夏出版社，2015.

经济学域观范式的若干基本原理研究*

金 碚

摘 要： 中国学派经济学应在继承近现代世界经济学丰富遗产的基础上，形成自己的范式承诺。只有实现经济学范式变革才能解释新时代的经济世界中各类经济体的行为表现，进而构建全球经济新秩序。从其行为主体的性质看，经济世界绝不是一个"同质性微观经济主体世界"，而根本上是一个"多元化的域观世界"。市场经济并不是一架脱离时空条件的纯粹价格信号调节机器，所谓"市场"总是在一定的时空范围中存在，其经济调节作用也是在一定的时空范围中发挥效力的，所以，市场机制的规则空间具有非匀质性，即域观性。经济学域观范式承诺所采用的是多维度分析框架。一般会以理性、制度、文化三个维度，进行现实经济的观察和解释。在涉及复杂空间的分析中，还可以加入地理维度。与传统主流经济学强烈倾向于一元化的均衡、最优的价值取向不同，经济学的域观范式承诺更倾向于多元、包容和次优（或适应）。人类经济发展走向高度包容性的道路，才可能是和平、共存、多赢的。由于经济世界的多元性，为实现包容，就必须面对各种规则，特别是国家间规则差异的现实复杂性。

关键词： 经济学域观范式；中国学派经济学；市场机制规则

自提出经济学域观范式的学术研究以来[1-3]，学术界已陆续有不少研究成果发表，在一些高校为此而举办的专题研讨会上，反应热烈，众多学者的相关研究正在将其向更多相关领域延伸拓展。为进一步深化这一研究，本文拟就经济学域观范式的若干基本原理提出一些初步看法，抛砖引玉，以期启发更多有兴趣的研究者进行更深入的思考和交流。本文第一部分讨论经济学从微观—宏观范式向域观范式变革的历史背景和重要现实意义，在此基础上，第二部分至第五部分，分别从主体刻画、时空机理、分析维度和价值取向四个方面研究经济学域观范式的若干基本原理。

---

* 原文发表于《中央民族大学学报》（哲学社会科学版）2021 年第 3 期。

一、经济学范式变革的现实意义

经济学从微观—宏观范式向域观范式的过渡，不仅具有学术进展的理论意义，而且具有非常重要的现实意义。当前，全世界的经济学界正面临重大挑战和使命：只有实现经济学范式变革才能解释新时代的经济世界中各类经济体的行为表现，进而构建全球经济新秩序。

人的行为决定于利益与观念，观念决定了人如何看待世界，一定意义上可以说，"人所看到的世界是自己心中的世界"。而"心中的世界"很大程度上是由基本的理论观念（或信仰）所塑造的。心理学家说："我们要对这个世界形成一定的认识，那就要具备一定的心理认知能力；换言之，我们拥有怎样的心理认知能力，我们就会形成怎样的世界观。"[4]在现代世界，经济学发挥了极为重要的观念塑造作用，可以说，经济学在很大程度上决定了人们观察和理解经济世界的"认知能力"。

从根本上说，经济理论和观念的形成是由人类经济活动所决定，是经济现象的"上层建筑"。当今世界的基本经济现象是，大多数国家实行和主张市场经济制度。市场经济的本质特征是工具理性主导下的增长无限性。而增长无限性的结果是经济全球化。由解释市场经济的传统主流经济学（新古典主义）所呈现和刻画的经济全球化和全球化观念，要求所有经济主体同质，而且各国竞争规则一致。如何实现这样的"神话世界"呢？经济全球化曾经有过两种实践。第一，第一次和第二次世界大战前的英国主导方式：消灭异类国家使之成为同类，即变为殖民地，完全实行英国式规则。第二，第二次世界大战后的美国主导方式：允许各国独立，但门户开放，并改变为实行跟美国相同的规则。简单地说就是，前者试图通过"消灭"而同化，后者试图通过"改变"而同化，来构建全球化的国际经济秩序。实际上就是全球"西方化"。

但是在当代，美国等西方国家，既不能消灭中国，也无望改变中国。那么就会倾向于认为，中国的强大与其格格不入，一定会对其形成非常不确定的安全风险。他们虽然可以为利益而跟中国交易，但在观念上，绝难接受中国行为。中国越强大，他们就越感安全受到威胁。所以，与中国保持距离，"遏制"甚至一定程度的"脱钩"，是他们必然的战略选择。他们可以（不得不）承认中国发展的成就和实际贡献，但绝难认同中国的行为（做法）。就像是，可以承认中国的抗疫效果，但无法认同中国的抗疫做法。

中国取得了巨大成就，到了21世纪，以实践证明，经济现代化确实可以有不同于西方化的另一条成功道路。但是，在理论上，特别是在经济学范式的底层逻辑上，还没有建立起新的体系结构。所以，中国行为尚难以得到世界的理解。即使中国的实践成就巨大，但因没有可以在观念领域征服人心的理论建树，也就很难获得真正的全球

公信力。从这一意义上说，经济学中国学派的理论创新和影响力提升，决定了中国行为在全球的公信力。

由于存在理论短板，中国与西方国家特别是美国，虽然因现实利益关系而不可能完全脱钩，但观念思维的实际脱钩，在行为上难以获得公信力，而表现为"总是挨骂"。我们当然可以不在意挨骂，甚至也可以跟他们对骂，但国家品牌和公信力的提升毕竟是个问题。

在这样的情况下，国家间的深度对话谈判是困难的，构建经济全球化的新秩序就更加困难。在缺乏理论支撑的情况下，我们只能宣称不挑战以美国为老大的现行世界秩序，但美国却总是认为中国的行为与其格格不入，中国强大后必然会颠覆世界秩序。而我们也确实没有理论来清楚地表达，中国究竟如何看待和解释世界，未来的世界秩序会是怎样？我们所说的"不颠覆世界的现行秩序"究竟是什么含义？也就是说，中国的全球公信力还缺乏可以让世界认同，至少是可以作为国际理解和对话基础的中国学派经济学表达体系。

更重要的是，经济学的理论短板，不仅仅是中国单方面的不足，实际上是世界性的经济学缺陷。西方国家依他们的理论观念，无法解释中国现象，不知道如何与中国长期共存和相处。中国目前也拿不出自己的理论，同西方国家进行双方可以听得懂的对话，以达成理解，至少是谅解。在当前的主流经济学话语体系中，"中国故事"是难以让其他国家听得懂的。要知道，在具有中国特色的中国现象和中国行为中，有许多是在主流经济学范式框架中难以理解和谅解的，甚至可能是明显"违规""违法"的。但在中国国情中这些却又是必须长期坚持的，甚至关系中国之国本。

这样，在全球经济新规则构建中，实际上还缺乏基本的沟通语言，即支撑各方对话的经济学理论基础。可见，就经济学理论建树而言，我们所说的"自信"，并不仅是要自己相信自己，而是要有信心可以让别人信服，至少是可以沟通和理解，哪怕是各自存疑，也能够得到对方尊重，和而不同。不是自说自话，而要畅通世界。所以，中国经济学界如果真正要对世界有所贡献，就要创造出能够让世界听得懂和理解得了的中国学派经济学。

中国学派经济学应在继承近现代世界经济学丰富遗产的基础上，形成自己的范式承诺。新范式不是另起炉灶，而是在过去的常规科学的基础上的变革，需要发现同常规科学之间的内在联系和本质差别。美国著名科学史研究学者说："常规科学即是解谜。"当常规科学无法解释新现象时，就意味着需要进行范式变革。"一种范式通过革命向另一种范式的过渡，便是成熟科学通常的发展模式。"[5]经济学的发展也遵循这样的规律。从古典政治经济学的史观范式，到新古典经济学的微观—宏观范式，进而向着域观范式过渡[2][6]。那么，域观范式承诺遵循哪些基本原理呢？本文以下几部分分别从经济主体的刻画、市场规则的时空性、理论分析的维度和规范判断的价值取向四个方面进行一些研究。讨论的方式主要是与在当代世界经济居主流地位的新古典经济学

（或新古典综合）的微观—宏观范式承诺（以下简称"传统主流经济学"范式）进行比较，来阐释经济学域观范式承诺的若干基本特征。

二、主体刻画：市场经济主体的行为假设

众所周知，传统主流经济学假设：微观经济主体是同质性"经济人"，经济人不仅指具有理性的自然人，而且也包括营利性组织"企业"。通常将企业假定为是以利润最大化为目标的"黑箱"，如同是一个求解利润最大化的投入产出生产函数，而将"黑箱"内的关系和现象交由管理学（企业管理）进行研究。尽管在现实中，各国企业的行为目标各有特色，例如与美国企业相比，德国和日本的企业更注重对利益相关者的关切以及社会稳定等非利润目标，但在传统主流经济学学术范式承诺的底层逻辑上，仍然以同质性的"经济人"作为企业性质的基本假设，每一家企业就像是市场空间中的一个粒子或者一个点状存在体。如果这个粒子或点状存在体的规模发展得很大，因规模效应而具有垄断性，并影响了市场竞争的公平性和有效性，则必须将其"市场势力"消除掉，即实施反垄断政策对其进行管制或让其拆分，来保持或恢复其同质性经济人粒子的"合理"特征。

与传统主流经济学关于微观经济主体的同质化经济人假设不同，经济学的域观范式承诺就如马克思所说，"人的本质并不是单个人固有的抽象物。在其现实性上，它是一切社会关系的总和"。[7]因此，在复杂的社会关系中，人的行为并非相同，经济学不能以抽象的同质经济人为逻辑底基。美国经济学家罗伯特·H.弗兰克说："人类的行为不仅极其复杂，而且是多维度的。""当经济学家试图通过建模去认识市场的运行机制时，他们就不得不对市场的真实形态进行线性简化，但有些简化过于极端。例如，大多数经济学家都假设人是完全自私的，但现实中有同样强有力的证据表明，人类也拥有超越狭隘自我利益的行为动机。"[8]

同样，企业也非同质，不同企业的行为可能很不相同，而且企业的非同质是系统性的。笔者曾撰文研究了企业的主要类型：自利企业、兼利企业、社会企业、极致企业。对于各类企业，如果用"经济人"假设来将其完全混为一谈，不作深入观察和研究，就根本不可能理解市场经济的现实。

"在这四类企业中，自利型企业的行为更接近'主观为自己，客观利他人（社会）'的经济人行为假设；兼利型企业，更自觉地承担社会责任，包括对员工的关爱、对客户利益维护和对社会公共利益的贡献等；社会企业则以解决社会问题，例如扶贫、环保、生态、安全等为企业目标，而以创新性的市场化（商业）方式，可持续地进行生产供应活动，即遵循'主观为社会，客观利自己（可持续）'的经营理念和积极创新；极致型企业则不以自身利益最大化为目标，而是致力于某些特殊极端产品，特别

是高新技术产品或特殊用途产品的生产。换句话说，企业并非主流经济学的微观—宏观范式承诺所假设的同质性微观经济主体，而是呈现为不同域类的企业共存。""换句话说，在现实经济中，由于域观条件和社会过程中存在系统性的差异性，企业必然划分为不同的域类，各域类中的企业的行为目标是非常不同的。"[9]

在中国，更重要的是，存在数量和规模均十分庞大的国有企业和非国有企业，它们的性质和行为显然不可能相同，但又均可以是营利性经济组织。不过，并不能因为均为营利性组织，就可以假定它们都是同质的"经济人"。将国有企业定义为以追求利润最大化为唯一目标的营利性组织，是不合逻辑的。国家没有理由，更没有必要来建立完全自利企业。任何国有企业总是要有高于自身利润最大化的社会目标的，那才是它们真正的"主责主业"。国有企业必须首先聚焦于国家赋予它的主责主业，否则就没有存在的必要。理论和现实都可以表明，"在现代经济中实行现代企业制度，其中，作为特殊企业的国有企业，不仅是众多企业类型中的一类，而且其本身也总是区分为不同类型的，各种类型的国有企业定位，实际上就标示着她们在国民经济体系中存在的理由，即'为什么要建立和发展这样的国有企业？''设立这样的国有企业是为了解决什么问题？'"[10]

以上讨论表明，传统主流经济学关于微观经济主体的抽象假定，即企业同质，是远离现实的。由于众多企业具有系统性差异，因而，它们实际上是以群类而非孤立粒子的状态而存在的，也就是说，企业在现实中并非仅仅是微观存在，而且也是域观存在，即不同域境中的企业具有不同的域观特征，以多种域类并存的群体形态而存在。

而且，在经济世界中的行为体，并非仅仅是原子般的同质化个人和企业，还有各种社会性的行为体：家庭、社会组织、利益集团等，特别是，国家作为一个拥有强大力量的行为体，在经济世界中发挥着巨大的往往是决定性的作用。不同性质经济主体（行为体）的行为张扬（极端化），可能导致行为体间关系的性质变化。可见，如何刻画市场经济中各类行为体的特征，应是经济学需要着力关注和研究的，而不应仅仅以同质性微观经济主体的抽象假设，而将其忽视。

按照传统主流经济学微观—宏观范式的"市场—政府"二元分析框架，将"政府"假定为维持市场秩序和纠正市场缺陷以及进行宏观调控的行为体，并且将所有相对于"市场"主体的经济管控以及货币发行机构等都装入"政府"中，也严重忽视了一些重要行为体的存在和作用。例如，"民族国家""区域组织"（地方政府）、非政府组织、工会等，都具有主体性的经济利益动机和行为目标。在中国，尤其重要的是，中国共产党，更是一个发挥重大作用的行为体。全世界很少有像中国共产党这样直接肩负国民经济长期发展使命、全方位投入经济发展实践、具有丰富的经济发展思想积淀、发挥引领经济发展的决定性作用并取得巨大经济成就的政党，因而成为中国经济最大的域观特征（中国特色）。可见，从其行为主体的性质看，经济世界绝不是一个"同质性微观经济主体世界"，而根本上是一个"多元化的域观世界"。

三、时空机理：市场机制规则体系的性质

传统主流经济学认定：理想的市场经济竞争机制规则具有一致性，没有时空性，即假定市场为如同空盒子般的"绝对空间"，抽象掉了现实市场规则的历史性和差异性，换句话说，理想的（或假设的）市场经济规则空间是匀质性和一致性的。更极端的是假定或认定，市场经济规则本质上就是以市场价格为唯一调节信号的企业竞争和资源配置机制。如果还有其他机制因素，包括政府干预，来影响（一般称为"扭曲"）价格调节机制，则认为这样的市场经济是不完善、不合理和无效率的。尽管面对现实，基于微观—宏观范式认识框架的经济学家也不能否认非价格因素的作用，但通常都将其作为"干扰因素"而尽可能排除于分析体系的主体逻辑框架之外。

与传统主流经济学关于市场经济机制规则的无时空性假设不同，经济学的域观范式承诺是：市场经济并不是一架脱离时空条件的纯粹价格信号调节机器，而是具有深刻的时空特征的社会关系体系，现实的市场经济机制规则是经由一定的历史过程而形成的。所谓"市场"总是在一定的时空范围中存在，其经济调节作用也是在一定的时空范围中发挥效力的，所以，市场机制的规则空间具有非匀质性，即域观性。由于现实的市场经济在一定的规则空域中运行，而在一定的时空域境中，多种规则空域并存，各规则空域中的市场运行机制都有其一定的特殊性，所以，所谓"市场一体化"，如果是在大范围（不同域观空间）中实现，特别是国际市场及全球市场的一体化，就并非是机制规则的完全一致化（同质化），而在很大程度上是不同规则空域的并存和相互衔接，形成一个可以实现市场运行畅通性和可循环的域观结构空间。

市场规则空间的域观特征最突出地表现在不同国家之间。美国著名国际政治经济学家罗伯特·吉尔平说："今天的世界仍旧是以国家为主导的。"在各国经济规则的政策安排上（以宏观经济规则安排为例），"事实上，不同的国家作出不同的抉择。例如，美国偏好独立的货币政策和资本流动自由，宁可牺牲汇率稳定；欧洲经济和货币联盟的成员偏好固定汇率，并创立了一种共同货币来实现这个目标。其他一些国家十分重视宏观经济独立性，例如中国对资本流动进行控制"[11]。即使是在经济全球化趋势强劲的时代，市场经济也将世界各国都卷入它的大潮中，市场经济有其规则一致性的公平竞争要求，即各国都要遵守一定的制度原则，但在现实中，"虽然出现了一些趋同现象，但各国仍保留了各自的基本特点，没有成为天下大同的一员"[11]。

在经济学域观范式承诺下，市场机制规则的时空性，是非常重要的机理特征。也就是说，任何市场经济规则机制，都不可能脱离一定的时空条件而存在。所以，解释市场经济及其机制规则，必须从一定的时空视角来观察。在不同的时空条件下，市场机制规则的有效性在很大程度上都取决于其对时空性质的适应性，而难以有抽象而放

之四海皆准的完美市场经济机制规则。正因为这样，即使是在"成熟"和发达的市场经济国家，其市场机制规则也是各有独特性的，例如美国的自由市场经济体制、德国的社会市场经济体制、日本的国家及财团主导的市场经济体制等——同各自所处的时空条件相契合——都可以算是"完善"的市场经济机制规则了。中国实行社会主义市场经济，具有鲜明的中国特色社会主义制度规范，也是适应当代（自 20 世纪 70 年代以来的）时空条件的经济制度，是有别于"西方化"的"中国式现代化"模式，可以称之为"历史的抉择"。

四、分析维度：理论解释的逻辑框架

传统主流经济学以经济理性（工具理性）为唯一的分析维度，将其他因素尽可能作为"干扰因素"而抽象掉。没有人会否认，在现实经济世界，有各种复杂因素在决定和影响经济行为和市场运行及其结果，但在进行经济分析时，特别是在所谓"高级"分析中，传统主流经济学总是力图将一切经济现象都归之于人的经济理性所发挥的最终决定性作用，即基于工具理性取向的成本—效用权衡所作出的决策或选择。例如，将各种制度选择，以"交易费用"作为分析维度，进行理论解释。这样的分析框架具有简洁的逻辑关系，可以用纯粹的数理方法进行演绎推理分析，具有形式的精致性。但是，由于过度抽象而远离现实，就如同是精美的象牙塔，可供欣赏，也许还有收藏价值，但没有实用意义，无法科学地解释现实。

与传统主流经济学倾向于单一维度的抽象分析方法不同，经济学域观范式承诺所采用的是多维度分析框架。一般会以理性、制度、文化三个维度，进行现实经济的观察和解释。在涉及复杂空间的分析中，还可以加入地理维度。

域观范式经济分析的理性维度，同传统主流经济学的理性维度有明显的差异。如前所述，传统主流经济学分析的理性维度，主要是经济理性，即工具理性。工具理性的行为目标不是人所需要的真正利益或效用目标，而是工具理性目标：收入、利润、财富等。这样的范式承诺是由人类发展所处的历史时代所决定的。

人类经济活动原本是为了获取和消费有用之物，或把原先"无用"之自然物转化（加工）为可供消费使用之产出品。这样的经济活动尽管符合人类进行生产活动的本真目的，但经济动能有限，生产效率低下。与这样的朴素理性相比，以工具理性主导的经济机制则会具有强大得多的动力，因为，工具理性的目标值（货币量）的无限性，使得"贪婪"之心成为核心"动能"的心理原由（亚当·斯密称之为"人类本性的欺骗"）。马克思称之为社会的"异化"，即目标与手段的颠倒。"正是在这样的现实条件下，经济学思维严重倾向于工具理性主导，不仅偏重作用于追求交换价值（货币）的经济行为，而且尽力'抽象掉'所有难以用货币计量的因素。"[12][13]

而域观范式承诺的经济分析理性维度，不仅包括经济理性，也关注本真理性。因为，人类经济活动的真实目的和行为方式并不总是一味地追求金钱、利润，而一定会有更自觉的动因，而且更自觉的动因是完全可能优先于经济理性动因的。所以，域观范式承诺并不总是以追求利润最大化或财富最大化为理性分析的唯一关切维度，而是将真实目标，即本真理性目标，如生命健康、综合安全、生态环境、民生幸福等，也作为理性维度的内在因素。如果考虑到本文第二部分所讨论的经济世界中行为主体的多元性，则将理性分析维度从经济理性（工具理性）扩展到本真理性，就是必然的要求了。

域观范式承诺分析框架中，制度因素是第二个重要维度。关于经济关系和经济现象中的制度因素，各国经济学家们已有很多研究，并形成了经济学中的一个被称为制度学派或制度经济学的重要学术共同体。域观范式吸取它们的研究成果，丰富自己的观察视野和分析工具。就经济制度的性质而言，它原本是一个史观范式下的研究对象和分析因素，古典政治经济学对其做过许多研究。而在以微观—宏观范式承诺为主导的新古典经济学中，制度因素被尽力纳入其范式框架，以"均衡""优化"等作为判断规范（本文第五部分还将讨论）。而域观范式承诺的分析方法，则将制度作为一个重要观察角度，并使之成为不同经济体和经济规则空间的域观特征的分析维度。不同国家的经济制度及其现实特征（特色），是在复杂的历史过程中形成的，难以用"均衡""优化"等传统主流经济学的抽象方法进行分析和规范研究，而更适合于用史观方法进行分析。这样，域观经济范式就将经济学的史观范式融合进来。反过来说，只要在微观—宏观范式承诺中融入史观范式因素（实际上是史观范式因素的回归），就必然实现向域观范式的过渡。而当经济学的微观—宏观范式向域观范式承诺转变，则制度分析就可以更充分地展开，使经济学的分析维度能够更加合乎逻辑地纳入制度因素，显著增强其对现实经济世界的解释力。

从广义上说，制度是人类发展过程中的一个文化现象，将其从文化因素中抽取出来，是因为它在各种文化现象中更具有显现性，以及更大程度的正规性，而且正式制度往往具有政治和法律强制性。因此，传统主流经济学的范式承诺框架可以容纳制度分析维度，但对此外的其他文化因素就难以顺畅地容纳进来。这不是因为主流经济学的经济学家们不承认现实经济世界中文化因素的重要影响，而是由于主流经济学微观—宏观范式框架中，难有泛在的文化因素的容身之地。

经济学域观范式承诺的分析框架具有更大的可容纳性，可以将文化作为一个重要分析维度，作为观察角度和研究对象。经济史学家乔尔·莫基尔在其《增长的文化：现代经济的起源》一书中写道："文化可以通过制度影响技术创造力。""文化是人类思维的产物，行为和行动是人们的偏好和知识所产生的可观察的结果。"而"工业革命就是一个关于突然加速的文化变革对经济造成深刻影响的很好的例子"。并指出："在这个时代中真正发生变化的是文化。""工业启蒙是工业革命的基础。"[14]也就是说，文

化和文化变革是经济发展特别是经济现代化的一个重要而深刻的决定性因素，经济史学家们明确地看到这一点，但很可惜的是，在微观—宏观范式承诺的主导下，理论经济学的分析却难以将其作为一个重要分析维度。而经济学域观范式承诺则可以并不困难地将其作为分析框架中的一个研究对象和解释变量。当然，由于文化的高度泛在性，在学术研究上如何识别和把握文化因素及其对经济行为的影响，还需要作艰难的努力。

除了理性、制度、文化三个一般分析维度之外，当对一些特别需要关注空间因素的经济现象和问题进行研究时，地理因素也是一个重要的分析维度。经济活动的区位、区域和地缘关系，是影响域观经济的重要甚至决定性的因素。特别是在研究经济发展问题和国际经济问题中，地理因素是一个非常重要的分析维度。美国著名经济学家保罗·克鲁格曼说："由于空间经济学本身的某些特征，使得它从本质上就成为主流经济学家掌握的那种建模技术无法处理的领域。"[15]而在经济学域观范式承诺的分析框架中，纳入地理因素，则可以增强空间分析的理论解释力。一旦纳入地理因素，作为一个重要分析维度，经济学就被注入了区域因素，而区域研究在学理上同域观范式具有很强的逻辑一致性：区域性本身就是域观现象的一个重要表现，许多重要经济现象都表现为区域现象，许多经济行为都表现为区域主义行为。

在经济全球化过程中，区域主义行为越来越成为现实路径。欧洲、北美、东亚各自形成了区域自由贸易格局，体现不同文化圈及民族国家利益目标的域观特征，再向着区域间交织融合和全球化方向演化。可见，市场经济的全球化实际上是一个域观过程，其中，地理因素显然是一个不可或缺的分析维度。

五、价值取向：规范性判断的观念基础

传统经济学以"均衡""最优""最大化"为规范性判断的基本倾向。即使承认心理"偏好"差异，如西方谚语说的"每一片树叶都不相同"，但传统主流经济学范式承诺下所采用的分析方法，例如模型推理的方法，却总是力图尽可能地将研究对象框定在"最优选择"的规范中，并力求达到最优均衡的抽象境界。

英国经济学家玛丽·S.摩根说："模型推理可以让经济学家直截了当地去探究关于世界的理论与观念，同时也促使他们间接地探寻经济世界的本质。他们研究模型中的小世界，同时也借由模型研究那个宏观的经济世界；他们研究模型中的那个简单的经济人，同时又借由模型中的人去研究真实世界的人。然而，精确地讲，这两个探索空间并不总是清晰界定的；在借由模型工作的过程中，经济学家经常同时研究模型中的世界和模型代表的世界。"[16]

如本文第二部分、第三部分所述，由于传统主流经济学总是倾向于认定市场经济主体的同质性、市场规则的一致性，所以，想象中（或模型中）的经济世界具有一体

化的发展趋势。而且武断地认定，经济一体化就是一元化，在现实中就表现为"西方化"，甚至"美国化"。因为，他们认为，"与其他国家相比，美国经济更多地建立在经济学的抽象理论之上"[11]。这里所说的"经济学的抽象理论"当然就是传统主流经济学范式承诺下的自由市场经济模型及其推理逻辑。在规范性判断上，他们认定，越接近一元化的"最优"境界，就越是"完美"。

与传统主流经济学强烈倾向于一元化的均衡、最优的价值取向不同，经济学的域观范式承诺更倾向于多元、包容和次优（或适应）。

域观范式思维，不否认均衡，但认为均衡可以有多种，即具有多元性（博弈论也可以证明多种均衡的存在）。而且，域观范式思维认为，非均衡状态也能够是可持续的（动态的可持续）。域观范式思维还认为，"最优"往往是不现实的，而次优则可以是合意的，因为次优选择或次优状态往往更具有较强的现实适应性。经济世界中，利益的妥协与兼顾，比利益的"最大化"更常见，甚至根本就不存在"利益最大化"，因为"利益最大化"是难以定义、识别和计量的。现实的人更关切的（"满意"与否的）不是绝对利益，而是相对利益（"囚徒困境""最后通牒"等经典的博弈论推断和实验也可以证明）。

按照传统主流经济学范式承诺下的思维观念，实际上认定最优市场经济模式只会有唯一的一种，而且断定，只要或只有"最优"的，就会是或才可能是合意的，即确保人人满意的。实际上就是认定在客观上（不依赖人的主观意识）存在一个最优和合意的绝对标准。而域观范式思维观念的基本价值取向则是强调适应性，没有绝对标准，只有一定域境中的相对合意性。如马克思所主张的，人类发展的基本规律是，生产关系适应生产力发展，上层建筑适应经济基础；由于生产力发展是一个高度动态的过程，因而人的行为目标和行为方式（生产方式）也是动态的。也如心理学家所认为的，"安全与适应"是人类确定行为目标和行为方式的根本动因。"出于提高适应能力和增加安全感的需要，心灵就顺势而生了。"[4]简而言之，"适应就好"是一个基本规范准则。

按照域观范式承诺的思维方式，包容性是其价值取向的重要因素。世界的本质是多元的，适应多元化世界的人类行为可以具有很大的选择空间，决定论只可能是相对的。所以，各民族国家、各地区、各领域的经济行为体、经济关系和经济现象都会是各具特色的，笔者称之为"域观特征"。人类经济发展走向高度包容性的道路，才可能是和平、共存、多赢的。由于经济世界的多元性，为实现包容，就必须面对各种规则，特别是国家间规则差异的现实复杂性。

参考文献

[1] 金碚. 关于开拓商域经济学新学科研究的思考 [J]. 区域经济评论，2018（5）.

[2] 金碚. 试论经济学的域观范式——兼议经济学中国学派研究 [J]. 管理世界，2019（2）.

[3] 金碚. 探索推进经济学范式变革 [N]. 人民日报，2019-04-08（009）.

［4］［奥］阿尔弗雷德·阿德勒. 理解人性［M］. 江月，译. 北京：中国水利水电出版社，2020.

［5］［美］托马斯·库恩. 科学革命的结构（第四版）［M］. 金吾伦，胡新和，译. 北京：北京大学出版社，2012.

［6］金碚. 论中国特色社会主义经济学的范式承诺［J］. 管理世界，2020（9）.

［7］［德］马克思. 关于费尔巴哈的提纲［A］//马克思恩格斯选集（第一卷）［M］. 北京：人民出版社，1972.

［8］［美］罗伯特·H. 弗兰克. 达尔文经济学——自由、竞争和公共利益如何兼得？［M］. 谢朝斌，刘寅龙，译. 北京：中国出版集团世界图书出版公司，2013.

［9］金碚. 论经济主体行为的经济学范式承诺——新冠疫情引发的思考［J］. 学习与探索，2020（2）.

［10］金碚. 国企新征程——充分竞争型国有企业的改革发展取向［J］. 经济纵横，2020（10）.

［11］［美］罗伯特·吉尔平. 全球政治经济学——解读国际经济秩序［M］. 杨宇光，杨炯，译. 上海：上海人民出版社，2020.

［12］金碚. 高质量发展的经济学新思维［J］. 中国社会科学，2018（9）.

［13］金碚. 新盛时代，本真复兴——金碚新论集［M］. 北京：经济管理出版社，2019.

［14］［美］乔尔·莫基尔. 增长的文化：现代经济的起源［M］. 胡思捷，译. 北京：中国人民大学出版社，2020.

［15］［美］保罗·克鲁格曼. 发展、地理学与经济理论［M］. 蔡荣，译. 北京：北京大学出版社，中国人民大学出版社，2000.

［16］［英］玛丽·S. 摩根. 模型中的世界——经济学家如何工作和思考［M］. 梁双陆，刘燕，译. 北京：社会科学文献出版社，2020.

第二部分　理论探索

经济学：睁开眼睛，把脉现实！[*]
——敬答黄有光教授

金 碚

摘 要：经济学必须睁开眼睛，观察现实世界。理论经济学的"假定"尽可能地接近现实，具有真实性，这应该成为经济学范式变革的方向。经济学何去何从涉及一个最根本的问题：现实经济在向何处去？因为，现实经济态势归根到底是经济学何去何从的决定性因素。所以，问题的核心在于：现实世界正在发生巨大变化，经济学就不能停留于传统状态而不思进取和变革。也许继续沿着传统范式走下去，以求更精致地表达抽象符号世界的"最大化"或"最优"图景和努力探讨新的范式结构，以增强经济学的解释力，都是值得经济学家们努力的方向。不过，依我之见，年轻一代的经济学者，值得把更多的精力投入到上述第二个方向上。切准现实世界跳动的脉搏，才能构建更具科学性和解释力的经济学体系。

关键词：经济学；域观；范式变革；理性

拜读黄有光教授发表于《管理世界》2019 年第 4 期的《经济学何去何从？——兼与金碚商榷》[1]一文①，受益匪浅。黄教授以他深厚的学识所提出的关于拙文[2]中有关内容的意见是中肯和有益的，非常有助于对有关问题的深入研讨，特别是所提出的一些不同观点，很值得交流和深入讨论。正如黄教授所说，"观点不同未必一方有错误"。那也许是视角不同，也许是所强调的重点有别，当然，更可能是由于所依据的范式承诺不同。后者则是拙文所关注的重点。对于不同观点的探讨和商榷，更可以促进对经济学相关问题的深刻认识和理论创新。现就以下几个问题做简要回应，以此求教于黄有光教授。

（1）针对拙文提出经济学域观范式应关注不同域态（商域）的特征即域际差异性，黄教授指出"传统经济学并不否定差异性"，即"传统范式并不否认'域观'所强调

---

[*] 原文发表于《管理世界》2019 年第 5 期。

① 本文中以下所引用的黄有光教授之语，皆出自此文（简称"黄文"）。

的差异性，其不考虑差异性的简单分析只是方便分析的简化"。这当然没有问题，这种"假定客观存在现象的不存在（即不考虑）"的"方便分析的简化"，是传统经济学的方法论或范式承诺的一个重要特征。因而，一方面可以"不否定差异性"，即承认现实经济中的差异性，另一方面为了"方便分析"又假定经济主体的行为"同质"，即抽象掉差异性。这样，经济学实际上就面对着两个世界："假设"的世界和"观察"的世界。在"假设"的世界（"假定客观存在现象的不存在"的世界），追求的是简化抽象条件下的推演逻辑自洽。其范式承诺是：尽管不否认所观察到的真实现象（因为那是无法否认的），但作为其研究对象的"假设"世界的图景却是不同于客观真实现象的。例如，尽管承认经济行为主体"不同质"，各有各的目标，但是假设它们"同质"，行为目标一致（在工具理性驱使下追求自身利益最大化），因而可以在"假设"所严格限定的条件下进行逻辑严密的推演。这样的体系，可以很有抽象逻辑的审美价值（也许这正是经济学被誉为社会科学"皇冠上的宝石"的原因之一）。但问题的关键在于，"假设"是否真实？诸多严苛的"假设"有没有曲解真实世界？至少是，同观察到的世界是否（至少在相当程度上）相符？这是一个引起无数争议的问题。经济学的讨论或辩驳往往就是在"假设的世界"和"观察的世界"两界中陷入纠缠状态。那么，经济学的范式承诺是将"观察的世界"装进"假设的世界"，还是让"假设的世界"尽可能适合"观察的世界"呢？

就此可以作一个形象比喻：两只脚要穿进一双完美的鞋中，但脚不仅比现成的鞋大，而且还会不断地长得更大，所以，如果穿进去，就会"扭曲"鞋子。那么，宁可"扭曲"以至改做这双鞋，以适合脚的大小呢，还是把脚削小，使它可以塞进鞋里而且不会扭曲鞋呢？或者，脚干脆不要穿鞋，就光着，以确保鞋一直可以"完美"着呢？黄教授批评拙文有"夸大"和"扭曲"，其实在很大程度上就是涉及如何回答类似"脚穿鞋"的这个问题。有时候，高贵的鞋可能价值连城，绝不可因脚的不合而被扭曲损坏，所以，让鞋和脚各自分开，也不失为一种权宜性处理方式或存在状态：脚未必非得穿鞋才能走路，鞋也未必非得合脚才有价值。不过，归根结底，鞋合脚才是有意义的事物之根本。

这一问题所涉及的认识论也类似于康德哲学中的"纯粹理性""实践理性""现象界"及"自在之物"间的关系。在康德所说的"纯粹理性"中不含任何经验因素，逻辑自洽，具有先验性；而"实践理性"具有人的意志和经验性，并以本体世界为对象；人的认识则只是感官对于现象刺激的反应，而难以直接达到（认识）"自在之物"。所以，康德认为，如果理性要想达到（认识）本体"自在之物"的彼岸，就超出了人的思维能力，必然会陷入"二律背反"的矛盾之中。那么，这个矛盾会有解吗？这就涉及对人的认识能力（思维的此岸性）的认识，也就是人有能力获得真理即对现实世界的认识就是正确的吗？马克思的回答极具智慧："人的思维是否具有真理性，这不是一个理论问题，而是一个实践的问题。""在实践中证明自己思维的真理性，即自己思维

的现实性和力量，亦即自己思维的此岸性。"[3]那么，经济学是应该一心致力于"假设"的世界，尽可能抽象掉经验因素，不断精雕细琢，使之达到逻辑完美的先验性境界，还是要更关注现实世界，在观察世界中发现经济活动和经济关系的规律，"证明自己思维的真理性"，从而为实践提供"思维的现实性和力量"呢？或者，就让思维保持其纯粹性而不必具有此岸性，即无须要求它认识本体世界呢？这是经济学发展要回答的一个根本性问题，决定经济学范式承诺和范式变革的根本方向。

（2）有关经济学"假设的世界"的一个重要命题是，关于货币性质和作用的论断或学术立场。黄文说，对于传统经济学，"传统核心分析不必货币，更非主角""传统经济学的核心分析，至少是其微观部分，完全不必用货币与商品的金钱价格，而只是关注商品之间的相对价格"。当然，诚如黄教授所说，传统经济学确实这样假设（或想象）：市场如同一个"大集市"，所有的人将自己的产品（贡献）拿来汇集到这里与其他人进行物物交换（获得分配）；他们凭经验（每份分配要有多少贡献）都知道各种产品的交换比率（即黄教授所说的商品之间的相对价格），这就相当于依照预先确定的原则进行分配，每一份贡献，都会在这个"大集市"的某一处有一份要求权与之对应。这样，进入"大集市"的全部的贡献和分配一定会两相匹配，于是，社会资源可以在这个被称为"市场"的体系（"大集市"）中达到有效配置状态。这就是所谓一般均衡或黄教授所说的"全局均衡"。传统经济学力图证明，只要预设了各种假设条件，这个均衡的存在或实现，完全不需要货币介入。而如果加进货币（黄教授称之为"金钱价格"），其结果也完全一样。所以，货币不过是无足轻重（不影响推论结果）的一层薄薄"面纱"，不会改变事实本身的性质。显然，这完全是一个"假设"中的推理世界，以"假定客观存在现象的不存在"为前提，构建想象中的完美体系。

在传统经济学分析推理中，关于这个体系的描述可以非常形式化、精致化和数学化，描述出一个具有审美价值的市场经济乌托邦，以至于使用自然语言越来越难以符合其逻辑表达的精确性要求，似乎只有使用数学符号和公式（模型）才能体现其完美性和没有歧义的词语意涵，这导致经济学走上被称为"第二数学"的道路。不过，无论符号图景描绘得多么完美无缺，睁开眼睛看看：在现实世界中有吗？人们是否见到过货币作为价值尺度和交换媒介就可以到达一般均衡或全局均衡的经济现实？在可以观察到的现实世界中，货币明明是绝非可以舍弃的角色，世界上几乎所有的经济交换都是产品与货币的交换，哪里有不使用货币作为价值尺度和交易媒介的真实市场？马克思说，商品与货币的交换，是一次"惊险的跳跃"，"这个跳跃如果不成功，摔坏的不是商品，但一定是商品所有者"。[4]此时，货币掌握了命运，真的如"王者"般重要，因此在市场经济条件下可以成为"资本"的化身，进而这个世界被称为"资本主义"！当然，在现代经济中，如何定义"货币"确实是一个众说纷纭的问题，将货币引入经济学的"假设的世界"，可能产生对逻辑精致性的挑战，但是，也不至于因此而回避这一挑战，将货币逐出经济体系（尽管是假设的体系）。

人们所观察到的现实是：在整个市场经济中，货币像幽灵一样无孔不入地渗透于经济体系的各个方面，如"基因密码"似地塑造着经济肌体和经济关系的性质与面貌，甚至"有钱能使鬼推磨"。看看历史：有学者研究，英国称霸世界200多年，同货币金融密切相关。"1688 年的英荷联盟让英国人首次得以了解荷兰几家重要的金融机构，以及它们先进的金融机制。1694 年，英国成立英格兰银行，负责管理政府借贷和国家货币……。伦敦也引入了荷兰的国家公共债务体系，通过一个能够自由买卖长期债券的证券交易所融资。这使得政府能够以很低的利息贷款，从而增强了开展大规模项目——包括发动战争的实力。"[5] 再看看当今世界：美国之所以能拥有世界霸权，美元是其重要支柱之一，对此大概无人怀疑。总之，对于曾经和当今的两个世界霸权国家，"货币"都具有极为重要的作用。当然，理论经济学家们可以闭上眼睛，不关注这些历史和现实问题，而按照传统经济分析方式，仍然可以非常形式化地"证明"：在假设的世界中，如果没有货币，经济体系同样可以有效运行；如果没有英镑、美元，过去和现今的世界仍然没有什么两样。不过，那样的"证明"，同现实世界完全无关。

当然，黄教授可能会认为，以上的讨论超出了理论经济学的范围，而在经济学的纯理论领域，关注的是货币的抽象性质，属于经济学的"核心"层而不是现象面。黄文说，"在传统核心分析中，货币是不必要的，不但不是主角，连配角也不是。把货币当成主角，是对传统分析的误解"。其实，即使只关注经济学的"核心"层，这里也完全没有对"传统分析的误解"，而恰恰是触及了传统经济学的一个重要命门。经济学术史研究表明，在所谓"凯恩斯革命"之前，货币中性论是居统治地位的学术立场和范式承诺，对此无人"误解"。但是，与此相对立，凯恩斯的宏观经济学则是以货币非中性立场为根基的，一定意义上可以说，所谓"凯恩斯革命"实际上是"货币革命"。在他的理论体系中，货币很重要，非中性，绝不仅仅是"面纱"[6]。对此范式承诺，经济学家们虽然可以有不同立场，但并没有"误解"。换句话说，如果认定货币不重要，而只是无关紧要的"面纱"，作用中性，那么，整个宏观经济学，特别是宏观经济政策，就均无意义（有的经济学家确实这样主张），甚至在经济学体系中根本无立足之地。如果是那样，那么，今天的西方主流经济学就不会是微观—宏观范式，而仍然只会是古典经济学的传统范式了。所以，从一定意义上可以说，认为货币是否重要，承认货币作用是否中性（货币是否仅仅为"面纱"），是宏观经济学及宏观经济政策能否成立的关键，也是古典经济学范式与凯恩斯代表的宏观经济学范式根本性的深刻分歧点。总之，即使是在西方经济学说史上，最迟自宏观经济学诞生之时起，货币不重要或货币中性的古典经济学观点就已经不再是经济学家们公认的共同学术立场和范式承诺了。黄教授深谙微观经济学和宏观经济学理论，相信对此一定有比笔者更深刻透彻的学术理解。

不过，关于这一问题的讨论，对拙文的主题并不很重要。拙文所要指出的是：在现实经济中，以及在经济分析中，货币不仅是不可舍弃的角色，而且"现实地"成为

"王者"。看看现实世界：谁都离不开货币，难道事实不是这样吗？拙文所要表达的中心观点是：经济学必须睁开眼睛，观察现实世界，理论经济学的"假定"尽可能地接近现实，具有真实性，这应该成为经济学范式变革的方向。

（3）黄文中说，"传统分析针对流量而非存量，并没有问题"。如果是在传统经济学的范式承诺框架中，这确实没有问题。传统经济学分析实际上只是（其实是只能）主要关注交易关系所体现的"流量"现象，例如只关注（计算）居民买了多少衣服（而且是以价格计算），而无法考虑购买者实际穿了什么衣服，橱柜中还挂了多少件衣服。需要指出，经济学家们所说的"消费"实际上（在不同场合）是两个含义非常不同的概念："常识"经济学所说的"消费"是指实际的吃穿用等行为（基于前述"观察"的经济学），而经济分析中所定义的"消费"则是指消费品（包括服务产品）的交易量（以货币支付额计量）。例如，如果今天购买了一台电视机，价格3000元，经济分析中就计算为今天"消费"了3000元；至于购买后每天看多少时间电视节目，甚至看不看电视节目，都同经济分析中的"消费"无关了，尽管这才是真正在实质意义上"消费"电视机。同样，经济分析中的所谓"投资"并非指实际进入生产过程的生产要素及其使用，而是指购买了多少（以货币单位计算的）生产要素，表现为货币支出量；至于实际的生产过程，除非有支付发生，并不为传统经济分析所关注。所以，GDP等经济变量的计算采用的是"支出法"或"收入法"（难道还有其他更好的方法吗？），而且要尽可能使用"不变价格"（虽然想排除价格变动的影响，但也仍然得运用价格作为尺度）。总之，在经济理论讨论中使用的经济活动的"生产""消费"等概念，同微观—宏观经济分析中使用的"投资""消费"等概念是含义不同的。对于前者，确如黄教授所说，流量、存量难解难分，时时发生，不可或缺；但对于后者，说的却就只是流量了，存量通常在其视野之外。而吃穿用等的实际消费行为和实际生产过程，在经济学的流量分析中通常是很少被关注的。如果要在经济分析中加入"存量"因素，例如生产存货、产能状况、家庭消费品拥有量等不属于"流量"的因素，那就会对传统经济学分析方法提出难以应对的困难问题（当然，在对现实经济的观察和研究中，分析者们还是会考虑存货及产能等存量因素，特别是存量的"折旧""损耗""利用率""重估值"等，以增强经济研究的现实性和准确性）。所以，如果说"传统分析针对流量而非存量，并没有问题"，实际上只是表明：进行经济分析时假定存量没有问题，或对流量关系不发生影响。其实，经济学分析方法的基本逻辑就是，"在假定其他条件不变的前提下"，即假定其他因素没有影响的条件下，进行"不受干扰的"理论推理（实际上就是前文所说的"假定客观存在现象的不存在"的分析方法）。这是经济学的长处，还是局限呢？

（4）黄文说，"即使非完全理性，经济变量也可以加总"。一般这样说，也不算错，在观念上和想象中可以对任何事物进行"加总"。但问题在于，第一，凡要"加总"，总得有加总的计量单位（可以通约），在经济学中所能使用的（可通约）计量单位主

要是"价格",而要用价格来计算,就得有经济意义(或经济价值)。第二,不同的东西,包括不同的行为如果进行量的加总,而且要有其实际意义,就只能计算其中同质性的因素,而撇开不同性质的因素,也就是说,要计算总得有"量纲";如果将不同质的因素硬性地进行"加总",则尽管可以想象,但没有意义。所以,经济变量的加总,如果要有经济学意义,就得确定(或假定)存在"经济理性"这个同质性因素。换句话说,进行有意义的"经济变量"加总,确认或"假定"经济理性的存在是必要的,一定意义上可以说,经济理性是经济变量加总的可通约性基础。反之,如果想要计量那些不是经济理性所能体现的变量(无法以经济理性进行判断),因而难以价格化,则"加总"就会成为一个经济学难以解决的问题。下文关于"效用"的讨论就涉及这个问题。

(5)黄文说,"效用最大化可以包罗万象"。这实际上是传统经济学力图维持的一个范式承诺。效用最大化是传统经济分析的一个非常重要的无形依托和假想支撑,即假定经济主体的行为目标是追求"效用最大化",通俗一点(不严格地)说就是"以追求自身利益为目的";而且认定,判断经济运行是否理想(完美),资源配置是否有效,就看整个经济体是否达成(或趋向于)"效用最大化"。这是经济学的一个福利原则和伦理基础。如果没有这个依托和支撑,经济学似乎没有了"理性"根基,如同是一座没有地基的大厦。但遗憾的是,如何计量"效用",甚至"效用"能不能计量,本身就是经济学的一个大难题。于是,只好采用"帕累托最优"来勉强地替代"效用最大化"概念和含义(假定在资源分配中,不再可能通过改变分配状况而在不使任何人境况变坏的前提下,使至少一个人变得更好)。其实,严格来说,帕累托最优的含义并不是"效用最大",而只是"再想要更大,就没法算了",所以,只能"凑合着算是'最优'状态吧"。当然,也有其他的一些经济理论试图来解开计量效用或算出效用最大化之难题。关于效用的比较计量是只能用"序数",还是也可以用"基数",以及关于能否进行效用的人际比较等问题的研究,不少经济学家有过深入探讨和理论建树,但还是都不如"帕累托最优"或"帕累托改善"更容易被学术界接受。可见,所谓"效用最大化"实际上是经济学想象中的一种"海市蜃楼"般的幻境,既不可缺之,又不可信之。它可以成为思想推演中美好境界的一个参照"标的"(图景),但在现实中却是难以观察和计量的,除非采用替代方式,例如收入最大化、利润最大化等,或者用某种心理学方法来进行估算,但那样做的可信度并不高。不妨想想:谁可以计量出穷人、富人、雇员、业主、商人、官员、国王等各色人物的效用最大化值?或者,他们的效用总量是否实现了或趋向于"最大"值了?实际上,虽说效用"最大",其实并无数值,没有可加总的"量纲"。虽然经济学家们试图构建"效用函数",其实并没有可信之"数",经济学只不过是使用"效用"这个无法计量,甚至难以定义的概念,将各种行为的复杂目标"一言以蔽之"了,用以满足经济学逻辑自洽的形式要求。所以,"效用最大化"确实是经济学的一个形式必需物,之所以可以"包罗万象",那

是因为，它没有实质内容的定义。而没有定义就没有边界，因而可以想象为万物皆可纳入。就像是中国人所说的：人之大幸大悦是得了"天大的好事"，人人以及整个社会都有获得"天大的好事"的动机和行为。那么，如何定义"天大的好事"呢？经济学家严肃地说：那就是"效用最大化"。

（6）黄文中关于"全球化并不必要全球同质化""有特性不表示没有共性"等论点，我完全同意，实际上，这正是我提出"域观"范式的支撑性论点。全球化并不意味着各国同质，即使各国不同质，也不妨碍推进全球化，不同质经济体的域际关系正是域观经济学需要研究的重要问题；经济是一个丰富多彩的多样化世界，经济主体及其行为各有特性，但也有共性。正是因为既有特性也有共性，才会有"域观"现象的存在，才可能产生和可以定义"域类"（不同类型之域）。反之，如果只有共性（同质性）而没有特性（异质性），或者，如果只有特性（异质性）而没有共性（同质性），那么，就无法定义"域"的概念，也不能识别各域类（域境）中的经济主体行为性质和特征了，如果那样的话，"域类"也就不存在，域观经济学的范式承诺也就没有意义了。所以，我很赞同黄文中所指出的关于特性和共性关系的观点。

（7）黄文主张，"还是应该以传统经济学为主角"。黄教授更倾向于维护传统经济学方法的价值，这不必反对，学者们都可以坚持自己的学术立场、维护自己的学术主张和保持自己的学术倾向。学术界可以而且必然是有门派之分的，观点传统一些或激进一些都可以共存和对话，这对学术发展有益无害，否则哪里会有"百家争鸣"所推动的学术进步呢？而且，任何科学理论都是长期积淀的结果，完全否定传统经济学，就是舍弃无数经济学者艰辛创造和积累的思想财富和文明遗产，显然不可取。毋庸置疑，传统经济学范式和分析方法当然有其重要价值，仍然是经济学家们的"基本功"和"看家本领"。

黄文进而认为，"传统的约束条件下的最大化的变量选择，变量之间的相互作用而达到的供需均衡，以及对均衡的评价，是经济分析的核心。这个核心不能放弃，还要加强与拓展"。如果从经济学教学和传承的需要来说，这大体上也可以接受，因为可以作为经济学训练的一个起点，形成经济学分析的逻辑素养。特别是作为经济学教授，一定是很反对学生们在尚未掌握传统经济学的微观、宏观基本分析方法的前提下，就盲目地进行理论"创造"，那只会是无养分之树木，很难成活。但是，传统经济学的局限性和缺陷日益显著也正与此"核心"直接相关，所以必须要有创新变革。这一判断，相信黄教授也会同意。因此，他才会说，经济学的发展"还有大量的空间，经济学者远还没有到可以休息的时候！"而且，黄教授在许多论著中都曾指出和研究了传统经济学的局限，也主张经济学分析应考虑制度、文化、人的不同行为特征等因素，特别是当经济学用于政策研究时，更应考虑诸多现实因素的作用和影响；黄教授也主张经济学的现实性比严谨性更为重要，提醒不应迷恋过分的经济学简化模式而忽视现实世界的重要因素。对此，笔者高度认同，这也与拙文的意见一致。

既然这样，那么更重要的是，经济学何去何从就涉及一个最根本的问题：现实经济在向何处去？因为，现实经济态势归根到底是经济学何去何从的决定性因素。与现实经济相脱离的"假设"性经济学图景，即使具有纸上谈兵的"审美"乐趣，经济学家可以在其中自娱自乐，但总归是没有长久生命力的。所以，问题的核心就在于：现实世界正在发生巨大变化，经济学就不能停留于传统状态而不思进取和变革。

我很高兴，黄文有如下结论意见："有如金文所述，传统经济学显然有局限性，需要拓展，以'域观'的方向来补充，加多分析不同经济、不同领域的差异性，不失为拓展传统的一个重要方向。"相信黄教授也会是经济学范式变革的支持者。其实，对于经济学范式的拓展创新，黄教授早年就取得过有价值的成果，曾提出了以"综观"拓展微观与宏观的观点，将被传统的微观经济学和宏观经济学所忽视的因素加入其中，以增强经济学分析的现实性和解释力。

（8）黄教授对经济学的简化假设问题素有研究，认为不可过度迷信简化模式，但又不能不采用简化假设方法。黄文正确地指出："任何理论都是基于一些简化的假设。"接着说，"我们应该接受怎样的假设呢？要看情形。有些情形可以接受某些简化的假设，有些情形不可以接受，要看假设是否使你得出误导性的结论"。关于这一点，非常值得探究。美国经济学家约瑟夫·熊彼特曾说："人类的社会进程，宛如一条恣意汪洋的大河，生生不息而又浑然一体。所谓的经济事实，只不过是研究者用分类的手段，从这条大河中人为地分离出来的东西。当我们说某个事实是经济事实时，这其实是一种抽象的说法，因为所谓的事实，只不过是现实在一定技术条件下，在心灵中形成的复本而已，而抽象就是这个过程的第一步。"[7]

那么，经济学的发展是否体现了对"浑然一体"的社会进程进行了合理的"抽象"，或通过"假设"而进行了如黄教授所说的"可以接受"的"简化"了呢？对此，美国经济学家布莱恩·阿瑟评论道：经济学发展至今，"一方面，经济学的'门户'得到了清理，以前已经被接受为'经济学理论'的大量松散的、草率的论断被排除掉了；另一方面，人们对市场和资本主义制度的内在优势更加尊重，理解也更加透彻了。但是，我相信这种努力也导致了思想的僵化，还导致了一种貌似正义、实为党同伐异的判断准则。某些东西可以被承认为经济学理论，而另一些东西则不被允许，最终的结果是经济学成了一个无法接纳其他思想的封闭体系。由此进一步导致了政治、权力、阶级、社会、根本的不确定性、创造生成和发展对经济的影响，全都被'关在了经济学殿堂的门外'。最终结果则事与愿违，这个研究纲领，至少它的超理性版本，已经失败了"。[8]

当然，要是断定整个经济学都"已经失败了"，显然是言过其实的。但面对经济现实，经济学表现得解释力不足，尤其是承载社会对它的很高期望，以及它力图对社会做出很大贡献的抱负，经济学确实已经越来越力不从心，这应该是绝大多数人，包括经济学家们自己都不否认的事实。这很像医学和医生：越是资深和高水平的医生，医

学造诣越高，就越是深刻认识和坦然承认医学之局限性，越是不相信"灵丹妙药"以及"包治百病""手到病除"的神化，往往越是会感叹于医生之"无能""无力"和"失败"。而对于经济学来说，更重要的是，由于当今世界正在发生人类发展史上罕见的巨大变化，新生事物层出不穷，现实经济已经今非昔比，经济主体和体系结构不仅"表现出"而且"骨子里"都进入了变革的新时代，难道我们不应该扪心自问：传统经济学包括它过去所坚守的"核心"，还能以不变应万变吗？正是在这样的形势下，笔者认为，对经济学范式变革的研究正变得越来越重要和迫切。

（9）黄文的结论中写道，尽管"有一些需要商榷的地方，但金文论述重要问题，解释清楚，条理分明，在得到本文的补充之后，应该是经济学博士生水平的良好的方法论教材"。无论拙文是否达到了可以作为"良好的方法论教材"的水平，相信黄教授并非恭维之言，而是对于中国高等教育现况，特别是经济学博士生教育状况的有感之论。在今天中国高校的经济学教学研究中，博士生们如何确定研究方向和论文选题？推而广之，众多经济学研究者如何进行论文选题？是一个人们多有议论的问题，这在相当大程度上可以折射出经济学向何处去的态势。具有普遍性的状况是：与过去相比，现在中国的经济学博士研究生大都受过良好的数学训练，对传统经济学的微观—宏观范式以及建模方法也有较好的掌握；但是，所思考和研究的真问题反倒不如过去年代。形式化、数学化的技术性表述方法，他们可以做得很精致，"建模"和"推论"均能逻辑严密，形式美观，符合规范，但是，大多"证明"了一些凭常识也可以获得的结论。形式高深、推导复杂的论文写作，其实是一次绞尽脑汁的逻辑操练，与经济现实几乎无关。有学者批评说，现在的许多博士论文和投稿论文，"重形式，少思想""模型技术华丽，结论不证自明"。因此，经济学向何处去？经济学教学研究向何处去？确实是一个非常值得认真讨论的问题。也许继续沿着传统范式走下去，以求更精致地表达抽象符号世界的"最大化"或"最优"图景和努力探讨新的范式结构，以增强经济学的解释力，都是值得经济学家们努力的方向。学派林立，才有可能形成各方相互交流、相得益彰的经济学大家庭的繁荣"域观"体系。不过，依我之见，年轻一代的经济学者，值得把更多的精力投入到上述第二个方向上。如拙文所述，中国经济学界在这个方向上做出贡献，既是使命，也有独特的优势。中国经济的"域观"特色为经济学的范式变革提供了得天独厚的有利条件。

最后须指出的是：我们所讨论的问题实际上主要限于经济学庞大体系中的一个特定"学域"（学术域类），即主要针对和围绕我所说的"主流经济学"，黄有光教授称之为"传统经济学"，学术界通常称之为"新古典经济学"。这个学域显然不是经济学的全部或全景，但确实是当代主流经济学理论的核心或者"底基"。经济学的不同学派都有自己不同于主流学派的论点和学术立场，非主流学派对主流学派的挑战是经济学界的常态；而且如拙文所说，实际上经济学界已经做过大量的探索，进行了具有范式变革意义的拓展性研究，并取得了多方面有价值的突破和建树。不过，如何对主流经

济学的现有范式进行正面冲击（改造或拓展），并更具建设性地进行范式变革研究，实现系统性创新，形成新的范式承诺和范式体系，却还是一个亟待付出极大努力才能完成的大课题。

当然，在极其庞大的经济学大厦的底基上"动土施工"，绝非轻易之举，这需要更多经济学家们的协同参与，以群体之力，才能创造与新时代相称、反映大变局现实的经济学新范式。这不仅要展开想象力的翅膀，更要睁开观察世界的眼睛。尽管理论经济学体系具有演绎逻辑的结构特征，这是它的一个骄傲（社会科学的其他学科没有这样的形式精致特性），但是，如果因追求这种形式化的精致结构而导致严重脱离现实，则会使经济学成为自言自语和循环论证的符号体系（以自己的假设"合乎逻辑地"推论和证明自己的结论），而失去其认识世界和经世济民的价值。所以，经济学范式变革的有效路径应是：睁开眼睛，把脉现实。切准现实世界跳动的脉搏，才能构建更具科学性和解释力的经济学体系。

参考文献

[1] 黄有光. 经济学何去何从? ——兼与金碚商榷 [J]. 管理世界, 2019 (4).

[2] 金碚. 试论经济学的域观范式——兼议经济学中国学派研究 [J]. 管理世界, 2019 (2).

[3] [德] 马克思. 关于费尔巴哈的提纲 [M] //马克思恩格斯选集（第一卷），北京：人民出版社, 1972.

[4] [德] 马克思. 资本论（第一卷）（上）[M]. 中共中央编译局, 译. 北京：人民出版社, 1975.

[5] [英] 尼尔·弗格森. 帝国 [M]. 雨珂, 译. 北京：中信出版社, 2012.

[6] 金碚. 略论凯恩斯的非中性货币理论在他的就业理论中的地位 [J]. 南京大学学报（研究生专刊），1985 (1).

[7] [美] 约瑟夫·熊彼特. 经济发展理论 [M]. 郭武军, 吕阳, 译. 北京：华夏出版社, 2015.

[8] [美] 布莱恩·阿瑟. 复杂经济学：经济思想的新框架 [M]. 贾拥民, 译. 杭州：浙江人民出版社, 2018.

域观范式下的中国经济现代化理论与实践[*]

金　碚

摘　要：既有"微观—宏观"范式下经济学理论难以充分解释中国的经济现代化，原因在于中国这一庞大经济体具有显著的域观特征。经济现代化本身就是一个域观现象，中国经济现代化十分突出地发挥了域观效应的积极作用。进入新时代，中国各地区的经济发展，更要以域观经济的思维，探索和创造各地区继续推进经济现代化的可行道路。

关键词：域观；范式；经济现代化

中国的经济现代化是影响当今世界经济格局的两大工业化"奇迹"之一，这两个工业化奇迹，即人类发展的"非常规时期"，分别带动了全球约 1/5 的人口从传统社会进入工业化社会。作为一个超大型国家，中国的经济现代化不是对西方工业化的简单复制，而是在把握复杂域际关系基础上的一种伟大创新。

一、关于现代经济增长的理论解释

历史学家相信，任何历史都是可以推论的历史，意思是说，历史不是碎片式偶然事件的堆砌，而是有其"逻辑"的。经济学家更是认为，经济现代化过程是可以"推论"的，他们试图以各种基于简单明确的底层逻辑，以严密的推理过程来解释经济现代化的发生和进程。于是形成了各种经济现代化理论。可以说，对"历史"的认知，实际上是基于一定的逻辑建构而想象和诉说的"故事"。

经济现代化是工业化所推动的发展过程，绝大多数国家的经济现代化都始于工业革命，并随着工业化的加速和不断深化而演进。与工业化前相比，现代经济增长了1500%以上。现代经济增长被称为"史诗般的、非常规的大事件"。经济现代化首先表

---

* 原文发表于《现代经济探讨》2019 年第 12 期。

现为显著快于人类发展长期过程的常规性经济增长，为了认知这一现象，经济学家们力图以各种理论来解释现代经济增长的原因。例如，"节俭论""储蓄推动""贪欲正当论""资本积累""地理优势""产权激励""掠夺""大推进"等各种关于经济增长和工业化动因的理论层出不穷。也有一些学者认为，观念的力量（例如宗教革命、文艺复兴运动等）改变了世界，或者，是制度变革导致了工业化和经济现代化。马克思则认为，是生产力进步决定了生产关系变革，经济基础决定了上层建筑。

关于现代经济增长的另一个具有哲学意义的争论：现代经济增长以及制度形成是理性主导的吗？人类是因为追求经济合理性，才导致了现代经济增长吗？如果突出理性的力量，那么，是谁的理性产生了根本性的作用呢？

一种认识是，人类的个体是具有理性的，但却并不具备处理大量分散的经济信息的能力，而且，由个人组成的集体也不具有处理大量信息并做出正确的经济决策的能力，所以，只有依靠具有理性的个人的自发交换行为来决定资源的配置。这一认识的观念根源是不相信集体理性（甚至认为根本就不存在集体利益，而关于所谓"集体利益"决策不过是在公共选择中各不同利益主体所达成的妥协），因而不相信社会可以由一个"计划中心"来体现或代表集体理性。总之，关于社会经济的决策归根到底只能是在一定的规则下由个人的自由选择来决定，经济学上说就是由自由竞争的市场机制来决定资源配置，其中，"市场竞争"机制像一只"看不见的手"在发挥调节作用。

关于社会经济机理的另一种认识是，不仅相信集体利益和集体理性的存在，而且相信人类具有理性能力，可以自觉地把握社会经济发展方向，并做出集中决策，以集体理性避免社会经济发展的盲目性所导致的矛盾和恶果。这就是社会主义观念以及主张发挥政府作用的认识论基础和逻辑根由，即实现经济现代化需要有组织的力量。

基于对人类理性的认识与关于社会经济运行和发展的理解和解释，逐步形成了西方主流经济学的基本范式。这一学术范式假定，经济活动的主体是具有经济理性的个人或私有企业，个人和企业作为市场经济的微观主体，依据市场价格信号自主决策、自由交易，决定社会资源的配置。所以，只要给微观主体充分的竞争自由和产权保护，以个人主义行为推动的市场经济就可以实现经济增长，以至发生工业革命和工业化。当然，除此之外，还假定可以有一个被称为"政府"的宏观决策主体，维护市场秩序和对经济活动的宏观态势进行"调控"。政府具有"唯一性"和决策行为的独断性，这实际上暗含着假定：至少在经济总量关系层面，政府具有或者可以代表集体理性（宏观调控目标）进行相机抉择的决策。基于这样的认识就形成了经济学的微观—宏观范式，成为解释经济运行和发展的基本思维框架，通常称为"主流经济学"。

二、经济现代化是一个域观现象

尽管经济理论强调理性作用，主流经济学形成了"微观经济学—宏观经济学"的

基本范式，但从世界范围看，人类发展和各国经济现代化的现实过程并不是由"微观"经济主体的理性力量启动，更不是由"宏观"总体的理性行为所启动，而是从某些局部地区（国家）的特殊域境中启动的。无论是从 500 年前的文艺复兴算起，还是从二三百年前的英国工业革命算起，一直到今天，经济现代化从来都是一种域观现象，即在一定的域境条件下所发生的独特现象，而无法用基于微观—宏观范式的抽象理论来解释。可以看到的事实是，直到 20 世纪中叶，世界的经济现代化基本上是"西方化"，即"西方"域境中发生的"非常规性"的经济增长和结构变革，进而不断向相关地区扩展。由于西方国家率先实现工业化和进入现代经济社会，成为世界经济的"主流"，所以，在此背景下形成的西方主流经济学一直力图把西方经济的"域观"现象装进微观—宏观理论范式的盒子之中，而将无法装进这个范式框架中的现象都视为干扰因素或不正常现象而排斥于经济学体系之外，视而不见。这样，就可以断定，西方化是"普适"的，具有"普世"性，甚至认为这就是人类发展唯一的"合理"性。其实，即使是"西方"也并不是一个整体，各国之间并非具有同质性，西方之外的其他国家更具有显著不同的特点。处于不同国家、地域、领域以及各种可以成为"域"的情景中的不同人群之间的思维和行为差异是非常显著的。而且，人的经济社会活动总是在一定的制度条件中发生的，这些制度条件决定或影响人们活动和交往的行为秩序，制度本身并非由纯粹理性所建构，而是在长期的社会发展过程中形成的。因此，社会经济活动的现实空间总是表现为非匀质的性质。也就是说，复杂的现实经济空间具有"域观"性，即分为具有不同性质或特征的区域、领域或群域，现实的社会经济空间是由无数"经济域"即"商域"所形成的复杂多维空间。总之，工业化和经济现代化从一开始，直到现在，都是"域观"现象和过程。经济现代化在 20 世纪从西方扩展到东方，先行进入经济现代化过程的一些东方国家都期望从"西化"开始，力图摆脱本国传统的束缚，走上模仿西方国家经济现代化的道路。但是，后来也都各自走上具有各自"特色"的道路。事实上，全世界几乎没有两个完全相同的现代化国家。

因而观察和解释现实经济须以微观—宏观—域观范式承诺来替代传统的微观—宏观范式进行理论刻画。微观及宏观视角主要体现经济主体、经济行为和经济关系的同质性或共性（假定经济理性的主导），尽可能抽象掉其差异性因素；而域观视角则体现了经济主体、经济行为及经济关系的异质性或特性，即注重观察其重要特征和"特色"。前者假定经济空间是匀质性的，而后者则承认经济空间是非匀质性的。无论市场经济的"搅拌机"作用如何强烈，或制度安排及法律规则如何"接轨"，都绝不可能让经济现代化成为经济学的微观—宏观范式所构想（或假想）的"典型"进程。

因此，当我们考察中国经济现代化过程，就要确认在一般的微观—宏观范式视角下被"抽象掉"但在历史和现实中却发挥着不可忽视的重要作用的经济角色或因素，即认识中国经济最重要的域观特征是什么。

三、中国经济现代化及其新阶段

公元 1500 年前后，世界经济发生了一些历史学家所说的"大分流"现象，即整个世界分为"西方"和"其他"（非西方）两大部分。在"大分流"时期，一些西方国家进入经济高速增长状态；而西方以外的国家和地区，包括中国处于（如亚当·斯密所说的）停滞静止状态，成为"落后""愚昧"的国家和地区。"先进的西方"和"落后的非西方"，成为近现代经济发展的一个基本特征。

百年来，中国奋力改变这个世界大格局，走向现代化。如果从 1919 年的五四运动算起，中国经济现代化进程到 2019 年正好 100 年。其中，前 30 年力图向着"西方化"方向推进，虽有一些斩获，但终究不得不承认"此路不通"。1949 年中华人民共和国成立，希望走向体现集体理性的计划经济道路，即以国家集中计划的方式，构建推动工业化的特殊商域形态"国营经济"，通过高积累，重点发展重工业，实现经济现代化。走这样的工业化和经济现代化道路，实际上是意图通过"大一统"的体制机制，对中国庞大而复杂的经济体进行人为分割（行政化、等级化），以行政性指令方式实施调度和资源配置，采取政治动员方式，"鼓足干劲，力争上游"，实现"赶美（国）超英（国）"的现代化雄心。但结果事倍功半，付出极大代价，而未达期望目标。

1978 年实行改革开放，在思维方式上吸收了微观经济学和宏观经济学范式承诺的思想倾向，如在微观层面通过"放权让利"搞活经济，进行企业改革和公司化构建，形成市场经济的微观基础；进行价格改革，逐步实现由市场价格信号引导资源配置的机制；在宏观层面逐步形成财政金融的货币运行和调控机制，构建了"微观放开""宏观调控"的经济体制格局。但是，在实质上，中国经济改革开放并没有完全遵循"微观—宏观"范式逻辑（如果按此逻辑，理应实行西方经济学家所主张的"休克疗法"，即实施"断然性"变革），而是从中国经济的域观特质出发，实事求是地实行了分域推进的"渐进式"改革开放路径，如采用局部突破、试点推广、梯度推进的方式，稳住一些领域（商域）突破一些领域（商域）的改革路径。从微观—宏观范式逻辑看，这样的改革道路是难以取得成功的，因为制度上的"双轨"差异必然会引起各种矛盾、冲突和混乱，但中国改革开放却取得了无可否认的巨大成功。其最大特点之一就是十分突出地发挥了域观效应在推进经济现代化中的积极作用，成效显著，为世界所公认。

中国是一个超大型的经济体，具有极为复杂的域观结构，地区间、城乡间、产业间、行业间、部门间乃至不同所有制经济主体之间均存在不同的域观差异，通常所说的"中国特色"，不仅是指中国同其他国家之间的差异性和独特性，而且是指中国内部的巨大域观结构以及差异性和非匀质性。在这样的客观现实条件下，即使完全放开市场，也很难发挥市场竞争"搅拌机"的功能，顺利实现经济体内的匀质化。因而中国

现代化进程中，在不同域类的经济空间中采取了不同改革进度和开放进度，渐进地推进改革开放。中国经济现代化的成效，彻底改变了500年来世界经济发展的"大分流"态势。经济史研究者称"这是世界史上最为成功的发展故事"。

20世纪90年代，世界总人口中的43%（近20亿人）处于世界银行划定的国际贫困线之下；到2015年，全球人口增长了20亿，极度贫困人口却减少到9亿，历史上首次出现了人类总人口增长，贫困人口的数量却下降的状况。其中，中国经济发展让人们的平均收入增长了20倍，5亿多人口脱贫。1978年美国人均GDP是中国的22倍，到2018年，中国人均GDP达到9608美元，美国人均GDP为62606美元，约为中国的6.5倍，两国间差距显著收窄。1980年中国人均GDP只有世界平均水平的7.7%，到2018年，这一数字已上升到85.1%（见表1）。当前，中国人均GDP正在步入跨越世界人均GDP平均水平的关键点，这标志着中国经济现代化进入新时代。

表1　中国经济在世界经济发展中的地位变化

	1980年	1990年	2000年	2005年	2010年	2015年	2016年	2017年	2018年①
世界人均GDP（美元）	2516	4268	5484	7271	9514	10172	10201	10714	11296
中国人均GDP（美元）	194	317	959	1753	4561	8069	8117	8827	9608
中国位次	143	159	133	128	109	83	78	73	67
中国人均GDP/世界人均GDP（%）	7.7	7.4	17.5	24.1	47.9	79.3	79.6	82.4	85.1

资料来源：历年《中国统计年鉴》。

四、以创造性思维迈进经济现代化新征程

尽管同高收入的发达国家相比，中国经济现代化水平还有不小的差距，但按GDP总量计算，中国已经成为世界第二大经济体。如前所述，经济现代化是一个域观现象，中国各地区的经济发展水平及特征有较大差距。东部沿海与中西部之间、南北方地区之间、城乡之间、各类区域之间，各具域观特征，不可同日而语。即使是实行同样的经济政策，在不同的地区产生的效果也会有很大的不同。因此，进入新时代，各地区的经济发展，更要以域观经济的思维，探索和创造继续推进经济现代化的可行道路。据统计，2017年苏南地区人均生产总值超过15万元，按汇率折算超过2.2万美元，即已达到世界人均GDP水平的两倍以上，无疑已进入高收入发展阶段。中国较高收入地区如何进一步实现高质量发展和经济现代化新征程的探索，就成为具有世界意义的创

---

① 2018年数据来自国际货币基金组织（IMF）。

新性实践。

过去数十年，中国经济现代化都具有相当程度的模仿性和跟随追赶性，前有"标杆"国家可以作为对照和追赶对象，只要奋力，光明在前。而对于今天的中国，特别是经济较发达地区来说，已经没有了模仿对象和标杆国家。正如任正非先生所说的，我们进入了"无人区"，没有前车之鉴，前面的道路需要靠我们自己探寻。

从域观范式的思维来看，世界现代化的未来，将是一个丰富多彩的差异化格局和"和而不同"的人类命运共同体形态。我们必须超越发展阶段论的线性思维，即认为现代化只是一个从落后到发达的过程，国家（地区）间的经济现象差别都是由于发展阶段不同的缘故，所以只要达到了经济发达阶段，各国（地区）经济社会各方面的特征就都会趋同。也就是说，现代化进程最多不过是具体发展道路的不同，而发达阶段的目标状态必然相同，制度也将趋同。其实，现实世界各国（地区）的现代化并非这样的线性发展轨迹，其发达或成熟状态更不会完全趋同。也就是说，各国（地区）社会经济的差异性未必都是发展阶段不同的缘故，而在很大程度上是各自的域观特征所导致。现代化的阶段性推进并非是线性过程。例如，即使从世界范围来看，中国香港地区也可以算是一个发达程度很高的经济体了，而中国内地还处于不很发达和不够成熟的发展阶段，那么，可以设想未来中国内地经济更发达更成熟后，其现代化前景会向香港的状况趋同吗？更难以设想的是，中国经济的未来有可能变得像美国经济那样吗？可见，现代化绝不是向着一个唯一"理想状态"发展的过程，难以有"殊途同归"的未来，各国（地区）之间的域观差异永远会存在，具有不同域观特征的经济体（国家）的共存，才是世界现代化的真实前景。

如果从发展阶段以及与之相关的经济"升级"视角来看，当前世界正面临一个现实挑战：从人类发展的长期历史看，经济高速增长是一个工业化现象，迄今为止，经济现代化的核心内容是工业化。而当率先工业化的国家，达到了高收入的经济发达阶段后，发生了"去工业化"现象，经济增长率也显著下降。人们曾经满怀信心地认为并宣称，进入"新经济"时代后，就可以使世界摆脱 20 世纪 70 年代的石油危机所导致的经济衰退，再次走上强劲增长的经济发展路径。但是，事实并非这样。从美国奥巴马政府宣称"新经济时代"以来，仅仅 20 多年，世界反而发生了三次严重的经济危机。可见，对于如何以高技术产业推动经济进一步增长，摆脱进入高收入阶段后的"停滞静止状态"，人们尚缺乏深刻认识。人们仍然很困惑：高技术产业为什么也会让社会失去信心，导致"泡沫"膨胀后的崩盘和经济危机？为什么在所谓"高技术""新经济"时代，传统产业（例如房地产业）仍然是经济增长的中流砥柱，具有决定性的影响，而高技术产业反倒要依赖"高杠杆"来支撑？

人们虽然可以相信，高技术产业具有巨大增长潜力，但为什么并没有看到强劲的经济增长？产业确实是向高端升级了，但为什么经济增长率却一步步"下台阶"？这可以仅仅用"转型"来解释吗？那么，"转型""升级"完成后，经济增长表现将会是怎

样的呢？一些欧美学者开始认识到，服务业难以取代制造业而推动强劲的经济增长，因而主张实施再工业化对策。美国特朗普政府曾表现出这样的强烈政策意向。同时人们还认定，工业化与信息化融合，是产业发展的基本趋势，而且可以给经济发展输入新动能，是经济增长的希望所在。不过，这一预言还需要用现代化的实践来实现和证明。人们相信，经济现代化的深度推进，特别是智慧产业、人工智能的发展，人类的生产和生活方式将发生根本性改变。这实际上是承认或预见：现代化的未来，人类将在新的域境中实现可持续发展，因而人的思维和行为方式都必须与之相适应，现代化的形态也将发生"百年未有之大变局"。在这样的新时代，实现高质量发展，是中国现代化的方向，也是可行道路，那么，以创造性思维迈进经济现代化新征程，发挥创新的力量，才能为高质量发展注入新的动能。

五、结语

现代化新目标的实现，要有新理念和新实践。中国现代化正处于继往开来的历史关键时期，从高速度增长转向高质量发展，是一个中国未曾走过的路程，面临许多挑战，需要继续发挥域观思维方式所驱动的改革开放实践精神，特别是在一些经济较发达的地区进行更具前瞻性的创新探索，向着持续发展、全面协调、清洁高质、开放包容、善治为民的大目标，实现包容性经济现代化的持续推进。总之，中国现代化走在新的探索之路上，现代化没有相同的模式，"中国特色社会主义"就是中国现代化的最显著域观特征。

参考文献
[1] 金碚. 试论经济学的域观范式——兼议经济学中国学派研究 [J]. 管理世界，2019（2）.
[2] 金碚. 中国经济 70 年发展新观察 [J]. 区域经济评论，2019（6）.
[3] 金碚. 中国经济发展 70 年的区域态势 [J]. 区域经济评论，2019（4）.

深入把握区域经济协调发展规律[*]

金　碚

新中国成立 70 年来，尽管各地区发展存在差异、不协调、不平衡，但总体上较好地把握了区域经济协调发展规律，区域经济发展格局不断优化。我们充分发挥城市作为经济增长极在区域发展中的带动作用，在充分发挥市场作用的同时更好发挥政府作用，着力促进区域协调发展，推动先发展起来的地区带动其他地区共同发展、协调发展。同时顺应世界经济区域格局演变大趋势推进"一带一路"建设，促进参与各方以开放畅通开辟全球区域发展新局面。

新中国成立 70 年来，我们取得了举世瞩目的发展成就，总体上较好地把握了区域协调发展规律。这是 70 年来中国经济发展的一个显著特点。

一、经济增长极形成并带动区域发展

人类会逐渐聚集在一个相对固定的地理区域内从事生产活动，经济增长极由此形成，这种经济增长极通常表现为城市。城市既是商品交易和人员流动的枢纽，又是人类生产生活的集中地，也因此成为社会治理的中心。各级行政管理机构的建立以城市为中心和依托，并明确相应的管辖范围。在国土辽阔的国家，作为经济增长极的城市与广大乡村的关系成为国民经济发展中最重要的空间关系之一。因此，区域协调发展的一个关键环节是城乡关系的协调。城市负有先行发展的使命，而城市经济的增长需要从农村汲取养分，因而城乡差距是经济发展中难以避免的现象。但是，如果乡村长期落后，必然会成为经济发展包括城市经济发展的制约因素。所以，解决好农业农村农民问题不仅是实现公平的需要，也是支撑城市持续发挥经济增长极功能的必要条件。

目前，我国大多数地区的行政区划实行市管县体制，这是处理城乡关系一个比较有效的制度安排，有利于城乡协调和统筹。值得一提的是，在我国，作为经济增长极的城市特别是特大城市，一个突出特点是没有像其他一些国家那样出现"贫民窟"现

＊ 原文发表于《人民日报》2019 年 9 月 16 日第 8 版。

象。这同我国实行的城乡管理体制有直接关系，也是我国在工业化进程中正确处理城乡关系的一条有益经验。这种体制保持了经济增长极地区稳定良好的社会环境，使得作为经济增长极的城市特别是特大城市具有较大的经济扩展空间。

经济增长极形成以后，会对经济要素和经济活动产生集聚效应和扩散效应。城市经济越发达，吸纳经济能量的集聚效应所带来的区位优势越明显。当城市发展到一定规模后，会产生经济活动的扩散效应及对周边地区的经济带动效应。于是，中心城市与外围地区的互动成为区域发展过程中的一个重要现象。中心城市成为地区竞争力的代表，同时形成规模大小不等的一、二、三、四线城市分布格局，这是现代区域经济格局的标志性形态。我国城市都有行政级别，不同级别的城市具有不同的集聚—扩散效应能量，通常行政级别越高的城市能量越大。所以，一、二线城市在区域经济增长中的地位和作用更加显著。各省区大都会把做大做强一两个大城市（通常是省会城市）经济作为增强本地区竞争力的战略取向。面对这样的经济空间分布状态，考虑到我国城市管理体制的特点，促进区域协调发展的关键是兼顾产业布局与城市间分工及功能，并有效规范竞争秩序。特别是需要兴利除弊，合理协调经济关系与行政关系。

二、在协调发展中优化区域经济发展格局

在上述区域经济发展趋势作用下，必然会形成由大范围的密聚经济区与腹地经济区构成的区域经济发展格局。一方面，生产和交易活动越来越活跃，规模越来越大，财富被大量创造和积累；另一方面，区域经济矛盾也会越来越突出，主要表现为过度极化与过大差异，即一些中心城市过度拥挤，而其他地区发展则相对滞后。这就会拉大密聚经济地区与腹地经济地区的发展差距。我国经济发展呈现明显的梯度推进态势。东部沿海的若干中心城市成为强劲的经济增长极，率先发展起来，而广阔经济腹地——沿海腹地（东南部各省内的较不发达地区）、内陆腹地（中西部地区）、县域腹地（农村地区）的发展任务则比较艰巨。

密聚经济区与腹地经济区之间的关系是国民经济发展中的长期性区域关系，市场的自发力量无法妥善处理，需要国家充分发挥区域经济政策促进区域协调发展的重要作用。关键是着力改变区域发展不平衡局面，在先发展起来的地区带动下促进各地区共同发展、协调发展。值得一提的是，20世纪90年代我国实行的财税体制改革，使中央政府拥有较大的财力，可以通过转移支付方式调节各地区间的财政能力，调节不同地区间的收入差距，更好协调区域之间的经济发展。

在增长极效应推动下，密聚经济地区与腹地经济地区间相互协同，形成了由各类经济区、经济带、经济群（城市群）等经济发展活跃区所构成的"区、带、群"格局，其规模不断扩大，形成了大范围和超大范围的区域经济一体化态势。在此过程中，

全国范围的区域分工格局逐步趋向优化，一些"区、带、群"地区发展成为能够更好地发挥"主体功能"的地区。我们看到，像长三角经济区、珠三角经济区、京津冀经济区、粤港澳大湾区、长江经济带，以及众多围绕一线、二线城市形成的大、中、小城市群等，正成为我国经济持续强劲发展的"聚能"地区和经济发展的新高地。而这些"区、带、群"的能量发挥，取决于区域经济一体化水平。区域经济一体化的实质是实现经济活动和自由贸易的畅通与融洽。因此，高度的畅通和融洽将成为"区、带、群"等区域发展新高地的突出特征。

人类经济发展潜力无限，但承载经济发展的生态环境容量是有限的，各地区必须处理好发展经济与保护生态环境的关系。作为一个发展中国家，以经济建设为中心是兴国之要，发展仍是解决我国所有问题的关键。但是，经济发展总是在一定的资源环境条件下展开的，如果忽视资源环境约束，缺乏有效的技术手段和保护制度，过度的经济开发和资源消耗就会严重破坏生态环境，损毁人类赖以生存的地球家园。因此，人类发展既要金山银山，也要绿水青山；甚至在一些地区，宁要绿水青山，不要金山银山。尤其是在一些生态环境特别敏感的地区，例如江河源头，必须实行最严格的生态环境保护制度和政策。总之，区域经济协调发展，不是单纯的经济问题，而首先是人与自然关系的协调。这就需要树立人与自然是生命共同体的理念，在正确处理发展经济与保护生态环境关系上保持高度的自觉自律，在推进我国绿色发展的同时推动全球绿色发展。习近平同志特别重视和反复强调这一问题，体现了党中央对经济发展协调性客观规律的深刻认识。

三、以开放畅通开辟全球区域发展新局面

走出闭塞，谋求开放，加强互动，增加交易，是区域经济发展的重要途径。如果用一个字来定义，那就是"通"。可以说，"通"是区域经济发展的核心内涵，"互通"则"互利"，"畅通"则繁荣。

从封闭到开放，使生产要素在顺畅流转的基础上得到高效配置，是区域经济从落后到发达的最直接表现。这主要包括：第一，地理开放，即通过建设交通通信等基础设施，让阻隔闭塞的地区变为交通通信便利的地区，畅通人流、物流，促进区域经济发展。我国多年来建成的交通体系，能够满足数亿人在假期密集、有序、安全出行的需要，为增添区域经济活力、促进协同发展创造了良好的基础条件。第二，管制开放，即削减制度性壁垒和政策性限制，促进跨地区的经济活动更加自主自由，使地区经济发展获得更大的能量和空间。这就需要深化经济体制改革，逐步消除对经济活动的不合理约束。第三，对外开放，即大力加强本地经济与国际经济的交往，让人员、物资、商品、技术、资金跨国流动、竞争合作，为促进区域经济发展提供强大动力。这是我

国经济发展取得巨大成就的一个"秘诀"。从这个角度看，区域协调发展的关键是不断完善治理结构和体系，让经济活动在开放畅通的空间中充分展开。

世界经济发展的区域格局正在进一步快速演变。我国提出的"一带一路"倡议，顺应世界经济区域格局演变的大趋势，预示着人类正在迈向"全球工业化时代"。随着交通运输通信等基础设施在全球范围内加快建设，工业化向被称为"地球岛"的欧亚大陆腹地以及非洲大陆腹地深度推进。这将使人类迎来发展史上又一个大变局时期，区域协调发展的含义将发生深刻变化，实现国际利益协调、制度变革创新和多元文化相互理解将成为实现世界范围区域协调发展的关键和人类必须完成的重大课题。

思想流动、域观常态与治理体系现代化[*]

金　碚

摘　要： 人是有思想的行动者，因此在任何经济体中都渗透着无所不在的"思想"因素。在不同地区或国家之间，人类除了商品和服务贸易之外，还会发生思想的流动；人类丰富的思想因素以及域观元素的强大作用，导致人类发展表现为极为显著的多元域观常态现象。尽管工业化、城市化等现象是人类发展的普适性共同趋势，但是各国各地区的现实发展态势却各不相同、各具特色，即各有各的域观常态。所谓经济增长或经济发展，并非仅仅是土地、资本和流动等"生产要素"的作用（或配置）表现，而且是受到思想因素及其流动的强烈作用和影响的历史过程。既然拥有不同域观元素的各种域观经济的"常态"系统是共存和交互作用的，那么各种经济常态系统的治理体系，以及各经济常态系统之间相互关系的治理方式，则成为人类发展中需要不断解决的重大课题。

关键词： 思想流动；域观常态；治理现代化

笔者曾撰文讨论现实世界并非经济学的微观—宏观范式所假设或想象的匀质性经济空间，或断定其"优化"和趋向的"最终"状态是由经济理性唯一主导的匀质性"合理"状态，而是域观性的非匀质状态。也就是说，现实世界的经济空间是非匀质的，它不是同质"原子"所构成的微观世界，而总是呈现为"区域""领域""群域"结构的域观世界。因而，"市场"不能被想象为一个空盒子般的无差异场所，其现实形态是非匀质的"域场"空间[1-2]。探其究竟，这是因为，经济活动归根结底是人的行为，人类思想的丰富性和进化性，是决定现实世界域观性的重要原因之一。人是有思想的行动者，因此在任何经济体中都渗透着无所不在的"思想"因素；并且思想是灵动的、复杂的、丰富多彩的，流动和变化着的思想性域观元素，导致各国各经济体具有各自特色的域观常态；它们不仅并存着，而且也相互影响着。因而，人类发展的总体格局和演化态势是，各经济体都有其自身的"正常状态"，即合理存在的"常态"。

---

　*　原文发表于《北京工业大学学报》（社会科学版）2020年第20卷第1期。

正如黑格尔所说："凡是存在的就是合理的。"而且，各种自成一体和具有特色的经济"常态"的演化趋势并非向着世界唯一"合理"的同质状态收敛，即使是强大的经济全球化潮流，也不可能消除这种世界性和广泛性的域观常态现象。所以，各国各经济体必须在这样的域观常态现实中探索，并且进行有效的国家治理和选定自己的进步取向，争取实现可持续的经济社会发展。

一、罗默模型的启示

诺贝尔经济学奖获得者保罗·罗默教授，以一个简单的模型展示了在经济增长和发展过程中思想流动的重要作用，表明"全球化是由思想再利用带来的收益驱动的，思想的国际流动是全球化的一个重要组成部分"[3]。从而可以解释，为什么尽管穷国的人均收入水平远远落后于富国，但穷国的人均预期寿命却逐渐追赶上富国。也就是说，穷国的经济发展和福利增进，并不是仅仅表现为人均收入增长。如果用人均收入不均来计算，全球不平等将越来越严重，但如果考虑预期寿命，则人均收入的不平等程度却从第二次世界大战后不久就开始下降了。保罗·罗默说："如果穷国和富裕国家的制度能够允许穷国的工人免费得到富裕国家的药品配方，我们将从全球化中获得巨大收益，而不必依靠传统的商品和服务贸易。"[3]而"药品配方"是一种"思想"，它是可以免费获得的（除非在制度上设置排他性障碍）。罗默模型的表达公式是：

$$Y = A (T (T^*, R), R) F (\cdot)$$

式中，函数 $F(\cdot)$ 是传统的生产函数，表示物质资本、劳动力的投入；函数 $A(\cdot)$ 是生产率函数，它取决于当地技术思想 T 和制度 R，即 $A(T, R)$。而在全球化条件下，由于思想的可流动性，所以当地的技术思想存量又取决于世界其他地区的技术存量以及当地的制度，即 $A(T^*, R)$。如果其他地区的技术 T^* 是非竞争性的，那么 T 就可以倾向于等于 T^*，即免费获得其他地区的技术；但由于制度的限制（专利保护或保密），T^* 中的某些部分具有一定的排他性。因此，实际可用于本地生产的技术取决于当地制度 R 所带来的激励，即当地的经济主体有多大的动力去努力获取其他地区的技术，而这种动力积极性取决于制度 R。

罗默认为，"穷国实现追赶型经济增长的主要动力来源于对现有非竞争性思想的引入"[3]。不过，其他国家的技术 T^* 是在有效的制度 R^* 的基础上发展起来的，如果技术引入国的制度 R 同 R^* 有很大差距，本地的技术 T 就难以成为 T^*，即无法采用更有效的非竞争性思想。也就是说，缺乏有效管理能力的制度 R 不能接受技术 T^*。当然，制度 R 和 R^* 也都具有思想性，所以"制度 R 本身就是可以从其他国家复制的非竞争性思想"[3]。只要能够实现思想的域际（国际）流动，$T^*(R^*)$ 也能够与当地制度 R 实现很好的匹配（即在 A 国制度中发展起来的技术可以在具有不同制度的 B 国中得到适应

性运用）。因此，罗默说："有些思想可以从世界其他地方引入，并提高生活质量，即使在当地制度体系与现代市场体系中习以为常的制度相去甚远的情况下也是如此。"[3]

在罗默模型中，技术和制度中都含有非竞争性思想因素，即都有可免费复制获得的因素，思想的流动可以成为推动增长和发展，增进社会福利的重要力量。不过，在不同的制度条件下，思想的流动及其效果是非常不同的。其中制度体系的改革往往是很困难的，因为它涉及各种利益关系，不易形成共识。罗默说："现行的法律保护和保密性相结合，使许多非竞争性物品至少具有部分排他性。因此，能够将他人排除在外的人所面临的激励就会影响思想的扩散。"[3]所以，他的结论是，"如果元制度（即用于改变制度的制度）的创新能使人们更容易从现有制度过渡到其他地区已经成功运行的制度，那么它就是特别有价值的创新"。[3]

罗默模型给我们的重要启示是，在研究经济发展特别是创新在经济发展过程中的作用时，人们必须充分考虑到这样一个具有普遍性的重要事实：在不同地区或国家之间，除了商品和服务贸易之外，还会发生思想的流动，不同于商品和服务大多具有竞争性，而思想因素大多为非竞争性，即可以免费复制。思想流动可以有力地解释经济发展和福利增进的很大部分。存在于"技术"和"制度"中的思想，即罗默所说的"技术思想"和"制度思想"，虽然在经济学意义上可以是非竞争性的（可以免费复制获得），但在现实中，由于制度性质（规则安排）或其他原因，非竞争性思想也可能具有排他性（即受到阻止而难以流动）。所以，改变阻碍思想流动的制度安排，对于加强思想的域际和国际流动性，使之更有力地助推经济增长和福利增进，具有非常重要的意义。

二、思想流动体现"域观元素"的重要价值

罗默模型的成立基于对经济事实的观察。由于在不同的国家或域境中存在技术和制度的差异，其经济学性质可以定义为内嵌于生产函数中的"思想因素"。如果不存在思想流动复制的障碍，即在经济全球化条件下，技术和制度中所具有的非竞争性的"思想因素"，实际上是各国或各域境之内所拥有的无形"域观力量"。这些域观力量在本国或本区域之内，是既存的经济发展和福利增进的重要元素（或推动力）；而如果流动到其他国家或域境中，则可以发挥助推流入国或流入地区（或领域）经济发展和福利增进的重要作用。所以，我们在学术上可以想象，在经济体系中，除了有可以体现在传统生产函数中的"资本""土地""劳动"等生产要素之外，还存在大量的无形思想元素或思想性域观元素（简称"域素"）。思想差异既是不同经济体的域观特征的重要体现，也是其深刻根源，即思想差异反映了各域类中的域素存量差异。思想性域素存量的差异性在一定的激励作用（制度安排）下，必然导致或诱发思想流动，即

思想性域素在不同国家或地区间的转移。这种思想流动和域素转移，显然具有非常重要的意义和价值，可以对传统经济分析所采用的生产函数方法难以把握的现象，做出更符合现实的合理解释。

我们还可以进一步想象：这样的思想存量或思想性域素存量，不仅在以国家或地区为分界的经济空间之间存在差别，而且在以其他维度（经济特性）为分界的经济"域类"中，例如，国有企业和私有企业中也存在域素存量或思想存量的差别。因而，在一定的激励机制下，不同思想或不同域素的域际也可能发生流动。这种域际流动，同生产要素的域际流动或商品及服务的贸易活动相类似，也可以促进经济体中不同域类群体间的能量交流和进化发展。

由此，不免产生一个附带的理论争辩问题。由于大多数技术思想和制度思想具有非竞争性，也就是说，其流动转移可以采取免费复制（被模仿而不产生"稀缺性"和增加原拥有者成本）的方式，那么，是否只要使流动复制过程充分通畅，各经济体（国家或地区）间的思想存量差距或域素存量差异就会趋于收敛，直至消失？即主要体现为思想差异的思想性域素存量差异是否会长期存在？

关于这一问题的回答，涉及对市场经济机制的一个根本性认识。即市场竞争是否具有"搅拌机"功能？也就是说，只要充分自由竞争、自由贸易，市场机制就可以像"搅拌机"那样，使整个经济体系成为完全匀质的经济空间。如果按照主流经济学的微观—宏观范式承诺，这一判断是成立的。因此，从"优化"思维出发，微观—宏观范式，尽管不否认现实经济的异质性，即承认各国、各地区、各经济领域的差异性，但其逻辑体系则"假定"经济空间的充分同质性。这实际上是假定经济机制完全的机械性，经济行为完全而且唯一地具有经济理性（而没有其他思想因素），"商品"和"服务"像原子般，完全没有思想的差异性，或者即使存在思想的差异性，这种差异性也会强烈地趋于收敛。

关于这一问题的认识，涉及关于人的行为及其动机的认识。美国经济学家罗伯特·H. 弗兰克指出，"人类的行为不仅极其复杂，而且是多维度的""当经济学家试图通过建模去认识市场的运作机理时，他们就不得不对市场的真实形态进行线性简化，但有些简化过于极端。例如，大多数经济学家都假设人是完全自私的，但现实中有同样强有力的证据表明，人类也拥有超越狭隘自我利益的行为动机"[4]，也就是说，在被经济学所简化的理论模型中，人的行为动机除了自私的"理性"之外，再没有其他"思想因素"。但在现实中，任何人的行为动机实际上都不可能极端化为只有极为简单而纯粹的"理性"，而且是经济学所假设的"工具理性"。行动着的人与人类的行为和动机是复杂的，其特性或表现是多维度的。人类行为动机的复杂性和多维性，使得经济体和经济现象都具有其各自的域观特征，因而经济关系不只是同质经济主体间的抽象微观关系，而是各种复杂多维的域际关系。

由此，无论是从理论辨析上，还是在对现实世界的观察中，我们都可以看到：商

品及服务的自由贸易，并非域际关系（国际关系）的全部内容，"思想"的差异，即"域素"的存在及其流动和进化变异，是市场经济所体现的人际关系的现实性态（经济关系包括贸易关系的实质不是物与物的关系，或物与人的关系，而是人与人的关系）。思想性域观元素具有价值文化性，是在长期的历史过程中所累积形成的，其进化性决定了其永远具有多样性。通俗地说，"没有经历过那样的历史就不会有那样的价值文化特质"。所以，"思想"的丰富性和累积演化性，决定了经济学微观-宏观范式所假设的经济（市场）图景的非现实性，以及域观范式所刻画和描述的域观图景的现实性。

美国经济学家托尔斯坦·凡勃伦在20世纪初就提出，经济研究应关注文化和文明的演化，以及它们之间的差异及相互影响。他说，"发展和变迁现象是经济生活中可以观察到的最明显、最重要的事实""经济学家的考察并不是独立于物质文明的其他所有阶段以及人类文化的所有其他方面，去研究一种抽象的所谓'经济人'的动机"。[5]对物质文明的理论考察，包括经济学研究"都要考虑文明的演变，考察它与其他阶段的关系，以及与文化复合体的关系；都要考虑其他类型文化的发展对它的影响，以及它对其他类型文化的影响。"[5]

三、域观元素与域观常态

我们对于一个经济体的生产经济活动，通常在传统的经济学分析中按生产函数的思维框架（模型）来简化地把握，因而各经济体的经济差异性被想象为是由于生产要素丰度不同所导致的结果。不过，在现实中，不同国家、地区及经济领域之间的差异，不仅是由于存在生产要素不同丰度之间的差异（这由传统的生产函数思维来把握），而且存在思想因素及思想性域观元素之间的极大差异，这必须由经济学的域观范式思维来把握。按照这样的思维方式，经济体的生产过程不仅被想象为相同及不同生产要素的结合，而且是生产要素同思想因素的相互作用。这样，各经济体的生产过程中就均会含有各具特色的思想性域观元素。在经济学的概念定义上，域观元素同生产要素的区别主要在于，前者受思想因素的深刻影响，即很大程度上具有思想性；而后者更具客观性。因而，在广义上，各经济体中的思想因素（在其未流动时）可以被视为思想性域观元素。域观元素同生产要素不是简单相互结合关系，而是具有深刻的渗透性和泛在性，即思想性域观元素往往是作为生产要素的内在成分（技术思想）而存在，并且提供生产要素结合（即生产过程）的规则（制度思想）。从这一意义上说，经济体中的生产活动必然有域观元素的参与，经济活动总是具有很强的域观特征："生产国""生产地""生产者（厂商）"的域观元素，都会在其产出中打下深刻烙印。

由于任何经济体（在技术上和制度上）都含有思想因素，思想性域观元素的作用体现了各经济体的技术、制度以及更具深刻性的价值文化特性，所以各域观经济体及

域类群体，都必然会有其显示性的域观常态，即通常表现出的"想法"（思维方式）和"做法"（行为方式）的域类特点。这样，各域观经济体及域类群体中普遍具有的"想法—做法"特点，决定了各个"域观常态"的性质及其显示性状态。也就是说，在现实中，各经济体（各国、各地区、各经济领域及群类）的经济行为表现尽管有共性，即一些"想法—做法"的普适性，但也总是存在各不相同的"想法—做法"差异性，很难成为"全都一样"（高度同质性）的微观经济主体或宏观经济主体。

我们只有承认域观常态的存在，才能认识思想流动和域观元素域际转移的重要意义。异质多元共存的世界才是不断进化着的真实世界，在具有不同域观常态的经济体间进行各种元素（要素）的交流互动和融汇结合，往往导致经济发展的极大繁荣。为此，我们可以简单回顾人类发展历史中的两次影响最为深远的"奇迹"。

世界经济发展的第一次奇迹（即世界经济发展的"非常规时期"）：西方工业化。它产生于18世纪60年代，当时经济并不先进的英格兰岛国。欧洲大陆的思想因素，特别是荷兰等国的商业"想法—做法"，助推了英国的工业革命。然后，英国的域观元素向西方各国，特别是北美洲转移扩散，推动西方世界更多国家进入工业化历史进程。这一过程历经200多年，使全世界约1/5的人口从传统社会进入"工业社会"。

世界经济发展的第二次奇迹：中国工业化。它产生于20世纪80年代，当时经济远远落后于西方发达国家的中国。马克思主义和列宁主义的思想输入对于中华人民共和国成立具有决定性作用。新中国成立后，大量地从苏联引入思想因素，将长期的农业国域观常态转向经济发展思想的工业国取向。20世纪70年代末，中国开始的改革开放，实际上是由现代市场经济思想因素的引入所推动。自此以后，外部技术思想和制度思想向中国流动的障碍被逐步消除，世界发达国家的各种"想法—做法"思想因素的大量流入，助推了中国工业化的大大加速。不过，中国作为文化深厚的巨大经济体，拥有丰富的思想因素存量积淀，其自身所拥有的"想法—做法"域观元素极为强大和稳固，因而形成了极具中国特色的域观常态——被称为"中国特色社会主义"。中国工业化过程历经数十年，也使得全世界约1/5的人口从传统社会进入"工业社会"。

可见，人类丰富的思想因素以及域观元素的强大作用，导致人类发展表现为极为显著的多元域观常态现象。尽管工业化、城市化等现象是人类发展的普适性共同趋势，但是各国各地区的现实发展态势却各不相同、各具特色，即各有各的域观常态。我们所看到的现实世界是，几乎每一个国家或地区的经济社会"正常状态"都不尽相同。因此，各经济体在不同的"想法—做法"域观常态下，必然形成极具域观特征的"活法"和"治法"，即适应各经济体的域观常态的治理体系和治理能力现代化方向。

四、开放流动与治理现代化的方向

人类发展的基本路径和根本方式就是流动：商品（服务）流动、资金流动、人员

流动、思想（信息）流动。而流动的前提是开放。一个经济体愈是开放，人财物流动就愈是畅通；特别是思想与信息的流动愈畅通，其发展潜力就愈强。因此，本文就所讨论的主题而言，可以归结为：思想吸纳力和域素聚合力，决定发展的核心竞争力。也就是说，任何经济体的核心竞争力，都取决于其开放性及制度安排（激励机制），都取决于是否有助于增强其对思想流动的承接能力，以及对思想性域观元素的集聚发扬能力。

如前所述，中国数十年的工业化，形成了同西方二三百年的工业化所不同的另一种域观常态体系。中国以数十年的努力就创造了可与西方世界二三百年历史相媲美的工业化奇迹，当然是从西方吸纳了大量的思想因素。这本身就表明，中国经济体的域观性质具有极强的思想性域观元素的集聚发扬能力——海纳百川，有容乃大。

中华文明的历史是一部多民族多域思想流动和多元文化融合的历史，曾经的强大正是这一文明特质尽情张扬的表现；一度的停滞甚至衰落，则是自我封闭，特别是阻塞思想流动，僵化固守的后果。19世纪末20世纪初，我国一些先贤大声疾呼，要"开眼看世界""向西方学习"。当时，其最具重大和决定性意义的是，马克思主义和列宁主义思想在中国的发轫及播散。自1949年中华人民共和国成立，特别是20世纪70年代中国开始实行改革开放以来，中华文明海纳百川、有容乃大的特质再次得以释放和发扬光大，并以"思想解放"迎接思想流动，以前所未有的开放精神集聚全球域观元素。经过40多年的奋力拼搏，不懈努力，中国很快从"一穷二白"的农业国，发展成为世界唯一的产业门类齐全的生产体系。这最直观地表明了，全球生产体系中所有的技术思想都在向中国流动，各种制度思想也从各个领域向中国流动[①]。中国在发展过程中，外部思想的流动和吸纳，与中国自身的域观优势相融汇，激发起巨大的发展潜力和竞争力。于是，中国经济和社会的面貌彻底改观。总之，中国的对外开放大幅提升并助推国家经济发展的速度和社会福利的增进。

不过，西方思想的流入，并非是中国的全盘西方化。中国价值文化和制度特质具有极大的深厚性和坚韧性，并非西方思想的流动所能颠覆。当然，中国在开放格局中实现经济发展和思想流动，对其经济和社会结构必然产生重大影响，出现许多新现象、新问题，面临各种矛盾和挑战。所以，完善和发展中国特色社会主义制度，推进国家治理体系和治理能力现代化，成为中国全面深化改革的总目标[②]。

可见，与传统的微观—宏观范式将经济活动空间想象（假设）为牛顿式"绝对空间"不同，按照域观范式的思维，任何经济发展都是从一定的局部空间发生的，经济活动空间并非均质性的绝对空无的空间，而是存在制度、文化以及各种思想性域观元

---

① 保罗·罗默特别讨论了中国航空因引入波音公司和美国联邦航空管理协会（FAA）的航空管理制度，使中国航空事故大幅度减少，中国"现在是航空事故最少的国家之一"。

② 2013年11月9～12日，党的十八届三中全会提出："全面深化改革的总目标是完善和发展中国特色社会主义制度，推进国家治理体系和治理能力现代化。"

素的具有现实境况的域态空间；在不同的域态空间中，原本就有各自的"价值文化""思想习惯""行为规则"。因此，各国、各地区在经济发展（特别是工业化）推进时，将发生各种域际现象，即不同"域境"或"域场"之间的复杂关系；其中，不仅有商品及服务贸易，人员流动，还有思想流动以及不同制度间的衔接（或矛盾）关系。因此，在经济发展，尤其在经济全球化进程中，各国、各地区，以至全球治理就会成为非常重要的问题。也就是说，国家和全球的治理体系必须向着更加现代化（实际上就是更适应于现代经济演变的现实状况）的方向进行建设和改革。

随着中国改革开放的不断推进，经济规模也极大增长，所以治理体系也必须与之相适应，即实现"现代化"。很显然，中国治理体系现代化的方向既不可能是全盘西方化，也不是僵化固守，完全排斥西方思想；开放和全球化并不是全世界完全同质化，不可能有完全"无界无墙"的域际差异的绝对自由；但也更不能自持"优越"而"夜郎自大"，拒不接受思想"流动"，特别是思想性域观元素的跨界跨文明流动。"有秩序的充分流动""有边界的充分自由"，应是人类寻求繁荣和可持续发展的根本方向和可行的政治、经济、社会治理方式。

五、探索创造可行的域观新常态

从世界经济发展的大趋势看，"贸易创造世界经济格局"是一个重要规律。其中，贸易密集的地区就会逐步形成具有越来越紧密联系的区域，而区域之间的贸易频繁化，就会使这些区域形成更大的区域。如果区域间的贸易联系跨越国界，就形成各种跨国性的区域。各国往往倾向于在这些区域达成更顺畅的贸易关系，突破国际壁垒，成为国际自由贸易区。当然，更为理想的是使世界各国间都形成自由贸易关系。这就称之为"经济全球化"。这一理论逻辑描述的是一个经济理性主导的过程，从经济效率上说，当然是理所当然的经济进步方向。但是，现实是复杂的，美国著名历史学家彭慕兰和史蒂文·托皮克在《贸易打造的世界——1400年至今的社会、文化与世界经济》一书中指出："人或许是聪明的动物，但几无证据显示人是天生'经济理性'的动物，换句话说，人性是否真驱使人竭尽所能积累物质以追求个人最大的福祉，几无证据可资证明。"[6] "在制度和信念中凝结的因文化而异的偏好，和地理因素一起，创造出了不同的地区（region）。有时候，人们认为所谓的地区，只不过是通向一个真正'全球化'的世界的跳板，但是否如此，我们并不清楚。"[6]

经济学家通常将复杂的现实经济尽可能抽象为一个经济理性主导的过程，以求理论分析和推断的逻辑自洽和严密；而真实的现实却是由各种因素所决定和影响的。其中，最具深远影响的因素是价值文化因素和制度因素，而价值文化和制度形态并非由人类的单纯理性过程所决定。正因为如此，尽管经济发展有其客观规律性，似乎可以

被理论家推演为一个"标准型式"的动态过程，因而各国各地区的经济发展特别是工业化过程都有某种相似的推进轨迹。但实际上各国各地区的工业化过程的表现却是各具特点的。所以，经济发展过程总是表现为某种具有"域观"性特征的道路，世界各国的工业化，特别是到了工业化之后期，没有两个完全相同的国家，各国都有自己的特色，千姿百态。也就是说，人类进步和世界经济发展，具有高度的域观性，尽管历史过程有其内在的不以人的意志为转移的客观规律，但其域观差异性是非常强烈的，从一定意义上可以说，人类发展和世界经济发展的域观性表现本身就是一个客观规律，只不过是，客观规律的呈现绝不是唯一形态和统一方式。

回顾新中国 70 年历史，特别是改革开放 40 多年的历史，我们可以清晰地看到，中国所走过的极具域观特色的发展道路。不同经济（所有制）成分的行为主体、具有不同特征的地区，以至政治和社会制度不同的地区（一国两制），在中国这个巨大国家的复杂经济空间中，形成了域观结构极为复杂的巨大市场空间。中国经济发展所创造的域观成就和经验，在全世界中是极为壮观的；对人类发展的意义也是极为深远、非常可贵的。

当前，中国又在进行一个伟大实践，即粤港澳大湾区的发展实践，人类发展中的域观现象和域观关系，将在此过程中集中显现，可能发生许多极具戏剧性的"故事"。粤港澳大湾区中的三个经济体，虽然位于一个紧密的地理区域，却各具非常不同的价值文化和制度形态特性。可以说，三个经济体之间的思想性域素差别是非常显著的。所以，由三个经济体构成的粤港澳大湾区内部具有显著的"域际"性，这是一个由特质显著不同的"域"所构成的一个经济关系复杂地区。在经济学视角中，粤港澳大湾区产生了一个非常典型的"域观"问题，具有不同特性的三个"域性"经济体，需要整合为一个更紧密联系的经济一体化区域时，如何实现域际沟通、协调和交融？

粤、港、澳三个经济体具有不同"域性"特性，尽管地理区位紧密相连，但由于不同的历史，形成相互间文化差异较大，现行的政治体制和法律制度更具有很大的本质性差别。因而，我国对香港、澳门实行了"一国两制"的治理模式。从经济理性上说，粤港澳大湾区中的三个经济体之间，贸易及其他经济及人员交往关系越自由、互联互通越顺畅，就越有利于整个地区的经济发展。但是，由于这三个经济体的"域性"特质的深刻差异，以域观思维的观察，试图完全拆除相互间一切壁垒和管制界限，成为高度同质的统一经济共同体，实际上又是很不容易做到的。粤港澳大湾区即使要达到像欧盟那样水平的经济一体化程度，实现像欧盟内部那样的高度自由流动的经济关系，包括商品、资金、人员、信息等，也仍然可能面临一些短期内难以解决的现实问题。其中，最根本的当然是"一国两制"这个特殊政治关系。欧盟经济体中的各国虽然本质上是国际经济关系，但可以实现高度一体化，以至几乎可以达到"国内化"的程度。因为重要的是，虽然欧盟各国主体不同，但国体性质是基本相同的，即都实行资本主义制度；而粤港澳虽属于同一国家，相互间的经济关系本质上是一国内的不同

区域间的关系，并且在许多重要方面和领域，其相互间的制度差异和文化差异表现得更大于欧盟内部各国间的差异。

可见，粤港澳大湾区经济一体化是一个非常独特的问题，粤港澳大湾区的发展和治理体系不可能模仿世界上其他哪个经济区域来构建，必须因地制宜地进行制度创新，才能构建好粤港澳大湾区的一体化模式。粤港澳大湾区主要创新方向是，如何安排好商品、资金、人员、信息等受阻碍的可流动要素在粤港澳大湾区内的流动自由化程度。总体来说，商品流动的自由化相对比较容易，这主要涉及关税差别、卫生即质量标准差别、文化产品（例如图书）的道德标准差别、知识产权制度差异等。资金流动的自由化，涉及对于"金融自由化"的理解和处置，面临一些关系金融体制和金融安全方面的敏感问题以及外汇管理制度差别等。特别是数字货币的迅速发展，包括区块链技术导致的对法币体系的冲击，金融当局不得不采取各种管制措施。因此，粤港澳之间的金融制度差别将会成为一个需要协调的重大而敏感的问题。人员流动的自由化是一个涉及国家治理体系中比较复杂关系的问题。实际上，粤港澳大湾区内人员流动自由化主要表现为人员身份多元化条件下的国家管理问题。也就是说，具有不同身份的人如何被赋予不同的自由流动权利，才能适应国家治理的有效性要求。尤其是由于国家治理制度和人口规模的巨大差别，相对于我国港澳地区人口，内地人口在粤港澳大湾区自由流动必然会受到较大程度的限制。至于信息流动自由化问题，则主要是基于粤港澳间的治理体系性质差别的不同制度安排所导致的差异化管控要求，体现了粤港澳三地不同的政治制度性质。这虽然可能（总是）被国际社会所夸大，实际上对粤港澳大湾区经济一体化的影响可能不会太大。不过，在此方面，互联网的管理和联通规则将可能成为一个需要重点研究的问题，而且在信息技术越来越发达的条件下，信息流与资金流的关系越来越紧密，相互间的界限可能越来越模糊，甚至在数字货币成为不可阻挡之势时，资金流完全表现为信息流（数字流），这将会对粤港澳大湾区的经济自由化形成新的挑战，需要尽快研究。

总之，中国粤港澳大湾区的经济发展、合作协调和经济自由化，不仅是经济理性问题，而且涉及深刻而广泛的价值文化和制度形态的问题。社会科学理论界必须投入更大力量进行研究，特别是对于前沿性的问题和可能出现的重大现实挑战，要有前瞻性的关注和研究，从而科学地预见粤港澳大湾区的域际演化前景。从一定意义上可以说，粤港澳大湾区发展中所呈现出的域观现象，全方位反映了思想因素和域观元素在相关地区间流动交融，所可能产生的种种问题。以此思维来说，我们深入观察现实世界，则将产生"百年未有之大变局"的复杂图景。

六、中美贸易摩擦反映了两大域观常态体系的史诗级博弈

目前，人们凡说到重大经济问题和国际关系问题，无不是言必涉中美贸易摩擦。

如前所述，中国改革开放以来，外部思想因素的大规模流入，特别是美国的思想因素流入，成为助推中国经济发展的重要力量之一。历经 40 多年的改革开放，中国经济有了长足进步。由此，学界对中国未来走势就产生了两种倾向性的看法或意识。一种意识是，中国经济将会越来越同质于以美国为代表的西方资本主义经济，并认为只有西方的自由贸易和自由竞争才是"公平"的。也就是说，世界经济的未来只有唯一的一种"常态"，即微观经济学所设想的（实际上是"假设"的）状态：私有企业是原子般的"微观经济主体"，在无障碍无干扰（无补贴、无关税）的匀质空间中自由竞争、自由贸易；除了这样的"常态"之外，其他都是不正常的（因此，有学者断定，经济学范式和体系也只有唯一的"普世"图景）。另一种意识则是，中国经济无论如何发展和现代化，也不会同质于西方世界的自由资本主义经济：中国发展的方向是中国特色的社会主义经济；中国特色的社会主义经济是另一种"常态"。也就是说，人类在发展的世界中，不是只有唯一一种有效的经济"常态"，而是可能有多种可以有效运行的经济"常态"。各种经济"常态"体系的共性是"市场经济"，而其特性则由不同的域观因素所决定。总之，现实的世界经济不是"微观"特征主导的，而是"域观"特征主导的。

当前和未来长期将发生的中美贸易摩擦以及其他领域的摩擦，反映了两大域观常态体系的史诗级博弈。这种博弈不是谁"吃掉"谁或"消灭"谁，也不是谁同化谁，甚至不是谁战胜谁；因为谁也消灭不了对方，也同化不了对方。所以，即使是有某一方在某一时期的胜负输赢，那也是相对的。在中美关系中，不仅仅是各种生产要素在相互间交易、融合，更重要的是，思想因素的流动也将越来越具有双向性。即不只是西方思想流入中国，影响中国；而且中国思想因素也会流向西方，影响西方国家。这里所说的"中国思想因素"不只是指人们通常所说的中国传统文化，而是指在当代以及未来的中国所产生的助推经济活动的思想因素。也就是说，中国经济发展中所产生的思想因素也会流向世界，包括西方世界，并产生广泛而深刻的影响。

2019 年，一部美国电影纪录片《美国工厂》（American Factory）引起广泛关注。这部纪录片较客观地反映和预示了一个世纪大趋势：中国单方面引入西方思想因素的时代正在成为过去，在经济活动中，由西方向中国单向思想流动的态势将转变为东西方思想的双向流动态势。同时，随着经济全球化的不断深入，尤其是中国经济不可阻挡的崛起，并且成为全球经济举足轻重的力量，由此，世界经济的域观格局会极大改变，从而使美国经济也需要吸收中国经济的思想因素，才能适应这个巨变的时代。影片所记录的中国福耀玻璃制造公司在美国投资设厂的经历表明：中国经济体系中的思想因素（中国企业的"想法—做法"域观元素）向美国流动，可以改变美国制造业"锈带"的命运，使美国制造业的老迈企业再获新生，并且在相当程度上改变着美国经济的域观状态。例如，关于企业生产组织的方式和工会地位的安排等，被注入了中国经济的"想法—做法"元素。这是反映世界产业发展中，思想流动态势变化的一滴可

以透视太阳的水珠。可以说，这部由美国前总统奥巴马创立的电影公司所拍摄的第一部纪录片深刻揭示出：如果当代中美两大各具域观常态的经济体系相互开放将产生怎样的博弈关系。其新颖寓意是：中美经济博弈的主题并非谁胜谁负，更不是幻想谁吃掉谁，或谁同化谁，甚至不是简单地争个谁"老大"谁"老二"；而是两国都要借助思想流动的助推，迎接全球经济适者生存关系的重置过程，以应对追求可持续发展所面临的重大挑战。中国经济和美国经济都必须改变以往的"活法"和"治法"，注入新思想的活水，形成各自的"新常态"和现代治理体系，实现"长治久安"的梦想。

七、结语

本文致力于讨论一个问题：人类世界的经济体系，并非传统主流经济学所想象（假定）的抽象微观经济世界，而是呈现为域观结构的非同质多元化主体共存的经济世界。后者受到各种思想因素的决定性影响，而前者却完全无视思想因素的存在。只要承认经济体系的域观性，就会承认思想因素及其在不同域观世界中流动的重要意义。所以，所谓经济增长或经济发展，并非仅仅是土地、资本和劳动等"生产要素"的作用（或配置）表现，而且是受到思想因素及其流动的强烈作用和影响的历史过程。思想因素是不同经济常态体系中的"域观元素"。

既然拥有不同域观元素的各种域观经济的"常态"系统是共存和交互作用的，那么各种经济常态系统的治理体系，以及各经济常态系统之间相互关系的治理方式，就成为人类发展中需要不断解决的重大课题。本文之所以说需要"不断解决"，是因为人类发展中的各种经济"常态"以及各"常态"间的关系，是高度动态的、进化的。由于常态体系及常态体系间关系总是变化着的，所以人类的思想必须与时俱进，既创造常态体系，又不断应对常态体系变化的挑战；同时，要保持"生活之树常青"，思想之源常新；只有解放思想，欢迎思想流动，才能繁荣经济，丰富世界。

参考文献

[1] 金碚. 试论经济学的域观范式——兼议经济学中国学派研究 [J]. 管理世界，2019（2）.

[2] 金碚. 论经济学域观范式的识别发现逻辑 [J]. 中国工业经济，2019（7）.

[3] [美] 保罗·罗默. 全球化与追赶型经济增长 [J]. 中国经济报告，2019（3）.

[4] [美] 罗伯特·H. 弗兰克. 达尔文经济学——自由、竞争和公共利益如何兼得 [M]. 谢朝斌，刘寅龙，译. 北京：中国出版集团世界图书出版公司，2013.

[5] [美] 托尔斯坦·凡勃伦. 边际效用理论的局限 [A] //科学在现代文明中的地位 [M]. 张林，张天龙，译. 北京：商务印书馆，2012.

[6] [美] 彭慕兰，史蒂文·托皮克. 贸易打造的世界——1400 年至今的社会、文化与世界经济 [M]. 黄中宪，吴莉苇，译. 上海：上海人民出版社，2018.

民族经济学学科新范式研究*

李曦辉

摘　要：民族经济学与改革开放基本同龄，诞生于 1979 年，是由中国学者提出并建立起来的经济学学科，是地地道道的经济学中国学派。然而，在过去 40 多年以引进西方经济学理论为主指导改革开放实践的年代里，民族经济学并没有得到很好的发展，体现为学科定义存在歧义、研究对象尚未统一、研究范围众说纷纭、基础理论运用没有达成共识，基本的学科范式尚未形成。而今，全球化的汹涌浪潮呼唤着新的经济学理论来指导其实践，解决西方经济学此时的失灵；民族经济学恰好因其关注"民族因素"与"经济因素"的结合，而为全球化时代所急需。为了使民族经济学能够担当全球化时代指导经济发展的重任，提出了民族经济学新的范式，力图用民族过程的经济学分析将民族因素引入经济分析框架，从民族的维度分析、研究、解决全球化时代人类面临的经济问题。

关键词：民族经济学；维度；新范式

在 1979 年 3 月召开的全国经济科学八年规划（1978～1985 年）会议上，代表中央民族学院参会的政治系副主任黄万伦教授提出建立"中国少数民族经济"学科，在经过大会充分讨论决议后，经济科学下的第 27 个学科就此产生。同年，时任中央民族学院政治系政治经济学教研室主任的施正一教授在 9 月学校庆祝新中国成立 30 周年研讨会上发表主题演讲，正式提出建立"民族经济学"学科，标志着民族经济学的诞生。但是，多年来民族经济学一直没有被列入国务院学位委员会颁布的学科目录之内，在 1997 年版的学科目录中，民族经济学被称作"中国少数民族经济"，是归属民族学（一级学科）的目录内二级学科。在改革开放以来历次学科发展演变过程中，只有北京图书馆出版社将民族经济学作为经济学分支在 1999 年版的《中国图书分类法》专门设置了类目。总的看来，经过了 40 多年的发展，民族经济学科并没有得到学术界广泛的

---

　*　［基金项目］中央民族大学中央高校基本科研业务费专项基金"'一带一路'与周边经济走廊研究"。
　原文发表于《现代经济探讨》2019 年第 9 期。

认可，虽然取得了一系列的研究成果，但学科发展状况并不尽如人意，至今仍未形成统一的学科基本范式，影响了学科的进一步发展。

一、民族经济学科存在的主要问题

中国作为一个多民族国家，民族经济研究是经济学独特而又重要的一个分支，并且将有很好的发展前景，但是目前关于民族经济的研究尚显薄弱。[1]有学者提出民族经济学缺乏完整的理论体系，难以支撑其继续发展，特别是关于基础性的概念问题尚未形成定论，极大地制约了学科的发展。[2]关于此，王文长教授早在1999年就民族经济学学科领域缺乏基础性理论支撑及研究方法等问题提出了鲜明的观点，明确表示当前关于民族经济学的理论研究处于对现状的堆叠和描述性阶段，因缺乏对民族经济各领域的纵深分析，而难以解释少数民族地区经济活动的特殊性，并认为该学科的理论研究存在隐患，其根源就在于缺乏基础理论的研究，尚需进一步研究探讨。[3]同样地，施正一教授也指出，基础理论研究中没有将民族因素与经济因素融为一体而建立核心理论体系是民族经济学长期以来的主要缺陷。[4]此外，黄建英教授表示尽管基础理论体系不完善是制约民族经济学发展的一大客观因素，但同时也证明了学科的产生和发展亟待实践及理论的积累，而极具专业素养的研究队伍对学科的发展也至关重要。[5]

然而，时至今日，关于主流经济学是否能接受民族经济学作为一个分支学科，争论仍旧不绝于耳。[6]以李忠斌教授为代表的部分学者将民族经济学视为学术界的"另类"，秉持此类观点的学者基于民族经济学缺乏完整的理论体系，并与其他经济学科存在交叉与碰撞，故而将其定义为民族地区区域经济学。[2]毫无疑问，深入剖析民族经济学的学科发展过程，的确存在上述问题。值得注意的是，针对持不同观点的研究成果，从中却也很难凝练出共同的"基础理论"，即使存在，其核心部分也易随时间推移而出现变化。相关的研究也表明，当前民族经济学的基础理论尚未形成科学的研究范式，从现代科学哲学的角度看，仍处于各抒己见的"前科学阶段"。通过文献的梳理，不难发现学科内相关的应用性研究与其基础理论之间几乎难以找到应然的联系，基本上绝大多数的分析还是经济学基础理论的应用和推广，交叉民族学、社会学及人类学领域的学科碰撞。邓艾和李辉（2005）将此类情境引致的挑战归结为民族经济学学科的"信任危机"，主要表现在两个方面：其一，关于少数民族地区经济社会问题的研究逐年增长，越来越多的学者参与其中，该领域的研究正在成为"显学"；其二，囿于当前民族经济学难以将领域内的应用性研究纳入学科基础理论分析框架内，无法支撑其成为主流学科，在这一层面遭到了很多学者就其独立学科存在合理性的质疑。[7]

伴随着生产要素的国际化流动周期越来越短，"全球化"受到各方关注。所谓"全球化"，涵盖了政治、经济、社会及文化等各层面，是各个子系统综合互动的演进过

程。这期间"全球化"在跨越主权疆界的同时，将与所谓的"本土化"要素相互交织影响，而这其中相关性最强、影响因子最大的莫过于经济文化的全球化与民族性。[1]历史的机遇使得民族经济学要承担起诠释全球化中国版经济社会运行机理的重任。然而，正如20世纪末有关学者所作出的论断：现有的研究思路难以科学地阐释民族和经济这一对问题，仅对个别理论进行修补和完善是难以为继的，只有对民族经济学的研究思路、研究范式进行全面的反思和调整，学科才能进一步发展。[3]

总的看来，目前民族经济学科存在的主要问题是，学科还没有形成统一的范式，学科研究成员之间缺乏共同的信念，使得学科研究领域四分五裂，无法聚焦到大多数成员公允的研究领域；研究基础理论东拆西借，没有属于自己的基础理论，学科发展缺乏应有的共同理论支撑；研究领域与研究对象同多个学科重叠，没有找到属于自己的专属"领地"，研究成果被各相关学科所排斥，成了学术研究领域的"流浪者"。如果这种局面不能彻底改观，那么，民族经济学的学科发展就真的不乐观了。

二、民族经济学的学科现状

作为一个学科，一般要有学科成员公允的定义，具有明确的研究对象和研究范围，应有学科专属的基础理论，还要有清晰的母体学科关系，以及远近交错的亲缘学科体系，这样学科才具备了持续健康发展的基本条件。作为刚刚进入"不惑之年"的民族经济学科，它的现状又如何呢？

（一）关于民族经济学定义

民族经济学自产生之日起，定义就没有达成共识，后来的发展也是各行其路，互不关联。施正一教授认为："所谓民族经济学，简单来说，就是研究各民族的经济问题的总和。换而言之，民族经济学既是立足于民族视角研究经济现象，也包括从经济层面研究民族问题。因此，一方面看，它是属于民族科学的范围；而从另一方面看，它又属于经济科学的范围，它是介乎两门科学之间的一个分支学科，是一门边缘学科或中介学科。"[8]其实，在此之前施正一教授还就民族经济的这种二重性作出过讨论。认为作为经济学的一个分支，可以以民族视角研究经济问题，而当其是民族学的分支时，我们又可以从经济层面解释民族问题。前者称之为"民族经济学"，后者属于"经济民族学"或是"经济人类学"的范畴。毫无疑问，二者之间的区别在于研究重点的迥异，前者致力于阐释经济现象，后者的研究重点在于民族。[9]顾名思义，民族经济学的研究起点和重点在于经济二字，其逻辑思路在于解释由民族因素引致的经济后果，而不是相反，否则就越出了经济学的边界，其学科也就应该是经济民族学而不是民族经济学了。就像约瑟夫·熊彼特在《经济发展理论》中的观点，当研究对象的二者中存在明

显的因果关系，作为经济学家的使命在于解决经济层面的问题，而其中作为"原因"出现的非经济因素的研究范畴则当属于其他学科。[10]

正是因为民族经济学建立之初为了日后学科框架的高涵盖度，采纳了非精准性的学科定义，才导致了后来学科定义的非一致性。有研究者认为："我国的民族经济，特指少数民族经济。亦即刨除汉族之外明确定义的 55 个少数民族的经济生活，包括少数民族的生产方式、交换方式、分配方式、消费方式及其生产水平和生活水平。"[11]同时，有关学者也从发展经济学的角度阐述，在多民族国家内所谓民族经济学归根结底就是一门以民族为研究单位，深入剖析其经济生活及相关的区域经济增长与发展的学科，强调学科研究的特殊性和一般规律的结合。[2]在此基础上，也有学者明确提出，民族经济学是一门试图分析总结少数民族经济生活及其区域发展特殊性和规律性的一门科学。[12]上述定义，无论是以马克思主义政治经济学为蓝本，对社会经济过程进行生产、分配、交换、消费式的分类，还是以区域经济学为框架，对区域内的少数民族经济进行特殊规律的研究，其核心要义都是一样的，就是只研究少数民族的经济问题，并不涉及汉族的经济研究。

其后民族经济学的定义，从只关心少数民族经济问题，拓宽到了研究与少数民族有关的区域经济问题。叶坦（1998）认为"区域民族经济"的研究边界与区域经济和自治地区经济有所区别，此处的区域不局限于民族自治地区，也包括了以民族为研究单位出现的跨越行政区划的同一民族聚集区，以及非民族聚居区。[13]邓艾和李辉（2005）指出，民族经济学是一门研究多民族国家内部少数民族聚集区域内社会经济综合发展问题的学科。认为影响多民族国家内部少数民族发展的内生变量，既包括民族相关的政治、文化及地域等非经济因素，也包括以资本、土地、技术和劳动等为代表的经济要素。[7]而王文长（1999）则从民族国家的角度大大拓宽了民族经济学的内涵和外延，他认为民族经济研究有狭义和广义之分。狭义层面的研究一般以民族属性定义的经济生活的特殊规律为主，重点分析民族文化影响下的行为规则及习惯等在社会经济生活中的作用和呈现规律，包括其间结构变迁的条件等；而在广义的研究中则须引入民族国家的内涵，采用其中泛民族的形式，拓宽民族经济的外延。[3]随着对民族经济学概念研究的深入，学术界已经认识到，只研究我国少数民族以及少数民族地区，并不能全面解释我们面临的民族经济学现实，也无法使民族经济学变成前沿学科，更不能用它的理论来指导我们今天面临的"一带一路"倡议以及经济全球化的迫切需要。为此，非常有必要给出全新的民族经济学定义，从而提出中国人自己的经济学理论。

（二）关于民族经济学研究对象

民族经济学自产生之日起，不同研究者对其研究对象就一直没有一个相对固定的认同。有学者认为：民族经济学是研究在民族属性和一般经济规律共同影响作用下的经济社会发展的特点，分析民族利益的实现方式，厘清其间民族现代化的过程和趋势。

同时研究其生产力和生产关系的特殊运动规律，解释与一般经济过程的区别和联系，强调分析此间的经济现象、经济制度以及相关的结构变迁等。[14]当然，以罗隆基和田广为代表的学者也认为，统一的多民族国家以及各民族各地区发展的不平衡不充分的现实国情是民族经济学的创建基础，学科研究从发端即运用独特的视角及理论分析极具现实性及紧迫性的选题，以解决少数民族地区的现实发展问题为根本目的。[15]总的来说，无论是从何种角度进行研究，其核心都是只研究中国少数民族的经济问题。

同时，一些学者的研究对象也有所放宽。比如，部分学者提出民族经济学是发展经济学和经济人类学碰撞的结果，学科的研究重点在于解决工业化后民族经济的发展问题。[16]也有学者独辟蹊径，以经济的民族性作为学科的立足点和出发点，专门研究经济发展与民族性之间的对立统一关系，研究矛盾的实证与抽象，构建理论体系，促进民族经济学向系统科学转变。[17]囿于研究对象的不统一，为了达成共识，有的学者提出了考虑到学科的长远发展，同时为了实现学科研究对少数民族地区现实发展的指导意义，从广义和狭义来界定学科的研究对象是极具远见和现实价值的。[18]这些研究虽然对民族经济学的研究对象没有形成基本的认同，但是在研究对象扩展方面却达成了共识，就是从只研究少数民族的经济问题，拓展到了民族活动过程相关的各个领域，对于学科建设而言是至关重要的一步。

针对民族经济学研究对象问题的研究，国内其他领域学者的观点值得借鉴。比如，牟钟鉴先生就曾提出，民族是内含宗教信仰、习俗、心理、语言文字、性格特征、行为模式、族群认同的文化共同体，并不能因为共同的经济生活而简单地将其定义为经济实体。[19]这从另一个角度说明，由于民族不是一个经济实体，对其进行以单个民族或地域为单元的经济研究都会面临巨大的困难，而且这一困难在全球化以前的时代是解决不了的；进入到全球化以后，特别是中国版的全球化"一带一路"实施以来，我们不但面临与相关各国的民族交往问题，也面临着国内民族地区与内地经济的重新布局问题，为此，提出全新的民族经济学研究对象问题紧迫地摆在了我们面前。

（三）关于民族经济学研究范围

在过去40多年的研究过程中，学者们对民族经济学的研究范围也存在很大的争议。有的学者指出，应将民族地区相关的包括但不限于经济增长、经济与社会发展、经济政策、经济生活比较研究等方面作为民族经济学学科的研究重点，深入探讨民族经济发展的特殊性和规律性。而民族经济学是否要将范围扩大到世界民族则属于学科的外延问题。一方面，鉴于世界民族发展的迥异与复杂性，且各主权国家对民族地区的治理政策和理念都大相径庭，要对其展开深入的研究是极具挑战性的。而另一方面，民族经济学在世界范围内的适用程度也成为了影响其外延拓展的一个因素。所以，大部分学者认同将研究范围归于中国地域疆界内的单个民族或者民族集团的经济发展问题，当前学科的发展暂时还不具备触及全球范围的能力。[2]

也有学者对民族经济学界定的研究范围相对宽广，比如，王文长（1999）就对民族经济学进行过广义与狭义的分类，前者涵盖民族国家和地域层面的民族经济，后者只是研究民族内生属性定义的民族经济。他认为在民族、民族区域及民族国家三个概念下的"经济"侧重点是不同的，民族定义的经济重点在民族本身，民族区域定义的经济更强调区域的整体性质，民族国家层面的经济则是以国家为利益整体。而少数民族经济本质上可以归为民族概念定义下的经济，受限于民族这一群体本身。所以，少数民族经济属于狭义范畴的民族经济研究。"[3] 这一范式虽然将少数民族经济纳入了民族经济学的狭义范畴进行研究，但它在框架设计上为民族经济学留出了足够的空间，不至于局限于狭小的空间无法展开。换而言之，从广义层面立足民族国家层面以及区域层面研究民族经济问题也并非不可，这是研究范围界定方面的一个进步。

除了研究的时空范围有所争论以外，民族经济学依托的学科范围，不同学者也有不同的见解。王燕祥（1998）指出多年来经济学背景的学者是民族经济学理论体系搭建的主力军，鉴于其学术积淀使得大部分的研究成果带有深厚的经济学色彩，而由于民族理论的学者参与较少使得该领域的民族学特征稍显欠缺。[20] 不同于此，黄建英（2005）则认为在民族经济学领域，很长一段时间以来学界的总体研究思路依旧是以民族学研究模式为基本方法，鉴于此，她提出面对变化的客观环境，民族经济学未来必须改变以民族学为主的研究思路，进而转向以经济学为主导的研究范式，从而更好地贴合实际。[5] 当然，也有部分学者秉持二者兼顾的观点，认为关于经济学和民族学在民族经济学理论体系搭建中孰轻孰重的争论并无太大意义，只有同时兼顾学科的经济学属性和民族学色彩，才是正确的科学研究范式。[2]

（四）关于民族经济学基础理论

在"一带一路"倡议提出以前，民族经济学的研究视野相对较窄，在理论选择方面也相对缺乏一致性的思路，导致学科赖以成长的理论土壤相对贫瘠，影响了学科的进一步发展。比如，以黄万伦教授为代表的学者指出我国少数民族经济研究是一门立足于马克思政治经济学，同时引入民族理论分析少数民族经济发展特殊性及一般规律的科学，其主要的研究对象是带有民族属性的上层建筑及经济基础对民族经济发展和经济结构的影响作用。[21] 陈庆德（1994）则认为民族经济学的产生和发展有一定的特殊性，是发展经济学和经济人类学共同作用及碰撞的结果，而恰恰也正是这两个理论的存在，使得民族经济学与区域经济学既有区别又有联系，成为民族经济学的分析基础。[16] 罗隆基和田广（2014）则似乎对此进行了佐证，研究得出结论，20世纪80年代的一批青年学者，运用发展经济学的相关方法和理论基础深入研究了我国西部地区的发展问题，独具前瞻性地提出了西部发展战略思想，有很强的现实意义和价值。[15] 邓艾和李辉（2005）的成果则表明，类似于将经济人类学作为民族经济学的重要输入源头，诸多研究将民族经济学定义为经济学与民族学的结合，然而在研究过程中更多的是以

民族学的基础理论和方法为依托，忽视正统的经济学的理论模型和基本假设的引入。[7]

由于缺乏统一范式的引领作用，民族经济学研究者从各自的研究理路出发，采用了特征迥异的基础理论作为其指导理论，这就是该学科基础理论方面的现状，如果这种现状不能得到有效改善，那么，民族经济学科就有可能走入死胡同，并在经济科学的发展过程中自生自灭。其实，全球化的浪潮不仅仅体现在经济层面，文化的全球化进程不断加快也是难以忽视的客观存在，这也在一定意义上证实了经济要素和文化要素之间的内生联系。毫无疑问，全球化的不断发展正在为也将继续为民族性新的发展提供契机。[1]民族经济学所依托的基础理论，也应沿着这一思路充实与完善。只有走出西方经济学抽象经济行为、匀质市场基本假设的窠臼，诞生于中华大地的民族经济学才会有充分展示自己优势的舞台，才会发展成一门可以指导中国经济发展实践的经济学学科。

三、新的民族经济学学科研究范式

一个成熟的学科，要有一个共同的研究范式。此处强调的范式亦即科学共同体内所有成员共同遵守的规范，而共有或共同遵守一个范式的群体则组成了一个科学共同体。严格意义上，范式（Paradigm）一词由托马斯·库恩在20世纪70年代正式提出并作出系统阐述，它代表的是共同体内部成员共有的信念、价值、技术等的集合，着重强调在一定程度上和一定范围内存在的公认性特征，且范式的存在可为后续的研究提供模仿路径。关于此，库恩在《科学革命的结构》中也论述道，每个学科的发展，都有一个从前范式时期到后范式时期转变的过程。在这个转变来临之前，领域内存在众多流派，伴随着卓有成效的研究成果的不断出现，学派的数量会随之减少，进而出现一个为领域内各个个体认同的实践模式和研究纲领。在库恩看来，这一模式存在的范围是有限定的，并且其前提是群体成员对基本观点的认同。[22]目前，民族经济学最迫切的任务就是确立大多数共同体成员认同的统一的研究范式。

（一）民族经济学定义

由于科学技术的进步，在未来的一段时间里，人类社会将从工业化社会转变到信息化社会，人们的经济活动将从大量创造新的分子结构、创造新的物品来满足生产生活的需要，到开始基本停止分子结构的创造，尽量减少人类活动对各种物质资源的依赖，让地球这个我们迄今为止唯一的家园得以休养生息、恢复元气。人类的经济活动将从量的扩张转向质的改善阶段，将主要依靠信息技术，实现价值链和产业链的重组，提高资源的配置效率，在不增加资源利用水平的前提下，更好地满足人民群众对美好生活的需要。这样一来，就要求资源配置效率达到极致，而追求这种极致目标的手段，

按照规模、范围规律的要求，就是未来的经济彻底实现全球化。

全球化潮流归因于亚当·斯密的分工理论。《国富论》的开篇即从分工展开，亚当·斯密认为正是由于分工的出现，才引致了生产力的飞速增进，以及劳动过程中熟练度的不断提升。对于能够拆分成不同环节的工艺，一旦出现分工的形式，劳动生产力的提高也将相应随之产生。[23]这是因为，交换能力是分工得以实现的基础，从一定层面上而言，交换能力的大小直接制约着分工的程度。换而言之，分工受市场的广狭程度影响。市场要是过小，那就不能鼓励人们终身专务一业。[24]瑞典经济学家贝蒂尔·奥林从国际贸易的视角对分工理论进行了阐述，他提出在生产商品过程中，一个地区生产条件优于其他地区的现象只可能是对应个别或某些商品，而不是一切商品，不存在生产所有商品的条件均优于其他地区的情境。而因为生产优势的存在，生产规模的扩大化催生了工艺的专业化程度，进而促进了区域贸易的发展。奥林同时也阐述了贸易发生的充要条件是两个地区之间的需求和供给能有效实现契合和接触，而大规模生产的出现推进了国际分工的产生和发展，国际分工存在的前提则是生产要素在各个地区之间的不同归属。[25]这就是当今关于全球化的理论解释基础。

但是需要注意的是，经济学家所描绘的全球化与现实版的全球化之间是存在差异的。经济学家设想的全球化建立在匀质的市场之上，各种生产要素都可以以同一模式在世界范围内自由流动，没有不同民族国家的特殊性，是无障碍的全球化。可是，事实恰恰相反，世界市场因民族文化的差异而纷繁复杂。美国政治学家塞缪尔·亨廷顿（Samuel Huntington）认为，当前及未来的全球政治格局正在以文明为界限进行重塑，国家将越来越倾向于选择与自己相同或相似文明背景的国家进行合作，而与不同文化的国家之间发生冲突的概率也在不断加大。同时他也提出鉴于相似文明形态下宗教、价值观、体制乃至语言共通性明显高于非相似文明，所以国家在判定威胁来源时，文明及文化将成为影响其判断的关键因子，毕竟无论是政治家还是公众对于不同文明背景下的国家和群体的信任度远低于相似文明背景。[26]

至此，我们就可以理出一个脉络：从工业化社会开始，由于生产力的进步，人类的经济活动就开始越出了国界；到了信息化社会，由于生产力发展需要进一步扩大资源配置的规模与范围，于是，人类社会的经济趋向于极致的全球化。而现实的世界市场又与经济学家的假设出现了背离，表现为以民族、文化为主要分野的区域化、集团化，影响了现实版的经济全球化进程。要想实现理想的全球化，就要从民族、文化视角出发，研究二者如何实现相互支撑，保证生产要素的全球自由流动，这时，新的民族经济学便有机会应运而生了。

本文将民族经济学定义为按照经济学而非民族学的范式对民族过程的政治文化效果进行规范研究的一门科学。

（二）民族经济学研究对象

民族经济学研究面临的困境是有着其学科制度设计方面原因的，比如在研究对象

确立时，就没有从解决研究难题的角度进行考虑。如何从理论上处理民族因素与经济因素之间的关系是迄今为止民族经济学领域尚待解决的难题，也是学科的核心问题。当前的研究中，鉴于将单个民族或民族集团下的非经济属性因素纳入一般性的经济学分析框架存在一定的困难，因此，现实的研究中很少或是根本不考虑民族因素。[7]致使民族经济学至今都不能说它是一门规范的经济学分支学科。其实，在民族经济学产生之初，著名经济学家于光远先生就发现了这一难题，并进行了提示。他认为少数民族经济和少数民族地区经济这两个概念之间存在着紧密的联系，难以割裂。但归根究底却也是两个完全不同的概念，从研究对象来看，少数民族经济是从民族角度而非地区角度研究经济现象，这与少数民族地区经济是完全相反的。基于此，于光远先生认为研究少数民族经济和少数民族地区经济之间的相互关系对于学科发展而言也是必须的。[27]我们将此称为"于光远提示"，它提示我们，要研究好民族经济问题，一定要找准研究对象，才能解决"民族因素"与"经济因素"的有机结合问题，才能产生真正意义上的民族经济学。

因此，本文认为将民族过程与经济效果结合起来进行深入研究，对于有效解决经济因素和民族因素之间的关系是有一定帮助的。宁骚（1995）认为，族类共同体有着巨大的稳定性，此种稳定性大都以族体内部共通的文化、风俗习惯、行为准则及语言等实现代际传承而得以最大限度地保持和体现。[28]民族过程就是通过各个民族的结合与分解，使它们先前所拥有的稳定性状发生改变，并最终达到一种新的稳定状态的过程。民族过程包括民族分解与民族结合。民族分解过程：或者表现为一个民族分解为几个单独的民族，而原先那个民族便不复存在；或者表现为从一个民族中分化出几个与之并立的单独民族。民族分解包括民族迁徙和政治分割。民族结合是指若干单独存在的族类共同体由于相互接近而产生地域和经济联系上的同一性、语言和文化上的同质性的过程。民族结合包括民族整合、民族聚合、民族同化、民族融合。

我们认为：民族经济学的研究对象应该是民族过程对区域、国家乃至全球经济绩效的影响；研究民族分解及其政治文化效果对经济绩效的损害，研究民族结合产生的民族政治文化性状改变对经济绩效的促进，以及两者之间的互动关系。

（三）民族经济学研究内容

借用经济学家金碚在研究经济学中国学派的基础理论商域经济学时所使用的概念，来展开民族经济学内容的研究。金碚（2018）认为商域的"文明型式"是制度形态、经济理性及价值文化三个特质的集合，通常情境下不同的商域存在鲜明的异质性，而其中"型式"（Pattern）这一概念的引入目的恰恰也是为了体现商域之间的差异。[29]

民族经济学是由中国学者创造、产生于中华大地的一门经济科学，它具有典型的中国经济学派的特征，目前正在形成中国学派经济学的一个重要组成部分。有关于此，金碚（2018）也曾指出商域经济学与民族经济学密切相关，而民族地区的经济发展和

商业活动也在商域经济学研究范畴之中。[29]商域经济学是从地域和领域的差异入手，来研究由此形成的经济理性、价值文化和制度形态的不同，进而研究对市场中人的行为、人的观念和市场环境形成的影响，以及它们对市场绩效产生的综合影响。民族经济学是从民族的维度，研究民族过程政治、文化效果的经济绩效，是研究人们从一个族类共同体到另一个族类共同体的演进过程中，人们经济理性的变化、价值取向与社会道德的转变、制度形态的变迁，以及这些变化对经济绩效正反两个方面的影响。

鉴于此，民族经济学的研究内容应该是：民族过程中经济理性的演进、价值文化与社会道德的演化、制度形态的变迁，及其对地域、国家、全球经济绩效的影响。

（四）民族经济学研究范围

民族经济学研究范围应该包括纵横两个维度，横向维度是指学科研究应包括当今世界现存的那些民族；纵向维度是指学科研究要包括具象民族的那些攸关民族过程的具体性状。

如果将全球化作为民族经济学的研究背景，尤其是结合全球化中国版本"一带一路"的语境，我们就会发现，如果只研究少数民族的经济问题，那么，就很难融入到世界经济的大潮之中，民族经济学也很难在全新的环境条件下有所作为。因为，全球化中国版本"一带一路"首先面对的是我国内地与边疆少数民族地区的经济结构重组问题，中国要引领世界实现生产力的全球优化配置，首先要解决的就是处于我国边疆的少数民族地区经济优先发展问题，这样才能形成亚欧大陆和海上丝绸之路地理空间上的产业链与价值链优化。此外，我们还要注重沿线不同民族国家间发展水平的协调问题，只有这样才能将中国版本全球化"一带一路"倡议推广到沿线的大多数国家，才能最大限度地实现生产要素配置的规模范围效应。基于此，本文所提出的民族经济学研究的横向维度不仅包括国内的少数民族，同时也涵盖了世界范围内的民族。

经济学家金碚认为任何商业成就的取得都是理性和创造性努力的结果，但是该成果的取得难以剥离其所在的社会、政治和文化环境，而这三个要素不同的表征也在一定程度上体现了文明的差异特征。[29]按照中国以文化作为分野的民族过程来分析，文明形式也就基本上代表了民族的特征，一种文明滋养着一个民族。民族经济学就是要研究各个具体民族的社会环境、政治属性和文化特征，研究它们如何综合影响一个民族的经济行为，以及经济模式对各民族社会、政治、文化的影响，研究影响各民族经济行为的非经济因素。我们认为：民族经济学研究范围的纵向维度，应该从各民族特有属性对经济行为影响视角出发，研究世界上任何一个民族与其经济行为相关的社会、政治、文化特征。

（五）民族经济学研究基础理论

由于生产力的进步，信息化正在全面取代工业化，使得分工与协作具有了前所未

有的重要性，人类正在经济活动的推动下走向全面全球化。中国版本全球化"一带一路"倡议，就是要在全球范围内有效地实现分工，其有效手段就是国家间、民族间的交往，以此实现生产要素的全球优化配置，推动实现市场规模范围效益最大化。如果以民族作为研究维度，研究民族间基于经济理性、文化价值、制度形态形成的特质对经济活动绩效产生的影响，那么，对全球化理论与实践，就是一种突破性的贡献。作为理论性与实践意义均为重要表征的民族经济学，必须要有强有力的基础理论进行支撑，才可能成为全球化时代有影响力的经济理论，从而指导我们的全球化实践。我们认为，从分工理论到规模范围理论，再到经济全球化理论，应该是指导当今全球化中国版本"一带一路"取得竞争优势与经济绩效的重要支撑理论；马克思的分工与国际交往以及全球化理论，是保证全球化时代以人民为中心和人自身解放的重要指导理论。

亚当·斯密在论述分工原理时曾经言明，专业分工的出现将促进劳动者的技巧和熟练度，同时减少因为在不同工作之间转换所造成的不必要的时间损失，而专业的简化劳动的机械的发明，使得一个劳动力承担多项工作成为了一种可能。[24]同时，斯密也认为在一个政治修明的社会里，造成底层人民的普遍富裕的基础条件来自分工所造成的产量增加。[23]这一定程度上说明，专业化分工的出现有利于技术的改进，在科学技术没有发生实质性改进的基础上，就能实现劳动者工作技能的改进，从而提高劳动生产力，增进人类社会的福祉。有了分工，就可以简化劳动程序，鼓励发明创造，这在全球化的今天，也是极其重要的两种目标，仍然是全球化时代我们的永恒追求，有利于提高劳动生产率，满足人们对美好生活的需求。

光有分工还不够，为了提高劳动生产率，我们持之以恒地追求经济活动的规模和范围效益。有关于此，小艾尔弗雷德·钱德勒将规模经济定义为因经营单位扩大生产或是扩大经销某个单一产品的规模时带来的单位成本的降低时的经济。而因联合生产或是联合经销多种产品而产生的经济则称之为范围经济。[30]这种理论是指，当生产单一产品时，企业的规模越大，企业的经济效益越好（当然也要考虑大企业病带来的危害），当以全球化为约束条件企业达到最小最佳规模时，企业的效率最高；当企业生产多产品时，产品可以互相利用生产条件，实现集约化生产，企业绩效最佳，当其也达到产品数量最小最佳规模时，企业的范围效益最佳。

马克思的分工与国际交往理论是对亚当·斯密分工理论的扬弃，并提出了自己的理论创新。马克思认为随着机器和蒸汽的应用领域不断扩大，那部分脱离本国基地的要素的生产完全依赖于世界市场、国际交换和国际分工。[31]"这些工业所加工的，已经不是本地的原材料，而是来自极其遥远的地区的原材料；它们的产品不仅供本国消费，而且同时供世界各地消费。旧的靠本国产品来满足的需要，被新的要靠极其遥远的国家和地区的产品来满足的需要所替代了。过去那种地方的和民族的自给自足和闭关自守的状态，被各民族的各方面的互相往来和各方面的互相依赖所替代了。"[32]"资本一方面要力求摧毁交往即交换的一切地方限制，征服整个地球作为它的市场，另一

方面，它又力求用时间去消灭空间，就是说，把商品从一个地方转移到另一个地方所花费的时间缩减到最低限度。资本越发展，从而资本借以流通的市场，构成资本流通空间道路的市场越扩大，资本同时也就越是力求在空间上更加扩大市场，力求用时间去更多消灭空间。"[33] "它迫使一切民族——如果它们不想灭亡的话——采用资产阶级的生产方式；它迫使它们在自己那里推行所谓的文明，即变成资产者。一句话，它按照自己的面貌为自己创造一个世界。"[32] 那时，"各民族的精神产品成了公共的财产。民族的片面性和局限性日益成为不可能，于是由许多民族的和地方的文学形成了一种世界文学"。[32]

19世纪，马克思所提出的分工与国际交往理论，其重心不在于对经济效率的追求，而是着眼于劳动者的自由与解放，实现我们今天提到的以人民为中心的发展理念。1864年马克思在给巴·瓦·安年科夫的信中说："人们不能自由选择自己的生产力——这是他们的全部历史的基础，因为任何生产力都是一种既得的力量，是以往的活动的产物。……后来的每一代人都得到前一代人已经取得的生产力并当作原料来为自己新的生产服务，由于这一简单的事实，就形成人们的历史中的联系，就形成人类的历史，这个历史随着人们的生产力以及人们的社会关系的愈益发展而愈益成为人类的历史。"[34] 马克思眼中人类的历史，就是人类自我解放的历史。而"每一个单个人的解放的程度是与历史完全转变为世界历史的程度一致的"。[32] 就像马克思在《共产党宣言》中两句著名的话，一是"全世界无产者，联合起来！"[32] 一是"代替那存在着阶级和阶级对立的资产阶级旧社会，将是这样一个联合体，在那里，每个人的自由发展是一切人自由发展的条件"。[32] 前一段话是说，在人类历史转向世界历史的过程中，只有无产阶级联合起来，才能取得自身解放；后一句话表示，真正的世界历史，将是一个个自由个体的联合体。无产阶级联合起来求得的解放是人类历史的一个必须的过程，是人类的终极目标，是建立自由人的联合体。在这里，马克思的分工与国际交往理论，是站在全世界劳动者的角度建立的理论，它的根本目标就是实现人的解放和确立以人民为中心的发展理念。

总的看来，坚持分工理论、规模范围效益理论和全球化经济理论，是为了在目前还存在社会主义与资本主义的全球市场经济竞争中占据有利地位，伸张自己的发展理念；坚持马克思主义分工与国际交往理论，是为了解放劳动者自身，实现以人民为中心的发展理念。为此我们认为：民族经济学应该以西方经济学分工理论、规模范围理论和全球化理论为一种基础理论，以马克思主义分工与国际交往理论为另一种基础理论，做到既追求民族国家的经济效益最大化与竞争力最优化，又实现劳动者自身的解放，践行以人民为中心的发展理念。

四、余论

按照经济学的传统逻辑分析至此，一般而言本文就可以结尾了，逻辑推演过程就是完整的了，不存在明显瑕疵了。然而，我们还是面临罗纳德·科斯在研究"企业的性质"时面临的同样问题，那就是"黑箱"问题，只是科斯面对的是企业这个"黑箱"，我们面对的是民族这一"黑箱"，我们不了解各个民族成员用不同态度从事经济活动会产生不同绩效背后的原理。要想弄清"民族因素"与"经济因素"的互动关系，就只有用历史的方法进行经验性的研究，然而这却无从了解其中的因果关系。为了打开民族—经济这个"黑箱"，我们将借用金碚新近提出的商域经济学理论，彻底打破经济学界对充分竞争和匀质化市场的神话，在保证尊重市场经济理性的前提下，引入人的因素，对市场经济的"逻辑断点"进行解释，力求让以中国为代表的社会主义市场经济理论更能接近市场运作的实际，更能真实地反映人类经济活动的现实，运用中国人创造的经济理论，解释现实经济运行过程，提高经济理论对现实经济生活的解释度。

金碚在商域经济学中引入了人的因素，强调人是文化的产物，由于演进路径的不同，来自各不同群体的人不可能拥有共同的文化。而文化又是影响人们行为的重要因素，不同文化传承的人，会做出截然不同的事情，可以说，人们的行为是受到文化属性支配的。如此推论，不同文化群体的成员会有着迥异的经济行为，我们要阐释清楚所面临的经济活动，就要研究不同文化群体成员经济行为的相容性问题。商域经济学认为人的经济行为是受区域环境影响的，不同的区域塑造差异化的人文环境，会铸成不一样的地域文化，从而影响到区域人类群体的经济行为。要想以地域维度解释经济行为问题，就要厘清区域对所属人类群体文化的作用，及其对经济行为的影响。商域经济学还认为人的经济行为要受所处领域差异的影响，处于不同领域人类群体的文化特征和经济行为都有所不同。在此，领域意指抽象，并非是一个具象的词语，它可能是指一种制度形态，也可能是一种制度文化，还可能是一种人际氛围，总之，它是一种环绕在特定人类群体周围的"场"，无时无刻不在影响人们的行为。这样一种领域，注定要影响群体成员的文化特征与经济行为，影响经济活动的绩效。要想搞清领域对经济行为的影响，就要厘清领域与经济行为之间的关系。

上述文化、区域、领域等西方经济学之外影响人类经济行为的要素，也恰好构成了民族定义的要件，如果没有上述三个要件，那么民族将无从定义。至此可以说，以民族作为维度进行分析，可以解释当下主流经济学理论难以解释的经济现象和发展问题，同时也将促使我们更能接近人类经济现象的本原。至此，我们运用商域经济学理论不仅显现了民族—经济这个"黑箱"的运作原理，还给民族经济学找到了一条解释

现代经济运行机理的有效路径，使民族经济学的地位作用显著提高，未来民族经济学可能就是解释人类经济发展最有力的理论武器。

参考文献

[1] 叶坦．全球化、民族性与新发展观——立足于民族经济学的学理思考［J］．民族研究，2005（4）．

[2] 李忠斌．关于民族经济学研究中几个问题的讨论［J］．中南民族大学学报，2003（1）．

[3] 王文长．关于民族经济学研究的几个问题［J］．民族研究，1999（4）．

[4] 施正一．民族经济学教程（修订本）［M］．北京：中央民族大学出版社，2001．

[5] 黄建英．民族经济学研究中的几个问题［J］．中央民族大学学报，2005（6）．

[6] 庄万禄．浅论民族经济学学科建设［A］//张丽君，杨思远．新目标、新体制、新学科［M］．北京：中央民族大学出版社，2004．

[7] 邓艾，李辉．民族经济学研究思路的转变［J］．中央民族大学学报，2005（2）．

[8] 施正一．施正一文集［M］．北京：中央民族大学出版社，2001．

[9] 施正一．民族经济学教程［M］．北京：中央民族大学出版社，1997．

[10] ［美］约瑟夫·熊彼特．经济发展理论（中译本）［M］．郭武军，吕阳，译．北京：华夏出版社，2015．

[11] 高言弘．民族发展经济学［M］．上海：复旦大学出版社，1990．

[12] 东人达，腾新才．论民族经济学的学科归属［J］．西南科技大学学报，2013（1）．

[13] 叶坦．区域经济与民族振兴［J］．中国社会科学院研究生院学报，1998（4）．

[14] 龙远蔚．中国少数民族经济研究导论［M］．北京：民族出版社，2004．

[15] 罗隆基，田广．论经济人类学中国本土化实践及理论贡献［J］．中央民族大学学报，2014（3）．

[16] 陈庆德．民族经济学［M］．昆明：云南人民出版社，1994．

[17] 刘永佶．民族经济学的主体、对象、主义、方法、主题、内容、范畴、体系［J］．中央民族大学学报，2007（5）．

[18] 龙远蔚．少数民经济研究的回顾与展望［J］．民族研究，1998（5）．

[19] 牟钟鉴．民族观和民族主义的反思［J］．中央民族大学学报，2003（4）．

[20] 王燕祥．经济人类学与民族经济学［J］．中央民族大学学报，1998（3）．

[21] 黄万伦等．中国少数民族经济教程［M］．太原：山西教育出版社，1998．

[22] ［美］托马斯·库恩．科学革命的结构［M］．金吾伦，胡新和，译．北京：北京大学出版社，2003．

[23] ［英］亚当·斯密．国民财富的性质和原因的研究（中译本）［M］．北京：商务印书馆，2010．

[24] ［英］亚当·斯密．国民财富的性质和原因的研究［M］．北京：商务印书馆，1997．

[25] ［瑞典］贝蒂尔·奥林．地区间贸易和国际贸易（中译本）［M］．王继祖，等译．北京：首都经济贸易大学出版社，2001．

[26] ［美］塞缪尔·亨廷顿．文明的冲突与世界秩序的重建（中译本）［M］．北京：新华出版

社，1999.

[27] 于光远. 关于研究中国少数民族经济的几个问题 [M] //民族经济学研究（第一集）. 银川：宁夏人民出版社，1983.

[28] 宁骚. 民族与国家 [M]. 北京：北京大学出版社，1995.

[29] 金碚. 关于开拓商域经济学新学科研究的思考 [J]. 区域经济评论，2018（5）.

[30] [美] 小艾尔弗雷德·钱德勒. 规模与范围——工业资本主义的原动力 [M]. 张逸人，等译. 北京：华夏出版社，2006.

[31] 马克思恩格斯文集（第 1 卷）[M]. 北京：人民出版社，2009.

[32] 马克思恩格斯文集（第 2 卷）[M]. 北京：人民出版社，2009.

[33] 马克思恩格斯文集（第 8 卷）[M]. 北京：人民出版社，2009.

[34] 马克思恩格斯文集（第 10 卷）[M]. 北京：人民出版社，2009.

论民族经济学的域观范式基础[*]

李曦辉

摘　要： 民族经济学是在马克思主义理论指导下吮吸中华文化的精髓而产生于中华大地的经济学，产生之初即被定义为马克思主义政治经济学的组成部分，然而，由于民族地区现代化对指导理论的迫切需要，使得学科率先关注了具体的经济现象，并没有按照预设建设成为马克思主义政治经济学的重要组成部分，学科的持续发展面临困境。而今，应运而生的域观经济学，关注价值文化与制度形态，在民族经济学和马克思主义史观经济学之间架起了桥梁，民族经济学有可能借助域观经济学范式，按照马克思主义政治经济学范式推进自身的成熟与完善，发展成为经济学中国学派的重要分支学科。

关键词： 民族经济学；域观经济学；范式基础

在 1979 年 3 月召开的全国经济科学八年规划（1978～1985 年）会议上，中央民族学院黄万伦教授提出建立中国少数民族经济学科，经过讨论为会议所接受，被列为经济科学的 27 个分支学科；同年 9 月，在中央民族学院庆祝中华人民共和国成立 30 周年学术研讨会上，施正一教授提出建立民族经济学，标志着民族经济学的诞生。目前，经过 40 余年的发展演进，民族经济学已经成为具有中国特色的经济学学科，对国民经济发展，特别是对涉及各民族的经济社会进步方面，发挥了积极的理论指导作用。然而，迄今为止民族经济学在国务院学位委员会颁布的学科目录中，还没有被列入经济学的学科体系，只是以中国少数民族经济的名义被划入民族学学科，作为民族学的二级学科，却在进行着经济学的教学研究工作。随着我国改革开放的深入发展和全球化进程的不断加速，在经济全球化与民族文化多元化悖论日益深化的今天，民族经济学本应在经济学理论大家庭中发挥更大的作用，但由于理论准备不够充分，加之受所在民族学学科归纳逻辑范式的影响，并没有对中国学派经济学发展产生应有的影响。究其原因，就是民族经济学科关注文化要素对经济的影响，着重研究文化与经济的关系，

---

* 本文为 2019 年度国家社会科学基金重大项目"中国特色社会主义少数民族经济发展及其国际比较研究"（19ZDA173）阶段性研究成果。

这是与西方经济学强调抽象经济理性而舍象掉文化要素相背离的，因此难以借鉴西方经济学经济人假设的核心要件确立自己的研究范式。这可能也是民族经济学一直与西方经济学范式存在隔膜的主要原因。如何建设民族经济学研究范式，是未来学科发展应着力关注的问题。民族经济学融入经济学家族之中，有两种路径，一是学科自我改造，适应现有的西方经济学范式；二是在学科范式发展演进过程中，以马克思主义政治经济学理论为指导，科学吸收中华传统文化优秀成分，建立属于我们自己的经济学中国学派。我们接下来的研究将从第二种路径入手，研究民族经济学的范式问题。

一、民族经济学产生与发展现状

民族维度的经济分析早在 19 世纪革命导师的经典文献中就已经多次出现，其后由于具有特殊民族国家构成的美国主导了世界经济潮流，才不经常被主流学界提及；只是到了中国改革开放以后，由于少数民族也要和其他民族一样寻求经济发展来完成其自身的现代化进程时，才在现实的推动下发展成了具有中国特色的经济学学科。

（一）民族经济学产生的历史背景

从世界范围来看，"第一批民族国家兴起于 13 世纪中叶到 15 世纪下半叶的西欧，而到 17 世纪上半叶它们最终得到了巩固"。[1]欧洲民族国家形成的理论基础，就是 1648 年签订的《威斯特伐利亚和约》确立的国家主权原则，标志着世界进入近代发展阶段。恩格斯曾指出："日益明显日益自觉地建立民族国家的趋向，是中世纪进步的重要杠杆之一。"[2]马克思主义经典作家的论著表明，"民族国家是马克思主义政治学的一个基本范畴。在马克思主义传入中国以后最初的几十年里，由于革命与反革命之间的斗争是我国政治生活的主题，所以国家的阶级实质问题受到了学术界与理论界的极大重视，而国家的现代形式即民族国家问题，则没有受到应有的注意。"[1]其实马克思主义经典作家对民族国家的动因与结果问题早有重要论述。《共产党宣言》曾经指出："各自独立的、几乎只有同盟关系的、各有不同利益、不同法律、不同政府、不同关税的各个地区，现在已经结合为一个拥有统一的政府、统一的法律、统一的民族阶级利益和统一关税的国家了。"[3]这是因为，民族国家的兴起和资本主义战胜封建主义，主要是经济因素推动使然。列宁也曾指出：经济动因推动人们去建立能够满足资本主义生产要素所需要的民族国家。"为了使商品生产获得完全胜利，资产阶级必须夺取国内市场，必须使操着同一语言的人所居住的地域用国家形式统一起来。"[4]说明语言的统一和生产要素的无障碍流动，是资本主义经济发展的必要条件，这正与民族国家的要件出现了吻合。毛泽东在《中国革命与中国共产党》中也有论述："中国是一个由多数民族结合而成的拥有广大人口的国家"，"中国……是一个伟大的民族国家"。[5]由于生产力进

步的推动，摆脱了封建社会束缚的中国，也走上了民族国家的道路。

有研究指出：20世纪70年代末，中国政府的民族工作转向发展民族地区经济，中国民族学应用研究的重心也由少数民族的社会形态研究转向经济发展研究。[6]这种转变更大的背景就是改革开放，党的十一届三中全会认为，"大规模的急风暴雨式的群众阶级斗争已经基本结束"，"解放思想，努力研究新情况新事物新问题，坚持实事求是、一切从实际出发、理论联系实际的原则，我们党才能顺利地实现工作重心的转变，才能正确解决实现四个现代化的具体道路、方针、方法和措施。"[7]这时的工作重心开始转向了经济建设，少数民族和民族地区作为中华民族重要的组成部分，也当然转向了以经济建设为中心，这时需要一种理论指导，民族经济学也就应运而生了。对于民族经济学产生的背景，有学者总结道："民族地区经济发展极端落后，不仅不符合我国的民族政策，也有违于社会主义经济建设的基本原则，更不利于民族团结和边疆稳定，还有损于我国的现代化建设。因此，从理论上探讨如何加快民族地区经济发展就成为学术界的一个紧迫任务，民族经济学正是在这种背景下应运而生的。"[8]学者们普遍认可的观点是民族经济学产生基于两个原因，一是斯大林的民族定义，"民族是人们在历史上形成的一个有共同语言、共同地域、共同经济生活以及表现于共同文化上的共同心理素质的稳定共同体"。[9]受经典作家的启发，经济学家做了推演。"从共同的地域、共同的语言、共同的心理素质产生了民族地理学、民族语言学、民族心理学，很自然，从共同的经济生活也就产生了民族经济学"。[10]"二是民族地区经济发展的迫切需要。……帮助这些民族发展社会经济，不仅在中国社会主义建设当中具有特殊性，而且在世界范围内，在发展中国家和地区中，属于一个全新的课题。面对这种现实及发展的需要，便亟待有一门成熟而科学的理论的具体指导。这门学科就是民族经济学"。[11]

从民族经济学产生的背景来看，世界早已进入民族国家时代，作为工业化时代后进的国家，多民族国家的发展现实，需要我们回应国家发展建设方面的经济理论问题；无产阶级经典作家近百年来已经提出了一系列民族经济方面的论断，可以供学术研究借鉴；关于斯大林的民族定义，已经衍生出了一系列民族问题相关学科，为民族经济学树立了榜样；改革开放以后中国民族地区迫切需要发展经济的现实，构成了民族经济学发展的直接动力。正是在这样一些动因的推动下，民族经济学在改革开放初期便应运而生了。

（二）民族经济学面临的问题

随着经济全球化进程的加速，中国也提出了自己的全球化模式，即全球化的中国版本"一带一路"倡议，希望用中国睦邻友好的传统文化智慧，引领人类全球化的进程。由于世界是由数千个民族构成的文化多元的世界，民族维度的研究，在中国版本的全球化世界体系当中就显得尤为重要。正是这种历史的机遇，使得民族经济学要承

担起诠释中国版全球化背景下经济社会运行机理的重任。然而,"过去 20 多年的理论探索表明,在现有研究思路范围内很难解决民族—经济难题,民族经济学要进一步发展,就不能只是对某些个别理论和方法进行修补、完善,而是需要对民族经济学现有的总体研究思路进行全面的反思和调整"。[12]然而,民族经济学目前还没有对全球化做出一个完美的理论与实现回应,这不能不说是学科发展过程中的一个缺憾。

全球化是人类无法回避的一个趋势,由于生产力发展的推动,人类的经济活动只有实现了资源全球配置,才能实现最佳的效益。可是,在全球化进程中,却出现了两种趋势,即经济的全球化和民族文化的多元化,并形成了当代人类社会发展的一个主要悖论。作为关注民族维度的经济学分支学科,民族经济学又关注民族的文化维度,这就为人类克服上述悖论提供了一个解决途径,民族经济学应主动提供新型全球化过程中面临的经济及全球化与文化多元化矛盾的解决方案,建立基于马克思主义理论与中华文化的经济—文化发展模式。然而,建立在假设基础之上、秉持演绎逻辑的西方经济学,从学科产生开始就已抽象掉了民族文化因素,并且不关注马克思主义政治经济学注重的史观维度,单纯从经济人假设出发,只关注商品的交换价值而不注重使用价值,从而产生了货币拜物教,一步步发展成了脱离现实的经济学范式,而今在中国越来越主导全球经济的时代,就显得难以客观描绘现实世界了。这可能就是西方经济学界对中国经济评价一塌糊涂而我国经济形势却不断向好的一种解释吧。民族经济学关注文化(胡适称文化具有民族性)对经济的影响作用,这样具有鲜明人群色彩的经济学说,并不符合西方经济学范式,也无法用西方经济学偏好的价值单位来通约一切经济活动,致使不同文化滋养出来的经济生活难以用统一的标准进行度量,于是,中西经济发展模式就成了不可比较的范式。那么,为了发展中国经济、推广中国范式,就需要建立发展具有鲜明中国特色的民族经济学。

(三)马克思主义共同体学说需要理论支持

马克思从历史唯物主义的高度对人进行了深入的分析,认为人的本质在其现实性方面是"一切社会关系的总和"。[13]这就开启了对人分析的一个新视角,认为人就是人与人、人与物关系的一个集中反映,人离不开各种各样的社会关系。紧接着马克思又认为,"人们的社会历史始终只是他们的个体发展的历史,而不管他们是否意识到这一点"。[14]"人是最名副其实的政治动物,不仅是一种合群的动物,而且是在社会中才能独立的动物。孤立的个人在社会之外进行生产——这是罕见的事,在已经内在地具有社会力量的文明人偶然落到荒野时,可能会发生这种事情——就像许多个人不在一起生活和彼此交谈而竟有语言发展一样,是不可思议的。"[15]马克思认为,我们社会发展的历史就是人个体发展的历史,只有作为社会最基本组成要素的人得到了全面发展,社会才真正实现了进步。马克思又认为,"人的实质也就是人的真正共同体"。[16]"只有在共同体之中,个人才能获得全面发展其才能的手段,也就是说,只有在共同体中

才可能有个人的自由。"[17] 马克思论述了社会发展是也只能是人个体发展的历史，同时，人又只有处于共同体之中，才能实现自身的发展。这是因为，人个体的发展、各种共同体的发展，都要由生产力发展水平来决定，而个体的人又无法驾驭现实中全部的生产力，大多数时候需要人组成的共同体通力合作，才能促进生产力的进步。马克思把人类历史划分为三种形态：第一是限于生产力发展水平，体现为"人的依赖关系"；第二是由于货币的出现，体现为"以物的依赖性为基础的人的独立性"；第三是"建立在个人全面发展和他们共同的社会能力成为他们社会财富基础上的自由个性"，也就是人的全面发展。

在社会主义阶段，人们开始逐渐摆脱对货币等物的依赖，开始进入人的全面发展的时代，而这时仍然需要人们结成共同体，而且是与资本主义时代人对物依赖时代完全不同的共同体，这对我们是一个考验。在社会主义社会，民族仍然是客观存在，特别是像中华民族这样经由文化认同形成的共同体，在社会主义社会更是要长期存在。这时，就需要我们提出指导社会主义时代生产力发展的指导理论，来指导我们的经济社会发展实践，我们研究的民族经济学无疑具有这方面的特征，可以成为指导理论的一个分支。然而，民族经济学自身还面临学科理论与时俱进的问题，需要我们先行发展完善，而后才能履行上述重要的职能。

二、域观经济学可以为民族经济学提供理论思维支持

近年来，为有效回应经济全球化与民族文化多元化的现实诉求，中国社会科学院金碚学部委员提出了域观经济学理论，试图回答经济理性与价值文化、制度形态之间的关系，并为中国版全球化提供一种理论解释。民族经济学作为关注民族文化与经济发展之间关系的科学，与域观经济学有诸多交汇领域，可以借助域观经济学理论思维指导自身的学科理论建设。

（一）域观经济学概述

域观经济学是从对西方经济学之中假设与现实的吻合程度产生怀疑开始的，"其实，再完美的形式逻辑外观下，经济学也有其内在逻辑的缺陷，不仅在逻辑推演中过度依赖于'假定'条件，而且有的假定是脱离现实甚至是无视真实的，为了贯彻工具理性而往往失去了本真价值理性。也就是说，经济学作为演绎逻辑为主线的推理表达体系，实际上是存在'逻辑断点'的。"[18] 在域观经济学开创性的论文中，金碚对西方经济学的假设逻辑体系进行了基于中国文化基础的逻辑检视，认为：第一个假设是"目的"假设，即假设人的行为是有目的的。第二个假设是"自私"假设，假设人的一切行为目的都是追求效用最大化，是自私的。第三个假设是"经济人"假设，假定

人有能力进行理性计算，人人都是精于计算的利己主义者。第四个假设是"利润最大化"假设，从自然人经济人假设直接推论出企业法人是以利润最大化为唯一目标。第五个假设是"新古典经济学"假设，假设在如同"空盒子"般的市场空间中，自由市场竞争机制（看不见的手）可以保证实现社会福利的最大化，可以实现市场的"一般均衡"。对于上述五个假设，金碚结合文化与制度因素进行了逻辑检视。对于第一个假设，认为暂且承认它的"公理性"，以避免陷入人是否"理性"的争论。对于第二个假设，认为除了"经济人"假设以外，还有"资本主义人""社会人""自我实现人"以及"复杂人"等一系列假设，并非只有经济人一种假设可以自圆其说。对于第三个假设，认为从自私假设推论出"经济人"假设，只是在人的个人主义自私性中加入了"经济理性"，"经济人"假设只是经济学追求逻辑自洽性的一个权宜之计，或是"次优选择"，并不是经济学逻辑的唯一。对于第四个假设，从个人主义"经济人"假定直接推演出"利润最大化"目标，更是一种武断的推论，并不符合经济现实。企业作为法人，本身感觉不到利益得失，它们既不会因盈利而快乐，也不会因损失而痛苦，那么，它们为什么以利润最大化为目标呢？对于第五个假设，新古典经济学假定已不是假定，它是假想在"空盒子"般的市场空间条件下，由假想的原子般的自利经济主体进行最优化理性决策而推导出的结果，并非是真实的存在。[18]西方经济学的假设有很多想象的色彩，许多假设并不是现实世界真实存在的状态，带有浓烈的理想主义成分。要想校正理想与现实之间的分殊，"最重要的就是必须依靠各种'价值文化'因素和手段（价值文化可以体现为各种正式或非正式的制度，显性或隐性人际交往关系），以弥合经济学抽象逻辑之断点"。[18]

要想让经济学假设更接近现实的经济社会生活，使经济学理论更具现实解释力，就要让假设中的人更像活生生的人。"在现实中，所有人都不是生活在微观经济学和宏观经济学所描绘的抽象世界中，而是生活在一定的实际境域之中，即'一切社会关系的总和'映射下的某个局部世界里。"[18]金碚进一步指出："人性不可能离开社会的价值文化环境作为赤裸裸的'理性人'（经济人）而存在。所以，经济现代化，尽管是经济理性化的过程，同时也是文明化的过程。所谓文明化，则是经济理性、价值文化和制度形态相互交融的复杂社会过程和心理过程。"[19]在经济发展前提条件即人的文明化过程中，思想流动也是重要的环节。"中华民族的历史是一部多民族多域思想流动和文化融合的历史，曾经的强大正是这一文明特质尽情张扬的表现；一度的停滞甚至衰落，则是自我封闭，特别是阻塞思想流动，僵化固守的后果。"[20]对于人的文明化和思想流动进程，金碚认为在我国则是与民族间的交往交流交融密不可分的。"各民族地区的经济和商业活动是值得商域经济学着力研究的重要领域。民族经济学是商域经济学密切相关的学科。"[18]由此看来，民族经济学与域观经济学存在密切相关的关系，域观经济学发展需要民族经济学的素材，民族经济学进步需要域观经济学的理论思维支持。

（二）经济理性是民族经济学发展的基础

民族经济学从产生之日起，就肩负着政治与文化使命，学科的发展对铸牢中华民族共同体意识具有重要的影响。在深入分析民族经济学的发展历程与存在问题的基础上，笔者将"民族经济学定义为按照经济学而非民族学的范式对民族过程的政治文化效果进行规范研究的一门科学"。"民族过程就是通过各个民族的结合与分解，使它们先前所拥有的稳定性状发生改变，并最终达到一种新的稳定状态的过程。民族过程包括民族分解和民族结合。民族分解过程：或表现为一个民族分解为几个单独的民族，而原先那个民族便不复存在；或表现为从一个民族中分化出几个与之并立的单独民族。民族分解包括民族迁徙和政治分割。民族结合是指若干单独存在的族类共同体由于相互接近而产生地域和经济联系上的同一性、语言和文化上的同质性的过程。民族结合包括民族整合、民族聚合、民族同化、民族融合"。[21]这种民族过程受多种因素驱动，但在经济全球化时代，驱动这一进程的却主要是经济因素，即基于分工理论，人类的生产活动只有分工才会体现出最佳的效益，而生产要素的配置，只有实现了全球范围的配置，才算是实现了最佳配置。在这种理论推动下，人类开始寻求经济活动的全球化，但遇到了人类文化多样性的抵抗，只有人类文化实现了互认、互谅、共容，我们的经济活动才能实现最优化。在人类经济全球化和文化多元化悖论的解决过程中，民族经济学正在发挥重要的作用，这期间，经济理性将发挥基础性的推动作用。过去的民族经济学研究，没有专注经济理性的基础性作用，而是更多地关注了具体化的问题，由于对经济理性研究的不够深入，民族经济学并没能指导民族地区经济生活中实现更大的产出，影响了各民族群众的经济生活水平提高，也没有对铸牢中华民族共同体意识起到更积极的促进作用。金碚在对域观经济学阐述过程中涉及了经济理性的作用问题时认为："市场经济的经济理性，是以'目的'与'手段'的反转为特征的。在市场经济制度下，追求工具目标的动力越强，经济增长的能量就越大。""当年的'思想解放'，本质上就是解除对经济理性的束缚。思维方式的转变非常符合中国的务实精神，结果则是让经济理性得以张扬，极大地促进了中国工业化进入加速推进的过程。"[19]民族经济学只有从民族维度启动国家现代化进程和财富积累进程，才算完成了学科发展的主要任务，否则就不能称之为经济学。对于目前中国而言，就是亟须经济理性的族际传递，让所有民族都在自己的文化当中确立经济理性的重要地位，实现财富创造水平的最大化，而后才能谈到社会发展与现代化问题，每个民族只有过上了丰衣足食的现代生活，才有可能实现中华民族共同体的自觉认同。

（三）价值文化是民族经济学的核心概念

经济理性的张扬，让人类得以创造出巨大的经济价值，这作为人类社会发展一定阶段而言是不可逾越的，任何社会都要实现物质财富的最大化，否则无法满足社会成

员对物质生活基本条件的追求。然而，物质财富的丰富并不是人类社会追求的唯一目标，人类的目标是多元的。一方面，就像福利经济学讲求国民财富的合理分配，并从国民财富的合理分配中，推演出分配的最佳效果；另一方面，如果一个社会的财富相比于另一个社会财富的绝对数量不够大，无论是运用福利经济学理论分配得多么合理，都不会让社会成员感到满意。因此我们认为，只有一个社会的财富相比较于其他社会表现为绝对数量足够大，并且分配合理时，社会成员的满意水平才会最高。我们提倡经济理性，就是为了运用工具理性实现社会财富创造水平的最大化，满足社会成员对物质财富的需求。那么是不是有了社会财富最大化这一前提以后，所有社会成员就都会觉得满意了呢？其实并不是如此，从民族经济学的民族维度来进行分析，我们就会发现，不同民族由于文化的差异性，享受人类物质成果的水平是差异很大的，并非物质财富极大丰富后，就能带来所有民族成员的满意。因为，"价值文化的差异，会影响经济理性张扬过程的模式形态，导致经济发展和商业进步过程的商域特色"。[18]按照美国文化人类学家露丝·本尼迪克（Ruth Benedict）的解释就是：生活在一种文化之中的人，"从他出生之时起，他生于其中的风俗就在塑造他的经验与行为。到他能说话时，他就成了自己文化的小小的创造物，而当他长大成人并能参与这种文化的活动时，其文化的习惯就是他的习惯，其文化信仰就是他的信仰，其文化不可能性亦就是他的不可能性"。[22]也就是说，由于民族文化的差异，经济理性的张扬，其结果在不同民族间是存在差异的，不能一概而论。目前，经济全球化已经形成潮流，要求多元化的民族文化要逐渐互谅、共容，最终形成一种与经济全球化潮流相匹配的文化形式。对于中华文化而言，就像中国共产党创始人之一李大钊先生认为的那样："吾国历史相沿最久，积亚洲由来之数多民族冶融而成此中华民族，畛域不分、血统全泯也久矣，此实吾民族高远博大之精神有以铸成之也。今犹有所遗憾者，共和建立之初，尚有五族之称耳。五族之文化已渐趋一致，而又隶于一自由平等共和国体之下，则前之满云、汉云、蒙云、回云、藏云，乃至苗云、瑶云，举为历史残留之名辞，今已早无是界，凡籍隶于中华民国之人，皆为新中华民族矣。"[23]也就是说，中华民族的文化应该发展成为一种既能够包容各民族文化又与经济全球化相适应的全新的中华民族文化，这就是价值文化在民族经济学中的核心地位的表现。

（四）制度形态是民族经济学重要的外在条件

在我国，制度一词出于《周易·节》"天地节而四时成；节以制度，不伤财，不害民"。"君子以制数度，议德行。"是指礼数法度，或者规矩。《辞海》的解释是："要求成员共同遵守的、按一定程序办事的规程。"纵观历史，东西方由于不同的生存环境，孕育出了迥异的制度形态。有学者在回顾西方城邦制发展历史后指出，欧洲的城邦之间，除了政治上的联系以外，没有其他任何方面的联系，这导致城邦制国家容易分裂。也正是这种城邦制度的历史存在，成为了西方社会发展进程中主要的历史基础，

于是，在这种历史基础之上便产生出亚当·斯密式的政府只充当守夜人角色的市场经济，这就是制度这种外在约束条件下所能生长出的经济理论，今天的新古典经济学正是这种理论的延续。中国则不然，我们作为一个农耕国家，自始就需要一种外在力量的介入，组织大家进行个人力量所不能及的类似于农田水利项目的建设，也就滋养出了我们特有的经济理论。拉铁摩尔（Owen Lattimore）在其中国研究著作《中国的亚洲内陆边疆》中指出："研究中国上古史，最显著的一点就是其地理范围不大。中国历史并不起源于今日中国内散布的各点，再由这些据点发展合并成一个包括多源的共同文化。""在中国的景观中，最好的土地是灌溉的田地。而建立并维持灌溉制度所必需的水利工程，要想完全由私人完成是不可能的，无论他是怎样一个富有的地主，水利工程都必须由国家经营。"[24]凡此种种，作为典型的农业社会，中国的发展历程中，需要国家介入的例子还有很多，这样一种文化的养成，为中国政府介入经济活动提供了制度土壤。这也就使得中国的经济活动中多有政府的介入，只有政府有效的介入了，经济活动才能收到理想的效果。追根溯源，制度是来源于传统文化的，制度是文化的表现形式，文化是制度的内在支撑。就像金碚认为的那样："在不同的商域中，人们的价值观念和行为方式具有不同的文化特质，而且，由于制度形态的不同特质（制度形态及其特性又受传统文化的深刻影响，可谓'文化是制度之母'），决定或影响着人的价值观念和经济行为。"[25]由此看来，制度形态对经济理论会形成具有决定意义的影响，作为以民族维度为研究视角的民族经济学，是产生于中国大地的经济学理论，它的理论体系必然带有中国制度的痕迹，在学科理论构建过程中引入制度因素，必然会凝练出具有中国特色的经济学理论，而这一方面，域观经济学给予了理论思维方面的支持，构成了民族经济学指导理论。

三、结论与展望

民族经济学产生之初，创立者认为其是马克思主义政治经济学组成部分，并按照马克思主义政治经济学进行了学科定义。然而，学科的发展并没有按倡导者的想法发展成熟下去，中间由于民族地区现代化建设对指导理论的迫切需要，使得学科为了指导现实而偏离了创立者的定义，民族经济学发展到了今天的模样，与初衷还是存在距离的。如果按照马克思主义政治经济学的路径发展到今天，那么，民族经济学就应该依托马克思主义政治经济学的史观范式。马克思主义政治经济学在范式上是继承传统经济学奥地利学派史观研究范式的，对经济问题的研究来源于对历史事实的把握，从历史事件中提炼经济理论与经济学原理，是典型的史观经济学。到了现代西方经济学时代，为了迎合全球化需要对不同文化区域进行经济理论指导的需求，其抽象掉了民族文化因素，采用简单化的演绎逻辑来解释经济现象，试图让全世界的经济活动都可

以按照一种模式来衡量，用单一的西方经济学范式来研究。其实，现代西方经济学也不是不关注文化的，只不过他们希望全世界都通行西方文化，经济学家只研究西方文化对经济的影响就够了。这方面最明显的佐证就是亨廷顿的《文明的冲突与世界秩序的重建》受到西方社会持续广泛的推崇，书中内容饱含着文化霸权主义，是西方文化的最好彰显。在这样的时代，由中国人创立、基于中华民族传统文化现实发展起来的民族经济学，显然是无法满足西方经济学高度抽象、无历史、单一文化的学科范式的，这可能就是民族经济学在过去40余年发展面临困境的主要原因。而今，域观经济学应运而生，它在肯定经济理性的基础上关注价值文化和制度形态，试图把现代西方经济学抽象掉的文化、制度因素安放回经济学的理论框架之中，希望中国学派的经济学理论能够解释除西方世界以外更多的经济发展实践，成为人类的经济学，而不是某一民族的经济学理论。在这样的背景下，民族经济学就找到了与自身特点相适应的经济学范式体系，来支撑自身的进一步发展，未来就会发展成域观经济学体系之内的一个重要的分支学科。

参考文献

[1] 宁骚. 论民族国家 [J]. 北京大学学报，1991（6）.

[2] [德] 恩格斯. 论封建制度的瓦解和民族国家的产生 [A] //马克思恩格斯全集（第21卷）[M]. 北京：人民出版社，2003.

[3] [德] 马克思，恩格斯. 共产党宣言 [A] //马克思恩格斯选集（第1卷）[M]. 北京：人民出版社，2012.

[4] [俄] 列宁. 论民族自决权 [A] //列宁选集（第2卷）[M]. 北京：人民出版社，2012.

[5] 毛泽东. 中国革命与中国共产党 [A] //毛泽东选集（合订本）[M]. 北京：人民出版社，1967.

[6] 孟宪范. 中国民族学十年发展述评 [J]. 中国社会科学，1989（2）.

[7] 中国共产党第十一届中央委员会第三次全体会议公报 [A] //中共中央文件选编 [M]. 北京：中共中央党校出版社，1994.

[8] 沈道权. 民族经济学的学科性质探析 [J]. 中南民族大学学报，2004（3）.

[9] [俄] 斯大林. 斯大林全集（第二卷）[M]. 北京：人民出版社，1953.

[10] 施正一. 民族经济学和民族地区的四个现代化 [M]. 北京：民族出版社，1987.

[11] 贾晔. 民族经济学学科建设管见 [J]. 广西民族研究，1992（1）.

[12] 王文长. 关于民族经济学研究的几个问题 [J]. 民族研究，1999（4）.

[13] 马克思恩格斯文集（第1卷）[M]. 北京：人民出版社，2009.

[14] 马克思恩格斯选集（第4卷）[M]. 北京：人民出版社，1995.

[15] 马克思恩格斯全集（第46卷）[M]. 北京：人民出版社，1979.

[16] 马克思恩格斯全集（第1卷）[M]. 北京：人民出版社，1956.

[17] 马克思恩格斯全集（第1卷）[M]. 北京：人民出版社，1995.

[18] 金碚. 关于开拓商域经济学新学科研究的思考 [J]. 区域经济评论，2018（5）.

［19］金碚．中国经济发展中理性观念演变历程［J］．江苏社会科学，2019（1）．

［20］金碚．思想流动、域观常态与治理体系现代化［J］．北京工业大学学报，2020（1）．

［21］李曦辉．民族经济学学科新范式研究［J］．现代经济探讨，2019（9）．

［22］［美］露丝·本尼迪克（Ruth Benedict）．文化模式（中译本）［M］．何锡章，黄欢，译．北京：华夏出版社，1987．

［23］李大钊全集（第2卷）［M］．石家庄：河北教育出版社，1999．

［24］［美］拉铁摩尔（Owen Lattimore）．中国的亚洲内陆边疆（中译本）［M］．唐晓峰，译．南京：江苏人民出版社，2010．

［25］金碚．试论经济学的域观范式——兼议经济学中国学派研究［J］．管理世界，2019（2）．

从域观经济学范式认识中国奇迹[*]

陈晓东

摘　要： 西方主流经济"微观—宏观"范式思维的核心，假设具有充分经济行为自由的理性经济人，生活在完全竞争的市场经济自由世界，追求个人利益最大化，因此始终解不开"中国经济增长之谜"。中国共产党领导的中国特色社会主义制度，以及在改革开放中扮演关键角色的各级地方政府，具有域观特质。需要构建新的域观经济学分析范式，并推动新型经济全球化及国际政治经济秩序的构建。

关键词："微观—宏观"范式；经济学新范式；域观特质；中国特色

党的十九届四中全会指出："新中国成立七十年来，我们党领导人民创造了世所罕见的经济快速发展奇迹和社会长期稳定奇迹，中华民族迎来了从站起来、富起来到强起来的伟大飞跃。实践证明，中国特色社会主义制度和国家治理体系是以马克思主义为指导、植根中国大地、具有深厚中华文化根基、深得人民拥护的制度和治理体系，是具有强大生命力和巨大优越性的制度和治理体系，是能够持续推动拥有近14亿人口大国进步和发展、确保拥有5000多年文明史的中华民族实现'两个一百年'奋斗目标进而实现伟大复兴的制度和治理体系。"[1]中国经济发展的两个奇迹，是西方主流经济理论"微观—宏观"范式始终解不开的历史之谜。在西方主流经济理论范式框架中，以虚构的一元化符号体系替代真实多元的行为世界，很容易陷入解释力贫乏的窘境。2020年，世界经济遭遇新冠肺炎疫情的严重冲击，走西方现代化道路的发达或发展中国家，无论宏观还是微观经济纷纷出现败落，中国成为全球唯一实现经济正增长的主要经济体，再次证明社会主义制度的强大优越性，同时对经济学的全球重构产生极为深刻的影响。数千年来形成的历史文化价值特质，新中国70多年探索社会主义发展道路的伟大实践，使中国经济的微观主体和宏观态势各具特色，丰富性和多元性十分鲜

---

　　* 本文为国家社会科学基金重大研究专项"新时代中国特色经济学基本理论问题研究"（18VXK002）阶段性成果。

　　原文发表于《中国社会科学评价》2021年第1期。

明。认识中国道路和中国成就的域观特质，要求经济学研究范式必须具有对复杂现象的有效解释力，具有对中国庞大经济体不平衡发展的多方位涵盖性。[2]

一、"域观"范式多维度认识现实世界

伟大的实践产生伟大的理论。新中国成立到改革开放前的 30 年，中国经济学理论体系主干由以苏联计划经济实践为研究对象的社会主义政治经济学，以及以马克思《资本论》为基础的政治经济学资本主义部分构成。综合两大类经济学思想的研究范式主线，体现为基于历史逻辑的史观范式结构。改革开放后，西方主流经济学的研究成果不断融入社会主义经济研究，包含西方微观经济学和宏观经济学的新古典经济学逐渐成为主流研究范式。新古典经济学的核心思想是：原子化的个人具有充分的经济行为自由，生活在"完全竞争"的市场经济自由世界，按理性追求个人利益的最大化。基于自由主义的新古典经济学构想的经济世界，在想象的绝对空间中推演出一个完美的乌托邦，人人都按经济理性自由行动，形成一个可由单一规律描绘的一元化世界。主流经济学的"微观—宏观"范式，虽然不否认现实中人与人之间存在差异，但却舍象社会人的不同特质，推崇人性生来自私的普适性；虽然不否认现实中企业之间的异质性，但却假定企业的性质与行为目标都是为了利润最大化。[3]同质微观经济主体的自利行为，在无差异的均质空间中运行，被说成是"现代经济学"不容置疑的"公理"，因与在自然科学实验室条件下形成的"纯粹理想状态"类似，而称之为"科学"。在舍去基本制度的本质差别及其动态变化后，西方主流经济学得以使用越来越复杂的数学推导方法，解释在现实中并不存在或难以存在的经济学假定问题，或论证凭直观就可得知的常识性结论。经济思想的成熟与进步，逐渐表现为形式越发好看、更加抽象、类比更强、十分华丽的经济模型，而不是对现实世界经济社会变化作更深刻、更全面和更详细的系统阐释。

自反对劳动价值论的边际革命以来，现代经济学向数学化形式经济学的演变，不断遭到其体制内有识之士的诟病，被戏称为"黑板经济学"。模仿欧几里得几何学的演绎法，成为现代主流经济学的主要方法。首先在理智上虚构一些假设，然后建立抽象的数学模型，接着像数学和物理学那样求解，最后得出"合意"的结论。[4]弗里德曼一针见血地指出，"越是有意义的理论，其假设就越不现实"。[5]卢卡斯表示，这些模型的结果并非现实经济世界本身，其虚拟的相关性在于"通过时间序列近似模拟出现实经济的时间序列"，结果"经济思想的进步意味着越来越好的、抽象的、类比的经济模型，而不是对世界的好的书面描述"。[6]正如恩格斯在《反杜林论》中指出的，数学中数量关系的抽象作用在于，"为了对这些形式和关系能够从它们的纯粹状态来进行研究，必须使它们完全脱离自己的内容，把内容作为无关紧要的东西放在一边"。[7]主流

经济学越热衷于精致的假设推算工具，就越难以准确解释现实经济社会的发展。主流经济学从"理性经济人"这一"非常稳定的、高度简化的人性中推论出有关社会中的人的法则"，[8]社会科学的全部领域因而都落入了经济学"理性经济人"的分析范式。

西方主流经济理论的"微观—宏观"范式，撇开真实社会人的各种社会关系，包括价值、文化、制度、环境等因素对人的内在社会作用，把人类生产生活的社会环境假设成物理学的绝对空间，以确保其假设能够推导出一般均衡的结果，使宣称的规律具有严格的逻辑性和普遍性。"黑板帝国主义"以工具理性宰割本真理性，凌迟充满个性与多样化特质的真实世界。其不合理性正如金碚批评的，"在完美的形式逻辑外观下，经济学有其内在逻辑缺陷，不仅在逻辑推演中过度依赖于假定条件，而且有的假定是脱离现实甚至无视真实的，为了贯彻工具理性而往往丢失本真价值理性"。[9]金碚主张，用经济学的"域观"范式弥补西方主流经济学的缺陷，"域"的描绘可抽象为三个主要维度。[3]第一个维度是经济理性，也就是"微观—宏观"范式中的最基本假设。经济理性在经济学中抽象为工具理性，假设人都是趋利避害的，但仅有这个维度不能真正刻画人类理性或行为取向。因此，第二个维度即价值文化必不可少。人的类本质，不仅因其有意识和思想，而且是能制造工具以及有目的使用工具的物种。人的不同想法、行为和倾向直接导致每一个体的不同行为，在具体分析中不能将其完全抽象为无差别的人，不能将其排除于范式分析框架之外。第三个维度是制度形态。制度的形成并非理性构建的结果，而是历史长期演变的结构沉淀，制度同样具有多样性。经济学如果仅局限于经济理性唯一维度，"微观—宏观"范式的现实解释力将日渐匮乏。在理性基础上进一步研究文化价值和制度形态等问题，是经济学作为认识之学和致用之学的根本体现。多维度观察和认识现实，是经济学发展的必然方向。现实中的不同国家或地区，存在不同的企业群体，具有不同的行为模式，受不同社会制度的制约，这一混成的具象总体作为研究对象，可统称为"域"。将经济研究的范式承诺，从"微观—宏观"视角拓展为"域观"视角，域观经济学从简单的逻辑抽象一端，向更为具象的方向上升，在之前的简单范式框架中加入新的复杂维度，有助于更好地描述现实和理解现实。

二、中国特色社会主义的"域观"特征

基于西方主流经济"微观—宏观"范式刻画的无差异均质空间，在西方世界尤其是美国眼中，世界各国都应该是均质的，都应该实行资本主义制度。正如桑巴特所言，欧洲移民抛开了能够抛开的一切立志来美国，在纯粹理性原则基础上，创造一种自己认为全新的生活，因为"在这个世界上，没有其他任何一个国家像美国这样，如此赤裸裸地表现出对钱财的贪婪，甚至每一次经济活动的最终目标都是以营利为目的，为

了赚钱而赚钱。在这里，人们时时刻刻都在为了赚钱而奋斗，不到死亡的那一刻，这种对利润的永不满足的渴望是不会停下来的。在美国，人们对资本主义以外的任何一种谋生方式都一无所知，正是一种欧洲国家从来没有过的纯粹经济理性，让人们攫取利润的欲望得到前所未有的满足。哪怕通往资本主义道路是由无数尸体堆砌而成的，也无法阻挡资本主义继续前进的脚步"。[10]

域观经济学视域下的现实经济，就如同达尔文进化论描述的生物世界，可以区分为具有各自特质的个性和"域态"。域观分析范式在逻辑构架上首先承认，由同质性与异质性共同决定的域观特征，将域质性作为观察经济世界的基本范式思维。人类历史上的各种社会制度，并不是凭借"合理"理性就能构想和建立起来的，而是一定社会主体相互碰撞，不断实践、试错和选择的结果。不同理性判断的选择，最终取决于占优势的社会主体发展需要的取舍，因而必然是多元的、多样的丰富世界。世界各国社会制度和经济体制不可能千篇一律，也不存在绝对空间中的最优制度，中国的社会生态具有不同于其他国家的域观特征。

在具有中国特色的诸多域观特质中，最大的特征就是全心全意为人民服务的中国共产党的集中统一领导。中国共产党领导的中国特色社会主义是历史的选择，所形成的强大社会组织能力和国家动员能力，是中国能够采取非常措施与政策安排应对各种突发事件的必备条件。[11] 在 2020 年新冠肺炎疫情暴发的危难时刻，在一系列重大突发公共事件中，中国共产党处处把人民群众的生命安全和切身利益放在首位，充分体现了全心全意为人民服务的根本宗旨。"共产党人的一切言论行动，必须以合乎最广大人民群众的最大利益，为最广大人民群众所拥护为最高标准"。[12] 中国共产党坚持"从群众中来，到群众中去，相信群众，依靠群众"的群众路线，确保党的方针政策始终反映人民意志，维护人民利益。[13] 中国共产党自诞生以来，在中国革命各个阶段和社会主义建设中发挥的决定性组织动员作用，是任何非社会主义制度国家的政党所无法企及的。党领导一切包括对经济发展的领导，表现为党在中国革命、建设和改革开放中直接制定贯彻基本路线，构建路线落地的各种制度安排，尤其是当前正在全面落实的新时代发展理念。党的领导不同于"微观—宏观"范式中描绘的"政府"调控机构及其作用，前者的地位和功能是"超宏观"的，具有全方位影响力。新中国成立 70 多年来社会主义的经济发展道路和工业化史，具有创新与探索的特质性，是其他国家所无法比拟的。新中国成长壮大的独有域观特质，作为条件与基础，是其他国家难以模仿或复制的。各国的政治制度、经济体系和政策安排不存在最优模式，不同历史条件下对本国国情的有效适应性，就是最现实的理性选择。

在世界百年未遇大变局下，世界进程踏入动荡变革期，"微观—宏观"范式越来越难以解释人类社会面临的各种经济突变现象。它描述的经济世界是一元单调的，许多反其道而行之的重要现实，不是被视为异象，就是干脆不承认，或是将其视为未曾预料的"黑天鹅""灰犀牛"，都无规律可循。中国特色社会主义经济社会长期高速稳定

发展的奇迹，在"微观—宏观"范式看来有悖理论常态，须除之后方有资格被纳入世界主流社会体制。

经济全球化意味着各国经济体之间的要素流动、贸易畅通、投资交融，但并不必然出现各经济体的同质化和同构化。地理、文化和制度因素导致的经济活动空间差异性，决定了经济全球化不可能排除经济发展的多元性和多样性，这些不同的经济世界祸福相依、损益相联，各具特色。即便在"微观—宏观"范式训练下成长的人们，每当他们抬头看世界，都会像斯蒂格利茨那样发现，在旧体制结构的动荡中，"另一种世界是可能的"。中国特色社会主义及其经济体系，就是全球化新格局中不同于以美国为首西方世界的"另一种世界"。

按照文化多样性原理，我们还可以断定，中国之外还存在着更多性质特征不同的"另一种世界"。没有任何力量可以否认，中国特色社会主义及其经济体系是经济全球化多元格局中的重要一极，全球化的世界经济将因中国特色社会主义经济体系的存在而更加丰富多彩，更加具有发展潜质。经济全球化只有容纳包括中国在内的更多第三世界国家，更具包容性，世界经济发展才更具有可持续性。随着经济全球化的深入，中国经济同其他国家的相似性会越来越高，但不会完全消除各自的特质差异性，也不会因差异性的减少而使经济全球化失去活力。

从域观经济学的分析范式看，各国经济发展都基于自身社会的需要，具有独特的域质特征。美国施行自由资本主义制度，德国施行社会市场经济制度，而中国施行具有本国特色的社会主义制度。这些各具特色发展道路与经济模式的制度沉淀，都有各自深厚的历史文化背景和价值选择。处于世界历史进程中的诸多市场经济国家主体，都有公平竞争和互利合作的要求，各具域质特性的互联互通显得十分迫切，霸权主义"长臂管辖"必然失道寡助。在国家间的谈判与协调中，需要参与方能够互利共赢，全球化才不会被逆转。经济全球化的多元化结构和多样化趋势，要求各国遵循和平共处五项原则，为构建人类命运共同体而努力。

三、地方政府在区域经济发展中的特殊角色

"政府与市场"的关系，一直是西方主流经济学中有关增长理论讨论的核心问题。从西方经济思想发展史看，政府在经济增长中被定位为"守夜人"与"补缺者"功能；虽然有时政府也会出现在经济舞台的中央，但始终不在经济发展过程中扮演主角。改革开放40多年来，中国在从计划经济向社会主义市场经济的体制转型过程中，实现了经济的持续高速增长，所创造的经济奇迹在不确定性加剧的情况下仍在继续。这是"微观—宏观"范式难以解释的。

中国自1978年开启的这场自上而下渐进式改革，考虑到各地历史传统、文化差异

以及发展现实等因素，党中央在国家层面提出的改革方向和原则，一般都给地方政府在微观层面留出因地制宜的较大空间。这种基于市场化改革趋向的地区间分散性"摸着石头过河"，正是中国在渐进式改革中解决"哈耶克知识问题"① 的正确选择。市场经济规律并非西方主流经济"微观—宏观"范式所包装的"一般规律"，如同自然科学仅是大自然中有机界（包括人的生物属性）或无机界物质运动规律的反映。无论在社会主义还是资本主义条件下，市场经济都是一定社会主体为物质生产配置资源的一种方式与手段，具有鲜明的历史文化特征，其效率取决于它们与经济社会环境的相容性。市场经济与生产条件、社会环境之间的关系及其演化，不存在脱离这些关系而放之四海皆准的抽象匹配模式。西方主流经济理论曾认为，中国转型初期采取的双轨制价格改革是最糟的方式，[14]但中国在市场导向的持续改革中，不断调适与公有制相容的资源配置方式，实现了继英国工业革命之后规模最大的一轮经济增长。[15]西方主流经济理论一直试图揭开"中国经济增长之谜"，但囿于"微观—宏观"范式终究无解。

具体而言，在中央政府统一的宏观调控政策下，如何看待中国区域发展的不平衡性？如果说各种资源与要素的比较优势，是导致各地经济发展差异的原因，那又如何解释在起步条件相似的区域或其内部，仍然呈现较大的差距？在传统的"微观—宏观"范式框架中，很多分析因素可能仅是经济发展的"果"而非"因"。在中国改革开放进程中，市场或企业家发挥的作用固然重要，但政府尤其是地方政府的关键作用无法忽视。中国这样的大国，各省的管辖范围和经济体量，许多达到甚至超过欧洲的一个国家，分析区域经济发展时，无论如何都无法回避或舍象中国经济发展由区域发展不平衡而凸显的特殊域质性。

新中国成立70多年，政府主导的经济持续增长是客观存在的事实，尽管"政府主导型"粗放经济增长模式，因其结构失衡严重而常招致批评。[16]政府主导的经济增长，是中国在体制转型期，以及有效跨越"循环累积因果论"② 陷阱的一种必然选择，因而不能凭空得出"没有政府主导，经济就会更好"的判断。世界经济发展历史与现实都

---

① 狭义上的哈耶克知识问题，可理解为"知识在社会中的应用"，涉及社会经济如何有效利用分散的个人知识（参见格尔哈德·帕普克. 知识、自由与秩序［M］//知识问题及其影响. 黄冰源等译. 北京：中国社会科学出版社，2001：1-32）。广义的该问题涉及，以上述理解基本视角，考察个体、社会和经济相互关系的方法和思想，包含个体与社会多层面的知识的构建、演化和应用等。知识问题源自哈耶克在社会主义经济计算大论战中，对市场价格机制的辩护及对中央计划经济的批判。此后知识问题不断拓展，特别是与哈耶克自发秩序论联系，具有一般进化论、认识论等多方面含义。虽然主流经济学界似乎将哈耶克排除在外，但随着对经济学主流范式的反思和批判，新兴的经济学方法和理论如演化经济学、行为经济学，日益与哈耶克遥相呼应（参见谢志刚. 哈耶克知识问题中的信息与知识论［J］. 人文杂志，2018（6)）。

② "循环累积因果论"由缪尔达尔于1957年提出，后经卡尔多、迪克逊和瑟尔沃尔等人发展。他们认为，动态的社会发展过程中，经济社会各个因素之间存在着循环累积的因果关系，一个因素的变化引起另一个因素的变化；又反过来加强前一因素的变化，导致经济社会沿着最初因素变化的方向发展，形成累积性的循环发展趋势。这种累积效应有两种相反的方向，即回流效应和扩散效应。区域经济能否得到协调发展，取决于这两种效应孰强孰弱。在欠发达国家和地区经济起飞阶段，回流效应大于扩散效应，使区域经济难以协调发展。市场力量的作用一般趋于强化而非弱化区域发展的不平衡不协调。因此缪尔达尔等认为，促进区域经济协调发展，必须要有政府强有力的干预（参见 G. Myrdal. Economic Theory and Underdeveloped Regions ［M］. London：Duckworth，1957）。

已证明，大型经济体的政府在社会发展中扮演着重要角色，生活标准最高的国家如北欧国家是如此，经济发展最快的国家如中国更是如此。[17]政府主导型模式的副作用，是政府僭越了历史文化阶段、替代市场或没有尊重市场主体造成的。[18]

在西方主流经济理论中，政府出场一般发生在"市场失灵"的时候，也在经济被"纳什均衡"困境锁定的范围，任何一个微观市场主体都没有动力也无能力走出困境，地方政府的干预于是成为摆脱困境的唯一可行的办法与选择。[19]而在不拥有市场经济"基因"的特定地区及特定发展阶段，政府对市场主体的形成和市场体系的建设往往起着决定性作用。[20]因此，政府作为不完全计划经济和不完全市场之间的"链接者"，其影响是其他主体所无法替代的，地方政府在市场化改革中不自觉地扮演着市场主体的角色。[21]"中国经济增长之谜"所以引发广泛关注，就在于其增长过程的非常之处。在资源、人才、技术等方面，改革开放伊始的中国并无绝对优势，人均收入还处于世界较低水平，按照西方标准衡量的制度质量和政府治理水平的排名也较为靠后。[22]依据西方主流经济"微观—宏观"范式，中国不可能出现载入史册的经济持续增长奇迹，而事实恰恰相反。值得关注的是，中国地方政府为谋求更多地方经济发展机会，利用自身在区域经济社会中的关键地位与超然身份，调动一切可以调动的资源，推动区域经济增长。这种不遗余力促进经济发展的地方政府角色，可谓举世罕见。按照西方主流经济理论，转型国家的政府过多介入经济活动，是陷入困境的主要原因，甚至认为政府是经济增长的"头号杀手"——无能、腐败和低效的政府对经济增长的阻碍是致命的。[23]可见，政府在新中国成立70多年经济发展历程中的积极作用，与西方主流经济"微观—宏观"范式格格不入。

"中国经济增长之谜"困惑的吸引力在于，虽然政府治理结构如同产权制度一样影响着经济增长，[24]但中国特色治理体系正是中国政府能够积极推动自身经济发展之本。政府包括地方政府，既是转型期推动制度变迁的主体，也是市场重要资源的支配者，还是社会文化变革的引领者，更是经济增长的直接促进者。政府具有如此之多的角色定位，使得西方主流经济"微观—宏观"单一范式难以展开全面深入的考察，出现了许多令西方理论困惑的相悖现实。中国政府这一"有形之手"，从一开始就不在西方主流经济理论的框架内，具有中国特色的"政府与市场"关系远比西方主流经济理论丰富多彩，从中央政府到各级地方政府都较为深入地参与到经济社会改革发展稳定的方方面面。中国改革开放的特殊性，就在于政府在完善社会主义市场经济体制的过程中发挥着不可或缺的关键作用，同时又面临着实现国家治理体系和治理能力现代化的战略任务。在市场对资源配置起决定性作用的基础上，研究中国在不同领域"更好发挥政府作用"的丰富实践，准确把握政府包括地方政府在推动中国经济发展中的域观特质，才能解开中国经济增长奇迹之谜，解释不同区域之间的经济发展差异性，为解决新时代发展不平衡不充分的主要矛盾铺设学理之路。

四、结语

在进入动荡变革期的当今世界，西方主流经济"微观—宏观"范式已经难以解释人类面临的各类经济现象与经济行为。但西方社会根深蒂固的主流经济范式，仍顽固地在中国与西方进行国际谈判尤其是中美贸易争端谈判中作祟，成为霸权主义"长臂管辖"的所谓理论依据。在他们看来，各国经济和全球经济都应遵循西方模式，否则就被冠以"非市场经济"，排斥在经济全球化之外。然而，文化是多样的，世界是多元的；世界经济也是非匀质的，各国经济更是非同构的。"万物并育而不相害，道并行而不相悖。"世界各国因其历史不同、文化各异，在国情基础上建立的社会经济制度及市场经济秩序，必须予以尊重。

新中国经济的特质性发展不仅改变了旧中国的面貌，还在改变世界。在新一轮科技革命与新兴产业发展背景下，中国正在为推动经济全球化发展作出积极贡献。秉承古代先贤提出的"和而不同"思想，中国从与世界接轨到融入经济全球化，正在促进经济全球化格局发生重大改变，特别是以"一带一路"为抓手，推动构建新型经济全球化国际经济秩序的历史转变。学界关于新分析范式域观经济学的讨论正逢其时。

参考文献

[1] 中共中央关于坚持和完善中国特色社会主义制度　推进国家治理体系和治理能力现代化若干重大问题的决定 [M]．北京：人民出版社，2019．

[2] 金碚．试论经济学的域观范式 [J]．管理世界，2019（2）．

[3] 金碚．以新范式思维认识和应对经济全球化格局的新变化 [J]．经济与管理研究，2020（3）．

[4] 陈晓东．经济学的理性主义思想基础及其局限——兼论新时代中国特色经济学理论创新 [J]．区域经济评论，2019（1）．

[5] M. Friedman. Essays in Positive Economics [M]. Chicago：University of Chicago Press，1953.

[6] [美] 小罗伯特·E. 卢卡斯．经济周期理论研究 [M]．朱善利，等译．北京：商务印书馆，2000．

[7] 马克思恩格斯选集（第3卷）[M]．北京：人民出版社，2012．

[8] [美] 约瑟夫·熊彼特．经济分析史（第一卷）[M]．朱泱，译．北京：商务印书馆，1991．

[9] 金碚．关于开拓商域经济学新学科研究的思考 [J]．区域经济评论，2018（5）．

[10] [德] 维尔纳·桑巴特．为什么美国没有社会主义 [M]．王明璐，译．北京：电子工业出版社，2013．

[11] 金碚．中国经济70年发展的新观察 [J]．社会科学战线，2019（6）．

[12] 毛泽东选集（第3卷）[M]．北京：人民出版社，1991．

［13］顾小璐，陈晓东．构建以人民为中心的国家治理价值体系［J］．中州学刊，2020（11）.

［14］K. M. Murphy, A. Shleifer, R. W. Vishny. The Transition to a Market Economy：Pitfalls of Partial Reform［J］. The Quarterly Journal of Economics, 1992, 107（3）：889-906.

［15］［英］安格斯·麦迪森．中国经济的长期表现——公元 960—2030 年［M］.伍晓鹰，马德斌译．上海：上海人民出版社，2008.

［16］吴敬琏．中国增长模式抉择［M］.上海：上海远东出版社，2008.

［17］［美］约瑟夫·E. 斯蒂格利茨．不平等的代价［M］.张子源，译．北京：机械工业出版社，2013.

［18］刘志永．转型期地区创新系统中的"双主体"——基于政府与企业家的演化博弈［J］.经济问题，2020（5）.

［19］陈天祥，胡菁．行政审批中的自由裁量行为研究［J］.中山大学学报（社会科学版），2014（2）.

［20］陈栋生．更新发展观念、转变增长方式［J］.计划与市场探索，1996（3）.

［21］李义平．当前制度框架中地方政府的行为分析［J］.当代经济科学，2004（5）.

［22］F. Allen, J. Qian, M. Qian. Law, Finance, and Economic Growth in China［J］. Journal of Financial Economics, 2005, 77（1）：57-116.

［23］W. Easterly. The Elusive Quest for Growth：Economist's Adventures and Misadventures in the Tropics［M］. Cambridge, MA：MIT Press, 2001.

［24］A. Shleifer, R. W. Vishny. Corruption［J］. The Quarterly Journal of Economics, 1993, 108（3）：599-617.

第三部分　现实研究

关于大健康产业的若干经济学理论问题[*]

金　碚

摘　要：健康是人的最基本需要，又是终极需要；健康具有自益性、公益性和公论性。大健康产业既是满足人类底线需要的产业，也是满足人类终极需要的产业；为更有效地满足人民健康需要，必须体现个人自主、公益互助和合理分层的原则。大健康产业是满足人民健康需要的一个涵盖面相当广泛的特殊商域，因此，在这个特殊商域中，生产、交换、消费以及政府的监管制度等具体模式都有极大的可选择性，以不同的组织形式和运行机制，应对和解决不同的问题；在大健康产业的复杂商域中，生产形式和供应方式纷繁复杂，几乎涉及各类经济组织形式。大健康产业发展要有高度的创新精神，以创新思维及实事求是精神进行制度创造和建设，才能形成符合中国实际国情的大健康制度和政策体系；大健康产业的根本性解决方案需要最前沿的科技创新支撑，所依赖的科技创新，不仅限于自然科学和技术的创新和创造，而且涉及人文社会科学的创新和促进。国家的大健康建设目标是着眼于整体人群，其社会功能是推进社会整体人群更高水平的身心健康和民习善美，进而推动建设一个高水平的健康国家和健康社会。

关键词：大健康；医疗卫生；商域经济；科技创新

2018 年 10 月 30 日，在《中国经营报》社主办的"2018 中国大健康产业高峰论坛"上，官产学研各界与会者就大健康产业发展进行了广泛探讨，涉及了关于大健康产业的性质、特征、体制和发展前景等诸多方面的问题，特别是对于其中的一些重要理论问题的认识，引起大家的特别关注和深度思考。如果整个社会对大健康产业的理论认识能够形成共识，就会深刻而广泛地影响这一领域中各相关行业的制度建设和政策安排，以及整个大健康产业领域的努力方向。笔者在大会开幕演讲中阐述了关于大健康产业发展的一些思考，许多与会者对其中的内容产生了极大兴趣且展开了热烈讨论，并希望以论文形式对若干重要问题做更完整的论述。为此，本文择取若干与大健

---

* 原文发表于《北京工业大学学报》(社会科学版) 2019 年第 19 卷第 1 期。

康产业发展相关的经济理论问题，进行简要分析，以期抛砖引玉。

一、人的健康需要及大健康产业的经济社会性质

健康是人的最基本需要，又是终极需要。人在各种需要中，如果要进行取舍选择，那么理智的抉择为，健康既是"首选"项，也是"终选"项。人一出生，健康显然是第一需要。如果人没有健康，无以为正常之人，其他需要均无从谈起；任何人终其一生，无论收入高低、权势大小，最终所需也是健康。因此，凡正常理智之人，健康都是其追求的终极目标，而且人没有健康，也就无求于其他需要。这是一个具有公理性的不容置疑的命题。从这一意义上讲，相对于健康需要，人的其他需要都不过是"中间需要"或"次级需要"。如果人需要在金钱权势与生命健康间决定取舍，那么理智者一定会选择后者。可谓"健康无价"，即"生命无价"。许多成就辉煌者，因失去健康而不得不放手一切，其最大的人生悔悟即"为什么所求无数却偏偏忽视了身体健康"。此时，即使个人宁愿放弃其他所有"身外之物"，而企望换取"健康"，但往往为时已晚。这足以可见健康需要对于人类的重要价值。从个人推及家庭、社会、国家，人民健康之意义，无有其他事物可以超越。健康是人类从事一切经济、社会活动的前提，也是人类发展无尽追求的目标。健康需要进一步体现为人类社会发展的最终价值就是：人的全面发展及人的能力的充分发挥，实际上就是健康需要的最高质量满足和实现。即最大限度实现人民健康潜能，让健康潜能展现为人类发展繁荣兴旺和体验真善美的人生旅途[1]。

健康的这一性质直接决定了大健康产业是为了满足人民健康需要而进行的生产活动。大健康产业既是满足人类底线需要的产业，也是满足人类终极需要的产业。一方面，大健康产业要致力于满足人的最基本权利，即健康权（生命权）的实现。对于其他产业，人可以进行取舍选择，收入高低不同的人会有不同需求，但健康是现代社会中所有人享有的权利，属于基本人权。所以，大健康产业具有普惠性和必选性，实际上就是"无价性"。另一方面，由于满足健康需求的质量标准具有多层次性，而且随着经济发展、社会进步，人类健康需要的质量标准也越来越高；不仅追求更长寿的生命，而且期望健康生活。现今社会，人们最可心的问候，莫过于"祝你身体健康"。因此，大健康产业面临的需要空间和进步前景是无限广阔的，其努力追求和成就目标是永无止境的。

人民健康需要的首要性和终极性特征，决定了为此而生而兴的大健康产业必然具有显著区别于其他产业的许多重要特点，进而决定了在运行机制和体制政策上，社会对大健康产业的要求同对其他一般产业相比，也必然有许多显著的差别。我国要更全面、更有效地满足广大人民的健康需要，就必须既能满足其所具共同性、普遍性的基

本健康需要，又能满足其所具选择性、多层次性的高质量健康需要。中国有近 14 亿人口，从基本健康需要到高质量健康需要，人民健康需要的多维性和所涉内容的广泛性，使之成为极为复杂的问题。因此，国家如何有效配置社会资源，最大限度地满足全民健康需要，并不断提高全民健康水平，往往成为一个牵动全民利益的重大政治议题。这也是各国都面临的共同挑战。无论是贫穷国家、发展中国家，还是经济发达国家。

二、如何满足人民的健康需要

由于健康是人类的一个最基本的和终极性的需要，因此对于"健康"的关切，从最基本的要求到高质量的要求，可以有不同层次的含义或标准。随着经济社会发展水平的提高，人类不仅对健康概念的理解不断深入，而且对健康追求的关切范围也越来越广泛，并越来越趋向其实质内核。可以说，人类现今对于"健康"的理解，标志着人类发展的文明水平；而对于健康需要的"满足"的体验，则体现了健康制度，特别是医疗体制机制的有效程度[2]。

在文明水平较低的时代，人类社会对于"健康"的浅层理解是"不生病"。而在当代，世界卫生组织拓宽了关于人的"健康"的理解。按其定义，健康的含义至少包括或体现在四个基本方面：躯体健康、心理健康、社会适应良好和道德健康①。既然健康具有多面性，那么决定和影响健康的因素也必然是多方面的。原国家卫生部副部长、著名医学专家殷大奎教授根据国际卫生界的研究文献和从业经验明确指出，在影响人的健康的各种因素中，对其重要性的估测是——生活习惯占 60%，遗传占 15%，社会因素占 10%，气候占 7%，医疗占 8%。可见，所谓"健康"的含义是非常丰富的。决定和影响健康因素是非常复杂的，健康与否或健康水平高低是各方面因素综合作用的结果。因此，如何满足人民的健康需要，不断提高全民的健康水平，不是某个部门的专业问题，而是一个涉及广泛领域的高度综合性的人类事业。

据此可见，健康的根本性质表明其具有自益性、公益性和公论性[3]。所谓自益性，就是每个人（或家庭）对自己（或家庭成员）的健康负有直接责任，具有"天赋"性。除非个体不具有或丧失能力，不能将其责任全部推卸给社会或政府。通俗地讲，"健康首先是自己的事"，人具有健康本能。所谓公益性，是指由于健康属于基本人权，当个人无力维持自己的基本健康时，社会负有替代保障责任，不应视而不见，弃之不顾。

---

① 1989 年，世界卫生组织（WHO）对健康的定义为："健康不仅是没有疾病，而且包括躯体健康、心理健康、社会适应良好和道德健康。"细则为：（1）充沛的精力，能从容不迫地担负日常生活和繁重的工作而不感到过分紧张和疲劳。（2）处世乐观，态度积极，乐于承担责任，事无大小，不挑剔。（3）善于休息，睡眠良好。（4）应变能力强，适应外界环境中的各种变化。（5）能够抵御一般感冒和传染病。（6）体重适当，身体匀称，站立时头、肩臂位置协调。（7）眼睛明亮，反应敏捷，眼睑不发炎。（8）牙齿清洁，无龋齿，不疼痛，牙颜色正常，无出血现象。（9）头发有光泽，无头屑。（10）肌肉丰满，皮肤有弹性，走路轻松有力。

通俗地讲，"健康是社会（政府）不能不管的事"，即现代国家负有保障人民健康的社会责任。所谓公论性，是指对于如何满足人民健康需要，个人、社会、政府等各方面应承担怎样的责任。如何协同保障社会人群健康，各国并无相同的解决方式，必须通过公共决策来进行相关制度和政策的安排。我国必须依靠社会协调、民众参议，形成正式的法律制度和政策规定，以此来满足广大人民现实的健康需要；完全由个人自担责任，社会和政府不承担保障责任，或希望一切都由社会和政府"全包下来"，都是不可取的和不现实的。因此，"健康是必须经公共决策来满足的大众需要"，即以有限资源满足无限的健康需要，必须进行权衡协调。

由此，作为一个社会性和全局性的问题，满足人民健康需要的方式路径和制度安排具有极大的独特性和复杂性。可以说，人类发展中没有任何一个其他问题比健康问题更艰难。迄今为止，很少有哪个国家可以十分有把握地说，已经完全或令人满意地解决了这个问题。由于人类社会要解决全民健康问题，不可能有"单一有效规则"，所以只能在各种尝试中不断取得进步，使制度安排和政策调整在演进中更趋有效和公平。笔者认为，其中应特别关注和致力于三个基本问题。

第一，如何让全体人民包括最底层的（贫穷）人群都能享有健康保障，满足基本健康需要，这是全世界各国都在试图努力解决的大问题。从制度机制和政策安排上来看，主要体现在各国尽力建立社会医疗保障制度等方面。目前，越来越多的国家都在努力实现覆盖所有人健康需要的社会保障体制机制，但其成本和代价也非常高昂，其效率和管理问题常常受到诟病。对于中国而言，拥有十几亿人口，这显然是一件非常艰难复杂的事情。然而，这也是任何现代国家都无法回避的问题和不可推卸的责任。而且可以相信，随着中国国力的不断增强，只要制度安排恰当，资源配置合理（特别是减少大量存在的浪费、闲置和过度占用现象，以节约资源），达到在现实国力条件下的适度水平基本医疗保障的全民覆盖应该是可以争取做到的。

第二，如何调动和不断增强大健康产业的供应积极性和机制有效性。虽然大健康产业面临的是人类对健康无限的需要，但是即使从理论上说，无限的需要也是难以得到完全满足的，现实中更是无法实现。因为满足无限的需要，则意味着成本的无限大。任何生产者以至社会都难以承受无限大的成本重负，而且成本失控，则意味着难以持续。在市场经济制度的现实条件下，除了在"零边际成本"领域之外，能够有效得到满足的是有支付能力的"有效需求"，通俗地讲，可以得到满足的是能对健康需要的产品或服务支付费用的消费者的需要（消费者自己有能力支付，或者其他人可以代为支付）。所以，满足人民健康需求的现实方式是，只有尽可能将健康需要"经济化"，也就是使其表现为有支付能力的有效需求，才可能有效率地调动更多资源来满足人们日益增长的健康需要。按照这样的方式，基于有效需求的健康需要，可以由生产性活动所创造的"产品"和"服务"来满足，而创造健康产品和服务的生产性活动又能够具有可持续性和增长性。总之，人类社会必须要有满足健康需要的行之有效的经济机制，

只有这样，才能使满足健康需要的供应方式具有经济可行性和持久活力，使整个过程形成良性循环、不断发展。

第三，如何实现大健康领域的资源配置有效性。虽然健康需要具有首要性（底线性）和终极性（无限性），但是如果没有层级划分，而要求满足所有人的所有健康需要，就是无法实现的目标，即使耗尽所有的资源。与其他产业不同，满足人民健康需要如果仅以金钱多少为标准进行层级划分，即"有钱有健康，无钱无健康"，又显然是违背人民健康需要的社会经济性质的。那么，以什么方式来对满足人民健康需要进行层级划分呢？反之，如果完全不考虑金钱支付能力，对所有人一视同仁，那么就没有人愿意为健康而付费；或者认为，无论怎样的健康服务（特别是医疗），都应该是对个人免费或低收费，个人负担越少越好，是否可行呢？如果这样，则就会产生一个悖论：越是重要的健康需要，即使是与生命相关，个人越是要求低价格低支付，希望公费承担，并认定个人自费承担为"不合理"；相反，不那么重要的个人需要，反倒因为具有较大可选择性，而至少有部分消费者会愿意选择高质量高付费，认为自费承担是理所当然的自主选择。我们可以看到，理发美容的收费可以高于医疗手术的收费水平。理发美容"赚钱"天经地义，"亏损"无人会干；而医疗手术"赚钱"很不道德，"亏损"却天经地义。经济学原理表明，前者的供求是可以实现"均衡"的，而后者的供求是无法实现均衡的；而且如果要避免失衡，必须采用替代的制度安排。因此，为了克服失衡，我们在现实中就不得不以其他方式来解决健康消费（医疗服务）的层级划分问题。最简单的替代原则就是，按身份差异进行分类分层。目前，我国的解决方式就是：实行按行政级别进行医疗保障的层级划分（因为我国的行政级别是最清晰的，具有"一般等价物"性质的层级划分标准，可以最大限度避免分层歧义）。显然，这是一种"次优"规则。虽然它可以维持一定的健康供求秩序，具有现实可行性、易于操作，但在有效性、公正性方面则是存在明显缺陷的，因为它往往会导致健康资源（主要是医疗资源）配置的扭曲、浪费和不公平。这不仅表现为医疗资源过度向高层级人群倾斜，而且表现为医疗需求过度向高层级医疗机构（例如公立"三甲医院"）倾斜，导致医疗资源的短缺与闲置现象并存的奇异状况。因此，我国出现"看病难"和"看病贵"两个理论上不应并存而现实中确实发生的矛盾现象。按照经济学原理，凡是难以获得的东西一定不很贵，而凡是很贵的东西要获得不会难（除非是绝对垄断性的稀缺之物，持有者拒绝出让）。市场中的物品，如果人们难以获得，则表明不够贵（供不应求），而且只要使其更贵，就一定会不难获得（只要你付得起价格）。总之，在市场充分发挥作用的条件下，通常"难"和"贵"不会并存。当然，这是"按价格"分层的市场机制逻辑，适用于大多数商品。而当采用非价格机制进行分层时，就会出现以市场价格机制的逻辑来看非常悖理的矛盾现象。这正是中国目前面临的现实问题，也可能是人们"感觉中"的问题。许多人虽声称深有体验，但却难以准确定义。其中的关键就在于，由于没有建立满足人民健康需要的有效层级划分机制，仅以身份等级为层级划

分标准的制度，所以当面对居民收入普遍提高，健康需要显著增长的现实时，必然产生"成长的烦恼"。一方面，医院越盖越大，医疗设备越来越好；另一方面，就医者却越来越多，"病人"似乎是被"看病"看出来的。很少有哪个国家的医院像中国的三甲医院，"繁荣"得像个大市场；也很少有哪个国家的医生像中国三甲医院的医生，天天看那么多门诊病人。这恐怕主要不是因为中国人口多，而是医疗体制未能有效实现医疗资源与病员需要之间的合理匹配，并且在很大程度上是一个供需错配现象，未能做到医疗资源的有效配置。

因此，我国为了更有效地满足人民健康需要，必须体现个人自主、公益互助和合理分层的原则，而且健康产品供给结构和经济可持续性必须要同一定经济发展阶段相适应。"全民医保"是所有国家都希望最终要达到的目标，但"全部医保"则是任何国家都无法做到的。前者的含义是，全体人民享有基本的医疗保障，这完全有可能做到，而且是社会正义的重要体现。后者的含义则是，要求所有的医疗条件都由国家包（即全部无条件公费），而且都无分级地由高级医疗机构来满足，至少在可以预见的时期内，这是根本无法做到的。所以，满足人民的健康需要必须要有创造性的思维和解决方案，在符合各国现实国情的条件下，最大限度地有效满足人民健康需要。

三、大健康产业的商域经济学特征

健康是一个内涵复杂、外延宽泛的概念。在现实生活中，满足人民健康需要几乎涵盖社会经济生活的所有领域。有哪个领域同人的健康完全无关呢？然而，完全无边界的问题是无法进行研究的。因此，我们必须做必要的概念界定。本文主要将研究对象集中于满足人民健康的各类活动中的那些具有"产业"性质的领域。我们所说的产业，是指能够可持续地满足有支付能力的需求的生产性经济活动，通常是以形成一定"产品"或"服务"的供求关系的方式所进行的市场化的生产性经济活动。从经济学意义上说，就是既创造使用价值，也创造经济价值（交换价值）的经济活动。作为大健康产业的产品或服务，总是有成本和价格的，至少要能够弥补成本，往往还要有一定的经济盈余，产业运行才有可持续性。因此，健康需要表现为"有支付能力的需求"，而且只有满足这样的需求功能，大健康产业才能实现良性循环。简言之，大健康产业只有在以整体上满足具有支付能力的需求为主要服务对象，并不断满足这样的有效需求，才能不断发展，才能作为"产业"而存在。

可见，大健康产业是满足人民健康需要的一个涵盖面相当广泛的特殊商域①。这一

---

① 关于"商域"和商域经济学的含义，可参阅金碚《关于开拓商域经济学新学科研究的思考》，载《区域经济评论》，2018年第5期。

商域不仅具有独特的理性逻辑、价值文化特征和制度形态，而且，不同国家的大健康产业也各自具有不同于其他国家的特征和特色。也就是说，大健康产业的商域空间是极为丰富复杂和多元化的，我们研究大健康产业必须要有多维视角。在大健康产业这一特殊商域中，生产、交换、消费以及政府的监管制度等，其具体模式都有极大的可选择性，即以不同的组织形式和运行机制，应对和解决不同的问题。所以，在大健康这个复杂商域中，生产形式和供应方式纷繁复杂，几乎涉及各类经济组织形式。具体包括：商业性（营利性）生产和供给方式、非营利性生产和供给方式、社会企业生产和供给方式；互助性生产和供给方式、慈善性供给方式；公共性生产和供给方式（公立医院，应急系统）等。其中，既有"市场方式""社会方式"，也有"公共方式"（"政府提供方式"）。

第一，商业性（营利性）生产和供给方式。即以营利性企业为主体，生产和提供大健康产品或服务。这类生产和供给方式的经济性质是，营利性组织在市场竞争中运行，生产者和供应者的经济逻辑是以追求利润为目标，并在利润目标指引下，追求效率，满足市场化的健康产品需求。其局限性是，由于以利润为导向，难以满足支付能力弱的健康需要，而且个人支付医疗费用具有或然性，往往超越其支付能力，所以这类生产和供应方式主要适用于健康产品中的制造品领域（例如，药品、医疗器械等）。对于满足健康需要的最终目标来说，它们大多属于中间品供应方。

第二，非营利性生产和供给方式。即不以营利为目标的生产和供应方式，在大健康产业领域比其他领域具有更大的适用性。由于健康属于基本人权，需要有相当强大的社会经济组织，直接以满足健康需要为目标来进行生产和供应，政府对这类组织规定了优惠的税收政策，以支持其非营利性的生产经营活动。这类生产和供应组织，主要适应于直接提供健康服务的领域，特别是在医疗行业，大多数为非营利性组织。准确地说，非营利生产和供应组织不是不要营利，是指资金投入者不参与利润分红，而将利润继续投入本组织，继续扩大和改善生产和供应活动。

第三，社会企业生产和供应方式。这是近几十年来兴起的一种企业经营形式。其特点是，有别于一般商业企业的"主观上以利润最大化为目标，客观上提供产品，满足社会需要"经济机理逻辑（"主观利己，客观利他"），社会企业的经济机理逻辑是"以解决社会问题为目标，而以市场化的经营方式可持续地提供解决社会问题的产品或服务"（"主观利他，客观利己"）。这类生产和供应组织需要有高度的经营创新性，而从其性质而言，是大健康产业中的一种很有前途的企业组织形式。健康需要具有区别于其他需要的很大特殊性，利润导向的生产和供应方式往往会过度依赖工具理性行为，偏离健康需要的本真价值目标；而一般非营利组织又往往缺乏市场竞争效率（包括融资能力）和创新性。因而，具有高度创新性的社会企业方式在大健康产业发展中可以有非常广阔的前景。

这三种生产和供应方式的共同特点是，基于市场经济体制、价格机制充分发挥作

用，经营活动具有较强的竞争性，以竞争促进效率提高。

第四，互助性生产和供给方式。在大健康产业中，各种互助性的组织可以发挥很大作用。当健康需要发生于弱势群体中或者发生或然性困难时，往往需要他人援助。如果有互助性的解决方式，就可以有效规避和应对不测风险。中国的互助合作组织有良好的传统，加之政府有较强的组织能力，因而许多大健康问题，都可能通过互助性生产和供应方式来解决。特别是在中国进入老龄社会时代的现今，这种组织形式在康养领域具有相当大的适用前景。

第五，慈善性供给方式。这是单向性的援助方式。对于特别需要帮助和救助的弱势群体，这是一种直接的人道主义解决方式。随着我国经济发展和社会进步，慈善事业将有很大发展，投入的资源也会不断增长。尤其是越来越多企业和社会组织在自觉承担社会责任的努力中，也大都会向社会弱势群体提供慈善性的健康援助。

这两种方式都是基于社会组织。在大健康产业发展中，社会力量的积极参与不仅可以解决一些难点问题，而且对于社会良好民风的形成，提高全民族道德水平产生积极影响。

第六，公共性生产和供给方式。人民健康是政府发挥重要作用的一个领域。全世界各国几乎都是如此。公共性生产和供应方式，主要是政府开设公立医院和建立社会应急（救援）系统等，必须由政府直接投入资源和进行组织。人民健康具有非常强的公益性，世界各国对于人民健康的公议共识，几乎都是要求政府在这一领域发挥更大作用，甚至是发挥主导作用。因此，政府直接参与和承担重要职责，是大健康产业的一个突出特点。

由此，自然会产生一个问题，既然健康如此重要，关乎基本人权和终极需要，而且满足健康需要的生产组织和供应方式又如此多样复杂，进入大健康领域的各类主体的经济和法律性质纷繁复杂，行为目标各不相同，那么如何确保各种供需活动的正常有效进行，避免出现不良行为和失序现象，则一定会成为十分重要的公共管理问题。在如此复杂又涉及人民最重要的切身利益——健康与生命这个大健康特殊商域中，难免可能充满了各种风险。健康风险的危害性不仅超过其他各种风险，而且满足健康需要的过程本身也具有风险性和不确定性（例如，没有哪个医生能够确保100%治愈病患）。应对这样的情况，人们几乎别无选择，不得不主要期望于政府的有效监管，以确保维护好大健康产业以及整个健康相关领域的良好秩序。因此，在大健康领域，政府监管职能的积极有效履行就成为一个大家关注的特别重要的问题。社会中的健康风险问题不仅几乎无所不在，而且健康与安全直接相关。其实，由于健康风险本身就是安全风险，所以政府对于各产业以至各经济社会领域中关系健康安全的监管行为也必然具有广覆盖性。问题的复杂性还在于，政府监管本身也是一个非常复杂的社会功能机制，政府部门能否真正有效地行使监管职能，同样具有很大挑战性。这也是大健康产业的一个显著的商域特征，值得进行专门研究。

四、大健康产业发展要有高度的创新精神

以上讨论表明,对于中国的大健康产业而言,由于需要空间和需求规模是非常巨大的,所以大健康产业在中国具有无限的发展潜力和市场容量。中国工业化和经济社会现代化大大延长了居民的寿命预期。根据全国老龄工作委员会办公室公布的数据,截至 2017 年底,我国 60 岁及以上老年人口数量已达 2.41 亿,占总人口的 17.3%。随着中国老龄化社会的到来,庞大的老年人群体,已经成为社会重要的消费力量,尤其是大健康产业的消费力量,人口的老龄化的加剧,导致人民健康需要的急剧增长。因此,我国只有促进大健康产业的更大发展,才能应对中国人民健康需要急剧增长的挑战。

大健康产业是一个具有很大特殊性的商域,其发展包括技术进步和市场秩序的形成,并且都高度依赖于制度体制和政策规则的安排。而不同的制度和政策环境,会对大健康产业的发展方向产生很大的影响和引导性。中华人民共和国成立以来,经历了近 70 年的经济体制变迁,特别是 40 多年的改革开放历程。作为大健康产业重要组成部分的医疗体制改革,尤其是公立医院改革、公费医疗制度社会医疗保障制度的改革及农村合作医疗制度改革等,也随之进行了全方位的制度探索。我国社会主义建设虽已取得很大成就,但也出现不少问题和矛盾,至今仍在不断改革完善中。这表明,中国大健康产业的发展,特别需要制度创新的引导。在新的制度环境中,大健康产业进行供求关系的重构和优化,引导和激发大健康产业中的供应方,包括医疗服务机构、药品生产企业、研发机构等进行组织模式和商业模式创新。从经济理论的角度看,当前,中国大健康产业的制度创新和政策体系构建具有关键性的意义。中国人口近 14 亿,将在怎样的卫生健康体制中得到健康需求的满足,是一个亟待回答的重大问题。这一问题也许在短时期内难以有完美的答案,尚需要不断地实践和探索,但只有以创新思维和实事求是精神进行制度创造和建设,才能形成符合中国实际国情的大健康制度和政策体系。中国虽有自己的医改难题,但也具有自己的独特优势,可以助推卫生健康制度和政策体系的构建。例如,中国庞大的人口规模可以成为大健康产业巨大的竞争市场,如果实行更加开放的体制机制和政策引导,则有可能在制度创新中获得极大的裨益。2018 年 10 月,中国相关部门公布的 17 种抗癌药品的大幅度降价,并被列入医保支付目录,就是一个例证①。因此,以开放促改革、以竞争促优质、以规模助创新,可以为中国大健康产业的制度创新和模式创新开拓广阔的"蓝海"空间。

---

① 2018 年 10 月,国家医疗保障局发布了《关于将 17 种药品纳入国家基本医疗保险、工伤保险和生育保险药品目录乙类范围的通知》。

　　制度创新和政策开放是否取得成效，最重要的体现之一是，能否促进大健康相关产业的科技创新，调动更多科技资源和激发更大的科技创新积极性，以此促进大健康产业发展。从根本上说，大健康产业发展归根结底需要靠科技创新的推动，高度的创新精神才能支持大健康产业的持续进步，进而实现突破性的进展。

　　大健康产业具有终极性特征，无止境的需要必须靠无止境的科技进步来满足。因此，大健康产业的根本性解决方案需要最前沿的科技创新来提供。而且，科学发现和技术发明的重大突破还必须实现产业应用和市场转化上的研发创新和适用性创新，才能形成从基础研究、产品研发、市场接受到临床应用的完整产业链，使科技创新真正成为大健康产业的现实生产力和满足人民健康需要的有效手段。当前，处于科技最前沿的信息科学、人工智能、生命科学、基因技术、材料科技、环境科学、安全应急，以及生态农业、食品药品、医疗科技等突飞猛进的发展，都是大健康产业发展所依赖的科技创新源泉。

　　大健康产业的终极性特征决定了其发展不仅依赖于各种应用性科技创新，而且突出地体现在对于科学思维的底层逻辑的深度依赖性。例如，西方现代医学的科学思维是还原论，以此为底层逻辑的生命科学、现代医学为大健康产业的科技创新路径方向形成主导性的科学思维原则。但中医却是另一种思维，中医创新的最底层逻辑和西医不同，它不是还原论，而是有自身独有的思维方式。因此，中医的科技创新路径方向，可以而且必然会不同于现代西方医学。那么，西医和中医是否能够结合是一个触及科学思维的底层逻辑的深刻问题。中西医结合一直是中国医学界努力的方向，也是许多制药企业进行药品创新的一种思路。但由于这是一个根本性的基础科学问题，所以要取得重大进步，实属不易。如果中医经过各方努力，协同创新，能够取得突破性的进展，则将会为中国大健康产业开拓更大的发展空间。

　　大健康产业所依赖的科技创新，还不仅仅限于自然科学，而且广泛涉及人文社会科学。世界卫生组织关于"健康"的定义所明示的躯体健康、心理健康、社会适应良好和道德健康四个基本方面，实际上也就指出了人民健康是一个涉及极其复杂的自然、经济、社会因素的综合性问题。本文所提及的殷大奎教授关于影响人类健康的各种因素的作用大小相对重要性的估算，也清晰地表明了要满足人民健康需要，应确定的努力方向和创新路径。其中特别值得重视的是，关于"生活习惯"对人的健康具有最重要影响的判断。所谓"生活习惯"，在社会人群的意义上，体现了经由社会经济演化过程所形成的整体人群行为方式和秩序规范。人群中个体的生活习惯尽管差异很大，但又总是在一定的社会整体习俗氛围中形成，具有社会性。所以，国家的大健康建设目标着眼于整体人群，大健康产业的社会功能是推进社会整体人群的更高水平的身心健康和民习善美，这不仅要依靠自然科学和技术的创新和创造，而且要有人文社会科学的创新和促进。社会人群身心健康水平很大程度上取决于社会健康状况。据专家估算，社会因素对人的健康影响（占比10%）甚至超过了医疗的作用（占比8%）。世界其

他国家及中国的历史都表明，社会的病态会大规模地损害人民健康以至生命安全，和谐社会显然比斗争社会更有利于人民健康和生命安全。所以，当我们说"大健康产业发展要有高度的创新精神"时，其含义是非常深刻的。它不仅是指器物性、技术性的创新和进步，而且是指根本性的生命科学思维创新及人文社会科学理念创新和进步。因而应以全社会的努力，推动建设一个高水平的健康国家和健康社会，以此实现更高质量的人民身心健康和民习善美。

参考文献

[1] [美] 理查德·H. 泰勒，卡斯·R. 桑斯坦. 助推——事关健康、财富与快乐的最佳选择 [M]. 刘宁，译. 北京：中信出版社，2009.

[2] [美] 保罗·J. 费尔德斯坦. 卫生保健经济学 [M]. 费朝晖，译. 北京：经济科学出版社，1998.

[3] [美] 肯尼思·约瑟夫·阿罗. 社会选择：个性与多准则 [M]. 钱晓敏，译. 北京：首都经济贸易大学出版社，2000.

论区域经济的视域与关切*
——新冠肺炎疫情的启示

金 碚

摘 要： 人们对现实经济的认识，实际上是被一定的范式承诺所"框定"的。范式承诺决定了观察和感受经济的视域境界，视域境界决定了人们所看到的经济世界图景。人们观察和判断经济现象并非只有一个永远不变的视域，视域实际上是多样的，而且是可能发生变化的。新冠肺炎疫情突出显示了视域境界和社会关切的改变，如何产生巨大的社会性影响，决定着对社会经济的态势判断的思维倾向。在其影响下，区域经济态势几乎断然改变，进入了"另一个世界"。信息传播使得域际关切更为突出，各地区都希望增强信息透明度，作为进行政策安排和民心安定的重要条件。新冠肺炎疫情使我们更深切地理解供给侧结构性改革的普遍性意义。让整个系统的各个方面都更具内在活力、反应效能和责任担当，国家治理体系和能力才能实现现代化。经历这次新冠肺炎疫情之后，整个国家及各地区经济，将进入一个浴火重生般的新视域世界，关切取向必将有新的选择，值得区域经济学者们进行更深入的研究。

关键词： 区域经济；新冠肺炎疫情；视域；供给侧结构性改革

2019 年末至 2020 年初，新型冠状病毒肺炎疫情（2020 年 2 月 8 日，国务院应对新型冠状病毒肺炎疫情联防联控机制决定，将新型冠状病毒感染的肺炎暂命名为"新型冠状病毒肺炎"，简称"新冠肺炎"，本文沿用此简称）暴发打乱了整个社会的生产和生活秩序，人们感觉几乎时空错乱，工作失序，处于迷茫之中，似乎失去了正常行为的判断准则，一些行业的生产经营活动受到很大冲击。尽管新冠肺炎疫情冲击导致了"非常"状态，各种关系和行为都"失常"了，甚至部分"休克"了，但深入观察，其中却有深刻的内在规律，只不过是在一个非常特殊的时期以极端的、尖锐的甚至是破坏性的形式凸显出来。深入研究新冠肺炎疫情中的种种重要现象，可以从中得到不少启示，激发理论思考。

---

* 原文发表于《区域经济评论》2020 年第 2 期。

一、经济观察的视域境界

现实经济是一个浑然一体的复杂复合体，其中有无数的因素，发生着各种相互交织的关系。人们要认识现实经济的整个体系，只能从无数因素中抽取出有限的几个，将其概念化，并置于一定的范式框架中，进行逻辑关系的构建，发现其中的因果关系或相关关系。这就是人类认识世界的逻辑"抽象"过程。离开概念定义和抽象能力，客观经济就是一个无法捉摸的混沌现象，人类也就无法认识、描述和解释客观经济。但是，依靠抽象能力所认识和描述的世界并不是完全客观的，而是在人的主观意识中"再造"出来的图像。因此，人们对现实经济的认识，实际上是被一定的范式承诺所"框定"的，范式承诺决定了观察和感受经济的视域境界，视域境界决定了人们所看到和认识的经济世界图景，所以，从一定意义上可以说，"你所看到的是你心中的世界"[1][2]。

在一定的范式承诺框架中对浑然一体的客观经济现象进行抽象，实际上就是选取出需要特别"重视"的一些因素、现象和关系，而"忽视"另一些因素、现象和关系，通过这样的选择（通常要形成可以定义的概念）就形成了观察客观现象的一定"视域"，即所观察的域态或域境，这就好像是人的肉眼在可见光的范围之内所看见的事物，而在可见光之外，肉眼是无法直接观察和感受的。可见，人们对经济现象的观察所形成的认识，从来就不是完全客观的，而是受制于其一定的"视域"框架，它决定了对什么"看得明白"，对什么"视而不见"。

在主流经济学的范式承诺中，隐含一个假定，即经济学活动在一个"假定其他条件不变"的绝对空间中进行，因此，经济学观察经济现象和经济行为的"视域"境界是不变的。也就是说，假定人们是在同一个视域中进行观察、判断和作出决策的。但是，这样的范式承诺是武断的，在现实世界中，人们观察和判断经济现象并非只有一个永远不变的视域，视域境界实际上是多样的，而且是可能发生变化的。也就是说，一定的视域决定了，什么属于被关注的因素，什么属于不必关注的"其他条件"。这次新冠肺炎疫情就是一个例子。

2020年1月20日，新华社发布消息，习近平总书记对新冠肺炎疫情做出重要指示："要把人民群众生命安全和身体健康放在第一位，坚决遏制疫情蔓延势头。"其重要意义在于，以此为分界，地方政府观察和判断事物实际上处于两个不同的分明视域境界中。在此之前，地方政府关于诸多工作目标或关注内容的重视或关切程度有一个常态的优先顺序框架，可以称之为"视域A"。也就是说，在1月20日之前，地方政府处于视域A框架中的相对平衡（顺序）状态，并以此进行判断和决策。那时，就新冠肺炎疫情而言，湖北省武汉市面临的决策情形大致可以抽象化为表1中的情形。

假设地方政府对疫情有两种政策选择：（a）采取封闭隔离措施；（b）不采取封闭隔离措施。前者将导致全盘工作的优先顺序发生重大改变，须为此付出很大成本；后者不影响全盘工作，原定的重要工作目标顺序不变。再假设，后来的疫情发展可能有两种情况：疫情发展严重（x）和疫情发展不严重（y）。地方政府如果选择对策（a），而后来的疫情为（x），则地方政府可能被批评为"全盘工作和社会为此付出了很大成本，但对策措施却无效"，即情形（1）。而如果后来的疫情为（y），则地方政府可能被批评为"反应过度，劳民伤财，干扰工作大局"，即情形（2）。相反，如果地方政府选择对策（b），而后来的疫情为（x），则地方政府可能被批评为"决策延误，导致损失惨重"，即情形（3）。如果后来的疫情为（y），则地方政府处于常态而无过，即情形（4）。

在视域 A 下，地方政府的对策抉择倾向于（b），并期望后果为情形（4），即"无过不错"。当然，可能发生的情形（3）是一个很大风险，但权衡得失利弊的结果很可能是没有更好的选择（当然是在视域 A 境界之中），因为，发生严重而难以控制的疫情毕竟是一个小概率事件，因而可以忽视。而如果选择（a），则几乎没有胜算。

这次暴发的新冠肺炎疫情，2020 年 1 月 20～25 日是一个视域分水岭。在 1 月 23 日晚的 2020 年春节团拜会上，习近平总书记讲话的总基调仍然是"时间不等人！历史不等人！时间属于奋进者！历史属于奋进者！为了实现中华民族伟大复兴的中国梦，我们必须同时间赛跑、同历史并进"。但此后，政策注意力明确转向特别关切抗疫的紧急性和可能的损害性。1 月 25 日，中共中央政治局常委会召开会议，决定成立应对疫情工作领导小组。在所有政策目标的政策选择顺序中，"人民群众生命安全和身体健康放在第一位"在组织上落到实处。这意味着，抗疫是首要任务，为此可以不惜代价，即关于抗疫产生的"成本"，不必计较其支出、承担或消耗责任。也就是说，以此为分界，视域 A 境界明显地转变为另一种视域境界，可以称之为"视域 B"。自此，人们将在视域 B 框架中进行行为决策，并以此对视域 A 境界中的抉择进行判断和评价。

表 1 视域 A 境界中政府应对疫情的对策抉择

对策抉择	疫情发展严重（x）	疫情发展不严重（y）
采取封闭隔离措施（a）	可能被指"措施无效且空耗成本"（1）	可能被指"反应过度，劳民伤财"（2）
不采取封闭隔离措施（b）	可能被指"决策延误，导致损失惨重"（3）	无过不错（4）

资料来源：笔者整理。

二、时域流变中的事态关切和形势判断

视域境界的改变，跟时域的流变密切相关，即不同时域中有不同关切重点。所谓

"时域"，是指在一定时期中所形成的经济行为状态。在新冠肺炎疫情时期（2020 年 1 月 20~25 日之后），视域 B 成为观察和判断形势，做出政策安排的思维"框定"前提。"此一时彼一时"是现实生活中的必然现象。

在新冠肺炎疫情时期，"人民群众生命安全和身体健康"成为最受重视的视域现象和该时域中须特别关切的"首位"问题，也就是政府政策选择中压倒其他因素的首要关切，换句话说，此时整个社会的目标关切和态势判断原则发生重大改变，抗疫成为全民行动。中国的体制具有非常强大的社会动员能力，可以采取其他国家难以想象的方式来抗击新冠病毒的感染，抑制疫情。在这样的视域境界之下，在与"生命安全和身体健康"有关的各种现象中，即使是小概率事件，也会极大地影响一定时域中的政策安排和利弊权衡，即成为万众瞩目的高度关切事件。

新冠病毒威胁人的生命和健康，对经济的影响直接反映在对劳动力人口健康状况的损害上。我们可以分析在新冠肺炎疫情冲击下，企业用工所面临的劳动力人口的健康状况[3]，它突出体现了中国经济态势在 2020 年 1 月下旬之后的视域境界变化和全国关切。疫情冲击下的劳动力人口健康状况如图 1 所示。

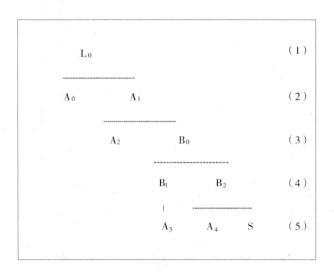

图 1　疫情冲击下的劳动力人口健康状况

注：L_0 为全社会可从事生产活动的劳动力人口；A_0 为未接触病毒者；A_1 为接触病毒者；A_2 为有抵抗力者；B_0 为缺乏抵抗力者；B_1 为轻症者；B_2 为重症（含危重症）者；A_3 为轻症自愈者；A_4 为重症治愈者；S 为死亡者。

资料来源：笔者整理。

图 1 中，全社会可从事生产活动的劳动力人口 L_0，在新冠病毒传播下，分为未接触病毒者 A_0 和接触病毒者 A_1，即 $L_0 = A_0 + A_1$，社会性的各种封堵隔离措施主要是为了减少上式中的 A_1；接触病毒者 A_1，区分为有抵抗力（而未得病）者 A_2 和缺乏抵抗力

（而得病）者 B_0，即 $A_1 = A_2 + B_0$，其中，在统计上尽管有抵抗力（而未得病）者 A_2 远大于缺乏抵抗力（而得病）者 B_0，但在社会性封堵隔离措施中，实际上假定所有的 A_2 都可能是 B_0，而那些必须坚持工作的岗位劳动者除外，假定他们大多都会是 A_2，只需做好防护即可；缺乏抵抗力（而得病）者 B_0，区分为轻症者 B_1 和重症（含危重症）者 B_2，即 $B_0 = B_1 + B_2$，其中大多为轻症者 B_1，据有关报告，重症者 B_2 不超过 20%；轻症者 B_1 绝大多数可以自愈而成为 A_3；重症者 B_2 的治疗结果是：或治愈成为治愈者 A_4 或医治无效成为死亡者 S，即 $B_2 = A_4 + S$。其中 S 的比重可能较高，但占全部得病者 B_0 的比重大约为 2%。换句话说，因感染新冠病毒的死亡率估计为 2% 左右（有报告说可能更低），相对于全部劳动力人口更是一个比重很小的数字。

受新冠病毒感染后，中国劳动力人口的健康结构发生了时域性的显著变化，首先，L_0 变为：

$L_0 = A_0 + A_1$

其中的 A_1 变为 $A_2 + B_0$；因而：

$L_0 = A_0 + A_2 + B_0$

B_0 中一些抵抗力弱者得病，其中部分成为重症者，即：

$B_0 = B_1 + B_2$

这样，劳动力人口的健康结构变为：

$L_0 = A_0 + A_2 + B_1 + B_2$

假设轻症者 B_1 大多数可以自愈，重症者经治疗部分人痊愈，也有一些因医治无效而死亡，因而劳动力人口的健康结构最终将变为：

$L_0 = A_0 + A_2 + A_3 + A_4 + S$

从以上公式中可以看到，在疫情冲击下，同数十亿劳动总人口相比，得病者 B_0，特别是难以治疗的重症者 B_2，数量相对很少；而劳动人口中的各类 A 人员均为健康劳动人口，在数量上所受的影响不是很大。疫情中各地区因病死亡者 S 估计最多以千人数计。据有关部门统计和估算，如果感染新冠病毒的死亡率最终为被确诊感染而致病者的 2%～3%，则仅高于流行性感冒，而远低于非典（9%～11%）。新冠肺炎的死亡主要集中于湖北省武汉市，据 2020 年 2 月中旬的报告，武汉市的新冠肺炎死亡率为 3%～5%，除武汉以外地区的新冠肺炎死亡率为 0.2%～0.3%，而除湖北省以外地区的新冠肺炎死亡率低于 0.2%[①]。患新冠肺炎的人数，尤其是重症危重症人数也不是很多（据

---

① 以上均为 2020 年 2 月 18 日之前的报告数。据国家卫生健康委员会 2020 年 2 月 19 日的报告，2 月 18 日，确诊病例 57805 例，累计死亡病例 2004 例（http://www.nhc.gov.cn/xcs/yqtb/202002/8f2cfd17f4c040d89c69a4b29e99748c.shtml）。整个疫情期间，新冠肺炎的准确致死率随着疫情变化，尚待统计核实后确定。可以（不严格地）作为对比参考的数据是：2018 年全国人口的死亡率为 0.713%。见《中国统计年鉴》（2019）。

报告一直低于 20%）①，可见重症和死亡人数相对于全部劳动力总数都是比重很小的数字（报告的死亡人数中还有相当一部分是非劳动人口，相当比例为老年患者），远远少于全国每年十多万人的汽车车祸死亡人数、艾滋病死亡人数和心血管病致死人数。可见，新冠肺炎还不算是一种死亡威胁非常高的病症，其威胁主要表现为传染性强和行踪莫测。但是，新冠病毒所造成的劳动力健康状况改变，极大地影响了经济观察和判断的视域境界，甚至导致社会性焦虑恐慌现象。小概率事件被舆论聚焦放大（媒体关注必然具有信息放大作用，大众传播产生非常广泛的影响力），不仅成为视域境界改变的"事实"基础，而且受到社会的极大关切，构成人们心中的疫情图景。而且，在疫情时期，卫生防疫部门的话语权显著增强，权威专家的专业意见受到特别重视，传播效果强，促使大众从"忽视"转向高度"重视"和极为敏感，也对人们心中的疫情图景产生重要作用，从而强烈影响社会对疫情的事态关切和形势判断。当然，在这样的视域境界下，劳动力供给结构所发生的改变，绝非简单的统计数字所显示的那样似乎对劳动力人口总量的影响微不足道。相反，在一定的视域境界中，新冠肺炎疫情（尤其是在对新病毒的了解不够，没有特效疗法的情形下）是非常严重的，社会关切度极高，由此导致人们心态和行为的极大改变，对经济的冲击是难以估量的。可以说，企业用工行为突然进入了一个具有极大域观特征（特定视域下）的劳动力人口域境中，其社会环境发生了极大改变。在此情形下，企业经营的社会条件急剧变化，困难骤增。

新冠肺炎疫情突出显示了视域境界和社会关切的改变，如何产生巨大的社会性影响，决定着对社会经济的态势判断的思维倾向。在其影响下，区域经济态势几乎断然改变，进入了"另一个世界"。

三、地区表现和政府行为的域际关切

在经济观察特别是利益关切中，对于一定的区域，尤其是较大区域，例如省、特大城市等来说，本地经济是一个相对独立的经济利益体，所以，本地区的经济政策安排主要以自己区域内的利弊权衡为关切范围，区域之外的影响如同是"外部性"而另作考虑。不过，作为统一国家中的不同地方政府，在处理区域经济问题时，地区之间的关系也是需要关心的，各地区不应采取以邻为壑的、损害其他地区利益的政策措施和不负责行为。不仅如此，各地区的政策安排还可能产生更大范围的甚至是全国性的影响，所以，地区政策决策和制度安排，如果涉及不同地区间的域际利益关系，必须有所权衡，特别是对于可能产生重大影响的地区政策安排，必须充分考虑更广泛的域

---

① 据国务院联防联控机制 2020 年 2 月 16 日权威发布，2 月 15 日湖北以外地区的新冠肺炎重症率为 7.2%。湖北除武汉之外地区的重症率为 11.1%，武汉为 21.6%。中国政府网：http://. gov. cn/xinwen/gwylflkjz17/indes. htm.

际关切。

这次新冠肺炎疫情中，域际关切问题非常突出地表现出来。新型冠状病毒可能导致难以预料的疫情，武汉市所采取的应对举措，会直接影响不同地区及全国的利益。如果不采取强硬的"封城"隔离措施，武汉经济的损失可能较小些，但却可能严重影响其他地区乃至全国各地的利益。而如果采取严格的"封城"隔离措施，则可以控制病毒感染的扩散，但必然会对武汉乃至湖北省的经济产生严重冲击而导致巨大损失。很显然，当武汉市决定是否实行"封城"措施时，必须充分考虑其域际关切性。2020年1月23日武汉开始实行全市"封城"措施，此时，如前所述，正值关于经济大势的视域境界发生全国性变化的时期。武汉成为全国应对新冠肺炎疫情冲击中壮士断腕般的"自我牺牲"者，以一市之"封城"，求缓解全国病毒感染之风险。

这样，整个中国经济的空间状况实际上分为两大地域：武汉（及湖北）和武汉（湖北）之外的其他地区。其他地区也必须关切武汉和湖北省的抗疫形势，而且，只有将武汉和湖北省的疫情控制住，才能从根本上消除其他地区的感染风险和疫情扩散。所以，武汉市及湖北省作出具有全国关切性的"封城"抉择，其他地区也应作出关切武汉及湖北省的应对措施，例如，从医疗力量、物质供应等方面提供援助。

在区域经济学对各地区经济发展的观察和研究中，其视域框架中对于域际关系的关切，主要集中于一些经济增长极（通常是城市）对周边或相关地区的要素集聚和扩散而产生的各种分布现象上。其影响因素主要包括地理特征、行政区划和历史文化等。在这次新冠肺炎疫情期间，各地区的治理能力以及所采取的疫情应对措施，也表现出对域际关系的重要影响。全国各地区特别关切武汉市及湖北省的疫情以及抗御疫情的有效性，特别关切本地区同武汉之间的人员往来密切度，并以此作为本地区抗疫措施的重要考虑因素。武汉市不仅是疫情中心，也是全国的域际关切焦点，是全国抗疫的决战之地。总之，新冠肺炎疫情以及各地区的政策安排，将域际关切在区域经济中的意义凸显出来。特别是，信息传播使得域际关切更为突出，各地区都希望增强信息公开透明度，作为进行政策安排和民心安定的重要条件。

从国内推至世界，这次新冠肺炎疫情使中国成为全球关切的焦点，中国采取了有史以来信息最为公开透明的政策安排和同世界卫生组织最为真诚的合作方式，得到世界各国的肯定。中国充分理解世界各国相互间的高度域际关切，把本国抗疫作为对世界负责的行动。这是区域经济研究中一个非常值得重视的问题。作为世界人口最多、经济规模巨大和国际联系非常广泛密切的国家，中国的地区经济现象对世界各国都有很大影响，因而将越来越成为更多国家的域际关切对象。

在高度信息化和各种传播方式空前发达的当今世界，域际关切会成为越来越重要的区域经济现象。特别是在新冠肺炎疫情时期，区域间的域际关切问题十分突出地表现出来，而这实际上是区域经济关系中始终存在的一个重要关切因素，只不过是过去的区域经济学范式承诺及观察和研究视域中，没有考虑这一因素的作用和影响。新冠

肺炎疫情时期所发生的现象和问题突出地提示我们：任何区域都不可能脱离或者隔绝于其他区域而发展，各地区之间的域际关切性，乃至世界范围的域际关切性，是中国经济发展中的一个需要长期深入研究的重要问题。域际关切在很大程度上是一个信息传播和舆论影响问题，在以往的区域经济学研究中，这是一个被忽视的问题。而这次新冠肺炎疫情时期所发生的许多现象和问题，都指向一个区域经济学的重要研究方向：大众信息传播对区域经济关系特别是民众关切及社会行为的影响。

四、权衡的物质主义时代的供给侧关切

笔者曾经撰文指出，"从 20 世纪 80 年代到 21 世纪的第一个十年，是中国工业化加速时期。在这一时期，社会价值倾向上处于'亢奋的物质主义'时代。2013 年开始，进入工业化的深化时期，这一时期大约将延续到 21 世纪中叶。这是力求通过全面深化改革实现国家治理体系现代化的时代"。这一时代笔者称之为"权衡的物质主义时代"，实现"富强"仍然是其主要目标，但"为了物质财富目标而不惜牺牲生态环境和民生福利的血拼式竞争已成为历史。社会心理更倾向于长期理性、公共思维和持久耐心"[4]。

这次新冠肺炎疫情以极端和尖锐的方式体现了中国在"权衡的物质主义时代"所面临的现实和政策抉择的时代特征。2020 年是中国实现物质主义目标的关键一年：要全面实现建设小康社会的目标，全面脱贫。但新冠肺炎疫情却带来了一次意外冲击，整个国家不得不全力应对，承受代价，甚至需要调整某些预定目标。

德国学者马克斯·韦伯在他的著作《新教伦理与资本主义精神》中有一段关于资本主义与个人关系的精彩论述："今天的资本主义经济，是一个庞大的宇宙。任何人都要诞生于这个宇宙，至少对个人来说，这个宇宙本身表现为他必须生存于其中的、不可变更的事物秩序。个人只要介入市场关系体系，那个秩序就会迫使他服从资本主义的行为规则。一个行动长期不遵守这些规范的制造商，终将被排除到经济舞台之外，就如同那些不能或不愿意适应这些规范的工人将被扔上街头、成为失业者一样。"[5]尽管马克斯·韦伯说的是资本主义经济，实际上适用于现代市场经济的各种形态。世界各国的国情各异，所以有各种形态的市场经济，形成不同的经济"宇宙"。个人生存于其中，必然要适应其所在的经济环境的域观状态，成为其中"不由自主"的行为分子。而且，处于这样的"宇宙"和时代，人的价值观念和行为目标及行为方式也会受到深刻影响。也就是说，大多数个人的行为是受所处时代的"那个秩序"的行为规则所决定的。所以，研究和关切所处时代的各方面行为规则是区域经济研究特别值得关注的问题。

如前所述，中国当前处于权衡的物质主义时代，在这个时代，物质成就仍然是非

常重要的，经济发展仍然是硬道理，但社会心理更倾向于长期理性、公共思维和持久耐心。因而突出表现为更加关切经济关系的供给侧。这就是这个时代的"那个秩序"的行为规则。这次新冠肺炎疫情时期之前召开的最近一次中央经济工作会议再次强调要"坚持以供给侧结构性改革为主线"。而新冠肺炎疫情时期，进一步凸显出供给侧结构性改革的紧迫性，并需要从更广泛的意义上体现区域经济的供给侧关切。

这次新冠肺炎疫情冲击时期，党和政府的政策措施发挥了重大的积极作用，凸显中国经济"强政府"的域观特征，显示出其动员体系对于应对疫情强大的制度能量，也可以说这是中国社会主义制度的一个供给侧结构特色和秩序特征。不过，同时也必须看到，新冠肺炎疫情时期各地区的种种表现实际上也反映出，在现行体制机制（包括公共卫生和疾病防疫的应急响应体制机制）上，各地区在供给侧结构方面存在明显的薄弱环节甚至是严重缺陷。所以，对以下判断大概没有人会有异议：武汉市在应对新冠肺炎疫情中的表现突出地反映了公共卫生体系的供给侧结构缺陷、政府和社会的治理体系薄弱和能力不足、应急体系的响应行动迟缓、效率不高等问题。更反映出许多领域中社会运行方式的畅通性不足，因而在疫情难以控制时，不得不以牺牲社会运转（"封城"和普遍性社会隔离）的高昂代价，来扭转疫情危险形势。

从一般的经济理论上说，对经济体系和经济运行实施对策干预，可以从需求侧和供给侧两方面着力。在经济政策话语中，以需求管理为特征的宏观调控政策通常被理解为政府对经济活动的间接"干预"（称为凯恩斯主义），即主要只作用于货币和财政的总量环节，而不直接介入或干预经济体系的实体性活动（微观）层面。而以西方"供给学派"为代表的供给侧对策作为，实际上同需求侧政策干预的理论逻辑并没有本质性差别，只不过是更强调宏观需求政策不能越位，即不能以需求管理为名而干预到供给侧。因此，"供给学派"这个名称并不是强调政府应更多干预和参与供给侧活动，而恰恰相反，一般被理解为主张减少政府对经济供给侧的干预和管制，包括减少税收，而尽最大可能地让市场更顺畅地发挥调节功能。中国的经济对策明确表述为"供给侧结构性改革"，本意强调主要通过深化改革而非政府管控来解决所面临的问题。尽管中国的国情与美英不同，强调供给侧结构性改革并不等同于美英当年的"供给学派"主张，但在力图通过体制机制改革，激发微观主体活力和技术创新能力，更好地发挥市场机制在资源配置过程中的决定性作用上，具有一定的相似之处。

但是，如果对供给侧结构性改革缺乏正确认识，却反倒可能望文生义地理解为主张和强调对经济供给侧活动给予更多、更细密的行政性干预和政府参与，而且可以比需求管理更具渗透性，即直接作用于微观经济主体的日常经营决策空间。如果这样，就会损害经济运行的通畅性和经济主体的主动性活力，表现为各种形式主义、官僚主义的管制条框和文山会海（叠床架屋的"规定""细则"和"审批"程序），束缚着供给侧的自主性作为，使经济主体感觉流动壁垒重重，违规风险很高，动辄得咎，税收和罚款名目繁多，即使没有大错也难免会有小错，因而宁可消极应付，不越雷池，避

免担当，以"无过不错"为行为目标。这就使供给侧结构性改革的意向偏离初心，无助于经济通畅和活力的增强。

在应对这次新冠肺炎疫情的过程中，可以突出地看到，形式主义和官僚主义的政府部门行为和体制机制的不畅通、信息传递的严重阻塞和不当限制管理，损害了对疫情的警觉性和响应效力，严重贻误了抗疫时机，使防御病毒感染和扩散失去了最宝贵的应对时间。这表明，中国目前不仅公共卫生体系存在严重的供给侧结构性缺陷，而且各方面都存在体制机制问题。

在这次新冠肺炎疫情中可以体会到，供给侧结构性改革的含义，不仅是使商业性组织即企业更有活力，市场机制更为畅通，而且是使整个社会各个领域的运行机制都更为通畅，扫除形式主义、官僚主义障碍，避免层级重叠、程序复杂的政府行政体系延误专业信息的通畅传递，从而损失了决策的科学性和及时性。总之，这次新冠肺炎疫情告诉我们，各地区、各领域包括公共部门，都需要进行更为深入的供给侧结构性改革。让整个系统的各个方面都更具内在活力、反应效能和责任担当，国家治理体系和能力才能实现现代化。

与经济体系需求侧的管理政策不同，供给侧结构性改革及其落实执行，具有地方、部门以及各领域的广泛渗透性。也就是说，供给侧关切，不是总量性和笼统性的，而是结构性和域观性的，需要有实实在在的实体性措施和制度化建设。其意义如同飞机发动机的制造，不仅具有整体的系统性，而且具有高度的精密性，需要环节相扣，润滑畅通，运转有序。

五、结语

区域经济研究的视域境界，以及在其影响下的现实关切，包括事实关切和域际关切的取向，是这次新冠肺炎疫情提示给我们的重要研究方向。经济现象和行为，不仅是客观事实，而且具有感受性，没有感受的"客观事实"是没有意义的。一定的客观事实，在不同的视域之下，可能产生不同的感受，引起不同的关切。总之，经济活动是人的行为，人的行为取决于主观（感受）与客观（事实）间的关系，并受到时代的"行为规则"的限定，而这又会体现区域价值文化和制度特质的深刻影响。因此，区域经济学研究理应从主要关注客观性、物质性要素（即传统的生产函数范式），进一步深入到对主观性、精神性因素的研究。新中国成立70多年、改革开放40多年以来，区域经济发展的视域境界和关切取向已多次演变，每一次的感受都是"沧桑变迁""换了人间"。经历这次新冠肺炎疫情之后，整个国家及各地区经济将进入一个"浴火重生"般的新视域境界，关切取向必将有新的选择，值得区域经济学者们进行更深入的研究。

参考文献

[1] 金碚. 试论经济学的域观范式——兼议经济学中国学派研究 [J]. 管理世界，2019（2）.

[2] 金碚. 探索推进经济学范式变革 [N]. 人民日报，2019-04-08（009）.

[3] 金碚. 论经济主体行为的经济学范式承诺——新冠肺炎疫情引发的思考 [J]. 学习与探索，2020（2）.

[4] 金碚. 供给侧结构性改革论纲 [M]. 广州：广东经济出版社，2016.

[5]［德］马克斯·韦伯. 新教伦理与资本主义精神 [M]. 彭强，黄晓京，译. 西安：陕西师范大学出版社，2002.

论经济主体行为的经济学范式承诺[*]
——新冠肺炎疫情引发的思考

金 碚

摘 要：就其使命而言，经济学是不能满足于抽象的假设—推导范式承诺的，而是必须要面对现实的。而且，正是在某些非常特殊的条件下，有可能发现某些具有本质意义的规律，可以弥补高度形式化和抽象化的经济学之不足，丰富经济学的内容，使经济学更具科学价值和现实性。经济学在域观范式承诺下，才能把握人的行为。经济学关于"经济活动空间"的范式承诺转变，在劳动力人口条件的域观特征刻画上，具有基本方法论的重要意义。新冠肺炎疫情时期实际上是观察企业行为的一个很好的窗口期。对疫情时期众多企业的现实表现的观察，可以对企业改革和各类社会组织（特别是医疗卫生机构）的改革提供极为有益的启示。各国的经济制度和政策安排是没有唯一的"最优"模式的，有效适应就是理性选择。各种制度安排和政策安排，都是在社会过程中不断演进的，没有"最优"模式，只有不断适应和调整。这次新冠肺炎疫情，对正常的经济秩序产生极大的冲击，中国必须采取适应中国国情的断然措施，这也可以说是生态理性的选择。各种制度都有其长处和短处，而其适应性，即能够较有效地应对本国国情中发生的各种问题，就是在客观上合理的制度。人类只能在一定的社会条件和社会过程中，不断完善自己的社会经济制度，虽然永远会有不足和缺陷，但有改进的空间，可以相信，社会进步的步伐永远不会停止。

关键词：经济主体行为；经济学范式；新冠肺炎疫情；理性选择；中国特色

经济学[①]总是倾向于假定其研究对象是在抽象的"通常"条件下发生的经济行为和经济现象，一般以"假定其他条件不变"这样的表述来假设其经济活动空间性质，其含义实际上是"假定所有条件相同"。也就是说，经济学只研究基于一定范式承诺的假设条件下的经济行为和经济现象，而不涉及"其他条件"发生变化时的经济行为和经

---

[*] 原文发表于《学习与探索》2020年第2期。
[①] 本文所称"经济学"是指居主导地位的主流经济学，即以微观—宏观范式承诺为基础的经济体系。

济现象。所以，经济学的假设条件所框定的研究空间可以是高度一元性的，即假定在任何时期、任何地区、任何国家，人的行为和经济关系至少在抽象逻辑上是同质的，即人性相同。按照这样的范式承诺，经济学把关于经济主体及其行为的差异性的研究都推给了其他学科（如社会学、管理学等），而自居于想象中的"纯粹"乌托邦世界之中。因此，经济学成为社会科学各学科中唯一可以演绎的逻辑方法，从对"原子"或"细胞"的同质性假设出发，而推演出整个理论体系的学科。她很精美、严谨，但是距离现实很遥远，尽管她要研究的经济活动是人类最世俗、最现实的行为。但是，世界上是不存在"其他条件不变"或"所有条件相同"的经济活动空间的。"其他条件"总是变化的，各种社会条件可能总是非常不同的，所以，就其使命而言，经济学是不能满足于抽象的假设—推导范式承诺的，而是必须要面对现实的。而且，正是在某些非常特殊的条件（即"其他条件发生很大变化的情形"）下，才有可能发现某些具有本质意义的规律，可以弥补高度形式化和抽象化的经济学之不足，丰富经济学的内容，使经济学更具科学价值和现实性。2019～2020年之交，武汉暴发"新型冠状病毒肺炎"疫情时期就是一个难得的观察窗口，可以作为经济学研究的一个"实验条件"样本，以其极端条件下的表现，揭示某些内在规律。

一、经济学如何假设其自然主体——人的行为

作为经济学研究对象，关于自然人的行为假定是经济学的底层逻辑基础和学术范式承诺的前提。众所周知，当假定市场经济条件，并假定"其他条件不变"时，主流经济学假定人的行为具有"经济人"性质，有些经济学家尽管承认这一假定并不科学，但为了逻辑推导的简洁方便，也权且认可从经济人假定出发来进行理论分析（推导），即承认经济人假定具有经济学意义的学术基石性质。

经济人假定的哲学基础是个人主义。个人主义认为，"我们在理解社会现象时没有任何其他方法，只有通过对那些作用于其他人并且由其他预期行为所引导的个人活动的理解来理解社会现象。"[1]也就是说，社会现象归根结底是由单个个人的行为所决定的。而且认为或者相信，"那些伟大的个人主义作家所关心的主要事情，实际上是要找到一套制度，从而使人们能够根据自己的选择和决定其普通行为的动机，尽可能地为满足所有他人的需要贡献力量。"[1]通俗地说就是：个人主义相信人类可以建立一个人人都按"主观为自己，客观利他人（社会）"的行为方式进行活动的经济制度，这就是市场经济，而且相信这样的制度是可以达到"均衡"和"最优"的。

那么，单个个人的"为自己"行为有什么性质呢？经济学家们有各种表述：人总是做"对自己有利的事""有回报的事""自己愿意和喜欢的事""有既定目标的事"等。所有这些表述的含义大同小异，都集中于两个最基本的要义：一是自私，二是

理性。

关于经济人的自私性和理性，经济学家们有许多争论，因为在现实中人和人及其行为的差异性是很大的，相信每一个经济学家都会承认"每一片树叶都不相同"，即对于如何"为自己"，人与人是各不一样的。那么，在经济学研究的抽象过程中，如何假定（即抽象）人的行为呢？奥地利著名经济学家哈耶克说："个人主义者的论断的真正基础是，任何个人都不可能知道谁知道的最清楚；并且我们能够找到的唯一途径就是通过一个社会过程使得每个人在其中都能够尝试和发现能够做的事情。"[1]按照这一说法，个人的行为并不是独立自主决定的，而是在一定的社会过程（社会条件）中才知道如何行动和作为。换句话说，并非人人都是由抽象人性所决定的具有自由、自主能力的"自私自利"经济行为主体。

而马克思在《关于费尔巴哈的提纲》一文中的一个常被引用的著名论断则表达得更为清晰，他说，"人的本质并不是单个人固有的抽象物。在其现实性上，它是一切社会关系的总和。"[2]那么，按照这样的深刻理解，在经济学中，还能假定人能够知道做什么事对自己最有利，或能够得到所预期的最大回报吗？

为了回避这个会引起极大分歧的难题，排除关于这一问题的高度复杂性，避免陷入无止境的哲学争辩，经济学不得不走一条捷径，即进行"抽象"和"简化"，把自私和理性假定为只是追求个人的经济利益。而关于经济利益，最先是简化为"物质财富"。但"经济利益"或"物质财富"还是过于复杂，难以计量。于是，经济学进一步将其简化为交易关系中发生的易于计量的"流量"，即"产出""支出"或"收入"。而且，还要能够用货币单位来计量，因而将其定义为市场交易过程中所发生的货币易手量。这样，经济活动的行为目标就被经济学抽象简化到了十分狭窄的范围之内。因而，经济人就被假定为几乎是如同"守财奴"那样的重商主义者，以最大限度地获取和积累货币量为其经济行为的唯一目标和动机。

很显然，这样的行为目标假定是严重脱离现实的，甚至是很荒唐的（按此方式计算，庞大的俄罗斯国家，其"经济规模"居然只相当于中国的一个大省），但这确实是经济学所依赖的工具理性逻辑基础，否则，经济学就无法"计算"了，而如果无法计算，那还算什么经济学呢？当完全不考虑"其他条件"和复杂"社会过程"时，这样的假设—推理范式勉强可以接受，权且作为"模型"。但是，一旦进入现实条件和具体的社会过程中，情况就大为不同了。例如，经济学假定人人都是人性相同的利益最大化追求者，但在这次新冠肺炎疫情中，尽管受感染人群数相对于全国人口来说是一个极低的比例，死亡人数也远远低于汽车车祸或饮酒致死人数，但却极大地影响了人的行为表现：一些人自动居家隔离，一些人如医护人员高强度投入工作，一些人如参加武汉火神山和雷神山医院以及多所方舱医院的抢建工程……人的行为差异发生显著的系统性变化，完全偏离"经济人"的假设行为方式。新冠肺炎疫情时期当然是一个极端场景，并非常态，但却可以揭示不同域境条件下人的行为差异，尽管有些夸张和

"扭曲"，但却可以更具显示性地表明：人的行为特征并非经济学"微观"范式承诺所假定的那样"理性"而同质，而是具有显著的"域观"特征，即不同域境（即在具体的现实条件和社会过程）中的人群行为是不同的。经济学必须在域观范式承诺下，才能把握人的行为，即使是按"目标—手段"的构架来描述和刻画不同域境中的个人行为，也不能拘泥于抽象的经济人假设。

按照这样的范式承诺，那么，就必须承认，主流经济学关于经济运行方式（或模式）的一元化假设也是不可取的。按照那样的一元化假设，既然人的行为方式具有同质性，那么，经济运行方式也合乎逻辑地具有相同性（一元性）。而如前所述，实际情况是，既然人群行为具有域观特性，那么，不同现实条件和社会过程中的经济运行状态也必然具有域观性。现实经济的这一域观性质，在新冠肺炎疫情时期以极端的方式表现出来。

在新冠肺炎疫情冲击下，企业用工所面临的劳动力状况如图1所示：

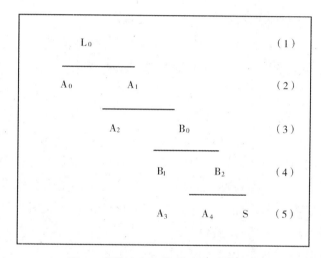

图1 疫情冲击下的劳动力域观状况

注：L_0 为全社会可从事生产活动的劳动者；A_0 为未接触病毒者；A_1 为接触病毒者；A_2 为有抵抗力者；B_0 为缺乏抵抗力者；B_1 为轻症者；B_2 为重症者；A_3 为轻症自愈者；A_4 为重症治愈者；S 为死亡者。

资料来源：笔者整理。

图1中，全社会可从事生产活动的劳动者 L_0，在新冠病毒传播下，分为未接触病毒者 A_0 和接触病毒者 A_1，即 $L_0 = A_0 + A_1$；接触病毒者 A_1 区分为有抵抗力（而未得病）者 A_2 和缺乏抵抗力（而得病）者 B_0，即 $A_1 = A_2 + B_0$；缺乏抵抗力（而得病）者 B_0 区分为轻症者 B_1 和重症者 B_2，即 $B_0 = B_1 + B_2$；轻症者 B_1 成为自愈者 A_3；重症者 B_2 的治疗结果是：或治愈成为治愈者 A_4 或医治无效成为死亡者 S，即 $B_2 = A_4 + S$。

中国劳动力人口在新冠肺炎疫情冲击下，健康结构从 $L_0 = A_0 + A_1$ 变为：

$$L_0 = A_0 + A_2 + B_0$$

然后，一些抵抗力较弱者得病，健康结构变为：

$$L_0 = A_0 + A_2 + B_1 + B_2$$

经过自愈和治愈过程，健康结构最终将变为：

$$L_0 = A_0 + A_2 + A_3 + A_4 + S$$

从以上公式可以看到，在疫情冲击下，同劳动总人口相比，得病者 B_0，特别是难以治疗的重症者 B_2，数量相对很少，而劳动人口中的各类 A 人员均为健康劳动者。疫情中最后因病死亡者 S 更是只有数千人（报告的死亡人数中还有相当一部分是非劳动者），远远少于全国每年十多万的汽车车祸死亡人数、数十万艾滋病死亡人数和心血管病死亡人数。但是，新冠肺炎疫情所造成的劳动力域观状况的改变却是非常大的，即劳动力供给行为发生了很大改变，绝非简单的统计数字所显示的那样似乎微不足道。可以说，企业用工行为突然进入了一个具有极大域观特征的劳动力人口域境中，其社会环境发生了极大改变。

这虽然是一个特殊时期的极端状况，但它揭示了一个客观规律：企业所面临的劳动力人口状况，是具有很强域观特征的。新冠肺炎疫情时期，病毒感染所导致的劳动力人口状况的域观特征以极端形式凸显出来。其实，其他因素，特别是劳动力人口的价值文化差异所导致的域观特征，也是影响企业用工和不同域境条件下的经济发展的重要因素。例如，企业在"一带一路"各国进行投资生产，所处的劳动力人口域观特征是有很大差异的。在主流经济学的微观—宏观范式承诺下的经济人假设中，这一域观特质是被忽视或"抽象掉"的，但在经济现实中，特别是在社会文化和制度条件非常不同的各个国家，劳动力人口的域观特征对社会生产活动的影响是非常广泛、深刻和持久的。在通常的经济学研究中，我们较难对此进行学术刻画，而在新冠肺炎疫情时期，劳动力人口的群体特性对生产活动的极大影响以极端形式表现出来，使我们能够如同是在一个高倍放大镜下观察劳动力人口的域观特征及其对经济活动的影响。

经济学关于"经济活动空间"的范式承诺转变，在劳动力人口条件的域观特征刻画上，具有基本方法论上的重要意义，即必须认识到，在不同的域境条件下，劳动力的供给—需求关系是非常不同的。将劳动力人口状况作为体现经济活动空间特征的一个重要因素，是经济学研究值得重视的一个问题。

二、从个人主义到企业本位的经济学范式思维

主流经济学的市场理论底层逻辑不仅基于自然人即经济人假设，而且将其直接推演到企业本位假设，即把经济人的理性自利假设，推论为企业行为的利润最大化行为目标假设，也就是假定，个人追求私利的行为决定了企业追求私利的行为，而企业的私利又被简单化为利润最大化（即收入盈余最大化）。笔者曾经撰文指出，其实，这

样的推论是很轻率的。即使承认自然人的经济人行为目标，也难以逻辑严谨地推论出企业以追求利润最大化为唯一目标。其间存在着逻辑推演的"阿基里斯之踵"，也就是说，在个人作为经济人和推断或假定企业也是经济人的逻辑链条中存在逻辑断点之致命弱点[3]。因此，主流经济学将企业经济人作为自然人经济人假设的逻辑推理延伸，是不够严谨的，在现实中更是不成立的。

实际上，现实中的企业行为存在非常显著的系统性差异，因而具有实质性的域观异质性，即区分为域态有别的域群或域类。笔者曾经撰文讨论了企业的域观类型："关于企业同质的假定是一个在逻辑链上存在诸多间断点的经济学体系基石。粗略划分，现实中的企业至少可以有这样四种基本类型：自利企业、兼利企业、社会企业和极致企业。国有企业是一个特殊的企业域观群类，即企业大家庭中有别于其他企业的一个特殊'域类'。在国有企业改革和演化过程中，行为目标的确立是一个核心问题。市场竞争过程并非如微观范式承诺所想象的那种同质企业的自由竞争状态，而是异质企业的有效竞争状态。不同域类的企业群体，并非主观设想的制度安排结果，而是在'现代企业制度'环境中，自然演化形成的企业生态结构，企业世界的域观现实，本身就是市场竞争的结果。自利企业、兼利企业、社会企业和极致企业，在统一的市场竞争中都会有自己的生存发展空间。传统经济学的微观范式所承诺的'自利同质企业自由竞争'的世界已经演变为域观范式所承诺的'多域异质企业有效竞争'的新世界。"[4]

在这四类企业中，自利型企业的行为更接近"主观为自己，客观利他人（社会）"的经济人行为假设；兼利型企业，更自觉地承担社会责任，包括对员工的关爱、对客户利益维护和对社会公共利益的贡献等；社会企业则以解决社会问题，例如，扶贫、环保、生态、安全等为企业目标，而以创新性的市场化（商业）方式，可持续地进行生产供应活动，即遵循"主观为社会，客观利自己（可持续）"的经营理念和积极创新；极致型企业则不以自身利益最大化为目标，而是致力于某些特殊极端产品，特别是高新技术产品或特殊用途产品的生产。换句话说，企业并非主流经济学的微观—宏观范式承诺所假设的同质性微观经济主体，而是呈现为不同域类的企业共存。

换句话说，在现实经济中，由于域观条件和社会过程中存在系统性的差异性，企业必然划分为不同的域类，各域类中的企业行为目标是非常不同的。因此，即使是以企业本位论替代个人主义的经济人假设，企业的同质性假定也是很轻率、不严谨、不现实的。

在新冠肺炎疫情时期，由于现实条件和社会过程发生极大变化，各类企业的社会条件和经营环境也发生剧烈变化，不同行业特质的企业处于具有极大域观差异的市场条件下，其行为空间发生极大变化，经济空间急剧变异，使其行为目标和行为方式必须进行适应性调整。尽管有些调整是短期的、应急性的，但所反映的理论逻辑终究是：在不同域境条件下，企业的行为目标和经营手段各不相同，客观上区分为不同域类，即企业的经济生态是域观性的，而非微观经济学范式承诺所假设的同质企业竞争态势。

我们看到，在新冠肺炎疫情时期，有些企业如餐饮、旅游、交通等服务业企业几乎"休克"；医疗卫生、制药、网络（网上办公）等企业异常活跃；供电、供水、供气等基础产业确保供应；直接为抗疫提供产品的企业，如口罩等卫生防护产品生产，或参与抗疫设施建设的企业，如医院建设，超常强度生产和施工。即使是疫情中心地区武汉市和湖北省，在疫情十分严重时期，卫生防护品生产企业也 100% 复工，加班进行生产。

此时，企业的利润最大化目标完全服从于各类域观特质企业的压倒性实质生产目标，企业的兼利性和社会性特征凸显出来。一些企业生产为抗疫停工让路，一些企业为抗疫高强度生产，一些企业为抗疫而调整产品生产，一些企业放弃商业利益目标直接提供抗疫产品和服务。企业之间的域观特性差异在新冠肺炎抗疫时期以极端化的形式表现出来。我们不应单纯地将其视为非常时期的非常表现，实际上，非常时期展现了企业原有的域观特性的内在因素。对企业的持续经营来说，正常时期与非常时期并无绝对界限，或者，正常时期与非常时期都是企业经营过程中须面临的域观形势，甚至有些企业本身就是为满足非常时期的市场供应和社会需要而建的。

从以上讨论中可以看到，主流经济学关于企业行为的同质性（以追求利润最大化为唯一目标）假定是不现实的、武断的，因而关于市场经济一元化机理的范式承诺也是不现实的和武断的。各国、各领域的市场经济运行当然有其共性机制，即以价格信号所调节的供求关系机制，但是也必须看到，市场机制在不同的域境条件下，具有不同的特性。因此，按照主流经济学的范式承诺，在"假定其他条件不变"即"假定其他条件相同"的思维框架中研究经济行为和经济现象必定是脱离实际的。

新冠肺炎疫情时期实际上是观察企业行为的一个很好的窗口期。各类企业的内在机理和各种内外关系都会凸显出来。例如，员工与企业的关系、企业的目标抉择、企业与社会的关系、企业行为对社会条件变动的适应调整、企业竞争力的内在因素等，都会成为非常值得研究的问题展现在经济学研究者的面前。对疫情时期众多企业的现实表现的观察，可以为企业改革和各类社会组织（特别是医疗卫生机构）的改革提供极为有益的启示。可以相信，新冠肺炎疫情之后，中国企业改革和行业（事业单位，特别是医疗卫生行业）改革将进一步推进或调整方向。

三、社会及国家经济主体的经济参与和干预

传统的主流经济学以其"科学性"自诩，自认为服从科学方法是其学术追求。英国学者彼得·罗素说："我们所有的科学范式都是基于一种假设：这个物质世界就是现实世界，空间、时间、物质和能量是组成这个现实世界的基本元素。"[5] 在主流经济学的"科学性"范式承诺下，经济活动或生产过程被设想为一个"生产函数"，其自变

量即"基本元素"生产要素为：劳动、资本（土地）和技术。但是，经济学毕竟不是自然科学，经济学的研究对象是人的行为，而人的行为是社会性的，所以，经济科学属于社会科学，她不应刻意排除社会性因素，包括其中对人的行为具有极大影响的精神性因素，而貌似"科学"地显示其"客观"性。或者，更彻底地说，经济行为和经济活动本身就具有主观性和精神性，是有意识、有观念、有态度的人和人群的社会性活动。既然如此，那么，经济学理应关注和研究：社会文化是否会成为决定经济系统的域质特性的主体性因素？这种主体性因素会不会导致经济主体的域质域态的系统性差异，形成具有稳固特性的"域群""域类"，以至民族（国民）经济的域观特性？在具有不同的域观特征的经济体（经济系统）中，经济活动和组织发生，以及经济秩序的治理方式是否会有不同性质和特征表现？

经济主体的社会性首先表现为家庭，经济学假定的微观经济主体是自然人，而现实社会中经济原子或细胞实际上是家庭，而家庭在不同的社会文化条件下（不同国家中）是各具特质的。有学者指出："家庭在中国社会扮演着重要角色，是中国社会的细胞，社会的其他部分基本是从这里衍生出来的。""中国广大民众参与工业化、市场化和城镇化，参与竞争、参加劳动、节俭勤奋，背后的一个巨大动力就是费孝通所说的'家庭'：父母累死累活、辛勤劳动、省吃俭用，为的是让子女有更好的经济和生活条件，让家庭成员能够享受更好的生活品质"。[6] 家庭是各种经济活动人群的供应者，也是其行为的影响者。

除了家庭之外，社会性经济主体还包括各类社会组织，以及由各种社会关系所组成的社会性网络。特别是在电子媒体和通信联系网络（如微信、微博、朋友圈等）高度发达的条件下，社会性经济主体的作用会日益增强。而社会性网络系统中"人"的主观性、精神性非常强，而绝不是经济学所假设的那种经济人行为。

经济社会中的一个强大主体是国家，经济学中称之为"政府"。在传统的微观—宏观范式承诺中，"国家"或"政府"的角色行为是被高度精炼的。国家或政府的责任是维护自由竞争的市场秩序，管制垄断行为，提供市场难以有效提供的公共产品，通过货币政策和财政政策进行宏观调控，以"熨平"经济波动。按照这样的范式承诺，市场经济是有一个"最优"的市场—政府关系的，一般认为那应是一个"大市场、小政府"体制和社会经济运行机制。

但是，综观世界各国，什么是"最优"的市场—政府关系呢？即使是经济发达国家，美国、欧洲各国、澳洲国家、东亚日本等，其体制机制也都有各自特质，难以一律。广大的发展中国家和贫穷国家更不用说了，更不可能有什么"最优"的体制机制，尽管绝大多数国家都实行市场经济。每一个国家的经济主体中都包括有国家经济主体的参与和干预，但是各自的具体表现不同，即均有其显著的域观特征。

关于经济体制（制度）的形成，经济学家们有两种影响深广的理论主张：一种叫建构主义理性，起源于勒内·笛卡尔，即认为，"所有有价值的社会制度，是而且应该

是由人类理性自觉的演绎过程创造的"。也就是说，有效的社会制度是人类（通过某些英明人物的主张）按照符合理性和逻辑的理念而构想和建立起来的，可以叫作遵从理性为最优。另一种叫生态理性，认为，"如果个人、市场、机制或其他由个体集合形成的社会系统能够适应环境结构，那么这便是生态理性"。[7]也就是说，有效的社会制度是许多人实践过程的集合性结果，它的理性体现为能够较好地适应社会环境，可以叫作有效适应为理性。诺贝尔经济学奖获得者弗农·L. 史密斯说，"我们采用建构主义的思想来构建模型，正式或非正式地模拟人类的理性是决策、发明或设计社会制度，同时应用生态理性的思想来研究适应性的人类决策和在自然社会体系中的群体发现过程。如我们将要看到的，这两者不一定是相互排斥、对立或不协调的；我们可以运用理性来研究和模拟人类文明中自然产生的规则，来评估此类规则的智慧和功能。此外，个体和群体生产产品、孕育思想、制定政策，但这些是否传承或复制，还有待选择和过滤的力量，这些都远非发起者所能控制……一个构建主义计划越早经受生态过程的选择，人类就越知道其是否能够幸存下来"。[7]

按照这样的思维，人类各种有效社会制度，并不是凭借"合理"理性就能构想和建立起来的，而必须在实践中不断"试错"，在试错过程中，理性的判断当然发挥一定的重要作用，但最终的制度选择，取决于社会生态过程的取舍（适者为用）。因此，世界各国的社会制度和经济体制显然不可能是千篇一律的，也不会有什么一致的"最优"制度，而必然是一个多元化的和多样性的丰富世界。

这次新冠肺炎疫情，对正常的经济秩序产生极大的冲击。单凭理性构想，不可能形成一个"最优"应对制度。对武汉这个1000多万人口的城市进行"封城"，是史无前例的，对于世界大多数国家来说，这甚至是无法想象的。随着疫情的发展，实施全国性的流动控制和隔离措施，更是其他国家不可思议的。但中国是世界人口第一大国，疫情的传播即使导致很小比例的感染、致病和死亡，其绝对人数也是非常巨大而难以承受的。在这样的特殊域境条件下，中国必须采取适应中国国情的断然措施，这也可以说是生态理性的选择。

当然，中国的社会生态具有其他国家所罕见的域观特征，在中国共产党领导下形成的强大社会组织能力和动员能力，也是中国有可能采取极为非常的措施和政策安排来应对疫情的必备条件。因此，中国共产党这一"中国事实"条件下的中国措施和中国应急方式，其他国家恐怕是难以模仿的，这是中国经济的一个独特的域观特征[8]。这再次表明，传统经济学的假定"其他条件不变"即"其他条件相同"的思维范式是不现实的。"其他条件"总是变化的，各国的"其他条件"总是不同的，所以，各国的经济制度和政策安排是没有唯一的"最优"模式，有效适应就是理性选择。

可见，各种制度安排和政策安排，都是在社会过程中不断演进的，没有"最优"模式，只有不断适应和调整。在这次新冠肺炎疫情冲击下，中国体制的独特优势显著体现出来，其不足和缺陷也突出地暴露出来。这些优势和不足，不仅存在于医疗卫生

领域，而且在社会经济的各领域都存在着。所以，新冠肺炎疫情是一次全方位的社会"体检"，以极端的甚至是破坏性的方式，检测中国制度环境的健康状况。各类经济主体、社会性经济主体和国家经济主体，在新冠肺炎疫情的特殊时期的表现，可以将平常时期未能显现的问题凸显出来。

各类经济主体，包括社会性组织和国家组织，在全国的制度体系中各有其功能及分工定位，从各自的方位参与或干预经济活动。在这次新冠肺炎疫情中，由于各种问题在极端情形下的暴露，可以为制度调整和改革提供更有说服力的案例支持，并大大扩展视野和增强思考深度。如前所述，各类社会性经济主体及国家经济主体，在社会经济过程中的作用不仅体现为"物质"性和"能量"性，而且具有非常特殊的精神性和信息性功能。尤其是政府组织，对于各种经济和社会流量，包括信息传播都具有管控能力和职责。因此，在形成有效的社会制度中，如何疏导和管控各种经济和社会流量，特别是信息化社会中的信息流量，成为疫情时期所提出的一个突出问题。在一次大疫情中产生一些即使是短期内无法解决的问题，也可以留下疑题，激发思考和探索，这也是一种历史贡献。

四、进一步的思考

新冠肺炎疫情时期的全民抗疫，将会是一个载入史册的重大事件和全民记忆，它的影响将非常深远。从经济学的视角来观察，以往那种微观—宏观范式承诺已经不适应对现实经济以及经济制度的研究，难以解释人类所面临的经济现象和经济行为。主流经济学的微观—宏观范式承诺所理解和描述的经济世界是一元化的、规则单调的，而将各种复杂现象都视之为"异常""偶然"或"不合理"而排除于研究对象之外，美其名曰"理论抽象"。按照这样的思维方式和范式承诺，中国所发生以至长期存在的现象都被认为是违背常态的，并断定必须除之才可入正常体制之主流。

而新冠肺炎疫情时期所发生的各种事情却告诉人们，世界可能会如此不同，尽管这是一个特殊时期，各种现象会以极端的形式表现出来，但是却可以显示经济体的一个毋庸置疑的事实：它们可能是非常不同的，如果仅按经济学的微观—宏观范式承诺来观察它们，必然会是不得要领的。由于经济体具有各自的性质和特征，所以，经济世界不是微观经济学所假设的同质性"微观"主体的匀质经济空间，而是各类异质性经济主体所构成的非匀质性经济世界，笔者称之为域观空间。由经济学的微观—宏观范式承诺所设想的那种抽象的新古典经济世界在现实中是永远没有的，现实世界中的经济体系都是"特殊"的，有"特色"的，所谓的"正常"时期其实都是由各种"特殊"时期所组成的。新中国成立 70 年，再追溯到中国近现代历史的 100 年来，有哪些年份可以算是"正常"时期，哪些年份算是"特殊"时期呢？

新冠肺炎疫情时期当然可以算是特殊时期，但却可以十分突出地表现出中国制度的"正常"性质。在这一时期，世界看到一个如此与众不同的中国，不是与中国自己不同，而是与世界其他国家不同。而她与其他国家的不同之处，恰恰是最具"中国"域观性质的表现，不是中国的"异常"表现，而恰恰是她的制度性质所展现出的最"正常"的表现，是她的"特色"。她抵御病毒感染的能力无与伦比，采取的措施极具"中国特色"。能如此有力地应对突如其来的疫情，那么，还认为这样的制度是不合理或不正常的吗？新冠肺炎疫情时期的中国当然也暴露出一些问题，但是，哪一种制度可以绝对不出问题？世界上能有"最优"的构建主义理性体制吗？

我们不得不承认，各种制度都有其长处和短处，而其适应性，即能够较有效地应对本国国情中发生的各种问题，就是在客观上合理的制度，也就体现了前述学者所说的生态理性的选择。人类只能在一定的社会条件和社会过程中，不断完善自己的社会经济制度，永远会有不足和缺陷，有改进的空间，但可以相信，社会进步的步伐永远不会停止。可以说，这是新冠肺炎疫情留给我们的一个非常有益的启示。而且，它对现行制度的优势与缺陷揭示得很充分、很尖锐，可以说，是以疫情的方式，触及我们的"痛点"，促进中国制度改革的前进步伐。

参考文献

[1] [英] 哈耶克. 个人主义与经济秩序 [M]. 贾湛，等译. 北京：北京经济学院出版社，1989.

[2] 马克思恩格斯选集（第一卷）[M]. 北京：人民出版社，1972.

[3] 金碚. 关于开拓商域经济学新学科研究的思考 [J]. 区域经济评论，2018（5）.

[4] 金碚. 域观范式视角下的企业及其竞争力 [J]. 经济纵横，2019（9）.

[5] [英] 彼得·罗素. 从科学到神——一位物理学家的意识探索之旅 [M]. 舒恩，译. 深圳：深圳报业集团，2012.

[6] 王春光. 中国社会发展中的社会文化主体性——以 40 年农村发展和减贫为例 [J]. 中国社会科学，2019（11）.

[7] [美] 弗农·L. 史密斯. 经济学中的理性 [M]. 李克强，译. 北京：中国人民大学出版社，2013.

[8] 金碚. 中国经济 70 年发展的新观察 [J]. 社会科学战线，2019（6）.

论经济的组织资本与组织政策[*]
——兼议新冠肺炎疫情的启示

金 碚

摘 要：经济世界的基本结构是：众多经济主体在一定的经济体中，进而可能在跨经济体间进行交易和生产活动，其中，"组织"关系是普遍存在的现象。组织能力是任何经济体和经济主体的重要素质，可以称之为"组织资本"。将组织资本因素引入经济学体系，使经济学增加一个新工具，是具有范式变革意义的。只有基于组织资本，经济才能运行，政府才可能实施各种经济政策，达成政策目标。宏观政策和产业政策，均基于一定的组织体系和组织机理。供给侧结构性改革体现了中国经济发展中，政府所发挥的组织政策效应。真正可行和可持续的经济全球化是需要有强有力的组织力量来支撑的，而且，其中还必须要有一些组织资本较强的国家，作为其中坚力量。中国经济崛起，无疑是经济全球化向纵深推进的一个巨大的积极力量和组织资本供应来源国，可以为经济全球化夯实组织资本基础做出重大贡献。中国特色社会主义的市场经济还在构建和不断完善的过程之中，仍然任重道远，期间，如何更有效地使用和再生产中国特有的组织资本资源，将成为经济学研究的一个非常有价值和特别值得重视的研究方向。

关键词：组织资本；组织政策；产业组织理论；新冠肺炎疫情

在当代，除极少数例外，几乎所有国家都声称实行市场经济制度。尽管各国关于市场经济的具体理解各有差异，但关于市场经济的想象大多基于主流经济学的理论范式：其学术逻辑的起点是承认或假定人的自利与理性，而且假定人具有乐于交换的本能。这样，现代经济学就力图以假定—推论的演绎逻辑，构建起其"科学"严谨的学术体系。不过，人们也不断地发现，整个学术体系的逻辑严密性其实是有缺陷、有

* ［基金项目］国家社会科学基金重大研究专项"加快构建中国特色哲学社会科学学科体系学术体系话语体系"（批准号：18VXK002）；中国社会科学院学部委员创新工程项目"经济学理论创新与实践探索"（批准号：SKGJCX2019-2020）。

原文发表于《中国工业经济》2020年第4期。

"断点"的，而且，同现实差距遥远，难以对现实经济现象做出有说服力的解释，也不能预见未来，甚至无力预见重大经济危机的发生。所以，经济学家们一直在努力推进经济学的发展，在经济学体系的现有框架之内加入一些新的解释因素，并探索经济学范式的变革。在此过程中，经济学家总是试图想象一个抽象的"正常"状态，即在"假定其他条件不变"（实际上是假定，在经济学所选定的若干因素之外，其他因素均无影响或不予考虑）的"绝对空间"中进行理论构建。但是，在现实中却并不存在"其他条件不变"的经济状态。因此，其他条件的变化或不同不应妨碍经济学的研究，相反，在其他条件发生重大变化时，往往更能够发现经济关系中的一些重要规律和特质，发现影响经济行为和经济现象的一些重要因素。2019～2020 年之交暴发的新冠肺炎疫情，就是一个"非常时期"，各方面的条件发生了极大变化，如果进行深入观察研究，就可以发现经济关系中的一些重要规律和特质，可以提示我们，经济学可以或必须着力探索的研究方向、需要扩展的研究领域以及需要增加的范式工具。

一、经济体、经济主体及组织资本

经济学在构想经济活动或"经济世界"时，借用了自然科学的范式工具，即以自然界（特别是物理学）为隐喻，想象为一个由要素组成的世界，因而把生产活动视为一个生产函数。其自变量（即生产要素）最初是土地、劳动和资本，后来将"土地"归入"资本"，加上"技术"，形成至今被广泛接受的"劳动""资本"和"技术"三个最基本的生产要素。再后来，"人力资本""社会资本"被加入进来，作为广义的社会生产要素。进入信息时代，有些人主张，"数字（数据）"也是重要资源，应加入生产函数的自变量中。还有"思想"也可以被设想为构建生产函数的一个自变量（金碚，2020a）。在描述经济过程时，生产函数的自变量被视为生产过程的"投入量"，其因变量就是生产过程的"产出量"。产出量超过投入量（生产成本）的"经济剩余"，部分可以形成积累，转化为"资本"。所以，资本积累成为生产的目的和动力，经济增长表现为以资本为中心的生产函数关系，各种生产要素都被想象为不同的资本形态：物质资本（包括土地）、技术资本、人力资本、社会资本，以至金融资本等。这个时代也就可以称之为"资本主义经济"。

问题在于，生产要素如果处于分离状态，是不能产生生产力的，只有当它们结合起来，才能创造"产出"。所以，所谓生产过程就可以视为生产要素的结合。那么，生产要素如何才能结合起来呢？这涉及两个问题：一是社会过程，即通过一定的方式，使得归属于不同人的各种生产要素汇集到一起进入生产领域；二是技术过程，也就是使生产要素实现物质形态上的相互作用，形成产出品，并实现量的增长。理论上说就是：劳动者使用劳动工具作用于劳动对象，创造出"产品"。

经济学主要研究上述第一方面的关系和现象。如前所述，经济学认定或假定，人具有交换的本能，所以，可以通过相互间的交换行为或某种分工合作方式，当然也可能是某种强制性方式，实现生产要素的结合。如果整个经济活动都主要以交换的方式实现要素结合，进行生产活动，那么，就称之为"市场经济"。

"市场"不仅被想象为交换关系，而且被想象为交换的场所。在市场这个交换场所中，许多进行交换或与交换相关的各种活动的经济主体集合起来，就形成了"经济体"，国家（Nation）、地区、产业等都可以称之为经济体。经济体是客观现象（准确地说，是主观界定的客观对象），本身没有主观意志（行为目标），而在经济体之中运动着的经济主体则是具有主观意志即行为目标的行为主体（下文将进一步讨论这个问题）。

在这里，经济学忽略或省略了一个重要问题，即生产要素的结合是如何完成实际的交换过程而汇集起来的，以及如何才能完成技术上的结合即进入实际生产过程的呢？其中必须要有一定的组织关系和组织过程，而不可能是自发自动的"不经意"过程，也就是说，其中必须要有人的能动性"构想—执行"行为。所以，在现实中，实际可行的经济活动均为组织化的活动。在古希腊，"经济"这个概念的最初含义就是"家庭管理"的意思。那时的生产单位即经济主体是"家庭"，家庭通过组织及管理，完成生产过程，就是"经济"。后来，生产活动的经济主体不断演变，最终成为"企业"或更一般地称为"厂商"。企业或厂商比家庭更需要有一定的组织形式，才可能汇聚生产要素，进行生产活动。在整个过程中，它们都是"组织"行为而不是单体行为。可见，各种经济主体（除非是极特殊情况下的单独个人）都是需要组织起来才能进行生产活动的。而组织是一个需要付出很大努力才能完成的任务，绝非自然而然地就能实现的过程。

不仅如此，在没有意志和主观性行为目标的经济体中，通过市场交换过程实现生产要素结合，也需要有一定的市场秩序和可认同的交易规则作为条件。经济学中有一个学科分支专门研究这一问题，这就是"产业组织"理论或"产业组织经济学"。它研究同一产业（可视为一个经济体）内的企业间竞争和垄断关系，以及经济绩效。可见，市场实际上也是一种组织系统，理论上可以想象，经济活动在市场的自发组织之下实现资源配置，进行生产活动。这样，市场就被想象为一只"看不见的手"，可以发挥社会生产的指挥和决定作用。在产业组织经济学或产业组织理论中，所想象的是不同规模的微观经济主体（厂商），在市场经济中发生竞争与垄断关系，其相对（比例）关系就称为"市场结构"，于是，在一定的市场结构中，作为经济体的"产业"运行可以达到相应的"市场绩效"状况。经济学就把所有这些现象和经济关系称为"产业组织"。

在这里可以看到，经济世界的基本结构是：众多经济主体在一定的经济体中，进而可能在跨经济体间进行交易和生产活动。其中，"组织"关系是普遍存在的现象，大

体分为两种主要形态：经济主体的组织和经济体的组织。经济主体与经济体的区别在于，前者具有自觉性（切身感受利益得失），有其组织目标，通常有产权关系作为其法律基础，具有正式性规则；而后者是客观存在体，本身并无主观性的组织目标，未必与产权关系相关，具有自发性规则。因而，前者可以称为自觉性组织，后者称为自规性组织；前者是显性的"硬组织"，具有实质性，组织边界和成员身份较清晰；后者是潜性的"软组织"，具有观念性，组织边界和成员身份往往是基于想象力的观念界定。尽管这样，经济体作为自规性组织，虽然原本没有自觉的即主观性的组织目标，但仍然会有运行绩效之优劣，其绩效评价可以通过组成经济体的经济主体的目标达成状况来体现。例如，在产业组织经济学分析中，产业的市场绩效是通过厂商目标的达成表现来评价的。这也是产业组织经济学的主要研究方向，即研究怎样的市场结构和市场行为有助于或有损于市场绩效。

与自规性组织不同，作为自觉性组织的经济主体，具有明确的行为目的即组织目标，因而，对其而言，所谓"组织"，就是调控或强制（命令）低层经济主体（最底层的经济主体就是个人）的行为，以达到高层经济主体的组织目标的方式。在经济学中，微观经济主体（企业）通常被想象或假定为，其内部实行上级指挥下级，下级服从上级的命令式科层结构组织。对此一言以蔽之，就不再作深入研究了（关于组织行为的研究被作为管理学而非经济学的研究内容）。但现实中的微观经济主体并非那么简单，而是可以有不同类型的组织特征，有以家庭家族关系为纽带的组织形态，有组织化程度较松散的组织形态，也有组织化程度较强的科层命令式组织形态，最极端的强组织类型就是军事化经济组织（当然过去还有奴隶制生产组织）。

可见，主流经济学通常将市场经济的底层逻辑起点视为绝对的个人主义是过于武断的。实际上，只要存在经济体特别是经济主体的组织关系和组织现象，就必然存在"集体主义"因素。对于一定的经济主体，"集体主义"的实质是经济主体成员自觉或按组织规则为达成本经济主体的组织目标，而约束自己行为的共同观念倾向和行为方式。而对于一定的经济体，"集体主义"的实质也是其成员自觉或按组织规则为达成组织目标而约束自己行为的观念倾向和行为方式，但须有前提，即经济体的主体化（下文讨论），即经济体的目标形成并实质化，因而具有切实可共同追求或服从的组织目标或整体利益。

在人类社会中，组织因素是客观存在和不可缺少的，正如美国社会学家弗朗西斯·福山所说，"复杂的活动需要自我组织和自我管理。若是在基础文化中没有这种能力，那就会由私立公司来提供，因为私立公司的生产力依赖于这种自我组织和自我管理的能力"（弗朗西斯·福山，2002）。因此，在经济学中抽象掉"组织"因素，实际上就大大降低了其对现实经济的解释力。而当我们在经济学体系中引入"组织"因素后，各类经济主体和主体化经济体的组织目标，以及达成组织目标的效率，就成为非常值得观察和研究的问题了。

理论经济学假定微观经济主体的行为服从利益最大化经济目标，例如，收入、盈余、利润、资本增殖等，而在现实经济中，各微观经济主体及各类经济体都还有其组织目标，组织目标比理论经济学所假定的最大化经济目标更为复杂，具有多样性。例如，在理论经济学中，假定微观经济主体为个人和企业，个人追求自身利益最大化，企业追求经济利润最大化，所有的企业都同质（经济目标相同）。而在现实中，企业分为不同类型，其追求的组织目标是有很大差别的。因而，现实中的企业是分为各种类型的（金碚，2019c）。

可见，无论是经济体（例如，国家、地区、产业等）还是经济主体（例如，厂商、企业等），都必须有一定程度的组织化，即通过组织方式达成组织目标，或实现有效运转，获得良好绩效。所以，组织能力是任何经济体和经济主体的重要素质，参照"人力资本""社会资本"的表达概念，这也可以称之为"组织资本"，其含义可以简单理解为：达成组织目标的效率素质和能力。

在这次新冠肺炎抗疫过程中，我们可以看到，组织资本力量所发挥出的极为重要的作用。在抗疫决战战场的武汉，由强大的组织能力和有效方式所实现的目标达成速度，是一个极具解释力和说服力的案例。整个过程中，全体居民和企业，按抗疫要求各归其类，令行禁止，统一指挥，服从调集。全国各地的医疗资源和物质资源支援武汉抗疫，体现了中国经济的强大组织资本力量，令世界惊叹。武汉以至全国性的社会动员，实现封城和各种隔离措施，同时还能确保社会稳定，民生有序，甚至没有发生因恐慌而导致的市场抢购现象，也体现了中国社会的较强组织素质，尤其反映了广大民众对国家组织能力的高度信任。中国抗疫成功，组织能力和组织资本无疑是一个极具解释力的重要因素。对此，大概无人会有怀疑。

将组织资本因素引入经济学体系，使经济学增加一个新工具，是具有范式变革意义的。美国学者托马斯·库恩在其影响广泛的《科学革命的结构》一书中写道："只要范式提供的工具能够继续表现出有能力解决它所规定的问题，通过有信心地使用这些工具，科学就能够得到最快和最深入的发展。理由是清楚的，科学像制造业一样，更换工具是一种浪费，只有在不得已时才会这么做。危机的意义就在于：它指出更换工具的时机已经到来了。""危机是新理论出现的前提条件"（托马斯·库恩，2012）。托马斯·库恩所说的"危机"主要是指，人们所发现的许多新现象已经无法在原有的理论范式框架中得到解释，科学范式体系面临着被破坏的危机，科学家们必须改变范式才能说明被发现的新现象，"要达到这一点，只有通过放弃某些以前的标准信念或程序，同时用其他新成分代替先前范式中的那些原有成分"。因而，"科学家由一个新范式指引，去采用新工具，注意新领域"（托马斯·库恩，2012）。

经济学的发展也如库恩所说的那样，在很大程度上就是由危机推动其范式改变的过程。马克思经济学、新古典经济学、凯恩斯经济学、英美供应学派经济学，以至中国的政治经济学发展等，几乎都是危机的产物。经济危机、社会危机触发的学术"危

机",即原有理论无法解释现实,也难以提供预测和对策,所以必须进行如库恩所说的"范式革命",引入新工具。

应该承认,当前,经济学正面临着学术危机,而全世界正在经历的新冠肺炎疫情暴发更向经济学提出重大挑战:经济学的解释力和基于经济学理论的经济政策,主要是宏观经济政策(货币政策和财政政策),发生了严重失效的危机,几乎陷入"江郎才尽"的窘境。人们形象地说:"美联储的子弹都打光了也没有效果。"相反,在新冠肺炎疫情期间,抗疫过程中的组织因素,特别是经济体的高度组织化行为和政府运用组织能力所实施的政策手段,却发挥了极为重要的作用。各国抗疫方式和效果,无不受到组织能力这一因素的强烈影响。各国政府的可作为性也无不受到这一因素的限制,甚至可以说,一国的组织资本可以决定该国政府有可能选择的抗疫方式,以及抗疫方式同经济发展之间的关系权衡能力。密切观察和深入研究这一问题,可以推动经济学"危中有机"地发展。

二、经济规模、组织能力与组织资本积累

在经济学研究,特别是在产业组织经济学研究中,经济规模是一个特别受重视的现象和问题。规模经济可以提高效率和增加益得,但也可能导致垄断,削弱竞争而损害市场绩效(产业绩效)。厂商规模也影响市场结构状况,不同的市场结构具有不同的绩效特征,对于不同类型的产业,可以适应于不同类型的市场结构。进一步拓展观察和研究对象,即在产业组织或产业经济学研究中,将视野从同一产业内的企业间关系,延伸到不同产业之间的关系,即产业结构问题,则经济体就成为更为复杂的研究对象,其组织性就更具重要意义。

经济活动都表现为微观经济主体及一定的经济体(即经济主体的集合空间)现象。一般来说,经济主体或经济体的规模越大,对组织性的要求越高,组织成本也越高。如果能够组织得好,就意味着协同水平高。对企业是这样,对国家和社会也是如此。因此,研究人类发展和国家社会文明程度的学者,就把"社会组织"程度作为重要观察和衡量指标之一,并用城市规模来表征社会组织的水平高低,即城市规模越大,表明社会组织水平越高,社会文明程度也越高。

美国历史学家伊恩·莫里斯以最大城市的人口规模来衡量东西方的社会组织水平,他基于这样的逻辑,"社会科学的一个长期的研究传统,特别是在考古学、人类学、经济学和城市研究领域,在于表明一个社会中最大定居点的规模与其社会组织的复杂程度有着极其密切的关系"(伊恩·莫里斯,2014a)。在城市中,人们的行为和相互关系需要遵守和顺应各种规则,城市聚集所产生的问题必须有解决方式,城市居民的密切相处不仅能够形成规模较大的市场,而且可以支持各种组织性活动,更不用说,城市的正

常运行必须有较强的社会管理机制，因此，城市的形成和规模化，可以作为社会组织水平及文明程度的一个度量指标。

从这一角度看，过去人们所接受的一个传统观点，即认为中国人缺乏组织纪律性，就像"一盘散沙"，是没有多少根据的。中国数千年文明史，保持了庞大国家的统一和文明进程的连续性。长久以来，直到19世纪，世界最大聚居地一直是中国的城市（见表1）：不仅为东方世界第一，而且超过西方世界所有国家的人口最大聚居地。仅此就可以表明，中国历史上的文化传统是支持经济体的、是组织化的。这种组织化表现为正式组织（行政系统），也有各种类型的民间组织以及潜性组织。纵观数千年世界历史，即使是在被称为"封建社会"的时代，欧洲各国都分裂为众多独立的领地小国，经历了"黑暗的中世纪"，而中国却保持着大一统的中央集权制国家制度，总体上未分裂。如果从"规模同组织化具有高度相关性"的逻辑看，组织资本的存在和长期积累反倒是中国经济社会的一个传统文化特征。通俗地说就是：中国人既"会管"也"服管"，自古以来关于如何"管"的思想文献汗牛充栋，中国哲学的关切点高度聚焦于国家和社会的组织和治理问题。

新中国成立后，中国经济社会的组织化程度有了极大提高，中国共产党作为中国经济社会的最大域观特征，是中国组织能力的突出表现和中枢力量（金碚，2019b）。中国共产党的组织能量和其对经济社会组织系统的组织资本渗透性是古今世界所罕见的，中国的组织化特征体现在社会生活的几乎所有领域，这大概也是令一些西方国家的人士望而生畏的原因。

表1　东西方核心地区最大聚居地的人口数量

单位：千人

年代	西方	东方
公元 2000 年	16700（纽约）	26700（东京）
公元 1900 年	6600（伦敦）	1750（东京）
公元 1800 年	900（伦敦）	1100（北京）
公元 1700 年	600（伦敦、君士坦丁堡）	650（北京）
公元 1600 年	400（君士坦丁堡）	700（北京）
公元 1500 年	100（君士坦丁堡）	600（北京）
公元 1400 年	125（开罗）	500（南京）
公元 1200 年	250（巴格达、开罗、君士坦丁堡）	800（杭州）
公元 1000 年	200（科尔多瓦）	1000（开封）
公元 800 年	175（大马士革）	1000（长安）
公元 600 年	125（君士坦丁堡）	250（大兴城）
公元 400 年	500（罗马）	150（洛阳）
公元 200 年	400（罗马）	120（洛阳）

续表

年代	西方	东方
公元 1 年	1000（罗马）	500（长安）
公元前 200 年	300（亚历山大）	125（临淄）
公元前 500 年	150（巴比伦）	80（洛阳、临淄）
公元前 1200 年	80（巴比伦、底比斯）	50（安阳）

资料来源：伊恩·莫里斯（2014b），本文有删减。

在这次新冠肺炎疫情中，中国采取的抗疫方式突出显示了其基于雄厚组织资本的极强的组织能力。从世界范围看，由于具体国情不同，各国所采取的抗疫方式也很不相同，大致可以归纳为三种（见表2）：第一种方式是"相机处置"，即着力于及时发现、及时隔离、及时治疗，防患未然，其前提是能够及时预警，快速反应。这就要求有精细化的组织能力和较高专业素质。而且其组织化要体现在明确的行为规则上，这样才能保证及时预警，做出专业判断，实现快速反应。

第二种方式是"全线动员"，即发动全社会力量，大范围隔离传染源，阻断传染途径，力求收治所有患者，包括隔离所有感染者，其执行效果取决于多方面的条件支持。实行这种方式需要有强有力的组织方式和执行力，而且要得到民众广泛认同并高度配合，要有社区基层组织的有效参与。中国对武汉进行高度严格的封城管控，在全国实行普遍的隔离措施，这是人类历史上除战争时期外，非常罕见的社会动员行动。而且可以做到：一方面严格隔离管控，直至封城；另一方面保证社会秩序稳定，保障民生产品的供应。其组织难度显然是极大的。所以，世界卫生组织高度肯定中国的做法，建议其他国家可以借鉴和学习中国经验，但并不要求它们也采取同样的方式。因为各国所拥有的组织资本和社会组织化素质是非常不同的。

第三种方式是"底线守卫"，也就是，当感染者和病患者的数量已超出医疗体系的收治能力，或考虑到资源和代价承受能力，而让轻症者自处自愈，医院主要收治重症者，力求减少死亡，即守住生命底线。并等待形成"集体免疫力"以及疫苗和特效药物的研发生产。这种方式对组织能力的要求是，能够动员调集医疗机构，使之处于积极响应状态，致力于保持病患就医人数同医疗体制的救治能力间的基本平衡。其潜在逻辑是，相信大多数感染者能够依靠免疫力而自愈，并形成人群的集体免疫屏障，阻止病毒传播。这是一种低组织成本方式，其后果和风险显然是很大的。

表 2　抗疫方式的主要类型

类型	主要措施	资源配置要求	组织能力
相机处置	及时发现、及时隔离、及时治疗	及时预警，快速反应	适当的组织方式和较高专业素质

类型	主要措施	资源配置要求	组织能力
全线动员	封堵传染源和传染途径，全方位隔离，收治所有患者	可以投入大量资源，承受代价较大	强有力的组织方式，民众认同并高度配合
底线守卫	轻症自处自愈，重症住院治疗，尽力减少死亡	医院救治能力	具有动员调集医疗机构的社会组织能力

　　在这次抗疫过程中，中国以全线动员作为主要方式，依靠强大的组织能力取得显著成效。而且，中国经济制度所具有的高度组织化能力，也直接支持了抗疫成效。例如，在极短的时间内就迅速建成武汉火神山、雷神山两座医院和十几家方舱医院，以及调集各地的医疗资源支持武汉医疗体系，并确保民生物资供应，社区基层组织维护实行封城和严格隔离措施之下的社会生活稳定等，都是中国特色社会主义制度下可行的组织化行动。尽管这是特殊情况下所采取的非常规方式，但也是中国经济社会制度的内在性质和规律的显现，实际上是在非常态条件下所显现的中国制度的固有组织资本优势，因此，尽管具有极端性和对个人行为强烈的限制性，但却可以得到大多数人的理解和配合。这表明，这样的组织化要素，是内嵌于中国经济社会的体系之中的，很少有人感觉接受管控是对某种异己力量的"逆来顺受"，而是认为体现了集体主义理所当然的合理性，是一种有效的组织方式。可以说，在这次新冠肺炎疫情中，充分展现了中国经济社会的组织化特色，也反映了中国经济所具有的极为显著的域观特征（金碚，2019a）。

　　同经济规模直接相关的另一个问题是，企业规模同组织能力及组织效力之间的关系。关于这一问题经济学和管理学界已有大量的研究成果。一般认为，企业规模越大，对管理的要求越高，企业必须付出的组织成本就越高，直到过大企业从规模经济变得规模不经济。著名的科斯定律就反映了这一关系的基本性质：实际上就是在市场组织和企业组织的交替关系中寻求最优平衡点。前者称为交易成本，后者称为管理成本。当企业规模过大，管理成本很高时，企业规模就达到了经济合理性边界，需要以市场交换关系来替代企业内部管理的科层组织方式，即组织外化（将企业内组织关系转变为企业外组织关系）。反之，由于市场过程也是有"摩擦"和需要进行组织管理的，也就是说，市场运行也是有成本的，特别是，市场过程还有很大的不确定性，可能发生较高的风险成本，这些就被科斯统称为"交易成本"。当市场过程的交易成本过高时，企业就可以用内部管理的方式，即表现为以扩大企业规模和管理范围的方式来替代市场交换过程，实际上就是以企业组织替代市场（产业）组织，实现组织内化（将企业外组织关系转变为企业内组织关系）。可见，科斯定律所涉及的，实质上是经济主体达到的组织化程度，其所需付出的组织成本如何由市场交易来替代（组织外化），以及经济体（市场体系）的交易成本如何由组织化程度和组织效率较高的经济主体来替代

（组织内化）的问题。

当暴发新冠肺炎疫情时，市场过程和企业生产都受到极大冲击。特别是市场的交易过程受阻，交易成本增大，市场运行的通畅性大大降低。此时，不同类型的企业的承受力差别就显现出来。大型企业，尤其是国有企业，不仅经济实力强，而且组织能力也强，所以，有较大能力抗御市场剧烈波动的风险。而且，当疫情后期复工复产时，大型企业尤其是大型国有企业的恢复速度也显著快于中小型企业。原因当然会有许多，但组织资本的差异无疑是其中的一个非常重要的决定因素。

从经济学的基本逻辑看，在市场经济制度下，价格系统是基本的调节手段，抽象的经济学分析通常是在价格系统作为唯一调节方式的假设条件下进行理论推演的。但如诺贝尔经济学奖获得者，美国著名经济学家肯尼斯·阿罗所说，价格调节的局限性使得"价格系统有着严重的困难，甚至可以说，在其自己的逻辑里，这些困难强化了这样的观点，即虽然它在某些领域是有价值的，但不可使之成为社会生活完完全全的主宰者"。根本的原因是，"一个个体在任何时刻都必然面对一种他的个人欲望与社会要求之间的冲突"。所以，社会需要由另一种方式来调节个体与集体及社会之间的关系，"组织是在价格系统失效的情况下，一种实现集体行动的利益的手段"（肯尼斯·阿罗，2014）。

其实，组织还并不仅仅是替代价格系统的另一种手段，也就是说，它同价格调节并非二择一的替代关系，而在很大程度上是互补关系，在许多情况下，两者往往难以截然区分。在现实经济中，价格体系只有在一定的社会组织体制中才能有序和有效地发挥作用，如果没有一定的社会组织条件，价格调节不仅难以实现效率和公平，而且会出现秩序混乱。如果没有一定的组织系统来维护市场秩序和产权安全，"交换"行为恐怕不是"抢劫"行为的对手。当然，在组织过程和组织行为中，价格系统也有重要作用，特别是，组织效率往往需要以价格系统为激励机制和评价准则。所以，价格系统与组织系统高度相关，而且，两者难分第一性和第二性。如果说价格机制同人类的相互交换本能相关，那么，组织关系也同人类的相互依存本能相关。人从出生的那一天起，就必须依存于其他人（通常是母亲），需要其他人哺育呵护。而随着他们的成长，依存现象就从最初的生物性关系为主，逐渐转变为越来越具有社会性的关系，实现依存关系的组织形式越来越复杂，组织规模越来越大。在现实经济社会中，几乎没有完全同组织无关的人，每一个人都是一定组织中的人。所以，人绝非孤立之人，而是"集体"中的人，即一定组织系统中的"社会人"。也就是说，人类必然要生存于一定的组织系统之中，组织能力是人类生存与繁衍的基本能力。而人类的组织能力既具有先天（遗传）的自然性，即是其生物本能；更具有后天的社会性，即是人类社会的文化现象。所谓"人性"就成为马克思所说的"社会关系的总和"。

由于组织能力是一种文化现象，而文化素质与物质资本一样是可以不断积累的，所以，组织能力也是可以不断积淀和累积的，因而具有类似"资本"的性质。这在一

定意义上可以理论化为：组织能力和组织文化的积累可以形成组织资本。组织资本的强弱（存量）决定达成组织目标的速度（效率）：包括领导力、决策力、想象力和执行力。也可以说，作为一种文化积累（传统），组织资本是能够使个人及基层（微观）经济主体与（域观、宏观）经济体的组织目标实现迅速协调而达成行动一致性的调控能力或机体素质。

既然组织资本是一种文化素质或能力，那么，就同经济学家以及社会学家们所研究的社会资本有密切的关系。社会资本也是文化性的因素，一般认为，它是在共同价值观或价值认同下所达成的相互信任，以此为基础可以减少市场过程中的交易成本，提高经济运行效率。社会资本不是正式制度，而是一种非正式的（默认）行为规则。很显然，社会资本有助于增强组织资本，人们对于组织目标以及所采取的组织方式的认同感，特别是价值观一致性，对于组织能力和组织效率的实现具有重要影响。社会资本有助于提高组织效能，既包括产业组织理论所研究的"市场绩效"、市场运行过程中的秩序效率，也包括各类经济主体的组织素质。

与经济学家定义的"社会资本"所不同的是，组织资本通常更具有正式制度或明文规则的特征。组织资本最终体现在个人及各类经济主体的行动协调性上，而这种协调性更具有明确性（确定性），往往具有程度不同的强制性，有些是必须做到令行禁止的。如果不服从，就会被视为"违规"或"违法"而受到惩罚。也就是说，组织资本在许多情况下体现为组织纪律。组织资本比社会资本更具制度性、正规性和显在性。

正因为这样，由于文化的多样性，各国各类经济体或经济主体所拥有的组织资本是不同的。在这次世界性的新冠肺炎疫情中，我们可以非常明显地看到，各国所具有的不同组织资本状况，因而选择不尽相同的抗疫方式。

三、经济体的主体化和组织目标实现

按照主流经济学的思维方式，市场—政府是一个基本范式框架。所有的经济关系和经济现象都要尽可能地装进这个范式框架之中。凡无法装进去的，就被作为"假定其他条件不变"中的因素不予考虑了，即所谓"抽象掉"了。因此，在理论经济学所构想的经济世界中，假定厂商（企业）是市场中的经济主体，所有的厂商在"产业""区域""国家"或"世界市场"中进行生产和投资活动，而产业、区域、国家、世界市场，则可以视为各类经济体。各类经济体实际上也可以被理解为一定范围中的市场。因此，关于企业在各经济体（即一定市场范围）中的组织问题的研究，即关于产业组织的研究，实际上就是对生产同类产品的一个市场，也就是一个具有产品同质性和竞争性的经济体（经济活动空间）的研究。因而关于产业组织研究，主要集中于四类核心议题："一是竞争或垄断的程度。在特定的市场上，竞争与垄断的力量有多大？通常

情况下，市场结构对竞争与垄断有重要影响。二是竞争或垄断的决定因素。决定竞争强度的重要因素有技术、规模经济和规模不经济。三是厂商行为。竞争与垄断怎样影响厂商行为？通常情况下，居支配地位的厂商或寡头厂商的定价等经营策略对市场有重要影响。四是市场绩效。竞争强度和垄断力量怎样影响利润、价格、创新和其他绩效指标。"（亨利·W. 狄雍和威廉·G. 谢泼德，2010）

在中国经济学界，一般将产业组织理论研究定位于：规模经济（范围经济）、市场集中、进入与退出壁垒、企业创新行为、企业并购行为、博弈论与企业策略行为、市场绩效等与市场运行相关的问题；在学术逻辑上，一般认为"产业组织理论是微观经济学的纵深发展，以帮助人们分析现实中的市场"（王俊豪，2008）。而在洪银兴总主编的《现代经济学大典》中的表述则是，"产业组织是以微观经济理论为基础，主要研究特定产业内企业之间的垄断和竞争关系，并以结构、行为绩效和产业组织政策、产业竞争政策为基本理论框架"（金碚，2016）。进而将产业组织理论扩展到关于产业结构、产业关联、产业布局、产业发展、产业政策的研究，形成体系庞大的产业经济学科。可见，产业经济学可以视为广义的产业组织问题研究。在这个范式框架中，"政府"是作为一个市场之外的政策调控者而发挥作用的，视同于产业组织关系中的一个规则制定者和秩序维护者，实际上是产业组织中真正发挥市场组织功能的自觉性主体。

这样构建的学科体系非常庞大，虽然以"组织"命名，但关于经济关系和经济现象中的组织能力的研究，通常很少为经济研究所重视，甚至关于"组织"概念的学术意涵都不是很明确清晰。例如，对于何谓"产业组织"，在经济学及产业经济学中都不求其确切的概念定义。所以，尽管"组织"现象普遍存在，但关于"组织"的理论却很不深入，它几乎被产业组织理论构想为就是"产业结构"体现，即企业规模比例问题。进而以结构—行为—绩效的逻辑框架来观察和分析产业市场运行的现象和问题。

这样，以经济学理论框架中的经济主体行为，特别是经济主体的目标追求，来解释市场经济发生的现实过程和历史，就表现得非常力不从心。尽管模型可以做得非常精致，但距离现实却十分遥远。

实际上，由于"组织"因素的普遍存在，在现实经济中，各类经济体都可能是主体化的，即经济学范式承诺中的经济体，尽管其特征是并无自觉性的组织目标，但往往具有一定的主体性，从而也就具有其自觉性的组织目标。特别是作为经济体的"国家"，绝不仅仅是让作为经济主体的厂商（企业）在其提供的运行条件下（国内市场中）进行经济活动的空间场所，而是本身就可能会具有强烈的组织目标，即本身就成为经济活动（市场）中的行为主体，而且是更具全局性（整体性）的利益主体，而真实的经济主体反倒成为它的组成单位。这可以称之为经济体的主体化。

经济学中所设想的经济体的主体化，其理论含义就是在一定的组织化制度安排下，自规性组织在一定程度上转变为了自觉性组织，即自规性组织具有了组织能力和组织目标。以此理论框架来解释现实经济发展过程，就可以清晰地看到：近现代市场经济

形成、西方国家工业化、经济全球化的进程，并非主要由作为经济主体的厂商（企业）的市场行为所推动和实现，而是由国家这一主体化的经济体的强大组织力量所推动和实现的。例如，英国所推动的第一次工业革命及经济全球化和以美国为主导的第二次工业革命及经济全球化，都是具有"帝国"特征的历史过程。这样的国家不仅仅是一个市场经济体，实际上更是一个有强烈国家意识的经济主体，所以，经济全球化并非市场经济体"在不经意间"实现的，而是在帝国所认定的组织目标引领下实现的。正如历史学家所说："1615年，英伦诸岛还是一个经济上缺乏活力、政治上四分五裂的二流国家。而200年后，大不列颠却掌控着有史以来最大的帝国，在五大洲建立了43个殖民地……他们掠夺西班牙、偷师荷兰人、击败法国人、劫掠印度人。现在，他们成为最高统治者。""难道这都是'在不经意间'完成的吗？显然不是。从伊丽莎白一世开始，旨在争夺其他帝国领土的战争就从未停息过"（尼尔·弗格森，2012a）。

"虽然美国一开始采纳的是与大英帝国背道而驰的模式，现在却与之日益相像——就像年轻时叛逆的儿子成年后却与他们曾经不以为然的父亲愈加相似……历史上没有其他帝国能跟美国今天想要达到的目标更相似了。'自由贸易的大英帝国时代'——1850～1930年——在帝国史上鹤立鸡群。作为第一帝国强权，大英帝国不仅输出商品、人力和资本，而且还输出其社会与政治制度，成功地为解决全球化提供动力"，"就解决资源和军事能力而言，美国不仅与曾经的大英帝国非常相像，而且某些方面要有过之而无不及"（尼尔·弗格森，2013）。

可见，市场经济在世界的扩展，依靠的是国家这一高度主体化的经济体，以其强大的组织力量来实现的。

人们通常把强调发挥国家的组织力量，称之为"国家主义"或"国家资本主义"，似乎这只是市场经济制度中的一种模式，而且被认为是不很正常的模式。其实，几乎所有的市场经济国家，尤其是大国，无一不需要增强和运用其组织能力。而且不仅仅是自规性组织能力，即表现为维护有效运行的市场秩序和市场绩效，更重要的是发挥自觉性组织能力，即具有明确的组织目标，并且力图以尽可能快的速度实现组织目标。如前所述，达成组织目标的速度即效率，正是自觉性组织能力的最直接体现。

很显然，经济体的主体化，取决于组织资本的积累，如果缺乏组织资本，经济体就难以主体化。这表现为：既要能确定经济体的组织目标，又要能找到实现组织目标的手段，而且这种手段还必须能够被装进"市场—政府"的范式框架中。与经济主体不同，经济体的组织目标的达成与否，不是靠其成员的直接感受，而是需要"评估"的。例如，产业组织理论所研究的市场绩效，就是如此。这与作为真实利益主体的经济主体，即个人及厂商是不同的。真实利益主体取得裨益或遭受损失，其自身或其成员是会感到快乐或痛苦的。而经济体的利益具有虚拟性，即它自身并不会因获得裨益或遭受损失而感觉快乐或痛苦，它的利益和损失是采用统计方式进行评估来表征的，而对于这一评估结果经济体中的各成员可能并不具有相同的感受。

所以，经济体主体化的一个组织问题就是：如何使经济体具有真实集体性，形成对集体利益的认同感，也就是要使得它的组成成员对于集体的获益或受损具有可感受性，即有所谓"获得感"（或受损感）。理论上说，这种可感受性或获得感，可以是直接的个体感受，也可以是观念性的抽象感受，前者基于个人，后者基于集体，也分别称为个人主义或集体主义。由此可以推论，更具集体主义价值观念的经济体，就更容易对经济体的主体化具有益损的可感受性，因而更有助于形成组织能力和实现组织资本的积累。

当然，具有一定的集体性，即把个体归类为某个集体的成员，是人类思维的一个重要特征。例如，当说某人是某国人时，在观念上已将某人归之为某国的集体（组织）成员。亚当·斯密（1997）说："无论人们会认为某人怎样自私，这个人的天赋中总是明显地存在着这样的一些本性，这些本性使他关心别人的命运，把别人的幸福看成是自己的事情，虽然他除了看到别人幸福而感到高兴以外，一无所得。"这种同情心，当然会首先并且更强烈地表现在对同一集体（如同一国家）之内的"别人"的关切上。可以说，人类的语言结构和心理结构都可以反映人类是具有集体主义的组织化基因的。

而在传统经济学范式中，对经济主体的行为假定却是高度个人主义的：微观经济主体，即厂商或企业被视为"黑箱"，只可观察其行为表现，而不深究其内部关系（这被交由管理学进行研究）。这样，实际为集体性经济主体的"黑箱"也被假定具有个人主义的行为目标，即追求经济剩余即利润最大化。而关于经济体，则被视为经济主体在其中运行的"经济空间"，被定义为"产业（市场）""区域""国家""世界市场"等。在经济学研究中，它们都被认为是应该尽可能开放和可观察的"白箱"。市场经济的理论逻辑倾向于认为，这些"白箱"越开放，越是无边界化，作为经济主体的企业，行动就越自由；各种生产要素在经济体内和经济体之间的流动越通畅自由，竞争就越充分，经济效率就越高。这就是经济学关于市场经济的逻辑"底基"或"底色"：作为"黑箱"的经济主体，在作为"白箱"的经济体中及经济体间，进行自由自在的自主运动。

正是在此范式承诺的基础之上，如前所述，经济学将对经济组织的研究主要局限于市场的竞争和垄断现象之上，进行所谓"产业组织"的经济学研究。产业组织经济学认为，竞争是最有效率的，因而所要研究的核心问题就是"有效竞争"。而竞争的对立是垄断，所以研究垄断也就是研究有效竞争。因而，在西方经济学学科体系中，"'产业组织'是微观经济理论的一个重要分支：它是关于供给的应用性研究。通俗地说，它研究大企业、公司的力量和垄断问题。通常也被称为'竞争理论'或者'反垄断经济学'"（威廉·G.谢泼德和乔安娜·M.谢泼德，2007）。

这样的市场经济理论似乎是在研究产业组织，实际上是忽略作为经济运行中的一个重要因素，即组织能力和组织资本的研究的。它倾向于将组织视为经济主体之内的因素，而经济体以及经济体之间的组织关系则被视为自发生成的和没有自觉性的现象，

只不过是，作为管制机构的"政府"可以对其进行政策调控，即实施上述反垄断政策或产业结构政策。因而经济学必然会忽视关于一个重要问题的深入研究：当经济主体和各类经济体都在不同程度上组织化时，现实的市场经济就会变得多样化，也就是说，市场经济是可以由不同的方式组织起来的，因而可以存在不同类型的市场经济。

但一些经济学家不赞成这样的观点，他们主张，只要是市场经济，就必然是遵循相同的经济规律，经济规律完全是客观的，人的主观意志包括组织行为的能动性不可能改变客观经济规律。所以，经济学也只可能有唯一的一种正确理论体系，而不应有"中国特色社会主义经济学"和西方经济学的区别。究其理论逻辑，就是不承认组织因素在市场经济中的重要作用，没有看到，由于组织方式和组织资本的差别，市场经济制度在各国的现实类型是非常不同的，因而，各经济体在不同的主体化方式下，运用组织政策来调节经济关系和经济运行的方式也大相径庭。而且，制度或体制本质上就是组织形式，不同国家的组织进化所形成的组织形态可以是各具特色的。所以，我们几乎看不到世界上有两个完全相同的市场经济国家，就像"自然界没有完全相同的两片树叶"一样。在新冠肺炎疫情期间，以极端的方式将这一问题凸显出来，各国抗疫方式可以相互学习借鉴，但各国所采取的抗疫政策选择是非常不同的，其实反映的是不同类型市场经济之间的很大差别，所采取的组织政策选择都得适应自己国家的具体国情。

四、政府作为及组织政策

如前所述，如果将"组织资本"定义为达成组织目标的效率素质和能力，那么，就可以从实体（组织体）、行为过程（组织关系）和质态（组织素质）三个方面来刻画组织资本的含义。

实体，即组织体：组织资本的载体"经济组织是人们所创造的一种实体，人们在这种实体中并通过这种实体而相互作用，以达到个人和集体的经济目的。经济体系由人与组织的网络所构成，低级组织通过高级组织联系起来"，"最高级的组织是作为整体的经济本身……因为它强调经济体系是人为的创造，而且较小的更规范的组织所面临的许多问题在整个经济水平上也同样存在"（保罗·米尔格罗姆和约翰·罗伯茨，2004）。按照这样的理解，所有的经济实体除了个人，均为组织实体，包括整个经济（通常所说的"宏观经济"）。

行为过程，即组织关系：组织资本表现为人类的一种有规则的行为方式及其所形成的行为过程状态，包括人与人之间的互动、协调、分工、合作等，所有这些都是在组织过程中实现的。

质态，即组织素质：组织资本表现为人类的观念和群体文化，并固定化、常态化

或长期化地内嵌于经济实体与经济过程中，而形成的域观特征，在观念上可以被想象为是一种生产要素或要素素质。

从实体、过程和质态三方面的综合，提炼为"组织资本"范畴意涵，它既有物质资本那样的有形性，也有技术资本、人力资本那样的流体性，还具有社会资本那样的文化无形性。组织资本就像是经济体系中的编码系统，有形无形地发挥着强有力的调控作用。经济学理论中所说的市场那只"看不见的手"，以及政府这只"看得见的手"，其实都是通过组织系统和组织过程来发挥作用的。只有基于组织资本，经济才能运行，政府才可能实施各种经济政策，达成政策目标。在这一意义上，组织资本也可以被视为是协调个人或经济主体行为的力量，并以此而形成集体行为秩序的能动因素。

深入分析就可以看到，宏观政策和产业政策，均基于一定的组织体系和组织机理。宏观政策基于人所构建的，即人为组织的金融系统和财政体系，从而才可能有货币政策和财政政策的操作方式。产业政策更是作用于组织化的实体经济。所以，如果没有组织资本和组织行为，就根本没有任何经济政策的实施基础。

当前，中国以供给侧结构性改革作为政府参与和干预经济活动的主要方式，这并非一次性的制度改革，而是连续性和阶段性的供给行为规则的组织调整适应过程，在很大程度上可以称为组织政策，或者是组织政策的重要体现。也就是说，供给侧结构性改革体现了中国经济发展中，政府所发挥的组织政策效应：一方面，确定改革方向，进行顶层设计，构建和完善组织体系，完善社会主义市场经济制度；另一方面，更是为了达成一定的组织目标：国民经济发展规划目标、国家发展的中长期目标等。前者的含义是组织规则设计；后者的含义则是组织目标实现。

从这一重要角度看，世界各国的组织特征也是有很大差别的，即各有其域观特征。中国经济发展有其明确的中长期发展目标，还有较详细的五年规划，以及特别关注的重要政策目标，例如，2020年要全面实现小康社会目标，要实现现有标准下的全面脱贫目标等。而许多国家并无这样的组织目标，而是更关注政府任期内的当选人承诺目标。各国为了达成自己的组织目标，所采用的政策手段也各有不同选择。总之，在经济学的原有范式框架中，"政府"可以有其组织目标，也可以选择达成组织目标的政策，但是，其在经济学中的学术空间却是比较小的，许多值得研究的实际上可以归属经济学的问题，都被让给公共管理学科去研究了。

其原因之一是，如果将组织资本和组织政策提炼为经济学的学术范式，就超越了主流经济学的市场—政府思维，即微观经济主体—政府调控构架，而扩展到了经济体更广泛的组织领域，即进行经济体的规则设计。西方经济学家在这方面有所探索。例如，美国政治经济学家埃莉诺·奥斯特罗姆因"对公共池塘资源的治理做出了开创性研究"而获得2009年诺贝尔经济学奖。她认为，对公共资源的管理并非如主流经济学所说的那样，只能通过私有化或者政府管制两种方式，而是可以通过对制度的设计来解决。由于"资源随着时间和地点而改变，因而没有适合所有环境的单一规则"，"如

果想要获得成功，资源管理的规则需要反映社会文化的多样性"（埃莉诺·奥斯特罗姆，2016）。因而，不同地方（社区）应设计适应本地具体情况的制度，才能进行资源的有效管理。这实际上就是将经济体系中的组织因素调动起来，以组织安排和组织规则的方式，通过因地制宜地控制资源使用的规则来管理资源。这在理论逻辑上，同供给侧结构性改革的含义具有一定的类同性，即进行经济体的组织体系结构调适和秩序规则安排。

特别需要指出的是，经济体的主体化和组织资本的增强绝非经济体的封闭化和内部集权化，更不是行政力量的深度介入。有效的组织化同经济自由并不对立，相反，组织化与自由化具有内在一致性，即只有在组织资本支撑下，经济自由才可能是有序的和高效率的。而且，经济全球化所要求的经济体开放，也取决于组织资本的效能：既能运转通畅，又能抗御风险，保持边界安全。如果要发展到经济体的高度开放，以至实现无边界化，如欧盟那样，则更需要有强大的组织资本来保证其有序性。否则，如果组织资本能力无法确保不断扩大的经济体开放和不同经济体的一体化，就会产生很大的协调问题和边界（移民）管控困难，以及对金融秩序、财政纪律的冲击。如果不能解决这些组织困难，开放经济体而构建不同经济体的一体化经济体，就会遇到严重的组织性危机。英国脱欧就是其突出表现。

五、组织效率、组织冗余与组织进化

从本质上说，组织资本的功能是为了提高组织效率，让经济主体或经济体能够更有效地运行并达成其组织目标。

英国著名历史学家尼尔·弗格森（2012b）在《文明》一书的中文版前言中有一段这样的话："40 年前，理查德·尼克松比其他多数人更早地察觉到中国的巨大潜能。他在深思后说：'你可以静想一下，假如任何一个体制健全的政府能够控制中国大陆，天哪，那世界上就没有一个国家能与之匹敌。我的意思是，如果 8 亿中国人在一个健全的体系下组织起来……那他们将主导世界。'一些评论家认为这个预言正在成为现实。"尼克松的观察和思考是极有见地的，当然，作为美国总统，对此他可能也有一些担心。当年的中国是 8 亿人，今天的中国已有近 14 亿人口。如果能够高效率地组织起来，会成为无国可以匹敌和忽视的巨大力量。有组织性的国家或经济体同无组织的国家或经济体是不可同日而语的，所以，实际上每一个国家都会尽力增强自己的组织资本，以提高组织效率。

由于组织资本同社会资本都是文化积累，所以，不同经济体及经济主体的组织资本积累状况具有很大差异性。而且，整个社会对经济活动的组织化程度和组织形式会具有不同的可接受性。任何有组织性的行为规则，往往都需要以一定的个体牺牲来达

成集体的组织目标。这种个体牺牲可能是习惯性的规则（认为是理应如此），也可能是强制性的服从（认为是得失权衡）。而在不同的社会意识和价值文化条件下，个人主义与集体主义的倾向是有很大差别的，所以，组织资本的积累和表现形态也必然会有很大差异。人们通常称之为文化差异或不同国情。正是由于存在这样的差异，所以，各经济体或经济主体的比较优势和竞争力，不仅取决于生产要素的比较优势，而且取决于组织资本的比较优势。

国家是客观存在的经济体，而不能将其想象为如同绝对空间那样的经济场域，因为，如前所述，作为经济体的国家是可以而且实际上也总是具有一定程度的主体性的，在经济学理论抽象上，它就是一个得到特别关切的集体利益主体（不要忘记，经济学同政治经济学的学术同源性，后者主要是以国家利益为关切点的）。所以，运用国家的经济主体性，即确定国家的自觉性组织目标，并以一定的速度达成其组织目标，是所有现代国家的共同特征，完全自由放任的国家或完全没有组织目标的国家是不存在的。如果那样，可以说其是不成国家的。由于各国的政治制度和价值文化不同，组织资本状况有很大差别，所以如何提高其组织效率，是各国面临的经济体制和组织方式的重大选择。这一定程度上也可以视之为组织政策选择。

中国经济的一个重要组织特征就是存在实力强大的国有经济和国有企业。国有经济和国有企业掌控国民经济命脉，是中国政治制度和价值文化所广泛认同的组织性质，具有宪法确认的组织体系原则规定性，并被普遍认为，这样的组织体系有助于保证组织效率。中国的宏观经济政策、产业政策和本文所说的组织政策，都是在这样的制度框架即组织系统中实施的。在应对这次新冠肺炎疫情中，中国经济的组织效率得以充分展现：能够承受巨大代价，并得到社会认同和配合，以尽快达到组织目标，即抑制病毒感染蔓延和减少病死率。

当然，任何事物都有两面性，各种组织体系在达成组织目标上都会有不同的利弊得失。组织资本的大量积累和组织化程度的不断提高，超过一定限度，就会形成组织冗余，即组织系统的程序复杂、环节重叠、过程僵化、冗员充斥，导致现在人们常说的形式主义、官僚主义弊端，从而损害组织效率。因此，体制改革和规则变动，成为组织系统的常态，永无止境。这其实正表明了，在经济过程中，组织因素和组织资本的重要性，它不是"外部条件"而是内在要素，经济学研究不应将其作为"假定其他条件不变"中被抽象的因素；或者认为通过一次性改革就可以将"不合理现象"克服掉，而转变为合理状态，因而可以作为不予考虑的因素。必须看到，组织因素是伴随经济运行和经济发展整个过程的重要因素。如果没有组织因素，经济运行和经济发展是根本无法进行的。

按照这样的理解，经济体和经济主体的组织进化就会成为非常值得观察和研究的问题。由于各国的组织资本积累和形态各不相同，所以，其进化路径和方向不可能是线性一元化的，而必然是多样化的。综观世界各国，即使是经济发达国家，美国、欧

洲国家、澳洲国家、东亚日本等，其体制机制也都有各自特质，难以一律，更不用说是广大的发展中国家和贫穷国家，尽管绝大多数国家都实行市场经济。每一个国家均有其显著的域观特征。当今世界经济的最基本性质仍然是工业化。尽管几乎所有国家的经济发展和经济现代化都必须走工业化的道路，但工业化在各国的表现却各具特色，世界丰富多彩。其中，组织资本在工业化过程中的作用极为巨大，例如，中国经济的雄厚组织资本所支持的"中国制造""中国基建"，以及完整的制造业体系，在全球范围内的独特性，是难以为其他国家所模仿的。这是中国经济组织进化的域观特征的突出表现。其他国家的组织进化当然也都会有各自的域观特征（金碚，2020b）。

六、经济全球化及其组织资本基础

按照经济学的传统理解和描述，经济全球化是一个自由主义的新古典经济学过程，即资本、人员、技术等市场要素自由流动，突破国界，形成跨国的以至全球范围的有效配置。其实这只是一个理论想象或假想。现实过程并非如此。

回顾第二次世界大战以来的经济全球化过程，就可以看到，经济全球化实际上是一个高度组织化的过程。且不用说，起先所构建的有两个平行市场的经济全球化（实际上是"半球化"），即美国主导的世界资本主义市场和苏联主导的经济合作组织市场。20世纪90年代苏联解体后，由美国主导的经济全球化才真正开始成形。那么，这个由美国主导的经济全球化是如何出现和成长的呢？

第一，需要对经济全球化的货币体系、贸易体系和政治协商体系进行组织构建。众所周知，这就是布雷顿森林体系、国际货币基金组织（IMF）、世界贸易组织，以及联合国等世界性组织的建立。

第二，世界主要的几个经济强国进行制度构建，美国都发挥了重要作用。"二战"结束后，美国派遣占领军对德国、日本等原先的法西斯主义国家进行制度改造，使它们转变成为自由市场经济国家。可以说，德国和日本的市场经济完全是按照美国的意志构建起来的，当然也保持了各自的一些重要特色，例如，德国实行的是社会市场经济体制；日本也有其显著的经济组织特点。总之，经济全球化是一个组织化的过程，而不是一个自由放任的过程。

第三，美国此后还一直试图把这样的经济制度推行到所有被其占领或控制的国家，但由于缺乏组织能力，不仅大都没有成功，而且导致那些国家社会失序，造成冲突、混乱和战争。英国历史学家尼尔·弗格森在《巨人》一书中叙述了美国没能成功组织好占领国的一个重要原因——缺乏能够组织管理当地国家的人力资本，因而构想得很美，组织得却很差。"当美国人选择定居海外时，他们喜欢选择发达地区。""他们是不会离开大都市而前往遥远偏僻的土地的。""美国精英教育机构的毕业生似乎特别不愿

意去海外，除了短暂的访问或度假之外。""美国人对他们事实上的帝国统治范围只愿意做短暂的访问，而不愿意在那里定居下来。"例如，占领伊拉克后，"美国人想做的仅仅是给予伊拉克人民以民主，然后就打道回府"（尼尔·弗格森，2013）。

第四，战后凡是市场经济发展比较有序的国家或地区，大都依靠较强的组织能力而构建起来，例如，新加坡、韩国、中国香港等。还有澳大利亚、加拿大等国，都有自身的组织资本力量，或者借助了英美的组织传统资源。

可见，真正可行和可持续的经济全球化是需要有强有力的组织力量来支撑的，绝不是一个自然而然的"在不经意间"完成的过程，其中还必须要有一些组织资本较强的国家作为她的中坚力量。美国尽管声称实行自由主义市场经济制度，实际上，其国家的组织资本是非常强大的，它的金融体系、财政体系、军事体系、国家安全体系等，都是高度组织化的。美国推行经济全球化，绝不是靠自由主义的市场过程，而是依靠其极为雄厚的组织资本，进行精心设计和组织安排的过程，而且始终具有强烈的战略性。同时，由于它的组织资本供应不足，也使得由它主导的经济全球化充满矛盾和失序现象。

如前所述，中国实际上具有很强的组织文化传统，当代的中国政治经济制度更使得中国成为组织资本极为强大的国家。所以，21世纪以来，中国加入经济全球化，是经济全球化之福。只有中美合作，经济全球化才可能有足够的组织资本支撑力，否则，经济全球化是难以良性发展的，甚至可能产生混乱和冲突而没有解决之力。也就是说，经济全球化必须要有秩序规则，需要有强大的组织力量来维护这样的秩序规则，特别是海洋自由航行安全、科学技术发展规则（例如，规定什么技术可以发展，什么技术不得发展）、产权包括技术知识产权的保护规则等，都是需要有赖以维护的组织构建系统和组织资本支撑。

经济全球化不仅能产生巨大的利益，也会有很大的风险。人员、资本、技术在国际间的高度可流动性，也使风险的扩散成为全球性问题。例如，病菌病毒的全球性流行、恐怖主义的国际蔓延、腐败（洗钱）行为的国际化、人类活动对地球气候的影响等，都是在经济全球化中难以避免的现象，人类必须通过更强有力的组织资本来应对和管控。

从这次新冠肺炎疫情的暴发可以看到，中国发挥了很强的组织资本能力，世界卫生组织对之高度肯定，并希望其他国家从中国行动中吸取经验教训。应对传染病疫情，是经济全球化长期要面对的问题，从卫生医疗队伍、科学技术支持、国际合作，到社会管控等，无不需要有组织资本的支撑。可以说，如果缺乏组织资本，仅仅是病菌病毒感染传播这一个问题，就可以使得这个世界时时面临灾难，人人担心可能大难临头，哪里还可能有正常的经济全球化局面？

按照新古典经济学的思维，既然经济全球化是全球范围的经济自由和公平竞争，那么，所有经济主体即竞争者都必须性质相同，实际上就是说，所有国家的经济都应

该改造得"同美国一样"，否则就无法进行公平竞争和资源最优配置。这在理论上似乎是合乎逻辑的，但现实并非如此。经济全球化并不会是世界各国经济制度的同质化，而只会是多样化，和而相通、相融互利，形成全球互联的格局。而且需要有组织资本作为经济全球化不可或缺的重要资源和力量。但同其他资源一样，组织资本的分布也是不均匀的。在世界经济体系中，组织资本较雄厚的国家，通常表现为财经纪律较严格、企业凝聚力和竞争力较强、社会的秩序和行为规则较严谨，其经济表现通常能够具有较强的韧性、抗风险能力，可以成为经济全球化中的支柱性经济体。当然，其他国家发挥自身的各种资源比较优势，也可以在经济全球化中享有自己的比较利益，形成多边参与格局和遵守共同规则，体现整个经济全球化体系的组织资本基础。这样的经济全球化才是现实的和有序的。

当代的经济全球化正在进入一个重大的历史性转折时期，即半个多世纪以来，主要依赖于美国经济的组织资本来支撑的世界经济体系，正在转向新的结构。其中最突出表现就是，中国经济的崛起。中国经济巨大的规模、众多人口和制度特质，使经济全球化的组织资本结构正在发生百年未有之大变局。中美两国的制度和组织方式都有各自的特点，谁也不可能同化谁，而且，两国均具有强大的组织资本。因此，两者能否共存共融，相互协同，形成经济全球化新的组织资本结构，来支撑经济全球化的持续和良好发展，是世界经济未来前途之决定性因素之一。总之，经济全球化必须要有负责任的大国，以其组织资本供应来支撑世界经济的顺畅运行。以往承担这一责任的大国基本上是同质性经济体，即美国为"盟主"的发达资本主义国家。而当代和未来，必须要由非同质性的经济大国来合作承担这样的责任。这无疑是人类发展和全球经济面临的一个巨大挑战。

美国战略界的一些人提出要把中国作为主要的战略竞争对手，而不是共治全球经济的伙伴，是严重缺乏远见的。随着越来越多的国家加入经济全球化体系，美国一国是无力提供足够的组织资本来满足全球经济的组织需求的。当然，其他国家包括中国也无意，实际上也没有经济实力和组织资本实力来完全替代美国的地位和作用。特朗普政府以"美国优先"为施政纲领，不仅仅是出于自私，实际上也是深感"做老大"已经力不从心。

中国是一个具有强大组织资本的国家，可以为规模巨大的全球经济治理提供组织资本资源。从这次抗击新冠肺炎疫情中就可以看到，中国的组织资本可以为世界提供怎样的秩序支持力。中国强力实行封城隔离措施，为世界各国赢得防疫抗疫时间。不仅是发展中国家，而且一些发达国家遭受疫情冲击时，都期望借助中国强大的组织动员能力，向它们提供紧急援助。事实上，中国提供的直接国际援助比美国更多（有趣的是，许多国家呼吁中国援助，却很少向美国呼吁求援）。例如，当意大利疫情大暴发时，呼吁所有欧盟国家提供援助，但并未得到回应。可以理解的是，其他国家也必须评估和首先考虑自保能力，况且他们的国家制度也制约了政府承诺国际援助的权力。

而中国却能够及时派出医疗专家组并携带抗疫物资，对意大利进行抗疫援助。又如，当世界急需抗疫防护物资时，中国可以发挥强有力的组织资本力量，及时调动和迅速扩大制造能力，成倍增加医疗防护产品供应量，援助世界其他国家。这突出表现了，在强有力的组织资本支持下，"中国制造"和"中国基建"助力全球抗疫的能力。可见，经济全球化是非常需要中国为其提供组织资本基础的。

总之，经济全球化的历史和现状已表明，而且本次新冠肺炎疫情更突出显示，美国一国的组织资本供应已经难以应对经济全球化的组织资本需求。世界各国的国情和文化传统千差万别，要将其组织成为顺畅运行的全球化经济体系，需要有更多的组织资本供应。如果缺乏更多组织资本供应，经济全球化就意味着风险失控、秩序混乱。中国经济崛起，无疑是经济全球化向纵深推进的一个巨大的积极力量和组织资本供应来源国，可以为经济全球化夯实组织资本基础做出重大贡献。

七、组织资本的有效使用

组织资本及组织能力，可以视为一种非物质资源（类似于人力资本资源、社会资本资源）。一般而言，组织资本丰厚当然是"好事"，但并非总是如此，就像物质资源一样，组织资本也可能发生"资源诅咒"现象。过度依赖组织资本，不适当地使用组织资本，可能损害经济主体的活跃和创新力，甚至可能发生组织目标选择错误的破坏性影响，例如，形式主义、官僚主义、行政控制影响专业能力发挥等，都是其表现。也就是说，组织资本作为一种资源和工具，也可能被用于错误的甚至破坏性的活动，就跟物质资源和物质工具一样。众所周知，世界历史上组织资本最恶性化的使用就是法西斯主义国家所导致的第二次世界大战。所以，组织资本的有效使用，是一个特别需要研究的问题。

以劳动价值论为基点的古典政治经济学也曾面临一个类似的理论难题：既然承认劳动创造价值，那是不是说，所有的劳动都能创造价值呢？显然不是的。那么，什么样的劳动创造价值，什么样的劳动不创造价值呢？为解决这一难题，古典政治经济学将劳动区分为生产性劳动和非生产性劳动两类，前者创造价值，后者不创造价值。不过，有些非生产性劳动也许是生产性过程所需要的辅助性劳动，但也有些非生产性劳动可能不仅不创造价值，而且会损耗浪费价值，甚至破坏价值创造。所以，并非因为劳动能够创造价值，就认定只要有劳动这种资源，就可以天然地创造出经济价值，而是必须研究什么劳动具有生产性，会创造价值；什么劳动不具生产性，不能创造价值。

当我们观察和研究组织资本时，也可以借鉴关于生产性劳动和非生产性劳动的研究思路，区分组织资本的生产性使用和非生产性使用。进而也可以将组织资本划分为生产性组织资本和非生产性组织资本。

现实经济非常复杂，经济系统和生产体系高度分工化和复杂化，合作关系极为发达细密，而且跨越不同经济体，所以，关于生产性组织资本和非生产性组织资本的研究，是很复杂的理论问题，可以另文专门讨论，本文无法展开。本文的讨论，将这一问题简化为：什么样的组织资本或组织资本使用有助于经济运行和经济发展，什么样的组织资本或组织资本使用无助于经济运行和经济发展？

组织资本可以使用于经济活动以至其他社会活动的所有领域。当我们说组织资本具有生产性时，是指可以通过各种组织行为和方式，设计（安排）经济制度、形成行为规则、维护经济秩序、调适经济资源、提高经济效率，更好地达成组织目标。反之，如果无助于经济协调和经济运行的通畅性，甚至反而造成经济关系的僵化，经济运行不通畅，经济效率下降，则可以称之为组织资本的非生产性使用，如此使用的组织资本可以称为非生产性组织资本。

一般来说，生产性组织资本及其使用对经济运行和经济发展是有积极作用的，没有这样的组织资本，经济是无法运行和发展的。非生产性组织资本具有制约性，除了在一些必须由制约性机制来保证经济的健康性的领域和环节，需要由非生产性组织资本来辅助之外，在大多数情况下，非生产性组织资本，特别是其过度使用，都是具有很大的消极作用的，而且往往产生抑制经济活力和阻碍创新的破坏性。我们常说的形式主义和官僚主义现象对经济社会的消极作用就是明证。这同生产性劳动与非生产性劳动对经济的影响具有一定程度的相似性。本文第五部分中所论及的"组织冗余"实际上就是非生产性组织资本的消极表现。如果能够减少组织冗余，削弱非生产性组织资本的消极影响，就可以提高组织效率，使经济运行更畅通。中国40多年来的改革开放，以及当前着力进行的供给侧结构性改革，实际上就是在这一方向上所做的努力。

任何经济体的运行都需要有组织资本的支撑，市场经济体制机制本身就是一个具有自组织能力的经济体系，可以发挥资源配置的决定性作用。但是，现实中的市场经济比理论上的市场经济复杂得多，现实中的市场经济运行和发展对组织资本的依赖远远高于理论上完全自由放任就可以达到一般均衡最优状态的市场经济抽象模型。所以，真实的市场经济中，组织资本的积累、结构优化和有效使用是一个关键问题，其现实重要性并不低于价格机制在市场经济中所发挥的自发性组织功能。现代市场经济，如果没有组织资本的有效使用，仅靠自由放任的价格机制的调节是难以有序运行的。

当然，组织资本功能如何才能真正有效使用，做到既能维护市场经济的有序性，并有助于达成经济体的组织目标，又能避免因其无效使用而妨碍市场经济体系以价格调节为基本手段的自发性调节机制，是政府实施组织政策的根本目的。从总体上说，一方面，如前文所述，中国在传统上，尤其是新中国成立以来，积累了丰厚的组织资本，凡遇风险和困难都可以发挥组织资本的强有力作用而予以化解和克服；另一方面，中国仍处于经济体制改革进程中，如何有效运用组织资本，而且能将组织资本作为具有公共品性质的可再生资源不断地创新生产，以保证市场经济的更通畅、更有效运行，仍

然还在探索中。我们的体制机制还远远不够完善，而且，在百年未有之大变局的时代，还会有许多新挑战、新风险，所以，中国特色社会主义的市场经济还在构建和不断完善的过程之中，仍然任重道远，期间，如何更有效地使用和再生产中国特有的组织资本资源，将成为经济学研究的一个非常有价值和特别值得重视的研究方向。

参考文献

[1] [美] 埃莉诺·奥斯特罗姆. 公共资源的未来：超越市场失灵和政府管制 [M]. 郭冠清，译. 北京：中国人民大学出版社，2016.

[2] [美] 保罗·米尔格罗姆，[美] 约翰·罗伯茨. 经济学、组织与管理 [M]. 费方域，译. 北京：经济科学出版社，2004.

[3] [美] 弗朗西斯·福山. 大分裂：人类本性与社会秩序的重建 [M]. 刘榜离，等译. 北京：中国社会科学出版社，2002.

[4] [荷] 亨利·W. 狄雍，[美] 威廉·G. 谢泼德. 产业组织理论先驱——竞争与垄断理论形成和发展的轨迹 [M]. 蒲艳，等译. 北京：经济科学出版社，2010.

[5] 金碚. 现代经济学大典（产业经济学分册）[M]. 北京：经济科学出版社，2016.

[6] 金碚. 试论经济学的域观范式——兼议经济学中国学派研究 [J]. 管理世界，2019a（2）.

[7] 金碚. 中国经济 70 年发展新观察 [J]. 社会科学战线，2019b（6）.

[8] 金碚. 域观范式视角下的企业及其竞争力 [J]. 经济纵横，2019c（9）.

[9] 金碚. 思想流动、域观常态与治理体系现代化 [J]. 北京工业大学学报（社会科学版），2020a（1）.

[10] 金碚. 论经济主体行为的经济学范式承诺——新冠疫情引发的思考 [J]. 学习与探索，2020b（3）.

[11] [美] 肯尼斯·阿罗. 组织的极限 [M]. 陈小白，译. 北京：华夏出版社，2014.

[12] [英] 尼尔·弗格森. 帝国 [M]. 雨珂，译. 北京：中信出版社，2012a.

[13] [英] 尼尔·弗格森. 文明 [M]. 曾贤明，唐颖华，译. 北京：中信出版社，2012b.

[14] [英] 尼尔·弗格森. 巨人 [M]. 李承恩，译. 北京：中信出版社，2013.

[15] [美] 托马斯·库恩. 科学革命的结构（第四版）[M]. 金吾伦，胡新和，译. 北京：北京大学出版社，2012.

[16] 王俊豪. 产业经济学 [M]. 北京：高等教育出版社，2008.

[17] [美] 威廉·G. 谢泼德，[美] 乔安娜·M. 谢泼德. 产业组织经济学（第五版）[M]. 张志奇，等译. 北京：中国人民大学出版社，2007.

[18] [英] 亚当·斯密. 道德情操论 [M]. 蒋自强，等译. 北京：商务印书馆，1997.

[19] [美] 伊恩·莫里斯. 文明的度量：社会发展如何决定国家命运 [M]. 李阳，译. 北京：中信出版社，2014a.

[20] [美] 伊恩·莫里斯. 西方将主宰多久：东方为什么落后，西方为什么能崛起 [M]. 钱锋，译. 北京：中信出版社，2014b.

市场经济的组织秩序及其疫后态势*

金　碚

摘　要：经济活动作为社会活动，实质上是组织性活动。经济学观察和刻画世界，不应将人的行为目的-手段抽象为个人及其生物特性，而应抽象为组织主体及其目的、秩序及治理。集体理性越来越渗透于经济学的逻辑体系中，而且向着安全关切方向演化，安全关切几乎可以超越经济学历来所聚焦的对效率-公平的关切；疫后世界将发生安全公共品短缺的严重后果。当安全变得更为重要时，世界却变得更为危险，不确定性风险显著上升。人类别无选择，集体理性必须通过国际协商以国家合作特别是大国合作的方式实现。各国既要完善各具特性特色的市场经济体制机制，治理好自己的国家；同时也要协商安排世界经济的组织秩序规则，使不同特性特色的国家（经济体）能够在大多数国家都认同的秩序规则下，实现畅通交往、共处共荣，并且共同合作应对和解决全球性新问题；更加包容和均势的大国共治组织秩序是符合大多数国家的利益。

关键词：组织秩序；集体理性；规则修塑；经济全球化

　　经济活动作为社会活动，实质上是组织性活动，即人们在一定的组织秩序中才能进行社会性的生产、交易、投资、调控等经济活动，组织秩序表现为经济活动中的行为规则或习惯，也表现为各类经济组织主体的实体结构和决策体系及其目标取向。随着经济的发展，特别是当发生重大变故时，市场经济的组织秩序会不断演变，以适应改变了的经济世界。2020年以来，全球新冠肺炎疫情的蔓延就是一个罕见的世界性变故，极大地改变着世界——不仅已经极大地改变了疫情中的经济世界，而且必然会长远地改变疫后全球经济的组织秩序。因此，经济学的范式演变也将体现在关于市场经济的组织秩序及其演变的理论刻画上。在这样的范式框架中，我们将看到一个非常不一样的世界。

---

　　* 原文发表于《北京工业大学学报》（社会科学版）2021年第21卷第1期。

一、经济主体和组织秩序

尽管学界在以往的经济学范式框架中，把经济活动想象为"原子"般的独立经济单元的自主行为（或想象为经济体的"细胞"运动），但在现实经济活动中，无组织的原子般现象是罕见的（物理世界中的原子运动实际上也是有"组织"规则的），而且即使有这样的现象也没有实质性的作用。哪怕是在最为自由放任的经济体中，组织因素也是无处不在的，而且其所形成的组织资本总是在一定的制度环境中运行和发挥作用[1]。以市场经济研究为对象的主流经济学的逻辑推演起点是，假定市场制度环境是一个放任个人主义行为的所谓完全自由的市场经济秩序。但在现实经济中，人们从来没有见到过这样的制度环境。而如果真的有这样的制度，经济活动在其中的运行实际上也是不可持续的。也就是说，这样的秩序结构是必然会依其自身的逻辑而走向崩溃的。在任何社会性秩序中，人类都没有绝对独立的个人。由于人生来就是在一定的社会关系中存在和活动的，因此社会性的经济活动也总是在一定的组织构架和组织秩序中进行的。经济学中所定义的"经济人"在现实中实际上都是具有一定组织关系的经济主体，抽象地称为"企业"，而企业通常不是独往独来的个人，体现为组织。因而，企业行为是组织行为，且组织行为是在一定的组织秩序规则中展开的。更准确地说，市场经济中的微观经济主体应该称为"组织主体"或"组织人"（在有些研究和学术语境中，"企业"确实被视为"组织"）。所以，没有组织秩序就不会有可持续存在的组织主体（经济体），组织主体总是在一定的组织秩序中展开其行为。从这一意义上说，微观经济主体实际上并非单一性个体单元，而是各种类型的集体（组织体），或一定集体中的个体，即某种集体的组成单元。换句话说，微观经济主体实质上是一种组织存在。由此，市场经济就不应被想象为：无数完全独立自由的原子般"个体"，在如同绝对空间般的"市场"中为寻求最大化自身利益而自主决策、自由运动，如"天马行空"；而应被想象为：各类组织主体，在一定的市场制度环境中，以一定的组织秩序和组织行为进行交互运动。即无论是市场空间，还是微观经济主体，都是有"结构"的，而结构是在一定的组织秩序中形成和演化的。

所以，当经济学向产业组织理论延伸时，则将市场经济想象为是一定的组织结构体系，称为市场组织或产业组织，并将其归结为组织结构性的竞争-垄断关系，而将"有效竞争"作为市场经济组织秩序的最理想状态。可见，产业组织理论实际上就是研究各种组织主体行为的组织秩序。有的学者将产业组织定义得稍宽一些，认为"产业组织是一门经济学专业，它有助于解释为何市场以现有的形式组织起来，以及这种组织是如何影响这些市场运行的方式的"[2]。但学界对此也存在大量的争论。有学者指出，"属于'产业组织'范畴的某些理性问题是模糊的，或者被忽略了"。[3]

经济学关于组织行为的进一步研究则是向管理学方向的学术延展，一方面，所研究的内容更倾向于关于作为组织主体的企业行为和体制机制设计（也称为"组织设计"）的研究，甚至可以将"组织"与"企业"作为同义语；另一方面，在理论上也有更宽泛的定义。有学者认为，"经济组织是人们所创立的一种实体，人们在这种实体中并通过这种实体而相互作用，以达到个人和集体的经济目的。经济体系由人与组织的网络所构成，低级组织通过高级组织联系起来"。[4]

可见，传统的主流理论经济学在底层逻辑上，将微观经济主体假定为个人主义的"经济人"，由此形成微观经济学的学术基础；而将所有个人主义"经济人"的行为简单量化加总而形成总量概念，由此形成宏观经济学的学术基础，是同现实世界的真实状况相去甚远的。然而，组织主体和组织秩序的现实性，则决定了经济学必须以"域观"范式，观察、刻画和分析世界[5-7]。从一定意义可以说，这就使得经济学的哲学思维基础从个人主义引申为组织主义。组织是一种社会性存在，是相对于个人的集体，而个人总是存在于一定的组织和组织秩序之中，所以现实中的个人也总是一种社会性存在，即集体中的个体存在。正如美国著名学者杰里米·里夫金所说，人从其出生之日起，就是"最具社会性的动物"[8]。所以，经济学观察和刻画世界，不应将人的行为目的-手段抽象为个人及其生物特性，而应抽象为组织主体及其目的、秩序及治理。

二、基于"效率-公平"关切的市场经济组织秩序逻辑演变

经济学首先关注效率，"经济"概念本身就含有"节约"之意，也可以说，现代经济学研究的主要目的就是探讨谓为效率和如何实现效率，即什么样的经济秩序有利于创造财富，实现利益"最大化"目标（在学术处理上将利益抽象为财富或收入）。所以，经济学具有强烈的功利主义倾向。但是，即使是从功利主义取向来说，对于单一的个人，如果脱离社会，所谓"效率"或利益"最大化"也是没有什么意义的，更何况绝对的功利主义意识也非人类经济活动的效率精髓。因而，凡是研究效率，总是要基于一定的组织逻辑，即只有对于组织和组织系统，效率才是有实际意义的。正因为这样，尽管主流经济学是以个人主义为其逻辑基础，但实际上研究和关注的却是组织主体或组织系统的效率（最大化）问题。它对效率的评价实际上是倾向于组织主义的，即效率评价的对象实际上总是组织主体（称为"经济主体"，如企业）或组织系统（称为"经济体"，如产业、国民经济、区域经济等），而不是独立的个人。

既然如此，经济学就从个人主义的逻辑自然地推进到了组织体主义。这样，在组织体中，公平问题就显现出来，即发生了个人主义向组织体主义的范式迭代；于是就产生了关于"效率-公平"的权衡（trade off）与解法（solution）的研究，也就是产生了

组织目标以及如何向组织目标逼近的问题。总之，经济学的核心关切点从个人主义的利益最大化转向了组织主义的"效率与公平"。

"效率与公平"成为经济学核心关切后，经济学想象的现实经济主体就从个体演变为集体——实际上承认了在现实经济活动中几乎没有纯粹的"个体"；人类从事经济活动，从来就是在一定的组织体中如何进行组织决策和行动的问题，而所谓"组织体"是多样化、多层次、多含义的。在经济学中，"组织体"通常想象为"经济体"和"经济主体"，并进一步想象为市场组织与国家组织（国民经济）。之所以说是"想象为"，是因为经济学的研究对象实际上是一系列抽象概念，这些概念是复杂的生产及消费活动在人头脑中的反应，而非事实本身。经济学将经济活动的整个格局或系统抽象（想象）为以无数原子般微观经济主体所形成的"市场"，以及相对于市场的"政府"。因而认为"市场-政府"范式是在人类历史发展到"权力垄断的政府-权利自主的人民"的文明构架时代，所形成的（经济学）学术想象。因而假定："市场"的组织原则是微观主体的"自由选择"；"政府"的组织原则是公共权力的垄断和明智的"相机决策"。由于"垄断"必然产生腐败和低效，难以确保"明智"，所以"大市场，小社会"成为最大限度避免"市场失灵"和"政府失灵"的市场经济组织秩序构想。这实际上是承认，没有十全十美的市场体制机制，只有以"失灵最小化"为理想的市场组织秩序理念；并且倾向于市场以效率为优先，政府以公平为主旨的主张。这就是传统主流经济学的组织秩序理论的基本逻辑。

市场竞争被想象为个体单元之间的"自由竞争"，其实，在现实经济中实质上从来就是"组织竞争"，即各组织单元在一定的组织秩序中进行的竞争。这不仅是组织实体之间的竞争，而且是经济体的系统性组织秩序间竞争。前者主要表现为企业或企业联合体（集团）之间的市场竞争；后者主要表现为不同的市场经济组织规则之间的适应性竞争（"效率-公平"竞争），一般表现为有效的组织秩序替代无效的组织秩序。

我们的研究和推论到此走到了一个经济学理论的关节点，一个需要进行"惊险跳跃"的陷阱之处，即只要承认组织主体和组织秩序，就必然将"集体理性"这个理论经济学家力图排除的因素，"半推半就"地引入经济学体系。经济学过去被称为"政治经济学"，实际上是以集体理性，即"国家"为底层逻辑基础的；而当个人主义理性成为经济学的底层逻辑基础和推演起点时，政治经济学也就演变为"经济学"。而如前所述，即使是从个体理性的自身逻辑也会导向于承认集体理性，即组织理性的存在。所以，关于集体理性的研究，理应成为经济学不可或缺的重要内容。

三、集体理性向安全取向的迭代演化

在经济学研究中，关于集体理性是一个极难获得一致意见的论题，甚至是否存在

"集体理性"，争论者都是各持异见。诺贝尔经济学奖获得者、美国经济学家肯尼斯·阿罗说："试图通过把所表达的个人偏好聚合起来形成社会判断，总是有可能导致自相矛盾的情况。""因此，关于集体理性，不可能有一个完全不矛盾的含义。""一个个体在任何时刻都必然会面对一种他的个人欲望与社会要求之间的冲突。"[9]以自由竞争价格实现的利益格局是解决个体与集体关系的有效市场方式，而"组织是在价格系统失效的情况下，一种实现集体行动的利益的手段"[9]。

问题在于，何谓经济学所定义的"利益"或"利益主体"？从彻底的逻辑推断来说，如果以个人为本，那么真实的利益应基于个人的感受。只有当某种获得或损失导致利益主体感觉"快乐、满意"或"痛苦、不满"时，才表明真实利益主体的存在，否则就只是虚拟的利益和利益主体。因此，按此思维，企业等组织主体都是虚拟利益主体。因为它们并不会因获得或损失而感到快乐或痛苦，所以都不是真实的人，而是"法人"或作为真实利益主体的自然人的组织；由于组织的利益是虚拟的，它本身不会快乐或痛苦，对真实利益并无感知，因而也就无所谓真实的"利益"了。这样，经济学就将根本的利益推断为个人的自由，认为个人自由是最快乐的，自由地追求和获取财富，就是最大的个人利益所在。

然而，在现实中，个人是社会存在，是在一定的组织关系中的存在。因考虑到个人的利益常常是在集体的组织秩序条件下才能实现，所以经济学家们提出，个人的自由可以有两种：直接自由和间接自由。所谓间接自由，实际上就是在一定的集体组织秩序中的个人自由。如诺贝尔经济学奖获得者、印度经济学家阿马蒂亚·森所说："间接自由在现代社会中十分重要。警察在街道上预防犯罪的行动也许能够很好地实现我的自由——因为我并不希望被人抢劫或殴打——但此处的控制权并不在我而在警察。""将自由简单地与直接控制相联系存在着危险，它忽略了间接自由所包含的反事实因素，而且会失去许多重要的东西。社会并不能如此组织，使得每个人都可以掌握所有与他私人领域相关的控制权。"[10]为了实现真正的个人利益，在逻辑上也是可以或有必要将个人的自由控制权转移给社会性的组织集体的，此时，个人就在一定的组织秩序中成为被控制的对象，似乎失去了部分的自由，但并不意味着利益的净损失，反而是为了维护利益的必要。

如前所述，当经济学关切到组织和集体时，公平就自然成为重要关切。为了公平，也为了实现真正的利益和自由，个人的行为就必然受到一定的限制。当前，世界市场经济的组织秩序正在发生极大的变化。我们千万不要认为，所谓"完善的市场经济"就是在如同绝对空间般的经济空间中，微观经济主体可以完全自由行动，实际上，市场经济的各种个体和集体在复杂的组织秩序中，实现其行为目标的复杂体系，并且各类组织主体的行为目标取向是处于演变之中的。

在效率-公平的集体关切中，经济学对于"公平"的反复迭代倾向于不断逼近"安全"目标。最大的"公平"是确保"安全"，或者说，对于安全的提供及获得应是

公平的。而且，"效率"的底层逻辑实质上基于"权利"的保障，其本质也是"安全"——人身安全与财产安全。所以，对于"效率"的反复迭代也倾向于不断逼近"安全"目标。如果没有安全，"自由"有何意义？利益又何在？"不自由毋宁死"是一种豪迈，但首先要保障不死，自由才有意义，而死亡的"自由"，无论是对自己还是对他人，都是违背基本伦理的。

经济学关于安全利益的理解也在不断演变。从个人安全，表现为人权、私人产权，演进为社会安全、国家安全，即关切重点从个人主义的安全，向集体主义的安全演变。今天，连自我标榜最崇尚个人自由的国家，例如美国，也越来越多地以"国家安全"为由而干预经济社会生活，特别是在国际关系中，"国家安全""国家利益"往往成为中心话题，甚至那些标榜自由主义的经济学家也参与其中。人们有时批评其为"民族主义""国家主义"，但谁没有民族和国家意识呢？今天的经济学在研究中，特别是在研究现实经济时，绝对的个人主义或国际主义经济学家几乎是极少存在的。经济学是关注利益的，作为集体利益体现的国家利益、民族利益，同个人利益一样是客观存在并受到高度关切的。所以，集体理性越来越渗透于经济学的逻辑体系中，而且向着安全关切方向演化，安全关切几乎可以超越经济学历来所聚焦的对"效率-公平"的关切，成为压倒性的行为理据，只要以"国家安全"为由，几乎就可以无所不用其极。

四、疫后经济组织秩序规则安排的取向演变

新冠肺炎疫情冲击使政府作用受到更大关注和期待，人们希望政府采取必要手段应对疫情。即当市场机制的正常运行可能不利于疫情防控时，对生命安全的关切会超越对经济绩效的成本-效益算计，即使是在最崇尚经济自由的国家，政府直接干预经济活动的行为也变得可以为公众所理解和合理合法了（当然，也引起各种争议，甚至抗争）。此时，经济活动的组织秩序规则发生了显著改变，尽管这种改变起先被认为是短期性的非常规性应急反应，但随着疫情的发展及其对经济活动和主体行为的深刻影响，人们越来越发现，这些变化可能会常态化，整个世界在疫情冲击后，将不再会回到疫情之前的状态，而将进入另一个时代。政府的作用将发生显著改变，通常认为它会大大增强，而不是像过去所认为或主张的那样，政府管得越少越好，越是"小政府"就越是有利于经济有效运行。诺贝尔经济学奖获得者、美国经济学家约瑟夫·E.斯蒂格利茨说："政府从来无法完美地纠正市场失灵，但是有些国家做得比其他国家的要好。只有当政府在纠正最重要的市场失灵方面做得好些，经济才会繁荣。""事实的真相是从来未有过成功的大型经济体政府在其中不扮演重要角色的，而且在那些经济发展最快的国家（比如中国）以及生活标准最高的国家（比如北欧国家），政府扮演的

角色尤为重要。"[11]

约瑟夫·E. 斯蒂格利茨还十分坦率地指出："美国的全球力量是它的软实力——思想的力量、一种培养全世界领袖的教育制度以及供其他人效仿的模式。""然而美国模式正在丧失一些辉煌。这不仅仅是因为美国的资本主义模式未能提供可持续增长，更重要的是，其他国家正开始意识到美国大多数公民并没有从那种增长中获益，并且这样一种模式在政治上也不是特别有吸引力……""某一天（也许很快）我们也将看到按当前这样模式管理的全球化既不能提升全球效率也不能促进平等；更为重要的是，它使我们的民主制度陷入危险境地。另一种世界是可能的：还有其他对我们经济和民主都能进行更好的管理全球化的方式，并且它们不会造成不受约束的全球化。"[11]

约瑟夫·E. 斯蒂格利茨这里所说的"另一种世界是可能的"，实际上指出了在世界组织秩序的规则安排上完全有可能发生取向变化，即美国模式并非最优，区别于美国模式的其他模式未必比美国模式的问题更多，更未必是绝对不可行的。在新冠肺炎疫情的抗疫过程中，几乎没有人可以否定，中国模式的成效超过美国模式；而中国经济的战略取向突出体现为对安全和经济运行畅通性的更大关切[12]。

对于经济学来说，"安全"是一个难以定义的概念，传统经济学中主要强调私人财产的安全。没有财产安全就没有创造更多收入和进行资产积累的制度基础。而当安全利益向着集体理性方向演变时，安全就成为一个含义复杂的概念。它不仅是作为保护所有权和收益权的经济学假定前提，而且成为行为目标或对经济活动进行外部干预的理据。例如，美国以国家安全为由，可以做出完全违背其组织秩序内在逻辑和规则惯例的行为，如对中国民营企业华为的行政性限制和无端制裁、将中国企业任意列为进行制裁的"实体清单"等。

从中国方面来看，安全取向，特别是集体理性的安全取向，原本就是中国价值文化和政策选择的鲜明特色；中国不缺回应安全关切的手段。当美国拿起"国家安全"大棒挥向中国时，中国绝对不缺回应反击手段。这样，"国家安全"关切和以"国家安全"为由进行的国家间博弈将成为疫后世界的常态现象。"安全"可以压倒一切，也就压倒了正常的组织秩序规则。

在以往的经济学中（组织秩序规则中），安全一般被定义为公共品。在全球经济中，世界性公共品的供应主要由大国提供，而作为超级大国的美国被认为负有提供世界公共品的责任。但是，现在的美国越来越从"大气"向"小气"蜕化，而且使安全公共品蜕变为获取美国国家利益（服从"美国优先"的政府行为）的筹码。因此，当世界更需要安全公共品的时候，却反而供应不足，疫后世界将会发生安全公共品短缺的严重后果。由此可知，当安全变得更为重要时，世界却变得更为危险，不确定性风险显著上升。在疫后经济组织秩序规则安排上，人类将不得不进行更多的安全投资，即增加集体安全成本；同时，还会存在一个安全悖论，即安全投资和安全关切，本身可能成为安全威胁，其手段往往是"制裁""封闭""脱钩"，其后果是导致国家间的冲

突、报复和以邻为壑。安全悖论就像是军备竞赛悖论，安全关切反而使世界感觉更不安全，除非达到"确信双方毁灭"的核均衡状态。可见，安全必须由最大的不安全威胁来保障。

五、经济全球化中负责任大国的合作共治

传统的经济学中有一个十分勉强的假定，即在国家经济体中存在一个"政府"，而且假定，政府是理性和明智的。凡是市场经济的自发机制无法实现的目标，就假定可以得到政府的关注和解决。但是，如约瑟夫·E.斯蒂格利茨所说："政府从来无法完美地纠正市场失灵"，只不过是，"有些国家做得比其他国家的要好"[11]。所以，政府也是一个组织存在，它并非天然理性明智，而是在组织过程中逼近所要达到的目标，或发挥被期望发挥的作用。

新冠肺炎疫情在全世界的蔓延，表明全人类这个"组织集体"需要有一个体现集体利益实现市场机制难以达到的目标和难以发挥的功能（即"市场失灵"）的组织协调者，即经济学微观-宏观范式中所设想的"政府"。美国作为超级大国，一直以为它就相对于是全世界的"政府"，可以发挥提供公共品和进行全球调控的"政府"组织功能。但是，众所周知，即使人们希望或认可这样的想象，美国实际上也越来越难以做到了，而且，也切身感觉力不从心。特朗普政府主张的"美国优先"，实际上就是告诉世界：美国要顾及的是自己的利益，世界组织秩序的成本需要大家共同分担。同时，美国又很担心中国会取代它在世界组织体中的地位。美国国防部长埃斯珀公开声称："中国有取代美国的野心和条件。""中国有足够的人口和足够大的经济体来取代美国。"① 尽管中国并无此意，实际上也不可能取代美国地位，但美国仍然无法排除心中的担忧。所以，美国这个本应提供安全公共品的超级大国，却越来越倾向于动用政府力量，以"安全"为由而任意干预经济活动。由此，整个世界经济的组织秩序陷入混乱失序状态。

新冠肺炎疫情表明，世界正处于"百年未有之大变局"，人类必须解决新形势下组织秩序的适应性问题，经济全球化必须要有新的更合适组织方式来协调和规范，并修塑秩序规则的各方面具体安排。放眼整个世界，有何力量可以实现这样的组织秩序修塑呢？笔者认为，唯一可行的解决方式只能是，期望于负责任大国的合作共治。但是，观察当前国际上一些大国令人失望的表现，使人们不能不对世界前景产生可能会发生事与愿违后果的担忧。过去，人们至少在理论逻辑上可以相信，只要政府少干预，让市场充分自由，形势就会改善；现在，人们既期望政府发挥积极作用，又担心政府的任

---

① 参见 2020 年 7 月 19 日环球网，http://www.huanqiu.com。

意干预，反而产生令人失望的后果。在经济学的逻辑体系中，人们只能相信或假定政府是"善"的，是理性智慧的；但在全球经济的逻辑体系中，我们还能做这样的假设吗？美国前任总统特朗普赤裸裸地宣称奉行"美国优先"原则，这对于世界经济的组织秩序构建来说，显然是来者不善。

问题的关键在于，全球化的组织秩序同一国内的经济组织秩序不可同日而语，所谓"集体理性"的性质也非常不同。从经济学逻辑上说，组织是对价格功能的替代，即以规则安排和公共决策，作为集体理性的实现方式，替代自由市场机制的价格信号功能。对国内经济而言，可以假定集体理性能够采用具有政府垄断性的方式来实现（如实施宏观经济政策）；但在全球经济中，无法想象可以由一个具有垄断权力的国家（完全出于"善"的动机）来进行统治。所以，集体理性必须通过国际协商以国家合作特别是大国合作的方式来实现，人类别无选择。但很显然，新冠肺炎疫情期间和疫后时代，这方面将处于比较困难的境况中。特别是由于美国作为世界唯一的超级大国，行为不确定性很大，使得大国合作共治的组织秩序构建过程将充满不确定性和很大风险。所以，世界经济完全有可能进入一个组织秩序不稳定的动荡时期。

那么，人类还有希望吗？市场经济组织秩序的底层逻辑基础是，"恶"（自私自利）的市场主体和"善"（理性明智）的政府的集合，即"人人为自己，政府顾大家"。在经济全球化条件下，人类没有其他出路，应由负责任大国进行合作共治。这就是疫后世界经济全球化组织秩序修塑的基本形势，极具挑战性。

六、疫后全球经济组织秩序规则修塑的艰难征程

许多人将当前世界经济中出现的矛盾和国家间紧张状态视为（中国）坚持经济全球化与（美国）反全球化，（中国）维护自由贸易原则与（美国）实行保护主义政策之间的矛盾和冲突。这并非事态的主要实质。反全球化或逆全球化，或者实行贸易保护主义政策，实际上大多为表象，其实质是要修塑全球化的秩序规则，以及在规则安排的谈判上进行"漫天要价"的高压手段，甚至可以视之为某种要挟手段。

今天的世界正处于"百年未有之大变局"，在此形势下，各国都会有修塑全球化组织秩序规则安排的愿望，并在规则安排的博弈中获得对自己更有利的地位。特别是作为世界唯一超级大国的美国，所采取的各种表现为"逆全球化"和保护主义的非理性行为，实为策略性伎俩（当然有其国家战略意图），直接目的是力图在经济全球化的秩序规则安排中维护和重建对其更为有利的利益格局。可见，修塑经济全球化秩序规则，是当前大国博弈的核心问题。中美贸易战并非简单的利益讨价还价，而是修塑经济全球化组织秩序的规则之战。美国发动贸易战的目的并非要"保护"自己，而是以"制裁"方式要挟进行秩序规则安排上的攻击性行为，指责中国经济不够开放和自由；

最终目的并非是要与中国"脱钩"，放弃中国市场，而是要制定能够更"自由"地进入和占据中国市场的组织秩序规则。否则，美国就不成其为资本主义国家了！

世界经济今非昔比，2001年，中国以发展中国家身份加入WTO，并且做出了改革开放的真诚承诺。今天，面对强劲崛起的中国，西方某些国家以其关于市场经济的准则断定中国没有达到市场经济标准，不承认中国的市场经济地位。美国则更加"吃相难看"，挥舞其各种"制裁"大棒，要挟中国必须同意其提出的要求：消除各种"不公平"的特殊安排，实行完全"对等"的"零关税、零壁垒、零补贴"的贸易自由化；不再承认中国为"发展中国家"，因而不同意中国再享受对发展中国家的"特殊与差别待遇"；甚至更过分地要求改变关系中国国家性质的一些基本制度，例如，国有企业以至中国共产党的领导等。

与此同时，中国改革开放也进入了攻坚期，如何更好地构建市场经济秩序规则，与经济全球化相融合，这一重大问题更加尖锐地摆在我们面前。中国在与其他国家进行规则安排的博弈中，不但要有更大的改革开放勇气，表明想法并在现实中切实做到，还要有大多数国家可以接受的表达方式。中国既坚持中国特色社会主义制度，又必须走世界各国共同的市场经济发展道路。只有这样，中国才能真正走向国际自由贸易体系，融入经济全球化。世界经济的组织秩序规则修塑才能完成其艰难征程。

在各方对垒态势之下，如果认同则相容，如果拒斥则对立。在新的世界经济组织秩序的规则安排中，我们必须承认，不可能要求世界各国都成为完全"都一样"的国家，各国都有其自己的特性特色，世界是由众多"不一样"的国家所构成的。所以，各国首先要完善各具特性特色的市场经济体制机制，治理好自己的国家；同时，各国要协商安排世界经济的组织秩序规则，使不同特性特色的国家（经济体）能够在大多数国家都认同的秩序规则下，畅通交往，实现共处、共荣，并共同合作应对和解决全球性新问题。在"百年未有之大变局"的时代，这是一个世界各国特别是各大国，所面临的世纪难题。当前，各国正走在充满荆棘的征途上，紧张、矛盾、冲突……在所难免。但是，归根结底，更加包容和均势的大国共治组织秩序，符合世界大多数国家的利益；为此而进行经济全球化的合理规则安排，也是大国之责。在修塑经济全球化组织秩序规则的过程中，人类社会唯有互信，才有出路。尽管道路有些艰险，但我们可以相信，人类有智慧可以解决世界大变局中所产生的这个世纪难题。

参考文献

[1] 金碚. 论经济的组织资本及组织政策——兼议新冠肺炎疫情的启示 [J]. 中国工业经济，2020（4）.

[2]［美］肯尼斯·W. 克拉克森，罗杰·勒鲁瓦·米勒. 产业组织：理论、证据和公共政策 [M]. 华东化工学院经济发展研究所，译. 上海：上海三联书店，1989.

[3]［美］威廉·G. 谢泼德，乔安娜·M. 谢泼德. 产业组织经济学（第五版）[M]. 张志奇，

译. 北京：中国人民大学出版社，2007.

[4]［美］保罗·米尔格罗姆，约翰·罗伯斯. 经济学、组织学与管理［M］. 费方域，译. 北京：经济科学出版社，2004.

[5] 金碚. 试论经济学的域观范式——兼议经济学中国学派研究［J］. 管理世界，2019（2）.

[6] 金碚. 探索推进经济学范式变革［N］. 人民日报，2019-04-08（09）.

[7] 金碚. 经济学：睁开眼睛，把脉现实——敬答黄有光教授［J］. 管理世界，2019（5）.

[8]［美］杰里米·里夫金. 同理心文明：在危机四伏的世界中建立全球意识［M］. 蒋宗强，译. 北京：中信出版集团，2015.

[9]［美］肯尼斯·阿罗. 组织的极限［M］. 陈小白，译. 北京：华夏出版社，2014.

[10]［印］阿马蒂亚·森. 理性与自由［M］. 李风华，译. 北京：中国人民大学出版社，2006.

[11]［美］约瑟夫·E. 斯蒂格利茨. 不平等的代价［M］. 张子源，译. 北京：机械工业出版社，2013.

[12] 金碚. 安全畅通：中国经济的战略取向［J］. 南京社会科学，2020（6）.

新时代充分竞争型国有企业的改革发展取向[*]

金　碚

摘　要： 充分竞争型国有企业必须聚焦"主责主业"，以体现其所承担的国家使命。国有企业聚焦主责主业，不仅是为了提高自身核心竞争力，而且也是为了完善中国市场经济体制。中国国有企业必须担当起重要产业的高质量供给责任，特别是在弥补产业链缺陷和薄弱环节，在确保国家重要领域的供应链安全上，发挥重要作用。同时，国有企业要为解决许多重大社会利益问题，探索可行的解决方案。充分竞争型国有企业是在体制机制上最接近于市场经济中一般企业运行方式的国有企业。因此，也最有必要和条件进行混合所有制改革，以形成更强市场竞争力和更具灵活运行机制的混合型企业实体或联合体。如何进一步深化体制机制改革，更高程度地实行开放和自由竞争，最大限度地同国际规则相容相连，是中国充分竞争型国有企业在深化改革上所肩负的一个特殊重任。

关键词： 国有企业；竞争规则；经济全球化；市场经济

自 20 世纪 70 年代末至 80 年代初以来，国有企业改革一直是中国经济体制改革的中心问题。因为国有企业改革涉及中国经济制度的核心和基础，牵一发而动全身。历经 40 多年，国有企业改革成果显著，特别是在"做大做强"上表现突出，但仍然留存着不少难啃的"硬骨头"。进入 21 世纪，世界经济格局发生了巨大变化，国有企业面临新形势，又产生许多新问题。中国国有企业改革发展仍然处在艰难征程之中。本文主要讨论在国企新征程中，充分竞争型国有企业"何去何从"的问题。

---

* 原文发表于《经济纵横》2020 年第 10 期。

一、国计民生，国企使命：聚焦主责主业

国有企业可以划分为多种类型，一般来说，在关系国计民生的重要领域，国有企业都有可以进入的理由，世界各国大都如此。通常情况是，在特定的历史时期，国有企业往往可以发挥重要的特殊功能，所以，几乎很少有国家是绝对没有国有企业的。当然，中国的国有企业有其自身特点，与其他国家不可相提并论。在实行改革开放之前，国有企业（当时称为"国营工厂"或"全民所有制"生产单位）在中国是一种普遍实行的企业形式，而且通常并不使用"企业"称谓。因为，当时的国有企业是被作为计划经济的执行"单位"来对待的，其行为目标是"完成国家计划指标"，并无经营自主权。而且，理论上设想，国有企业（全民所有制经济）是公有制经济的高级形式，其他形式的公有制经济形式，如集体所有制经济，都将逐步提升为国有经济（全民所有制经济）这种高级形式。到那时，国有经济及国营单位（全民所有制经济）将一统天下，成为计划经济的基础。

改革开放以后，对国有企业有了全新的认识。逐步承认了国有企业的自主经营性质和地位，认为其不再是国家计划的执行单位，而是独立经营的商品生产者。因而越来越多的国有企业从国家计划指标的执行单位，转变为市场经济主体，这时才被称为"企业"。在改革过程中，一些国有企业转制为非国有企业，同时，在市场经济中产生了大量的非国有企业。这样，国有企业就成为现代企业制度中的一种成分，而且自身也以现代企业制度为原则进行体制机制改革。由于在现代企业制度中，国有企业是作为特殊企业而发挥特殊功能的，所以严格来说，国有企业的改革方向是建立健全"现代国有企业制度"（如果不产生误解，也可以说是"建立现代企业制度"）。

在现代经济中实行现代企业制度，其中，作为特殊企业的国有企业，不仅是众多企业类型中的一类，而且其本身也总是区分为不同的类型，各种类型的国有企业定位，实际上就标示着它们在国民经济体系中存在的理由，即"为什么要建立和发展这样的国有企业？""设立这样的国有企业是为了解决什么问题？"因而如前所述，在被认为是关系国计民生的重要领域，就可能或必须建立特定类型的国有企业。一般来说，对此，各国和理论家们大都没有太大异议。所以，特别是在自然垄断产业、基础设施领域、重要物质资源领域、关系国家安全的重要领域等，设立和存在国有企业通常不会引起争议。那么，在充分竞争（或自由竞争）的市场领域呢？也就是在那些非国有企业（一般企业）也可以自由进入，而且都可以有效体现其竞争力的领域，还需要有国有企业吗？如果设立和存在这样的国有企业，那么，它们的战略取向，即经营目标和行为方式是如何的，或者应该如何呢？这就是一个常常引起很大争议的问题。

以上所说的"充分竞争型国有企业"是指在非自然垄断或非行业垄断、非国家特

许专营、民营企业可与之平等竞争、该产业的国内国际市场各国企业均可进入的领域中，所建立的国有企业或企业集团。从产业组织形态看，充分竞争型国有企业所在的市场结构可以具有完全竞争、垄断竞争或寡头竞争等不同特征。理论上说，就是在市场经济的可充分竞争领域所存在的国有企业。问题在于，既然在市场经济中国有企业是特殊性质的企业，那么，为什么在市场经济的"一般"领域中，要发展"特殊"性质的国有企业呢？特殊性质的国有企业会不会影响市场竞争的有效性和公平性呢？

任何国有企业都必然会有国家赋予的特定使命，与其他类型的国有企业一样，充分竞争型国有企业所承担的特殊使命，本身就是其存在的理由。没有国家使命的国有企业，在理论上是矛盾的，在逻辑上是无法自洽的。缺乏明确的主责主业的国有企业，实际上也就是没有市场定位，没有发展方向的企业、目标飘忽的企业是不会有长远前途的。所以，充分竞争型国有企业必须聚焦"主责主业"，以体现其所承担的国家使命。从各国建立和发展国有企业的历史看，国有企业往往承担发展"幼稚产业"或"弱势产业"的责任，即当特别需要在某些产业中建立"国产"能力，而民营企业又无力发展这样的产业时，往往就需要建立和发展国有企业。国有企业以"国家队"的优势，依靠国家实力，形成本国产业的市场竞争力。从这一角度看，由于中国仍然是发展中国家，在许多领域产业竞争力还不强，因而还需要国有企业发挥这方面的作用。当然，中国经济的规模和实力已经今非昔比，在大多数充分竞争领域中已经成长起越来越多很有实力的非国有企业，因此，至少是从产业结构上看，非国有企业的比重将越来越大，国有企业的比重会相对减小，这实际上也是产业结构优化的表现。而且，培育市场经济体系中的更大国产能力（包括促进民营企业的发展），本身就是充分竞争型国有企业的重要使命之一。这也正是国有企业区别于一般民营企业的一个重要特征。也就是说，充分竞争型国有企业不是要遏制或消灭竞争对手，而是要促进竞争对手的更大发展，以形成有效竞争的市场结构。即国有企业的经营目标服从于国家目标：完善市场经济体制和有效竞争格局。2020 年政府工作报告中关于国有企业改革发展的一个具有长期性意义的要求是："国企要聚焦主责主业，健全市场化经营机制，提高核心竞争力。"这一要求对于充分竞争型国有企业有很强的针对性，体现了新时代国有企业的使命性要求。

国有企业有多种类型，其中具有充分市场竞争特征的国有企业及企业集团，更能体现近 40 年来中国国有企业改革的艰难经历。时至今日，一方面仍然留有国有企业必须革除的许多计划经济痼疾或历史烙印，另一方面由于过去国有企业所享有的"特权"或封闭领域越来越成为各类企业可以进入和自由竞争的市场空间，所以，与具有自然垄断或行业垄断特征的国有企业不同，充分竞争型国有企业必须通过聚焦主责主业，健全市场经营机制，深化体制改革，进行创新开拓，才能提高核心竞争力，在国内国际市场竞争中证明自己作为"国家队"的实力（国际竞争力）和信誉（品牌影响力）。

根据以上讨论，国有企业必须聚焦主责主业，收缩和剥离非主业，这关系到一个

深刻的经济体制和产业竞争的原则问题。就国有企业的性质而言，被确定为国有企业"主责主业"的，通常体现了国家赋予的使命。既然承担国家使命，通常会得到政府的一定政策支持。既然有政府政策支持，就会对市场竞争规则产生一定程度的"非中性"影响。在一些特殊产业中存在一些竞争非中性现象，是可以接受的，世界各国都有这样的情况。但如果国有企业在主业之外无节制地任意扩张，那么，一方面，必然会削弱其主业的竞争力，无法很好地实现国家所要求的"攻坚"目标；另一方面，很可能会破坏整个产业组织环境的竞争公平性，即国有企业依靠政策优势和强势地位，大量挤占非主业领域的市场空间，尤其是一些短期营利性产业，甚至参与各种短线商业"炒作"，使市场经济体制机制无法实现各类企业间的"竞争中立"规则，损害市场经济运行的公平性和有效性。所以，国有企业聚焦主责主业，不仅是为了提高自身核心竞争力，而且也是为了完善中国的市场经济体制。

二、补链除卡，攻坚担当：供给侧结构性改革

改革开放以来，中国经济发展取得巨大成就，国民经济体系中过去的许多"幼稚产业"大都已经成长为具有大规模生产能力的产业，而且中国已经成为全世界产业门类最为齐全的国家，"国产"能力巨大。换句话说，中国的产业生产体系已经相当完整，大多数产业都已经完全可以称得上是"成年产业"或"成熟产业"了。但"成年"未必"健全"，"成熟"不一定"强壮"。众所周知，中国产业的国产能力整体上还"大而不强"。特别是在一些产业的核心技术和关键环节上，存在明显的薄弱之处。在国际竞争中，尤其是当一些国家以维护"国家安全"为由，对我国企业进行技术封锁甚至制裁时，我国产业可能陷入产业链不安全，甚至在技术上被"卡脖子"的困境。也就是说，在中国经济体系中，特别是在一些重要产业的供给链上，存在诸多"断链"和"遭卡"的风险点。当中国在以供给侧结构性改革作为推进产业升级和结构优化的主要方式时，补链除卡（修补产业链缺陷，消除"卡脖子"技术环节）将成为重要内容和技术突破的主攻方向，这具有保证产业供应链安全的战略意义。

理论上说，各类企业，包括一些已经成长壮大起来的民营企业，都可以和应该在增强中国供给侧结构性的系统能力上发挥积极作用，包括在补链除卡方面的贡献。那么，为什么还需要国有企业（包括充分竞争型国有企业）发挥作用呢？是否确实存在其他企业难以承担的重要任务，而必须靠国有企业来担当呢？抽象地讨论可能会不得要领，我们可以举例来说。

以装备制造业，尤其是其中的机床制造为例。这个产业的经济性质基本上属于充分竞争领域。理论上说，非国有企业也完全可以担当产业发展和技术升级的重要责任，国外的这类产业中有实力的企业也大都为民营企业。因此，自改革开放以来，选择让

这个产业走向市场，充分竞争，让其在市场竞争中提高效益，增强竞争力，实现技术进步和产业升级。而且，当时还有一些具有相当实力和厚重历史的重资产企业（被称为"共和国长子"）作为该产业的基础，设想应该可以在充分竞争中展现出竞争力，成为产业龙头。但是，迄今为止按这样的思路发展这个产业，成效很不理想。在机床产业链的高端技术层面，中国制造企业始终处于弱势，一些曾经很风光的国有企业竞争力严重不足，而大量存在的民营企业则在产业低端领域中竞争，效益不高。特别是作为制造业工作母机的数控机床和精密机床，很可能成为被外国"卡脖子"的技术环节。这促使我们必须认真思考：在中国特色社会主义市场经济中，在一些充分竞争性的重要产业领域，国有企业是否负有特殊的使命？如果单纯从理论上的制度逻辑看，传统社会主义计划经济下的国有企业和资本主义市场经济中的国有企业，似乎都没有充分竞争型国有企业的特别地位（见表1）。[1]对于前者，生产单位之间并不存在竞争关系，当然也就没有竞争性和非竞争性之分，不会有什么"竞争型国有企业"。对于后者，充分竞争性产业属于市场机制可以有效发挥作用的领域，并非国有企业的职能和优长所在。但是，当中国从计划经济向市场经济转轨后，经济发展实践却表明，在一些充分竞争性的特殊领域，如果没有国有企业发挥特殊作用，其发展状况就可能很不理想，甚至可能永远也无法解决一些必须解决的产业发展重大问题，特别是无法攻占产业技术高端领域。而装备制造业中的机床产业就是很典型的例子。从理论上说，任何国家走上工业化道路，都必然会发展起制造业；经过市场经济的充分竞争，制造业一定会不断实现技术升级，进而形成先进的现代制造业体系。但是现实情况远非如此，历史事实和可以预见的未来状况是：大多数国家即使走上工业化道路，甚至实现了较高的人均收入水平，成为中等收入甚至高收入国家，也不可能发展起先进的制造业体系，更难以有具有较强国际竞争力的先进装备制造业国产能力。当今世界的现实状况是：凡是制造业中的核心技术（可以称之为"硬技术"）总是集中于极少数几个国家，其他国家根本无法望其项背。所以，一个国家如果有志于发展先进的装备制造业，特别是要发展需有长期技术和工艺积累才能发展起来的机床产业，就不能完全依赖自由市场竞争，而是需要国家的参与和支持，特别是需要国有企业承担起特殊使命。中国机床产业的发展历史证明了这一客观规律，即国有企业必须肩负起实现机床产业技术升级，特别是攻克尖端技术的责任。换句话说，这应成为特定国有企业所聚焦的主责主业。

表1　不同社会经济制度下国有企业的不同"制度逻辑"

资源配置方式	基本性质	制度逻辑的基础	主要功能	行为目标	经济地位
传统社会主义计划经济下的国有企业	计划经济	公有制的实现形式	克服私有制同生产社会化的矛盾，成为计划经济的现实经济基础	实现全社会有计划、按比例的生产、交换和消费	一般企业

续表

资源配置方式	基本性质	制度逻辑的基础	主要功能	行为目标	经济地位
资本主义市场经济中的国有企业	市场经济	政府干预经济的方式	弥补市场缺陷，如生产"公共品"	实现一定的社会政策目标	特殊企业

资料来源：金碚．何去何从——当代中国的国有企业问题［M］．北京：今日中国出版社，1997.

总之，中国的国有企业必须担当起重要产业的高质量供给责任，特别是在弥补产业链缺陷和薄弱环节，在确保国家重要领域的供应链安全上，发挥重要作用。尤其是在大国博弈中，为应对一些国家试图利用"卡脖子"技术，对我国进行要挟和遏制的行为，充分竞争型国有企业负有重要责任。国有企业的性质决定越是在受到非正常限制和封锁的领域，就越可能发挥独特的技术突破能力，因为其具有集中全力、不惜代价、攻克难点的意志和攻坚力量。在解决严重"卡脖子"技术问题上发挥国企攻坚优势，体现了在关键核心技术上有所作为的国家意志，以及国有企业应担当的供给侧结构性改革的特殊使命。而且，从国际竞争的现实逻辑来说，既然美国可以直接动用国家力量限制和封锁关键核心技术的国际合作，阻止技术交流和扩散，遏制中国重要产业的技术进步，那么，中国也完全有理由动用国家力量自主创新，奋发图强，攻克"卡脖子"技术障碍，确保产业链安全。

三、开拓新域，创新突破：回应新时代对社会企业的呼唤

在关于市场经济运行机理的主流经济学理论逻辑中，企业的唯一性质是追求利润最大化的营利性组织。如果企业还有其他行为目标，就会被认为破坏市场经济有效运行，使市场离开"均衡"和"最优"的状态。在这样的理论逻辑下，以个人主义理性为基础的自利性企业就是最"天经地义"的"经济人"。按照这样的逻辑，留给企业多样化创新的空间就非常狭小，每一家企业几乎都是在"市场价格信号"驱使下最大化追求自身私利的经济机器。只有无限追求利润最大化的工具理性，而绝对没有其他价值目标追求的本真理性。但是，现实情况并非如此。现实中的企业是多样化的，企业的"目标—手段"逻辑也可以有各种选择。至少有四种基本的企业类型：第一种类型是"自利企业"，其行为逻辑是"主观为自己，客观利社会"，这类企业行为最接近于经济学中所假定和想象的"经济人"企业，即企业的目标是追求利润最大化，无须考虑其他利益关系，而市场竞争机制可以将自利性企业行为引导到实现社会福利最大化的方向，企业也就间接地做出了有利于社会的贡献。第二种类型是"兼利企业"，其行为逻辑是"企业为自己，也要利社会"，这类企业在追求自身利益的同时，也考虑各

方面利益相关者的利益，并主动承担社会责任。这类企业认为，企业兼顾各方利益，不仅具有道德高度，而且比完全自利行为更有竞争力，因为可以得到更大的社会认可，获得一定的品牌价值，有利于合作共赢。而更自觉地关照企业内部员工利益，也是一种社会责任，有利于增强企业凝聚力。第三种类型是"社会企业"，其行为逻辑是"主观为社会，客观利自己（可持续）"，这类企业将实现某些社会利益作为自己的行为目标，而以企业成功的商业运作来可持续地实现这样的社会利益目标。世界上一些成功企业特别是优秀企业家，往往会转向建立和发展社会企业的方向，以实现公益性目标和利民利社会的事业抱负。第四种类型是"极致企业"，其行为逻辑是以达到某个极致性目的作为企业奋斗目标。这类企业通常是为了实现某个高端技术或生产某种高端产品而全力投入企业力量，利润等其他目标皆为次要。这类企业大都为科技理想型或军事竞赛型。

那么，充分竞争型国有企业应该属于上述四类企业中的哪一类呢？很显然，一般来说，第一种类型的企业不是国有企业的定位选择，不符合国有企业的基本性质。第四种类型的企业可以成为其他类型国有企业的定位选择，一般不属于充分竞争型国有企业的定位方向。同其他类型的国有企业相比，充分竞争型国有企业的市场化程度更高，市场驱动性更强，国家对其保值增值的要求更严格。就其类型特征而言，对充分竞争型国有企业"健全市场化经营机制，提高核心竞争力"的要求，既体现在经济效益上，也体现在社会效益上。所以，从企业运行逻辑上说，充分竞争型国有企业更接近于第三和第四种类型的企业。充分竞争型国有企业的理论特征，在中国当前的现实经济社会形势下，更凸显其鲜明性。在中国当前的经济社会发展阶段，特别需要具有兼利企业和社会企业特征的竞争型国有企业发挥更大作用。也就是说，国家发展和治理非常需要国有企业在承担社会责任和实现社会利益目标上发挥更积极、更直接的作用。特别是，国家需要为解决许多重大社会利益问题，探索可行的解决方案，国有企业理应承担起这方面的使命责任。这意味着，竞争型国有企业必须以高度创新的方式，开拓新的产业发展领域。由于这些领域的经济活动直接关系国计民生，企业进入和开拓这些领域，必须在很大程度上以社会企业的运行逻辑和意识，用增强市场竞争力的方式（而不是慈善机构的方式）参与解决重大社会问题。例如，重要民生经济——卫生医疗及大健康产业，就是一个需要国有企业参与开拓的重要领域。这个领域的经济活动具有高度的社会利益目标特征。也就是说，直接致力于人民健康目标，而不是经营者营利目标，是这个领域中大多数组织机构的特征。所以，其中许多组织，如医院、养老院等，均为非营利机构；几乎所有的卫生医疗机构，无论公立还是私营，都必须自觉地或按法律规定承担社会责任，不得"见利忘义"，也不可为了利润最大化而无视治病救人的人道主义原则。

在新时代，特别是经受新冠肺炎疫情的冲击，人民的生命安全，即医疗卫生和大健康（包括养老）成为特别重大的社会关切民生问题，所以，国有企业，主要是充分

竞争型国有企业，大规模进入这一领域就成为必然。这就遇到一个深刻的理论问题和复杂的现实问题：国有企业既然是企业，在性质上就是营利性组织，即保值增值是其性质和责任所在。但如前所述，国家又需要它们以社会企业的运行逻辑和市场机理来提供重大社会问题的解决方案。这实际上就是要求充分竞争型国有企业，一方面要在新的领域中大规模开拓市场，发展业务；另一方面又必须以创新精神，进行体制机制创新，包括处理好自己所管辖的众多非营利性机构（医院等医疗卫生机构）与营利性企业组织之间的互动互补和增强（企业集团）总体竞争力的问题。从理论上说，在新时代，各类企业都会越来越关注社会责任和社会目标，国有企业所应具有的社会企业因素，更会日益凸显出来。大健康产业的发展，特别需要制度创新的引导，在新的制度环境中，进行供求关系的重构和优化，引导和激发大健康产业中的供应方，包括医疗服务机构、药品生产企业、研发机构等，进行组织模式和商业模式创新。从经济理论的角度看，当前，中国大健康产业的制度创新和政策体系构建，具有关键性的意义。近 14 亿中国人，将在怎样的卫生健康体制中得到健康需求的满足，是一个亟待回答的重大问题。当我们说"大健康产业发展要有高度的创新精神"时，其含义是非常深刻的，不仅是指器物性、技术性的创新和进步，而且是指根本性的生命科学思维创新和人文社会科学理念创新和进步，以全社会的努力，推动建设一个高水平的健康国家和健康社会，以此实现更高质量的人民身心健康。[2]因此，在这一领域进行开拓创新，做探路者、领航者、组织者，理应成为充分竞争型国有企业的一个历史性重大使命。①

四、混改探路，优势互补：健全市场化经营机制

在各种类型的国有企业中，充分竞争型国有企业是在体制机制上最接近于市场经济中一般企业运行方式的国有企业，因此最有必要和条件进行混合所有制改革，以形成更强市场竞争力和更具灵活运行机制的混合型企业实体或联合体。这是国有企业健全市场化经营机制的一条可行之路和探索方向。

任何种类的企业制度都有其优点和弱点或缺点，国有企业和非国有企业亦如此。因此，当我们认识和肯定国有企业的优势和长处时，绝不能否定其存在的弱点和短处。因此，在理论逻辑上可以推论：如果将国有企业同非国有企业在某种方式下进行混合，取长补短，就可以实现更强的竞争力，应该是一个双赢的改革创新。这就是中央提出的要鼓励"积极稳妥深化混合所有制改革"的思路。

当然要看到并深刻理解国有企业与非国有企业具有很不同的制度逻辑和企业文化，

---

① 中国一些央企已经将发展医疗卫生和大健康产业作为主业之一，力争形成具有较大影响力的大型医疗集团及大健康产业集团，探索中国卫生医疗和大健康及养老问题的解决方案，以及市场化与公益性相结合的体制机制创新。

两者混合绝非易事。市场经济条件下，非国有企业是一般企业，也就是说，大多数企业是非国有企业；而国有企业是特殊企业，永远只能是发挥关键性作用的相对少数。如果少数国有企业同大多数非国有企业完全无法进行规则接轨，那么，中国企业作为一个群体，其竞争力就会受到大大约束。特别是，作为充分竞争型国有企业，如果无法同居多数地位的非国有企业相融洽，则会大大限制其效率提升和发展空间的拓展，更难以实现其制度创新和管理经营创新的想象力。所以，在混合所有制改革上大胆探路，构建国有企业与各类非国有企业密切合作、融合发展的新机制，是中国经济改革发展的一个特别值得探索的方向。这对于充分竞争型国有企业的创新具有非常重要的意义。

在混改思维下，可以极大地拓展国有企业的创新空间。这突出地表现在以下两方面：一方面，由于不同形态企业的混合，可以扩大资源配置范围，在市场竞争中尝试跨域创新，探索进入有更大空间和张力的新产业、新业态，增强国有企业的风险性创新精神，体现适应新时代科技进步的战略自觉。另一方面，混改思维下，国有企业的生产功能拓展为投资功能，即从生产性企业发展为投资型（资产管理型）企业，可以发挥国有资本投资公司的投融资机制作用，推动更多创新项目。尤其是，国有企业通常具有较高的商业信誉，可以支撑其较强的融资能力，与非国有企业的经营灵活性和市场敏感性相结合，可以产生更大的发展潜力。

当然，国有企业同非国有企业进行各种形式的混改，也会产生许多必须探索解决的复杂问题，其中有些问题还很可能相当棘手和具有较大风险。如何实现混改中的公平融合和有效合作，实际上也是健全市场化经营机制的一个重要方面。国有企业的混改探索，既是健全市场化经营机制在更大空间中的展开，促进国有企业更好适应市场竞争机制；也是健全市场化经营机制所面临的挑战，必须解决混改对市场竞争规则及国有企业监管方式所提出的许多新问题和新矛盾。因此，进行混改探索是充分竞争型国有企业的一个历史性发展机遇，同时，也是其所肩负的一个健全市场化经营机制的改革重任。

笔者在《何去何从——当代中国的国有企业问题》中就探讨过"国有企业这条公经济之船，在充满私经济活动的市场经济大海中航行"可能遇到的种种复杂现象，特别是对国有企业管理者行为的深刻影响，以及监管制度所产生的各种正负效应。[1]20 多年来，随着国有企业改革的推进和混改面的不断扩大，这个问题正变得越来越具有现实重要性。在国有企业"健全市场化经营机制"这个命题中，决不能忽视与国有企业经营者密切相关，尤其是在混改背景下的国有企业经营管理的内在机制问题。由于激励方式创新，公私界限重构，利益关系复杂，更需要健全管理规则和监管制度，让混改操作有明确的制度可循。这将成为国有企业改革的一个相当艰巨而充满风险的任务。

五、全球市场，规则接轨：融入经济全球化

世界现代经济发展和企业发展史表明，除了极少数例外，凡是实行较成功的企业制度的国家，国有企业都是被当作特殊企业来对待，各国不乏成功的国有企业，而绝大多数成功的国有企业都是按某种特殊的法律规范来运行的，多数国家的国有企业按特殊的企业法人形式来组织和管理，其制度逻辑如表1所示。但中国的国情有很大不同：一是国有企业的总体规模远大于一般市场经济国家，尽管当计划经济转型为市场经济后，中国的国有企业也从一般企业转变为特殊企业，其特殊性主要体现在承担重要目标使命，但仍然是具有相当普遍性的一种企业形态；二是充分竞争型国有企业占据相当大的比重，而且企业规模大、实力强；三是中国国有企业的管理体制和决策机制具有独特性，体现了中国特色社会主义制度的根本性质和重要特色。中国特色社会主义经济中的国有企业，同一般市场经济中的国有企业一样，都是市场经济主体，要同各类市场经济主体进行竞争和合作；但中国特色社会主义经济中的国有企业，作为国民经济的重要组成部分，承担关系国计民生的重要使命，实现国家关切的重要社会目标，是具有重要目标使命和特定监管规则的特殊企业（见表2）。因此，中国国有企业是世界企业群体中非常特殊的一类，这正是中国特色社会主义市场经济的一个显著的域观特性，是其无法消除而归同于其他市场经济国家的固有特色。

表 2　不同市场经济中的国有企业"制度逻辑"

资源配置方式	基本性质	制度逻辑的基础	主要功能	行为目标	经济地位
资本主义市场经济中的国有企业	市场经济主体	政府干预经济的方式	弥补市场缺陷，如生产"公共品"	实现一定的社会政策目标	特殊企业
中国特色社会主义经济中的国有企业	市场经济主体	国民经济的重要组成部分	承担关系国计民生的重要使命	实现国家关切的重要社会目标	具有重要目标使命和特定监管规则的特殊企业

资料来源：笔者整理。

问题在于：在中国国有企业的各种类型中，充分竞争型国有企业不仅在国内市场上同其他非国有企业竞争，而且，势必进入国际市场，同各国企业进行市场竞争与经营合作。由于国有企业的特殊性质和越来越强的实力，必然会成为经济全球化中引人注目的经济行为人和强大竞争者。这就遇到了一个尖锐难题：不同类型的企业能否在国际市场上公平竞争？能否实现交易关系的"竞争中立"，即在竞争规则上无歧视性，可以公平竞争，直至各国企业可在国家间"对等"进入？有些人（或国家）认为，国

有企业同一般非国有企业不可能实现公平竞争，无法消除歧视现象，难以"对等"进入，所以不存在"竞争中立"的可能；也有些人（或国家）认为，只要市场竞争规则安排恰当，就能够体现"竞争中立"原则，国有企业同一般非国有企业是可以进行公平的市场竞争的。可以预期，随着中国经济实力的不断增强，更多国有企业"做大做强"，国际上关于中国国有企业大规模参与各种交易活动，能否体现公平竞争原则，以及企业能否在国家间对等进入的争论将会日趋突出，特别是作为唯一超级大国的美国一定会在这个问题上大做文章。因此，中国国有企业，尤其是充分竞争型国有企业，必须有充分的思想准备，参与经济全球化和自由贸易的"规则之战"。

中国不可能放弃国有企业制度，也不可能放弃国有企业的根本性管理体制和决策体制，特别是不可能放弃中国共产党对国有企业的直接领导并参与企业重大决策。而在美国等国家看来，这些都表明了中国经济的非市场经济性质，认为中国如果坚持实行这样的制度，就不可能有公平的市场竞争。因此，拒绝承认中国为市场经济国家，也有可能对中国国有企业进入国际市场进行各种限制和抵制。正因为这样，所以WTO至今还没有承认中国的市场经济地位，使中国企业参与国际竞争处于不利地位。这就给中国国有企业，特别是充分竞争型国有企业，提出了一个十分严肃的课题：如何进行竞争规则和竞争行为的国际接轨，要么以深化改革和更大开放的姿态融入经济全球化；要么干脆放弃进入经济全球化体系？很显然，放弃进入经济全球化体系绝不能成为我们的选项，也不符合中国经济改革的根本方向。那么，深化改革，扩大开放，同世界各大国进行对话协商，制定能为各方所接受的经济全球化秩序规则，使不同性质国家和不同类型的企业，都能够实现国内规则与国际规则的协调（而非完全同质），形成公平的国际市场竞争和自由贸易格局，就成为"百年未有之大变局"时代人类所面临的一个世纪性难题。这一难题的核心难点在很大程度上聚焦于中国的充分竞争型国有企业之上。因此，如何进一步深化体制机制改革，更高程度地实行开放和自由竞争，最大限度地同国际规则相容相连，是中国充分竞争型国有企业在深化改革上所肩负着的一个特殊重任。

其实，各国市场竞争规则的国际接轨问题，及其所产生的矛盾和冲突，不仅体现在国有企业身上，而且已经体现在实力较强的非国有企业身上。近年来，美国以国家安全为由，对中国的民营高技术企业华为、字节跳动、微信等进行封锁、制裁，其理据无非是强调中国的制度与美国不同，对于何谓"合理""合法"和"正确"，各国有不同的原则和标准，所以由中国的制度规则所监管的中国企业，进入美国就会违背美国的制度规则，可能危及美国的国家安全。在未来的大国博弈中，同样或类似的矛盾和冲突必然会屡屡发生，而且会越来越聚焦于中国国有企业的制度特殊性和规则相容性问题，也许会导致很大的国际冲突，直到各国最终意识到必须进行对话谈判，"讨价还价"，形成共同承诺遵守的竞争规则的相互接轨协议，以维护经济全球化的正常秩序。这是经济全球化新阶段的一个大趋势，我们必须高度重视和进行前瞻性思考和研

究，力争做到有备而无患，让规则接轨成为经济全球化正常秩序的制度基础。

参考文献

［1］金碚. 何去何从——当代中国的国有企业问题［M］. 北京：今日中国出版社，1997.

［2］金碚. 关于大健康产业的若干经济学理论问题［J］. 北京工业大学学报（社会科学版），2019（1）.

网络信息产业的组织特征与规则逻辑[*]
——域观视角下的观察与思考

金　碚

摘　要：以互联网络和信息通信技术为基础而迅猛发展起来的网络信息产业，是当代经济的一个极为突出的现象，无论是对现实经济，还是对经济理论及经济政策，都提出了一系列新问题。网络信息产业将成为生产、交易和消费规模最巨大和增长潜力无限的"超级产业"，人们将会把有限生命中越来越多的时间投入到网络信息产业的生产、交易（交流）与消费活动中，而经济活动线上空间的无限拓展将毫无悬念地使网络信息产业成为一个无可比拟的超级产业和巨大商域。网络信息产业的产业组织与规则系统及其合理性与合意性，是一个亟须研究并尽快取得一些基本共识的大课题，必须通过自律和他律的方式来保证其良质性。中国网络信息产业的发展不仅要与国内国际双循环新发展格局相适应，而且要促进中国经济双循环新发展格局与全球经济复杂格局的顺畅贯通。网络信息产业的长足发展及全方位的线上存在和远程呈现，在技术上已经冲破各种信息传输障碍，处于任何地方的每一个人都有可能获得世界各地的即时信息，正在客观上促进以全球信息高度通晓为基础的人类命运共同体的形成。

关键词：网络信息产业；线上空间；域观特征；制度逻辑

在现代社会，随着科学技术进步、生产力提高并向纵深领域发展，人类社会的经济活动不仅高度复杂化，而且经济活动同其他社会活动镶嵌融合浑然一体。经济研究的方法就是要从浑然一体的人类活动中抽取出一些因素，形成理论范式，构建形式化的逻辑结构，即一定的"模型"，作为研究现实经济的认知工具。"模型的功能在于其是研究的对象和用于研究的对象。也就是说，它们既是一种自身意义上的探索对象，它们同时也帮助经济学家探索真实世界的经济。"[1]按照这样的思维方式，经济学家实际上要进行两方面的研究：一是研究模型的构造；二是研究模型所代表的真实世界。以互联网络和信息通信技术为基础而迅猛发展起来的网络信息产业，是当代经济的一个

原文发表于《北京工业大学学报》（社会科学版）2021 年第 21 卷第 4 期。

极为突出的现象，无论是对现实经济，还是对经济理论及经济政策，都提出了一系列新问题，并且极具挑战性。本文着力于在产业经济理论框架中引入网络信息产业的一些特征性新因素，如线上空间和网络世界的生成与扩展等，据此深入研究技术进步推动经济变革的深刻意义和历史趋势。

一、网络信息产业：一个超级产业的形成

（一）问题提出

2021 年初，与美国白宫 1 月 6 日遭冲击事件直接相关，推特、脸书等美国社交网络公司巨头以社会安全（阻止通过社交网络平台煽动社会动乱）为由，关闭了时任总统特朗普的网络社交账户。当今时代，一个社会的行为人一旦被驱逐出网络社交平台，哪怕位居"总统"高位，也被认为相当于"社会性死亡"。可以说，在网络信息社会中，人具有了线下存在和线上存在的两重身份，其"生命"意义体现在线下线上两个世界。综观国际社会，任何国家都对此制定了相应的对策，不仅有线下世界的社会行为规则，也会有线上世界的社会行为规则。如果政府或相关部门对涉及国家安全、社会秩序、敏感话题（涉及宗教、种族等）的言论完全不设限制，就有可能产生严重的后果。因此，即使是在一个宣称言论自由为基本人权的国家，对线上世界的有害言论也会设限。在传播力强大的媒体上，特别是在广阔的线上世界中，若行为人无限度地放肆言论或信息误导，则可能引发群体事件，并导致社会冲突。行为人如果不自律，就必须有他律。因而，政府理当设定一定的行为规范。特别是在网络媒体日益发达的新时代，社交媒体的制度逻辑与传统媒体的性质差别越来越彰显出不同的社会影响力。尤为重要的是，网络信息具有高度的产业渗透性和参与性，它"无孔不入"，往往"反客为主"，从起先只是发挥"传递消息"作用的小配角，发展为占据主导地位并决定产业性质的大主角。在此大趋势之下观察世界，如果我们将采用电子信息技术、经由电子网络进行信息生产、交换、消费的活动定义为"网络信息产业"，则可以集合成为一个具有特殊制度逻辑的新商域。

（二）超级产业：形态与拓展

在一般语义上，"产业"是指具有一定相同属性的生产性经济活动及其承担者（企业）的集合，也可以视之为按一定的标准对经济活动进行划分而集合成的具有显著特征的经济活动类别。在现代经济中，产业活动本质上是人类的组织性行为，各类产业具有各自的组织特征和组织行为规则。所以，人类社会整个经济世界的规则空间是差异化的，必然会形成经济活动的各类商域，需要进行专门研究。

目前，迅速兴起的网络信息产业就是一个独特商域。一方面，按传统的经济学范式，以及以其为思维框架的产业组织理论，我国还缺乏可以"框定"其行为规则的基本学理逻辑，难以按传统经济学的产业组织理论和市场管制思维，来"推导"出或构建起网络信息产业的竞争政策和产业政策，以及对经济主体（企业）的行为规范。因而，如何面对这一商域中所产生的一系列敏感问题，我们还缺乏有效的应对方式和处置手段。另一方面，国际社会各个国家拥有制度安排和规则制定的主权。由于各国的基本国情不同，政治制度、经济形态、社会环境、文化传统各异，网络信息产业的运行与发展也必受深刻影响，所以各国都会根据自身的具体国情，构建自己的监管制度，形成可以认同的社会习惯。

从世界范围看，网络信息产业不仅有跟其他产业不同的制度逻辑和组织规则，而且会形成各具自身国家特色的规则空域。例如，每个国家对"言论自由"或"保护隐私"等原则的认同以及与之相关的网络信息管理，都因有其一定的观念基础，由此形成了各自的制度逻辑和行为规则。因此，网络信息产业的国际化和全球化，具有同其他产业很不相同的特殊性和政治敏感性，通常被强调为关系"国家安全"和宪法原则。

从生产过程的形态来看，广义的网络信息产业包括基础设施、设备制造、互联网平台、数据信息服务（收集、创作、编辑、发表、传递等），以及各种线上运用方式等各领域的经济活动，也可以视为（广义）网络信息产业的各子产业；而狭义的网络信息产业，则指其中最具产业特殊性的数据信息服务业。网络信息产业的重要特性之一是，具有精神生产的性质和新闻传播及价值观念的意识形态性质，关乎国家的舆论生态和政治安全，对民众利益（及感受）也有广泛的敏感性，尤其是损益外溢性。因而，网络信息产业的产业组织及市场行为受到政府的高度关切。

随着人类社会经济和社会发展水平的提高，人们的精神需要和精神性活动不断增加，精神性消费所占比重越来越高，消费过程中的物质消耗重要性则更多地让位于时间消耗的关切性。这是因为，生命的存在和流逝实质上就是时间的占用和消耗，可以说，生命时间是人类的第一生产要素和消费能力。一个不容置疑的趋势性事实表明，一方面，对于人类生命时间，网络信息所占用的比重正变得越来越高；另一方面，人们不仅会将大量的时间沉浸于网络世界中，而且会极度依赖网络信息的生活方式，并正在成为无数人的习惯、本能，甚至精神依赖；同时，对于任何有能力的"正常人"，无论贫富，手机须臾不可离身，以至于各种社会规则都以默认人人有手机为前提。例如，因为相关部门假定人人时刻在线，所以可以规定，人们必须通过扫"健康码"或"行程码"，才被允许进入公共场所（特殊情况可用身份证）。当今，任何人离开手机都会在社会上寸步难行、举步维艰。实践证明，如果"正常人"丧失线上生命，线下活动也无自由，真的如同"社会性死亡"一般。

可见，网络信息产业的社会角色正日趋凸显其重要作用，几乎成为人类社会生活不可或缺的空气般生存条件。笔者认为，可以毫不夸张地说，如果按照以人为本的思

维和价值取向，以对人的"生命时间占有率"来衡量，那么网络信息产业将成为生产、交易和消费规模最巨大和增长潜力无限的"超级产业"；同时，人们将会把有限生命中越来越多的时间投入到网络信息产业的生产、交易（交流）与消费活动中，并且每个人在全生命周期中，都会对网络信息产业产生极高的参与性和依赖性。

人类的生命越来越呈现为在"线上"空间中的旅程。迄今为止，人类社会的发展就是一部从丛林走进网络的历史，今天已经没有人可以拒绝互联网和网络经济而为"正常人"。美国《连线》杂志主编凯文·凯利说：观察全球网络经济发展的趋势，"一切商务活动最终都将迁移到互联网上。网络经济和工业经济之间的差别将逐渐消失，因为所有的经济活动都将或多或少地遵循网络规则。关键的区别是活跃与不活跃。""旧经济向新经济转变进程严格遵循下列逻辑：越来越多的不活跃的物品被信息网络激活。一旦不活跃的物品被信息网络激活，它就遵循信息法则。网络不会退步；它会复制到新领域。最终所有的物品和交易将按网络逻辑来运行"[2]不过，他也补充说："有两点需要澄清：①连续不断、无处不在的网络本身并不会磨灭个性；②'所有一切'是一个渐进的过程，并不是一个终结。"[2]

2019年底至2020年，全球性多点暴发的新冠肺炎疫情，对网络信息产业的发展起了很大的催化作用。达沃斯世界经济论坛创始人克劳斯·施瓦布教授说："自疫情开始，人们就一直围绕下列问题展开激烈的争论：未来我们是否（或在多大程度上）要进行远程办公，并因此增加居家时间？"[3]我们看到，远程办公方式正在从被动接受向主动实行方向发展，人员非直接接触的生产方式正在开始大行其道。远程办公越普遍，网络信息产业发展的领域就越广阔。有的研究者展望其发展前景，认为"通过远程临场和远程机器人技术可以放松面对面交流的约束，将使劳动服务与劳动者更容易分离。这可能会产生两个巨大的变化。第一个是发达国家的工人和管理者将他们的才能应用于更多的发展中国家，而他们实际上并不需要到这些国家去"。同时，"第二个重大变革来自发展中国家的工人将自己的才能运用到发达国家中而非亲自去发达国家。……这些劳动力将会通过远程办公在发达经济体的工厂中工作"[4]。

总之，当今社会线上空间的无限拓展，将毫无悬念地使网络信息产业成为一个无可比拟的超级产业和巨大商域。它的极大发展使得每一个人都成了"线上人"和"网中客"，线上存在已经是社会人生的第二生命。由此，不仅整个现实经济演化成了线下线上的双重世界，而且线上世界每时每刻都会产生和积淀信息数据，形成巨量的大数据资源，其产业价值难以估量。

二、网络信息产业的商域范围和经济特色

(一) 商域范围

在抗击新冠肺炎疫情的推动下，全球网络信息和线上活动加速渗透到社会经济的一切领域，发展前景超越想象。笔者认为，就目前可以观察的现实和趋势来看，网络信息产业的商域范围主要涉及物质设施设备、网络运营系统、线上运用体系、网络监管体系四个层面。①物质设施设备。它包括网络信息基础设施——网络基站、网线系统、卫星传输等，以及工作场所、各类使用设备及器具——数据中心、电脑、手机、传感设备等。②网络运营系统。它包括网络系统——互联网平台、云存储等，以及各类专业网站开发运用的各种应用性网络服务；并在网络运营系统形成和发展中，产生了网络信息产业中的超级规模的企业集团（大型网络公司）和丰富多样的专业网站。③线上运用体系。它遍布所有行业的线上行为，涵盖生产、消费、交通、交易、金融、传媒、社会服务、科研、传播、文体艺术、公共管理等几乎所有领域。④网络监管体系。它主要包括以反垄断、反不正当行为为主要任务的政府部门或社会组织，以维护合法合规竞争的网络信息产业市场体系；以及以网络内容审查处置为主要任务的内容监管，以确保网络内容合法传播的信息环境和舆论氛围（见表1）。

表1 网络信息产业的商域范围

层面	经济范围	产业商域	举例
1	物质设备	基础设施	基站、通信网线系统、卫星传输
		场所、设备及器具	数据中心、电脑、手机、传感设备
2	网络运营	网络系统	互联网平台、云存储、通信服务
		专业网站	各类应用性信息服务
3	线上运用	线上生产活动	工业互联网、远程办公、遥控
		线上消费活动	通信、阅览、观赏、娱乐
		线上交易活动	网购、拍卖、采购、国际贸易
		线上交通信息	网约、导航、驾驶、交通管理
		线上货币金融	金融、证券、保险、数字货币
		线上社会服务	医疗、卫生、教育、社区
		线上科研活动	访问、调查、观测、文献
		网络传播媒介	新闻、社交、广播电视、广告
		线上文体艺术	书刊、音乐、文物、影视、体育
		公共管理和服务	公共安全、城乡管理、环保监测

续表

层面	经济范围	产业商域	举例
4	网络监管	维护有效竞争	反垄断、反不正当行为
		保证内容合法	网络内容审查、舆论引导

资料来源：笔者整理。

（二）产业特色：规模经济与范围经济

作为一个极具发展前景的商域，网络信息产业不仅具有显著的规模经济特色，而且具有突出的范围经济特色。由于网络信息产业的规模扩展具有遍及所有领域的全方位渗透特性，产品和服务的边际成本可以趋向于零，因此产业规模可以无限增长，且可获得巨大的规模经济效益——规模越大、参与者越多、经济效益越可急剧增长。与之直接相关，网络信息产业的范围经济特色表现为——全民性、跨域性和共享性，短时期内就可能催生出超级巨大的网络公司。因此，网络信息产业的成本—效益关系具有一个独特性。即在直接核算上，该商域中的大量活动具有免费性，甚至可能发生负价格现象，例如，有所谓"获客"价格——网络信息产业的供给方，以补贴（红包）方式向需求方提供产品（服务），以吸引客户和大量消费者入网。同时，入网人数可以体现大数据资源，而直接成为其资产估值的基础，并得到市场认可。

一方面，网络信息产业使价格信号的直接作用趋弱，或发生一定的变异；另一方面，则使大数据的直接作用趋强，而且大数据的产权规则与价格机制并不完全对应。在网络信息产业的商域中，存在大量的免费"搭便车"或"顺风车"现象和经营方式。在一般产业中，免费"搭便车"行为和现象被认为是不经济的，通常意味着价格机制的失效，甚至市场机制的失序。但在网络信息产业中，免费"搭便车"方式则可能是其发挥范围经济有效性的可行行为。这是因为，数据成为生产要素，当然就可以估值，而是否"免费"或"搭便车"，在网络信息产业中则另有非常不同于其他产业的经济学性质，"免费"不等于没有商业价值。

在此，网络信息产业深刻触及了现代经济学的一个要害，即凡是难以用价格尺度来体现（计算）的经济活动及其价值贡献，经济学分析就显得非常力不从心；既想涉及，又缺乏工具，往往只能欲言又止；虽然承认其存在，又只能做"抽象"处理，即将其排除于分析体系之外。而网络信息产业具有的一个特征，却恰恰是不仅产生了越来越多的非价格现象和信息，而且这些非价格信息甚至成为经济运行中的基础性和关键性影响因素（或要素），例如，"点击率""粉丝数""数据量"等，虽然可以体现网络信息产业及其拥有主体的实际经济能量，但却处于经济学研究的盲区。笔者认为，这是关于网络信息产业的经济学研究需要开拓的一个极为重要的学术领域，以适应于对其进行更贴近事实的经济学分析。

三、网络信息产业的技术特征和合意性

从本文对网络信息产业相关分析中，我们可以观察到，作为一个超级产业和特殊商域，网络信息产业在技术上具有两个方面的显著的域观特征。

（一）域观特征

1. 技术上的无边界性和高流动性

网络信息产业（除非有特殊的技术设置）在技术上具有无边界性和高流动性两方面的显著域观特征。在所有各类产业或经济活动中，网络信息产业几乎可以最接近于传统主流经济学关于完全自由市场经济的假定条件，如同是存在于无摩擦的空盒子般绝对空间中。况且，对于互联网的发明和发展，各国都是作为公共产品来对待的，其本身的使用自始就没有知识产权的专利障碍。

2. 制度上的多元性和差异性

网络信息产业在制度逻辑上具有相当高的规则壁垒。网络信息产业并不因为其在技术上的无边界性和高流动性，以及抽象意义上的无摩擦匀质空间特征，而可以成为一个全球同质一体的商域。恰恰相反，迄今为止，网络信息产业呈现为多元场域特征，在不同的场域规则空间中，制度逻辑和规则安排具有很大的差异性，而且各类层级的保密性本身就是网络信息产业的一个突出特征。一方面，在技术上，网络信息可以畅通无阻地在全球任性流动；另一方面，在社会规则上，网络信息的流动空间是崎岖不平、域际有阻且处处"涉密"，致使各国网络信息产业的不同规则空间之间的域际关系也相当复杂；在技术意义上，网络信息产业是全球同一个世界；而在社会规则意义上，网络信息产业呈现的是多个平行世界，形成"你有你的世界，我有我的世界"。

网络信息产业的两重性域观特征，使其发展轨迹可以而且必然会从一定的活动"范围"，走向另外的更多活动"范围"，具有强烈的全域性和全球化倾向；同时，又永远表现为域观性存在，难以成为同质一体化的匀质空间。各国在网络信息产业方面不仅拥有制度安排和规则制定的主权，而且都会根据自身的具体国情，构建自己的网络信息监管制度；尤其是，都会强调维护各自定义的"国家安全"，并认定信息情报在国家安全上的核心地位。因而，"内外有别、差异透明、有限分享"，是网络信息产业组织的基本特征之一。

（二）合意性：问题与矛盾

出于上述原因，网络信息产业的产业组织与规则系统及其合理性与合意性，还是一个亟须研究并尽快取得一些基本共识的大课题。目前，经济学界还只能将研究传统

产业的市场结构问题的理论和方法套用于对网络信息产业的观察与研究，而从中国的现实看，至少已经遇到以下几个突出问题或矛盾，显示出对网络信息产业的观察与研究已经突破了经济学原有范式下所构建的理论模型框架。

1. 反垄断结构和行为

由于网络信息产业的规模经济性质，其从业公司可以享有显著的规模经济性，规模越大成本越低，可以在竞争中排挤出规模较小的竞争者，形成产业组织的市场垄断结构，这一趋势具有网络信息产业的发展必然性。而且，网络信息的从业公司与其服务对象间的信息高度不对称，有可能采用大数据，进行差别化（定价）交易，损害消费者利益，这可以被认定为不合理的垄断行为。问题的新颖性在于，网络信息产业的垄断性所体现的竞争关系不对称性，未必表现为产品的垄断高价，而可能是大规模地（而且长期性地）提供免费（或低价）服务，以巩固排他性的产业垄断地位。网络信息产业的技术特性，可以使得其提供的服务具有相当程度的公共品或共享品的性质。那么，如何定义其垄断行为的"不正当"性呢？或者说，只要没有形成对消费者（或交易对方）的价格歧视损害，就可以不算是垄断行为？免费产品（服务）就必定不会有垄断性损害吗？例如，在抗击新冠肺炎疫情期间，微信等网络信息功能已经成为公共管理的手段。消费者若不扫"个人健康码""个人行程码"等，就不被允许进入公共场所，并且没有拒绝这种"免费服务"的权利。这是产业组织理论所构建的理论模型需要纳入的新因素吗？任何企业是否都可以设置必须（强制性）接受的"免费服务"来作为市场交易条件呢？显而易见，一个很容易发现的现象是：普遍使用的免费服务可以形成很强的信息及数据收集和数据搭载的载体和通道，其潜在商业价值可能是十分巨大的。有鉴于此，如果能证明或做到可以确保不发生利益损害，包括潜在性的利益损害，而无价格地提供服务，那么网络信息产业就可以具有一种独特的帕累托改善效应（在不损害任何人利益的前提下使一些人获益）。这在经济理论上能够得到证明吗？在市场监管制度上应该为此留下充分的空间吗？

2. 产业组织规则的域际转移及跨业运行和跨业监管

不同性质的产业，具有不同的组织规则和行业监管制度。如本文所述，网络信息产业具有极强的跨行业渗透性，"见异思迁"是其本性，几乎每一个产业都难以阻挡网络信息产业的进入并发挥其激活效应，使之可以与以往非常不同的组织方式进行产业运行，而且网络信息具有"反客为主"的可能。这就会形成跨业运行的产业组织现象，进而涉及跨业监管问题。例如，当网络信息公司的技术运用进入金融领域，发挥支付、信贷等功能时，就涉及金融监管制度的适用性。如果将网络信息产业定义为"高技术产业"或"金融科技产业"，那么，其与金融业中的在位企业，将会是怎样的关系？应适用于怎样的监管制度？2020年1月，美国股市中的众多散户利用互联网与华尔街的大户发生所谓"世纪逼空大战"，导致股市大幅动荡。这表明，即使在美国这样的成熟市场经济国家，在发达的互联网络条件下，金融证券监管制度也面临很大挑战。

3. 信息的权属及隐私权保护制度或交易规则

在无处不在的网络信息世界，信息的提供、收集、处理、传播等，参与者众多。人们或自愿，或强制；或主动，或被动；或实名，或匿名；或公开，或保密。在极为复杂的过程和关系中所形成的各种性质的信息，进入网络环境中，其权属如何界定？隐私权如何保护？各种信息的交易规则应遵循什么基本原则？关于这一问题的立场，莫衷一是。凯文·凯利强调信息对称原则，他说："网络经济的首要要务是修复信息的对称性。要想激发信任，用户要知道谁了解自己，以及对自己的了解程度。他们需要拥有对方相当的知识。如果我能详细了解信用卡公司对我知道多少，他们从何处获得信息，以及他们把信息提供给谁，那么我会感到更安心。如果我能够从他们对我的了解获得一些物质补偿，我会更舒心。对我而言，我很开心有人能够一天 24 小时留意我的行踪，前提是我知道我的个人信息去向何处，以及我能获得回报。"[2]这样的意见可能代表了许多人的立场，但未必所有人都能接受。另一些人可能更重视个人信息的私密性，或者更关切组织信息以至国家信息的安全性。这意味着更强调隐私和保密，而不是交易利益。

4. 网络信息产业的社会嵌入与文化适应

美国学者尼尔·波兹曼在其很具影响力的《娱乐至死》一书中判断，人类文明会从印刷文字时代，不可阻挡地走向电视时代。他认为，印刷文字时代是理性的时代，而电视时代是娱乐时代。他说："我们现代人对智力的理解大多来自印刷文字，我们对于教育、知识、真理和信息的看法也一样。随着印刷术退至我们文化的边缘以及电视占据文化的中心，公众话语的严肃性、明确性和价值都出现了危险的退步。"[5]当电子成为信息传播的手段，"空间不再是限制信息传播的、不可避免的障碍"。[5]但是，"在信息的海洋里，却找不到一点儿有用的信息"。[5]由于电视的出现，"图像的中心地位削弱了对于信息、新闻，甚至在一定程度上对于现实的传统定义。""电视的倾向影响着公众对于所有话题的理解。""电视通过控制人们的时间、注意力和认知习惯获得了控制人们教育的权力"。[5]尼尔·波兹曼对于电视时代的刻画是有启示性的，但他没有料到，现在的网络信息传播力和影响力已经远远超过了电视，电视已经成为不过是网络信息系统中的一个局部性环节。网络信息系统对人类思维和行为的影响更加难以估量。

无处不在的网络信息极具渗透性地嵌入社会之中，将社会各个角落中的人都"黏合"起来。即使是远在天边、相距遥远的人，也可以在网络中加入同一个"群"，无障碍地进行对话和"群聊"。网络作为社交媒体既可以大大满足人们的思想交流需要，同时也可以使社会高度"群体化"，社会结构可能因此而发生深刻变化。其中，网络信息有些是合意的，有些是不合意的；或者对有些人是合意的，对另一些人是不合意的；特别是对社会的秩序稳定及公正治理，可能产生各种复杂影响。网络信息与传统媒体的生产流程非常不同，后者传播的信息是编辑主导的，至少能有一定的质量保证；而前者传播的信息则是高度自由的，无人对其质量负责。为此，即使是出于最低限度的谨慎

原则，大型网络信息运营商也不得不进行必要的信息内容审查，以保证最低限度的合意性和合法性，避免有人利用网络的社交信息功能煽动社会动乱或散布谣言。

5. 网络信息产业的效应外部性

网络信息产业的一个突出的社会特征是，具有高度的外部性（损益外溢性）效应以及与之密切相关的社会教化效应。由于网络信息产业具有非常强的精神影响力和文化干预性，所以网络信息产业的大规模发展，必须关切其价值文化适应性。不同的国家实行不同的政治制度，具有各自的社会价值文化特征。网络信息产业嵌入在一定的文化环境中，成为整个文化环境的组成因素，如果与所处的政治制度和社会价值文化体系相冲突，就会成为破坏性因素。除非社会确有重大变革甚至革命之需要，网络信息产业不可放任其破坏性影响力。客观地说，由于网络信息产业高度渗透性的精神影响力和文化干预性，非中性作用也是其重要特征之一，利弊得失之权衡只是在于：其破坏力与社会进步的方向是否冲突，以及其破坏力是否具有建设性？也就是说，它是相当于技术进步（创新）过程中的破坏性创造，还是导致社会混乱的破坏性失序？因而，本文将进一步讨论网络信息产业的行为责任和内容管理问题。

四、网络信息产业的行为责任和内容管理

产品无害是产业存在的基本规范。国际社会的共识是，对人类伤害大于益得的生产是须严格禁止的。各国法律明确规定，生产、销售和消费毒品均为非法；同时，产品质量不符合基本标准，也不得销售；产品质量经由生产者自行检验，或由政府部门（或社会组织）进行检验，才能进入市场。也就是说，产品生产者负有行为责任，市场经济要求以生产者自律和/或他律的制度来保障交易产品的质量合格。因而，网络信息产业也不例外。特别需要指出的是，由于网络信息产业的内容传播具有广泛性影响，而且可以在各应用领域间"游走"，所以保证其内容质量的行为责任尤为重要。一般情况下，对于传统媒体，无论是报纸、杂志、图书，还是广播、电视，其传播内容都须经严格的编辑流程才能刊载或播出。但网络信息产业却有所不同，自由度不仅远远高于传统媒体，而且其行为责任和内容管理远比传统媒体更宽松。人们有理由担心，这样的制度安排，会不会导致"劣币驱逐良币"的后果？如果让新闻原本具有的"抓眼球""找刺激""搞猎奇"，让小概率事件产生轰动效应等特性，被网络信息的传播无限制放大，那么网络信息产业就可能蜕变为一个劣质的信息市场。

可见，网络信息产业的一个商域特性是，由于其信息传播具有广泛的社会和舆论参与性，网络行为具有很强的利益（或损害）溢出效应，使之已经不具完全的私人性或私事性，而具有较强的社会性和公众性，所以在很大程度上已经不是信息交易行为，而是信息传播行为。因此，网络信息产业行为责任也就不仅是交易双方"讨价还价"

和"愿打愿挨"的市场交易责任，而须对其信息传播行为承担相应的社会责任。

任何国家都很清楚，在网络信息环境中，对有害言论设限是非常必要的。如果政府对涉及国家安全、社会秩序、敏感话题（涉及宗教、种族等）的言论完全不设限制，就有可能产生严重后果；同时，对网络的监管，不仅必须要维护有效竞争，而且要保证内容合法，进行网络内容审查、舆论引导。因此，网络信息产业发展的行为责任具有若干显著的域观特征，至少体现在三个方面，网络信息产业必须通过自律和他律的方式来保证其良质性。

（一）网络信息的"散布"性决定了其不得发布和传播违宪非法言论和有害社会的信息

网络信息产业中的行为主体不仅要求信息发布者负有责任，而且提供强大传播渠道的互联网平台，也负有重要责任。我们可以看到，世界各国的互联网社交网络公司都十分重视网络信息的内容审查和管理，并且无论怎样强调"言论自由"，也不可任由他人利用网络散布谣言。如美国推特、脸书等社交网络公司，可以不惜对时任总统特朗普在社交网络中发布的言论和信息进行审查管制，直至关闭其网络账户。在中国，各网络平台公司也都有自己的网络信息内容审查管理机制，确保传播内容不得违宪违法。

（二）网络信息的传播必须要求其避免诱发群体非理性行为的不良后果

法国著名学者古斯塔夫·勒庞对群体心理进行了深入的研究，在其名著《乌合之众——大众心理研究》中指出：人的行为绝不是根据纯粹理性形成的。特别是当成为群体思想时，会具有显著的非理性特征。"在群体意识中，个体的理智降低，个性被削弱。同一性吞没了特异性，无意识属性取得了主导地位。"[6]同时，他还认为，"群体成员的思想感情有一种互相统一的倾向，自觉的个性消失了，出现了一个群体心理。这个群体心理无疑是暂时的，但表现出了一些鲜明的特点。这样，人群就变成了我所谓的'组织化群体'。"[6]；并且"群体最明显的特点是：个体融入群体后，不管是谁，无论其生活方式、职业、性格、才智是否相同，都会被群体的性格缠住，使他们的思想感情和行为方式变得和单独状态下完全不同，仅仅因为他们变成了群体这一事实"[6]。可见，网络信息产业的经济主体绝非传统经济学所设想的边界明确的微观主体或宏观主体，其"组织化"行为同传统经济学所定义的经济主体组织行为也非常不同。这些都是网络信息产业发展中所必须研究的重要问题。

（三）网络信息产业的传播性特征决定社会对其具有一定的伦理准则规范

网络信息产业的信息传播不得违背公众伦理、侵害公民权益和造成歧视性伤害

（特别是对少数弱势群体的歧视）。尤其是当涉及民族、宗教等敏感内容时，网络信息产业的言论须有行为规则底线，特别是更不能导致群体性的冲突。尽管古斯塔夫·勒庞的论断有些夸张："仅仅因为融入了组织化群体这件事，一个人就在文明的阶梯上下落了好几阶。"[6]但是，对于网络信息产业的伦理要求，确实是一个需要特别重视的域观特征。

我们从以上这些分析中可以看到，网络信息产业的特有行为责任和内容管理规则，实际上就是产生于这个产业的两个主要域观性质——"网络"和"信息"。在经济学的微观-宏观范式框架中，市场经济的主体是粒子态或"细胞"状的，每个粒子或细胞在市场运行中的影响，特别是其成本-效益关系，都可以在价格信号体系中的表现来展示。所以，微观主体（企业）的行为可以被描述为仅仅表现为输入—输出关系的"黑箱"。但网络信息产业与之非常不同，"网络"中传播"信息"的行为主体不是粒子性的，在网络信息市场中，行为主体交易活动的成本-效益关系及社会影响也不能仅仅以价格信号来呈现。

五、国内国际双循环新发展格局中的网络信息产业

网络信息产业具有很强的跨域流通性，网络信息传播在技术上没有空间障碍，当网络信息的生产、交易、消费形成了跨文化（跨国）产业链时，它的冲击力就会是国际化甚至全球化的。在当今世界，"民族政府仍对经济事务作出主要决策，它们继续制定其他行为者发挥作用时要遵循的规则，而且它们动用相当大的权力来影响经济后果"。[7]因而，在网络信息技术上的高度无障碍性和网络信息管理规则具有更强国家主权性的双重特征的复杂条件下，网络信息流转循环的畅通性与域际文化（各国制度）的包容性直接相关。

在本文关于网络信息产业域观特征的讨论中可以看到，它具有极为复杂的社会嵌入性。美国学者马克·格兰诺维特说："一如社会行动与结果，经济行动与结果也同时受一个行动者和他人的关系以及这些关系的整体结构所影响。……分别用'关系性嵌入'与'结构性嵌入'来指这两个嵌入理论的概念。""关系性嵌入指的是一个人与特定他人的关系本质。……关系性嵌入对于个人经济行动有着强大而直接的效果。""结构性嵌入指的是一个人嵌入的网络的整体结构对个人所施加的影响。相比关系性嵌入，结构性嵌入对经济行动的影响更加精微而不直接。"[8]基于经济活动的社会嵌入的重要性及国别特点，"每个国家的政治历史和传统乃是产业政策观念的根源。我们可以把这些传统称为国家的'政治文化'，或者在其他表述中，称为这些国家的'制度逻辑'，"[8]也就是说，因为不同国家的制度逻辑是有差异的，所以必然对各国的产业政策观念产生深刻影响，而网络信息产业尤为如此。

　　中国实行有中国特色的社会主义市场经济制度，其网络信息产业也必然有显著的中国特色，服从中国特色社会主义的制度逻辑。即中国的网络信息产业是深刻地嵌入在中国的制度和文化生态环境中的。习近平总书记在 2021 年世界经济论坛"达沃斯议程"对话会上的特别致辞中说："世界上没有两片完全相同的树叶，也没有完全相同的历史文化和社会制度。各国历史文化和社会制度各有千秋，没有高低优劣之分，关键在于是否符合本国国情，能否获得人民拥护和支持，能否带来政治稳定、社会进步、民生改善，能否为人类进步事业作出贡献。各国历史文化和社会制度差异自古就存在，是人类文明的内在属性。没有多样性，就没有人类文明。多样性是客观现实，将长期存在。"[9]

　　美国学者罗伯特·吉尔平也指出："尽管各国经济日益全球化和一体化，但把本国经济和国际经济区分开来仍有必要。政治疆界现在确实并将继续使各国经济和经济政策有所不同；政治上的考虑也大大影响着各国的经济活动，使得彼此存在差异。"[7]

　　这样的差异化、多样性的世界环境，决定了网络信息产业在跨域流通和发展中所具有的域观特征——高度畅通而并非没有界限、规则有别而并非不可衔接、标准趋同而并非实体同质、空间广阔而并非全球匀质[10]。尽管网络信息产业以去中心化为特征，但其有序发展也高度依赖于社会组织能力。各国要形成发达的网络信息产业，不仅要有以强大实体经济和科技能力支撑的基础设施和设备制造能力，而且要有标准制定与制式衔接的全球协调体系。与大国地位相称的中国网络信息产业，不仅要与国内国际双循环新发展格局相适应，而且要促进中国经济双循环新发展格局与全球经济复杂格局的顺畅贯通，致力和贡献于形成新时代经济全球化新趋势中的人类命运共同体。我们要充分认识到，网络信息产业的长足发展及全方位的线上存在和远程呈现，在技术上已经冲破各种信息传输障碍，位于任何地方的任一个人都有可能获得世界各地的即时信息，正从客观上促成以全球信息高度通晓为基础的人类命运共同体的形成，当然也可能产生或触发难以预料的矛盾和冲击。因而，网络信息产业的全球化发展对于未来人类命运的深刻影响是其他产业所难以比拟的。

参考文献

　　[1] [英] 玛丽·S. 摩根. 模型中的世界：经济学家如何工作和思考 [M]. 梁双陆，刘燕，译. 北京：社会科学文献出版社，2020.

　　[2] [美] 凯文·凯利. 新经济，新规则 [M]. 刘仲涛，译. 北京：电子工业出版社，2014.

　　[3] [德] 克劳斯·施瓦布，[法] 蒂埃里·马勒雷. 后疫情时代——大重构 [M]. 世界经济论坛北京代表处，译. 北京：中信出版集团，2020.

　　[4] [瑞士] 理查德·鲍德温. 大合流：信息技术和新全球化 [M]. 李志远，译. 上海：格致出版社，上海人民出版社，2020.

　　[5] [美] 尼尔·波兹曼. 娱乐至死 [M]. 章艳，译. 北京：中信出版集团，2015.

　　[6] [法] 古斯塔夫·勒庞. 乌合之众——大众心理研究 [M]. 马晓佳，译. 北京：民主与建设

出版社，2018.

[7]［美］罗伯特·吉尔平. 全球政治经济学——解读国际经济秩序［M］. 杨宇光，杨炯，译. 上海：上海人民出版社，2020.

[8]［美］马克·格兰诺维特. 社会与经济——信任、权力与制度［M］. 王水雄，罗家德，译. 北京：中信出版社，2019.

[9] 习近平. 让多边主义的火炬照亮人类前行之路——在世界经济论坛"达沃斯议程"对话会上的特别致辞［EB/OL］.（2021-01-26）［2021-02-07］. http：// www. xinhuanet. com/mrdx /2021-01 / 261C _ 139699076. htm.

[10] 金碚. 论域观范式思维下的经济全球化［J］. 中国社会科学评价，2020（4）.

网络信息技术深刻重塑产业组织形态[*]
——新冠肺炎疫情后的经济空间格局演变态势

金 碚

摘 要：经济关系的数字化、远程化和经济行为的线上化、网络化及其对产业组织形态的影响，已成为经济学必须着力研究的新现象。其中，对于产业组织形态的理论刻画和学术逻辑构建，更将成为一个含义深刻的大课题。新冠肺炎疫情加速促成经济行为的线上化态势，传统产业经济学的"厂商理论"刻画的企业组织形态和特征，将由新的理论逻辑和描述框架来替代。产业组织经济学正处于大变革的前夜，首先表现为市场主体形态的深刻变化。信息技术的高度渗透性必然使网络信息产业超常发展，成为"超级产业"：强有力地推进产业结构升级和经济活动深化，整个社会将形成经济发展的无限想象空间和创新场域。从时间占用的线上—线下配置来看，当社会生活越来越倾向于在线上呈现时，组织行为的规则将发生显著改变，并伴随着社会心理的适应性调整。网络信息经济的发展使产业经济及市场运行的底层技术特征发生了实质性变化；"网联"关系的紧密化使区域经济格局的疏密状况发生显著变化，整个产业链的空间布局和分工关系也将因此而发生系统性变化。市场经济的竞争规则也将改变，经济格局将大规模重构，世界必然要经历一个全球规则博弈的艰难时期，才能形成真正的人类命运共同体。

关键词：新冠肺炎疫情；网络信息；产业组织；规则重构

新冠肺炎疫情对社会经济产生极大冲击，其破坏性造成的损失甚至可与世界大战相比，但也有例外的领域获得了加速发展的强烈激励。应对疫情，面对面活动受限，社交间距扩大，使互联网线上的交流与活动空前活跃。网络信息产业获得了巨大发展空间，促使物流、人流、信息流的"距离"性质、空间格局以及行为主体相互间的疏密状态发生极大变化，国内国际经济格局也将因此而发生实质性重构。经济关系的数字化、远程化和经济行为的线上化、网络化及其对产业组织形态的影响，已成为经济

---

* 原文发表于《社会科学战线》2021年第9期。

学必须着力研究的新现象。其中，对于产业组织形态的理论刻画和学术逻辑构建，更将成为一个含义深刻的大课题。

一、新冠肺炎疫情加速促成经济行为的线上化态势

人类应对和控制传染病最传统的方式就是自行地或强制地脱离与人群的接触和进行社交隔离，尽可能保持人与人之间的交往距离。因病毒、细菌攻击而发生的大规模"疫情—隔离"事件，对人类发展的影响巨大，但以往经济学界从未将此引入观察视域，只是将其作为一个非常态的偶然干扰因素而予以排除。2020 年暴发的全球性新冠肺炎疫情深刻地改变了人们的认识以至行为方式，大多数人判断，即使这一次的新冠肺炎疫情结束，世界也不会再回到过去的状态，疫后的世界将大为改观。隔离产生距离，距离虽然可以换得安全，但也产生成本和流程障碍，疫情期间经济增长速度必然大幅下降。那么，疫情之后，人们将如何认识和处置经济活动中的"距离"因素呢？

现代经济活动，包括生产、交换、消费等，都是物质、人员、信息的交互关系，表现为在一定空间中的密集性和间距性，也就是说，经济活动总是在一定的经济格局疏密状态中进行的。任何产业组织都同经济疏密状态有密切关系。因此，"距离"从来就是产业组织和产业发展的一个关键因素，无论是对于个人生活、企业经营，还是地区发展、国民经济以至国际经济，都如此。

新冠肺炎疫情的暴发导致了人际接触的间距化，加速了经济行为的线上化，即以线上沟通替代面对面接触，以网络行为替代实体过程。而且，线上沟通和网上行为成为实体经济过程得以进行的条件。这不仅是抗疫的短期应急方式，而且是技术进步长期趋势在一个特殊时期的临界性显现。也就是说，在疫情之前早已存在的具有技术可行性的线上经济活动和远程呈现方式，经疫情冲击而加速走到了一个历史转折期，从平缓推进转向迅速普及。一段时间以来，线上沟通、在线运作的技术条件和潜在需求趋势实际上已经存在，而新冠肺炎疫情则发挥了因势利导的有力推动作用，"0+1"即互联网出现于疫情之前，而"1+N"即"互联网+"则暴发于疫情之后。所以，疫情过后，这样的变化趋势不仅不会回头，而且将继续强化，成燎原之势。

在这一大趋势下，整个社会就会形成新的行为秩序和交流习惯，体现的不仅是为了预防传染病而默认人体直接接触的健康风险，形成必要隔离和保持人体间距成为正常经济活动和日常社会行为的常规要求；而且将更深刻地体现为在经济活动线上化和远程办公普遍化的工作秩序下，人们本能的默认行为将更倾向于在线上呈现，即从行为适应变为心理适应。

经济活动线上化不仅是一个技术问题，也是行为习惯和心理认同问题。如果说在疫情期间，采取网谈、网会和网上办理的方式更多基于规避风险的考虑，那么在疫后，

将更多地基于提高效率的考虑以至某种情形下的安全考虑。在线上比线下往往更有效率（或更安全）的场合，做出线上替代线下的理性选择并不困难。换句话说，在以往的技术条件下长期形成的社会习惯和心理倾向，给予线下（面对面）行为更高的偏好定式。只要具备线上化的技术条件，将经济活动转到线上呈现，原本就应是理性的选择，符合效率准则。从技术进步的方向来看，克服空间距离成本本身就是提高经济效率的要求。而互联网的发展为经济线上化奠定了技术基础，线上机制可以"消灭距离"，最大限度地降低距离成本，因此不难预见，推动实现远程呈现和远程即时协同的经济活动将成为经济发展的大趋势。未来，许多科技类产业、医疗、教育等行业都会更多地采用远程关联方式重构业务链，"连到线上""走上云端"。

不仅如此，行为呈现的线上化还将走向大规模的移动化，只要成为"网民"，"在哪里"变得不很重要，许多活动和行为都可以在线远程呈现。根据《中国互联网络发展状况统计报告》，截至 2020 年 12 月，中国网民规模为 9.89 亿人，互联网普及率达70.4%。中国远程办公爆发式增长，远程办公用户 2020 年下半年（12 月）比上半年（6 月）增长 73.6%，达 3.46 亿户。从世界范围看，"2010 年，全球只有大约 1/4 的人口（即大约 18 亿人）接入了互联网。到 2017 年，这个数字已经达到了 38 亿人，大约占全球人口的一半。在未来的 6 年里，我们将把所有剩下的人都连接起来，从而为全球对话增加 42 亿个新思维。不久之后，我们这个星球上所有 80 亿人当中的每一个人，都将以千兆比特的速度接入互联网"[1]。而且，"我们手里都拿着一台比几十年前占据整个房间的超级计算机功能还要强大的计算机"[2]。

在加速线上化的世界中，经济和社会将发生怎样的变化？有学者认为，第四次产业革命或新经济的基本特征就是数字经济和互联网以及人工智能。而且，"数字化、网络化、智能化本来就是三位一体的……数字化、网络化、智能化是新一轮产业革命或数字革命（digital revolution）的核心特征，也是互联网经济的核心特征。其中，数字化是技术基础，网络化是表现形态，智能化是发展方向"[3]。对于这样的图景，产业经济学将如何进行理论刻画？经济行为的加速线上化、网络化、数字化，对传统产业经济学关于厂商形态、空间格局、组织行为、产业关联等的学术逻辑和实证研究都提出了一系列新问题，使其面临新挑战。

二、产业组织市场主体形态的深刻变化

在传统产业经济学以至关于市场经济运行的经济学基本理论框架中，企业是市场主角，但企业内部信息是不向外透露的，因而企业是"黑箱"般的经济组织和市场主体。在经济学中，企业被想象为如同是不必再观察其内部的微观粒子，它们与外界的信息联系主要是依靠产品或服务的价格信号。而在市场经济运行中，供求关系和竞争

过程完全由价格信号所主导。这样，经济学分析就不必关注企业的内部关系，而可以将其交由管理学去观察和研究。

网络经济的发展极大地改变了这样的状况。经济主体的线上行为和网络远程呈现，使企业不再是"黑箱"般的微观粒子，而如同是被打开的"黑箱"，组织内外边界及"要素"身份模糊，演变成为结构开放型的网络型经济主体，相关的决策关系和价格信号都可以被"算法"所程式化。产业组织的这一演化趋势并非疫情时期的特创，只不过是疫情使其加速发展。疫情并没有扭曲历史的走向，而是使历史趋势加快其现实呈现：加速科技进步"消灭距离"的过程，同时又使远程行为高度紧密化、实时化、网络化。

按照主流经济学的理论，作为经济组织，企业是对价格机制的替代。美国经济学家肯尼斯·阿罗认为，"组织是在价格系统失效的情况下，一种实现集体行动利益的手段……非市场决策的价值，即建立一个其范围比作为一个整体的市场更有限的组织是否可取，就部分地取决于信息流网络的特征。但是，信息渠道的存在与否并不是从外部给经济系统规定的。渠道可被建立或抛弃，且渠道的能力和经由渠道传输的信号的类型受制于选择，一种建立在收益和成本的比较基础上的选择……既然信息是有成本的，那么总体而言，进一步减少内部信息传递显然是再好不过的了。也就是说，为了节约内部沟通渠道，而在用于对最终行动进行选择的价值方面有所损失是值得的。对内部沟通结构的最优选择是一个异常棘手的问题"[4]。

由于网络信息技术注入产业经济系统，使各类企业尤其是大型企业走上数字化转型的方向。大数据运用和计算机算法，尤其是发达的网络信息传输，成为市场价格信号的替代方式，导致企业内部组织结构、行为特征、管理规范、流程设计，甚至决策系统都将发生重大变化。传统产业经济学的"厂商理论"所刻画的企业组织形态和特征，将由新的理论逻辑和描述框架来替代。产业组织经济学正处于大变革的前夜，首先表现为市场主体形态的深刻变化。

企业组织形态变化的重要现象之一就是原子般形态的企业变为平台式的企业组织形态。人们把一些互联网公司称为"平台公司"，其实，这就是在线上系统高度发达的信息经济条件下，企业将内部信息渠道与外部市场的价格信息网络系统充分沟通。此时，企业组织的性质就不再是"价格系统失效"的集体决策替代物，而是减少对企业内部的非价格性信息传递和对其的决策依赖，使之尽可能透明化、程式化，并直接与市场价格系统紧密互通的组织行为，实际上是用"算法"替代非程式性的集体决策。可见，经济行为线上化对经济系统及产业组织演变的影响是非常深刻的。按照阿罗的理论，市场经济中有两类信息系统：价格系统和企业组织内的信息系统，基于前者的决策方式是自由交换；基于后者的决策方式是权力—执行关系。"在任意规模的组织中，决定都是由某些个人作出并由其他人执行的……命令的发出和接受，即让某人告诉另一人去做什么，这是使组织得以运行的机制的一个根本部分。"[4]但在网络信息的

线上互通高度畅通的市场经济中，上述两类信息系统可以不再是替代关系，而成为互补关系。这样，产业组织经济学中的厂商理论，即关于市场主体的理论刻画，遇到了组织逻辑重构的挑战。究竟何谓"企业"（厂商）？"企业"（厂商）的经济性质及决策机制具有怎样的内在规律？"网络"和"信息"两个因素注入产业组织体系中，使"企业"的个体边界和内外关系发生了实质性变化，其形态特征不再是"原子"和"黑箱"，而成为大尺度空间中的网状存在，具有显著的去中心化表征。企业的"个体"性质将发生极大蜕变，而"社会化"性质将越来越凸显成为其重要特征。尤其是在由平台企业发展所构建的网络化经济格局中，所有企业的社会存在形态都在发生脱胎换骨的变化，"寄生"于网络平台上的市场主体面对从未有过的生存环境，以往的产业组织理论所定义的"厂商"范畴也面临深刻的现实挑战。

三、产业组织和经济活动的空间格局重构

传统经济学关于经济活动的理论想象是生产就是生产要素的结合，消费就是人与消费品的结合。所谓"结合"既包括理化生物关系，也包括空间距离关系。沟通各类关系，实现生产要素结合及人与消费品的结合，需要一个中介因素及"信息"，即人的思想和知识，进而形成科学技术。

进入数字时代，网络经济行为的极大发展反映了一个趋势：曾经作为沟通配角的信息技术，反客为主，越来越成为主导性角色，发挥神经中枢作用，可以使各种生产要素即生活要素之间的结合方式（实际生产过程和生活消费过程）发生根本性变革。例如，各种物体和人的互动方式，从直接面对面，到远程通信，再到远程"面对面"；从人对物的直接操作，到远程间接遥控，再到远程直接操作；从现场自动化，到远程联机，再到远程智能机控机。

此时，在自然空间上的距离，物与人、人与人、物与物之间的空间关系，何谓"近"，何谓"远"？其经济学性质将发生实质性变化。在生产流程中，自然空间上的远程可能变得如同近在咫尺，业务运作可以连为一体，实时协调。网络信息技术使生产过程实现远程关联，自然空间距离不再是技术关联的障碍。生产活动的空间疏密度和距离变化，不仅具有技术上的革命性，而且发生了深具经济学意义的机理重构。

过去，人、物联系的"密切"度与空间距离的远近，通常成反比，远程呈现的经济价值取决于相关活动间距离的性质。例如，生产过程在区域间甚至跨国间的布局，主要取决于区域之间和国家之间的资源禀赋特征及其比较成本以及产业链贯通连接过程的运输成本和制度性交易成本等。而网络信息技术的长足发展，使有形经济的物体密聚性和交互关系极度深入化，特别是网络信息技术促进了无形经济崛起，导致"距离的死亡"。有学者指出，"无形资产投资的发展可归纳于以下几点：经济体系内服务

业和制造业的均衡变得不同以往，全球化浪潮逐渐席卷各国，市场自由化程度日渐提高，信息技术、管理技术不断发展，以及服务业的投资成本发生变化（这一因素对无形资产的作用更为重要）"[5]。"无形资产投资"是指创意投资、知识投资、内容投资、软件投资、品牌投资，以及网络与商脉投资。而机器人、计算机、芯片等则是无形资产投资的技术支持条件，或称其为"配角"。[5]所谓无形经济，大多数是在网络中呈现，同实体经济相互联系，密切渗透。过去一般归之为"生产性服务业"。而且，"全球服务贸易现在每5年就会翻一番，现代的商业活动更多是在网络上完成，而不是靠货船运输。服务贸易已经占了全球贸易总额的60%，服务业的从业人数也占了全球劳动总人口的一半以上"[6]。

从根本上说，市场经济的内核是人际关联性：分工、合作、交易、组织化。人际关联性的密切化导致空间集聚性。中文的"市场"一词，本身就是多方交换的集中场所之意。所以市场经济在空间上具有趋密性，趋向于形成"集市""增长极""中心城市""城市群"等。那么，疫情后的世界，经济活动的疏密倾向会发生显著变化吗？

马克思主义认为，生产力决定生产关系，而科学技术是第一生产力。对于保持人际行为间距和实现经济远程关联，网络信息空间的广度深度开发既是其"因"，也是其"果"。既然人类的"物质生活"将越来越多地被迁移到网上，变为"线上生活"，在线上发展成为远程呈现的"无形现实"，那么，也就会出现远程呈现的"无形就业""无形投资"。信息技术的高度渗透性，必然使网络信息产业超常发展，成为"超级产业"：强有力地推进产业结构升级和经济活动深化，物体、人体、信息交互助力，让货币金融发生广泛而深刻的变革，在信息技术助力下发挥强大的杠杆作用。这样，整个社会将形成经济发展的无限想象空间和创新场域。

网络信息原本处于经济边缘，发挥信息传递的配角功能。随着网络信息技术的高度发展，在经济行为和活动中，信息沟通越来越成为决定性的因素。如果巨量信息可以收集形成大数据库，并长期以至永久保存待用，则可以成为具有极高价值的生产要素。目前，网络信息产业还主要处于"生活"领域，刚刚进入的生产领域如远程会议、网上公务等，还有待发展且空间巨大。假设每个劳动者的日工作时间为8小时，上下班通勤平均1小时，在这9小时的生产性时间中大部分是线下行为。将来生产性时间一定会越来越多地转变为线上行为时间，即居家办公、远程操控。也就是说，人类在时间资源的线上—线下配置上，将会越来越倾向于上网在线，线上活动时间越来越长于线下活动时间，可以大大节约物质资源，同时会产生大量的数据资源，即线上活动的信息可以被储存而形成大数据，供更多的生产和生活过程运用。每时每刻的线上活动成为数据生产的"永动机"，数据要素的积累将为智能化社会奠定基础。

四、产业组织的行为规则重构与心理适应过程

从时间占用的线上—线下配置来看，当社会生活越来越倾向于在线上呈现时，组织行为的规则将发生显著改变，并伴随着社会心理的适应性调整。经济学假定人的行为理性，但也承认行为目标和手段选择上的心理偏好性，而心理偏好又是可以用一定的利弊权衡关系来解释的。组织行为规则本质上是基于众人认同的社会契约，规则重构与心理适应密切相关。当网络信息产业渗透到各领域，同时公共卫生管理规则及习惯形成也会改变人际间距心理和工作行为习惯，经济活动在此社会环境中会寻求提升效率的方式。组织行为与心理距离的逐步适应，才能促成工作规则重构。

在疫情之前，重要的人际交流一般遵循"面对面谈"的行为规则；在疫情中，迫于社交隔离的规定，网上交流越来越普遍，逐步形成"随时线上交流"的行为规则。经济活动及人际交流的线上呈现经历了从物理空间上的去距离化，到心理上的去距离化。疫情之后，关于办公时间的行为定义将会发生显著变化。

在不远的将来，大多数组织机构的办公时间都将在线下线上两个空间中进行配置。是否处于"上班"状态，不再以必须现场在岗为准，而可以远程连线的计算机（手机）是否开通连接为准。开机时间即为"公"（上班时间），关机时间即为"私"（下班时间）。这样，在办公室线上或线下工作，与居家或移动线上办公等价。只要规则明确和心理适应，后者未必比前者更松懈，也不意味着后者比前者疏于监督。公务（上班）活动趋向于空间疏解，远程呈现成为常态，减少各种"拥挤"现象，公务联系更加便利和紧凑。而且，远程办公以数字技术的运用为条件，数字技术使工作行为"印迹化"，实际上是计时工作制与业绩显示制相结合，在技术上更便于实现"可考核"的要求。在新经济规则所形成的新办公环境中，可以兼顾人性化与程式化，有助于消除形式主义和官僚主义。当然，为不同组织机构提供解决方案及相应的硬件软件条件和设备，并进行必要的管理培训，以实现工作场域疏密状态的秩序变化，本身也是非常复杂的科技、工程和管理问题。

远程办公的心理适应性和规则重构，并非组织管理的松散失序，而是一种重要的社会贡献，可以大幅度压缩上下班的通勤时间，有利于缓解中心城市交通拥堵，具有显著的低碳效应。

不仅办公室工作可以线上远程呈现，一些体力劳动也可以线上远程呈现。瑞士学者里查德·鲍德温描绘了在经济全球化条件下许多工作场景的远程呈现。例如，"体力劳动者远程办公。奥斯陆的酒店房间可以由身处马尼拉的女佣打扫，或者更准确地说，可以由菲律宾工人控制的奥斯陆机器人打扫。美国购物中心的保安可能会被坐在秘鲁的保安驾驶的机器人所取代，或者可能会有一个人类保安，而有十几个遥控机器人协

助他……经验丰富的德国技术人员可以通过控制放置在中国工厂中的精密机器人，在中国修理德国制造的资本设备……通过远程临场和远程机器人技术可以放松面对面交流的约束，将使劳动服务与劳动者更容易分离"[7]。

这些新现象体现了经济全球化的驱动力变化，"直到20世纪末，主要的驱动力还是大幅削减的货物运输成本……当信息与通信技术革命来临时，显著降低的知识传播成本成为了主要驱动力"[7]。换句话说，过去的生产要素和产出是实物，现在的生产要素和产出是数据和知识。生产实物产品的组织行为与生产知识产品的组织行为有很大的不同，人们对"空间"和"距离"的感受也非常不同。

这样，人类的生产活动和生活行为将以"线上时间"和"线下时间"来划分和定义，线上时间所占比重越来越大，每个人都无时无处不离"在线"状态，而且万物互联，不在线就难以生存。当人们完全适应这样的社会生态，其行为心理将发生极大改变，只有在线才有安全感、存在感、社会感。网络信息技术的长足发展，不仅将重塑经济，而且将导致整个人类社会生态的重构。

五、产业关联格局的深刻变革

美国经济学家布莱恩·阿瑟讨论了技术形塑经济的逻辑："众多的技术集合在一起，创造了一种我们称之为'经济'的东西。经济从其技术中泛现，并不断从它的技术中创造自己，决定哪种新的技术将会进入其中。经济是技术的一种表达，并随着这些技术的进化而进化"，许多现象都显示了"经济的结构是技术铸造而成的，也可以说，技术构成了经济的框架。经济中的其余部分，如商业活动、交易中不同参与方的战略和决策，以及随之而来的物流、服务流和资金流，它们则构成了经济体的神经和血液。但是这些部分只是外围的环绕物，并且它们归根结底也是由构成了经济结构的技术形塑而成的"。[8]

网络信息经济的发展，使产业经济及市场运行的底层技术特征发生了实质性变化。以往的产业组织理论和市场经济理论都假定，价格调节是经济运行的主要机制，当价格调节无法解决资源配置中的一些特殊问题时，就以科层组织及政府调节方式来替代，即企业和政府组织都是对市场价格机制的替代。而在网络信息技术高度发达的条件下，各种数据和算法直接介入市场主体的运行决策过程，在很多情况下不需要通过价格信号的调节，甚至数据本身就难以价格化，而且具有非排他性的特征，即A的使用并不排除B的使用，多人使用并不增加成本。这意味着，只要在信息收集和处理上具有一定优势，就可以无限量地拥有数据，形成非价格意义的"垄断"。而且，由于网络信息技术的强大去距离化能力，可以在技术上强有力地支持数据信息收集占有的扩张趋势，直至形成以大数据为基础的强大市场势力。而这种市场优势并不像传统市场势力那样

具有显著的价格特征，以垄断高价方式体现其市场垄断的经济意义，恰恰相反，网络信息技术不仅可以低价格、免费甚至补贴方式，大规模圈占市场，而且可以实行跨行业跨地区的快速扩张，以显示其在"效率"上的优势和市场掠夺性。那么，这样的行为是否"正当"呢？一家以互联网技术支撑的公司，在大范围甚至世界范围内攻城略地，短短数年就可以膨胀成为巨型企业，这在过去的产业发展史上是难以想象的。网络信息技术渗入经济系统，可以极大地改变产业发展的商业逻辑。过去几代人才能成就的巨大事业，在网络信息技术推动下，可以在一代人的年轻时期就"梦想成真"。其关键就在于，网络经济技术可以具有社会资源的大规模普遍性调动能力，也可以有巨大的市场拓展能力。它曾经因过度膨胀和虚拟扩张而使"泡沫"破灭，但终究靠技术支撑，特别是同几乎所有领域的实体经济携手，走到社会经济活动的舞台中心。

在传统的产业经济中，价格机制发挥决定性作用，产业内的企业间经济关联和资源配置主要由价格信号来驱动和调节。在新经济时代的经济运行中，数据资源和网络信息发挥越来越重要的直接作用，成为产业经济关联和运行的神经中枢，在一定程度上替代价格信号和金融中介的经济调节作用。实际上，价格机制和金融机制也将高度信息化、大数据化和智能化。信息密集通透，算法高速智能，推动了即时精准物流，替代了人流拥挤，极大地改观了物质、信息、人员的空间配置格局。

如前所述，在以往的经济发展中，距离是一个决定性的经济因素。任何物质的经济性都取决于其"在哪里"。被距离所隔绝而遥不可及之物难有经济价值，近而可得或便于获取的东西才能算得上是经济资源。而在数字经济时代，网络信息技术使经济活动可以远程呈现，导致空间格局的去距离化，即空间距离的影响效应越来越弱。这就可能使经济活动空间疏密关系发生变化，"在哪里"的意义变得极具弹性。区域经济格局呈现"大中心"和"强网联"趋势，经济中心特别是一线城市的空间范围扩展，而网络联系高度密集化，表现为大城市的市中心和主城区功能弱化、疏解，城市功能在大尺度的空间范围中体现，城区与郊区的差异缩小，并形成网络联系紧密的城市群。总之，"网联"关系的紧密化，使区域经济格局的疏密状况发生显著变化；整个产业链的空间布局和分工关系也将发生系统性变化。

六、结语

在网络信息技术高度发达的新时代，产业组织演变和创新将成为新经济的突出表现，这意味着市场经济的竞争规则正在发生重大变化，经济格局将大规模重构。传统的产业组织形态和市场竞争规则的深刻变化，使人类面临一个尖锐问题：在产业组织演变和竞争规则重构中，各国的规则是差异化的还是趋向于同质化的？规则重构的"主权"归谁？全球经济如何才能构成各国都可以接受的规则体系？对于这些问题，各

国一定会有重大分歧和争议（目前已经开始发生和凸显），这不仅是利益之争，而且是观念之辩。因此，世界必然要经历一个全球规则博弈的艰难时期，才能形成真正的人类命运共同体。

参考文献

[1]［加］彼得·戴曼迪斯，史蒂芬·科特勒．未来呼啸而来［M］．贾拥民，译．北京：北京联合出版公司，2021.

[2]［比］蒂埃里·格尔茨．数字帝国：人工智能时代的九大未来图景［M］．叶龙，译．上海：文汇出版社，2020.

[3] 于立．互联网经济学与竞争政策［M］．北京：商务印书馆，2020.

[4]［美］肯尼斯·阿罗．组织的极限［M］．陈小白，译．北京：华夏出版社，2014.

[5]［英］乔纳森·哈斯克尔，斯蒂安·韦斯特莱克．无形经济的崛起［M］．谢欣，译．北京：中信出版社，2020.

[6]［美］帕拉格·康纳．超级版图：全球供应链、超级城市与新商业文明的崛起［M］．崔传刚，周大昕，译．北京：中信出版社，2016.

[7]［瑞士］理查德·鲍德温．大合流：信息技术和新全球化［M］．李志远，等译．上海：格致出版社，上海人民出版社，2020.

[8]［美］布莱恩·阿瑟．技术的本质［M］．曹东溟，王健，译．杭州：浙江人民出版社，2014.

经济双循环视域下的需求侧改革[*]

金 碚

摘　要："需求"实质是由货币作为交易媒介发生的人类经济行为及其概念定义。新形势下的需求侧改革，"量"的调节不是重点，投资和消费的"质"才是政策关切的要点。从促进经济发展的角度出发，不仅要有需求量的扩展，更要重视需求侧改革，以适应经济体制机制的转型趋势，进而适应整个社会的关切取向变化。中国已经具备强大的生产供给能力，越来越具有成熟市场经济的需求约束特征，在体制机制上已打通需求侧的各环节，使需求侧市场空间更为畅通和扩展，将成为中国经济发展政策和战略的重要主题。需求侧改革在很大程度上是价格机制问题，不仅涉及市场交易层面，而且深入到体制机制层面。由于货币本身的高流动性，加之信息化和数字化技术的推动，作为需求侧力量的货币将发挥极大的市场效应，当货币在国内国际循环体系中大规模流动时，其经济能量和风险将同时增大和集聚。因此，实质性需求不足和工具性需求泛滥，都是需求侧改革所面临和要应对的重大问题。如何以适当的工具性需求操作促进实质性需求，尤其是实质性消费的持续增长，是现代成熟市场经济需要求解的一道难题。

关键词：双循环新发展格局；需求侧改革；投资和消费

注重需求侧改革，是 2020 年底中共中央政治局提出的一个政策取向的新意向。这是我国在 2020 年上半年提出要构建以国内大循环为主体、国内国际双循环相互促进的新发展格局之后，对中国和世界经济态势进行深入观察和分析所做出的判断和抉择。构建双循环新发展格局和进行需求侧改革，涉及一系列深刻的概念理解，本文就此进行初步讨论。

---

　* 原文发表于《新疆师范大学学报》（哲学社会科学版）2021 年第 42 卷第 5 期。

一、需求侧的内涵及其主要关切

人对现象的认知通常以一定的视域为前提，一定的视域决定了其对概念的定义。经济学和经济分析使用最多的概念为"供给""需求"。但假如没有货币，就不存在供给侧和需求侧问题。由于在现实中存在作为交换媒介的货币，或者交换过程须有货币为中介来实现，才使供给和需求相分离从而可以进行定义，即有"买"和"卖"的行为相对性及交易者的身份区别（买家与卖家）。买为需求，卖为供给。但是，即使有货币介入，实际发生的买卖关系也是一体的，一方的买就有另一方的卖，一方支出的货币额等于另一方收入的货币额，两者恒等。所以，统计方法中以收入法和支出法计算所得的数值也相等。所谓"供求不平衡"，即供大于需或需大于供，是在交易尚未发生而有意愿的情况下，"想买"与"想卖"之间的不相等。即"事前"的供求（交易意愿）可能不等，但"事后"的供求（实际发生）总是相等。前者可以理解为"买卖未成"，后者即"买卖成交"。但是，经济活动是人的行为，其中，有一个特殊的关切因素，即劳动力。在市场经济条件下，大多数人只有就业才能维持生计，无论市场交换中的供给与需求关系如何，如果在一定的工资水平条件下，较多有就业意愿的劳动力未能就业，即发生"非自愿"失业现象，会产生严重的社会矛盾，这就成为经济学特别关切的问题。所以，传统的宏观经济学所关注的主要是劳动力能否充分就业这一问题，实际上是宏观调控即政府实施需求管理的核心目标。从这一意义上讲，市场供需失衡，实质是针对劳动力的供需矛盾而言的。

以上论述表明：就经济学所定义的概念而言，"需求"现象实质上是由货币作为交易媒介而发生的人类经济行为及其概念定义。简言之，用货币"购买"产品，或货币的"支出"行为即定义为"需求"，与之对应的即为"供给"。经济学的微观—宏观范式把"需求"高度抽象化和形式化，把所有的需求加总起来，成为需求的总量，即"总需求"，其体现为一定的货币支出量。因此，宏观经济政策主要是对货币总量以及需求意愿或实际发生的"购买"行为进行调节，称之为"总需求政策"。

将需求总量分解开，购买消费品的货币支出量就是宏观经济学定义的"消费"，购买生产要素的货币支出量定义为"投资"，外国人支出货币进行的购买称为"出口"。按此定义，总需求等于"消费+投资+出口"，即总需求"三驾马车"。要使生产的产品，即意愿的"供给"都能实现，需将其卖出，被称为"市场出清"。由于在市场经济条件下，大多数的购买行为都由微观经济主体（个人和企业）自主决策，政府通过货币政策调节总需求，因而宏观政策被视为对经济运行的"间接调控"。政府也可以通过直接购买，即财政支出调控需求量。如此，总需求调控就表现为货币政策和财政政策的经济干预，即需求侧管理的基本原理或理论构想。

2020 年 5 月 14 日，中共中央政治局常务委员会会议提出："构建以国内大循环为主体、国内国际双循环相互促进的新发展格局。"12 月 11 日，中共中央政治局会议首次提出要"注重需求侧改革"，这显然不是简单地着眼于宏观经济学的需求管理政策的一般原理和宏观经济调控的通常考虑，而是针对当前的新形势，着力于构建新发展格局，强调要在新形势下坚持供给侧结构性改革的同时，注重需求侧改革。因此，尽管对于总需求量的调控是需求侧管理政策的主要目标，但其明确强调的是需求侧的"改革"意涵。另外，还需关注关于供给侧和需求侧政策表述上的差别，前者称"供给侧结构性改革"，后者称"需求侧改革"。两者都落脚于"改革"，但前者强调"结构性"，那么，后者强调什么？

众所周知，在经济学的微观—宏观范式中，消费既是供给，也是需求。以公式表达：供给 = 消费 + 储蓄；需求 = 消费 + 投资。因此，从宏观总量关系看，要实现"供给 = 需求"，就要实现"储蓄 = 投资"。

如果是开放经济，国际贸易平衡状况也与"储蓄 = 投资"的平衡关系密切相关。一般而言，一个国家如果储蓄大于投资，通常会出现贸易顺差；如果储蓄小于投资，通常会出现贸易逆差。当前，中美贸易之间的不平衡，即中国有大幅度顺差，而美国有大幅度逆差，同这一宏观平衡关系直接相关。研究表明，中国的需求结构，即投资、消费和出口三者间的比例具有显著特点。在总需求（投资 + 消费 + 出口）结构上，通过国际比较，中国的消费比重明显偏低。2019 年，中国的消费率为 55.4%，而世界的平均水平为 78.1%，发展中国家的平均水平为 73.9%。从供给侧看，该数据意味着我国储蓄率较高。如前所述，只有"储蓄 = 投资"才能实现总体平衡，因此，我国的宏观经济特征表现为较高的投资率和国际贸易顺差。

对于我国经济向着以国内经济循环为主体、国内国际双循环的方向迈进，实际是大国经济发展的趋势性事实，举凡经济大国大都如此。众所周知，改革开放以前，我国经济实行封闭式的发展模式，基本属于国民经济的内循环体系。改革开放以来，我国经济开始转向国际大循环，开拓国际市场，引进外资和技术，进出口增长率超过GDP 的增长率，进出口总额占 GDP 的比重不断提高。截至 2006 年，我国的国际循环比重达到较高水平。出口总额占 GDP 之比达 36% 以上，进出口总额占 GDP 的比重为64.5%。此后，这一比重开始下降，到 2019 年，出口总额占 GDP 的比重为 17%，进出口总额占 GDP 的比重为 35.7%。期间，经常贸易顺差占 GDP 的比重也从 2006～2007年的 10% 左右，下降到 2019 年的 1% 左右。可以判断，今后这一趋势还会持续。换言之，新冠肺炎疫情之前这一趋势已经出现，疫情之后不会发生根本改变。即"国内大循环为主体、国内国际双循环"实际上是大国经济的一个经验性事实，不以人的意志为转移。因此，我们对于经济双循环的关注不是量的简单比例关系，而是致力于构建"新发展格局"，即国民经济从高增长向"高质量发展"转变的根本性问题。

由此可知，既然需求侧改革并不特别强调结构性问题，那就意味着我国经济储蓄

率和投资率高的特点（即人们常常从国际比较的角度热议的投资与消费的比例问题）本身不是主要关注问题，政策重点也不会对两者的比例进行大幅度调整，而是加快向国际"常态"收敛。新形势下的需求侧改革，重点不是"量"的调节，投资和消费的"质"才是政策关切的要点。

二、"投资"的内涵及总量与质量

如前所述，在微观—宏观范式承诺的学术框架中，特别是在宏观经济学中所定义的"投资"属于需求侧，可以加总成为总需求的组成部分。但在实际的经济生活中，"投资"有多种含义，可以表达不同定义下的概念。主要有以下三个含义不同的概念，在研究"投资"问题时，须明确是在哪一个含义上进行的讨论。

第一，"投资Ⅰ"，其概念含义为：货币支出，购买生产要素所支出的货币量就是需求量。这是交易意义上的投资"需求"，即在实质经济活动中，以货币支出换取生产要素或相关生产条件。

第二，"投资Ⅱ"，其概念含义为：实现"资本形成"或进行"积累"，即创造生产能力或条件，进而创造"产出"（产品），即为狭义的"生产"过程。因此，"投资Ⅱ"的概念含义与"供给"的概念相连接，实际脱离了微观—宏观范式承诺所定义的"需求侧"而跨入"供给侧"。除进行宏观经济的总量分析外，在大多数关于经济活动的质态研究中，都在这一含义上使用"投资"概念，接近于"资本积累"和"资本形成"（或资本创造）理论意义。

第三，"投资Ⅲ"，其概念含义为：人力资本增加（主要表现为生产者素质技能的提高），通常称之为"人力资本投资"。这一概念含义与"投资Ⅱ"及"消费"相连接，成为跨供需的概念。即从生产组织（企业）角度看是投资，与物质资本投资性质相同；而从个人角度看，表现为自身的消费（发展性消费）。因为，在现代经济中，劳动者是独立的经济主体。企业进行的人力资本投资，实际是劳动力的技能形成和积累。

如前所述，在宏观经济的传统范式框架中分析宏观调控政策，主要关注的是投资所形成的需求量（"投资Ⅰ"），特别是当供给能力（产出量）过剩、产品大量滞销、失业率较高、物价下跌时，以刺激民间投资和增加政府直接投资的方式进行政策调节成为主要的调控手段。至于投资哪些产业，投资效率如何，并不是关注的重点，政策着力点在于增加总需求，即扩大"投资Ⅰ"的总量。正如凯恩斯主义者所言，可以设想：雇一批工人挖坑，再雇一批工人把坑填上，就把"投资"搞上去了。从形式化的宏观经济理论分析看，这样做确实可以增加总需求，但却是不合理的。不过这也可以表明，对于总需求的宏观调控而言，投资量是主要的政策关切点，着眼于投资量可以发挥短期效果，而如果着力于投资的质态，则"远水不救近火"。

但我国的现实情况与此不同，我国对投资总量的调控（增加）不难把握，但投资的"质"是特别值得重视的难题，存在许多需要提升和改革之处。例如，投资的市场化决定机制不完善，往往不能很好地体现"市场在资源配置中的决定性作用"的改革要求。在政府投资规则、国有企业投资决策和民间投资激励等方面都存在明显的体制机制缺陷。特别是在不断扩大开放的形势下，如何顺畅地与国际规则接轨，还有许多改革和政策调整上的"硬骨头"要啃。尤其是政府采购机制、国家对企业投资的补贴方式、投资政策透明度、国有企业投资行为等许多方面都要进行深度改革。这些需求侧改革，同供给侧结构性改革存在密切关联，因此，随着供给侧结构性改革的不断深化，需求侧改革也必将提上日程。2020年底，经过7年谈判的中欧投资协议签订，这是推动中国投资质量提升的重要改革进展。在一定意义上可以说，这是中国需求侧改革在投资领域中，以进一步扩大开放促进机制变革的一个里程碑，体现了投资质态改善更受关切的国家战略意志。

从需求侧观察，投资的质量还涉及一个重要问题，即在投资资金的可获得性上，民营企业和国有企业的公平性存在许多体制机制问题。例如，银行特别是国有银行，向国有企业还是民营企业提供贷款，其风险责任，包括个人（贷款决定人）的风险责任，存在较大差异。大多情况下，向民营企业提供贷款的责任风险性明显高于向国有企业提供贷款。一般而言，虽然国有企业的信誉可能高于民营企业，但制度上的"歧视"不利于投资质量的整体性提高：偏低的利率和贷款门槛不利于国有企业提高投资效率；高利率或贷款门槛过高会使民营企业陷入资金短缺的困境，不利于其发展。而要真正做到一视同仁，并非易事。

从需求侧观察，涉及投资质量的另一个突出问题，是在我国以间接融资为主的金融（投融资）体制中，直接融资的质量较低，某些情形下又存在较强的投机性。大量资金在金融体系内进行投机性交易，无法进入实体经济领域，实际上就是大量储蓄没有真正转化为投资，难以形成有效的投资需求。这显然不是需求总量的调节问题，而是深度改革问题。大量资金在金融体系中流转所获得的利润高于实体经济的利润率，留在金融系统中获利便成为"理性"选择。据世界银行估计，2020年，中国金融机构总资产达到GDP的3.4~3.5倍（2019年为3.21倍）。如果体制机制支持这样的"经济理性"，显然不利于投资质量的改善。

在概念含义上，"投资Ⅱ"属于经济学所定义的供给侧，"投资Ⅱ"的结构直接体现为产业结构。当产业结构不合理时，实际是"投资Ⅱ"的结构不合理。而在经济动态过程中，"投资Ⅱ"在很大程度上由"投资Ⅰ"决定。当然，"投资Ⅰ"也受到产业结构现实状况的影响，不能脱离"投资Ⅱ"的结构要求而盲目决策。因此，尽管需求侧改革首先要关注需求侧的"投资Ⅰ"，但从对投资质量的关切出发，要高度重视更体现供给侧结构的"投资Ⅱ"领域中的质态状况。总之，当特别关切投资的质量时，需要对"投资Ⅰ""投资Ⅱ"以及"投资Ⅲ"进行综合考虑，系统施策。

三、"消费"的性质与质量

在经济学意义上,"消费"看似简单,实际是一个复杂的概念,它在实质上是多个概念共用的一个词语。如前所述,在微观—宏观范式框架内,"消费"的经济学性质是购买,即货币的支出,用以交换可以用于个人使用的物品或服务。而在人类经济生活的本原意义上,"消费"是指个人对物品或服务的使用、享用过程。例如,在前一意义上,购买食物就是"消费",至于购买后吃还是不吃,不必关注。而在后一意义上,吃食物就是"消费",至于食物是购买的还是自己生产的,没有区别。前者的含义是交易行为,后者的含义是使用(享用)过程。

从交易行为的经济意义上说,消费更多是积极的(除非发生物资短缺的特殊情况),这意味着市场规模的扩大和经济的活跃。但是,如果考虑到购买物品后的使用状况、如何使用,交易意义上的消费如果超过实际使用的消费需要——购买后并未使用——就会被认为是金钱的"浪费"。然而,即使承认购买行为未必总是理性的,只要购买力允许,更多的消费支出不仅可以产生购买的愉悦,而且从扩大市场需求的角度说,作用也是积极的。在经济循环中,一些人多支出就有一些人多收入,消费支出意愿强烈意味着经济活动的繁荣。

从使用的意义上说,如果消费行为耗费物质资源,就意味着资源的消耗;如果一方消耗了物质资源,另一方又没有合理使用,这样的行为可以增加交易意义上的"消费",而且有人多支出就有人多收入,未必不经济(这里的"经济"意味着"收益");但从使用的意义上看,这样的消费是不经济的,因为,经济学以假定资源稀缺为前提,"经济"意味着节约资源。换言之,在经济繁荣的取向上,交易意义上的"消费"通常值得鼓励(除非发生严重通货膨胀),而使用意义上的"消费"则提倡节约。前者有助于扩大市场,加快经济循环,后者体现资源的有效使用,二者都是经济学所关切的问题。两者间似乎存在"矛盾",但实际上是由"消费"概念多重含义所导致的不同视角图景。

除上述两种不同含义之外,"消费"这一用语还表示"生产",称为"生产性消费",即作为生产过程的消费行为。生产性消费在经济学分析中一般不计入"消费",尽管其可以表现为个人使用,例如,吃工作餐、穿工作服、使用个人用具,以及使用交通通信工具,等等。同样是开车、乘车、通信,为私用叫"消费",为工作而用就是"生产性消费",归之为"公用",不属于经济学分析中的"消费"之列。

从以上分析可知,"消费"这一用语实际上常常表达三种不同含义的概念。

第一,市场交易意义上的消费,称为"消费Ⅰ",其概念含义为:支出货币购买生活用品(消费品)或个人服务(消费服务)。这是最基本的交易意义上的"需求",即

有支付能力的需求。交易完成后，是否使用所购买之物或享用已支付货币的服务，并不重要，经济分析中假定或默认其会被购物者使用。

第二，使用消耗意义上的消费，称为"消费Ⅱ"，其概念含义为：物品或服务的使用。这是产品效用（功能）的实现，是经济活动（生产）的最终目的和真实意义所在，通常被强调为"最终消费"。

第三，生产过程中的消费，称为"消费Ⅲ"，其概念含义为：生产性消费。在物质形态上，与"消费Ⅱ"相似。但在经济关系上，被视为生产过程的一个必要环节，可以直接与"供给"概念相连接。例如，"工作餐"或"工作服"同私人消费用餐和穿衣究竟有怎样的区别？为此而支出的货币（购买行为）属于"消费Ⅰ"还是"投资Ⅰ"，完全取决于具体财务制度的设计。一般而言，在定义上，由生产者支付即为"投资Ⅰ"，由消费者支付则为"消费Ⅰ"。

与之相应，在经济关系上，"消费Ⅱ"也与"消费Ⅲ"及"投资Ⅲ"的概念相连，但在物质过程中往往难以将其明确区分。个人消费与"生产性消费"及"人力资本投资"的物质形态和物质过程非常相似，只是在经济关系上可以对其进行性质区别，而这往往是主观的或制度性的规定。

尽管投资与消费具有相当复杂的含义，但在微观—宏观范式承诺下，进行宏观经济分析时，"消费Ⅰ"具有重要的分析意义，它是"总需求"的主要组成部分，当政策意向强调需求的重要性时，往往意指消费需求。如上所述，在大多数国家的总需求中，消费率一般要超过70%。易于理解的是，在市场经济中，如果不考虑家庭自给自足的非市场性消费行为，则"消费Ⅱ"的来源是"消费Ⅰ"，即进行消费支出（购买）才能有用于消费的产品或服务。而"消费Ⅰ"的来源由有关经济主体（消费者）的购买能力决定；购买力由收入决定，即获得收入才能有支出能力（这里暂不考虑借贷行为）。由于"消费Ⅰ"的主要来源是个人可支配收入，因此，收入分配机制规则决定了"消费Ⅰ"的量及其分布。

获得可支配收入后是否会形成"消费Ⅰ"，取决于居民如何安排收入在消费与储蓄中的比重。如前所述，从国际比较看，中国是一个高储蓄率的国家，重要原因是出于安全考虑的长期谨慎倾向，特别是医疗、住房、子女教育等负担，压抑了当期"消费Ⅰ"。

从经济理论上说，消费质量的首要问题是收入分配制度和社会保障制度的完善，以合理的收入分配制度和社会保障制度保证"消费Ⅰ"的稳定增长，是需求侧改革须关注的重要内容。

消费质量提升的另一个重要问题，是"消费Ⅱ"对"消费Ⅰ"具有拉动作用。从人类的本真价值理性说，"消费Ⅱ"是经济生活及生产活动的最根本目的。"消费Ⅱ"越丰富，"消费Ⅰ"越具动力。"消费Ⅱ"与"投资Ⅱ"在经济学性质上有很大不同。尽管它们都属实质经济范畴，但"投资Ⅱ"具有工具性，即并非经济活动的最终目的，

只是追求最终目的之手段。反之，由于"消费Ⅱ"是经济活动的最终目的，以人的实际需要和生理、心理需求满足为准则，而人的需要和满足是多方面、多层次的：有物质性的、精神性的和社会性的；有物质资源消耗性的，也有非物质资源消耗性的。因此，"消费Ⅱ"对"消费Ⅰ"的拉动作用具有丰富性等特性。或者说，丰富的"消费Ⅱ"才具有对"消费Ⅰ"的持续支撑力和拉动力。能够体现高质量的"消费Ⅱ"和"消费Ⅰ"的增长，才是积极健康的经济高质量发展的体现。这是进行需求侧改革必须高度重视的问题，关乎政策安排的科学性，也直接体现了高质量发展过程中本真理性与工具理性之间的内在关系[1][2]。

四、从欠发达阶段向成熟阶段转变中的需求侧改革

在经济学的微观—宏观范式承诺所框定的经济图景中，宏观经济学的研究对象主要是在"消费Ⅰ"和"投资Ⅰ"的定义范围内进行总需求分析。对消费与投资的其他概念含义及其所表达的经济行为进行抽象，实际脱离了经济现象的时空性以及由此决定的质态特征。如前所述，消费与投资的其他概念含义具有供给侧及跨供需的经济学性质，并非拘泥于经济学定义所框定的需求侧领域（见表1）。而需求侧改革则是一个以时空为转移的现实问题，必须在一定的时空条件下进行观察和研究。

表1　供需相关概念的经济学含义

需求侧	供给侧	跨供需
投资Ⅰ：购买生产要素	投资Ⅱ：资本形成	投资Ⅲ：人力资本投资
消费Ⅰ：购买产品	消费Ⅱ：效用实现	消费Ⅲ：生产性消费
出口：国外购买	进口：国外输入	

资料来源：笔者整理。

因而在讨论需求侧改革问题时，必须充分认识当前中国经济的转型性特征。我国提倡"构建以国内大循环为主体、国内国际双循环相互促进的新发展格局"，实际是对中国经济正处于转型时期所做出的形势判断和战略抉择[3]。"新发展格局"可以理解为中国经济从欠发达阶段转向成熟阶段的发展格局，也可以理解为是同中国进入中等收入国家行列，并向中高收入国家行列迈进的发展阶段相适应的发展格局。

一个国家在欠发达时期，经济格局和经济机制往往具有以下特点：为了启动经济增长，就需要有推动力量，一是要有高于以往的储蓄，由储蓄支撑投资。为此，或者依靠国内积累（低消费，高储蓄），或者依靠引进外资。二是要有市场，当国内收入水平低、市场需求规模小时，就要依靠国外市场，即实行出口导向的发展战略。自改革

开放以来，我国经济大体上经历了上述的经济格局和增长路径，加快了经济高速增长的进程，摆脱了经济落后的状态，相当于发展经济学所说的"大推进"作用下的"经济起飞"。

当经济发展越过欠发达阶段，向市场经济的成熟阶段转型时，经济发展格局必然要发生显著变化。其重要表现之一就是国内消费需求将成为拓展市场空间的主要动因，因而必须扩大内需，使强大的国内市场成为构建新发展格局的重要支撑。而且，经济水平从低收入提升为中高收入，消费的质量提升将比单纯的数量增加更为关键。如前所述，"消费Ⅱ"的性质本身具有丰富性，因此，中高收入阶段的消费不仅是相对于低收入阶段的"量"的增长，更大程度上是"质"的变化，即消费形态和内容的丰富性大大提高，消费行为有更大的选择空间。从这一意义上说，"边际效用递减"会形成量的单纯增长的障碍，但质的提升才能实现突破。

新时代，在党中央的坚强领导下势必进行消费政策的新安排，例如，以安全性制度安排（社会保障制度）改变国人消费行为的过度"谨慎"偏好，适当降低储蓄率，促进当前消费。一方面要节约资源耗费性消费，另一方面要鼓励体验性消费和发展性消费（智力消费）。而且要为必需服务消费（育儿、保姆、护理、养老等）提供政策支持①，即相当于社会性的人力资本投资，将"生产性消费"或私人消费转化为一定程度的社会公共性消费，将非市场消费转变为市场化消费，具有创造生产要素和扩大市场需求的双重积极作用，是提升消费质量的重要标志。可以理解为，当经济发展达到较高水平时，可以有条件地将过去的供给侧行为（包括需要做而无法做到的供给侧行为）转变为需求侧行为，通过市场决定实现，由家庭和政府分担，将人力资本投资和生产性消费社会化，以扩大消费市场的规模并提升其丰富性。考虑到中国少子化和老龄化社会的到来，需求侧改革应成为一个重要的政策取向。

由于经济发展从低收入向中高收入提升，不仅是经济活动量的简单增加，而且是经济机制的根本性转变。因此，从促进经济发展的要求说，不仅要有需求量的扩展，更要重视以需求侧改革适应经济体制机制的转型趋势，进而适应整个社会的关切取向变化。在低收入阶段，实现经济增长是首要目标，需求侧体制机制的主要关切取向是提升效率。接近中等收入阶段时，对公平目标的关切有所提升。进入中等收入国家行列，并向中高收入国家行列迈进的发展阶段，对安全的关切取向显著提升。环境生态安全、健康卫生安全、社会秩序安全等越来越受到重视，即人类对于生活质量的各方面关切越来越高，"消费需求"的质量含义发生深刻变化。此时，需求侧改革的领域大为拓宽，适应需求侧变化的产业发展也会形成新格局。

在构建以国内大循环为主体、国内国际双循环相互促进的新发展格局过程中，供

---

① 满足"必需服务消费"的劳动，过去被视为低级劳动，大多只能由家庭成员自助完成。实际上，这些消费是生活中不可或缺的"第一需要"，即使没有市场供应，也必须得以满足，是最重要的"消费Ⅱ"需要。只是在经济发展低水平时期，无法以可接受的市场价格从而形成现实需求。

给侧结构性改革与需求侧改革具有重要意义。"从经济学角度观察，供给体系归根结底发挥两个作用：资源配置和价值创造。"[4]供给侧结构性改革就是要使供给侧机制能在双循环新发展格局中更好地发挥资源有效配置和创造更大价值的作用。届时，需求体系主要发挥经济价值实现的作用。由于在市场经济中，价值实现是价值创造的条件，因此，在经济学领域一直存在供给创造需求还是需求创造供给的争论。市场经济运行遵循循环流转性机理，供给与需求循环往复，不仅互为条件和前提，而且如本文所述（见表1），两者在循环中不断变换角色，难解难分。

既然需求体系的根本作用是价值实现，那么，在构建以国内大循环为主体、国内国际双循环相互促进的新发展格局过程中，需求侧改革的着眼点要有助于经济循环过程的畅通性。需求侧畅通，才能保证供给侧的正常运行。如果需求侧循环阻塞，就会导致供给侧的产业链风险。因此，改善市场环境，避免市场竞争机制失灵而导致的消费者受损，进而破坏正常的消费行为，是需求侧改革的重要内容。

从国际循环畅通性的角度看，维护自由贸易秩序，积极加入《区域全面经济伙伴关系协定》（RCEP）和《全面与进步跨太平洋伙伴关系协定》（CPTPP）等区域性自由贸易协定，是中国经济发展的正确抉择，也是必由之路。经过40余年的改革开放，中国已经形成强大的生产供给能力，越来越具有成熟市场经济的需求约束特征，在体制机制上打通需求侧的各个环节，使需求侧市场空间更为畅通和扩展，将成为中国经济发展政策和战略的主题。

五、需求侧改革中的价格机制问题

前文主要集中于对需求与供给的关系，以及作为总需求组成部分的消费需求和投资需求的质量问题的探讨。需要明确需求量总是与一定的价格相关，离开价格，需求量就无法确定。正如经济学家所言："经济学理论中的需求是两个变量之间的关系：价格和人们想购买的数量。对任何物品，你都不能说需求的是一个数量。需求总是一种关系，把不同的价格和人们在不同的价格下愿意购买的数量联系起来。"[5]在市场经济中，价格是最基本的调节信号，价格机制是市场经济的核心。要发挥市场在资源配置中的决定性作用，就要发挥市场价格机制的作用。所以，需求侧改革在很大程度上是价格机制问题。

由于价格机制的重要性及其在市场调节中的基础性和决定性作用，使得自由主义经济学家认定，完全自由的价格调节是最好的机制，政府干预价格自由决定的任何行为，都会破坏市场机制的有效性。如果市场价格完全自由放任，所有的供需关系即买卖成交都是自愿的，那么，需求的确定也就完全随行就市。这样的价格机制在完全抽象的意义上似乎是完美的，有经济学家将其称为"市场神话"，在现实中它是否真的有

效、合意？需求侧改革在价格机制方面的作为是否只要自由放任就可以？在现实中，可以看到价格调节受到各种情况的干预。哪些干预是必要的，哪些干预是不必要的、无效率的？进行需求侧改革，如何处理价格机制问题？本文择其要者进行简要分析。

首先，就国内市场的价格机制现状而言，还存在许多不完善之处。我国的改革开放已经40余年，凡是完全放开不会产生较大负作用的价格基本都已放开，由市场进行自由调节。但是，也有一些产品或服务的价格，仍然受到行政性限制，例如，限购、限价，以及实行特殊的定价机制，等等。但凡干预或限制价格，必然会影响需求。在特定情况下，为了避免市场风险或供求投机，进行行政性限制有一定的原因，但限制和干预的负作用也可能较大。当价格干预所要应对的问题得到解决后，有必要取消或调整限制措施。如何才能恰到好处，是需求侧改革要应对的重要问题之一。

当前在一些领域中出现的市场垄断新现象，发生于网络型产业，特别是大型互联网公司。从经济学理论而言，凡是规模经济明显的产业，由于规模扩大、成本下降，大企业对于小企业的规模优势可以将后者排除出市场，甚至形成独家垄断的局面。这样的市场结构显然不合理，有必要进行反垄断管制。问题在于当前科技高度发达，新产业、新商业模式特别是跨业经营的模式创新层出不穷，如何把握市场监管和管控力度，是一个复杂的问题。考虑到国内国际双循环的市场格局，以及某些高科技产业的特殊性，现有的产业组织理论（为市场管制提供理论支撑）和传统的反垄断措施，难以适应新情况、应对新矛盾。要解决这一问题，需求侧改革必须进行创造性努力和新制度安排。

关于与价格相关的政府补贴。在经济运行过程和社会经济发展过程中，政府向不同的个人或经济体提供补贴是常见现象，这也是政府职能的体现方式之一。对消费者个人补贴，可以直接形成个人的消费需求，一般不影响市场竞争。而对企业提供补贴，则可能影响产品成本从而影响产品价格。这就可能会影响（增强）企业的市场竞争力，即帮助其以较低的价格占领市场。对于非竞争性产业，尤其是基础设施产业，政府补贴一般不会影响市场竞争的公平性。而对于竞争性产业而言，政府补贴就必须考虑价格对企业市场竞争力的影响而产生的敏感性。特别是在国内国际双循环格局中，政府对企业的补贴是一个受到高度关注的问题。在国际自由贸易协定的谈判中，这也是有关各方关注中国体制的焦点问题。有学者认为，这是中国加入国际自由贸易协定必须应对的一个涉及体制改革特别是国有企业改革的"硬骨头"。由此可见，需求侧改革不仅涉及市场交易层面，而且深入体制机制层面，甚至关系到中国特色社会主义市场经济如何同世界市场衔接的重大问题。

六、需求侧改革中的货币流转调控

讨论需求侧改革不能不研究货币因素，如前文所述，所谓需求及供需关系，本质

上是货币因素介入后产生的现象。如果不是以货币为媒介的市场交换、自给自足或物物交换，供需概念难以定义，在现实中也不会存在因供需失衡或供需不等而发生的经济运行问题。奥地利学派经济学家穆雷·N.罗巴斯特在《人，经济与国家》一书中写道："市场上货币的出现极大地拓展了专业化和劳动分工的范围，无限扩大了所有产品的市场，使得一个文明的有生产力的社会成为可能。""现代社会的整个模式建立在货币的使用的基础上，货币的使用极其重要，随着分析深入，这一点会变得更为明显。有些作者想只分析直接交换来阐述现代经济学学说，然后在分析的最后某处引入货币，便以为大功告成，他们显然是错误的。恰恰相反，直接交换分析只有作为间接交换社会分析的引导性的辅助才是有效的；直接交换社会的市场或生产的范围都极为有限。"[6]此处的"间接交换"就是以货币为媒介的交换。离开对货币作用的观察，就无法理解市场经济。马克思在《资本论》中研究了货币的贮藏功能，并在《资本论》第一卷第一章"商品与货币"中写道："生产高度发达的国家把大量集中在银行准备库内的贮藏货币，限制在它执行各种特殊职能所必需的最低限度以内。除了某些例外，如果准备库内的货币贮藏大大超过平均水平，那就表明商品流通停滞了，或者商品形态变化的流动中断了。"[7]马克思已深刻认识到货币因素可能在需求侧所反映的经济运转中受阻，并且明确指出这是货币贮藏职能所导致的现象。当前，关于需求侧改革的研究必须要深入观察与货币因素直接相关的经济关系和经济现象，在很大程度上要从货币流转的视角理解经济体需求侧发生的各种问题。

在经济体制改革中，过去主要关注供给侧发生的重大变化，特别是关注释放经济活力和增强生产能力，其中，供给侧结构性改革是关键，也是难点。而对于需求侧的关注，则主要集中于宏观经济的总需求调控，以货币供应量管理为重点，也有一些以行政性手段直接管理需求侧的局部性政策措施，这无疑是符合实际的。而当生产力得到迅速提高时，随着供给侧经济格局的巨大变化，需求侧的经济关系也在发生深刻变化，出现许多新现象，有些问题甚至是以往经济学思维难以解决的。

如前文所述，在以往的经济学微观—宏观范式承诺下形成的宏观经济管理思维，即凯恩斯主义范式下，总需求中的消费不足现象主要是由于消费者的过度谨慎而产生的储蓄过剩。总需求中的投资不足现象主要是由于利率调节失灵。那时由于人们对于货币有特殊的"流动性偏好"，因而倾向于持有货币。因此，需求侧的政策作用就是通过货币政策和财政政策的方式增加总需求，降低利率、扩大债务、增加政府支出（投资或消费），等等。

凯恩斯主义认为，人们的过度持币，是由于心理上的流动性偏好，直至陷入"流动性陷阱"，无法有效发挥宏观调控刺激需求的作用。因此，认定总需求不足归根结底是货币现象（即货币非中性），理论逻辑有其自洽性。但是，在现实中，货币非中性并不仅仅表现为货币具有流动性之效用，人们也不仅因过度偏好于货币流动性而过多持币，而且是对货币有固执的"财富偏好"，将持币额作为"利益"追求和"成功"目

标。这并非传统意义上的"囤积货币",而是追求名义货币的自我增殖,大量货币资金在金融体系内不断自我循环生利,没有进入实体经济(包括生产和消费)而形成现实需求,从而导致虚拟经济膨胀,金融业的繁荣程度超过实体经济。这是现代市场经济,特别是进入高收入阶段的市场经济的普遍现象。因此,货币供应的大幅度增加,债务规模的无度扩展,往往并未显示出需求调控的合意效果。即需求工具严重脱离了经济活动的真实需求侧,货币可能成为不发生需求功能的"体外循环之物"。

现代经济社会中,当货币无限度地追逐脱离消费的财富符号时,货币不仅本身被人们幻想为财富,而且可能涌向具有名义价格增殖性的资产,例如,土地、房屋等,推动其价格"乐观"上涨,成为财富幻想的"显身",消纳投放出的大量货币。

进一步发展表现为在货币囤积(贮藏)和资产持有动机的驱使下,"以钱生钱"演变为"借钱生钱",而且,"借钱生钱"与"借钱花费""借钱投资"相互交织,使经济体中的债务杠杆率越来越高。从理论上说,借来的钱也是购买力,即潜在需求,但借来的钱向何处支出,即购买力怎样实现,对其不同的选择可能产生不同的经济效应和后果。当货币没有形成宏观调控者的合意需求时,为刺激经济而实行"量化宽松"的货币投放,并积累越来越高的债务(尤其是政府债务),几乎是发达市场经济国家难以避免的趋势。因此,需求侧改革,在很大程度上体现为对货币流转(以及持有)调控的系统性政策安排。

应对这一问题存在一定的困难和风险。一方面,货币极为重要,另一方面,对货币作用的理论认识莫衷一是。正如前文所述,有些问题甚至是以往的经济学思维难以应对的。美国经济学家杰弗里·M. 霍奇逊指出:"在现实世界中,持有货币的一个重要原因是它可以帮助我们应付现实中的不确定性。然而在这样的情况下,我们不必知道预期的收益或损失会是什么,特别是当我们不知道也不可能估计到恰当的概率之时更是如此。如果我们能够充分地估计到所有恰当的概率,那么我们就更没有道理把货币作为一种储备资产。没有人能够通过完美的、功利主义的计算而拥有货币。……总之,新古典理论没有也不可能充分地表现一个货币经济。"[8]如果确实如此,那么,调节货币流转(和持有)的政策是不是必然具有某种程度的"赌运气"成分?

当进一步在国内国际双循环格局的视域下观察和讨论这一问题时,就更要注意其高度的复杂性。特别是由于货币本身的高流动性,加之信息化和数字化技术的推动,作为需求侧力量的货币将发挥复杂的市场效应。一方面,它似乎可以脱离实质经济而自我流转。另一方面,货币毕竟是市场经济的"血液"(有经济学家称之为经济体的"神经"),具有向整个经济体输送养分和提供指向的功能。它居于"需求侧",汇聚着需求的力量,决定了市场的现实规模即供给的实现能力。正如英国经济学家尼尔·弗格森所指出:"由于货币发行失控,市场中的流动性越来越多,泡沫化现象的频率越来越密。对于投资者而言,如何避免投机行为,成为资本市场中一个永恒的话题;对于监管者而言,怎样避免泡沫膨胀与是否刺破泡沫,则是利益平衡

的选择。"[9] 当货币在国内国际循环体系中大规模流动时，其经济能量和风险性冲击力同时增大和集聚，而且往往难以构筑有效的"海啸防波堤"。因此，实质性需求不足和工具性需求泛滥，都是需求侧改革所要面临和应对的重大问题。如何以适当的工具性需求操作促进实质性需求，尤其是实质性消费的持续增长，是现代成熟市场经济需要求解的一个难题。

参考文献

[1] 金碚. 关于"高质量发展"的经济学研究 [J]. 中国工业经济，2018 (4).

[2] 金碚. 新盛时代，本真复兴 [M]. 北京：经济管理出版社，2019.

[3] 金碚. 构建双循环新发展格局，开启中国经济发展新征程 [J]. 区域经济评论，2021 (1).

[4] 金碚. 供给侧结构性改革论纲 [M]. 广州：广东经济出版社，2016.

[5] [美] 保罗·海恩等. 经济学的思维方式 [M]. 马昕，陈宇，译. 北京：世界图书出版公司，2008.

[6] [美] 穆雷·N. 罗巴斯特. 人，经济与国家 [M]. 童子云，等译. 杭州：浙江大学出版社，2015.

[7] [德] 马克思. 资本论（根据作者修订的法文版第一卷翻译）[M]. 中央编译局，译. 北京：中国社会科学出版社，1983.

[8] [美] 杰弗里·M. 霍奇逊. 演化与制度——论演化经济学和经济学的演化 [M]. 任荣华，等译. 北京：中国人民大学出版社，2017.

[9] [英] 尼尔·弗格森. 货币崛起 [M]. 高诚，译. 北京：中信出版社，2009.

全面理解中国共产党对国有企业的全面领导[*]

金　碚

中国共产党对国有企业的全面领导，是中国特色社会主义最突出的制度特征之一。中国实行市场经济和现代企业制度，也具有其突出的特色体现，即国有企业在其中发挥着特别重要的作用。中国共产党的全面领导、中国特色社会主义、市场经济中的国有企业，三者紧密相关。因此，理解中国共产党对国有企业的全面领导，是理解中国特色社会主义市场经济重要特质的关键要义。

一、中国国有企业的经济本质

顾名思义，国家设立、国家所有的国有企业，其经营行为目标是实现国家和人民利益。换句话说，国有企业行为归根结底取决于其所有者——国家意志。这是毋庸置疑的产权规则。

不过，如果按一般民法原则，国有企业也是企业，也定义为营利性组织，通俗地说，"赚钱"是其本分。所以，在经济分析中，"利润最大化"也可以作为其效率要求和国际竞争力要求的显示性指标。但是，无论是从价值理性还是从工具理性意义上说，利润最大化都不是国有企业的私利目标。服从于其产权主体的利益目标定义，在国有企业的组织行为中，并没有其产权性质所支持的私人性利益目标的系统性制度要求和制度安排，也就是说，私利性不是其产权主体的理性目标，国有企业中的越轨牟私利者，属违法乱纪。

既然国有企业的制度使命是国家和人民利益，那么，理所当然，必然要有国家和人民利益的代表者。在中国，无可替代，这非中国共产党莫属。中国共产党作为执政党和领导者，没有自己的私利或其他特殊利益，其宗旨就是代表中国人民的整体利益。反之，如果中国国有企业可以不受中国共产党领导，不听从共产党所代表的人们利益

---

[*]　原文发表于《光明日报》2021 年 10 月 13 日第 16 版。

主张，那才是不可思议的悖理逻辑。

中国国有企业在产权性质上是由国家代表的全体人民所有，那么，国有企业的壮大就是人民权利和国家实力的增强。因此，习近平总书记强调，要坚持有利于国有资产保值增值、有利于提高国有经济竞争力、有利于放大国有资本功能的方针，推动国有企业深化改革、提高经营管理水平，加强国有资产监管，坚定不移把国有企业做强做优做大。

二、中国国有企业的独特优势

经济学对认识世界，甚至对构建世界秩序，都发挥着重要作用。在传统经济学范式承诺的世界中，尤其是在由西方主流经济学体系的范式承诺所建构的想象世界中，政党在经济体系中的存在是不被接受的。在微观—企业、宏观—政府的经济行为模式中，最多只能将执政党角色纳入"政府"概念之中，作为"宏观"调控的组织行为主体来观察。这显然是完全不得要领的误解。其实，中国共产党的领导既不是"微观"也不是"宏观"的组织行为，而是体现了"中国特色"的中国经济域观特质。表现为：在中国特色社会主义市场经济体系中，作为一个特殊的经济域类，中国国有企业是在世界企业群类中现实存在着的一个企业域类，它在党的领导下成长壮大，表现了中国特色社会主义经济制度形态的现实生命力。正如习近平总书记所指出的：坚持党的领导、加强党的建设，是我国国有企业的光荣传统，是国有企业的"根"和"魂"，是我国国有企业的独特优势。

中国国有企业的这种独有特质体现在其企业组织行为和组织关系的所有重要方面。从建立现代企业制度、实施重大经济科技和人才战略、进行改革开放创新、参与经济全球化，到领导班子建设、建立健全规章制度、国有资产保值增值、维护职工权益等……党都要进行全面领导，党的领导和党的建设都不能弱化、淡化、虚化、边缘化，而要始终居于领导核心地位，而且还必须"党要管党"，保持自身的先进性。这是全世界独一无二的组织行为主体。在经济学的范式承诺中，是一个具有中国特色的域观存在体。

三、中国国有企业制度的内在机理

习近平总书记强调，坚持党对国有企业的领导是重大政治原则，必须一以贯之；建立现代企业制度是国有企业改革的方向，也必须一以贯之。中国共产党加强对国有企业的全面领导和不断加强国有企业的党建，在中国的现代国有企业制度中具有内在

性、系统性和使命性，它既不是外置性的，也不是局部性的，而是企业制度安排和机制规则的全面性内在机理。

当然，经济活动是高度开放性和国际性的，市场经济需要有自由贸易和公平竞争的制度环境，所以，尽管中国国有企业的机理规则具有显著的中国特色，但也需要与经济全球化的规则接轨、挂钩、协调，形成和而不同的人类命运共同体经济系统，这也是全面加强党建的题中应有之义。胸怀"两个大局"，心怀"国之大者"，国有企业必须努力成为贯彻新发展理念、全面深化改革的重要力量，成为实施"走出去"战略、"一带一路"建设等重大倡议的重要力量。

从这一意义上说，中国国有企业全面加强党建，也是一个伟大的创新使命。参与和融入经济全球化与国有企业的党建具有密切的关联性。全人类的利益相关者网络体系，在飞速发展的信息技术和数字技术进步中，将日趋"你中有我、我中有你"式地相互交错、水乳交融。

总之，国有企业加强党的领导和加强党的建设，不是封闭的"关门革命"，而是肩负重大使命的开放性举措；不是向后看，而是向前看，是不断探索中的中国特色之制度创新。

第四部分　历史思考

中国改革开放 40 年的制度逻辑与治理思维[*]

金 碚

摘　要：自 1978 年以来的 40 年，是中国加速工业化的时代，这一时代最突出的社会经济质态和标志性特征就是"改革开放"创造"巨变"。在这 40 年中，中国经济发展创造了人类发展史上罕见的超大型经济体高速工业化的奇迹。改革从反思计划经济出发。改革开放如同一个"阿基米德支点"，支撑着步步深入的各项重大举措，产生强有力的"杠杆"作用，有效地撬动了中国这个超大规模经济体，推动其走上加速工业化进程。40 年的改革开放回报给中国人民的是百年来苦苦追寻的梦想成真。改革开放之前，中国人民长期处于生产力落后的状态，今天，中国终于迈进了一个生产力相对发达的新时代。数百年的变迁，历史的伟大转折就展现在眼前。从高速增长转向高质量发展，是中国经济社会发展新的巨变。高质量发展是能够更好满足人民不断增长的真实需要的经济发展方式、结构和动力状态。从高速增长转向高质量发展，不仅是经济增长方式和路径转变，而且也是一个体制改革和机制转换过程。高速增长阶段转向高质量发展阶段，需要改革开放新思维，需要更精心地安排新制度、新战略与新政策。解放思想、改革开放、勇于创新、奋进包容，是中国 40 年加速工业化的历史留给新时代的最珍贵精神遗产。在继承 40 年改革开放精神基础上，善治为民、全面协调、清洁高质，将成为新时代改革新思维的突出体现。

关键词：改革开放；体制改革；高质量发展；新思维

　　自 1978 年以来的 40 年，是中国加速工业化的时代，这一时代最突出的社会经济质态和标志性特征就是"改革开放"创造"巨变"。在这 40 年中，中国经济发展创造了人类发展史上罕见的超大型经济体高速工业化的奇迹。在此之前，从 17~18 世纪开始的世界工业化进程，表现为在各个最多数千万人口的经济体中，所发生的工业革命和经济高速增长现象，即使是英、法、美等工业大国，在其工业化初期，也都是 4000 万~8000 万人口的经济体。在那样规模的经济体中，实行市场经济制度，由市场供求

机制推进工业化进程，表现出无可否认的有效性，同时也产生了许多难以容忍的问题，付出了很大的社会代价。美国学者杜赞奇在《全球现代性的危机——亚洲传统和可持续的未来》一书中指出："在一个社会形态的内部，现代化的到来伴随着对一个在社会上更公正、在物质上更丰裕的未来的启蒙主义的许诺。但它也曾伴随着一系列物质和实践方面的恶行，以及对自然无限制的开采"（杜赞奇，2017）[1]。与其他国家的工业化不同的是，新中国成立时，就已是一个6亿左右人口的经济体，如何实现工业化有其很大的特殊性和艰难性。基于对西方国家工业化道路的批判和对社会主义制度的高度自信，新中国基于非常"革命"的理论信念，试图在一个数亿人口的巨大型国家，走出一条"有计划，按比例"发展的道路，尽快赶超发达工业国，创造一个"人间奇迹"。但是，事与愿违，非常"革命"的理论和实践，并没有带来所期望的理想奇迹，却是事倍功半的不良后果。实践的严酷教训是：要实现工业化和经济现代化，就必须遵循客观经济规律，即使不得不接受工业化先行国家所制定的规则（往往对后发国家不利），也绝不可完全背离世界各国工业化和经济发展的共同路径，另辟计划经济蹊径，即必须走发展市场经济的道路，而没有其他可行道路。这就是中国毅然决然实行"改革开放"的根本缘由和历史背景。依此逻辑，中国走过改革开放40年，极大地改变了中国工业化进程的基本轨迹，既创造了巨大的成就，也认识到了"不平衡、不协调、不可持续"的突出问题，提出了科学发展观的诉求，并在2012年进行了迈向新时代的新部署，调整战略，转战五年，首战告捷，奠定了未来发展的坚实基础。在漫长的人类发展历史中，40年如弹指一挥间，历史画卷翻过一页，今天中国的工业化进入新时代，须有新的理念引领新的征程。

一、改革开放的逻辑起点：对计划经济体制绩效的反思

1. "传统体制"并不传统

现在，我们通常将1978年实行改革开放以前的经济制度称为"传统计划经济体制"，把坚持实行那种体制的主张称为"保守观念"。其实，从工业化和经济现代化的历史看，那样的体制既不"传统"也不"保守"，而恰恰是非常"革命"的，是一种"彻底颠覆""重起炉灶"式的制度设想或安排。它不仅否定资本主义，也否定市场经济；不仅否定经济全球化，也否定经济开放；不仅否定金融自由，而且抑制甚至拒绝各种金融经济关系和金融活动，如将"既无内债又无外债"视为经济健康的理想标志。

同今天许多人所想象的不同，那不仅不是保守的体制设想，也不是保守的发展观，恰恰相反，完全是一个激进主义的和超越客观条件的赶超型发展观，例如，声称"有条件要上，没有条件创造条件也要上""人有多大胆，地有多高产"，即试图采取一种特别"优越"的方式（称为"先进生产关系"）和极大的主观努力，来促进生产力发

展和经济高速增长。瞄准的目标则是世界上最发达的资本主义国家即英国和美国的经济发展水平。其思维依据是：既然在军事战场上可以战胜美国，至少是打个平手，那么，为什么在经济战场上就不能尽快赶超英美（以社会主义战胜资本主义）？而且，那时还有苏联作为榜样和提供后援，更增强了赶超先进工业国的自信。总之，现在我们通常将那样的理论和实践称为"传统体制"，而在当时，人们却视之为可以体现非常先进的生产关系的崭新制度，据此可以促进生产力的快速提高，实现工业化的赶超目标。人们相信："天下无难事，只要敢登攀。"

2. 计划经济体制表现出悖理的后果

历史有其自身的逻辑，赶超工业发达国家的强烈愿望和激进的"崭新制度"反而可能成为束缚手脚的羁绊。那么，事情为什么会是这样呢？即为什么先进的思想会"事与愿违"？付出了巨大的努力，收获的却仍然是"贫穷"和"落后"。人们可能想当然地认为，那是由于在计划经济制度下，人们普遍"懒惰"，不思进取，躺着吃大锅饭。其实，从那个时代过来的人都曾感受过，事实并非如此。计划经济中劳动者的勤劳勇敢、吃苦耐劳、任劳任怨者，恐怕并不比今天少。那么，问题究竟出在哪里呢？

当时所设想的计划经济体制并非没有其理论的"逻辑自洽性"。众所周知，它有三大基本特征，称为社会主义制度的三大"优越性"：公有制、计划经济（指令性计划）和按劳分配。而且在理论逻辑上，它们之间是三位一体的关系，相互依存，一存俱存，一损俱损。但是，这种理论上具有"优越性"和"逻辑自洽性"的社会主义计划经济体制在现实中却表现出诸多"悖理"的现象和后果。

按照计划经济的理论设想，可以克服市场经济的盲目自发性，确保国民经济按照事前所科学确定的计划安排进行生产和消费，这就可以自觉利用客观规律，并更好地"发挥人的主观能动性"，实现更快速度的经济增长，推进工业化，达到赶超目标。例如，可以发挥国家力量，集中调配资源，实行"优先发展重工业"的战略，以满足加速工业化的要求，即使发生一定程度的不平衡现象，也是体现客观规律的本质要求和必然趋势。但是，这种出于"有计划、按比例"地推进经济高速增长的愿望和行为，却反而导致了国民经济的严重失调和经济困难。理论的"正确"性在实践中碰壁，主观上要"大跃进"，结果事倍功半，甚至适得其反。

3. 反思曾导致错误归因

当计划执行结果不尽如人意时，人们认为那是由于计划经济的纪律不够严格，或者是由于计划控制之外的因素和力量干扰了计划的严肃性和严格性，特别是由于公有制水平不高，使计划执行的所有制基础不够坚实牢固。因此，为了确保指令性计划的落实，就必须实行更高水平的公有制以确保执行更严格的计划经济管理制度。当时的公有制形式主要分为全民所有制和集体所有制两大类，前者又分为国营和地方国营两

类，后者则分为"大集体"和"小集体"两类①。因此，按当年的认识，公有制经济的等级从高到低分别为：国营、地方国营、大集体、小集体四种形式。等级越高的公有制形式，社会化程度越高，就可以在更大范围内以指令性指标方式实行按计划生产。因此，人们相信，作为计划经济的产权制度基础，公有制形式的等级越高，计划纪律越严格，实行计划经济就越顺畅。反过来也可以说，计划经济之所以执行不理想，主要是因为公有制形式不够发达（层级不够高）。人们相信，只要所有的经济活动主体都实行单一的全民所有即国有国营，全国所有的工厂就像一家大企业，执行严格的计划管理，计划经济就能够表现出极大的优越性。可见，计划经济与公有制具有相互强化的关系。而且，按照当时的理论逻辑，实行公有制，可以解放私有制的约束，劳动者不再是为别人干，而是为自己干，消除了"剥削"关系，当然就能够极大地解放劳动生产力，激发生产积极性。所以，公有制是最能适应生产力特别是先进生产力发展的先进生产关系和经济制度。不过，这样的理论设想在现实中却表现出相当悖理的结果，反而阻碍了生产力发展，而且劳动者并未切身感觉到是在"为自己干"。即使通过思想灌输（按照当时的理论，人民的正确思想不是自发产生的，而是从外部灌输的），劳动者明白了是在"为自己的国家"或"为完成自己国家下达的计划指标"而工作，也难以持续保持日常劳动和工作的利益关切性，以动员和政治运动的方式所激发的热情毕竟难以持续和常态化。

与公有制和指令性计划互为前提的条件是，社会主义经济全面实行按劳分配制度。理论上说，劳动者可以获得自己劳动（做了必要扣除之后）的创造物，称为"消费基金"或"消费资料"，除此之外的部分全部归公，其经济性质为"必要扣除"部分，称为"积累基金"或"生产资料"。这样，劳动者就完全是为自己工作，获得相应的劳动报酬（消费资料），确保不会形成私人财产积累（生产资料），而导致败坏公有制基础的后果。不过，其中有一个显然的矛盾：实行按劳分配或按劳取酬，劳动者是否可以在做了"必要扣除"之后就能够获得与个人贡献完全相等的报酬了呢？如果是，那么即使实行严格的按劳分配，劳动贡献大的人也必然报酬会更多，而且，每个劳动者的家庭人口不同，所以，只要不是实行实物供给制，而实行工资薪金制，就必然会产生个人或家庭拥有的私有财产（产生于更多的劳动报酬）；而如果为了防止发生这样的情况，就得实行实物供给制，那么又显然违背了按劳分配原则。所以，当时的理论界借用马克思的有关论述，不得不承认按劳分配仍然是一种"资产阶级法权"。也就是说，即使实行严格的按劳分配制度，在理论逻辑上也会产生资本主义经济关系，即形成私人财产积累，进而可能侵蚀公有制和计划经济。所以，在那个时代，计件工资、等级工资、奖金制度等，也都被视为"资本主义因素"，总是想去之而后快。因为那是

① 按当时的理论解释，大集体是指一个地区，例如，全市、全县的全行业全体劳动者共同所有；小集体是指一个企业内的全体劳动者共同所有。

关系到能否确保计划经济有效运行性的原则问题。

可见，传统社会主义经济的"三位一体"原则，尽管是一个美妙的理论构想，可以论证其"优越性"，似乎是理论领域中的一片朗朗晴空，运用于实践就可以成为美好现实。但在天边却似有隐约存在而难以抹去的乌云，人们总是担心天边的"乌云"可能不断扩展张扬，终而演变形成大气候，彻底改变整个晴朗天空，损害了美好世界。因此，社会主义经济体制必须纯而又纯，否则就会潜伏着可能爆发的矛盾，因而使想象的"优越性"难以实现，或者得而复失。在中国改革开放之前的 30 年中，这样的忧虑一直困扰着中国理论界和政治领导人。特别是由于在中国的现实国情下，实际上很难实行苏联式的严格纯粹的计划经济体制，如果要符合计划经济的理论原则，就必须不断地清除现实中的资本主义因素，"割资本主义尾巴"。这就必须"不断革命""继续革命"，竭尽所能地消除社会主义天空中可能出现的任何一块资本主义"乌云"，时时保持高度警惕（当年叫作"年年讲、月月讲、天天讲"），绝不能让其蔓延而成了气候，这似乎成为计划经济的宿命。在这样的逻辑下，计划经济对经济活动的管束必然越来越严格（称为"计划就是法律"）。

4. 对制度绩效的再反思

如果承认"劳动创造价值"，那么，对于中国经济发展，劳动者的吃苦耐劳从来不是问题，因此，加速工业化也不应成为问题。共产党人即使主张"阶级斗争"，其本意也从来就是为了激发社会底层的积极性，即让劳动者充满"当家做主"的主人翁自豪感和责任心而加倍努力工作，并且拥护共产党为实现国家发展而做出的政治决策和政策安排，坚持社会主义制度，从而解放生产力，实现物质繁荣。但事实为什么会是竭尽极大努力，而且从来未曾懈怠，却仍然是事倍功半，难尽如人意呢？为什么新中国成立后全力发动，强力推进工业化，却并没有取得令人满意的起色？当时以"总路线"的战略高度确立和宣称"鼓足干劲，力争上游，多快好省地建设社会主义"，但人口占世界 22%的中国占世界的经济份额（以 GDP 估算）仍然一直徘徊于不足 5%，同新中国成立时相比基本没有进步，甚至使中国经济陷于有可能被"开除球籍"的境地。这无论如何是没法向历史交代的。在理论上更是难以自圆其说的。40 年前开始的改革开放，正是从反思计划经济为何事与愿违和在实践中事倍功半出发的。

二、改革路径：从局部突破到全方位制度变革

1. 理论上承认市场经济的可行性与合理性

中国推进工业化的愿望从来是非常急切的，自新中国成立始就试图以革命的思维，依靠政治力量，采取动员方式，实行"大推进"战略。问题是，革命可以打破旧制度建立新国家，但"另起炉灶"式的"革命"思维，如果表现为凭借热情的运动方式和

自上而下的命令体制，往往会违背客观规律，难以为中国工业化进程提供一个可以事半功倍地加速其增长的"阿基米德支点"，无论是"全心全意抓生产"还是"抓革命，促生产"，都不能有效推动工业化进程。换句话说，以计划经济为支点，即使采取渐进的"革命性"手段，"抓"字当头，动员起人民的生产热情，也难以撬动中国经济庞大的躯体，将其引入加速工业化的道路，而只能导致事倍功半甚至得不偿失的后果。

其实，人类发展史表明，原本存在一个现成的选择：现代市场经济就是一个可以"事半功倍"地推进经济增长的经济体制，所以，绝大多数国家的工业革命和工业化都是在市场经济制度下实现的。在工业革命之前的数千年历史中，以人均收入来衡量，整个世界经济几乎处于停滞状态（据学者估算，人均收入年均增长率仅为0.02%）。而工业革命为经济发展提供了两个巨轮：制造和贸易，即大机器工业和大范围市场的形成。同时表现为市场经济制度的普世化，当然主要表现为资本主义市场经济的主导。

计划经济理论在实践中表现出的悖理现象表明：推进工业化不可能不依靠市场经济制度。因此，改革的关键就是必须接受：在传统社会主义经济制度的"三位一体"逻辑链条上打开缺口，即承认市场经济的可行性和合理性，同时又能保持同社会主义的契合。从1978年开始，经过十多年的探索和争论，到1992年，中国才正式肯定了社会主义也可以搞市场经济。从改革历程来看，这是一个石破天惊的理论突破。因为，如前所述，只要在传统社会主义理论"三位一体"的构架中任意抽取或改变一处，整个理论构架就将发生颠覆性改变。但从人类发展的历史进程看，承认市场经济毕竟不是"彻底颠覆"和"另起炉灶"式的激进革命思维，而是渐进的和撞击突破式的改革思维。而且承认市场经济并不意味着否定社会主义和计划手段，实际上在世界所有实行市场经济的国家中，有数十个国家也是声称要实行"社会主义"或承认其社会制度具有社会主义因素的（据不完全统计，至少有60多个这样的国家）。中国改革过程中，虽然主张"大胆闯，大胆试，大胆破"，但也不是为所欲为，而是试错式践行，"走一步看一步"，形象地称之为"摸着石头过河"。总之，从"革命"转向"改革"，体现了对客观规律的尊重和道路选择的可行。

2. 实践中选择结构冲突较小的渐进式改革路径

不过，一旦承认市场经济的正当性，指令性计划就必然会逐步缩小其范围，直至基本上完全退出，这样，以指令性计划指标为特征的计划经济体制就必然彻底改变。尽管中国改革的过程其实是高度受控的（以免发生难以承受的混乱），但指令性计划的体系一旦被打开缺口，即使只是从"边缘"处尝试"变通"，以"双规制"过渡，但一旦尝到"甜头"，就将一发而不可收拾，所有的界限都有可能被突破。起先人们还在为从哪里开始松绑和从何处解扣而争议、犹豫和徘徊，甚至一次次设置制度变革的"底线"和"禁区"。但"渐进式改革"具有难以抗拒的"潜移默化效应"，其向各领域推进的渗透性甚至比休克式改革更强，因为渐进式改革走的是一条利益诱导性很强而结构冲突性较小的道路。所以，"三位一体"原则的链条无论在哪里解开锁扣，都会

导致其整体解构，如同多米诺骨牌，推倒一块，连锁反应，局部突破必然演变为全方位变革。只要承认了市场经济具有优于计划经济的可行性，公有制和按劳分配制度也必然发生根本性变化，甚至其核心——国有企业体制也将进入根本性改革进程。改革的突破，牵一发而动全身，为中国经济发展和工业化进程迎来了全新的局面。

在国内经济体制上为市场经济正名，对公有制和收入分配制度进行相应的改革，同时也必然会导致对当代世界经济认识的根本性改变，即对当代资本主义经济以及美国等"帝国主义"国家及其主导制定的国际经济秩序，有新的认识。这实际上就是对资本主义经济全球化的重新认识。因此，国内经济体制的改革必然同对外经济的开放相契合。可以说，改革与开放如同一枚硬币的两面，实际上是同一个理论逻辑在现实政策上的两方面表现。如果说 1992 年是在改革方向上终于"想明白，下决心了"，那么，2001 年中国加入世界贸易组织（WTO），则标志着中国在对外开放上也终于彻底想明白和下决心了。这是一场真正的关于在社会主义制度下放手发展市场经济的伟大启蒙运动，中国经济发展和工业化进程的面貌焕然一新，整个世界的工业化版图和经济全球化格局也将发生根本性改观（金碚，2017）[2]。

3. 关键节点的重大举措逐步推动改革"由点到面"铺开

纵观 40 年来中国经济的巨变，改革开放如同一个"阿基米德支点"，支撑着步步深入的各项重大举措，产生强有力的"杠杆"作用，有效地撬动了中国这个超大规模经济体，推动其走上加速工业化进程：

第一次撬动：1978 年，解放思想，突破禁锢。这一年，以中共十一届三中全会为标志，以"实践是检验真理的唯一标准"的理论为思想武器，开始了向教条主义意识形态的挑战，直面传统经济体制的矛盾痼疾，深刻反思，勇于首创。特别是勇敢地强调要反对"极左"思想，彻底摆脱"宁左勿右"的思维，这就拉开了经济体制改革大幕。这一年可称为中国的"改革开放元年"。

第二次撬动：1992 年，市场正名，方向明确。从 1978 年到 20 世纪 90 年代初，尽管提倡解放思想，但传统思想的桎梏仍然严重约束着理论突破，特别是对于"市场经济"认识，纠结难解。经过十多年的探索争论，在这一年，邓小平表现出了巨大的理论勇气，在南方视察期间发表一系列重要讲话，确定了中国经济改革的方向是建立社会主义市场经济体制，以此为引领，中国经济体制改革从此具有了市场开放、管制松绑、效益导向的明确方向。这一年可称为中国的"市场经济元年"。

第三次撬动：2001 年，加入世贸，融入全球。这一年中国加入了世界贸易组织（WTO），标志着中国决意摆脱自我封闭，实行开放政策，开门拆墙，引进放活，不仅同国际"接轨"，而且要全方位融入经济全球化。这不仅对于中国经济发展具有深远意义，而且世界经济格局也从此发生巨变。这一年可称为中国融入世界经济的"全球化元年"。

第四次撬动：2008 年，逆势勇进，助力擎天。在应对美国次贷危机所引发的国际

金融危机和世界性经济危机中，中国有力地发挥了遏制世界经济"自由落体式下滑"势头的重要作用，第一次成为对稳定全球经济增长贡献最大的国家，承担起大国责任。也正是在做出了这一世界性贡献的过程中，中国自己发展成为 GDP 总量世界排名第二（2010 年）、进出口贸易总额世界排名第一（2014 年）的国家，国际地位和话语权显著提高。这一年可称为中国重返世界舞台中心的"大中国元年"。

第五次撬动：2012 年，"清洁风暴"，除障稳进。改革开放创造了巨大成就，但也叠加起诸多矛盾，特别是，整体环境的恶化成为突出问题。以党的十八大为起点，发起强有力的反腐倡廉斗争、党风政纪整肃、生态环境治理等行动，进行政治、经济、社会、环境、营商等各领域的"大扫除"，驱邪守正，整治纲纪。这是历史转折中跨入新时代的"第一战役"，自此中国经济进入稳中求进的"新常态"，走上中国崛起和实现"中国梦"的新征程。这一年可称为中国特色社会主义的"新时代元年"。

2018 年，改革开放 40 周年之际，经历伟大巨变的崭新中国，站在了民族复兴新的历史起点上。

三、方式与效果：以渐进式制度变革终结中国"落后"历史

1. 渐进式变革推动工业化加速

如前所述，中国改革开放尽管具有彻底的创新性，但并非"休克"式的另起炉灶和断然颠覆，它的"革命性"和"颠覆性"蕴涵于连续性过程之中，具有渐进式推进的显著特点：改革开放、经济发展、维护稳定始终是三个不可偏废或忽视的"命脉"。改革开放以不破坏稳定为底线，发展成就为衡量改革成败的标志。同时，稳定的要求也不可阻碍改革与发展，因为深刻认识到没有改革发展，最终无法保持长治久安的稳定。可以说，这是中国 40 年改革开放道路与工业化进程的最突出特点，也是其战略推进的高度技巧性所在。全世界能够成功把握好这一关系的国家尤其是大国实属罕有。

渐进式改革开放必须冲破一个个障碍，松解一道道桎梏，拆除一扇扇藩篱，各种障碍、桎梏、藩篱，有利益性的，也有意识性的，当然更有制度和惯例性的，常常是盘根错节，难以下手。因此，改革开放进程往往是从呼吁"松绑"开始，经由"变通"，逐步"放开手脚"，最终才能实现"市场决定"。其实，市场经济之所以是一个"事半功倍"的有效制度，其奥秘就在于，只要"放开""搞活"，就会有动力、活力和效率。在中国改革开放进程中，几乎是"松绑""放手""开放"到哪里，经济繁荣就展现在哪里。

如前所述，计划经济下推进经济发展总是倾向于"抓"字当头，而市场经济下促进经济发展更倾向于"放"字当先。直到今天，深化改革，简政放权，优化营商环境的举措仍然是"放"字当先（简称"放、管、服"）。

40 年来的改革开放，在所有领域中，松绑、放手和开放最彻底的产业是工业部门。正是由于对工业的松绑和放手，并且率先对外开放和迎接全球化挑战，就给中国工业化的"制造"和"贸易"两个巨轮以强大能量：释放出巨大的加工制造能力和高渗透性的贸易活力。其结果是：在工业统计的所有门类中，中国工业均有不凡表现，这在世界所有国家中是独一无二的。中国工业化呈现加速态势，就成为必然：工业品生产和货物贸易推动两大巨轮迅速转动，"中国制造"的工业品（尽管主要是处于中低端领域的产品）在全球市场竞争中几乎呈所向披靡之势，在各国市场"攻城略地"，占据越来越大的国际市场份额，中国经济发展的成就令世界惊叹。

2. 渐进式变革推动中国综合国力提升

中国作为世界人口数量第一，国土面积居世界第四位的巨大型国家，在 40 年前的 1978 年，国内总产值（GDP）居世界第 12 位，仅占世界 GDP 总额不足 2%①（当年中国人口占世界 22%）。而且，当时的中国经济处于高度封闭状态，国际贸易非常不发达，货物进出口贸易总额列世界第 29 位，外商直接投资列世界第 128 位。

经过 40 年的经济高速增长，现在中国国内生产总值（GDP）已跃居世界第二位②，约占世界 GDP 的 15%。而且毫无悬念，在不太长的时期内，中国的 GDP 总额就将超过美国，居世界第一。今天的中国经济已经高度开放，货物进出口贸易总额和外商直接投资均居世界前列。经历短短三四十年，中国就从一个十分贫穷，外汇极度缺乏的国家，一跃成为世界外汇储备最多的国家，到 2015 年，中国的外汇储备约占世界的 1/3（如表 1、表 2 所示）。

表 1　中国主要指标居世界的位次

指标　　　　年份	1978	1980	1990	2000	2010	2014	2015
国土面积	4	4	4	4	4	4	4
人口	1	1	1	1	1	1	1
国内生产总值	11	12	11	6	2	2	2
人均国民总收入	175 (188)	177 (188)	178 (200)	141 (207)	120 (215)	100 (214)	96 (217)
货物进出口贸易总额	29	26	16	8	2	1	1
外商直接投资	128	55	13	9	2	1	3
外汇储备	23	36	9	2	1	1	1

注：括号中所列为参加排序的国家和地区数。
资料来源：中华人民共和国国家统计局（2016）。[3]

① 按汇率计算为 1.7%，而有的学者按购买力平价计算，不足 5%。
② 据一些国际组织计算，按购买力平价计算，中国 GDP 已超过美国居世界第一。

表2　中国主要指标占世界的比重

单位:%

指标 ＼ 年份	1978	1980	1990	2000	2010	2014	2015
国土面积	7.1	7.1	7.1	7.1	7.1	7.1	7.1
人口	22.3	22.1	21.5	20.7	19.4	18.9	18.7
国内生产总值	1.7	1.7	1.6	3.6	9.2	13.3	14.8
货物进出口贸易总额	0.8	0.9	1.6	3.6	9.7	11.3	11.9
外商直接投资		0.1	1.7	3.0	8.6	10.5	7.7
外汇储备				8.6	30.7	33.2	30.6

资料来源：中华人民共和国国家统计局（2016）。[3]

3.40 年改革开放带来物质生活和社会心态的巨变

正是在 40 年改革开放所取得的巨大成就的基础上，2018 年召开的党的十九大宣告了新时代的到来，并且作出了一个重大的政治和战略判断："我国社会主要矛盾已经转化为人民日益增长的美好生活需要和不平衡不充分的发展之间的矛盾。"这是一个彪炳史册的伟大宣告。此前，中国社会的主要矛盾长期一直是"人民日益增长的物质文化需要与落后生产力之间的矛盾"，现在，这一表述从此改变。那么，关于社会主要矛盾的新旧两个表述的含义有何根本性区别呢？最引人瞩目，也是最让中国人振奋的是，在新的表述中没有了"落后"两字，实际上是向世界宣告：中国从此不再落后。

一个在民族心理上非常注重脸面的国家，不得不承认自己的"落后"，是很痛苦和很"没有面子"的。其实，从西欧国家发生工业革命的 18 世纪以来，中国就落后了。开始时尚不自知，或者"死要面子"，不想承认。直到 19 世纪中叶，拥有强大工业生产能力的西方列强，以"工业化"的武器打开中国大门，才迫使中国睁开眼睛面对世界。那时，中国人不得不承认自己这个居于"世界中心"，曾经将外国视为不开化"蛮夷"的"泱泱大国"，实际上已经远远落后于西方工业化国家了，反而被称为"东亚病夫"和"泥足巨人"。此后一百多年的中国历史，留下迄今难以磨灭的落后挨打的痛苦记忆。"落后"两字，就像是深入中国人肌肤的"纹身"和屈辱黥面的印记，无法遮掩，难以抹去，成为近现代史上中华民族几代人的"痛点"。因此，"留洋""出国"甚至"崇洋媚外"，成为千万中国人寻求摆脱落后境地的群体性行为倾向和心态惯性。难以否认，相对于落后的中国，在当时中国人眼中，"外国"几乎就是"发达"的代名词，"洋人"成为富人的代名词。因此，在许多中国人看来，"留洋"就是"人往高处走"，连外国的月亮都比中国的更圆。经济落后导致了社会精神和文化心态上的深切落后感、屈辱感和自卑感。

正是由于渴望消灭这"落后"，为自立于世界民族之林而扬眉吐气，亿万中华儿女艰难苦斗，不惜血汗，前赴后继。新中国的成立就是这种长期苦斗未果而爆发人民革

命的结果：中国人民从落后挨打的屈辱境地中站起来了，而站起来的中国更不甘于"一穷二白"的落后面貌。毛泽东立下誓言，要带领中国人民"把贫穷落后的帽子甩到太平洋里去！"今天，这一数百年的夙愿终于实现了。40 年的改革开放回报的是中华民族苦苦追寻的梦想成真。对于经历了漫长苦难岁月的亿万中国人民，以至遍布世界各地的海外华人，这是一个激动人心的时刻，不由得感慨万千：过去数百年，我的前辈们长期生活在经济落后的年代，今天，我们终于迎来了一个不再"落后"的新时代，真的可以扬眉吐气了。数百年变迁，历史的伟大转折就展现在眼前，我们就是这个伟大转变时刻幸运的亲历者：中华人民共和国国歌中"最危险的时候"悲壮呼号，已经成为历史警语。今后的中华子孙后代，如果不是通过历史知识的学习，恐怕再也难以理解这一国运警语的意义了。因为，他们再不会有"落后中国"的切身感受了。在以往中国人眼中因物质富足而生活状况令人羡慕的外国，在下一代中国孩子们眼中很可能会成为"生活没有中国方便"的国度。过去，中国人大多是"怕苦才出国"，而到了下一代，很可能反而变为"不怕苦才出国"了。到国外不是去享受物质富足，反而是去"吃苦"，去经受"磨炼"。总之，中国人从此不会再像穷国羡慕富国那样仰视外国，即使是对于发达国家，中国人也绝不会再因自己国家的落后而羞惭。40 年改革开放真正是一个伟大历史，使中国"换了人间"：不仅是物质生产和物质生活状况的巨变，而且是民族精神和社会心态的巨变。

四、新时代新要求：治理新思维开启改革新征程

1. 经济发展新时代需要治理新思维

40 年甩掉"落后"的帽子，显然直接得益于改革开放所带来的连续数十年的高速经济增长，特别是，工业化加速推进，规模庞大的中国工业能力，包括强大的基础设施建设能力，铸造了"大国筋骨"。同历史上中国经济也曾有过的巨大规模不同，今天中国经济规模之大是"硬实力"之大，硬产业之巨，基础设施建设之强。但是，我们也必须清醒地认识到，中国工业化的进程尚未完成，同世界发达国家相比，中国工业的技术水平差距仍然非常大，至少还要经过30 ~ 50 年的持续努力，才能进入发达工业国的先进行列。

不过，中国毕竟是进入了工业化的新时代，在社会经济发展的不同历史阶段必然会有不同思维和方略。在生产力落后的过去时代，中国曾经有句非常著名的口号，体现着那个时代的工业精神，至今令人难忘，那就是大庆油田"铁人"王进喜的豪言壮语，叫"宁可少活20 年，也要拿下大油田！"这是那个时代的英雄主义，激励着千万人的忘我奋斗：面对"落后"这个当时的最大敌人和使人民最大不满的状况，为了实现工业发展，必须奋不顾身，义无反顾，即使损害一些环境和健康也在所不惜。那也

许是不得不付出的代价，当年叫作"一不怕苦，二不怕死""不惜一切代价把工业搞上去"，否则中国就会有被"开除球籍"的危险。这样的大无畏精神在很大程度上被改革开放的 40 年所继承，即义无反顾向着目标前进！今天，我们必须历史地评价那个时代，尽管为了经济发展和工业化而付出了巨大代价，但也应感恩那个"为有牺牲多壮志"的献身时代，实现了"敢教日月换新天"的誓言，迎来了不再落后的新时代，创造了今天能够有底气走进全面小康社会的物质条件。

新时代今非昔比，创新、协调、绿色、开放、共享，一切为了人民福祉，是经济发展新理念。这是新时代的"正确"：时代不同了，不再落后了，"不惜一切代价"的思维方式已经成为过去，实现更高水平的现代化治理已经成为体现新时代新发展理念的要求。今天，我们绝不能再容忍为了"金山银山"而破坏绿水青山，也不允许为了追求财富而牺牲民生健康。因此，习近平总书记在中国共产党第十九次全国代表大会所作的《决胜全面建成小康社会，夺取新时代中国特色社会主义伟大胜利》报告中指出："我国经济已由高速增长阶段转向高质量发展阶段，正处在转变发展方式、优化经济结构、转换增长动力的攻关期，建设现代化经济体系是跨越关口的迫切要求和我国发展的战略目标"（习近平，2017）[4]。

从高速增长转向高质量发展，是中国经济社会发展新的巨变，也体现为工业化的生产方式和根本模式的深刻变革。当我们充分肯定 40 年改革开放成就的同时，更要冷静地看到留存和潜伏的问题。正如本文开头所引述的美国学者的告诫：在工业化和现代化进程中，确"曾伴随着一系列物质和实践方面的恶行，以及对自然无限制地开采"。究其根源，是因为自西方工业革命以来，"现代性和现代化的模式是以征服自然这一概念为基础，并以扩大生产力为动力的。这一模式已不可持续"（杜赞奇，2017）[1]。

基于 40 年的发展成就，新时代有了雄厚的物质基础，但也绝不能坐享其成，全面建设小康社会的任务十分艰巨，没有舒舒服服就可以轻松达到目标的捷径，而且，要实现现代化的"中国梦"，还必须跨越诸多难关，实现人类发展及工业化过程中的根本性历史转折。当工业化达到一定阶段，经济发展创造了大量物质财富，如何实现可持续发展，就成为越来越重要的问题。其突出表现是，经济发展和工业化进程中的不平衡和不充分现象凸显出来，经济社会中"短板"现象往往成为发展障碍和影响稳定的隐患。而且，经济和社会关系中可能发生各种"恶行"，如果不能遏制和消除，不仅将严重阻碍发展进程，而且会导致经济发展失去正确方向。因此，新时代并不是处处阳光明媚，发展进程更不是一路坦途。相反，面临和可能遭遇的问题会更复杂，矛盾会很突出，而且，各种矛盾和问题有可能叠加出现。更重要的是，人民的需要"日益增长"，人民向往的满足永无止境，因此，要使人民满意可能更加不易。历史经验告诉我们：要实现"满足"就必须不断发展，发展仍然是解决我国一切问题的基础和关键，过去是这样，未来仍然会是这样。当前的现实是，中国至今还不是一个发达工业化国家，仍然处于社会主义初级阶段，当属发展中国家，要充分满足人民需要，还有许多

"心有余而力不足"的困难，更有许多艰巨目标要实现。因此，如党的十九大所提出的，不仅必须坚定不移把发展作为党执政兴国的第一要务，坚持解放和发展社会生产力，坚持社会主义市场经济改革方向，推动经济持续健康发展，而且，由高速增长阶段转向高质量发展阶段，必须要通过深化改革，转变发展方式，建立现代化经济体系。因此，未来的发展模式要有更严的标准，更高的水平，需要更多的智慧，付出更大的努力。

这种智慧和努力必须体现为通过全面深化改革和进一步扩大开放，使市场更有效地在资源配置中发挥决定性作用和更好发挥政府作用。如果说，40 年改革开放强有力地推动了中国工业化的加速进程，实现了中国经济社会的伟大巨变；那么，未来的高质量发展新阶段，仍然要通过全面深化改革和进一步扩大开放来促进中国经济社会更高水平上的巨变。从这一意义上说，新时代将迎来中国工业化进程的又一次伟大巨变：40 年改革开放的主要目标是建立社会主义市场经济体制，新时代改革的总目标是将在40 年改革巨变的基础上，建立国家治理体系和治理能力现代化。这一改革总目标的确立，正体现了高质量发展的客观要求和新时代的质态巨变。

高质量发展是能够更好满足人民不断增长的真实需要的经济发展方式、结构和动力状态。从高速增长转向高质量发展，不仅是经济增长方式和路径转变，而且也是一个体制改革和机制转换过程。高速增长转向高质量发展的实现，必须基于新发展理念进行新的制度安排，特别是要进行供给侧结构性改革。也就是说，高质量发展必须通过一定的制度安排和形成新的机制才能得以实现。高速增长阶段转向高质量发展阶段，需要改革开放新思维，更精心地安排新制度、新战略与新政策。

2. 新的全球化时代需要治理新思维

新时代的改革是在新的更加开放的形势中进行的，而且，世界各国间的竞争归根结底是制度和治理竞争。因此，一方面，世界各国竞争是关于各国如何"善治"的竞争，即看哪个国家能把自己国家治理和发展得更好，人民更加满意，社会更加安定。在制度和政策安排上做得更好的国家，将成为国际竞争中的赢家。另一方面，在开放条件下，各国的制度和政策安排是相互影响的，一个国家的制度和政策安排的变动，往往会对其他国家形成压力或影响，甚至导致相关国家不得不进行制度和政策调整。当然，各国之间也可以就制度和政策的调整进行协调。总之，在新的全球化时代，各国的改革是在开放条件下进行的，因此，改革的新思维必须体现在更加开放的心态上。各国间所进行的非接触性竞争（如上述第一方面）和接触性竞争（如上述第二方面），都会成为各国发展进程和国家治理现代化的巨大动因。

当今世界，尽管也有逆全球化甚至反全球化的现象，但总体上还是正处于各国经济更加开放和向着自由贸易方向发展的大势之下，无论是经济的、社会的，还是科学技术的力量，都强烈地推动着经济全球化潮流。在经济全球化新时代，世界各国都在奋力发展，连发达国家也绝不敢怠慢，为此甚至"奇招""怪招""损招"频出。各国

发展的历史经验告诉我们，经济全球化是良药也是苦饮，机会更多，竞争也更激烈。在此形势下，无论是低收入、中等收入，甚至高收入阶段，都可能会有风云莫测的"陷阱"，世界各国不乏落入各种"陷阱"而难以自拔的先例，以及因经济不振而遗憾地"失去"年代。今天的中国尽管国运昌盛，社会安全网相当稳固，日益健全，有力量抵御较大风险，但也绝不是无险避风港和观潮俱乐部。参与全球化竞争，与更强者过招，接受优胜劣汰的洗礼，在风险中前行，仍然是不变的人类发展主题。在经济全球化的国际竞争中，谁都逃脱不了这一铁律。

与上述新时代改革思维的开放性同样重要的是，改革新思维的全面性和协调性，即只有全面深化改革，实现国家治理体系和治理能力现代化，才能保持国家长治久安和经济可持续发展。历经 40 年改革和发展，中国经济"做大经济规模"的目标在高速增长阶段已基本达成，而"提升发展质量"已成为新时代工业化进程的主导方向。从理论上说，高增长的速度目标可以表现为一元性，即以工具性指标 GDP（或人均GDP）及其增长率为代表性核心指标，但发展质量目标则是多元化的，没有任何单一指标或少数几个指标就能刻画发展质量水平。发展质量的内容所表现出的多维性和丰富性，要求发展战略和模式选择的高度创新性和系统性，要求以新的指标体系来更全面地反映高质量发展要求及其实现程度，并以此作为国家治理有效性的显示性标尺。因此，全面深化改革，系统性地创造发展优势，协调好各方面关系，走符合实际和具有特色的道路，以各种有效和可持续方式满足人民不断增长的多方面需要，是高质量发展的本质性特征，也是国家治理体系现代化和提升国家治理能力的新思维体现。这就决定了，转向高质量发展阶段，更需要以新的系统性思维方式推进各领域的改革，形成新的发展方式、动力机制和治理秩序，使整个国家从传统发展模式转向新的发展模式，实现长期可持续发展。这不仅是中国发展的历史性转折，也是人类发展所面临的共同问题（金碚，2018）[5]。

转向高质量发展的上述改革新思维所引领的工业化新征程，在实现过程中将突出地表现为：工业化进程将转向更具高清洁化特征的道路和模式，这样的道路和模式体现了绿色发展和可持续发展的治理理念，也体现了更高文明程度（即文明质量）的治理体制要求。如前所述，在 40 年改革开放的最后五年，中国进行了"清洁风暴"行动。众所周知，清洁是文明程度的标志，就像高质量的生活体现为高水平的清洁卫生状况一样，高质量发展，必将在经济、社会和政治各领域中表现为更高的清洁化程度：生产清洁、环境清洁、政纪清洁、营商清洁、社会风气清洁。如果说以往 40 年工业化进程的巨变主要体现在"高歌猛进"规模迅速扩张上，从而使越来越多的中国人从低收入生活状态改变为中高收入生活状态，那么，未来的工业化新征程所带来的新巨变，将在很大程度上体现为中国人民将生活在各领域都具有更高清洁度的状态中，体现为以文明合规为特征的现代国家治理体系要求。综观全世界，没有哪个充满"污泥浊水"和"肮脏恶行"的国家可以称得上实现了高质量发展。清洁性将成为高质量发展的一

个重要的和具有标志性的特征，也是社会正义的重要标志之一。从这一角度看，自党的十八大以来，中国在经济、社会、环境、政法、党纪等诸多领域所进行的"清洁风暴"行动，是转向高质量发展的突出体现。这也是中国改革从以建立社会主义市场经济体制为目标，转变为以实现国家治理体系和治理能力现代化为总目标的又一个重要原因。

如果要用一个词语来刻画中国 40 年改革开放所推进的工业化进程及其成就，那么，没有比"巨变"更贴切的了。一个十几亿人口的巨大型经济体，在短短 40 年中所发生的巨变，在人类发展史上是空前的。改革开放不仅彻底改变了中国的面貌和国运，而且也改变了整个世界的工业化版图和人类发展全球态势。这 40 年的巨变，不仅使中国彻底摆脱落后，而且将开启一个新时代。进入新时代，踏上新征程，须有新理念、新体制、新战略、新举措。解放思想、改革开放、勇于创新、奋进包容，是中国 40 年加速工业化的历史留给新时代的最珍贵精神遗产。在继承 40 年改革开放精神基础上，善治为民、全面协调、清洁高质，将成为新时代改革新思维的突出体现。

参考文献

[1] [美] 杜赞奇. 全球现代性的危机——亚洲传统和可持续的未来 [M]. 黄彦杰，译. 北京：商务印书馆，2017.

[2] 金碚. 中国工业化的道路：奋进与包容 [M]. 北京：中国社会科学出版社，2017.

[3] 中华人民共和国国家统计局. 国际统计年鉴（2016）[M]. 北京：中国统计出版社，2016.

[4] 习近平. 在中国共产党第十九次全国代表大会上的报告 [N]. 人民日报，2017-10-28.

[5] 金碚. 关于"高质量发展"的经济学研究 [J]. 中国工业经济，2018（4）.

中国特色社会主义经济理论是中共百年求真变革的伟大思想奉献

摘　要：新古典经济学力图刻画出一个形式精美而没有历史过程的抽象图景。20世纪80年代，当中国经济向市场经济转型，中国的经济学界迫切需要有一套能够对一般市场经济运行状况进行描述和分析的经济学方法时，就无可选择地引入了西方主流经济学的微观—宏观范式建构，以及以其为基础的微观经济学和宏观经济学的学术体系。但是中国发展市场经济难以模仿西方国家的经济制度和治理方式，而必须立足于中国国情。这实际上也就表明，中国特色社会主义经济理论在经济学范式体系中具有独特的地位，并且必然有其独特的学术逻辑体系建构。中国共产党的百年实践和理论探索，使经济学的范式承诺根植于"多样性"的逻辑基础之上。"多样性"思维吸取了史观范式和微观—宏观范式的合理因素，从而使经济学的范式变革走过了一个"否定之否定"的辩证逻辑过程。中国共产党百年求真变革所创造的中国特色社会主义经济理论，是对丰富经济科学体系所作出的一个伟大思想奉献。

关键词：中国特色社会主义经济理论；建党百年；经济学范式变革

列宁的著名文章《马克思主义的三个来源和三个组成部分》讲述了一个深刻道理，即任何有生命力的科学理论都不可能是无源之水，而总是在继承前人思想成果基础上所获得的新发现和新发展，具有"源远流长"的基本特征。中国特色社会主义经济理论也具有这样的显著特征，她不仅是中国共产党百年实践的经验总结，而且也是在理论上继承发展、不断求真升华的思想奉献。这体现出，中国共产党不仅是植根于中国现实的实践型政党，在实践中"摸着石头过河"，而且也是深具理论底蕴和理论自觉的政党。与时俱进的理论发展，为中国共产党的百年实践探索提供了指南。

---

* 原文发表于《学习与探索》2021 年第 3 期。

一、中国特色社会主义经济理论的学术渊源

中国特色社会主义经济理论尽管具有显著的独特性和原创性，但并不是一个脱离世界经济学和经济思想长河之外的孤立表现，她不是凭空创造，也没有离开人类文明的共同大道，而是人类思想文明长河中的一个重要组成部分。她的形成与发展继承了人类思想文明的遗产，得益于同各种经济思想的相互交流与借鉴。基于中国经济发展实践的中国特色社会主义经济理论，是一个创造性发展的人类思想文明成果。她汇入世界经济学思想的长河，可以大大丰富人类世界的经济思想以及经济学体系的内容，使经济科学异彩纷呈。

中国共产党的经济思想以马克思经济理论为指导和基本原则，而马克思经济理论以古典政治经济学为来源。从学术范式上说，古典政治经济学和马克思的政治经济学，所承诺的都是经济学的史观范式，即认为人类经济活动和经济发展是一个社会历史过程，从落后到发达，其经济社会形态会发生阶段性演变，具有以物质生产活动为决定性力量的客观规律。正是在历史唯物主义意义上，古典政治经济学成为马克思政治经济学的思想来源。

在人类发展的漫长历史中，绝大多数国家都是经由工业化而实现经济现代化的。从整个世界看，与工业化前相比，现代经济增长了1500%以上，这被称为人类发展历史中"史诗般的、非常规的大事件"。人类发展几千上万年的"常态"是经济增长非常缓慢，而以工业化为核心的经济现代化则是人类发展史中的一个"奇迹"。此后的学者们力图以各种理论来解释现代经济增长的原因，即经济增长是如何发生的？提出了关于经济增长和工业化动因的各种理论，实际上，现代经济学（政治经济学）也就是在这一过程中形成和发展起来的。对这样的社会历史过程进行理论解释，体现了史观范式的思维特征。

因此，近现代经济学起先是以史观范式为主导，称为"政治经济（学）"。当时并不是一门独立学科，大学中也没有经济学院系，而是将其归为"史学""法学"或"哲学"学科中的一个研究方向或学术派别。一般认为，以1776年亚当·斯密的《国富论》（《国民财富的性质和原因的研究》）为标志，现代经济学才有了独立的学术逻辑。按照他的学术思维，政治经济学的逻辑起点是具有个人主义行为目标的"私人"。这实际上是政治经济学向经济学进行范式变革的转折点：以往的政治经济学所关注的利益主体是国家，而亚当·斯密的《国富论》尽管最终也关注国家财富，但其逻辑推演的基础却从"政治"即国家主体转向了个人主体。而且将个人行为假定为以经济理性为主导的利己主义，为此而称之为"经济人"。因此，亚当·斯密实际上发出了经济学理论范式转换的先声。

在经济学范式转换中，马克思的《资本论》是一个重要里程碑。马克思的研究是从政治经济学批判开始的：他继承了古典政治经济学的史观范式，基于历史唯物主义世界观，力图发现人类发展的客观规律。同时，又借鉴黑格尔哲学的逻辑思维，致力于构建具有高度逻辑严谨性和现象涵盖面的叙述体系，这就是《资本论》的体系结构。按照马克思的构想，经济学体系可以呈现（表述）为"好像是一个先验的结构"[1]，即以一个具演绎逻辑性质的学术体系，来严谨地展现（推演）出丰富的现实画面和历史过程。众所周知，《资本论》体系假设经济体中的"细胞"是"商品"，这成为马克思经济学的逻辑起点，即微观经济主体。然后定义和分析微观经济主体的基本性质，即从商品及其二重性（基于劳动价值论和劳动二重性）的假设出发，建立经济学的学术框架和推演出整个政治经济学体系。不过，《资本论》的内在逻辑仍然坚持历史唯物主义的史观范式承诺。马克思如果能完成《资本论》的研究和写作计划，人们将会在这个逻辑严谨和内容丰富的学术建构体系中看到人类世界经济发展历史的系统性全景画卷。遗憾的是，马克思未能完成《资本论》的写作计划。

马克思以后，到19世纪末，经济学发展的主流范式发生了根本性变化。此后的经济学，在中国称为"西方经济学"，因其是由西方经济学界在以西方资本主义经济为背景的理论假设条件下建立和发展至今。20世纪上半叶，经济学有了新的研究对象，即由苏联的社会主义革命为先导而形成的"社会主义计划经济"。以社会主义计划经济为研究对象的苏联《社会主义政治经济学教科书》，与西方经济学分道扬镳。经济学演变为"两个平行世界"。

现代西方经济学尽管也发源于古典政治经济学，但却改变了古典政治经济学的范式承诺，一般称为"新古典经济学"。新古典经济学，放弃了古典经济学（政治经济学）的史观范式承诺，而转向微观—宏观范式承诺。1890年，美国经济学家马歇尔的《经济学原理》是一个重要标志，表明了经济学从史学、法学和哲学的学术体系中脱胎出来而形成了一个可以独立门户的大学科，从此以后大学中才开始有了经济学院系，西方的现代主流经济学也就走向了以假设—推论为范式承诺的学术演化道路。

新古典经济学力图遵循这一范式承诺，刻画出一个形式精美而没有历史过程的抽象图景。按照这样的范式承诺，假定微观经济主体的行为均以自身利益最大化为唯一目标，自主决策、自由交易，就可以达到局部均衡，以至全局性的均衡状态。众所周知，这样的完美图景在现实中并没有出现，而总是发生宏观失衡现象。于是就有了以凯恩斯的《通论》所奠基的宏观经济理论。其基本逻辑是，当宏观经济发生不合意的偏离均衡现象时，作为宏观经济决策主体的政府，可以通过总需求调控来使之达到总体平衡，且能实现"充分就业"目标。这样，就实现了微观范式承诺与宏观范式承诺的衔接，形成所谓"新古典综合"的微观—宏观范式体系结构。这一范式体系结构成为如美国著名科学史学者托马斯·库恩所说的"常规科学"后，经济学研究就变得总是致力于"似乎是强把自然塞进一个由范式提供的已经制成且相当坚实的盒子里"[2]。

尽管这个体系具有许多局限，甚至有根本性的缺陷，但至今尚没有可以被广泛接受的替代范式承诺体系，根本性地动摇和颠覆它在主流经济学中的主导地位，来对市场经济的运行进行描述和分析。所以，20 世纪 80 年代，当中国经济向市场经济转型，中国的经济学界迫切需要有一套能够对一般市场经济运行状况进行描述和分析的经济学方法时，就无可选择地引入了西方主流经济学的微观—宏观范式建构，以及以其为基础的微观经济学和宏观经济学的学术体系。

但是，中国经济并非资本主义市场经济，中国经济发展有其极大的制度独特性和道路创新性。所以，随着中国经济的长足发展，仅仅用西方经济学的微观—宏观范式来"框定"中国经济发展的丰富现实已经远远不够了。习近平总书记在关于《中共中央关于全面深化改革若干重大问题的决定》（2013 年 11 月 9 日）的说明时说："理论和实践都证明，市场配置资源是最有效率的形式。市场决定资源配置是市场经济的一般规律，市场经济本质上就是市场决定资源配置的经济。""当然，我国实行的是社会主义市场经济体制，我们仍然要坚持发挥我国社会主义制度的优越性、发挥党和政府的积极作用。市场在资源配置中起决定性作用，并不是起全部作用。"[3] 那么，对于中国特色社会主义市场经济，主流经济学的范式承诺是否必须变革，才能适应于对现实经济的理论把握呢？

二、与时俱进的经济学范式变革与中国特色体系建构

基于经济学理论溯源而提出的问题，答案是明显的：集中体现了中国共产党的经济发展思想的中国特色社会主义经济理论，必然会从以西方背景为模板，且主要借鉴微观—宏观学术范式的思维方式，根本性地转向"中国特色"的思维方式。而"中国特色"的思维方式，实质上是对微观—宏观范式的变革，进入了"域观"范式的思维框架。"域"的基本含义是"范围"，按照域观范式承诺，在不同的范围（领域、场境、地区、国家等）中，必然会有不同的经济关系、经济现象和经济机制，由微观—宏观经济学范式所描述的抽象市场经济在现实中并不是一个普遍性的存在。西方国家的经济之"域场"与中国经济之"域场"各具特征，在经济理论上不可一概而论。中国发展市场经济难以模仿西方国家的经济制度和治理方式，而必须立足于中国国情。这实际上也就表明，中国特色社会主义经济理论在经济学范式体系中具有独特的地位，并且必然有其独特的学术逻辑体系建构。

按照微观—宏观范式，在分析经济问题时，通常以微观经济主体（个人或企业）与"政府"为二元结构，即假定在市场经济的竞争体系中，存在一个"政府"，承担维护市场秩序和宏观调控的功能。而这样的微观—宏观范式设想，显然同中国的现实国情不够贴切。中国经济活动中的市场主体和参与角色（行为者）与西方主流经济学

范式承诺所假定的情况存在极大差别。其中最大的差别就是：在中国的经济体系和经济发展进程中，发挥决定性作用的一个角色和重要行为者是居于执政地位的中国共产党。党的作用非常强大，但在西方经济学的范式框架中却没有（也不可能有）她的存在空间。但在中国经济学的理论体系中却不可能忽视她的存在和重要作用，也不能将她硬塞进微观—宏观范式框架中的"政府"概念之中。所以，在中国共产党的经济思想体系中，如果没有关于共产党对经济发展的领导作用的内容，则是不可思议的缺陷。实际上，如果没有共产党的存在，我们所讨论的"中国特色社会主义经济理论"也就根本不存在。

　　自新中国成立以来，中国经济的一个基本特质就是宪法所确立的共产党的执政地位和领导作用，即以党领政（共产党领导政府）和以党导经（共产党指导经济）。如果在观察和解释中国经济的理论思维中，仅仅承诺微观—宏观范式，并采用以这一范式为基础的分析方法，而无视党的存在和作用，就根本无法理解和解释中国经济发展和工业化进程。按照微观—宏观范式框架，在研究中国经济时，人们往往将党的存在和作用勉强地装进"政府"的概念中。用"政府"经济功能的行为假设来涵盖党的作用，也就是将中国经济发展中党的经济角色和作用纳入西方主流经济学范式承诺中关于政府角色的假设含义之中，这显然是非常不合适的，在学术逻辑上也难以说得通。中国共产党在中国经济运行和发展中的作用，强烈地影响着制度构建（及改革）取向、经济决策倾向和观念行为倾向，但党又不是如同经济学假设中的"政府"那样的宏观经济调控主体或管制机构，而是作为社会经济制度构建中的一个超然存在体（发挥领导力量的行为者），其作用是体现和代表全体人民利益，对解决重大社会经济问题拥有主导权和决定权。这是中国经济制度和市场经济机制最具"特色"的建构。关于中国经济发展的重要事实和文献，都离不开党的角色及其所发挥重要作用的核心内容。在中国特色社会主义经济理论体系中，如果忽视或无视中国共产党的客观存在，就不是理论逻辑的合理"抽象"，而是对客观世界的严重曲解。

　　在经济学的理论逻辑和范式框架上，承认党在中国经济中的重要地位和决定性作用，具有深刻的学术意义。它涉及经济学底层逻辑中的一个关键性问题，即个人主义同集体主义的关系，以及与此直接相关的个体活力与集中力量办大事的关系。这是从古典经济学以来，居主流地位的微观—宏观范式，直到各种不同经济学派的范式构架的根本性学术基础（差异）。

　　在微观—宏观范式承诺中，将人类理性简化为个人主义的经济理性，即假定微观经济主体的行为以追求个人利益最大化为目标。理论上也存在社会福利，所谓"社会福利最大化"尽管也被承认为社会利益目标，但并没有以"社会福利最大化"为目标的真实感受主体和决策主体，最多只是设想可以建立一个"公共选择"机制、一个市场管制（反垄断）机制和一个宏观经济调控"当局"。在微观—宏观范式承诺的底层逻辑中，真实的集体利益是不存在的，所有以集体、集团为名的利益其实都是虚拟的利

益，最终只能体现（归结）为个人利益。因为，按照那样的学术理解，只有个人才是真实利益的感受者和体验者，才会因成功而喜乐，因损失而痛苦。而公共选择机制只是一套制度程序，所作出的选择并不是真正的集体（社会）利益，而只不过是各不同利益集团之间的博弈所达成的妥协。就如同是英国脱欧公投，以微弱多数赞成就形成了难以改变的脱欧决定。没有人会认为这一决定体现了英国的全社会利益，而只不过是大家都要接受这个少数服从多数的表决程序所作出的公共选择而已。换句话说，他们并不在意有没有真正的社会利益（社会理性），所在意的只不过是必须服从基于个人利益的公共选择程序，即服从于"程序公正"。

这样的思维当然非常不符合社会主义经济的制度逻辑：社会主义承认集体利益和社会利益的真实存在。集体（社会）利益不仅是真实利益，而且高于个体利益，前者体现并影响着更多后者的利益，或者是后者利益的集中体现或权衡得失之最大"净利益"。而且，集体主义意识可以形成"集中力量办大事"的优势。按照这一逻辑，在中国特色社会主义经济学范式承诺中，显然就需要有一个代表集体（社会）利益的感知主体和决策主体。而在中国共产党的经济思想中，这个代表了集体利益和社会利益的感知主体和决策主体（即重要行为者），就是中国共产党。在理论逻辑上，中国共产党没有自己的特殊私利，她的唯一行为目标就是实现全体人民利益的最大化，理论上说就是体现社会理性或集体理性。因此，以党领政（共产党领导政府）和以党导经（共产党指导经济），既是中国特色社会主义经济的最大域观特征，也是中国共产党经济思想的现实体现。这一理论逻辑的核心是：党的领导作用与党的唯一行为目标是"全心全意为人民服务"（可以具体表达为"三个代表""科学发展""人民利益至上"等政策原则），而且两者如同一枚硬币的两面，绝对密不可分，这才能在底层逻辑上构成其经济思想的基础。因此，在中国共产党的领导下，中国经济发展战略和政策安排，可以兼顾短期、中期、长期目标，任何利益冲突都可以在社会理性主导下得以协调，形成一致。从新中国成立至今，按照每五年一个周期制定经济发展的中期规划，进而以"两个百年"[①]的长期目标为指引，可以有力地推动中国经济发展向着既定方向迈进。这就是社会理性或集体理性的现实体现和决策机制。这样的制度逻辑在微观—宏观范式承诺框架中是不存在的，在现实中，其他市场经济国家也不会有这样的制度安排和政策程序。

按这样的理论逻辑来观察，新中国成立后70多年的经济发展历史基本上是由中国共产党的行为和决策（通常是党的重大决议和重要会议）来划定分期的；不同发展时期的经济秩序规则、战略决策倾向以至社会行为心理状态，都受到党的意志和行为的直接影响；甚至判断行为和思想观点的"正确"与否，以及安排政策目标的优先顺序，

---

① 党的十八大报告提出"两个一百年"奋斗目标：第一个一百年，是到中国共产党成立100年时（2021年）全面建成小康社会；第二个一百年，是到新中国成立100年时（2049年）建成富强、民主、文明、和谐、美丽的社会主义现代化强国。

也受制于党的意志和决定。而政府的行为，包括经济发展规划、重大经济决策、体制机制安排等，都是在党的领导下作出的；政府的经济政策方向以至战略安排等，总是在党中央的政治局会议或"经济工作会议"中确定的。总之，党的角色和行为所发挥的重大作用，是直接影响和决定中国经济运行和发展走势的关键因素（核心力量）。而作为社会利益和全体人们利益的代表，则是对党的性质的根本要求。基于这一根本性质，党才会有其自身的决策逻辑和规程，保证决策取向的明确一贯。

当然，现实的路径难以笔直，经济体系任何层面的具体决策都可能发生错误，需要有其"试错""纠错"机制。在中国共产党的经济思想中，以及据此而进行的制度安排中，具有自我纠错机制的领导和监督制度，也是其不可或缺的有机组成部分。在中国共产党领导中国经济建设和经济发展历史上，党的避错纠错机制也发挥着重要作用。这不仅集中体现为体制改革的持续推进，而且表现为治理体系的不断改进和现代化。

2013 年的党的十八届三中全会，首次定义了市场在资源配置中的"决定性作用"，并更加明确强调了公有制经济和非公有制经济的同等重要性；而且提出："全面深化改革的总目标是完善和发展中国特色社会主义制度，推进国家治理体系和治理能力现代化。"这体现了新时代中国共产党关于经济发展的新思想，很大程度上也是对中国共产党领导中国经济发展百年历程的经验反思和认识提炼。以有效的秩序规则体系和治理机制，尽可能避免错误和化解风险，是市场经济顺利运行的客观需要，特别是在以集体主义为导向的决策体制中，更需要有避错纠错的有效机制及其稳定的制度安排。总之，只有实现国家治理体系和治理能力现代化，共产党才能更好地领导中国经济沿着正确的道路持续发展。

三、从单一性思维到多样性思维的理论逻辑演变

直到 20 世纪 70 年代，"世界革命"的思维仍然主导着世界社会主义阵营，中国共产党尽管坚持实事求是的精神，但在既缺乏基本经济理论支持，又没有实践经验的条件下，其经济思想难免受到单一性思维的主导或影响，即力图将丰富的现实硬装进社会主义计划经济的思维框架之中。既扭曲了现实，又僵化了理论。

20 世纪 80 年代以来，中国共产党经济思想的变革集中体现为关于中国特色社会主义经济学的理论创新。这就遇到一个无法回避的问题：在世界的经济学体系中，中国特色社会主义经济学居于怎样的地位呢？这又涉及一个根本性的思维观念：世界上是只能有一种可以称为"科学"的经济学，还是可以有多种不同的经济学科学体系？这个问题有点像医学：是只承认西医是唯一的科学，还是也可以有另一种中医科学？笔者曾指出："致力于探索中国特色社会主义经济学必须基于一个最基本最底层的学术范式承

诺：相信世界上的经济学科学体系并非'只有一种'，而是可以有多种经济学科学体系（各种学派共存），从而反映多元化和多样性的人类经济社会现实。换句话说，以具有不同域观形态（特色）的经济体或经济现象为研究对象，就可以形成不同的经济学科学体系。世界和而不同，即使是高度全球化的经济也必然是一个异质性差异化的域观世界，所以，'域观特征'是经济学范式承诺的一个重要基因，并与另一个重要基因——'经济理性'共存：前者为特性之因，后者为共性之因。经济世界以及刻画经济世界的经济学因此而丰富多彩。中国特色社会主义经济学则是经济学世界大家庭中的一个中国成就和中国贡献。"[4]客观地说，对于许多坚持主流经济学范式承诺的经济学家，这是一个不容易接受的思维观念。

受主流经济学范式思想支配的经济学家都擅长于用"微观—宏观"即"市场—政府"的范式来刻画现代经济发展过程的逻辑，形成并不断强化市场经济运行和发展的"神话观念"。但对于中国经济的运行和发展，以及她的历史过程，是难以用这一学术范式来刻画和解释的。从根本上说，中国经济有其重要特性，是不可能与美国等西方市场经济国家同质的。这不仅是思想的意识形态差异，而且是由人类发展的历史过程所决定的。

之所以如此，从理论根基上看是因为与西方主流经济学以抽象的"经济人"假定为逻辑起点不同，马克思认为，"人的本质并不是单个人固有的抽象物。在其现实性上，它是一切社会关系的总和"。[5]因此，中国共产党经济思想的底层逻辑并不是基于具有抽象人性的个人，而是中国实现经济发展的实践总结，相信"实践是检验真理的唯一标准"。也就是说，"'中国事实'是中国特色社会主义经济学学术体系的逻辑起点，所以，对基本中国事实的把握以及在此基础上的概念抽象（定义和理论描述）是研究中国特色社会主义经济学的关键之一。在研究过程中，主流经济学的微观—宏观范式承诺所进行的概念抽象可以借鉴和有选择地吸取，而通过对中国现实经济关系和现象的深入观察和理论剖析，形成对'中国事实'的经典性学术刻画，则是探索建立中国特色社会主义经济学的更重要工作。总之，中国特色社会主义经济学既是以往经济学研究历史遗产的继承，也是基于新的范式承诺的重大学术创新"。[4]

尊重事实是科学认识的最基本要求。人类经济发展确实发生过西方工业化和现代经济发展的"西方事实"；但是，中国经济也有不同于西方历史的"中国事实"，特别是中国共产党领导的中国崛起，创造了无可否认的中国经济发展的成功事实。基于"中国事实"的中国共产党经济思想，也深刻体现了人类关于经济发展客观规律的共识，包括对其更具包容性的理解。所以，尽管西方主流经济学的微观—宏观范式在中国可以成为具有一定借鉴意义的经济学思维因素，但同时也必然存在同西方经济学的主流范式体系相并立的中国特色社会主义经济学，形成新的范式承诺基础，构建新的理论体系。

那么，更深入一步，或从另一个角度看，以"中国事实"为基础的中国特色社会

主义经济理论，能否得到那些思维观念被主流经济学范式框定之人的认同或理解？如何化解"道不同不相为谋"的对话障碍，也是中国共产党所面临的一个现实挑战。不同思想的相互理解无法强求，但各种思想的交流则可以助推人类文明进程。让叙述中国事实的"中国故事"，抵达人心、深入人心、征服人心，使中国实践和中国思维能在世界的更广范围中可对话、可理解、可接受，是中国共产党经济思想建设和沟通传播的一个世纪工程。

据此而言，中国经济融入全球经济，其通畅性和亲和力就绝不只是一个纯粹的器物性经济现象，在很大程度上也是一个观念现象和传播现象，而且将越来越是一个各类文化相融和不同文明交汇的人类发展现象。特别是当人类发展进入信息化、互联网和大数据时代，经济活动的物质性和精神性更加难以割裂。中国共产党经济思想的实践能动性和可检验性，使之可以用"中国故事"告知世界：发展不是单行线，并非"西化"一条路；思想不是一家言，并非真理唯美欧。各国都可以从自己的国情出发，走具有各自特色的经济发展道路。承认多样性，怀包容之心，人类发展的道路才能更加宽广。

习近平总书记在 2021 年世界经济论坛"达沃斯议程"对话会上的特别致辞中说："世界上没有两片完全相同的树叶，也没有完全相同的历史文化和社会制度。各国历史文化和社会制度各有千秋，没有高低优劣之分，关键在于是否符合本国国情，能否获得人民拥护和支持，能否带来政治稳定、社会进步、民生改善，能否为人类进步事业作出贡献。各国历史文化和社会制度差异自古就存在，是人类文明的内在属性。没有多样性，就没有人类文明。多样性是客观现实，将长期存在。"[6]

美国麻省理工学院著名教授阿莱克斯·彭特兰的团队对中国进行研究，得出结论，"在中国这个或许是地球上最具创新性、变化最快的社会中，多样性是迄今为止最大的影响因素"[7]。

多元共存、和而不同、创新变革，是世界经济发展的基本特征，也是经济学范式变革的方向。近现代以来，经济学的发展表现为从史观、微观、宏观，到域观的范式变革[8]，正体现了经济理论的范式承诺从单一性思维向多样性思维的演变：从经济科学的范式演化过程来看，史观范式为发现社会经济发展的客观规律及其丰富过程提供学术逻辑基础；微观—宏观范式以抽象的主体同质性假定为逻辑起点，推演和想象了一个经济资源配置"最优化"的图景；而中国共产党的百年实践和理论探索，使经济学的范式承诺根植于"多样性"的逻辑基础之上。"多样性"思维吸取了史观范式和微观—宏观范式的合理因素，从而使经济学的范式变革走过了一个"否定之否定"的辩证逻辑过程。

中国共产党的百年实践和理论创新，契合了这一思维演变的基本轨迹。在新时代，认同多样性域态共存，将成为经济学最基本的范式承诺。能否确立这样的思维构架，决定着人们所认知的世界图景和所追求的想象世界[9]。从这一意义上说，中国共产党

百年求真变革所创造的中国特色社会主义经济理论，是对丰富经济科学体系所作出的一个伟大思想奉献。

中国共产党以实践探索为理论之母，以思想解放为真理之舟，百年历程一路走来。在办好自己国内事情的基础上，进一步将多样性思维推向世界。时至今日，冲破既有经济学范式的思维约束，摒弃单一性偏执观念，确认和践行中国经济多种成分并存、多元一体发展的中国特色社会主义经济发展方向，并承认和主张全球经济的多种制度共存和多边主义共治的原则，已经成为中国共产党经济思想及政策取向的基本特征。

参考文献

［1］［德］马克思. 资本论［M］. 北京：人民出版社，1975.

［2］［美］托马斯·库恩. 科学革命的结构（第四版）［M］. 金吾伦，胡新和，译. 北京：北京大学出版社，2012.

［3］习近平谈治国理政（第1卷）［M］. 北京：外文出版社，2014.

［4］金碚. 论中国特色社会主义经济学的范式承诺［J］. 管理世界，2020（9）.

［5］马克思恩格斯选集（第1卷）［M］. 北京：人民出版社，1972.

［6］习近平. 让多边主义的火炬照亮人类前行之路——在世界经济论坛"达沃斯议程"对话会上的特别致辞［M］. 北京：人民出版社，2021.

［7］［瑞士］卡洛斯·莫雷拉，［加］戴维·弗格森. 超人类密码［M］. 张羿，译. 北京：中信出版集团，2021.

［8］金碚. 试论经济学的域观范式——兼议经济学中国学派研究［J］. 管理世界，2019（2）.

［9］金碚. 探索推进经济学范式变革［N］. 人民日报，2019-04-08（009）.

中国共产党经济发展思想百年变革研探[*]

金 碚

摘 要：中国共产党的经济发展思想密切联系实际，具有高度的实践能动性特征，其真理性直接体现为可检验的行动成效，即中国经济发展和民生改善的实际成果，理论见之于实践，实践哺育着理论。全世界很少有像中国共产党这样直接肩负国民经济长期发展使命、全方位投入经济发展实践、具有丰富的经济发展思想积淀、发挥引领经济发展的决定性作用并取得巨大经济成就的政党。中国共产党的经济发展思想，从过去执著地向往计划经济，到改革开放以来赞同和坚持市场经济的转变，体现了极大的理论勇气，获得了很大的成功。不仅在实践中取得实效，而且更具根本性和深刻性的是，这一巨大转变深得民心。中国特色社会主义经济理论的学术基础从计划经济的范式思维，彻底转向了市场经济的范式思维。冲破既有经济学范式的思维约束，确认和践行中国经济多种成分并存、多元一体发展的方向。在非同质国家间和非匀质"规则空域"格局中，进行规则衔接和实现公平的自由贸易。这是中国经济发展"奇迹"对世界提出的新课题，也是中国共产党经济发展思想所面对的重大问题。

关键词：中国共产党；经济发展思想；中国特色社会主义

中国共产党是以马克思列宁主义为指导思想的政党。中国共产党的经济思想同其政治路线、所处国际政治形势以及对时代特征的判断密切相关。在战争和革命年代诞生的政党，建党以后相当长的一段时期经济工作完全服从于革命战争。1949 年取得解放战争的全国胜利后，建立新中国，中国共产党成为执政党，从以革命夺取政权的革命党，转变为以建设社会主义制度和实现民族复兴、国家富强为宗旨的全民领导者。从"在战争中学习战争"转向从经济建设中学习经济。到 20 世纪 70 年代末 80 年代初，中国共产党的经济发展思想发生根本性转变和勇敢的理论创新，也同世界政治经济的时代演变以及经济全球化格局的重大变化直接相关。中国共产党对马克思主义经济理论进行创造性发展，形成新时代的经济发展思想，指导中国经济发展的实践，彻

---

* 原文发表于《当代经济科学》2021 年第 43 卷第 4 期。

底改变了中国贫穷落后的面貌，创造了人类经济发展史上的罕见业绩。与此同时，中国经济发展的巨大成就也检验和丰富了中国共产党经济发展思想的真理性。中国共产党的经济发展思想密切联系实际，具有高度的实践能动性特征，其真理性直接体现为可检验的行动成效，即中国经济发展和民生改善的实际成果，理论见之于实践，实践哺育着理论，这也是对全世界的经济理论创新发展所做出的独特贡献。全世界很少有像中国共产党这样直接肩负国民经济长期发展使命、全方位投入经济发展实践、具有丰富的经济发展思想积淀、发挥引领经济发展的决定性作用并取得巨大经济成就的政党。

一、以革命方式实现生产关系适应生产力发展的要求

中国共产党成立于第一次世界大战后的 1921 年，至今已经 100 年。从经济发展思想演变的历史背景看，这 100 年大致可以划分为三个历史阶段：战争时期、向往计划经济的时期和转向市场经济的时期。在这三个历史时期，中国共产党的经济思想发生了极具世界意义的重大变革。而生产力决定生产关系、经济基础决定上层建筑，这个马克思主义的基本原理则一直是中国共产党经济发展思想变革的理论基础和逻辑主线。

在中国共产党成立后的二三十年间，世界处于帝国主义世界大战和民族解放运动时代，中国处于抵抗外敌入侵和解放战争时期，那个时代的主题是战争与革命。那时的中国经济整体上属于"半殖民地、半封建"性质，而战争与革命的爆发则使中国经济在空间上具有割据特征：全国大体分割为政府控制、外国控制（包括"租界"和"沦陷"）和共产党控制三类地区。在共产党控制的地区，实行公有制经济、合作经济和私人经济并存的制度。一方面具有战时经济的特征，即经济建设为革命战争服务；另一方面具有向着新经济制度发展的政策取向。毛泽东明确指出："我们的经济政策的原则，是进行一切可能的和必要的经济方面的建设，集中经力力量供给战争，同时极力改良民众的生活，巩固工农在经济方面的联合，保证无产阶级对于农民的领导，争取国营经济对私人经济的领导，造成将来发展到社会主义的前提。"[1]

就上述三种经济成分而言，中国共产党遵循对马克思列宁主义的理解，并结合中国经济（主要是农村地区）的实际状况，形成多种经济成分并存的格局，并且分别对其持不同的政治立场和态度。其中，对公有制经济（国营经济）具有方向性的本质认同；对于集体合作经济也认同其为现实生产力水平下的一种公有制经济实现形式；而对私有经济则是承认其在当时国情下的积极作用。按照毛泽东的分析，"现在我们的国民经济，是由国营事业、合作社事业和私人事业这三方面组成的""国营的工业或商业，都已经开始发展，它们的前途是不可限量的。""我们对于私人经济，只要不出于政府法律范围之外，不但不加阻止，而且加以提倡和奖励。因为目前私人经济的发展，

是国家的利益和人民的利益所需要的。""合作社经济和国营经济配合起来，经过长期的发展，将成为经济方面的巨大力量，将对私人经济逐渐占优势并取得领导的地位"。[1]

"在这个阶段上，一般地还不是建立社会主义的农业，但在'耕者有其田'的基础上所发展起来的各种合作经济，也具有社会主义的因素"。[2]在政策安排上，强调"中国的经济，一定要走'节制资本'和'平均地权'的路，决不能是'少数人所得而私'，决不能让少数资本家少数地主'操纵国计民生'，决不能建立欧美式的资本主义社会，也决不能还是旧的半封建社会"[2]。直到共产党即将获得全国政权前夕，在理论观念和党的路线上一直明确定向为："建立一个新民主主义的中国"。[3]

马克思的经济理论主要关注的是资本主义经济高度发达条件下的客观规律和社会形态演变趋势，从而预见了资本主义经济发展将必然导致的社会演变方向，即从资本主义社会向共产主义社会的演进[4]。而中国共产党所领导的革命则处于前资本主义阶段的经济状况，而且其主要经济活动范围是在农村，以农村包围城市的方式，逐步走入城市。其遵循的马克思主义理论基础是：经济活动支持革命战争，以革命的暴力手段打碎阻碍生产力发展的落后生产关系和上层建筑，建立新中国，以适应生产力发展的要求[5]。因此，在中国，共产党领导的具有社会主义方向的革命行动，与人民解放战争同行，后者为前者创造条件，体现"上层建筑反作用于经济基础，生产关系反作用于生产力"的辩证关系，也体现了马克思主义对于实践与理论关系的唯物辩证思想。

毛泽东说："马克思列宁主义来到中国之所以发生这样大的作用，是因为中国的社会条件有了这种需要，是因为同中国人民革命的实践发生了联系，是因为被中国人民所掌握了。任何思想，如果不和客观的实际的事物相联系，如果没有客观存在的需要，如果不为人民群众所掌握，即使是最好的东西，即使是马克思列宁主义，也是不起作用的。我们是反对历史唯心论的历史唯物论者。"[6]

总之，在革命战争时期，中国共产党遵循马克思的历史唯物论，以革命和战争手段来实现生产关系适应生产力发展的客观历史要求，实际上就是进行"政治是经济的集中体现"的伟大实践。

二、战斗思维在经济建设实践中的发扬及其局限

革命战争的胜利和新中国的诞生，使中国共产党肩负起了国家经济建设的历史重任。中国共产党必须根据对时代特征的基本判断来确定自己的经济建设方针。当时的时代特征是：世界处于"大分化，大改组"时期。由于中国革命的胜利，壮大了世界社会主义的力量，但为时不长就发生了社会主义阵营的分裂，从社会主义同资本主义

对峙的世界政治经济格局演变为美苏冷战与"三个世界"划分的新格局①。因此，在那个年代，中国共产党的使命目标，就是要在世界"大乱"的力量重组中，使社会主义中国立于不败之地。为此，在经济建设上必须有应对性的特殊作为。

因此，依历史的逻辑而顺理成章的战略方向就是，发挥中国共产党丰富的革命战争经验，发扬战斗思维和传统精神，将经济建设当作另一场"仗"来打。战斗思维在经济建设中的表现，就是依靠政治激励形成动员热情，即发动群众，打"人民战争"，以突击方式实现经济目标。在想象中，这样似乎可以形成一种低成本、低投入的经济增长方式，有可能取得意想不到的"奇迹"般成效。在现实中，尽管在某些领域，特别是经济关系比较简单，经济建设的具体目标比较易于确定和把握的领域，可以取得重大成效，但在更多更复杂的领域，往往事倍功半，反而导致高成本、低效率以及结构性的失衡现象。特别是，由于政治因素的引导，使经济决策受到政治运动的强烈干扰，往往使经济工作跑偏方向，脱离正轨。

当然，以战斗思维和政治动员方式推动经济建设，在一定领域，为达成特殊目标，特别是具有强烈的国际对抗性质和维护国家安全利益的目标，是可能取得一定成效的，这实际上是很大程度地沿用了"战时经济"方式，来达到非常态性目标。例如，为了"备战备荒"，进行"三线建设"，完成"两弹一星"研发项目等，从国家安全利益上说具有重要战略意义，因而主要算政治账，不算经济账，只要能够"打胜仗"，可以不惜代价付出牺牲。当年的口号叫"一不怕苦，二不怕死"。其榜样就是战争年代的黄继光和董存瑞等英雄战士，他们都是宁可牺牲自己的生命也要争取战争胜利的战斗英雄。这种战斗精神固然可嘉，令人感动，但是，如果将这样的方式向一般经济领域推广，以"政治挂帅""突出政治""抓革命，促生产""宁可少活20年，也要拿下大油田"（大庆油田工人王进喜语）的动员精神和行政指令机制来进行经济建设（体制上实行准军事化组织形式），则难以实现可持续的成效。这实际上是将"战时"与"平时"相混淆，期望将"战时"方式运用于经济常态，往往会因"打破常规"而陷于无序。力图以非经济的"政治运动""政治挂帅""突出政治"方式推进经济发展的思维定势，在相当长一段时期内影响着中国经济发展的政策和策略。实际上，新中国成立之后的二三十年里，在政治意识和战略方向上一直处于"准备打仗"的状态。其结果是，虽然可以取得一些"胜仗"，但却会使整个国民经济失去平衡。革命英雄主义行为可歌可泣，人民为此而付出的牺牲不容贬低，但因无视经济规律和经济效益而导致国民经济几乎到了"崩溃边缘"，却成为必须永远吸取的历史教训和所付出的高昂"学费"。

战斗思维在组织上的表现，必然是集权化、行政化、等级制，甚至实行半军事化体制，并将其视为经济组织的高级形态，在一些具有战略重要性的经济领域直接实行

---

① 按照"三个世界"划分的理论，美国和苏联两个超级大国是第一世界，发达资本主义国家是第二世界，广大发展中国家及不发达国家属于第三世界。

军事化半军事化的组织形式，并使之成为其他经济组织学习的榜样（各行各业都要"向解放军学习"，甚至在组织形式上进行模仿）。这种体制具有自我强化的"循环累积"效应和"强力吸纳"效应，将越来越多的经济活动和组织机构纳入行政性的"体制内"，形成严格的科层级别体系，要求"统一计划、统一指挥、统一行动"。这就违背了正常经济活动的客观规律，抑制了经济活力。

总之，新中国成立以来的相当长一段时期，中国共产党的经济发展思想倾向于：以政治和行政力量推进经济发展，以战斗或备战思维应对各种矛盾冲突，经济活动完全被嵌入了政治运动之中，依赖于政治号召力，具有强烈的非常态动员性。这实际上是战争和革命年代"经济为政治服务"思想的延续。实践证明，战斗精神和奋勇传统是可贵的，但也决不可盲目夸大战斗思维的主观意志，而脱离现实和违背客观规律。

三、向往计划经济和偏航的"大跃进"

经过 1949～1952 年的国民经济恢复时期，中国经济基本恢复了战争时期所造成的损害。转向经济建设的常态，需要遵循一定的经济发展思想。从对马克思主义经典作家关于未来社会经济形态猜想的粗浅理解出发，加之长期形成的坚强领导力和严密组织系统，使中国共产党对在中国实行计划经济具有很大信心。1953 年开始实行国民经济的第一个五年计划，形成了关于党在那个时期的总路线的完整表述，即："从中华人民共和国成立，到社会主义改造基本完成，这是一个过渡时期。党在这个过渡时期的总路线和总任务，是要在一个相当长的时期内，逐步实现国家的社会主义工业化，并逐步实现国家对农业、对手工业和对资本主义工商业的社会主义改造。"[7]

邓小平 1957 年 4 月在所作报告中明确指出："我们前一个阶段做的事情是干革命。从去年农业、手工业和资本主义工商业的社会主义改造基本完成时起，革命的任务也就基本上完成了。今后的任务是什么呢？革命的任务还有一部分，但是不多了。今后的主要任务是搞建设。"[8]

1958 年，党的八大二次会议，制定了经济建设总路线："鼓足干劲，力争上游，多快好省地建设社会主义。"后来，中国共产党对总路线进行了总结反思。党的十一届六中全会通过的《关于建国以来党的若干历史问题的决议》指出："一九五八年，党的八大二次会议通过的社会主义建设总路线及其基本观点，其正确的一面是反映了广大人民群众迫切要求改变我国经济文化落后状况的普遍愿望，其缺点是忽视了客观的经济规律。"[9]因为，这一总路线在实行中主要表现为以等级计划和政治动员方式追求经济数量扩展的"大跃进"，以脱离现实国情的政治主观意识打乱了经济秩序。

薄一波在总结历史经验时说："经济决策不可盲目跟着政治风向跑。""1958 年的'大跃进'，就是 1957 年整风、反右派和随后的'反右倾保守'、批评反冒进在经济发

展方面的回应。'大跃进'本身就是经济决策跟着政治风向跑的结果。"[9]这一认识是相当宝贵的历史经验和反思。在经济发展道路上，"大跃进"是一次抱有不切实际愿望的偏航或冒进，因政治意愿和群众热望而偏离了经济发展客观规律的航道，盲目追求高指标，严重超出现实国力，甚至期望在短时期内就能"超英赶美"，结果却是欲速而不达，严重破坏了国民经济比例，为此付出了沉重代价。

20世纪50～70年代上半期，中国共产党向往计划经济，实行"总路线"和"大跃进"的经济政策，以至发动"文化大革命"，进行与"党内走资本主义当权派"的阶级斗争，同对时代特征的判断直接相关。当时中国共产党认为，世界处于资本主义与社会主义殊死斗争时期，而社会主义阵营中又出现了"修正主义"的背叛。在经济上就会表现为社会主义计划经济与资本主义市场经济的较量。而且认为，帝国主义和修正主义国家"亡我之心不死"，对社会主义中国进行经济和技术封锁。这就迫使中国必须独立自主，自力更生，奋发图强，超越发达资本主义国家，"跑步进入共产主义"。在这一历史时期，对时代特征的判断和对计划经济的向往，加之受"战争"和"阶级斗争"意识的主导，使得中国经济组织形式越来越向行政性的科层化方向演变。从表象上看，这似乎也同关于社会主义公有制基础上的计划经济的理论想象相吻合，因而在观念上形成一种定势：以所有制形态来划分经济组织的"先进"与"落后"、"高级"与"低级"。在实践中就表现为要力争使经济组织的所有制性质不断"升级"，形成向往"公有制高级阶段的全民所有制经济"的社会心理，在政策安排上也越来越向"公有制高级形式"倾斜。

由于受经济落后的实际国情所限，尽管在主观上希望实行计划经济，实际上，中国经济从来没有达到过计划经济的标准。中国共产党毕竟具有实事求是的优良"基因"，尽管在观念上向往计划经济，相信计划的合理性和先进性，但在具体政策和制度安排上仍然一直保留了公有制经济的多种实现形式，实行全民所有制和集体所有制两种公有制。集体所有制还分为"大集体"和"小集体"，理论上说，前者为全行业劳动者集体所有，后者为本单位劳动者集体所有。而且，也没有完全消灭私人所有制，并允许存在个体工商户。只是在观念意向上期望尽可能快地将低级形态的所有制形式提升为高级形态的所有制形式。其理论基础是：一方面不得不承认中国经济落后的事实，不能勉强地搞全面国有经济；另一方面又力图通过发挥上层建筑对经济基础的反作用，依靠人的主观能动性及社会主义制度的优越性，来进行"改天换地"，超越历史阶段，实现新社会理想。而现实情况则是，尽管在经济工作中可以采取一些指令性经济计划方式，但在根本的社会经济形态上，是难以系统体现计划经济逻辑的。主观上意图实行高级社会经济形态的"计划经济"，实质上反而落入了由于观念偏差和脱离实际而形成的思想桎梏之中。

应该承认，在那个时期，借鉴国际经济学界的"大推进"理论和得到苏联等社会主义国家的援助，中国经济建设也取得了一些不可否认的成就，有些计划性项目对于

中国工业化进程具有奠基性的贡献；但面对不合理想的现实，中国共产党也越来越认识到，对于马克思主义经济理论的认识是有局限性的。对理论的信仰缺乏实践经验的支持，没有始终坚持实事求是原则，陷入理论上的盲目性和实践上的盲动性，反而束缚了经济发展思想的创造性。现实表现就是，尽管中国经济有了发展，但经济关系严重失调，人民生活极度困难，甚至走到"国民经济濒临崩溃的边缘"。可以说，那是在向往计划经济的探路中所发生的一次严重的偏航，在未获成功的实践尝试中，留下了深刻的历史教训。

不过，中国共产党毕竟是一个具有实事求是思想传统的政党，归根结底还是尊重现实和实践的。早在1956年4月，毛泽东在其《论十大关系》讲话中就说："提出这十个问题，都是围绕着一个基本方针，就是要把国内外一切积极因素调动起来，为社会主义事业服务。""什么是国内外的积极因素？在国内，工人和农民是基本力量。中间势力是可以争取的力量。反动势力虽是一种消极因素，但是我们仍然要做好工作，尽量争取化消极因素为积极因素。在国际上，一切可以团结的力量都要团结，不中立的可以争取为中立，反动的也可以分化和利用。总之，我们要调动一切直接的和间接的力量，为把我国建设成为一个强大的社会主义国家而奋斗。"[10]如果按照这样的思维逻辑，那么很显然，计划经济的理论逻辑是难以成立的。国家经济计划的指令性体系怎么可能囊括和驾驭"调动一切直接和间接的力量"的经济发展大局？可见，由于实践的教训，中国共产党人在早年就开始对经济发展的理论认识有所反思，而且勇于自我批评。历史地看，毛泽东当年的这一思考，实际上也为20世纪70年代后期开始的全党思想解放，着眼于调动一切力量，全力发展经济的改革开放时代，埋下了伏笔。

四、思想解放的力量和市场经济的大道

历史教训促使深刻反思，中国共产党经济发展思想的实质性变革和重大进步始发于20世纪70年代后期。面对严峻的事实，邓小平说："经过差不多一年的讨论，到一九七八年底我们召开了十一届三中全会，批评了'两个凡是'，提出了'解放思想，开动脑筋'的口号，提倡理论联系实际，一切从实际出发，肯定了实践是检验真理的唯一标准，重新确立了实事求是的思想路线。"他还深刻地反思："我们干革命几十年，搞社会主义三十多年，截至一九七八年，工人的月平均工资只有四五十元，农村的大多数地区仍处于贫困状态。这叫什么社会主义优越性？因此，我强调提出，要迅速地坚决地把工作重点转移到经济建设上来。十一届三中全会解决了这个问题，这是一个重要的转折。"确认了实践是检验真理的唯一标准是党的思想路线的根本原则。可以说，在那一历史关头，中国共产党处于看似可以选择，实则别无他途的境地，如果不能把经济搞上去，就有被"开除球籍"的危险。所以，"从十一届三中全会到十二大，

我们打开了一条一心一意搞建设的新路"[11]。实际上这条新路是必由之路,是逼出来的思想醒悟。

邓小平所说的"一切从实际出发",不仅是指对中国经济状况的客观认识,而且包含了对国际政治经济形势实际状况的基本判断,即认识到,世界整体上已经不再是以战争与革命为主题,而是处于以和平与发展为主题的时代。所以,"中国对外政策的目标是争取世界和平。在争取和平的前提下,一心一意搞现代化建设,发展自己的国家,建设具有中国特色的社会主义"。"总之,我们诚心诚意地希望不发生战争,争取长时间的和平,集中精力搞好国内的四化建设。"[11]可以说,从新中国诞生直到20世纪70年代末80年代上半期,中国共产党才真正从"战争意识"转变为和平发展意识。

时代特征不可误判,客观规律不可违背,历史进程不可逾越,那么,如何看待现阶段中国经济的性质呢?中国共产党遵循"实践是检验真理的唯一标准"的马克思主义观点,大胆解放思想,排除传统观念的约束,对中国经济的性质和发展阶段以及运行体制机制作出了新的判断,发生了在国际共产主义运动史上石破天惊的思想革命。

第一,坚持中国是社会主义经济,但承认中国将长期处于"社会主义初级阶段",这就可以摆脱只有社会主义高级阶段才可能实行的"计划经济"的观念约束。至于到了社会主义高级阶段是不是就能实行计划经济,或者将实行什么样的计划经济,则可以留待未来的实践来回答。思想的解放,使得道理可探索,想象力飞扬,大大拓宽了经济发展选择空间。在理论逻辑上,实现这样的突破,具有极大的创造性,可以说这是中国共产党人对马克思主义经济思想真正的"创造性发展",表现出极大的理论勇气。因为,对马克思主义的社会形态发展阶段划分理论的传统理解是:人类社会发展分为原始社会、奴隶社会、封建社会、资本主义社会和共产主义社会五个基本阶段和社会形态。按这样的社会形态划分,共产主义的前提是资本主义经济充分发达,社会形态必须适应高度发达的生产力而进行变革。而在现实中,当资本主义已经无法容纳生产力的发展需要,社会矛盾已经难以调和而必须进入新的社会形态,但实行共产主义又还没有具备充分条件时,也可以设想将共产主义社会划分为两个阶段,即低级阶段和高级阶段,而其低级阶段可以称为社会主义阶段。也就是说,在传统理解中,"社会主义"在本质上就是"共产主义",因而如果存在不符合共产主义的现象社会就会进行调整,使之早日向全面符合共产主义性质的高级阶段过渡。这就是新中国建立后,试图以"不断革命"或"继续革命"的方式,消灭各种资本主义现象,甚至激烈批判含有"资产阶级法权"因素的一些现行经济关系(如"按劳分配"制度)的思维逻辑。而当中国共产党勇敢提出,中国将长期处于社会主义初级阶段时,实际上就是认定了,中国经济发展水平,即生产力状况,不仅远离共产主义高级阶段,而且要达到作为共产主义低级阶段的社会主义经济的发达阶段,也还有漫长的路要走,即现在还处于"共产主义低级阶段"中的"初级阶段"。与其不着边际地仰望共产主义星空,还不如脚踏实地发展好现实经济,完成工业化和经济现代化。这可能就是邓小平所说

的"一心一意"和"心无旁骛"的深刻含义。

第二，社会主义初级阶段理论的最大现实意义是，可以为市场经济正名而铺路，为解脱计划经济的观念约束而规避意识形态纠缠。这样，中国共产党实际上就已经在政治方向上实现了重大突破，松动了观念禁锢，开放了可以允许理论界进行大胆探索的思想空间。于是，自党的十一届三中全会起，经过艰难的理论钻研和实践体验，在政策表述上进行步步为营的渐进式突破。既考虑理论逻辑的严谨性，又考虑广大干部群众的可接受性，为思想转换留下缓冲地带。长期以来，人们所接受的观念是：社会主义同资本主义性质的根本区别就在于前者实行计划经济，后者实行市场经济；计划经济没有商品，只是按需要生产产品；而市场经济则是商品经济，绝大多数产品只有进入市场交换，才有价值。现在却要转变为，承认社会主义也可以搞市场经济，也还是商品社会，这确实是一个颠覆性的理论变革，难以一蹴而就。因此，20世纪80~90年代，是一个艰难的理论探索时期，也是真正让中国经济的改革开放迈上大路的关键时期。其理论表述和政策宣示的变化：从"计划经济"到"有计划的商品经济"，再到"计划经济为主，市场调节为辅"，进而又到"有计划的市场经济"，直到明确认识社会主义也可以是市场经济，不再提"计划经济"，其观念转变的旅途充满曲折和风险。不过，中国共产党的体制可以保证实事求是的集体主义意识的统一，只要形成了"实践是检验真理的唯一标准"的共识，加之邓小平的个人威望（告诫人们"不再争论"），接受市场经济同社会主义经济相容的理论，反倒有了水到渠成的可能。1993年11月召开的党的十四届三中全会，通过了《中共中央关于建立社会主义市场经济体制若干问题的决定》。十年后的2003年10月，中国共产党第十六届中央委员会第三次全体会议通过了《中共中央关于完善社会主义市场经济体制若干问题的决定》。一旦在理论上彻底给市场经济正名，就让中国经济发展可以海阔天空。对内可以进行大刀阔斧的经济体制改革；对外可以大胆开放，结束闭关自守的封闭思想，同世界经济全面接轨，全方位融入经济全球化。

第三，既然是搞市场经济，那么凡是市场经济可以容纳，并且有利于推动生产力发展的经济成分，就都是中国经济体系中可以合理合法存在的市场竞争主体。所以，中国经济体系可以在公有制主导下，让多种经济成分并存，不必纠缠于是社会主义还是资本主义的争论。在这一历史时期，抽象地空谈所有制的优劣与先进落后，是没有意义的。有实践意义的是：如何有利于经济发展，有助于把一切积极因素都调动起来，包括国家的积极性、集体的积极性、个人的积极性、私人资本的积极性和外国资本的积极性。这样，中国共产党的经济发展思想就具有了极大的包容性，从一维单线条思维转向多维全方位思维，按邓小平的通俗说法就是"不管白猫黑猫，抓到老鼠就是好猫"。其理论含义就是，不管公有制还是私有制，只要有利于发展中国经济的就是可以被允许和值得支持的好形式。当然，其政治前提是，必须在中国共产党领导之下，有利于中国特色社会主义，坚持社会主义市场经济的方向，而并不是搞资本主义性质的

完全自由市场经济。

第四，由于不再是向往计划经济，而是要在市场经济体制机制下让各种经济成分相互竞争，优胜劣汰，那么，在以工业化为核心主题的中国经济发展中，就要允许、鼓励和支持各种形式的竞争和创新，而创新的前提则是思想的更大解放。美国学者迪尔德丽·N.麦克洛斯基说："资本积累不是解决增长的核心，创新才是。""通向现代化之门的钥匙并不是科学，而是社会普遍达成一种共识，允许和赞美创新，对新事物持开明态度，勇于尝试和改变。"[12]对于创新特别是科技创新的认识不断提升，是中国共产党经济发展思想的一个突出特征，"创新"越来越成为这个时代使用频度最高的新颖概念和政策用语之一。

第五，经济发展必须充分尊重科学，坚持科学发展理念。世纪之交，从明确了中国共产党的执政理念是"三个代表"，即代表中国先进生产力的发展要求，代表中国先进文化的前进方向，代表中国最广大人民的根本利益，并通过制定正确的路线方针政策，为实现国家和人民的根本利益而不懈奋斗，到将这样的理念进一步提炼为"科学发展观"，作为经济发展的指导思想。时任中共中央总书记胡锦涛说："树立和落实全面发展、协调发展和可持续发展的科学发展观，对于我们更好地坚持发展才是硬道理的战略思想具有重大意义。""必须促进社会主义物质文明、政治文明和精神文明协调发展，坚持在经济发展的基础上促进社会全面进步和人的全面发展，坚持在开发利用自然中实现人与自然的和谐相处，实现经济和社会的可持续发展。这样的发展符合社会发展的客观规律。"[13]科学发展观的基本含义是：坚持以人为本，树立全面、协调、可持续的发展观，促进经济社会和人的全面发展，按照统筹城乡发展、统筹区域发展、统筹经济社会发展、统筹人与自然和谐发展、统筹国内发展和对外开放的要求推进各项事业的改革和发展。

从20世纪七八十年代到21世纪，之所以能在经济理论和政策原则上做出这样的根本性变革，归根到底是基于中国共产党对于客观经济规律的充分尊重，只要符合生产力决定生产关系、经济基础决定上层建筑的马克思主义基本原理，就可以在实践中大胆突破，与时俱进。即使在理论上还不能完全说周全，还有讨论余地时，也要勇于先在实践中"摸着石头过河"，建立经济特区"先行先试"，"杀出一条血路"，让实践来做评断。这样，中国共产党就将中国经济带上了改革开放之路。可以说，这是人类发展史上未曾有人走过的艰难道路，但对中国经济发展来说，又是必由之路。走上这一方向，就再也没有退路！

中国共产党的经济发展思想，从过去执著地向往计划经济，到改革开放以来向赞同和坚持市场经济的转变，体现了极大的理论勇气，获得了极大的成功。不仅在实践中取得实效，而且更具根本性和深刻性意义的是，这一巨大转变深得民心。国外机构曾经做过多次全球民意调查，发现"关于自由企业和市场经济的优点，世界各国各地区人们的看法大相径庭。2005年，全球61%的人认为，市场经济是通向未来最好的经

济制度。65%的德国人、71%的美国人和74%的中国人都秉持这种观点，但仅有43%的俄罗斯人、42%的阿根廷人和36%的法国人信任市场经济。这些信念影响着各国经济体制的选择"[14]。这一调查显示：中国民众对市场经济的支持度，不仅显著地高于全世界民众对市场经济的平均支持度，而且是所有被调查国家中对市场经济支持度最高的国家，甚至比市场经济最发达的美国还要高。由此可见，中国共产党实现从计划经济思想向市场经济思想转变的过程是相当成功的，其坚实基础就是改革开放实践的巨大成效，使得大多数中国民众切身感受到从中获益。

中国民众对市场经济的认同，从根本上说也是基于新中国成立后70年的经济建设表现，特别是改革开放40多年来的经济发展成就。在实行改革开放之前的近30年中，以计划经济思维为导向，虽然也取得了一些令人瞩目的经济建设业绩，国家经济实力有所增强，但经济发展总体成效不佳，特别是民生受益严重不足，生活贫困。而改革开放以后的40多年，情况大为改观，从"一穷二白"的境地迅速崛起为世界第二大经济体，民生改善极为显著。经历了那个时代的中国人，都有真正是"换了人间"的切身体验，几乎可以说是一辈子活过了两次根本不同的人生。

尽管新中国成立后的经济发展可以划分为前30年和后40年，但从整个70年的经济发展表现来看，确实是人类发展史上的一个伟大奇迹，毫不夸张地说，中国共产党领导的中国经济发展，是世界史上最成功的发展故事之一。但从经济思想和经济建设实践看，中国经济发展又并不是对西方国家工业化进程的简单模仿和复制，而是具有非常显著的"中国特色"。所以，与中国经济发展70年历史相随的关于经济发展的理论解释，也必然会有很大的中国特色。中国共产党将其表述为"中国特色社会主义理论"，学术界称之为中国特色社会主义经济学或中国特色社会主义政治经济学。而中国特色社会主义经济理论的最重要特征之一，就是承认中国仍然属于市场经济，因而中国特色社会主义经济理论的学术基础从计划经济的范式思维，彻底转向了市场经济的范式思维。这在国际共产主义运动史和马克思主义经济理论发展史上，是一个具有划时代意义的突破和转折。总之，思想大解放获得观念大醒悟：市场经济是人类发展共同的文明大道。中国社会主义经济发展也必须走在这条大道上。

五、中国特色社会主义与经济全球化的规则衔接

作为一个马克思主义政党，中国共产党的政治理想和主张必然是国际主义的。而作为一个为中国人民利益服务，以实现中国人民的幸福为己任的政党，中国共产党的信念又是高度爱国主义的，其在社会主义初级阶段以至整个社会主义时期，主要目标是实现中华民族伟大复兴。其经济发展思想着眼于中国经济的崛起，其领导经济发展的现实舞台在中国。

基于国际主义视野，中国共产党的经济发展思想总是以对世界的时代特征的判断为前提。如前所述，20 世纪 70 年代以来，中国共产党经济发展思想和经济政策主张是以关于时代特征的基本判断为前提的，即坚定认为当今世界的时代主题是和平与发展为主导，因而才有条件一心一意搞经济建设。在这样的时代，经济发展是第一要务，在政策思想中，坚持"发展是硬道理"的原则。和平发展的必然趋势就是，经济全球化势不可当。凡是接受经济全球化的国家就有可能获得经济发展的更大机遇和空间，凡是拒绝经济全球化的国家就难以实现现代化。所以，中国接受市场经济，实行改革开放，实际上就意味着，必然会深度参与国际自由贸易体系，因而中国经济发展必将融入经济全球化的大潮。在这里，中国共产党的爱国主义与国际主义相一致，其理论基础是：融入经济全球化和自由贸易体系，不仅是中国经济发展的必由之路，也是达成人类命运共同体的必由之路。

当然，形成这样的成熟认识，也经历了一段曲折的历史。新中国成立后，由于国际政治经济形势的制约，也由于对社会主义经济发展规律的认识局限，中国共产党经济发展思想的主要倾向是独立自主、自力更生，在相当程度上具有封闭特征，特别是对资本主义国家的封闭性和警惕性。将其视为敌对国家，认为它们"亡我之心不死"，因而以美国主导的国际经济秩序体系，绝不应是中国可以进入的善地。直到 20 世纪 70 年代末 80 年代上半期，中国共产党的国际经济思想才开始发生转变，即转向于认为当代世界的主流是和平与发展，中国有条件实行改革开放政策。经过十几年的谈判，中国于 2001 年加入世界贸易组织（WTO），这意味着，中国承认 1945 年第二次世界大战后由美国所主导的国际经济秩序，并决心融入这一体系。

不过，在经济思想的根基之处，即经济学的范式承诺上，人们还缺乏更深刻的认识[15]。因为，战后的国际经济秩序，是建立在主流经济学的微观—宏观范式承诺的基础之上的。这一范式承诺的思维定势是："优化"之解是唯一的，人类经济发展的结果是各国经济根本性质的"趋同"，实际上就是西方化[16]。即按照微观经济学的想象，各国都形成以私有企业为微观经济主体的经济体系，所有国家都"门户开放"，各国的自由市场竞争形成同质性（经济主体性质相同，市场规则完全一致）的全球经济。并认为这样的经济全球化可以达到"最优"境界；而如果偏离这样的范式承诺所想象的方向，就是不正常的，不被承认为"市场经济"。中国加入世界贸易组织后，经济发展的现实表现大大出乎人们意料。中国经济高速增长，整体规模迅速壮大。在此过程中，尽管在有些方面确实表现出同发达国家间的差异收敛，但在许多重要方面却并没有向美国等西方发达国家的经济形态趋同，不是越来越西方化，而是表现得非常具有"中国特色"。换句话说，中国社会主义经济的根本性质，不会因走上市场经济发展道路而轻易改变。这使得美国等发达国家十分失望，一些人认为"被中国欺骗了"，并断定中国一直在以隐瞒意图的"百年马拉松"战略，悄悄实行称霸世界的谋略，进而颠覆现行的全球经济秩序[17]。它们认为，只要不符合它们所想象的市场经济形态，或者没有

朝着与西方国家同化的方向演变，那就是对合理规则的违犯，同现行秩序背道而行，就不能算是市场经济体制。并固执地认为，这样的国家就会对它们的安全形成"威胁"或者导致"不公平"竞争地位。实际上，由于中国崛起所创造的经济发展成就，以及所选择的有别于西方的工业化道路和经济制度，表明上述思维观念及其微观—宏观范式基础，已经远远落后于现实[18]。

习近平总书记在2021年世界经济论坛"达沃斯议程"对话会上的特别致辞中说："世界上没有两片完全相同的树叶，也没有完全相同的历史文化和社会制度。各国历史文化和社会制度各有千秋，没有高低优劣之分，关键在于是否符合本国国情，能否获得人民拥护和支持，能否带来政治稳定、社会进步、民生改善，能否为人类进步事业作出贡献。各国历史文化和社会制度差异自古就存在，是人类文明的内在属性。没有多样性，就没有人类文明。多样性是客观现实，将长期存在。"①

中国共产党的经济发展思想，特别是关于市场经济运行的观察和分析，虽然借鉴了主流经济学微观—宏观范式承诺的合理因素，但实际上并没有完全接受这一范式承诺的根本逻辑，即认为所有国家的经济形态都必须同质化，整个经济体才可能实现均衡和最优。如果是那样，实际上就是要求中国的经济形态和市场秩序规则要完全达到"与美国一样"的状态，才可以被承认为是市场经济。事实告诉人们，这样的观念是不现实的，连同样实行资本主义市场经济的国家，例如，德国、日本、北欧各国，以及新加坡等，都不可能"与美国一样"。对中国提出经济同质化要求则是更不合理的。

简单回顾一下历史：当代的世界经济格局是经由近现代经济发展的两个"奇迹"，即非常态的经济高增长和结构大变迁所推动和塑造的。第一个奇迹是西方国家二三百年来的工业化；第二个奇迹就是中国工业化。经由第一个奇迹，形成了从大英帝国称霸世界的全球经济体系，到以美国一霸独大为特征的全球秩序格局。而经由第二个奇迹，则形成了多极化的全球秩序格局。如果说第一个工业化奇迹确实具有推动全球经济同质化的强大力量，似乎非西方化就无现代化（当时确实没有哪个国家走非西方化道路而实现经济现代化的成功案例）；那么，第二个工业化奇迹，则具有使经济全球化的空间格局向高度非同质化方向演变的趋势（中国创造了走非西方化道路而实现经济现代化的先例）。尽管经济全球化的大趋势不可阻挡，但自由竞争和自由贸易的施展空间并不会向着越来越匀质化和同质化的方向演变，而是形成各国非同质和非匀质的域态空间，各国拥有制度主权，其"规则空域"都会有各自特色。通俗地说就是：世界各国即使发展为市场经济成熟的发达国家（中等收入或高收入国家），也不可能都成为"跟美国一样"的国家。对于经济全球化的理论想象，以及据此而构建的世界贸易规则，都必须转变原先的经济学假设和思维定势。要承认，真实的世界是由"不一样"

① 习近平. 让多边主义的火炬照亮人类前行之路：在世界经济论坛"达沃斯议程"对话会上的特别致辞 [EB/OL]. (2021-05-06) [2021-01-25]. http：//www. gov. cn/gongbao/content/2021/content_ 5585225. htm.

的国家所构成的，特别是，如果有的大国企图以强制方式改变另一个国家，尤其是另一个大国的政治经济性质，是难以做到的。例如，美国无法按照它的意志改变中国的政治经济形态，中国经济与美国经济的非同质性，将是长期存在的客观现象。经济学的理论想象即使借助于国家强力也无法使之改变。所以，经济学和经济理论发展所面对的任务是，要解释和研究：在非同质国家间和非匀质"规则空域"格局中，如何进行规则衔接和实现公平的自由贸易？这是中国经济发展"奇迹"对世界提出的新课题，也是中国共产党经济发展思想所面对的重大问题。

中国的经济发展不仅彻底改变了自己，也从根本上改变了世界。在人类发展中，近现代西方国家做出了巨大贡献，中国等其他国家也做出了巨大贡献。西方化的发展道路和道理是一种选择，非西方化的发展道路和道理也是可行的选择。因此，在现实世界中，具有不同域类特征的国家，互通共存，利益相依，在竞争（甚至对抗）中实现多样性均衡状态，才是可持续的和包容性的经济全球化格局。世界不会因各国经济的多样性而"去全球化"，也不会因经济体的非同质性而相互脱钩、封闭、隔绝。非同质性是世界的正常状态，非同质性经济体的共存、融通、合作，才会形成丰富多彩的世界和更高质量的经济全球化格局[19]。

六、结语

当今世界很奇异：声称"自由、民主、平等"的美国在思维范式上却坚持一元性和排他性，固执地认为各国经济必须与其同质，都实行同它一样的制度，才算"合理"和"优化"；而被指责为"威权主义"的中国却在思维范式上坚持多样性和包容性，开明地主张各国经济发展均可有各自的不同道路和特色。前者自认为把持了不二法理，视后者为无由之说，试图对其进行"遏制"。但是，中国共产党历经艰难曲折的100年历史，具有不惧强权、百折不挠的战斗基因：从夺取全国政权，到转向市场经济，进而融入全球化而崛起成为经济大国，皆是经由转危为机，而赢得多难兴邦之果。如果有外部势力试图以强力逼迫其改变本性和方向，重压之下的中国共产党，将会更加坚定其经由100年历史而形成的经济发展思想和张扬其愈挫愈坚精神，引领中国经济沿着更具"特色"、更有定力的路径发展。终究，没有什么力量可以逆转人类经济发展及其治理结构的多元化和包容性趋势。

本文写成于中国共产党建党100周年之际，但并不是对中国共产党经济思想的全面梳理总结，而只是对中国共产党领导中国经济发展过程中的思想变革，所进行的学术性研究和探讨。本文将中国共产党经济发展思想的百年变革，置于国内国际的历史大背景和世界经济学发展的长河中，来观察、理解和研究。中国共产党不仅领导中国经济发展取得了巨大成功，而且对经济发展思想以至经济学变革作出了具有世界意义

的贡献。当前，习近平新时代中国特色社会主义思想为中国共产党经济发展思想注入了新内容。特别是在新冠肺炎疫情冲击后，中国共产党又提出了以国内大循环为主体、国内国际双循环相互促进的新发展格局的战略方向。以"一带一路"为标志的经济全球化战略实践，也在日益彰显出中国共产党对人类命运共同体发展前途的更大关切。

历经100年，中国共产党经济发展思想形成了其鲜明特色和日臻完善的体系。在中国首都北京市中心的天安门城楼上，悬挂着永久性标语："中华人民共和国万岁"和"全世界人民大团结万岁"。十分贴切地体现了中国共产党经济发展思想的基本价值取向：以中华民族伟大复兴为使命，人民共和国利益至上；与世界各国共存共荣，形成人类命运共同体。

参考文献

[1] 毛泽东选集（第一卷）[M]. 北京：人民出版社，1960.

[2] 毛泽东选集（第二卷）[M]. 北京：人民出版社，1960.

[3] 毛泽东选集（第三卷）[M]. 北京：人民出版社，1960.

[4] 马克思. 资本论 [M]. 中共中央马克思恩格斯列宁斯大林著作编译局，译. 北京：人民出版社，1975.

[5] 马克思恩格斯选集（第一卷）[M]. 中共中央马克思恩格斯列宁斯大林著作编译局，译. 北京：人民出版社，1972.

[6] 毛泽东选集（第四卷）[M]. 北京：人民出版社，1960.

[7] 薄一波. 若干重大决策与实践的回顾：上卷 [M]. 北京：中共中央党校出版社，1993.

[8] 邓小平文选（一九三八——一九六五）[M]. 北京：人民出版社，1989.

[9] 薄一波. 若干重大决策与实践的回顾：下卷 [M]. 北京：中共中央党校出版社，1993.

[10] 毛泽东. 论十大关系 [M]. 北京：人民出版社，1976.

[11] 邓小平文选：第三卷 [M]. 北京：人民出版社，1993.

[12] [美] 迪尔德丽·N. 麦克洛斯基. 企业家的尊严：为什么经济学无法解释现代世界 [M]. 沈路等译. 北京：中国社会科学出版社，2018.

[13] 胡锦涛. 树立和落实科学发展观（二〇〇三年十月十四日）[A] //中共中央文献研究室. 十六大以来重要文献选编 [M]. 北京：中央文献出版社，2005.

[14] [法] 让·梯若尔. 共同利益经济学 [M]. 张昕竹，马源，译. 北京：商务印书馆，2020.

[15] 金碚. 论中国特色社会主义经济学的范式承诺 [J]. 管理世界，2020（9）.

[16] 金碚. 试论经济学的域观范式：兼议经济学中国学派研究 [J]. 管理世界，2019（2）.

[17] 金碚. 中国经济70年发展的新观察 [J]. 社会科学战线，2019（6）.

[18] 金碚. 探索推进经济学范式变革 [N]. 人民日报，2019-04-08（09）.

[19] 金碚. 世纪之问：认识和应对经济全球化格局的巨变 [J]. 东南学术，2020（3）.

中国共产党百年探索：市场经济的制度逻辑*

金 碚

摘　要：中国共产党接受马克思列宁主义，是因为民族解放和国家复兴需要寻求制度变革的真理和出路。向中国社会经济体中注入了集体主义的组织因素和思想力量，引领中国经济走上极具中国特色的制度演进道路，而且开启了全社会的文化再造时代。"实事求是"和"集体主义"这两个基因密码，贯穿于中国共产党100年奋斗的全部历史过程，形成了中国市场经济制度逻辑的基本底色。在中国政治经济的制度安排上，从不动摇地坚持中国共产党的领导，以此体现社会主义市场经济制度逻辑中的集体主义意志。中国共产党关于市场经济制度逻辑的百年探索，在多样性的人类文明世界中，努力创造适合中国国情的经济制度和国家治理体系。中国崛起极大地改变了世界经济格局，由霸权国家提供制度公共品的世界格局，将必然转变为由主要责任大国协商合作来提供制度公共品。世界真的很需要中国特色社会主义市场经济这个重要的国际角色和合作伙伴，发挥其建设性作用。中国当前的经济体制远非完美。中国共产党还需要在市场经济制度逻辑探索中再接再厉，做好继续进取的思想准备和行动方案。

关键词：中国共产党；市场经济；制度逻辑；集体主义

人类数千年文明史，是一部制度演化和变革的历史。尽管各国历史过程各异，但到了近现代，绝大多数国家都走向了市场经济方向，而且资本主义市场经济成为居主导地位的社会经济形态。马克思主义经典著作家论证了资本主义市场经济所具有的推动生产力发展的强大生命力和重要历史地位，并发现了由其制度逻辑的内在局限性所决定的必然走向消亡的前途命运。人类发展到现代社会，成也资本主义，失也资本主义。从根本上说，资本主义市场经济焕发出基于个体主义的强盛活力，但却缺乏集体主义的协调能力。世界各国在制度构建的两难选择中，往往徘徊于个体主义与集体主义之间。其中较成功者实现了集体主义在制度安排中的适当体现，而挫败者则大多是

---

* 原文发表于《海南大学学报》（人文社会科学版）2021年第39卷第6期。

在制度逻辑上未能实现个体主义与集体主义的适当互补。100 年来，中国共产党进行国家制度和治理体系构建，也必须直面这一关键问题。中国共产党历经百年探索实践，取得了令世界瞩目的制度构建和民族复兴的巨大成就，也还面临许多需要不断应对和着力解决的新问题。本文的观察视角为"市场经济制度逻辑"，其含义为关于市场经济运行机理和规程体系的思维理解。所谓"经济"归根到底是人的行为和组织化的人类活动，因此，如何把握经济体的制度逻辑，对于经济发展具有决定性的意义。

一、市场经济制度逻辑的集体主义与个体主义

据历史学家研究，以 GDP 估算，直到 1820 年之前的 2000 多年历史上，中国经济规模长期位居世界第一，特别是唐代以后，中国 GDP 占世界一半以上，宋代和明代则达到巅峰。即使到了比重相对较低的 1820 年，中国 GDP 仍然占世界份额的近 1/3，与当时中国人口占世界的比重大体相当。但是，自那之后的近 200 年来，中国严重地落后了，经济规模占世界的份额持续下降。到 20 世纪 60 年代，中国人口占世界 20% 以上，而其 GDP 占世界的份额却不到 4%；70 年代进一步下降到不足 2%。其主要原因是一些西方国家在启蒙运动之后破除思想禁锢，实行资本主义市场经济，进行工业革命，推动了经济高速增长，将中国远远抛在了后面。使一个曾经雄踞世界 2000 多年的经济大国，陷入"一穷二白"的境地。其直接原因就是强力的集权政治和封闭的传统文化遏制了资本主义市场经济在中国的生成和发展。

资本主义市场经济制度逻辑的底层起点是个体主义（或个人主义）。按其制度逻辑，只要给予个人以追求私利的充分自由，并推演为让法人个体——企业有追求利润最大化的充分自由，就能实现高速经济增长和社会福利最大化的目标。而且其还相信，可以通过"涓滴"过程而使大多数人都能够获得相应的裨益。所以，资本主义市场经济的制度逻辑可以被简化为"人人为自己，上帝为大家"，或"主观为自己，客观为社会"。也就是说，资本主义市场经济的制度逻辑建立在"人性本贪"的基础之上。这条道路有着极强的吸引力和巨大魔力。只要走上这条道路，资本主义市场经济的强大力量，就迫使人人都必须适应这个制度逻辑。

德国著名学者马克斯·韦伯在他的著作《新教伦理与资本主义精神》中写道："个人只要介入市场关系体系，那个秩序就会迫使他服从资本主义的行动规则。一个行动长期不遵守这些规范的制造商，终将被排除到经济舞台之外，就如同那些不能或不愿适应这些规范的工人将被扔上街头，成为失业者一样。""每个人都以赚钱作为他生活的唯一目标，并带着钱财的物质重负走入坟墓，只能理解为反常本能即'金钱欲'的结果。""在目前我们这个个人主义的政治、法律和经济制度下，在我们的经济秩序特有的组织形式和一般结构中，资本主义精神就像有人说的那样，可以理解为纯粹是适

应的结果。资本主义制度非常需要对赚钱天职的献身，它是一种与资本主义制度非常相配的对物质财富的态度，与争取生存的经济斗争中的生存环境也有非常密切的关系。"[1]这就是资本主义市场经济的神话：只要人人为自己赚钱，而且制度性地迫使人人奋力赚钱，就可以创造美好世界。

不过，历史并非真是那样。那些相信（或者宣称相信）这个神话的西方国家，其真实行为却是以非常"集体主义"的方式，即动用国家力量在世界各地大肆掠夺殖民地，为资本主义经济开辟市场空间。可以说，每一个所谓的"自由资本主义经济"国家，在真实历史上都是依赖"国家资本主义"方式的掠夺者，即主要不是个人掠夺，而是作为国家行为的集体掠夺。在那个年代，曾经有过数千年古代文明的偌大中国，也成为被他们贪婪掠夺和瓜分的猎物。总之，资本主义市场经济的个体主义理论逻辑在现实中表现为国家的"集体主义"行为，而自由资本主义的逻辑演绎只不过是一种美好迷人的"口惠"。

这就是当中国民众开眼看世界时所见识的资本主义列强"市场经济"，而从来没有见过真正的自由市场经济。因此，除了少数天真的知识分子，在中国很少有人会相信那个资本主义自由市场经济神话。相反，资本主义市场经济国家那时的国内国际表现，都受到世界知识界、思想界多方面的严厉批判，被视为"野蛮"。所以，在大多数中国人眼中，他们的形象从来就是剥削者和"来者不善"的恃强凌弱者。

中国共产党就是诞生在资本主义市场经济处于上升的阶段，且正在贪婪掠夺中国的年代。中国共产党接受马克思列宁主义，是因为民族解放和国家复兴需要寻求制度变革的真理和出路。也就是要以集体主义的革命行动方式，"组织起来"推翻旧世界，建立新制度，振兴中华。资本主义自由市场经济自始就是作为批判对象而为中国共产党所理解的。

以往的中国民众，被形容为"一盘散沙"，缺乏集体主义观念，也无个体主义的独立意识、自由精神和个人尊严。中国传统的组织因素主要基于宗法血缘关系，这可以让"散沙"成为乌合之众，而难以接受那个"人人为自己，上帝为大家"的市场经济产业组织逻辑。从这一意义上可以说，在传统中国的制度土壤中，既无个体主义的文化基因，也无集体主义的观念意识。

中国共产党的伟大就在于她深刻了解国情，寻来马克思列宁主义，向中国社会经济体中注入了集体主义的组织因素和思想力量，引领中国经济走上极具中国特色的制度演进道路，而且开启了全社会的文化再造时代。从那时开始，中国共产党领导中国人民，长期进行构建新制度的艰难探索。虽然承认落后于西方，懂得"落后就要挨打"，并不拒绝向西方学习，但绝不会是对西方"先进"国家的简单模仿。从中国实际出发，实事求是地走中国自己的特色之路，是中国共产党百年未变的初衷。这可以说是中国共产党探索和构建中国市场经济制度逻辑的基因密码。

从制度逻辑的价值取向看，中国共产党基于集体主义的优先性，信仰公有制的优

越性，但也不否认基于私有权的市场行为；在经济活动实践中，既注入了集体主义因素，实际上也培育了个体主义萌芽，包括个人的独立、自由、平等、尊严。当然，集体主义的服从意识（个人服从组织，国家高于私人）和全局意识（集中力量办大事），是中国共产党构建经济体系的制度逻辑核心因素。这成为中国共产党探索和构建中国市场经济制度逻辑的另一个基因密码。

"实事求是"和"集体主义"这两个基因密码，贯穿于中国共产党 100 年奋斗的全部历史过程，也形成了中国市场经济制度逻辑的基本底色。即批判性地接受自由市场经济制度逻辑，从中国实际出发探索制度建设道路，是中国共产党历来遵循的制度创新思维方式。

新中国成立之前，中国处于"半殖民地半封建"社会。市场机制在有限的领域中发挥作用。在中国共产党控制的地区，以建立"新民主主义"为方向，向往体现集体主义制度逻辑的计划经济，但也保留了市场经济的个体主义因素，叫作"调动一切积极因素"。当时，中国经济分割为政府控制、外国控制和共产党控制三类地区。在共产党控制的地区，实行公有制经济、合作经济和私人经济并存的制度。毛泽东说："现在我们的国民经济，是由国营事业、合作社事业和私人事业这三方面组成的。""国营的工业和商业，都已经开始发展，它们的前途是不可限量的。""我们对于私人经济，只要不出于政府法律范围之外，不但不加阻止，而且加以提倡和奖励。因为目前私人经济的发展，是国家的利益和人民的利益所需要的。""合作社经济和国营经济配合起来，经过长期的发展，将成为经济方面的巨大力量，将对私人经济逐渐占优势并取得领导的地位。"[1]

新中国成立之后，经过三年的经济恢复时期（1949～1952 年），从 1953 年开始，中国的制度探索以计划经济为取向。并认为计划经济是同市场经济相对立的制度逻辑，前者遵从集体主义，后者遵从个体主义（个人主义）；前者为公，后者为私；前者通过由上至下的指令性经济计划指标来实现（按当时的说法叫"计划就是法律"），体现集体自觉；后者张扬私人利益，相信个体理性能够（盲目地）实现有序性。虽然在理论逻辑上两者似乎格格不入，水火不容。但在现实中，却难以彻底割舍。实践顽强地表明，制度逻辑中的集体主义因素和个体主义因素都是其不可或缺的底层基石。

从 20 世纪 50 年代到 70 年代中后期，主观上强烈地追求计划经济的制度逻辑。不过即使是在最为激进的时期，尽管在意识形态上强调"斗私批修""狠批私字一闪念"，甚至要根除所谓"资产阶级法权"，即消除含有市场交换因素的按劳分配原则，但是在现实经济中却始终为个体主义留有空间，市场交换和经济激励的机理，并未退出中国经济舞台。例如，中国从来没有设想实行苏联那样的经济全面国有化，而是一直保持了全民所有制、集体所有制（又分为"大集体"和"小集体"）和个体工商业并存的经济体制。

不过，中国共产党在探索制度逻辑的过程中，也曾发生过脱离现实的方向性偏差。

由于理论上执着地追求计划经济制度逻辑的"纯粹"性，推论为：计划经济＝集体主义＝公有制，市场经济＝个体主义＝私有制，导致形成了政治性的意识形态教条（当年称为"政治挂帅""突出政治"）：坚持社会主义就必须实行计划经济，实行市场经济就是搞资本主义；中国是社会主义国家，不能实行市场经济。这样的教条使中国经济发展严重偏离了人类发展的共同大道，成为拦在中国共产党进行制度逻辑探索道路上的一个思想禁锢。如果不能冲破这一观念障碍，大胆解放思想，就难以继续推进经济制度探索的历史进程。历史总会有其转折机遇，20世纪70年代末80年代初，直到世纪之交，中国进入了惊心动魄的思想解放和实践突破的伟大时代。

二、社会主义市场经济的破土和生长

到20世纪70年代，整个世界从战争与革命的时代，转变为和平与发展的时代。这史无前例地为中国共产党人创造了可以"解放思想"的历史条件。从关于真理标准的大讨论开始，中国共产党确立了"实践是检验真理的唯一标准"的思想原则，开启了经济体制改革的伟大历程。"改革开放"成为那个时代的标志和凝聚民心的口号。

在中国改革开放起始时期，从全球经济增长的大格局看，中国GDP占世界的份额已经几乎处于3000年历史的最低谷，人均GDP只有100多美元（不足400元人民币），远低于世界平均水平，而同时期的美国已达到人均1万美元的水平。那时，人们甚至用"将被开除球籍""国民经济濒临崩溃"来形容中国经济曾经面临的严峻形势。虽然改革开放前的中国经济发展是有不小成就的，但真正的问题在于同世界实行市场经济的其他国家相比，中国确实是严重落后了。世界各国的现实，尤其是经济发达国家的现实告诉我们，要发展经济，特别是要实现较快的经济增长，就必须实行市场经济，人类没有其他选择。

到20世纪80年代，遵循"实践是检验真理的唯一标准"的思想原则，中国终于越来越清醒地认识到，社会主义国家也必须实行市场经济。20世纪八九十年代，是中国市场经济的"破窗"期，计划经济的纸窗户被渐次捅破，理论认识和政策表述逐步明确清晰：从承认社会主义经济是"有计划的商品经济"，到"计划经济为主，市场调节为辅"，直到明确认识社会主义也可以实行市场经济，实现了放弃计划经济教条，主张市场经济的根本性观念转变。1978年党的十一届三中全会开启了经济体制改革历程；1984年党的十二届三中全会通过了《中共中央关于经济体制改革的决定》；1993年党的十四届三中全会通过了《中共中央关于建立社会主义市场经济体制若干问题的决定》。实现了全党全国的思想一致。这一历时十几年的观念转变过程，体现了中国共产党进行经济制度理论逻辑艰难探索，而做出的大胆突破和理论创新，也是对马克思主义社会经济理论的重大发展。

如前所述，在制度逻辑上，市场经济首先承认个体主义和私人利益，即从经济体的微观层面激发活力，促进生产力发展，并且允许在市场竞争中，使一部分人、一部分地区先富起来，再带动更多人、更多地区富裕起来。接受市场经济，实际上也就是承认这一基本的制度逻辑。那么，中国是否因此而走上了西方化的自由市场经济制度演变方向了呢？如前所述，在中国是没有实行资本主义自由市场经济的社会土壤的，即使摆脱了向往计划经济乌托邦的教条，也并不意味着就会相信自由主义的市场经济神话。实际上，自由主义的市场经济神话在经济实践中是极少有成功实例的。被西方自由主义经济学家最看好的实例就是中国香港的自由港经济制度，除此之外在世界上几乎再难找到自由主义市场经济神话的成功显现之地。相反，世界上绝大多数国家所实行的市场经济制度，都含有各具特色的集体主义因素，例如北欧国家的社会福利型市场经济、德国的社会市场经济制度、新加坡的精英管理经济模式等，都是被公认为较符合自己国情的成功制度安排和道路选择。这些国家的市场经济制度构建都明显纠偏了以个体主义为底层基础的制度逻辑。

从 20 世纪 80 年代开始，中国从计划经济转向市场经济，但令西方国家失望的是，中国并没有走上西方式的市场经济道路。从制度逻辑的底层基础看，中国没有放弃集体主义导向和走中国特色道路的基因。在现实中的最重要表现就是在中国政治经济的制度安排上，从不动摇地坚持中国共产党的领导，以此体现社会主义市场经济制度逻辑中的集体主义意志。可以说，这是中国共产党关于市场经济制度逻辑的百年探索所做出的明确答卷。当代世界能否理解这份答卷的真理性，只能由实践来做检验和判断。

三、2020 年新冠肺炎疫情冲击下的制度检验

市场经济之所以是人类发展的必由之路，是因为它是实现经济效率，推动生产力进步的最有效的经济制度和产业组织方式。但是，大多数经济学家也承认，市场经济的制度逻辑难以自动实现公平（平等）目标。美国经济学家阿瑟·奥肯较早研究了如何"在一个有效率的经济体中增进平等"的问题[2]，提出现实的制度安排必须有助于实现效率与公平（平等）之间的选择权衡或妥协，即处理好不同关切目标之间的替代（trade-off）关系。在现代经济发展中，另一个关切因素即安全日益突出。因此，检验一种制度逻辑是否合意有效或适合国情，至少应从效率、公平和安全三个关切维度来进行观察和判断。2020 年的新冠肺炎疫情对世界造成极大的冲击，也是对各种制度逻辑进行观察判断的难得机会，就如同是进行了一次极端条件下的质量检测。

首先，从效率维度来观察。通常以经济增长表现来反映总体效率状况。2020 年新冠肺炎疫情所造成的破坏性影响，直接表现为所有国家经济增长率的大幅度下降，是一次严峻的效率检验。2020 年，美国 GDP 增长率为 - 3.5%。中国 GDP 增长率为

2.3%，是全世界唯一实现经济正增长的主要经济体。而且，第一至第四季度 GDP 增速逐季恢复，分别为-6.8%、3.2%、4.9% 和 6.5%，轨迹清晰。正是在这一年，以 GDP 衡量的中国经济总量超过 100 万亿元人民币，人均收入超过 1 万美元，经济发展迈上了一个新台阶。在疫情冲击下中国经济展现出强大韧性和抗冲击能力，表明中国的市场经济制度逻辑，不仅在常态时期有助于发挥效率潜力，而且在非常态条件下也具有很强的效率抗跌能力。

其次，从公平维度来观察。尽管遇到新冠肺炎疫情冲击所产生的困难，中国仍然如期完成全国脱贫攻坚任务目标。2020 年，全国 832 个国家级贫困县全部脱贫摘帽。国家统计局公布的数据显示，中国 5575 万农村贫困人口实现脱贫。而且普查结果显示，贫困户全部实现了"两不愁三保障"，即不愁吃不愁穿，义务教育、基本医疗、住房安全有保障，饮水安全也得到保障。作为占世界 1/5 人口的全球最大的发展中国家，中国创造出人类减贫史上的奇迹：改革开放 40 多年来，7.5 亿人成功脱贫，对世界减贫贡献率超过 70%，提前 10 年实现联合国 2030 年可持续发展议程减贫目标。

最后，从安全维度来观察。中国无疑是全世界最安全的国家之一。这次新冠肺炎疫情是对各国公共卫生安全的一次大检验。几乎没有人可以否定，中国抗疫成效非常突出。这得益于中国制度逻辑的强大组织能力[3]。截至 2021 年 2 月 17 日，中国国内累计确诊人数 101576 人，累计死亡 4840 人。而国外累计确诊人数 109918687 人，累计死亡 2423535 人。国内累计确诊人数为国外的 0.09%；国内累计死亡人数为国外的 0.2%。这远低于中国约占世界总人口 1/5 的比重，集中体现了中国制度逻辑的国情适应性。在这次抗击新冠肺炎疫情的过程中，中国不仅在自己国家表现出实现效率、公平和安全目标上令世界瞩目的成就，而且以其国家动员能力、科技能力和强大的生产能力，为其他许多国家提供了抗疫物资援助，例如口罩、消毒用品、抗疫设备、疫苗等。

中国之所以能够经受住疫情冲击的考验，得益于其制度逻辑的"特色"因素。笔者曾经撰文讨论了中国市场经济制度逻辑的集体主义表现基于其强大的组织资本积累。只要存在经济体特别是经济主体的组织关系和组织现象，就必然或多或少地存在"集体主义"因素。"集体主义"的实质是经济主体成员自觉或按组织规则为达成本经济主体的组织目标，而约束自己行为的共同观念倾向和行为方式。而中国的制度逻辑构建决定了"中国是一个具有强大组织资本的国家，可以为规模巨大的全球经济治理提供组织资本资源。从这次抗击新冠肺炎疫情中就可以看到，中国的组织资本可以提供怎样的秩序支持力"[4]。也就是说集体主义行为的有效性，是需要由一定的制度逻辑所支撑的组织资本来实现的。这是其他大多数国家所难以比拟和模仿的"中国特色"。

四、多样化世界中的中国特色社会主义市场经济

习近平总书记在 2021 年世界经济论坛"达沃斯议程"对话会上的特别致辞中说："世界上没有两片完全相同的树叶，也没有完全相同的历史文化和社会制度。各国历史文化和社会制度各有千秋，没有高低优劣之分，关键在于是否符合本国国情，能否获得人民拥护和支持，能否带来政治稳定、社会进步、民生改善，能否为人类进步事业作出贡献。各国历史文化和社会制度差异自古就存在，是人类文明的内在属性。没有多样性，就没有人类文明。多样性是客观现实，将长期存在。"[5]

中国共产党关于市场经济制度逻辑的百年探索，在多样性的人类文明世界中，努力创造适合中国国情的经济制度和国家治理体系。在市场经济形成的早期，个体主义因素确实发挥了很大的作用，亚当·斯密于 1776 年出版的《国富论》成为市场经济制度逻辑的经典表达。"主观为自己，客观利社会"的自由市场经济教条，确有其合理性，可以发挥促进市场经济繁荣的积极作用。但也正是市场经济的繁荣，使得经济密度越来越大，经济关系越来越复杂，使得全人类高度拥挤地生存于唯一的"地球村"中。因此，人类发展的集体目标（共同利益）越来越重要，许多个体利益必须在集体利益中得以存在。个体主义与集体主义的诉求如何在制度逻辑和制度安排中得以体现，越来越成为人类面临的严峻挑战。只有个体主义，而缺乏集体主义的制度逻辑是根本无法适应这个现实的人类世界的。尤其是如何为实现效率、公平和安全提供必需的公共品，不仅需要各国做出适合自己国情的制度安排，而且需要各国为经济全球化提供公共品而共同做出努力。无政府主义的没有集体目标的世界，实际上是一个个体主义主导的市场经济抽象想象。这样的想象在现实中蜕变为由超级大国美国以霸权方式，自私地提供世界制度公共品，动辄以"制裁"和"遏制"相威胁来维护它所定义的正常"国际秩序"。这样的制度逻辑，已经越来越不能适应市场经济在全球发展的新形势。

中国崛起极大地改变了世界经济格局，由霸权国家提供制度公共品的世界格局，将必然转变为由主要责任大国协商合作来提供制度公共品。为此首先要承认，虽然市场经济是人类发展的共同道路和方向，但市场经济的制度逻辑既有其客观必然性，也有实践选择性。中国特色社会主义的市场经济，是中国共产党领导中国人民所选择的符合中国具体国情的市场经济制度逻辑，百年来的实践表明，这一选择对于中国是可行的，可以为各类市场经济活动奠定基础，创造基本条件。

当然，既然是中国特色社会主义市场经济，就不能期望其他国家也能模仿，中国的许多做法，如果不存在相应条件，其他国家是难以实行的。但也不能因其他国家无法适用，就将中国做法视为不正常的异类。每一个国家都可以探索形成符合自己国情

的制度逻辑，体现为其"常态"。在多样性世界中，必然会有多种制度"常态"。多样性世界中的制度逻辑选择，要体现包容性，允许各种"特色"制度的存在。实际上，人类这个大家庭，更需要的是要有各种不同类型的国家成员。多样性比单一性更有价值，也更具现实合意性。

仅以中国与欧盟的贸易为例。根据欧盟统计局发布的数据，2020年欧盟27国与中国货物贸易在疫情中双向增长，欧美贸易则双向下降。在欧盟前十大货物贸易伙伴中，中国是唯一实现贸易双向增长的经济体。2020年，欧盟进出口贸易均出现下降趋势，其中欧盟总出口额同比下降9.4%，总进口额同比下降11.6%。欧盟从美国进口商品比上年下降13.2%，对美国出口商品下降8.2%[①]。与此形成鲜明对比的是，欧盟对华出口商品增长2.2%，从中国进口商品增长5.6%。此消彼长，2020年中国首次取代美国成为欧盟最大贸易伙伴。在疫情冲击下，中国经济的特色因素发挥特殊作用，显示了她无疑是世界经济中一个极为重要的积极力量。

可见，中国特色社会主义市场经济的集体主义优势所体现出的国家动员能力、集中力量办大事的科技攻坚能力，以及雄厚的工业生产能力，是人类世界的一个巨大资产。即使是美国对中国进行各种遏制挤压，也没有改变世界各国"需要中国"和"与中国合作"的愿望和行动。这表明，世界真的很需要中国特色社会主义市场经济这个重要的国际角色和合作伙伴，发挥其建设性作用。

五、改革创新仍在进行时

中国共产党对市场经济制度逻辑的百年探索至今已取得举世瞩目的成就，中国也正在接近于恢复到千年历史上世界第一大经济体地位。但这并不意味着中国进行市场经济制度逻辑的探索已经大功告成。中国人口占世界20%左右，中国GDP总量占世界比重到2011年才超过10%，目前大约为17%，尽管已经越来越接近于美国GDP约占世界23%的首位水平，但还没有达到与其人口占世界比重相当的份额。这表明中国经济仍然不够发达，还必须以更大努力才能在人均GDP上跨越世界平均水平，进入发达经济体门槛，进入高收入国家行列。与此相应，中国当前的经济体制远非完美，至少在以下三个方面，中国市场经济制度逻辑的探索仍然任重道远。

第一，在经济体制改革和制度构建上，还有许多必须啃下的"硬骨头"。如前所述，中国特色社会主义市场经济制度逻辑的底层基础是个体主义与集体主义的契合。

---

① 统计数据显示，在欧盟前十大贸易伙伴中，欧洲对其出口同比大幅下降的为美国（−8.2%）、英国（−13.2%）、俄罗斯（−10%）、日本（−10.8%）以及印度（−15.7%）；而欧洲从该国进口额同比大幅下降的为美国（−13.2%）、英国（−13.9%）、俄罗斯（−34.3%）、日本（−12.7%）、韩国（−7.0%）以及印度（−16.4%）。总之，除中国外，其他九大贸易伙伴的对欧出口皆显著下降。

这在现实经济层面表现为制度安排的一系列难点，其中最突出的就是国有企业的制度安排。国有企业既然是企业，就必然有个体主义性质，即追求效率和利润。但是，国有企业的设立者并非个体主义的私人经济主体，而是以集体主义为根本性质的公有经济主体——国家。所以，使国有企业成为完全自利性的企业是不符合国有企业的制度逻辑的，在本质上，国有企业应是社会企业。这就会产生两个根本性改革问题：一是国有企业的利益激励机制如何构建？二是国有企业同非国有企业的市场竞争规则如何安排？具有不同制度逻辑的各类企业如何实现"竞争中立"？中国国有企业改革已经40年，虽然取得显著成效，但继续推进改革的难度还相当巨大。

第二，增强创新能力，特别是提高原创性技术创新能力，仍然是必须通过体制改革着力解决的关键问题。中国的产业体系和供应链存在不少薄弱环节，在国际竞争中，特别是当发生以"国家安全"和"国家利益"为由的国家干预时，可能发生"卡脖子"现象，即在核心技术环节受到抑制或禁供，导致重大困难。这表明一般的市场经济机制，并不能保证各国产业都能实现合意的技术升级。高新技术特别是原创性核心技术在国家间分布是极不均匀的。经济规模的庞大甚至经济效益的良好，也不等于就一定能够具有技术控制力。因此，如何在制度安排上有助于原创性技术的发明和积累，是中国经济体制改革必须完成的一个重大课题。

第三，实现全球规则顺畅衔接，是经济全球化新态势下的新课题。在多样性世界中，各国间必然存在制度规则的诸多差异性。而经济全球化又必须要有各国都能接受的竞争秩序与合作规则，以保证互联互通，实现多样性现实中的一体化。所以，各国通过谈判签订各种自由贸易及国际投资协议，使不同国家能在统一的国际规则体系下进行自由贸易与投资，就成为特别重要的制度构建任务。中国在其中必然要发挥举足轻重的作用。国际规则的衔接往往关系到国内经济体制的重大改革，甚至可能触及市场经济制度逻辑的根本性调整或重大构建。也就是说实现国际规则衔接，要求一些领域中的体制机制必须进行重大改革。特别是在高新技术领域，例如网络信息、数字技术、数据运用、生物工程、人工智能等领域，各国的规则体系差异较大，如何进行经济全球化背景下的规则衔接，形成一定的国际规则共识，可能涉及一系列十分敏感的问题。尤其是会对中国特色社会主义市场经济制度逻辑的进一步深入探索，提出许多极为深刻的新问题，必须要有新的可行解决方案，包括国际规则衔接的制度安排。在百年探索和百年成就的基础上，中国共产党还需要在市场经济制度逻辑探索中再接再厉，做好继续进取的思想准备和行动方案。

参考文献

［1］［德］马克斯·韦伯. 新教伦理与资本主义精神［M］. 彭强，黄晓京，译. 西安：陕西师范大学出版社，2002.

［2］［美］阿瑟·奥肯. 平等与效率［M］. 王奔洲，叶南奇，译. 北京：华夏出版社，1987.

［3］金碚．市场经济的组织秩序及其疫后态势［J］．北京工业大学学报（哲学社会科学版），2021（1）.

［4］金碚．论经济的组织资本及组织政策——兼议新冠肺炎疫情的启示［J］．中国工业经济，2020（4）.

［5］习近平．让多边主义的火炬照亮人类前行之路——在世界经济论坛"达沃斯议程"对话会上的特别致辞［N］．国务院公报，2021-01-25.

第五部分　国际视野

人类命运共同体意识是中国贡献给世界的可贵思想启示*

金　碚

摘　要： 中国改革开放改变了经济全球化格局。而中国能否改变世界，关键不在国家实力能否雄踞世界，而在价值观念能否启示和召唤人心。"人类命运共同体"意识就是中国给世界的一个极有价值的思想启示。在经济全球化的新时代，和平发展、多元共治、包容均势必成主流。中国提出的"一带一路"倡议是一个更具包容性的构想。这一构想基于经济全球化的现实，可以促进人类命运共同体的实现。

关键词： 人类命运共同体；"一带一路"；全球化

改革开放 40 多年，中国不仅创造了工业化和经济发展的巨大业绩，而且向世界贡献了一个具有深远意义的思想启示："人类命运共同体"意识。中国人民以其务实、勤劳的民族精神，艰苦奋斗，脱贫致富，改变命运，而且以其善良、和睦的价值意愿，为人类发展的普世观念提供思想养分。"人类命运共同体"意识如果能够成为世界各国各民族的普遍价值文化观念，将成为人类文明的璀璨精神财富。

一、中国改革开放改变了经济全球化格局

20 世纪 40 年代"二战"结束以来，尤其是 70 年代末 80 年代初的中国改革开放和经济发展，极大地改变了世界经济格局，并对全球治理体系产生重要影响。一个最突出的表现就是，发展中经济体特别是中国经济强劲增长，推动经济全球化进入新时代。人口最多、规模巨大是中国经济的一个突出特点。中国高速增长实现工业化，全球工业化版图就会发生巨大改观。从西欧国家发生工业革命以来的近 300 年间，全世界有 60 多个国家或地区发生高速工业化，进入工业社会，其总人口占世界人口总数的比重

---

* 原文发表于《北京交通大学学报》（社会科学版）2018 年第 17 卷第 4 期。

不足 20%。而中国有 13.7 亿人口，也接近世界总人口的 20%。换句话说，中国这一巨大经济体进入工业社会就意味着全世界工业社会的人口翻一番。一个国家的工业化就导致世界工业化版图的如此巨变，是人类历史上罕见的现象。

中国自 20 世纪 80 年代以来的工业化进程，也是走向全方位对外开放的过程。跟其他大国曾经的工业化进程相比，中国实行对外开放的速度和广度是非常显著的，仅仅 40 多年，中国的经济开放就使中国和世界发生了根本性的巨大变化。21 世纪初中国进入 WTO 时就做出了大幅经济开放的承诺。在工业化程度和人均收入非常低的条件下，就快速而宽领域地实行开放政策，在世界大国中是不多见的①。因此，中国经济快速融入世界经济，特别是中国制造业广泛地加入国际分工体系，使曾经高度封闭的中国市场在较短时期内就成为国际市场的重要组成部分。

中国工业化的加速得益于对外开放政策：广泛地获得了国际分工所提供的制造业发展机会，技术追赶速度加快。国际分工深化导致产业分解组合，产业链延长，发达国家和新兴工业化国家的传统产业迅速地向中国转移。中国通过承接制造业供应链的组装加工环节，很快形成了从沿海地区向内地延伸的许多加工区、开发区和产业集群。产业分解和产业分工促进技术扩散和产业扩张，不仅传统产业向中国转移，而且，高技术产业中的一些加工组装环节也不断向中国转移。实际上，在分工日趋细化和生产环节高度分解的条件下，被统计为"高技术产业"的生产工艺同传统产业的生产工艺之间并没有不可逾越的鸿沟。这样，中国工业很快全面融入国际产业分工体系。

一个巨大经济体融入全球经济，必然会改变世界经济体系的基本格局。由于各国产业体系高度交叉融合，国际分工合作不可阻挡地冲破国界限制，不仅经济活动跨越国界，而且经济主体的组织形态也跨越国籍。跨国公司和跨国产业链成为经济全球化的重要载体和实现形式，出现各种犬牙交错的"超国籍"现象，甚至按产（股）权、注册地、所在地、控制权等原则都难以明确定义其国籍归属。总之，在经济全球化新时代，经济国界变得越来越模糊，经济主体和经济行为的超国籍现象深刻地改变着整个世界。各国产业的交融导致各国的利益关系也高度复杂。

经济全球化新时代，表现为利益交织、权力多极、多国共治的特征；工业化向更广阔的陆海空间拓展，形成更为纵深的国际分工格局。全球竞争越来越显著地表现为由多国企业参与的复杂"产业链"之间的竞争，不仅制造业竞争是"供业链"竞争，而且国际金融业也呈供应链状。各国经济，包括竞争对手国家经济之间，都处于相互交织的关联网中，那种传统的"你死我活"的竞争格局演变为各国"俱荣俱损"的绞合状竞争格局。甚至"消灭对手"也会使自己严重受损。例如，在 2008 年爆发金融危机时，各国必须联手救市；金融行业闯祸导致了危机，却不得不用纳税人的钱去救助

---

① 在人类历史上，从来没有一个人口超过 1 亿的国家，在处于中国这样的发展水平时，实行像中国这样的全方位彻底的对外开放政策，特别是对外商直接投资所实行的高度容忍和彻底开放的政策。

那些闯祸的金融机构；有的制造企业甚至请求政府挽救自己的竞争对手，因为相互竞争的企业有共同的供应商，对手企业如果倒闭，供应商企业难以存活。这成为经济全球化新时代的奇特现象：即各不同经济体（国家、地区或企业）之间利益边界不再截然分明，而是"你中有我，我中有你，你我中有他，他中有你我"，利益交织、相互依存。即使是用于统计各国经济活动及其成果的指标，其利益含义也具有跨国性，例如，在本国的 GDP 中，包含着其他国家的 GNP，在其他国家的 GDP 中也包含着本国的 GNP。这意味着，在本国经济成果中包含着其他国家的国民利益，在其他国家的经济成果中也包含着本国的国民利益。

改革开放 40 多年来，中国取得了令世界惊叹的成就。中国经济规模巨大并仍将保持稳中求进的较高速增长态势，但在短时期内不会改变人均水平较低的现实状况，经济体制也难以很快达到高度开放的水平，更算不上是高质量的开放体系。目前，按人均产出或人均收入计算，中国的经济发展尚未达到世界平均水平，仍属于世界"平均数"之下的国家（为世界平均值的 2/3~3/4），仅居第 80 位左右。根据外国专家预测，到 2030 年，中国占世界 GDP 的比重可能增加到 23%。也就是说，从现在到 2030 年，是中国人均产出和收入水平达到和超过世界平均水平的历史性转折时期。可以说，中国改变世界格局的历史还刚刚开始，中国经济进一步开放还有很长的路要走。

在全球化新时代，中国对世界的影响，不在于其规模之大，而在于能否以善治示全球，以创新领潮流。奈斯比特说："随着经济实力的增强，中国在国际事务中发挥越来越重要的作用，但它在国际社会的权威性和话语权还属于轻量级水平。国际社会对中国的认可取决于它们对中国国内发展的看法；而我们认为，中国对内将变得更中国化。""当今中国的发展，首要考虑的都是国内因素。然而中国的进一步开放却必须在全球关系转型的大背景下进行。"[3] 在经济全球化新时代，国际竞争的本质是各国如何实现"善治"，即首先是要有能力把自己国内的事情办好，最重要的是使自己的国家充满创新活力，从而体现出其强于别国的生命力、竞争力和创造力。所以，中国将从高速度增长转向高质量发展，这不仅是经济发展水平提升，更是国家治理质量上台阶。中国在经济全球化新时代的地位将取决于如何从曾经的"高增长引领世界经济"转变为未来的通过高质量发展以"善治与活力引领世界经济"。诺贝尔经济学奖获得者埃德蒙·菲尔普斯以其长期研究成果表明，真正可持续的经济增长归根结底依赖于经济活力的释放，而"经济制度的巨大活力要求其所有组成部分都具备高度的活力。"这决定了哪些国家可以释放活力，实现创新，引领世界经济增长。他指出，对于中国自 1978 年后实现的创纪录经济增长，"在其他国家看来，中国展现出了世界级的活力水平，而中国人却在讨论如何焕发本土创新所需要的活力，因为如果不能做到这一点，高增长将很难维持下去"。他认为中国自己的认识和意图是正确的。按他的研究，中国 30 多年来还只是属于"活力较弱的经济体"，只是因其"灵活性"而不是高活力实现了高速经济增长。这样的经济体"可以在一段时期内表现出比高活力的现代经济体更高的

增长率，但随着这些经济体的相对地位提升，对现代经济实现了部分'追赶'，其增速将回到正常的全球平均水平，高增速会在接近追赶目标时消退"。

可见，在经济全球化新时代，中国要走的艰难道路是：从以规模庞大为特点的经济体成长为充满活力的经济体，即从人均收入处于世界平均值以下，提升为达到世界高水平，这需要有保持经济动力和活力的新观念，要从高速度增长转向高质量发展。奈斯比特曾指出，从一定意义上可以说，"世界经济大变局"的实质就是"中国改变世界格局"。而中国能否改变世界，关键不在国家实力能否雄踞世界，而在价值观念能否启示和召唤人心。"人类命运共同体"意识就是中国贡献给世界的一个极有价值的思想启示。

二、人类命运共同体意识是全球化新时代的方向标

2012年，党的十八大报告正式提出"倡导人类命运共同体意识"。此后"人类命运共同体"概念越来越受到人们重视，并走向世界，成为中国话语中的一个激发人心的亮点。2017年1月17日，在世界经济论坛（达沃斯）开幕式上所做的主旨发言中，习近平主席进一步强调了人类共同体思想，并于1月18日在日内瓦万国宫发表了《共同构建人类命运共同体》的演讲，全面系统地阐述了人类命运共同体理念，就事关人类前途命运的重大问题提供中国思路、中国方案、为人类社会发展进步探寻方向，描绘蓝图。这是中国给世界的一个具有深远意义的启示和思想贡献。

人类命运共同体意识的核心是正确认识经济全球化。2017年1月18日习近平在联合国总部的演讲《共同构建人类命运共同体》中指出："经济全球化是历史大势，促成了贸易大繁荣、投资大便利、人员大流动、技术大发展。本世纪初以来，在联合国主导下，借助经济全球化，国际社会制定和实施了千年发展目标和2030年可持续发展议程，推动11亿人口脱贫，19亿人口获得安全饮用水，35亿人口用上互联网等，还将在2030年实现零贫困。这充分说明，经济全球化的大方向是正确的。当然，发展失衡、治理困境、数字鸿沟、公平赤字等问题也客观存在。这些是前进中的问题，我们要正视并设法解决，但不能因噎废食。""100多年全人类的共同愿望，就是和平与发展。然而，这项任务至今远远没有完成。我们要顺应人民呼声，接过历史接力棒，继续在和平与发展的马拉松跑道上奋勇向前。"

经济全球化新时代的上述特点必然推论出新时代的另一个新特点，各国必须主要依靠自己的努力首先"把自己的事情办好"，也难以采取对外扩张和掠夺的方式来转移国内矛盾，解决本国问题。依靠地理空间和产业空间中的"占地为王"和"夺市强掠"已经不是可行的战略选择。每一个国家都将更加着眼于自己国民的"民生体验"，实际上是进行全球性的治理竞争、文明竞争和民心竞争。各国将在商品、资金、人员、

信息等更具国际自由流动性的全球化体系中，进行深度竞争与合作，人民福利体验也将以全球化为背景，因为开放的世界使各国国民可以进行民生体验的国际比较。各国制度的"合法性"和执政者的"合法性"将以国际比较下的民生增进和经济社会发展的包容性和可持续性为依据。通俗地说就是：人民满意不满意，认可不认可，将决定经济全球化新时代的国际竞争输赢。

全人类的共同愿望基于共同的利益，全人类的共同行动缘于身处同一个地球，面临共同挑战：资源约束、环境破坏、气候变异、安全风险、恐怖主义。还有许多因发展落后或不平衡而产生的矛盾甚至冲突：贫穷、疾病、不平等。这些都需要人类共同努力，合作应对，特别是要维护世界和平和国际体系，负责任有能力的国家尤其是大国，要为人类发展提供更多全球性公共品。

在近现代人类史上，工业革命、资本主义市场经济发展与经济全球化是三位一体的过程。以市场经济推动的工业化，必然走向经济全球化，经济全球化要求各国或各地区的市场开放，并实现世界市场的一体化。19 世纪到 20 世纪中叶之前，以第二次世界大战为界，为第一次经济全球化时代；20 世纪中叶直到 21 世纪第一个 10 年为第二次经济全球化时代。当前，世界正在兴起第三次经济全球化浪潮，进入经济全球化新时代。第一次经济全球化时代，以领土（殖民地）争夺直至世界大战为资本主义工业化开拓世界市场。第二次经济全球化时代，形成霸权国家主导的世界贸易秩序，全球化取得很大成就，但也出现了越来越严重的对抗、分化、极化现象。在这一时代，中国从落后封闭走向开放崛起，开始重回历史中心舞台。更多国家和民族融入全球化，各类经济体的利益越来越相互渗透、融通，虽然矛盾难以避免，但更具包容性和均势性的全球经济，符合大多数国家利益。尤其是对于自身利益边界扩展至全球的世界大国，维护经济全球化发展的新均势新格局同各自的国家利益高度一致。可以说，世界任何地方发生的重大灾难，都可能会导致本国一些公民或侨民的生命财产损失，因为他们的足迹和利益关系遍布世界。整个世界在客观上已经表现出向各国利益交融的"地球村"方向演进的趋势。

上述世界大趋势决定了，在经济全球化的新时代，和平发展、多元共治、包容均势必成主流。因此，中国倡导的人类命运共同体理念，并非主观意愿，而是客观趋势的认识体现，当然这一认识和主张是前瞻性的，具有方向标的意义。它表明路在前方，但崎岖不平，须经持续努力，才能抵达彼岸。

三、"一带一路"构想推动走向人类命运共同体世界

当前，世界工业化和经济全球化正在向欧亚大陆及南方国家的纵深地带发展，可望形成全球繁荣新格局和世界秩序新均势。顺应这样的世界工业化和经济全球化大趋

势，中国发出了"一带一路"和"建立新型大国关系"的时代倡议，这将为经济全球化新时代注入新的活力、动力和竞争力。

200多年来，尽管历经巨大的历史变迁，但人类发展并未脱离这三位一体的基本轨迹：今天的世界仍然处于市场经济纵深发展、工业化创新推进、经济全球化势头强劲的时代。当然，今天各国的工业化和市场经济发展同200多年前的工业化先行国家有很大差别，今天的经济全球化同以往时代也大为不同。中国的"一带一路"构想，体现了人类命运共同体的意识，将成为经济全球化新时代具有标志性意义的伟大壮举。而实现"一带一路"构想的关键，则在于必须体现经济全球化新时代的全球互通、互利互惠的根本要求，这是形成人类命运共同体的基本方向。

进入经济全球化新时代，更多国家间实现更全面深入的"互联互通"是一个基本的趋势。中国提出"一带一路"构想，其核心含义首先是要实现更通畅的"互联互通"格局。

当前世界地缘政治格局的四大板块（也有学者称之为"战略辖区"）为：海洋国家板块（以美国及濒海欧洲国家为核心）、欧亚大陆国家板块、东亚陆海板块和南亚次大陆板块。"一带一路"构想几乎同世界为的四大地缘板块都有密切关系。要在如此广泛和复杂的地缘空间中实现"互联互通"，牵动全球，可以检验人类命运共同体的观念是否具有现实基础和客观根据。

纵观世界历史，经济全球化几乎与利益冲突及国家战争同行。在陆权时代，国际"互联互通"的客观趋势往往要通过世界范围的大规模战争来实现。那时要实现"互联互通"就要扩大"势力范围"，即以构建"势力范围"的方式达到互联互通，而各国占有的各"势力范围"之间则通常难以实现互联互通，往往是以邻为壑。只有在各"势力范围"内才有国家提供"互联互通"的安全保障。所以，占据更大的陆地领土和势力范围以扩展"生存空间"成为陆权时代的地缘政治特点。实际上也成为爆发战争的原因，甚至成为侵略行为的"理由"。

进入海权时代，濒海国家占据优势，英国特别是20世纪以来的美国成为霸权国家。在这一时代，"发现"和拓展海外殖民地被认为是海洋强国的"合法"权利，"发现新大陆"成为"英雄"行为，实际上不过是将原住民赶走或杀戮，占据他们的领地。当殖民地瓜分完后，海权国家（主要是美国）则将要求和迫使大陆国家"门户开放"作为其实现"互联互通"的全球化战略。并提出一系列主张"自由贸易"、"自由市场"、公海"自由航行权"、"经济全球化"等观念，使之成为保证世界"互联互通"格局和维护世界治理秩序的"原则"和法理基础。在所有国家中还有一个"警察"国家，即超级大国美国，自认为拥有维护这样的世界秩序的特权。"美国特殊"或"美国例外"成为这个时代的一个特点。

这个时代还有一段"插曲"，即在"二战"后的冷战时期，与以美国为首的西方国家相抗衡，苏联也力图形成以其为中心，由苏联东欧国家及亚洲盟国所组成，并向

其他地区渗透的势力范围，构造与西方资本主义国家相对立的"平行"地缘政治战略空间。实际上是两大意识形态观念支撑着以对抗为前提的"互联互通"，必然引致了很大的国际紧张和冲突。20世纪90年代苏联解体之后，才真正可能出现全球化的"互联互通"整合空间。

可见，以往的"互联互通"主张都具有强权国家战略的意涵，是利益严重冲突和对立前提下的经济全球化，也就是说，有更大实力的国家才能凭借霸权，主张和推进势力范围内的"互联互通"，可以说那是一种"帝国"野心笼罩之下的经济全球化。所谓经济全球化可以理解为强权帝国（美国）的"全覆盖"。而面对这样的经济全球化和"互联互通"要求，弱国则往往倾向于自我封闭和实行保守主义政策，除非可以确保自身安全和利益，否则宁可不要门户开放和互联互通，也要坚持拒绝自由贸易和全球化。换句话说，各国没有共同的利益，不是命运共同体，而是命运相克方。特别是，全球化及其要求的"互联互通"与各国的国家安全利益密不可分。如果危及国家安全，仅仅基于经济上"互利互惠"，生意再大，"油水"再多，也不足以形成心甘情愿的全球化格局，而相互封闭才是国家安全利益所在。

因此，真正的经济全球化和顺畅而主动的"互联互通"，归根结底取决于各国之间是否存在共同利益，具有相互间的安全承诺和保障，也就是说，只有承认人类命运共同体，感受人类命运共同体的存在，经济全球化和顺畅而主动的"互联互通"才是客观可行和可持续的。中国处于"以复兴中的中国为核心的东亚陆海板块"，其地缘政治地位的特点是兼具海洋和大陆两方面的性质，所以，中国提出的"一带一路"倡议是一个更具包容性的构想。这一构想基于经济全球化的现实，可以促进人类命运共同体的实现，但还需要有各国可以接受的"观念互通"。因为，心不通则道不同，心通才能路通。

"一带一路"所要求的"观念互通"并不是"观念统一"，也不期望更不强制相关各国统一于中国的观念。世界的现实是，尽管自工业革命以来，科学理性成为各国需要接受的"先进思想"，但在实际的经济行为中，各国各地各民族不同的文化理念必然发挥深刻而广泛的影响，可以说，赤裸而纯粹的"经济理性"在现实中是不存在的。当前的世界工业化正在向具有深厚历史文化根源的大陆腹地推进，"一带一路"相关国家许多都是人类文明的发源之地，文化观念的丰富性既是财富，也是工业化推进须经之"山丘"，景色美好，路途崎岖。中国主张的"一带一路"构想，希望实行"全方位对外开放"，但其他国家对此未必有同样的理解。即使相关国家的政府能够认同，社会各界也未必完全服从，而且，政府本身也可能因执政党轮替而改变倾向。所以，"一带一路"构想的实现，必须以最大限度的包容性来实现各国差异观念间的沟通，寻求不同价值观念中的最大"公约数"。

人类命运共同体就是一个最有可能为各国各民族接受的观念"公约数"。不必谋求"势力范围"，不诉诸强弱竞争，而是在共同利益基础上的伙伴互惠，尊重各国的主权

和经济秩序（制度、法律和政策）和发展战略。在经济全球化观念中注入发展意识和包容性意识，促进"全球化均势发展"或"全球化包容发展"，就有可能最大限度地接近人类命运共同体理想。中国向世界贡献的这一新观念不仅可以为经济学理论（尤其是发展经济学）和地缘政治理论所支持，占据理论高地，而且占据了人类发展的道德高地，体现经济全球化新时代的新观念，展现人类文明的理想境界。

当然，主张人类命运共同体的观念意识，并不是否定矛盾，粉饰太平。尽管以国家间大规模战争、国土占领和霸权国家主导为特征，因而冲突激烈的时代已成过往，和平发展成为世界主流，但是，利益分化、矛盾冲突仍然存在，恐怖主义、阶级斗争、移民困境、政权动荡等现象表现出人类仍然存在深刻的内在矛盾，仍然是地球上最具内部冲突性的"物种"，甚至可能表现出相互杀戮的残忍性。因此，人类发展仍然可能陷入巨大困境，今天的世界还不是一个太平安定幸福的人类乐园。打造人类命运共同体是一个美好的向往，而美好向往正是人类为之奋斗的目标。

最近，美国特朗普政府举起贸易保护主义旗帜，以"国家安全"和"美国吃亏"为理由，挥舞增加关税等大棒，大打出手，把世界经济秩序搞得人心不宁。特朗普宣称"美国优先"，要为美国工人争得更多利益。但是所作所为却损害了许多国家的利益，反过来也必然损害美国和美国人民的利益。有人担心，贸易摩擦可能演化为政治对抗，甚至引发军事冲突。而特朗普针对的主要对象国就是中国。在这样的现实形势下，中国提出人类命运共同体主张是否显得一厢情愿了呢？

中国改革开放40多年的历史成就表明，只要方向正确，持续奋斗，即使路途艰难，人类的美好向往是能够实现的。中国实现经济发展和民生改善，本身就是向各国所追求的共同目标推进的重要体现，也是为构建人类命运共同体所做出的重大贡献。中国的发展没有损害其他国家的利益，相反，许多国家都可以从中国的发展中获益。再过两年，中国将全面建成小康社会，在改革开放之前极为贫困的中国，这是个难以想象的目标。今天中国人完全可以自豪地说：百年之梦在一代人的生命时间里就可得以实现，一代人的人生经历就可以体验一个国家的历史巨变：从饥饿到丰足，从贫困到小康。因此，中国可以自己改革开放40多年的成就为据，并以初具实力的国家底气为基，充满自信地向世界贡献"人类命运共同体"意识和"一带一路"构想。这绝不是句空话和无根据的空想，"一带一路"构想正是推动全球走向人类命运共同体世界的务实行动。中华民族是一个乐观而务实的民族，我们相信：人类能够消除种族冲突、国家战争、内部杀戮、恐怖行为，共同携手战胜饥饿、贫困、病魔，实现人类命运共同体的向往。人类将以自己的行为证明可以成为这个地球上的优秀居民！

参考文献

［1］金碚. 大国筋骨——中国工业化65年历程与思考［M］. 广州：南方出版传媒广东经济出版社，2015.

[2] 金碚. 新常态下的区域经济发展战略思维 [J]. 区域经济评论, 2015 (3).

[3] [美] 约翰·奈斯比特, [奥] 多丽丝·奈斯比特. 大变革: 南环经济带将如何重塑我们的世界 [M]. 张岩, 梁济丰, 迟忘娟, 译. 北京: 吉林出版集团中华工商联合会出版社, 2015.

[4] [美] 埃德蒙·费尔普斯. 大繁荣: 大众创新如何带来国家繁荣 [M]. 余江, 译. 北京: 中信出版社, 2013.

[5] 金碚. 论经济全球化 3.0 时代——兼论 "一带一路" 的互通观念 [J]. 中国工业经济, 2016 (1).

[6] [美] 兹比格纽·布热津斯基. 大棋局: 美国的首要地位及其地缘战略 [M]. 中国国际问题研究所, 译. 上海: 上海世纪出版集团, 2007.

[7] [美] 罗伯特·卡根. 美国缔造的世界 [M]. 刘若楠, 译. 北京: 社会科学文献出版社, 2013.

[8] [美] 亨利·基辛格. 世界秩序 [M]. 胡利平, 等译. 北京: 中信出版社, 2015.

[9] 金碚, 张其仔, 等. 全球产业演进与中国竞争优势 [M]. 北京: 经济管理出版社, 2014.

以新范式思维认识和应对经济全球化格局的新变化[*]

金　碚

摘　要：面对当前复杂多变的经济全球化格局，在学术范式上，以新范式思维认识和应对出现的新问题、新变化、新情况，不仅具有紧迫的现实意义，而且具有深刻的学术价值，甚至关系到人类发展的前途。在现代主流经济学的微观—宏观范式中，引入包含经济理性、价值文化和制度形态三个维度的域观范式，可以从多维度观察和认识现实，这也是经济学发展的必然方向。因此，要构建中国特色经济学体系，增加理论上的指导力和理论对实践的阐释力，应遵循微观—宏观—域观范式思维来进行研究，通过实践提炼理论，在马克思主义指引下发展中国经济学，探索进行经济学范式的重大创新。

关键词：范式思维；经济全球化；域观；经济理性；价值文化；制度形态

身处世界百年未有之大变局的时代路口，如何认识和应对经济全球化格局正在发生的重大变化，是各国经济学者们基于一定的思维方式和学术范式进行深入思考的一个重大问题。这不仅具有紧迫的现实意义，而且具有深刻的学术价值，甚至关系到人类发展的前途，因为，在一定意义上，"人所看到的世界是自己心中的世界"，观察世界的范式思维，决定了所形成的认识图景。

一、经济全球化何去何从

按照对经济全球化的一般理解，当前的世界经济呈现为如下的基本态势：

第一，全球化的趋势仍在继续，不可抗拒，总体态势依然强劲。美国政府的决策层并非如一些媒体所宣传的那样已经转向保守主义和逆全球化的取向。实际上，目前

---

* 原文发表于《经济与管理研究》2020 年第 41 卷第 3 期。

世界上的大多数国家,包括中国和美国在内,经济活动的取向仍旧是全球化。经济全球化是一个不以各国决策层的意志为转移的大趋势,绝非人力所能逆转。迄今为止的全部人类发展史表明,除了工业化,尚未有第二条道路可以实现经济的快速增长。有研究表明,在人类几千年发展史中,在工业化之前的漫长时期,以人均收入计算的经济增长率大概仅为 0.02%,这是一个"基本常态"。而 200 多年前开始的工业化进程,使一些国家的经济增长率达到了 5% ~ 7%,更好的时候达到了 8% ~ 9%,甚至可以实现两位数的经济增长率。而当工业化完成后,经济增长率就会显著下降,即使一些所谓的发达国家和被认为经济结构很"先进"的国家,在完成了工业化之后,仍旧出现了经济增长率的下滑。如果期望经济增长,就要有第二、第三、第四次工业革命。当前,人们普遍相信的一个假说是:通过经济结构优化和技术进步仍旧有可能实现比较高的增长率。然而,现实经济尚未提供充分的证据。例如,目前被认为最符合产业结构"先进"标准和技术进步设想的国家是德国,但其经济增长率也只维持在 1% ~ 2% 的水平。美国经济增长率为 2.5% 左右,已经算是非常优异的表现了。因此现阶段只能认为,追求经济增长必然要进行工业化,而工业化的必然逻辑是会导致全球化,如果全球化受阻,工业化就必然受阻。至于工业化之后的发展道路和演进趋势,现在我们尚不得而知,需要进一步研究与探索。这就是人类发展过程的大全景。

但是从全世界的范围来看,工业化不是全球同步的过程,它的现实过程并不符合微观经济学所描述的场景,而是表现为一种域观现象,即先在局部地区形成增长极,然后向其他地方扩散,比如增长极最早出现在西欧、北欧、北美,然后是东亚。在工业化推进的大趋势下,虽然保护主义也曾在一些国家出现,但在这个时代大潮中终难成势。工业化不断推进的必然前途是经济全球化,要不断地寻找经济增长极、经济增长的地区,不断拓展经济增长的领域和空间。

第二,当前的经济全球化态势跟以往相比已经发生了很大的变化。最早的工业化和全球化进程需要依靠战争和领土占领来拓展一体化空间,即工业化的宗主国占领殖民地,然后对殖民地进行改造。这样的工业化不可避免会导致战争和灾难,全球化成为带血的过程。为此,人类爆发了两次世界大战。第二次世界大战以后,美国主导的全球化思维与传统欧洲相比发生了很大的转变,改变为让各个殖民地实现民族自决,在主权上独立,而在经济上门户开放,然后形成一个全球化的世界市场。这套思维构造的底层逻辑就是微观经济学和宏观经济学。微观经济学强调自由贸易、自由竞争,而宏观经济的本质是货币关系,必要时主要采用货币手段及财政工具进行经济调控。长期以来,人们基本上就是以这个微观—宏观范式观察世界,所看到的经济全球化图景就是这个范式承诺下"心中的世界"。一直到中国崛起,才开启了另一种经济全球化过程时代,人们突然发现,现实的世界同以往那个"心中的世界"可能很不相同了。2001 年中国作为发展中国家加入世界贸易组织(WTO),加入了美国主导的全球化俱乐部。在最初的 15 年过渡期,政府可以进行较多的干预和补贴,保护幼稚产业,制定

较高关税，知识产权相关制度较为宽松，逐渐形成了中国经济的强劲增长极，不仅成就了自身的发展，而且在带动全球经济增长方面发挥了很大的作用。过渡期之后出现了中美贸易摩擦。中美贸易摩擦的核心在于双方对世界的看法不同，美国认为中国不再是发展中国家了，中国的许多做法不符合自由竞争、自由贸易的规则，适用于发展中国家的一切优惠待遇都得取消。中国则强调自己仍旧是发展中国家，仍然应该享受WTO规则所允许的各种优惠待遇。同时，中国也表示，坚持改革开放政策不动摇，进一步扩大开放，体制和政策体系都将向着更加接近WTO自由贸易规则的方向进行调整。所以，从经济学的视角来看，中美贸易摩擦对中国推动改革开放具有一定的刺激作用。不过，问题远没有那么简单，而是触及了以往的全球化思维底层逻辑的深刻问题。

第三，以美国为主导的经济全球化思想逻辑实际上是不成立的，或者说是缺乏现实性的。经济全球化确实是市场一体化过程，而美国所理解的一体化，按照微观—宏观的范式，意味着所有国家的经济体同质化，即作为竞争主体的各国企业达到同质化，彼此完全一样，实行私有制，独立自主并追求利润最大化，进行公平竞争，没有国家的政策偏袒，通过自由市场竞争最终实现社会福利最大化。当前中美贸易摩擦的焦点在于，美国认为企业应当是私有的，不能有国家干预，各国门户开放，要做到零关税、零补贴。按他们的理解，市场竞争只能是企业之间的公平竞争，而不能让美国的企业同中国政府的财政部竞争。如果中国做不到，就要实行制裁，例如征收惩罚性关税。这涉及了一个更加根本的问题：实际上经济全球化所要求的市场一体化并不意味着参加一体化市场经济的经济体就一定会变成完全的同质化。世界上不存在完全的同质化经济。即便是欧洲，作为市场经济最发达的地方，都没有条件实现同质化，以至于出现了英国脱欧的情况。各个民族有自己的文化、历史和制度演进过程，因此不可能将所有的民族变成相同的经济体。当前中美贸易谈判第一阶段达成的共识也仅针对扩大开放领域、减少贸易逆差以及知识产权保护等较浅层的问题。进一步的开放涉及金融领域，而继续发展下去，是否可以开放文化、传媒等领域等？特别是，国家对经济的干预包括国有企业的存在都被认为是不合理的吗？意见的分歧是非常深刻的。不过，美国也已开始认识到，中美经贸关系涉及"不同经济体系的共存"问题，迫使中国与美国同质化，实际上是不可能实现的。

第四，全球化的根本方向是和而不同。微观经济学中认为的合理是经济主体的同质，但是经济全球化的历史告诉我们，真正的合理是黑格尔所说的，凡是现实的就是合理的。现实就是不同质的，和平相处，公平竞争，但是你我不同，尤其体现在文化和制度特征方面，不可能要求各国同质。在经济学的思维框架中，生产函数里面考虑的因素有劳动、资本、土地和技术，但是抽象掉了一个重要的因素——思想。比如全球化不仅是一体化的过程，它也是一个思想流动的过程，中国进行改革开放的一个重要原因就是我们接受了流动过来的市场经济思想。思想包括文化和制度，将其纳入生

产函数之后，劳动要素就发生了改变。按此逻辑，再观察现实就会发现这是一个和而不同的世界，而非同质的、抽象完美的世界。微观经济学的模式中市场经济类似于一个搅拌机，所有经济主体在市场内竞争，最后的结果是达到匀质状态。但是现实证明没有国家可以通吃世界，各个国家都难以完全改变或消灭彼此，只能共存、共融、共容。人类的进步就体现在对于经济全球化方向和本质的认识进步：战争、占领和改造对方，已经成为了全球化的过去式。此时需要研究的是，在这样一个经济全球化的新格局中，什么样的经济制度、经济秩序才是合理的或者是现实的？

二、经济学的域观范式思维

中华人民共和国成立后，中国的经济学主要有两大学术思想的来源：一个是马克思的《资本论》范式，以此为基础形成当时叫作政治经济学资本主义部分的经济学体系；另一个源头就是苏联的社会主义政治经济学，它根据苏联计划经济实践，以及对计划经济的想象，一并构成了这样的一个体系，叫作政治经济学社会主义部分，具体表现为一种并非以演绎逻辑进行体系抽象的史观范式结构。另外，还有一些跟实际部门相关的学科，比如被称为部门经济的工业经济学、农业经济学、对外贸易等。这种学术源流不是很深厚，但是与实践直接相结合，是关于经济工作的一些知识汇集。

改革开放之后，中国经济学发展发生了很大变化。一个学术源头是，《资本论》的逻辑范式作为指导思想和范式借鉴融入社会主义经济研究，同时再联系关于社会主义经济现实的相关理论认识，形成了政治经济学中社会主义部分的体系结构。在这个过程中，很多学者也尝试着把西方经济学的一些研究成果融合进来。20 世纪 80 年代学术界就开始尝试能否在马克思主义政治经济学体系里面引入一些西方的现代经济学成就。另一个学术源头就是西方经济学。改革开放之后引入的微观经济学和宏观经济学所形成的新古典综合学术体系，就体现了中国接受了伴随工业全球化而来的"思想流动"的积极表现。

新古典经济学最显著的思维特征是：判断市场是不是自由，它的核心问题是人是否是充分自由的，并假设存在一个个人具有充分自由的世界，称之为"完全竞争"的自由市场经济。在论证有关自由市场、有限政府和道德秩序的过程中，充满了一些乌托邦式的因素。一定意义上可以说，自由主义的新古典经济学所构想的经济世界，具有"审美"价值，以牛顿力学为隐喻，在想象的绝对空间中推演出一个完美的乌托邦世界，这个世界可以完全靠单一规律来描绘，是一个人人都完全按经济理性自由行动的一元化世界。但是在高度多元的现实世界中，这一学术范式的缺陷是非常明显的，许多经济学家都对其进行了批评，指出了它的不现实性。但是，在经济学的体系框架中，这一范式至今仍然是很强有力的，似乎没有更可接受的范式思维可以替代它，即

使承认它的缺陷，也仍然以它为经济学底层逻辑的假设起点。这样，现实中存在的很多经济现象，由于同这一主流范式相悖，被认为是"反常""扭曲""不合理"，而在构建精致的模型时将其视为"干扰因素"而排除。但事实却是，这些所谓的"反常""扭曲"或"不合理"现象已经在一些领域（域境）中成为了常态，但基于主流范式的固化思维，不仅在经济学研究中得不到体现（认可），而且在现实中总是将其视为"错误""不合理"而欲除之而后快。一些可以解释现实现象的成果，却被看成是旁门左道，不入学术之流。其实这些所谓"反常"现象实际上反映了经济学主流范式的危机，反而可以给中国的经济学界留出巨大的学术探索和创新空间。例如，经济学到底应该怎么样来描绘刻画现实世界？现实世界具有多样性，那么非同质的主体之间到底如何开展竞争？基于此，可以用经济学的域观范式来弥补主流经济学的缺陷。

对"域"的刻画可以抽象为三个主要维度。第一个维度为经济理性。经济理性在经济学、管理学中抽象为工具理性，假设人都是趋利避害，进一步将"趋利"抽象成追求和积累财富，再进一步将作为存量的收入充分简化为作为流量的收入，这样收入或利润最大化就成为衡量经济理性的维度。但是，应该看到仅仅这个维度是难以刻画真正的人类理性或行为取向的。因而，需要有第二个维度即价值文化。因为人是有意识、有思想的，即具有不同的想法、行为和倾向，所以经济学不能将其排除于范式框架之外，而经济学如何对其进行清晰刻画，还需要深入研究。第三个维度为制度形态。制度的形成并非是理性所构建，而是历史演化的产物，所以制度也具有多样性。那么，在不同域境中经济秩序有何特点？域际关系的合理秩序是什么样的？制度如何生成和演化？这些都是值得研究的问题，并成为经济学范式构架中的重要维度。研究价值文化和制度等问题，不仅仅是经济学的研究对象，因而需要进行学科分工；不过，经济学如果仅局限于经济理性这个唯一维度上，实际上就使自己远离现实。经济学归根结底是认识之学和致用之学，因此，多维度观察和认识现实，是经济学发展的必然方向。

从以上三个维度观察和认知经济世界，微观—宏观范式就在很大程度上"失灵"了，即难以刻画和把握其研究对象。由于微观—宏观范式仅仅以经济理性为分析维度，所以微观经济学把人的所有行为抽象到工具理性方向，仅仅追逐工具理性的利益目标，即以收入最大化为尺度。但是收入最大化并非人的真实利益，而仅仅是一个工具，即"购买力"；而不同人和不同经济体获取这个"购买力"所要达到的真实目的可能是不同的。比如，国有企业和民营企业的目标在本质上就是不同的，尽管可以在工具理性上分析其某些行为，但更需要刻画两者不同的特点与行为取向，还要看他们在全球化的经济体系中如何进行竞争。最近人们开始重视"竞争中立"的研究，这一概念实际上就已默认了经济主体可以不同（国有企业的存在也是市场经济中的一个常态），但不同性质的企业之间的竞争规则应当中立（没有偏袒和歧视）。实际上，这个概念已经在一定程度上反映了经济学思维的变化，承认经济体系的非匀质性和多样化。传统的微观—宏观经济学的逻辑指向是追求均质空间中均衡状态下的"最大""最优"化，

而域观经济学的逻辑导向是描述多元的域态，发现域际关系的机理。总而言之，宏观经济学和微观经济学具有一维的思维倾向，而域观经济学具有多维的思维特征。

三、经济学中国学派的学术逻辑起点

为了更好地认识和应对经济全球化格局的新变化，域观经济学作为经济学中国学派研究的成果之一，在之后的研究中特别要思考以下四个问题。

第一，是用逻辑推演的抽象还是观察现实的方法去构建新的经济学体系？从马克思主义资本论开始试图在表述经济学体系的时候，使用的是演绎逻辑的方式，马克思称之为"好像是一个先验的结构"，即从一定的假定出发，推演形成具有高度逻辑严密性的体系。《资本论》逻辑本身仍旧遵循史观的逻辑，而并非像后来的新古典经济学那样的逻辑。但是它的表述方式正如马克思自己所讲，呈现的是一个逻辑推演的体系。后来的新古典经济学采用了逻辑演绎方法，即基于所谓的"公理性假设"而进行推演，形成其学术体系。与之相对的是西方经济学中的行为主义，其逻辑是基于观察而非假设，比如并不假定人是完全自私的，而是观察人是否真的自私，或者多大程度上是自私的，而多大程度上具有公平意识。

现在很多人的研究倾向于使用一些数学模型方法，发表的一些相关论文也大多采用建模、检验等数理方法，目的是体现推演过程的严谨、精致，并认为那才能显示经济研究成果的科学性水平。也有不少人批评这样的研究方法，认为不过是用复杂的模型"证明"了不证自明的结论。不过我们还是应该承认，那么多的论文还是积累了许多学术成果，丰富了文化遗产，具有一定的思想启发性质。但是，也不能因此而断定，那才是唯一有价值、有"水平"的学术论文。那么，如果将经济学范式拓展为微观—宏观—域观，是否要求必须继承经济学的数量化传统？或者说，是否只有保持经济学分析的这种数量化形式，才能体现学术体系的逻辑严谨和科学性？引入域观范式是否要达到那样的境界才能被学界所接受？简言之，域观经济学研究，是否要以数理化、模型化和逻辑推演的严谨精致作为方向？还是更大程度上体现经济学的史观范式传统的复兴（在新古典经济学成为主流之前，经济学是以史观范式主导的，称之为"政治经济学"；直到19世纪末至20世纪中叶，微观—宏观范式才被称为经济学的主流）。

第二，将域观范式引入经济学体系后，其学术起点是什么？任何学术研究都要使用逻辑抽象方法，学科体系都有其起点，通常就是其所做的假设，这是整个学术大厦的基石。马克思经济学的起点是基于劳动二重性的商品二重性，西方经济学（微观经济学）的起点是经济人假设。微观经济学的经济人假设过于简单，而且并非"公理性"。我们提出域观范式，就是承认这个世界是不同质和非匀质的。这是一个更为现实的学术假设，比经济人假设更具有公理性，因为没有人可以否定世界的异质性和非匀质性。

例如，如果没有域观范式假设（或承诺），经济学就不能解释什么叫作中国特色社会主义。很多研究经济学的人认为，全世界只会有一套经济学，如果有两个经济学那就不是科学了。问题是，科学就只能是一元论吗？将经济学完全归之于自然科学的范式框架，已经受到包括西方经济学家在内的许多经济学家的批评。而且，现代自然科学也并非固守一元论范式的思维框架。按照域观范式的思维发生，中国特色社会主义有其域质域态特性，西方国家的市场经济乃至欧洲经济也都有其域质域态特性，各种域态都可以共存。人类世界即使走向"大同"，也是"和而不同"。中国特色社会主义，至少从历史观的角度来讲不否定美国，不否定欧洲，也不否定阿拉伯国家等，都有各自存在和发展的空间。这么多国家永远也不可能变成完全一样的经济体。既然我们以这样的思维方式观察和认识世界，那么，作为一个学术体系，经济学底层逻辑的起点应是什么呢？这是引入域观范式后，需要着力研究的一个重要学术问题。

第三，在经济学上如何刻画"域"这个概念？域可以是区域、领域、场域、群域、网域等，因而在学术上可以分成各种域类。经济学的发展很大程度上借鉴了自然科学的思维。现在的微观经济学、宏观经济学从思想渊源来讲是以牛顿力学为隐喻基础的。而域观范式的隐喻更加接近达尔文的进化论，即经济世界并非趋向于"优化""极化"，而是高低各类种群都存在，适者生存，不断演化。在现实中，不同的地区经济，生存着不同的企业群体，具有不同的行为模式，统称为"域"。将经济学的范式承诺从宏微观的视角向其他更宽视野拓展，也就是引入域观视角，实际上也就是从简单的逻辑抽象这一端，向更为具象的方向移动，在之前的范式框架中加入新的维度，从而更好地契合现实，更好地观察和描述现实。这样，从浑然一体的现实情境中，不仅抽取一些物质质态，而且抽取一些非物质质态来作为识别和研究对象，从而可以对其进行分类。而且，从不同的角度进行观察，可以得到不同的认识图像，从而形成不同学科的学术范式。学科之间互相分工，经济学也是其中的一个学科门类。经济学本身还可以继续细分，形成不同的分支学科，从不同的视角来观察和研究经济体和解决行为，以及经济现象的各种不同的质态。可见，当经济学引入域观范式后，如何刻画被观察的研究对象的质态，就成为一个特别重要的研究领域和研究方向。只有可以识别域质域态，才可能深入研究经济现实。

第四，关于世界工业化前途的问题。工业化是世界经济增长和发展的本质，工业化必然导致全球化。随着全球化过程继续演进，域际关系就成为一个重大研究问题。过去人们认为，工业化和全球化会导致世界经济的同质化（称为"西方化"）。而现实却是，各个国家在发展的过程中，并没有趋向于形成与发达国家（西方国家）相同的经济形态。无论经济发展水平如何，国与国之间在价值文化，还有制度形态方面，仍旧存在着巨大的差别。并没有发生经济发展水平提高之后，各国的价值文化和制度形态也趋同的情况。相反，各国的域态特征差异并不会趋于收敛。

因此，根据当前这个社会现实，WTO 就不得不进行改革。这个改革的深层含义就

是，从前的经济学范式所设想的世界，已经与现实世界存在着重大的矛盾。经济学研究学者必须承认这样一个事实，世界经济是由具有不同域观特性的国家组成的非匀质空间。传统的经济学主流范式所设想的那样一个匀质的、自由贸易的世界，只不过是遥不可及的海市蜃楼而已。自由贸易的全球经济空间永远都是和而不同的，各国之间不可能形成所谓百国一体。在各个国家域态不同的前提条件下，实现更好的域际相通，域际交往，才是可以实现的经济全球化新格局。这种情况下怎样实现世界工业化的继续推进？怎样实现全球化？实现更大福利？今后的 WTO 规则下，具有不同域质域态的各个国家怎样互通、互利、互容？怎样竞争与合作？异质化多样化的世界怎样实现经济一体化？这些都是要思考和研究的重大理论和现实问题。

四、经济学中国学派的发展方向

中国经济学的发展，客观上讲，不是一个狭义的学术流派，而是一个很庞大的学派群体，是一个学术"域"，而且是域中有域，可以再细分成不同的分支。中国经济和经济学家对现实经济的参与性远远大于西方经济学。可以看到：中国学科分类中的经济学门类的一级、二级、三级学科非常庞大，而且有不断拓展的趋势。不过，从现阶段的学术研究状况来看，中国的经济学远不如西方经济学做得那么精致化、形式化和数理化，整体来说，学术水平还不高。因此，需要努力往高水平方向走。在实际操作中，按照西方经济学的现有范式撰写论文，发表在高水平的学术期刊上也不失为一种途径。

但是，如果只此一条学术途径，或者大多数经济学者特别是年轻学者都挤在这一条路上，就会存在这样一个问题：面对纷繁复杂的现实经济，经济学越来越脱离实际，而在观察研究现实时，只得放弃经济学方法而具体问题具体分析。如果经济学可以遵循史观—微观—宏观—域观范式思维来进行理论研究，并进行方法拓展，则可以开阔经济学的眼界，为中国经济学的研究开辟出更大的一片天地，走出一条属于中国经济学的独特之路。如果这样，经济学中国学派主要可以向以下三个方向着力。

第一，通过实践提炼理论。中国拥有总数接近世界 20% 的人口数量，在短短几十年时间内，通过工业化和城市化，努力摆脱贫困，进入了中等收入国家行列，成为国内生产总值总量世界排名第二的国家，极大地改变了整个世界的工业化版图和人类发展的面貌。中国几千年文明所形成的价值体系和社会文化，使中国经济无论是微观主体，还是宏观态势，都具有十分显著的特色。中国经济的域观状况具有极大的丰富性、多元性。如何分析和解释中国经济发展？需要进行中国经济学的理论建设，进行学术创新，做出跟中国的伟大实践相匹配的中国学问。

在一般国家，包括那些经济发达的西方国家，经济学或者经济学家能够发挥其社

会性影响力的方式是很有限的。而在中国的域境条件下，情况很不一样。如果经济学界有一些很好的意见，就可以通过红头文件机制，即形成各级政府的文件内容来影响经济实践。中国经济体系的一个很明显的特征就是，它可能契约机制确实比西方一些发达市场经济国家要弱，但是各个层级的党政部门，通过红头文件的形成、传达和执行系统所形成的一种作用机制，可以产生很强大的信息能量。这就像人体的中枢神经系统，它可以接收信息，选择信息，传递给各个执行主体，在这个过程中还可以实现不同程度的强制性和资源调配能力。所以在中国这样的域观经济条件下，经济学可能更有条件成为一门具有实践作用力的学问。仅仅依据传统的微观—宏观经济学范式做出的研究成果是远远不够的，中国经济学家必须用域观范式来观察和研究现实，才可能真正做到具体问题具体分析，使做出来的研究成果更加贴近现实，更有实践的可行性。

第二，在马克思主义指引下发展中国经济学。西方经济学以微观经济学理性范式为基础，假定所有的人都是理性经济人，经济理性是每个人做出经济决策的唯一人性因素。而马克思对人性的假定却不是这样的，他认为人性是社会关系的总和，也就是说人不是抽象的人，人的行为也不是追求这种抽象算计的最大化，而是在一定条件下，受各种因素影响而采取的行动。这也就是说，经济行为是具有域观特征或者商域特征的行为，因此经济现象大都表现为域观现象，而不是抽象的微观或宏观现象。相比较之下，马克思的理论更具有思辨性的特征，把人的行为特征放在一定的社会历史条件下来定义，这也为经济学的域观范式提供了有力的理论支撑基础。因此，中国经济学可以结合马克思经济学的思维框架，加上中国社会文化特征（制度也可以被视为广义的社会文化），来观察和研究经济和经济学问题。

第三，探索进行经济学范式的重大创新。当前，世界经济发展正发生着百年未有之巨变，不仅是中国经济学，西方经济学也走到了范式创新或范式转换的关头。经济学如果不进行范式的创新，已经难以解释很多现实的重大经济现象，而且使得对世界重大问题缺乏共识基础，可能产生难以沟通的冲突，因为在相互无法理解的范式承诺基础上所看到的是完全不同的世界图景。传统经济学假设空间是匀质的，行动着的主体就像是原子，经济原子就是人，引申一点就是各个企业，它们之间不断发生着供给、需求、交换关系。如果假定这一切发生在完全竞争的空间，经济学研究就能达到均衡，实现福利最大化。这就是传统经济学的逻辑，并且认定这样的世界才是"合理"的。但现在这两个假定都已经不成立了。首先是人的价值观念还有行为方式都拥有不同的文化特质，制度形态也具有不同的特质，这些特质又反过来影响或者决定人的价值观念和行为方式。所以人的行为，有理性的层面，也有文化习俗层面，也就是说，人并不是抽象的经济原子，而是具有复合特性的行为主体。其次是现在的企业也并非"原子"，而可能是网络、平台或链状实体，也就是说，现实的企业群体是域态的。此外，在现实世界，经济空间也不是匀质的，而是具有相对性，因此假设中的绝对空间也不

成立。总体来说，西方经济学和由西方经济学发展而来的中国经济学（马克思的经济学也是在西方古典政治经济学基础上发展起来的），两者都走到了原有范式不能解释现实的境地，所以必须进行范式创新。

总之，要以新的范式思维来认识和应对经济全球化格局的新变化。作为经济学者，主要是要看我们使用的学术工具，我们的学科、学术体系能不能够用来很好地解释这个现实的世界，以至还能够预见未来趋势。无论是进行理论研究的过程，还是进行学科建设的过程，都需要互相交流思想，分享见解，如果有更多感兴趣的学者共同参与，深入探讨这些重要问题，就可以为经济学中国学派的发展做出更多有价值的贡献，掌握更有效的学术工具，以新范式思维认识和应对经济全球化格局的新变化。

世纪之问：如何认识和应对经济全球化格局的巨变[*]

金 碚

摘 要： 当越来越多社会制度和文化传统不同的国家纷纷进入经济全球化的大世界，特别是当中国经济的崛起和持续增长，以其巨大的经济规模改变着经济全球化格局时，存在利益差别的各国能否避免重大冲突，以和平方式解决矛盾、协调关系、实现互利共赢的发展？理想或可行的经济全球化和世界经济一体化，必然是或只能是经济体系性质单一化的世界，还是可以呈现为多元化和多样性经济体共存的世界？可以说，这是一个"世纪之问"，对这一问题的回答将成为中美之间的史诗性博弈。全球化所体现或要求的经济一体化，意味着各国经济之间的高度流动性、贸易畅通、投资交融，但并非是各经济体趋向于完全的同质化和同构化。中国所主张的"和而不同"应是世界格局演变的必然趋势，"融而不同"是经济全球化发展的可行方向。经济学要以新的范式和视角观察经济全球化的新格局。中国经济同世界经济将进一步增强相互之间的包容性，这对中国和其他国家的发展都是很有利的。正是这样才可以说，"人类命运共同体"是经济全球化可以追求的目标。

关键词： 经济全球化；中美贸易谈判；域观经济；经济学范式

中美两国经过近 20 个月的贸易摩擦和谈判，在 2020 年初终于签订了一个可以让世界谨慎乐观的中美贸易谈判"第一阶段协议"。尽管这只是两国博弈的一个阶段性回合，本身内容虽然有限，但其预示性意义却非常深远。这是中美贸易关系以至全球经济关系格局巨变过程中的一个质变点。这表明，中美之间不仅有利益之争、战略之争、"老大老二"地位之争，而且，将触及观念思维和学理范式之争。即何谓"正当""合理"？是什么决定了各方妥协的底线？能否在表现为不同价值观念和不同思维方式的文

---

* ［基金项目］国家社会科学基金重大研究专项"加快构建中国特色哲学社会科学学科体系学术体系话语体系"（项目编号：18VXK002）；中国社会科学院学部委员创新工程项目"经济学理论创新与实践探索"（项目编号：SKGJCX2019 – 2020）；中国社会科学院优势学科登峰计划（产业经济学）。

原文发表于《东南学术》2020 年第 3 期。

化差异下，形成对经济全球化新格局的共识及其学理范式承诺？这深刻触及对现代市场经济底层逻辑的认识以及对人类发展的文化多样性的理解。总之，中美贸易摩擦和博弈磨合的意义可能远比人们所想象的更为深远。它实质上关系到，在当前和未来，价值文化和制度形态非常不同的国家经济体系，如何在同一个世界经济体系中相互共处和公平竞合这一国际经济秩序的重大问题，这将是在百年未有之大变局的时代，经济全球化所面临的巨大挑战。

一、经济全球化走到面对"世纪之问"的历史关头

经济全球化是资本主义市场经济长足发展的必然趋势。自二三百年前开始，资本主义市场经济所推动的工业革命，从西欧、北美，进而向东亚各国不断推进，将越来越多的国家和地区卷入其中。可以说，由工业革命发力所推动的世界经济向全球化方向发展，是一个顺之者昌、逆之者亡的大潮流。

当然，二三百年来，经济全球化推进的形态不尽相同，历经了若干个特征非常不同的阶段。[1]从 18 世纪到 20 世纪中叶，工业国依仗其强大国力和武力占领落后国家，将后者变为自己的殖民地或势力范围，强制推行宗主国的经济制度，是资本主义市场经济实现全球化的主要方式。期间充满冲突、战争、侵略、掠夺、殖民、版图扩张，由此，导致两次世界大战，人类为此付出巨大代价。第二次世界大战之后，人类吸取以往的惨痛教训，努力以非战争非殖民的方式推进经济全球化。尽管从 1945 年"二战"结束到 20 世纪 90 年代，世界曾经分裂为两大并行板块——以苏联为首的社会主义国家阵营和以美国为首的资本主义国家阵营，总趋势主要是追求两大阵营内经济体系的一体化，而两大阵营之间的经济则在很大程度上是相互脱钩的。自 20 世纪 90 年代苏联解体始，世界经济呈现出以美国为"老大"的资本主义市场经济全球化的"一元化"态势。特别是 21 世纪初，中国主动加入世界贸易组织（WTO）后，经济全球化格局显著呈现为向美国主导的经济一体化方向演化的走势。以至于使人们相信，一个以自由竞争、自由贸易为基本特征的经济全球化世界将要出现。而在这个经济全球化世界，"正当"和"合理"的竞争行为只能是以经济主体同质化和规则一元化（实际是"西方化"）为"普世性"价值原则。有人甚至认为，人类的历史就此"终结"，即已经实现了其最为完美的状态，再没有比此更好的高级阶段。

不过，后来的现实同人们的想象有很大差别，以往那种把现代化想象为"西方化"的发展路径并不适用于其他许多国家。特别是东方大国中国，百年以来，一直在"西方化"和"中国化"的纠结中艰难地推进工业化和处理同世界的关系。直到 21 世纪初，中国决定加入世界贸易组织，意味着全方位接受西方国家主导的世界经济体系，勇敢地投入这一具有显著"西方化"主导（实际上是美国主导）特征的自由贸易世界。

当时，作为发展中国家，中国可以享受世界贸易组织所规定的给予发展中国家的某些过渡性优惠（减让）待遇，这实际上也是给予中国一些临时的适应性条件，为期15年。也就是说，期望在15年过渡期之后，中国可以符合世界贸易组织的一般市场经济国家条件，成为被正式承认的"市场经济国家"。中国为此进行了很大努力，但是，到15年过渡期结束之后，美国主导的世界贸易组织并没有给予中国正常的市场经济国家地位，即仍然不承认中国已经是市场经济国家，其理由主要是，中国经济体系在许多方面不符合世界贸易组织所规定的一般市场经济条件。而中国则以自己仍然是发展中国家为由而要求给予更长的宽限期，并认为自己实际上在主要方面已经达到了市场经济的标准；而在许多方面，只要经济发展水平提高并进一步推进改革开放，也很快可以达到市场经济的标准，也就是说中国表示自己正在努力向着一般市场经济的方向迈进。但美国却认为，中国不可以再继续保持不符合市场经济的制度性质，否则就要对中国进行"制裁"或"惩罚"。而且认为，中国经济发展和变革的方向，并没有真正向一般市场经济制度迈进。这就是美国发起对中国贸易战的主要理由。美国所采用的手段是保护主义性质的，即主要是对中国向美国出口的商品征收惩罚性的进口关税。对此，中国必然采取相应的反制措施。这样，两大经济体爆发贸易战，使得整个世界充满逆全球化的阴霾。人们担心这种逆全球化现象可能严重阻碍经济全球化的发展。

其实，真正的问题并非世界经济是否出现了逆全球化现象，也并非美国是否真的成了逆全球化和保护主义的顽固势力，而中国反倒成为了自由竞争和自由贸易的代表。如果是这样的话，那岂不是中国已经成为引领经济全球化的旗手，无须继续进行改革开放的努力了？而反倒是美国要进行"改革开放"以适应全球化秩序和回归全球化行列？很显然，如果做这样的判断，那是无益而有害的，也不符合事实。中国现在还当不了自由贸易的旗手，而要成为完善的市场经济国家，也还必须在改革开放方面作出更大努力，仍然任重道远。

不过，这并不是问题的症结所在。问题的核心在于：中国改革开放是否必须符合美国所要求的条件，才能算是正确的方向呢？中国要成为市场经济国家，是否必须在所有主要方面都必须做到"同美国一样"呢？在中美贸易谈判的第一阶段协议中，关于"中国应……"的内容占了很大篇幅（据查多达80多处）。可以说，协议中连篇累牍的"中国应……"是美国所强烈主张而中国也基本同意的关于经济全球化的"合理"规则和"正确"方向，在协议中，美国声称所有要求中国应该做到的，美国已经做到了。这就是美国所认定的经济一体化方向。不过，进一步的问题是：在今后的博弈和谈判中，中美双方是否能够继续达成一致呢？

经济全球化当然意味着世界经济一体化，但如何理解经济一体化呢？问题的实质是：一体化的世界经济是否要求所有国家的经济体系都必须同质化，制度安排必须一致化？那么，如果不同质、不一致，是否就无法实现各国经济间的公平竞争，因而无法实现经济一体化呢？在美国看来，按照主流观念，回答当然是肯定的。也就是说，如果

中国实行独特的制度和政策安排，例如国有企业制度、国家产业政策、以特殊政策手段强制美国企业转让技术、政府对本国企业进行补贴、实行有选择的扶持政策、"以市场换技术"的技术进步鼓励政策等，就会使美国经济和企业处于不利的竞争地位。如果这样，美国就"吃亏"了。而要实现"公平"，就要求中国改变同美国不同的经济体制和政策安排，要有更多的"中国应……"的承诺，例如，中国应取消政府对企业的补贴，应降低关税，应减少国有企业或者取消能给予国有企业的特殊待遇，应开放更多的产业和经济领域等。简言之，就是要按美国经济的样子实现中美经济的同构性和同质性。美国一些人心中根深蒂固的观念认为，只有同质经济体之间的竞争才可能是公平的。如果不能做到同质，就要对中国进行"制裁""惩罚"，以加征关税的方式迫使中国就范。即使是作为临时性补偿，至少也要中国承诺购买更多的美国产品（如农产品）而减少中美贸易的巨大逆差。否则美国就在竞争中处于不公平地位，"吃亏"了。在他们心中，目前的美中经济关系，仍然是市场经济国家同非市场经济国家之间，即非同质性经济体之间的博弈，必须将其扭转为同质性的市场经济体之间的公平竞争关系，否则就"跟你没完"！

应该承认，在一些方面，美国对中国的要求同中国改革开放的方向是大体一致的，体现了市场经济公平竞争的一般性秩序要求，中国在这些方面加快改革开放，就可能缩小中美经济之间制度和政策的差异性和冲突性。中美之间在这些方面的争议并不难解决，也就是说，中国可以接受美国所要求的那些"中国应……"的改革开放内容，两国谈判是可以取得进展的。

但是，谈判的路继续走下去，最终总会涉及一个根本性问题或核心分歧点：即使中国进一步深化改革和扩大开放，达到市场经济有效运行和公平竞争的一般性秩序要求和规则适应，就能够实现，或者就可以算是中美经济体系之间的同质同构吗？也就是说，经济全球化走到了这样的历史关头，不能回避一个根本性问题：经济全球化所趋向的全方位市场化和经济一体化究竟意味着什么？同质性的经济体系，同构性的经济制度，是世界经济一体化和经济全球化的必要前提吗？可以说，这是人类发展进入到更广泛深入的经济全球化时代所面临的一个"斯芬克斯之谜"：世界市场经济和经济全球化的格局和形态终将会如何？同二三百年来的经济全球化走势（很大程度的"西方化""美国化"）相比，会发生很大的改变吗？理想的或可行的经济全球化和世界经济一体化，必然是或只可能是经济体系性质单一化的世界，还是可以呈现为多元化和多样性经济体共存的世界？可以说，这是"世纪之问"，对这些问题的回答，将成为中美之间的史诗性博弈。

二、一体化意味着高度畅通交融而并非同质化和同构化

在人们以往的理解中，通常将经济全球化等同于经济一体化，或者，将经济一

体化视为全球化的必然趋势，即使是原本性质不同的国家，只要卷入经济全球化洪流，就都会成为所谓"经济一体化"中的竞争参与者，而经济一体化的竞争，将强制性导致所有参与者必须改变自己，以适应竞争，否则就会被竞争所淘汰。这样的观念在一定意义上是符合逻辑的。但是，经济一体化以及参与者的适应性调整和变革，往往被理解为各国各地区经济主体性质及其行为的趋同化，直至同质化，即终会变得大家"都一样"。其推理逻辑是：经济一体化就是经济主体及其行为的理性化，而理性具有"优化"和"极化"特征，也即，追求经济利益（或财富、收入、利润）最大化，会成为所有经济主体经济动机的理性基础。既然经济机理最底层的逻辑是相同的，那么，表现为经济主体的观念和行为也必然是趋同的，而只有这样，竞争才会是有效的，经济一体化才会趋向于"最优"（即社会福利最大化）状态。而且，只要竞争规则是公平的，"最优"倾向必然会战胜各种偏离最优的状态。按照这样的思维，经济一体化就意味着观念的一元化，所以，在经济思维的底层逻辑上可以对人的行为趋向做一元化的假设，即认为理性的人都是"经济人"，行为目标相同，价值观无根本性差异。这样一元化的理性经济人假设，必须基于人性的同质性，而人性的同质性必须基于所有制的同质性，因而，私有和理性就成为经济一体化以至全球化的"框定"前提。

对经济全球化和一体化的这种理解，似乎很"完美"，但仅仅存在于一些经济学理论的抽象模型中，而并不存在于现实中。现实世界的经济全球化和一体化，完全没有呈现出一元化的状态和趋势，相反，多元化和多样性才是世界的真实。有一些经济学家很早就指出了经济同质化的一元论观点的错误。例如，美国著名经济学家弗兰克·奈特认为："在人类和社会科学中，唯一可能正确的观念是多元论观点。"[2]因为"没有一个社会是或应该是完全和纯粹竞争的。国家、法律和道德约束的作用永远是重要的。而且其他形式的组织，比如，自愿合作也是如此。最严格意义上的商业生活也不会符合理论上的经济人行为。历史的发展随着观点、态度和制度的进步而变化，资本主义的性质也在不断改革。事实上，在资本主义的最高峰到来之前，向其他形式的、主导类型的组织的进化就已经开始。这一社会进化大大超出了经济理论家的领域……"[2]也就是说，在全球化趋势下的经济一体化，并不能消除世界经济的多元性和多样性。而且，这种多元性和多样性，还不仅限于经济学所承认的分工性和发展的阶段性，而是承认，由于受到价值文化和制度演进的长期深刻影响，不同国家、民族、地区人群的观念和行为具有内在的多元性和多样性。通俗地说，就是人与人是不同的，人群与人群是不同的，民族与民族是不同的，因而国家与国家是很不同的，所以，在经济全球化趋势下形成的经济一体化，意味着高度互通交融，但并非各国经济体系的同质化和同构化。

我们看到，在中美贸易谈判达成第一阶段协议后，美方也不得不承认，其实质应是两个不同经济体系如何共存，而不是迫使中国成为完全像美国一样的经济体，尽管

其"初心"其实也确实是企图使中国变得跟美国一样，并认为只有那样才算是"合理"和"公平"的。

可见，全球化所体现或要求的经济一体化，意味着各国经济之间的高度流动性、贸易畅通、投资交融，但并非是各经济体会趋向于完全的同质化和同构化。当然，要形成这样的共识绝非易事。在历史过程中，强势经济体会成为弱势经济体模仿和学习的对象，前者被认为"合理"，后者被认为"不合理"，但曾经的弱势经济体却很难变成同强势经济体一样的性质和结构，即使是殖民、移民、占领统治，也不可能做到。因为，经济一体化并非是在无差异的空间中任由经济理性一统天下，地理、文化和制度因素所导致的经济活动空间差异性，决定了经济一体化并不能排除经济多元性和多样性的存在。

三、经济全球化的趋势是形成"融而不同"的世界格局

以上讨论表明：一方面，经济全球化和一体化的趋势不可逆转，另一方面，世界各国经济又具有实质性的多元性和多样性，那么，在经济全球化的大趋势中，人类能够实现和平发展和公平竞争吗？按照中国"和而不同"的理念，和平发展是可以实现的，而且认为当前世界的总态势和主流仍然是和平与发展，因此，"融而不同"可以成为世界发展的前景。但是，按照主流经济学的传统观念，世界是会陷入困惑和迷茫的，除非放弃经济学的理性思维逻辑，承认非理性的作用。而且，主流经济学还借用国际政治和国家战略理论，设想出"修昔底德陷阱"之类的国家间尖锐冲突场景。

其实，人类发展至今，尽管矛盾、冲突甚至战争仍然不断发生，但基本逻辑已经今非昔比，人类毕竟在进步，同两次世界大战之前的经济全球化性质不同，今天的经济全球化性质决定了：经济性质和政治制度非常不同的国家，特别是大国之间无论发生怎样的战略竞争，无论决策者有多大的"野心"，其实，谁也消灭不了谁，谁也改变不了谁，谁也占领不了谁的土地（即使占领也得撤出）。这就意味着，谁也通吃不了整个世界，谁也无法让世界变得跟自己一样，世界的多元化和多样性是她的本质属性。所以，各国无论如何争斗博弈，是战是和，结果只可能是共存。当然共存之下，有可能共赢，也有可能俱损，却很难有赢者通吃而其他方满盘皆输的局面。因而，如果企图以"谁胜谁负"思维来赢得自己的利益，压迫对方被迫受损就范，那么，这种观念实际上已经大大落后于人类发展到今天的这个新时代了。可行和可持续的全球化秩序必须是可以为多方（甚至是曾经的敌国）所接受的，"融而不同""和而不同"是人类发展到今天必然的道路和前途选择，求同也必须存异。

问题在于，进入新世纪的最大挑战也恰恰是，人类还不知道如何才能实现"融而不同""和而不同"的世界格局？一个国家要当称职的"老大"，最重要的是提供可以

为其他国家接受的理念，使不同性质的国家可以接受和共识共存。第二次世界大战之后，特别是 20 世纪 90 年代苏联解体之后，美国算是大体上称职地发挥了"老大"作用的国家，一些曾经的"敌国"也基本接受了美国主导所构建的经济全球化国际秩序。美元、WTO、联合国等，可以成为这个国际秩序的共识共存标志。但是当前，这个国际秩序受到各种挑战，甚至连美国自己也有"退群"的冲动。而其他国家尽管批评美国"老大"的自私，但又并不希望美国"老大"退群。而且，实际上也没有哪个国家，包括被认为已经处于"老二"地位的中国，宣称要替代美国的老大地位，因为，目前还没有谁能提出让其他国家可以接受的新的国际秩序方案。中国主张"和而不同"，走中国特色社会主义道路，但也坚持维护战后所构建的世界秩序，并不主张"另起炉灶"。

不过，随着经济全球化的强劲推进，进入工业化和完成工业化的国家越来越多，这意味着长期以来主要体现了西方国家特别是美国经济特质（经济"模板"）的世界秩序体系，必须能将其他不同国家特别是中国、印度、俄罗斯等大国的国情特质包容在内，而不能将其视为"不正常"而排斥于秩序体系之外。应该说，对此，作为世界经济"老大"的美国，至今还没有思想准备，而中美贸易摩擦和贸易谈判，可能会有助于其开始思考和逐步清醒地认识世界正在历经百年未有之巨变。

应该承认，在人类发展历史上，美国是一个曾经取得很大成功并做出了很大世界性贡献的国家。美国的经济和政治制度模式具有很大影响力，被许多国家所模仿（尽管并不都成功）。不过，今天的世界正在发生巨变，美国模板并不适用于其他所有国家。对此，连美国的精英阶层和学者也在开始进行深刻反思。诺贝尔经济学奖获得者约瑟夫·E. 斯蒂格利茨说："美国的全球力量是它的软实力——思想的力量、一种培养全世界领袖的教育制度以及供其他人效仿的模式。""然而美国模式正在丧失一些辉煌。这不仅仅是因为美国的资本主义模式未能提供可持续增长，更重要的是，其他国家正开始意识到美国大多数公民并没有从那种增长中获益，并且这样一种模式在政治上也不是特别有吸引力。"[3] 以美国模式为唯一"理性"构架模板的全球化格局正在面临挑战。他不无担忧地指出："某一天（也许很快）我们也将看到按当前这样模式管理的全球化既不能提升全球效率也不能促进平等；更为重要的是，它使我们的民主制度陷入危险境地。另一种世界是可能的：还有其他对我们经济和民主都能进行更好的管理全球化的方式，并且它们不会造成不受约束的全球化。"[3]

全球化的实质是工业化和资本主义市场经济的普遍化，即从少数国家向世界各个国家的推进，终而将所有的国家都卷入进来。无约束的市场经济和经济全球化，在取得巨大成就的同时，也会有很大的代价，通常将其归之为"市场失灵"。于是各国试图以政府干预和积极参与的方式来克服市场失灵的代价。那么，效果如何呢？约瑟夫·E. 斯蒂格利茨说："政府从来无法完美地纠正市场失灵，但是有些国家做得比其他国家的要好。只有当政府在纠正最重要的市场失灵方面做得好些，经济才会繁荣。""事实的

真相是从来未有过成功的大型经济体政府在其中不扮演重要角色的，而且在那些经济发展最快的国家（比如中国）以及生活标准最高的国家（比如北欧国家），政府扮演的角色尤为重要。"[3]

问题是，政府在经济活动中扮演重要角色，就可以保证市场经济一定可以取得更理想的结果吗？人们有理由担心，这会不会反而使情况变得更糟呢？在这一问题上，产生了长期的争论。但无论如何，世界各国各有其不同的历史、文化和国情特色，每个国家至少应拥有尝试建立符合自己国情的具有"特色"的经济制度和市场经济秩序的权利。所以，中国所主张的"和而不同"应是世界格局演变的必然趋势，融而不同是经济全球化发展的可行方向。

四、经济学要以新的范式和视角观察经济全球化的新格局

对于理解全球化和世界秩序体系，经济学具有特别重要的作用。因为，在一定意义上说，当前的经济全球化格局和世界秩序体系，就是在经济学的思维范式框架中构建起来的，并从主流经济学的范式视角判断经济全球化现象的合理性和有效性。众所周知，经济学的主流范式是基于经济主体及其行为的同质性假定基础之上的。即假定，人都是以自身利益最大化的行为目标的"经济人"；并力图论证，由经济人所组成的经济体，如果不受干预，自由竞争，就可以实现或者至少是趋向于社会福利最大化，因此，由自由竞争的市场经济机制决定资源配置，是唯一可行的"最优"或"次优"经济秩序。所谓"次优"通常是指，自由放任的市场经济有可能发生宏观性的失衡现象，因而需要政府进行宏观调控；而且自由放任的市场竞争也可能发生不合意现象，如产生垄断，因而需要政府进行必要的规管，即实施反垄断政策。这样，微观－宏观范式就成为经济学解释世界的主流思维框架。微观经济学所描述和刻画的各国经济和全球经济"正常"状态都应是同质性的，只有这样才可以算是正常的或合规的"市场经济"，否则就被认为是"非市场经济"而被排斥于经济全球化的体系之外。总之，在传统的主流经济学范式框架内，"正常"的全球市场经济体系中是不能接受"另类"经济体存在的。但是，如前所述，现实的世界经济是非同质的，各国经济是非同构的，正如约瑟夫·E.斯蒂格利茨所说，现实已经表明：存在"另一种世界是可能的"。也就是说，真实的世界并非主流经济学所刻画的微观世界，而是笔者曾论证的"域观"世界。[4][5]主流经济学所刻画的微观世界，如同牛顿物理学所设想的原子在绝对（匀质）空间中运动的物理世界；而域观经济学所理解的现实经济，则是如同达尔文进化论所观察的生物世界。前者认定微观世界是无限可分的"粒子"，具有根本上的同质性；而后者则承认世界是区分为具有各自特质的个性和"域态"的。虽然前者实际上并不否认现实经济中的异质性，但在理论思维和学术范式上，却假定经济体的同质性。而后者

则在思维逻辑的范式构架上就承认，由同质性与异质性共同决定的域观性特征，将域质性作为观察经济世界的基本范式思维方法。这样，在以不同范式为基础的思维范式下，经济学所"框定"的世界是非常不同的。

以域观范式作为观察经济全球化的思维范式，将经济主体和现象的域观性研究引入分析构架，即研究不同国家经济的域质性特征，以及具有不同域质特征的经济体之间在经济全球化和一体化中的相互关系，特别是进而研究为实现经济全球化趋势中，具有不同域质特性，但又处于"你中有我，我中有你"的相互沟通，甚至交融一体状态时，各国经济的内部结构（体制和法律）必须进行怎样的适应性改革，以及人类如何构建有效的当代全球市场经济秩序和治理结构？这是经济全球化格局巨变对经济学发展和创新提出的重大挑战。

从经济学的域观范式思维方式来看，一方面，各国经济具有自身的域质"特色"（例如，美国实行自由资本主义，德国实行社会市场经济制度，中国实行"中国特色社会主义"，等等），这些特色有其深厚的价值文化基因和制度历史根由，其中有些甚至已成为具有"主权"性质的不可侵犯性。另一方面，既然各国处于全球化体系中，都主张需要公平竞争和互利合作，那么，将各自的域质特性同全球化所需要的共性机理相通融，至少是可衔接，也是特别需要研究解决的问题。任何国家都不能侵犯他国主权而强行要其他国改变其域质特性，但在国际协调中各国在可接受的限度内改变自己的某些域质特性，甚至一定程度上不可避免地触及"主权"领域。这就如同体育竞赛，需要有大家认可的规则，例如规定不可以服用兴奋剂。那么，什么药物算是必须严格禁用的兴奋剂？就要有检测标准和判断方式。有些国家可能发明某种特殊药物（或具有兴奋作用的食物），性质或功效介于禁用和不禁用之间，是否可以被现行竞赛规则所允许？这就需要各国进行谈判，形成共识和可行规则。

可见，当前经济全球化格局巨变的实质是，以往那种想象中的趋向于同质同构世界的经济全球化方向，即向一元化结构方向演化的经济全球化趋势，正在转向以多元化和多样化为特征的经济全球化方向，世界经济秩序及其治理方式也将因此而发生重要变化。尽管不会"另起炉灶"而发生颠覆性变化，但格局态势的显著变化是必然的，因此，经济学如何认识和刻画经济全球化的新格局，正成为一个具有深刻意义的学术课题。而这又决定了全球市场游戏规则和竞争秩序的"合理"共识和"公平"准则。

五、中国特色社会主义经济体系在全球化新格局中的地位

如前所述，中美贸易谈判第一阶段协议签署后，美国实际上已开始认识到，贸易谈判所涉及的核心是两种不同经济体系的共存问题。本文也引述了美国经济学家约瑟

夫·E. 斯蒂格利茨所指出的，现实已经表明存在"另一种世界是可能的"。中国特色社会主义经济体系，就是全球化新格局中不同于美国的"另一种世界"，而且除此之外还可能有更多性质特征有别的"另一种世界"。也就是说，尽管人类生存的地球上经济活动越来越趋向全球化和一体化，但不可否认地长期存在不同的"世界"，这些不同的经济世界，各具特色，但相互沟通、密切相关，以至命运依存、益损相联、难解难分，表面上可能是"对手"甚至"敌方"，实际上是利益攸关方，即如果没有"对手"甚至"敌方"，自身也将不复存在，或者将没有存在和发展的理由。

中国经济的巨大规模，决定了她的崛起将使"另一种世界"成为影响巨大的事态和无法抗拒的因素，没有任何力量可以否定中国特色社会主义经济体系成为经济全球化多元格局中的一元或一极，全球化的世界经济将因此而更加丰富多彩，更具发展潜质。相反，如果以传统的经济全球化或一体化观念来观察，担心全球经济可能因此而发生混乱，中国因而被无端指责为是对现行国际秩序的"修正主义者"，则只会自限于没有根据的悲观心态。

其实，经济全球化格局的变化，并非是中国要"修正"它，而是经济全球化需要更多国家的融入，而包括中国在内的更多国家融入经济全球化，需要全球经济具有更大的包容性。这样可能会有"成长的烦恼"，需要消除全球经济体系中原有的"排异"性因素，因而需要进行一定的改革。全球经济体只有不断包容更多国情各不相同的国家，世界经济增长和经济发展才是可持续的。例如，正是具有特色的中国经济融入世界经济，才给全球经济增长注入强大动力，尽管中国经济体系同全球经济原先在位国家的体制"相似性"并不高，但仍然成为推动全球经济增长的主要经济体之一。未来，中国经济体系同全球其他国家，包括发达国家经济体系的体制"相似性"肯定会越来越高于以往，例如，中美贸易谈判无论如何毕竟将增强双方经济体系的"相似性"程度。

同时必须看到，各国经济体系之间的"相似性"程度永远会有差距，中国特色社会主义经济，毕竟是具有"另一种世界"特性的经济体，她与世界其他经济体之间的域观差别总是存在，但这并不妨碍全球经济一体化进程的总体态势。中国改革开放40多年来的事实已经证明，世界与中国的相互包容，正是当代经济全球化的一个重要特征。目前，中国的经济发展正在跨过人均 GDP 1 万美元的世界平均值水平，从低收入国家进入中等收入国家行列。这意味着，中国经济同世界经济的一体化程度将进一步增强，中国有条件可以更多地放弃作为发展中国家过去所享有的一些特殊待遇，也更有条件承担更多的国际责任。总之，中国经济同世界经济将进一步增强相互包容，这对中国和其他国家都是很有利的。正是这样，才可以说，"人类命运共同体"是经济全球化可以追求的目标。

参考文献

[1] 金碚. 论经济全球化 3.0 时代——兼论"一带一路"的互通观念 [J]. 中国工业经济，2016（1）.

[2] [美] 弗兰克·H. 奈特. 经济学的真理 [M]. 王去非，王文玉，译. 杭州：浙江大学出版社，2016.

[3] [美] 约瑟夫·E. 斯蒂格利茨. 不平等的代价 [M]. 张子源，译. 北京：机械工业出版社，2013.

[4] 金碚. 试论经济学的域观范式——兼议经济学中国学派研究 [J]. 管理世界，2019（2）.

[5] 金碚. 经济学：睁开眼睛，把脉现实——敬答黄有光教授 [J]. 管理世界，2019（5）.

世界大变局下中国改革开放新格局[*]

金　碚

摘　要：只要市场经济是主流和居支配地位，"逆全球化"就不会真成气候，中美贸易冲突实际上是经济全球化的秩序规则之争，不是要不要经济全球化，而是以怎样的国际规则安排来规范经济全球化。深刻认识市场经济精髓，在体制机制上全面形成市场经济秩序规则体系，使国内经济运行顺畅，与全球经济高度畅通，已成为当前以及今后相当长一段时期中国经济的根本性方向问题。当前各国所面临的全球性问题主要是两个：第一，各国如何治理好自己的国家，完善各具特性特色的市场经济体制机制，应对新形势，解决新矛盾；第二，不同特性特色的国家（经济体）之间如何畅通交往，如何共处、共荣，并共同合作应对全球性新问题。

关键词：改革开放；经济全球化；自由贸易；秩序规则

新冠肺炎疫情的冲击使世界经济陷入衰退，各个国家的治理体系和治理能力受到严重挑战，经济全球化遭遇很大障碍，世界经济甚至地缘政治关系都充满严重风险，前景难以确定。特别是世界两个最大经济体中美关系趋向紧张，引起世界各国都有世事难料的担忧。有一种舆论认为，当前世界出现了反经济全球化和反自由贸易逆流，突出表现为美国出于利己动机和遏制中国发展的目的，采取一系列激烈的保护主义措施，成为现行国际秩序的破坏者；而中国坚持经济全球化方向，维护多边协定所体现的自由贸易原则，反倒成为经济全球化及现行国际经济秩序的主要维护者。并认为主要原因是，面对中国快速崛起，美国为维护其世界霸主地位，不再愿意继续推进经济全球化和贸易自由化，以避免加速自身的相对衰落。这种认识符合一些现象性事实，但却没有抓住其实质。简单地将坚持全球化与反对全球化的对立、维护自由贸易与保护主义的对立作为判断国际经济形势的两分法，未免有失偏颇。那么，逆全球化和反自由贸易的保护主义逆流真会成气候吗？应怎样正确看待经济全球化和对外开放的新形势？这在很大程度上已成为确定中国改革开放大方向的关键性问题。

---

* 原文发表于《经济体制改革》2020 年第 5 期。

一、逆全球化是表象，修塑全球化秩序是实质

美国真的会走向反经济全球化或逆全球化的道路吗？或者说，世界经济的逆全球化真的已经因美国政府的政策发生颠覆性转向而可能成为主流趋势吗？即使是最为浅显的经济学认识也应该是：无论是在理论上还是现实中，只要实行市场经济，经济开放就是必然趋势。开放意味着更大的市场空间，哪里会有既要发展市场经济，又要封闭自限而放弃拓展更大领域和利益机会的道理呢？所以，十分简单的道理是：只要世界上大多数国家实行市场经济，全球化就是不可逆转的方向。当然，在任何国家内部或国际社会中，存在不同利益集团和社会阶层的差异性，由于在经济全球化和经济开放中自身局部利益可能有损或承受压力，而总是会有人持反对经济全球化立场，这并不奇怪，世界上从来就没有任何一种政策可以得到所有人的赞同。但是，世界上推动经济全球化的力量，远比反对经济全球化的力量更强。市场经济的本质是经济开放和经济全球化，客观规律使然，非人力所能逆转，也没有任何执政者有能力改变这一当代世界经济的本质。

当然，经济全球化在不同的时代有不同的表现形态，当今世界已进入经济全球化3.0时代。从资本主义兴起至今数百年来，经济全球化的大趋势越来越盛，从未有过大逆转。即使发生世界大战也没有逆转经济全球化大势，而且战争本身就是实现经济全球化的一种最粗野的方式，即试图以领土占领和迫使被占领地（国）经济与占领国（宗主国）经济完全同质的方式来实现经济一体化。这就是经济全球化1.0的逻辑。经济全球化2.0的逻辑是，不再采取侵占领土的方式，而是在承认各国领土主权和民族自治的前提下，通过各国经济开放和加入自由贸易体系，来实现经济全球化，即形成统一的全球市场，而其暗含的前提是：各国经济制度达到同质化。当今世界处于"百年未有之大变局"的形势之下，经济全球化的形态正在发生一系列新情况，也产生了许多新问题和新矛盾，但其趋势仍然强劲有力，这标示着经济全球化进入3.0时代。经济全球化3.0并不颠覆经济全球化的基本逻辑，所不同的是，以国家同质为前提的经济全球化想象转变为国家异质共存的经济全球化现实。也就是说，融入经济全球化经济体（国家）并非只有西方化（美国式）一种（想象中的）单一模式，而会是更加丰富异彩的多元化形态。进入这一新时代，由于世界经济格局发生了巨大变化，特别是中国这一巨大经济体全方位融入经济全球化，各类国家出于国情特质和自身利益的考虑，都会有修塑经济全球化秩序规则的愿望，即对现行的经济全球化秩序规则进行改革或调整，对体现秩序规则的某些国际协议进行修改甚至重新安排。一般国家做此不易，而唯一超级大国美国则自信有能力（也有霸权）来达成此目的。其所采取的种种貌似逆全球化的举措，其实质是希望修塑或重塑经济全球化的秩序规则，以有利于

维护其在经济全球化中的利益优先格局和既有的霸主地位。具体而言，有些举措含"反悔"因素，有些是因担心"吃亏"而干脆"退群"，而更多、更具深远考虑的则是想要强推更加"彻底"的经济全球化和自由化规则，或者试图为应对挑战另立新规而埋下伏笔。

总之，当今世界，逆全球化现象似乎屡屡发生，特别是世界唯一超级大国美国的逆全球化行为尤为突出蛮横，但那多为表象。这个世界，只要市场经济是主流和居支配地位，"逆全球化"就不会真成气候，而只会是全球化规则博弈中的小伎俩。其实质是，在"百年未有之大变局"新形势下，试图修塑经济全球化秩序规则。这已成为大国博弈的核心问题。可见，中美贸易冲突实际上是经济全球化的秩序规则之争，不是要不要经济全球化，而是以怎样的国际规则安排来规范经济全球化。

二、保护主义要挟是手段，秩序规则"要价"是目的

在各种逆全球化行为表象中，实行贸易保护主义政策，如大幅度提高关税税率，成为较常见手段。连声称崇尚经济自由主义的美国，也公然违反自由贸易组织的规定，动辄实行高税率的关税。对此人们往往感到困惑：美国为什么这样做？美国真的是要转向贸易保护主义方向了吗？但问题是，贸易保护主义措施，特别是征收高额关税，总是会导致双方（或多方）受损，"杀敌一千，自损八百"。换句话说，现实情况总是表现为，保护主义的（关税）政策，实际上并不能保护自身经济，反而有损本国消费者和企业的利益，细算起来得不偿失。那么，实施这样的贸易威胁政策有何意义呢？其实，美国实行高关税的真实意义并非真正的自我"保护"，美国经济绝没有虚弱到必须靠贸易保护措施才能拥有国际竞争力的地步，而是一种显示"老大"强权的手段：宁可付出自损代价也要对对象国（如中国）实施"制裁"措施。实施制裁的目的也并非是要自我封闭，而是要迫使对方更加开放、更少保护和更加自由化。总之，是为了在自由贸易化的规则安排上"漫天要价"，以双损手段对对象国进行要挟压制（所谓"极限施压"），以争取更有利的地位，还往往美其名曰"维护公平"，或谋求"对等"。

回顾20年前，中国在申请加入世界贸易组织（GATT及WTO）时，确实是正在完善市场经济的发展中国家（或"转型中国家"）。当年，中国做出了改革开放的很大承诺，甚至在一定程度上超出了国力承受度，愿意为加入世贸组织付出相当高的代价，国内经济经受较大的压力。美国等世界贸易组织主要成员国看到了中国的改革开放诚意，也表现得比较"大度"，在一些问题上有所宽容。同意中国作为"发展中国家"，可以适用一定的过渡性制度安排，接受中国加入必须是实行市场经济的国家才能加入的世界自由贸易体系。说到底，那毕竟是中国接受和加入由美国等主要国家所制定的自由贸易规则体系，既然欢迎中国加入，而且那时的中国经济确实较弱，做些变通也

"无碍大局",所以许多事情大家都"好商量",都认为中国尽快加入世界贸易组织是皆大欢喜的好事。所以,尽管是好事多磨,谈了10多年,但最终还是排除了各种障碍和严重分歧。

原本以为,中国加入世界贸易组织15年后(即到2016年),就可以自动被认定市场经济地位,享有与其他国家完全相同的自由贸易待遇了。但是,未曾料想,中国加入世界贸易组织后的十几年,经济强劲崛起。在世界主要国家眼里,当年经济十分落后的中国,转眼间已经成长为一个"经济巨人",面对这个"庞然大物",世界主要大国开始变得更小气,更斤斤计较,不再"大度",甚至有些不自信了。所以,对于中国是不是符合市场经济条件,他们必须要进行严格审查,睁大眼睛仔细观察,不放过中国经济表现的任何异象。结果是,几乎一致表示不承认中国的市场经济地位。美国当然是其中的"主心骨",根本不能认可中国的市场经济地位,还采取单边行动,试图以贸易威胁方式迫使中国就范,向着其所认为的市场经济标准转变。以高压下协议的方式寻求平衡,即挽回国际竞争力对比中的不利态势,如弥补其贸易逆差;而且还威胁要另起炉灶,"脱钩""退群",实际上是试图对国际贸易规则中的有些内容进行重新安排,以形成对中国必须接受的市场经济规则的更高要求和门槛。可见,美国实施制裁性、威胁性的保护主义政策,本意并不是反对自由贸易,而是试图在自由贸易规则的安排中持强要价,力争牟取更有利的地位。其理据也非保护主义,而是要求各方完全"对等",即不再承认中国可以享有对发展中国家的"特殊与差别待遇"。并要求实行"零关税、零壁垒、零补贴"的完全自由化。那些我们称之为"中国特色社会主义"的制度安排,都被认为是在市场经济中应被断定为不公平的因素。如果要向着这个方向进行贸易规则谈判,显然就难有结果了。在2020年1月达成的中美贸易谈判第一阶段协议中,还能做到尽可能求同存异,暂且回避一些敏感尖锐问题,主要集中于经济贸易不平衡以及中国承诺开放更多领域(如金融)等,但在今后的较量中,所涉及的问题将更为深刻,更具本质性,因而中美达成进一步协议的难度将会越来越大。

可见,美国实施的各种貌似贸易保护主义政策的手段,并非真的是要进行孤立主义的自我保护,相反,那是极具进攻性的强行"要价"策略和要挟手段(所谓"极限施压")。其战略方向并非"保护"性的经济自卫,而是攻击性的规则围堵,即认为中国经济不仅不够开放,而且国家走向可疑,因而必须迫使其更加开放和更加自由。否则就要以"制裁""脱钩"相威胁。所以,其战略目的显然不是放弃和脱离中国市场,让中国"站一边去",而是要能够更"自由"地进入和占据中国市场中的更多领域。可以看到,在中美贸易谈判的第一阶段协议中,中国已经同意开放一些过去没有开放的领域。毫无悬念,在进一步的贸易谈判中,美国必然会提出更多更高的要求中国开放的"要价"。只要美国仍然是资本主义国家,这个战略方向就不会根本改变。而且,只要美国仍然认为自己还有恃强凌弱的实力,在实施贸易政策上的攻击性特征也不会改变。

三、坚持市场经济方向，以深化改革推进更大开放

从前面的讨论中可以清楚地看到，在秩序规则的"要价"博弈中，核心的问题并不是要不要自由贸易，要不要经济全球化，而是怎样认同经济全球化背景下的市场经济规则安排，特别是承不承认中国所实行制度的市场经济性质。如前所述，目前，大多数主要国家都还没有承认中国的市场经济地位，美国正是试图抓住这一点，不仅不承认中国为市场经济，而且给中国抹上"极权专制国家"的污名，对中国造成更大的制度改变压力，企图按照美国的标准和意愿迫使中国就范。问题在于，虽然关于何谓"市场经济国家"主要国家各有判断标准，但迄今为止都认为中国还没有符合他们的判断标准中的大多数准则条款。而且，从策略上说，不承认中国的市场经济地位，他们就可以在解决同中国的贸易争端（反补贴、反倾销）的法律程序中居于有利地位，这相当于给具有价格竞争力优势的中国企业套上一个羁绊。而以中国自己的标准来判断，我们已经实行了市场经济，尽管还不够完善，还需要继续深化改革。中国实行市场经济是十分真诚的，走市场经济道路的理念已经深入人心，成为经济体制机制改革不可动摇的方向。但其他主要国家出于种种原因就是不予认可，它们认为中国经济还远远不够自由、不够开放，政府干预过多，存在许多不透明和有歧视的领域。尽管这实际上是依据它们的所谓普世价值和普适原则所进行的评判，中国难以接受，但又必须尊重。因为这就是现行的国际规则，对大多数主要国家的态度，中国不可忽视，对他们所做出的判断也无力否决。这样，中国是否已是一个市场经济国家，就成为国际悬案。可以说，这是中国在经济全球化秩序的"规则之战"中所面临的最大压力。

压力可能成为破坏力、抑制力，也可以成为推动力、崛起力。可以理解的是，各国观念不同、立场不同，判断就会有差异以至相对立。那么，在世界主要国家视我为另类的形势下，中国该怎么办？能怎么办？是无视他国意志，仅仅将其作为"敌对势力"的恶意图谋而完全抵触，不予理睬，我行我素？还是审时度势，尽力沟通，求同存异，适应世界？这是中国必须做出的重大战略选择和策略安排。实际上，中国自己也并不否认市场经济还不够完善，市场取向的经济体制改革还在进行中。世界主要国家一方面试图以过去关于自由贸易和经济全球化的想象来框定今天的新现实，因而断定像中国这样的"不自由"国家与市场经济体系格格不入或貌合神离；另一方面，又不能不看到经济全球化中不断发生的各种新问题和新矛盾。尤其是，这次新冠肺炎疫情所产生的破坏性冲击，极大地挑战各国政府的治理能力，使得世界经济中的许多问题都在疫情中更为尖锐地凸显出来，对各国社会造成难以承受的压力，而且还将"常态化"地持续下去。而在所有国家中，中国抗击疫情的表现相对更好，社会控制力明显更强，应对疫情的效果明显较好。因此没有理由再用老眼光看待新形势和判断国家治

理体系的优劣。应该说，对于优越感极强的西方国家，面对这样的事实是很痛苦的，因为在他们根深蒂固的观念中，"市场经济""现代化""经济全球化"，只可能有一种形态和模式，实质上就是"西方化"。面对现实，尽管大多数主要国家尚不承认中国的市场经济地位，但他们也都不能否认中国改革的市场经济方向和所取得的成就，不能不对中国的国家治理体系刮目相看。特别是，尽管他们将中国视为另类，而且越来越多的人承认不可能把中国改造得与西方国家一样，但也没有哪个（西方）国家会自愿放弃中国市场，拒绝同中国发展市场经济关系。这样，在对待中国是否是市场经济这个问题上，大多数主要国家（特别是西方国家）实际上越来越处于矛盾心态。

与此同时，中国改革开放中的许多问题也凸显出来，而且可能变得相当尖锐。在中国的制度现实中，确有不少顽症尚未克服，该市场化而没有市场化的现象还大量存在。所以，如何更好地构建市场经济秩序规则，更顺畅地与经济全球化相融合，是中国经济改革发展所要解决的一个最重要和最根本性的问题。总之，中国完全知道在达到成熟和完善的市场经济体制机制上，还有明显的差距和不足。因此，在与其他国家讨论中国是不是市场经济的国家，并进行秩序规则安排的"讨价还价"时，中国要拿出自己真实的体制改革想法和让大多数国家可以接受的表达方式，并在现实中切实做到，这样才能得到大多数国家的认可，也才能真正走向自由贸易的国际经济体系，融入经济全球化。当然，中国对自己的国家性质有更深刻的认识，也知道必须坚持哪些关系国本的根本原则和基本制度。在具体制度和政策安排上，有些方面可以尽可能向世界大多数市场经济国家的秩序规则靠拢、接轨，也有些方面是不可能达到西方主要国家所认定的市场经济标准的。那么，中国加入市场经济的全球化体系，是会让世界经济变得更分裂还是更精彩呢？

进入经济全球化新时代，尽管全球经济格局发生很大变化，原有的均势受到冲击，似乎发生了相当程度的失衡想象，各种矛盾难以避免，但世界各类经济体的现实利益却越来越相互渗透、交织和融合，因而谁也不主张全面颠覆原有秩序。同时，各国又都希望或者认为不得不在许多方面进行规则修塑，为此而进行讨价还价，反复博弈，期间难免发生各种紧张现象。

但是，无论情况怎么复杂，无论矛盾看起来多么严重和尖锐，凡具理性思维和现实主义精神的人和国家都懂得更具包容性和均势性的世界经济秩序符合大多数国家的利益。尤其是对于各大国，维护经济全球化发展的新均势，同各自的国家利益高度相关。也就是说，深度的结构性变化和格局重构，使得世界主要竞争对手之间的利益相互关联、交叉、重合，在客观上向着"利益共同体"或"命运共同体"的方向演变。人们甚至用"地球村"这个概念来表达世界各国共处一个地球所形成的紧密利益关系和空间联系。既然如此，当发生矛盾时各国理应相向而行，以市场经济及自由贸易这个最大的观念共识为基础，进行秩序规则的调整安排，解决存在的分歧。对中国而言，则是要坚定不移地向着市场经济的方向，以深化改革推进更大开放，走世界各国共同

的市场经济发展道路，全方位融入全球经济，成为人类命运共同体中负责任的大国。

按照这样的思路，进一步深化改革，全方位扩大开放，是中国经济发展的必由之路。深刻认识市场经济精髓，在体制机制上全面形成市场经济秩序规则体系，使国内经济运行顺畅，与全球经济高度畅通，已成为当前以及今后相当长一段时期中国经济的根本性方向问题。

四、国家性质各不相同，世界当可畅通一体

当今世界正迈入经济全球化3.0时代，这一时代与过去时代的经济全球化最大的不同在于：承认不同性质国家的存在和发展，不同性质国家不再以战争和掠夺相处，而是以和平与发展相伴。也就是说，各国性质不同，但仍可畅通一体，经济全球化将更加丰富多彩。而且，和平与发展是这个时代经济全球化的根本性国际形势背景。

笔者认为，以传统主流经济学的微观—宏观范式观察现实世界，往往是不得要领的；试图将现实世界塞进微观—宏观的经济学范式构架中，则是无法实现逻辑自洽和使理论符合现实的。因为现实世界是"域观"性的空间，即经济空间并不具有同质主体的匀质性，而是存在系统性差异的不同"场域"并存的复杂市场。换句话说，各个国家（经济体）总是有其自身特性和特色的。如果按照传统主流经济学的微观—宏观范式，经济全球化和自由贸易的前提必须是：各经济主体均为同质；所谓"宏观经济"则是无差异经济主体完全自由运行的绝对空间。而按照域观经济学范式的理解，各经济体并非同质，但又是可以沟通、交融而形成运行畅通的一体化经济空间。这样的经济体运行场景才是现实的，而且在理论上也才是可以逻辑自洽的。

所以，要正确看待经济全球化与对外开放，就必须要以新思维来观察和分析经济现实。改革开放40多年来，中国经济发展的方向是市场经济，是中国特色社会主义的市场经济。其实，世界上的市场经济国家都有各自的特性特色，并不存在完全相同的市场经济体制。与世界大多数国家相比，中国市场经济的域观特征更为显著。如中国共产党的领导、国有企业的强大、经济决策方式的集中性、对社会利益目标的更大关切等，都是其他市场经济国家所不多见的。在国际上，有些人、有些国家以此为由而否定中国的市场经济性质，其实是很狭隘的。正如美国学者劳尔·雷加诺所深入论证的：制度不是"同质现象"，而是"多型现象"。换句话说，如果一种制度能够适应某种特定的情境，那么它就应该展现出与从其他情境下演变出的另一制度的差别（可能这种差别是微妙的）。[1]

综观世界，各国政治、经济、社会的具体形态千姿百态，但只要是以市场交换为基本的经济运行方式，市场机制在资源配置中发挥决定性作用，并以明晰的产权制度为基础，那么就具有了市场经济的基本共性。而各类特性特色不同的市场经济体，在

一定的秩序规则下，实现经济活动的流转畅通和自由贸易，就可以形成趋于一体化的经济体系和大势格局，进而实现更为畅通的经济全球化和利益更为紧密的人类命运共同体。

诺贝尔经济学奖获得者美国经济学家约瑟夫·E. 斯蒂格利茨指出，美国的全球力量是它的软实力——思想的力量、一种培养全世界领袖的教育制度以及供其他人效仿的模式。然而美国模式正在丧失一些辉煌。这不仅是因为美国的资本主义模式未能提供可持续增长，更重要的是，其他国家正开始意识到美国大多数公民并没有从那种增长中获益，并且这样一种模式在政治上也不是特别有吸引力……某一天（也许很快）我们也将看到，按当前这种模式管理的全球化既不能提高全球效率也不能促进平等；更为重要的是，它使我们的民主制度陷入危险境地。另一种世界是可能的：还有其他对我们经济和民主都能进行更好的管理全球化的方式，并且它们不会造成不受约束的全球化。[2]

斯蒂格利茨所说的"另一种世界是可能的"，实际上就是认同了"国家性质各不相同，世界当可畅通一体"这一经济全球化新格局的形成和前景。

五、中国改革开放唤起世界因应变局

按照以上的分析思路可以清晰地看到，当前各国所面临的全球性问题主要有两个：第一，各国如何治理好自己的国家，完善各具特性特色的市场经济体制机制，应对新形势，解决新矛盾；第二，不同特性特色的国家（经济体）之间如何进行畅通交往，如何共处、共荣，并共同合作应对全球性新问题。

关于上述第一个问题，首先要认识到，世界各国不可能像微观—宏观范式承诺所认定的那样，将会变得完全"都一样"；而必然会像笔者所主张的域观范式承诺所认定的那样，世界是由"不一样"的国家所构成的。所以，每一个国家都有自己的特性特色，必须靠自己的努力把自己的事情办好，解决自己国家内部的各种问题和矛盾。各国之间可以相互学习借鉴，但无法模仿。就像抗御新冠肺炎疫情一样，各国有各国的国情，政治、经济、文化、历史各具特色，所采取的抗疫防疫方式也不同。在这方面，中国的改革开放 40 多年的经历和成就是一个极好经验。

在经受新冠肺炎疫情的冲击中，中国改革开放的真实世界意义以人们始料未及的态势显现出来。中国的国家治理体系和能力，虽然还没有达到所认定的现代化水平，但其在应对新冠肺炎疫情的过程中已经表现出同中国国情的高度适应性。从"把自己国家的事情办好"这个要求来说，中国无疑是"达标"的。同时，改革开放以来所形成的生产体系和经济调控能力，也展现出中国经济的强大韧性和应急应变能力。正如前面引述的美国经济学家斯蒂格利茨的观点，在抗疫中，以及在更广泛的经济活动中，

"另一种世界是可能的"。改革开放使中国发生了巨大改变，那么其他国家面临世界之变，面临可能的风险和不确定性，是否也应有所改变呢？总之，在"把自己国家的事情办好"这个问题上，每一个国家，特别是其领导者都无法回避自己的责任。谁都无法替代。

关于上述第二个问题。既然各国国情不同，国家治理方式不同，那么各具特性特色的国家经济体能够充分地全方位地沟通和交融，成为一体化的命运共同体，而不是相互"脱钩"，甚至导致全球经济关系的断裂崩溃和紧张冲突。这就如世界上存在着无数种不同语言，人类不可能为统一语言而消灭其他所有语言，但完全有可能实现多种语言共存下的相互充分沟通体系。[3]因此，经济全球化3.0表现为各种类型市场经济体的共存、交流、融合，达成经济秩序一体化、自由贸易规范化、国际往来畅通化。当前，世界各国特别是各大国，正在为修塑这样的经济秩序规则而对话博弈，难免会有矛盾甚至冲突，但有理由相信，人类一定会有智慧解决这个关系共同命运的世纪难题。

当然必须看到，在这一问题上，人类面临着艰巨的制度改革和规则修塑任务。在未来的国际经济往来中，由于各国的秩序规则存在差别，企业的跨国经营和竞争实际上是在不同的规则域场中进行经济活动，必然会遇到不同规则如何协调的复杂跨域场问题。如在以往的经济学微观—宏观范式框架中，作为市场经济微观主体的"经济人"是被想象或假定为完全独立自主、自负盈亏，在市场竞争中适者生存，形象地说就是每一个微观经济主体（通常称为"企业"）都如同是自由的"原子"。[4,5]在市场竞争规则中，这些原子既不可以有垄断行为，也不可以进行"合谋"（如价格卡特尔）。而在中国特色社会主义的市场经济中，国有企业的大量存在和中国共产党的领导是其最大的域观特征。对此，必然引起西方国家的担忧，既然中国共产党可以统一领导，那么中国企业特别是国有企业（而且包括国有商业银行）就不仅可以合谋，而且可以在党的领导下统一行动。这是传统的经济学范式思维所难以认同的。所以，在同中国的谈判中，一些国家特别是美国将矛头指向中国的国有企业和中国共产党的作用是绝不令人意外的。

中国改革开放以来，将"党、政、企"关系、国有企业独立法人化、各类所有制企业平等竞争等作为经济改革的重要原则和内容，力图按主流经济学的微观—宏观范式构建市场经济体制机制。虽然成果显著，但客观地说，许多理论问题还没有充分认识清楚，在市场经济的竞争规则上还没有充分体现。如果是仅在国内，许多问题还可以暂时回避，留待后议，慢慢解决。而当中国经济进一步扩大开放，全方位进入世界自由贸易体系，深度融入经济全球化时，中国特色社会主义的一系列域观特征，如何同国际接轨、被国际社会所认同接受，就成为必须尽快进行各方谈判协商，以形成各国认同的行为规则的紧迫问题。如果没有共同的行为规则，就难以形成经济全球化的有效秩序，国际矛盾和冲突就会频繁发生。特别是当经济活动涉及政治、社会、文化、安全等方面的很大国别差异时，如何协调不同国家间的市场秩序规则，实现不同域场

间的规则接轨，将成为经济全球化进程中越来越突出的问题。[6-8]

可见，中国改革开放40多年，在市场经济规则和国家治理体系现代化方面所进行的国情背景下的探索，可以说在许多方面已走在了其他国家前面。但是，中国的改革开放仍然任重道远，对于市场经济的理解和各国不同特色市场经济的相互接轨、融合，以形成经济全球化的秩序规则体系，世界各国还有许多事情要做。也许新一轮艰难的制度规则修塑过程才刚刚开始，但无论如何，中国再次对人类做出了巨大贡献：中国的改革开放让世界变得更加精彩。中国改革开放的进一步深化，将使精彩的世界变得更加安全和畅通。

参考文献

[1][美]劳尔·雷加诺. 政策分析框架——融合文本与语境 [M].周靖婕，刘慧，译.北京：清华大学出版社，2017.

[2][美]约瑟夫·E. 斯蒂格利茨. 不平等的代价 [M].张子源，译.北京：机械工业出版社，2013.

[3][美]肯尼斯·W. 克拉克森，罗杰·勒鲁瓦·米勒. 产业组织：理论、证据和公共政策 [M].华东化工学院经济发展研究所，译. 上海：上海三联书店，1989.

[4][美]威廉·G. 谢泼德，乔安娜·M. 谢泼德. 产业组织经济学（第五版）[M].张志奇，等译. 北京：中国人民大学出版社，2007.

[5][美]保罗·米尔格罗姆，约翰·罗伯斯. 经济学、组织学与管理 [M].费方域，主译. 北京：经济科学出版社，2004.

[6][美]杰里米·里夫金. 同理心文明：在危机四伏的世界中建立全球意识 [M].蒋宗强，译. 北京：中信出版集团，2015.

[7][美]肯尼斯·阿罗. 组织的极限 [M].陈小白，译. 北京：华夏出版社，2014.

[8][印]阿马蒂亚·森. 理性与自由 [M].李风华，译. 北京：中国人民大学出版社，2006.

论域观范式思维下的经济全球化[*]

金 碚

摘 要：经济全球化的理想状态，就是将美国经济的"微观—宏观"范式呈现，平推至关于全球经济的想象世界。但世界经济的发展态势并非朝着形成全球范围的同质化"宏观经济"方向演进，而是越来越具有新时代的域观经济特征。基于经济全球化而形成的经济一体化，并不能消除世界经济的多元性和多样性。由于不同国家具有不同的"域场"特征及其相应的制度规则，经济全球化既要尊重各国自身的域场规则，又要对这些规则进行相互接轨的协调性安排，从而建立和维护一个"安全畅通、规则平等、承认差异"的世界市场秩序。

关键词：经济全球化；域观范式；"微观—宏观"范式；域场规则；对等

经济全球化的历史，自始就是资本主义市场经济不断扩张的过程。直至中国确立社会主义市场经济体制，积极融入经济全球化进程，特别是迈入 21 世纪后的 20 年来，中国经济的快速崛起，极大地改变了经济全球化的基本态势。这一原本资本主义市场经济的全球化过程，日益呈现极为突出的域观特征。今天，我们已经不再以传统主流经济学的"微观—宏观"范式，而是在域观范式思维的构架下，更好地观察、研究和理解新时代的经济全球化。

一、传统主流经济学范式思维下的经济全球化

在传统主流经济学的"微观—宏观"范式思维中，全球经济实际上被想象为，从以国家为单位的"宏观经济体"，扩展为世界范围的"超宏观经济体"。其演化路径和方向是，卷入全球化洪流的各国宏观经济体，同质化地融合为更大范围（直至全世界）的一体性宏观经济体。在这个全球性宏观经济体中，存在众多"国家"（国民经济）发

---

[*] 原文发表于《中国社会科学评价》2020 年第 4 期。

生各种国际经济关系（跨国性经济现象），但在经济学的范式框架中，它们被想象为在自由市场机制和自由贸易规则下，必然趋向于微观经济主体的同质化、国际经济关系的无边界化（"零关税""零壁垒""零补贴"），以及货币体系的集中化。这就像是一个以国家（国民经济）为单位的宏观经济体的超级放大版。即国家作为宏观经济体，在时空上延展为整个世界一体化的宏观经济体。尽管现实高度复杂，并不存在这样的放大事实，但已成为主流经济学范式深处人们心中的抽象世界。

既然在微观层面上，所有的市场经济主体都是同质的，进而所有的宏观经济体都可以被同化地融合为全球一体的单一超宏观经济体，那么，以"微观—宏观"范式想象和刻画的一国内"市场—政府"关系，如何推演出全球范围的经济体系构架呢？也就是说，如果在"微观经济主体"同质自主（均为自由竞争的私有企业）放大的基础上，"政府"作为"宏观经济决策主体"和维护市场竞争的调控者，那么该由谁来发挥世界范围的"超宏观经济体"的"世界政府"功能呢？很显然，按照"微观—宏观"范式思维，需要存在一个特殊的超级大国，它凌驾于其他国家之上，负有在全球范围进行"宏观经济调控"和"维持自由竞争秩序"的权力和职能，包括货币管控、贸易自由、航行自由、纠纷处理等。这就是第二次世界大战后形成的经济全球化格局的理论想象，而超级大国美国则充当了"世界政府"或"世界警察"的角色。在这个经济全球化体系中，美国政府不仅是自己国家的政府，也自认为是全世界的"政府"。笔者将这一世界经济的治理逻辑，称之为"经济全球化2.0"时代。[1] 在这个时代，凡是拥抱经济全球化的国家，都得承认这个经济全球化体系框架。自20世纪90年代苏联解体和2001年中国加入世界贸易组织（WTO）以来，这一经济全球化体系达到鼎盛期，没有国家能够将其颠覆，另起炉灶。可见，只要承认经济学的"微观—宏观"范式，这样的经济全球化体系就是唯一合理的，且在逻辑上可以自洽周延。那些坚持主流经济学思维的经济学家，坚信世界上只存在一种门类的经济学，也只有这种经济学范式才是"科学"的。如果还有其他的范式思维，那必定是不科学的"旁门左道"或"歪门邪道"。换句话说，只有这样的经济全球化格局，才是传统主流经济学的"微观—宏观"范式所能容纳的"正常"状态。

迄今为止，关于经济全球化的这一理论想象和范式思维，仍然处于主导地位。在这样的范式思维框架中，人们普遍认为，所有加入这一体系的国民经济体系，都只是（或者应该是）作为微观经济主体（企业）方可进入；所有微观经济主体（企业）都具有同质性，都是私有制企业，能够完全自主决策、独立经营，都是在如同匀质性绝对空间的世界市场中，自由自主地运行和交易；它们都以追求自身利益（利润）最大化为唯一行为目标；它们都被视为"粒子"，且各种垄断或合谋行为都因操纵价格扭曲了资源的合理配置，而不被允许。

如前所述，在这样的"微观—宏观"范式框架中，市场体系还必须有一个重要角色，即"宏观"意志或"宏观政策"的体现者。作为当代世界的超级大国，美国就体

现了这个放大了的"宏观经济体"的"调控者"（即"世界政府"）功能。其在世界贸易组织、国际货币基金、世界银行等国家间多边机构体系中居主导地位，美元也早已替代黄金成为全球储备货币。这样的世界就像微观经济学和宏观经济学所描述的那样，既合理有效，又能实现"一般均衡"。

对于这一范式思维，美国具有更为根深蒂固的执念。正如诺贝尔经济学奖获得者、美国经济学家罗伯特·希勒所言，"爱国情怀并不仅仅是挥舞着旗帜宣示忠诚。它也是一种感受：无论是好是坏，重要的事情只会发生在我们自己的国家……虽然美国人口只占世界人口的5%，但在很多美国人的眼里，美国就是世界。"[2]按照这样的观念，经济全球化的理想状态，不过就是将美国经济的"微观—宏观"范式呈现，平推至关于全球经济的想象世界。然而，尽管理论很精美，这样的想象世界同真实世界始终存在巨大差距，根本无法再现真实的人类世界。

二、经济全球化新时代的域观格局变化

在"微观—宏观"范式框架下的理论想象中，经济全球化的微观基础是私有制企业，进入全球市场的企业具有基本相同的性质、行为目标和非垄断性地位，而同质性企业的自由竞争和自由贸易在一般均衡下构成的全球化市场经济，就能够实现配置资源的最高效率。在这样的全球化经济体系中，除了美国这个唯一"例外"的政府，其他国家是被尽可能弱化的角色。最小程度的国际障碍和政府干预，就是最高程度的经济全球化。因此，这是一个高度理想化的全球市场，但也只是画在黑板上的幻想世界。其"合理"逻辑是，以个人主义经济理性假定为前提的微观经济学范式，从一国市场空间向世界市场空间的形式逻辑推演。通俗理解就像是，将各国间的制度围墙全部拆除，完全没有国境界限，进而形成一个全球范围的"超级宏观经济体"。这是一个高度抽象化错配后的经济全球化图景。

曾任美国商务部长的罗伯特·夏皮罗说："全球化蕴藏着巨大的力量，但是在世界各国，其发展进程绝不是整齐划一的，哪个地方能够有力把握这个进程，哪个地方的发展进步就会卓尔不群。当前，市场已经或者接近全球化，但是，世界仍然围绕主权国家运行，各国政府拥有设立市场条款的权力，不管是国内市场还是国际市场，都要受其影响。"[3]也就是说，没有制度围墙和国境界限的全球经济体，这个处于同质一体化的人类世界，是毫无现实基础的幻象。各主权国家是实体性的存在，而"世界政府"则是一个虚构。

美国著名经济学家约瑟夫·E.斯蒂格利茨指出，在现实的世界经济中，"事实的真相是从来未有过成功的大型经济体政府在其中不扮演重要角色的，而且在那些经济发展最快的国家（如中国）以及生活标准最高的国家（如北欧国家），政府扮演的角

色尤为重要。""某一天（也许很快）我们也将看到，按当前这样模式管理的全球化，既不能提升全球效率也不能促进平等；更为重要的是，它使我们的民主制度陷入危险境地。另一种世界是可能的：还有其他对我们经济和民主都能进行更好的管理全球化的方式，并且它们不会造成不受约束的全球化"。[4]

正如斯蒂格利茨所预言的，在经济全球化的新时代，中国成为推动世界经济格局变革的关键性角色之一。夏皮罗认为，"严格来说，中国的最大优势不是经济，而是政治。""从一开始，中国试探性地引进市场机制，根本就是一项政治决策。""中国独一无二的政治制度与一心一意的领导集体，使得快速实现全局性变革成为可能，不管成本多大，代价多高。变革就会带来经济持续繁荣，而美好前景足以让中国人维持社会纪律，拥护政府。正是由于存在这些远景，差不多每一个跨国公司都已经而且必将继续，毅然决然，竭尽所能，到中国追逐财富"。[3]可见，经济全球化形成的世界经济格局具有显著的域观特征。由于民族历史因素的深刻影响，各国国民经济具有显著的非同质性，其制度和文化存在系统性差异，没有绝对的优劣，而是各有特质与特色。中国特色社会主义既受到世界发展共同规律的决定，同时也根植于中国深厚的历史文化和具体的制度国情。[5]中国经济突出的域观特征，① 使经济全球化新时代受到这一特征的系统性影响，其本身就成为一个显著的域观过程，② 而不是抽象的宏观过程全球缩放。

进入21世纪，由于中国经济的强势崛起，世界经济发展态势并非向着形成全球范围的同质化"宏观经济"方向演进，而是越来越具有新时代的域观经济特征。挪威学者乔根·兰德斯对全球经济发展态势的判断是："我并不认为资本主义能够不加改变，继续能在未来四十年里存活下去。'资本主义'这个名字会得到保留，但是资本主义社会的运转方式则会发生改变。""政府行为在不同地区间有明显的差异。在西方民主政体中，政府干预有着明显的限度。在美国尤为如此，因而美国的资本主义比欧洲的更为纯粹。在欧洲，政府更多地被认为是善意的帮手，而不是经济的负担，无须尽可能地弱化政府职能。到2052年，中国会向世界展示，在解决21世纪人类面临的问题时，一个强大的政府更为有效。"他预言，"美国将和平地向中国递交世界领导权"，"中国将是世界上最重要的驱动力"。"当然，中国的发展也可能出现偏差，但我认为这需要时间。中国执政党和中国人民的利益是一致的。双方都需要人均消费水平实现快速增长。如果这一目标达成，双方都会倍感高兴；如果失败，双方会倍感失望，并继续努力。"而关于中美关系，兰德斯似乎在几年前就预见到了今天所发生的事态。"我相信，

① 任何经济现象都是在一定范围（疆域、区域或领域）中发生的，世界经济体由诸多不同疆域或区域的经济体构成，各疆域或区域内的经济现象各具范围特色，是为其域观特征。
② 由于事物发展的不平衡性，经济全球化不可能在所有疆域或区域同步发生。相反，世界经济体具有显著的域观特征，表现为不同时空范围内，在一定疆域或区域中发生的，社会经济政治法律文化现象的本地特殊性。这些特殊性作为范围经济，在世界范围内相互作用，使经济全球化现实地呈现为域观过程，而非某大国权力自然向外放大的一体性宏观现象。

中美两国未来可能出现冲突，将通过友好的方式得到解决，因为美国国内也有足够的资源，为人民完全有能力这么提供自给自足的生活。""如果美国决定继续维持其霸权地位，那么它完全有能力这么做。但是，我并不认为美国的执政体系会有能力做出这样的决定。美国的长处显然不是联合两党做出迅速的决策。"他还认为："在过去几代人的时间里，民主社会和自由市场仍然解决了许多复杂的问题。但是在接下来的时间里，社会面临的问题并不能通过以往的方式得到解决。"[6]美国特朗普政府公开宣称"美国优先"，实际就是一个具有历史意涵的暗示：既想维持霸权，又不愿再承担领导责任，并为此而有所付出；公开宣称美国的"自私"，对于利益的优先顺序更加斤斤计较。这实际上默认了"微观—宏观"范式正面临着危机，以致不得不进行变革。

三、经济学域观范式下的经济全球化实质

在哲学社会科学理论中，除了哲学，经济学是对人类社会特别是社会体制影响最为深刻的学科。从最世俗的普罗大众，到最高学术殿堂中的理论家，都会自觉或不自觉地涉猎经济学的知识或学问，没有人会同经济活动的人类行为或社会现象毫不相关，或漠不关心。关于"经济"世界，每一个人都会有一个想象的或接受的心中图景参照系，根据这一图景来"框定"现实世界。那么，经济全球化究竟是一幅怎样的想象图景，现实的经济全球化又是怎样的状态，二者之间究竟存在什么关系？想象中的经济全球化，很大程度上是经济学家勾勒的图景及其自娱自乐的故事；而现实中的经济全球化，却是另外一番场景，具体由不同的故事来呈现。美国的故事与中国的故事，各有其引人入胜之处。希勒说："经济学家在创建理论时往往表现得像仁慈的独裁者，他可以实施一项特定的计划来实现最大化的社会福利。但我们没有这样的计划者。我们面对的是或自利，或利他或两者兼而有之的人。这些人会受到故事的影响。"[2]

如前所述，在传统主流经济学的思维观念中，经济全球化是在"微观—宏观"范式框架中构想的图景，经济全球化的故事被理解为"微观—宏观"范式构架中的现实演绎，否则就被认为是"不正常"的。但这样的经济全球化在现实世界中根本不存在，反而具有显著的域观态势表现。

在现实世界中，特别是进入新时代，作为超级大国的美国，越来越难以代表"世界政府"，即使是在最勉强的意义上，它也越来越难承担全球经济的"宏观调控者"之责。近年来，特朗普公开提出并强力实行"美国优先"政策，坦率地承认超级大国本质上也是民族国家，一旦相对实力减弱，就无法也无力单独承担"世界政府"的功能。因此，经济全球化的世界，在实质上是无政府的。"微观—宏观"范式框架中的所谓驾驭市场运行的"世界政府"角色并不存在。整个世界可视为相互依赖的人类命运共同体，但却不存在传统主流经济范式想象的"微观—宏观"体系和"市场—政府"治理

结构。世界经济的无政府性决定了，只能由各国特别是大国间的对话谈判，来形成共同遵守的经济全球化秩序规则。

所以，人类的观念和思维方式必须与时俱进，只有"换脑筋"才能明事理。而如果进行范式变革，超越"微观—宏观"范式，就是要使传统经济学曾抛弃的史观范式因素重新回归，进而形成观察世界的域观范式。这一新的范式思维将使经济全球化呈现另一种图景，特别是世界的真实特质和多样性特色，将能得到更为贴切的理解和符合实际的刻画。[7]

笔者曾撰文指出，[8]在世界进入百年未有之大变局的时代，经济全球化格局将发生巨大变化。当越来越多不同社会制度和文化传统的国家纷纷进入经济全球化，特别是中国经济的快速崛起，以其巨大的经济规模改变着经济全球化的力量平衡态势时，各国能否避免重大冲突，以和平方式解决矛盾，实现互利共赢，将成为突出的全球性问题。当前，中美间在各个领域中的摩擦和较量就是直接表现。经济全球化是资本主义市场经济长足发展的必然趋势。在历史上，各国间的矛盾、冲突甚至战争，都曾成为经济全球化推进的方式。那么，新时代的经济全球化能够以和平的方式推进吗？这是对全人类命运的严峻拷问。

如果按照"微观—宏观"范式思维，人类恐怕难以避免严重的国家间冲突甚至战争。因为这一范式思维理解的经济全球化，必须以微观经济主体的同质化为前提。当微观经济主体的性质不同时，如何进行公平竞争，又该如何实现均衡？进一步说，作为各个"宏观经济体"的国家，融入世界经济体系，形成一体化的全球经济，前提也必须是符合同质化要求，然后才谈得上融合为同质化的全球"宏观经济体"。当前，美国的一些所谓"战略家"，就是基于这样的理念，认为中国经济发展并没有走向他们原先以为的、与美国自由市场经济和民主体制同质化的方向，进而对中国大打出手，试图迫使中国改变方向。简单来说，就是试图把中国变得跟美国一样，才肯承认中国是市场经济国家，才允许中国加入其主导的经济全球化体系；否则就将中国视为另类，要跟中国"脱钩"。如果认为只有消除各国的差异性、制度特色和经济多样性，才能实现经济全球化，那么，经济全球化确实就意味着国际冲突和战争。

但是，按照域观范式的思维，经济全球化并不要求各国经济体的同质化，只要求以可行的方式，实现不同"域场"① 间各国经济相互接轨、合作、融通，最终达到"融而不同"的全球经济一体化格局。这是唯一可行的经济全球化方向。正如美国著名经济学家弗兰克·奈特所述，"在人类和社会科学中，唯一可能正确的观念是多元论观点"。在现实世界中，"没有一个社会是或应该是完全和纯粹竞争的。国家、法律和道德约束的作用永远是重要的。而且其他形式的组织，比如，自愿合作，也是如此。最严格意义上的商业生活也不会符合理论上的经济人行为。历史的发展随着观点、态度

———————
① 系指具有一定域观特征的场境或市场。

和制度的进步而变化，资本主义的性质也在不断改革。事实上，在资本主义的最高峰到来之前，向其他形式的、主导类型的组织的进化就已经开始。这一社会进化大大超出了经济理论家的领域"。[9]换句话说，即便都实行市场经济制度，各国的具体国情也有所不同。因此，各国经济的同质化并非经济全球化的必要前提。基于经济全球化而形成的经济一体化，并不能消除世界经济的多元性和多样性。各国经济制度的域观特性与特色，必须得到尊重，绝不能任由霸权国强力改变。即使是基本政治制度相同的国家，"在全球化过程中也不存在某种压倒性的力量将迫使它们完全趋同，差异的空间依然存在，并且必须得到保护"。[10]只有以这样的思维观念推动经济全球化，才能真正维护世界和平，避免国际冲突和战争。

四、经济全球化的风险性和规则"对等"性

经济全球化是市场经济不断完善的必然趋势，随着生产力的不断进步和工业化的长足推进，世界各国将逐步融入这一大势中。从经济社会进步的意义上说，经济全球化是人类发展中的积极现象，可以使更多人从中获益。但事物总有其另一方面，为了实现经济全球化，人类要付出成本。正所谓"天下没有免费的午餐"。也许正因如此，经济全球化一直受到不少人的批评和反对。经济全球化可能导致各国之间以及各国国内居民间的收入差距扩大，国际移民造成社会关系复杂化，乃至种族矛盾加剧、恐怖主义现象时发，以及病毒细菌全球性蔓延，等等。尽管拥护经济全球化的人可以争辩说，这些负面现象并非完全由经济全球化导致，但也不可否认，实现经济全球化必须付出一定代价，或是必须面对一系列矛盾和巨大压力。

经济全球化是一个差异性的域观多元现象，而非各国一致发生的同质一体化现象。其现实进程先发生在少数国家，再向其他国家扩散，也有些国家可能长期处于经济全球化的大势之外。经济全球化的主要发力点也不是独立自主的原子般"微观经济主体"，而是参差错落的历史性社会域境变迁。因此，经济全球化是一个高度不平衡的曲折过程，巨大的域观差异甚至可能导致整个世界的动荡和全球性压力。当今世界的最突出问题，就是如马丁·沃尔夫在十多年前指出的："如果美国继续保持支配地位，而不是和其他国家共同维护世界秩序，它和新兴的中国之间就不可避免要产生利害冲突。此外，中国的崛起还会迫使其他国家进行不愉快的经济调整。这已经引发了某些地区的保守主义势力的反弹，特别是在美国。这样一种相互敌视的恶性循环逐渐壮大，最终将破坏自由主义的国际经济秩序，也并非完全不能想象。"[10]

全球化的主流经济学范式逻辑深处，实际上就是美国霸权的国家意识。它将自己视为"世界政府"，作为"宏观"驾驭者和"世界警察"，站在"山巅之城"以"长臂管辖"领导世界、维护秩序，而其他国家政府则理应尽可能地减少对经济全球化的干

预，只为其扫除国内体制障碍，让本土微观经济主体参与同质一体经济全球化进程中的自由竞争和自由贸易。这样的经济全球化格局，才被认为是最能体现"微观—宏观"范式、具有完美性的理想世界。但遗憾的是，这样的主观想象在现实世界中不但难以实现，而且随着美国经济一超独强地位的相对减弱，经济全球化格局将越来越与之偏离。

当前特别值得作前瞻性研究的是，当美国迫于客观形势的变化，从超级大国的"美国例外论"傲慢心态，开始转向更加"计较"和更加"小气"的不自信心态时，在经济开放和自由化上要求"对等"，特别是要求中国同其"对等"，将成为美国的一个要价理由和博弈策略。它主张相关国家各领域的开放程度、国家干预方式、关税水平安排等都必须相互对等，才能进行正常交易，否则就是"吃亏"和"受骗"，进而以"脱钩"或"制裁"相威胁。这里存在一个突出的理论难点，究竟如何认识和处理各国间的域观性差异①问题。经济全球化当然要求各国遵守共同认可的秩序规则，在可行限度内尽可能做到相关各方的政策安排待遇"对等"，但也得认可基于各国的域观特性与特色而决定的制度差异和文化差异，不能强求所有政策安排的完全"对等"。也就是说，对于经济全球化的秩序规则，各国之间有些可以对等安排，也有些难以实现对等。不同国家具有不同的"域场"特征及其相应的制度规则，经济全球化既要尊重各国自身的域场规则，又要对这些规则进行相互接轨的协调性安排。承认经济全球化的大市场实质上是各类域场形成的一体化格局，而不强求一个同质化的绝对自由市场，这才是经济全球化的现实形态。

换句话说，经济全球化需要建立和维护的是"安全畅通、规则平等、承认差异"的世界市场秩序。在一些方面，各国间的规则"对等"是合理的、可行的，也是必须的；而在另一些方面，强行要求完全"对等"则难以做到，既不合理，也不可行。因为强求经济全球化以各国经济性质的同质化为前提，就是忽视或有意否认了其域观性质，将带来巨大的经济全球化风险和代价。尤其在金融、数据、传媒等高流动性且关系国家安全的敏感领域，必须承认各国的域观特性与特色，尊重各国的国家治理主权原则。因此，真正负责任的态度是：各国在同其他国家进行规则接轨时，必须进行效果与风险评估，对经济全球化的规则安排权衡利弊，尽可能体现具有不同域观特性的诸国民经济体之间的良好亲和性，在重要域观特质具有较大排异性的方面，避免因强求规则"对等"一致，而可能导致的额外损失甚至社会混乱。这也体现了当代经济全球化必须在尊重各国主权国家的制度框架内，方能推进的客观现实，不同域场（国家）间的规则移植或政策对等，必须考虑各国基于生产方式差异的域观条件。

可以预期，在未来的国际规则谈判中，关于"对等"与否以及如何"对等"的讨价还价，将成为中心议题。世界上没有一成不变的秩序规则，具体的政策安排可能此

---

① 系指不同域观经济体（国家或地区），或不同领域或范围内经济现象的非同质性。

一时彼一时，相向而行是实现各国规则接轨的必由之路。但经济全球化的域观性质也决定了，世界各国不可能完全同质化，经济全球化的秩序规则的"对等"性不能否定不同国家的特质与特色。关于政策和规则"对等"的谈判，一方面是对中国国家治理体系的一种压力，另一方面也是对中国进一步扩大开放和深化经济体制改革的强大推力。有些看似"让步"之策，实为进步之举；有些看似是放弃"原则"而迁就"对等"，实为经济格局变化后的规则调适。只要各国都能识时务而与时俱进，就能逐渐形成适应新时代经济全球化发展的秩序规则体系。

参考文献

[1] 金碚. 论经济全球化3.0时代——兼论"一带一路"的互通观念 [J]. 中国工业经济, 2016 (1).

[2] [美] 罗伯特·希勒. 叙事经济学 [M]. 陆殷莉, 译. 北京: 中信出版社, 2020.

[3] [美] 罗伯特·夏皮罗. 下一轮全球趋势 [M]. 刘纯毅, 译. 北京: 中信出版社, 2009.

[4] [美] 约瑟夫·E. 斯蒂格利茨. 不平等的代价 [M]. 张子源, 译. 北京: 机械工业出版社, 2013.

[5] 金碚. 论中国特色社会主义经济学的范式承诺 [J]. 管理世界, 2020 (9).

[6] [挪威] 乔根·兰德斯. 2052: 未来四十年的中国与世界 [M]. 秦雪征, 等译. 北京: 译林出版社, 2013.

[7] 金碚. 试论经济学的域观范式——兼议经济学中国学派研究 [J]. 管理世界, 2019 (2).

[8] 金碚. 世纪之问: 认识和应对经济全球化格局的巨变 [J]. 东南学术, 2020 (3).

[9] [美] 弗兰克·H. 奈特. 经济学的真理 [M]. 王去非, 王文玉, 译. 杭州: 浙江大学出版社, 2016.

[10] [英] 马丁·沃尔夫. 全球化为什么可行 [M]. 余江, 译. 北京: 中信出版社, 2008.

改革推新文明，善治明示世界[*]
——中国改革开放的世界意义

金　碚

党的十八届三中全会明确了全面深化改革总目标是完善和发展中国特色社会主义制度，推进国家治理体系和治理能力现代化。习近平总书记在庆祝中国共产党成立100周年大会上的讲话中提出，坚持和发展中国特色社会主义，推动物质文明、政治文明、精神文明、社会文明、生态文明协调发展，"创造了中国式现代化新道路，创造了人类文明新形态"。这一人类文明新形态，以"中国特色"和"中国式"为其鲜明的域观特征和真理意义，而不是以"放之四海而皆准"的教条和可以适用于所有民族国家的普世规律为幻象。

确立这样的新观念，是百年努力和实践创新的结果。中国共产党既是理论型政党，又是实践型政党，在世界主要文明形态信仰中，是对意识形态教条和模式崇拜的第一个深刻彻悟者，即深刻认识并明确主张，价值观和历史文化各异的国度须实事求是地做好自己的事，而不强求由唯一价值观体系所塑形的同质化世界。承认不同国家和不同民族各有自己的文明形态、制度特征和历史经历，走适合自己国情的发展道路，才是真正的大胆思想解放。勇敢突破教条桎梏，放弃万国归一的幻念，中国共产党先行一步，其他民族国家和意识形态教条信仰者也终将会"解放思想"，即放弃强求各国同质一律的固执，尊重文明多元包容，接受世界多边共治。任何文明形态都不可幻想，因自以为具"普世价值"的意识形态教条可以实现，就自大地宣称"历史的终结"。各文明形态的制度改革永远在路上，未有终期。只有在这一认识理念上取得共识或谅解，全人类才可能真正有世界安全，使"文明冲突"不再困扰人类。

中国共产党以民族复兴为己任，爱国主义是其强有力的精神能量；而作为马克思主义政党，中国共产党又始终信奉和坚持国际主义精神。与"国际歌"的时代相比，新时代为国际主义赋予了新内涵。体现国际主义精神的国际援助和国际合作，不是为了输出意识形态和政治制度，而是各国相互吸纳文明因素但绝不强求文明归一。中国明确主张不干预其他国家的主权内政，而是致力于办好中国的事情，实现中国自己的

---

* 原文发表于《中国经济报告》2021年第4期。

"两个百年目标"。中国最崇高的国际主义精神境界，是努力通过自身改革，实现国家治理体系和治理能力现代化，向世界明示一个善治中国，而与人类各种文明形态和不同国家民族共享广泛包容的国际秩序。善治中国将成为各类合法经济活动主体的投资乐土和安全净土，并自觉承担起推动人类健康发展的"天地人和"国际责任。

据此，中国的国家治理体系和治理能力现代化，就不能是封闭的孤芳自赏和我行我素地独步世界。"现代化"的本意即为，各国内外充分开放和相互尊重交流，包括与不同利益格局和意识形态信仰的各国之间的相互尊重交流，"你中有我，我中有你"是其客观趋势。这必然产生一个看似两难的现实问题和复杂关系的挑战：既然不同文明形态和不同性质国家，共处于同一个世界，由于价值观不同、利益格局有异，当然就必然会有不同的意见、主张和行为方式，因而，各国也就有不同的制度安排和秩序规则。那么，国际秩序是否会令人担心地"碎片化""无序化"和标准"双重化"甚至"多重化"？这样，人类世界是否能共处共通，就取决于能否使不同制度的规则体系之间实现相互理解、接轨和畅通。所以，全面深化改革开放的最大挑战和艰巨工程是：实现国家治理体系和治理能力现代化，不仅只是中国自己的规则秩序现代化，而且要实现不同国家间的秩序规则相容和对接。有些制度规则须各国相同，一致遵守，避免双重或多重标准冲突，导致混乱和不公平；有些制度规则却因各国主权原则或具体国情有异，只能实行有差别的制度规则，但可相互协调，保持"和而不同"。可见，规则博弈和规则协调，将是世界新时代的最深刻挑战。中国共产党领导的改革开放，正面临更大的压力和使命。

在根本意义上，全面深化改革开放是文明形态的推新工程，不仅将内涵化于中国经济社会与民族精神，而且要国际化于人类文明社会的共同体。因此，中国改革开放不仅要实现国家善治，而且要向世界明示中国的善治之缘由，让不同文明形态和国家民族能够理解中国善治的文明意义。人类文明自语言和文字的产生而始，所以，理解和沟通是文明之源，更是中国创造的"人类文明新形态"之源。如果不能明示就难以相互理解，如果不能相互理解就难以共处共享，如果不能共处共享就难行有效善治。所以，善治中国的制度自信和改革自信，不只是局限于自己相信自己，而且要让其他文明形态不同价值体系的国家也能够理解、承认至少是尊重中国的新文明形态和国家制度。这是一个更为困难的改革开放任务。从这一意义上说，体制改革必须和必然是充分对外开放和开展深度国际沟通的过程，封闭自傲就无法明示世界。与世界各国沟通交流、相互借鉴、畅通衔接，是国家治理体系和治理能力现代化的重要表现之一。在这样的国家治理体系和治理能力现代化条件下，国家才是真正强盛、安全的，人民的安居乐业、幸福自尊才是真正有保障和可持续的。

中国的改革和善治，不仅探索适合国情的国家制度，而且力求形成强大的社会组织能力，让"一盘散沙"的中国成为中国共产党统一领导下的强大国家。这是中国文明新形态所认同的国家进步方向和治理体系特征，但并不是要苛求其他文明形态中的

国家都必须模仿的治理体系方向。中国之善治有自己的文明形态特征，中国以善治明示世界，并不是期望成为其他国家的制度"样板"和示范，但可以给世界以重要启示：人类文明的形态和现代化的道路，可以多元殊途。中国有中国的文明价值观，其他国家也可以有自己的文明价值观；中国有"中国特色"，其他国家也有自己的特色。同质一律不是世界现实，异彩纷呈、丰富多彩、包容共存，才体现人类发展的鲜活生命和壮美景象。

改革推新文明，善治明示世界，将是中国特色社会主义所创造的人类文明新形态对全人类的伟大贡献。中国以善治告诉世界，以历史告诉未来：各国经努力都可以实现适合自己国情的善治。同时，中国故事也告诉世界：善治绝非易事，中国迄今仍然在为应对各种挑战和化解各种难题而进行艰难的创新探索，并有充分的思想认识：改革永远在路上，历史没有终点，而且还要准备付出可能失误挫折的很大代价。世界各国和人民也都将在磨难中前行，永无止境地探索适合自己的道路，这注定是人类命运共同体的宿命。

人类文明新形态是不断探索中的伟大创造*
——中国特色社会主义的世界意义和共同价值

金　碚

摘　要：人类文明新形态是中国共产党和中国人民在世界现代史上的一个新创造，产生了全球性的巨大影响，使世界面貌为此而改观。与此同时，人类文明新形态也是国际共产主义意识形态体系的重大转变和历史性升华，是"英特纳雄耐尔"的时代新解。与数十年前的世界观精神和意识形态观念不同，中国所创造的人类文明新形态，不仅具有鲜明的"中国式"和"中国特色"的域观特征，而且确立这样的人类文明的形态多样化观念，在意识形态体系上具有根本性意义。

关键词：人类发展；人类文明新形态；共同价值

人类原本生存于各类主体和群体相容互利的文明生态系统之中，可以有自然生态系统和社会生态系统所提供的"系统服务功能"之裨益，但却不识生态系统所具有的多元共生实质，即不知"生态"必为"多态"的基本常识和明显事实，而妄图做唯我独尊的"山巅"之王，强行造就一个同质化的"纯粹"世界。究其观念根源，历史上的许多悲剧正是诱发于此。那么，人类何时才能摆脱这样的信念偏执，创造可持续的长期繁荣文明形态？在数千年文明史上，中国共产党成为伟大的觉悟者。中国共产党领导中国人民，历经千辛万苦、付出巨大代价，创造了人类文明新形态，明确而深刻地表达了人类文明形态多元共存的"命运共同体"理念。这是马克思主义在中国大地上的精神升华和理论创造，具有伟大的世界意义和人类文明价值。

一、伟大的彻悟：人类文明的多形态共存

在人类文明曾经的主观（信仰）世界中，各种意识形态观念，尤其是具有广泛影

---

* 原文发表于《学术前沿》2021 年第 10 期。

响力的强势意识形态观念，大都具有"唯我独尊""唯吾独真"的排他性"纯正"特征，即只承认自己所认同和主张的文明观念与意识形态具有最崇高的"真理性"和"正当性"，而反对或忽视其他文明形态的意识形态真理性和正当性。所以，对于人类发展的历史叙事，在大多数（特别是强势主流的）意识形态体系中，都倾向于坚信文明发展的"独尊观"和"归一观"，即坚信在不同的文明形态中只有一种是明智的和进步的，而视其他为"愚昧""野蛮"或"迷误"，因而，主张全人类的文明世界终将归于同质同一和唯一正道，从而可以达到文明冲突的"历史的终结"。即使是对于"自由""民主""平等"这些具有包容精神和多元价值的现代观念，也在"独尊观"和"归一观"的统治下，而变得强烈地倾向于唯我和强权，还冠以"普世"之名。反之，人类发展中较少有文明形态的"多态观"和"共处观"，即承认人类所创造的文明形态具有合理的或必然的异质性和多样性，也许这就是文明形态强弱间竞争博弈的一种"垄断"倾向，据此而形成所谓"政治正确"的强权，违者必诛。

总之，在人类的文明叙事中，虽然在常识层面不可否认历史进程和文化呈现的多元性和丰富性，但却少有在"原理"意义上明确承认文明形态的多样性是文明叙事的本质特征，似乎如果承认文明形态在本质上具有多元性和异质性的真理价值，那就是"长他人威风、灭自家志气"的异端邪说，被强势者视为忤逆。也就是说，前者坚持将某种文明形态视为（或想象为）唯一"正确"和"正当"形态；而后者却相信或至少是尊重，人类文明是多种形态共存互动的丰富多彩过程，可以具有"多重均衡"状态。因而，从根本上说，前者主张命定性，后者主张包容性。但遗憾的是，在人类社会发展过程中，前者的强势及其对后者的压抑，是一个长期基本倾向。

习近平总书记指出："中国特色社会主义是党和人民历经千辛万苦、付出巨大代价取得的根本成就，是实现中华民族伟大复兴的正确道路。我们坚持和发展中国特色社会主义，推动物质文明、政治文明、精神文明、社会文明、生态文明协调发展，创造了中国式现代化新道路，创造了人类文明新形态。"人类文明新形态是中国共产党和中国人民在世界现代史上的一个新创造，产生了全球性的巨大影响，使世界面貌为此而改变。但与数十年前的世界观精神和意识形态观念不同，今天的中国共产党人十分清醒地认识和鲜明地告示世界：中国创造了人类文明新形态，但它并非可以适用于（模仿或移植于）所有民族国家的道路，也没有什么"放之四海而皆准"的教条，而是"一把钥匙开一把锁"的实事求是创造。它是实实在在的中国道路和中国叙事，其真理意义和正当价值集中体现为，让中国从贫穷落后走向民族复兴和建成小康社会，并继续走向可持续发展的未来。也就是说，中国所创造的人类文明新形态，具有鲜明的"中国式"和"中国特色"的域观特征。其所具有的世界意义在于，它不仅是新的历史性创造，而且确立了一个新的文明观念和新的叙事范式：人类文明并不是基于"完全理性"和"完全信息"的抽象社会建构，而是在复杂过程中所创造的多形态域类现象。中国特色社会主义之所以称得上是人类文明新形态，不仅是因为它是中国共产党

和中国人民百年努力和实践创新的结果；而且是因为它深刻认识到，人类命运共同体可以有不同的文明形态，各民族国家都有历史责任，为其繁荣昌盛做出各自的成就和进行各自的创造性贡献，而使人类发展的文明进程更加丰富多彩。

中国共产党既是理论型政党，又是实践型政党，理论密切联系实际，以理论的自觉性引导实践的创新性，特别是在建党之初就坚持独立自主和立足中国具体国情的原则，具有强烈的历史创造性和首创精神。所以，建党一百年来，中国共产党勇于面对现实矛盾，不断探索创造，百折不挠。特别是 20 世纪 70 年代末开始的改革开放事业，中国共产党以极大的理论勇气，摆脱各种观念桎梏和教条约束，在人类文明新形态创造中，坚持实事求是，取得巨大成就。中国共产党成为在世界主要文明形态的信仰体系和价值观体系中，对过往意识形态教条和僵化模式崇拜的第一个彻悟者，即深刻认识并明确主张，价值观和历史文化各异的不同国度须实事求是、与时俱进地做好自己的事，人类对世界的真理性认识和正当性主张，并不意味着可以无视现实世界中各国各民族之间的巨大差异性，世界是多元化多样性的世界，而不可强求由唯一价值观体系和信仰执念所塑形的同质化模式。这实际上就是承认，不同国家和不同民族都会有各自的文明形态、制度特征和历史经历，只能走适合自己国情的发展道路，而难以进行文明形态间的模仿复制。这是一次真正的大胆思想解放。在勇敢突破意识形态教条桎梏，放弃万国归一的幻念上，中国共产党义无反顾地自觉先行。可以预见，鲜活现实终究强于僵化教条，其他民族和国家的传统意识形态教条信仰者也终将主动或被动地"解放思想"，开眼看世界，改变强求各国制度和行为规范必须同质一律的固执，尊重人类社会的多元包容文明，接受世界的多边共治格局。也就是说，任何文明形态都不可幻想，自以为具"普世价值"的意识形态教条，就可以自大地宣称某种文明形态具有唯一的正当性和完美性。人类发展的现实是，各文明形态的不断进步和制度改革永远在路上，永远无终期，而时间流逝才是宇宙间一切事物的最终本质；在时间流逝过程中，文明形态之间不是你死我活和不共戴天，而是相互交融共存，求同存异才是人类文明的高级阶段和理想境界。因而，各类文明形态间只有在关于这一认识观念上取得共识或达成谅解（实质上就是承认文明具有时间流逝的本质，必须与时俱进），全人类才可能真正有持久的世界安全和人民安宁，而使"文明冲突"不再困扰人类。

习近平主席在 2021 年世界经济论坛"达沃斯议程"对话会上的特别致辞中，表达了一个文明形态认同观："世界上没有两片完全相同的树叶，也没有完全相同的历史文化和社会制度。各国历史文化和社会制度各有千秋，没有高低优劣之分，关键在于是否符合本国国情，能否获得人民拥护和支持，能否带来政治稳定、社会进步、民生改善，能否为人类进步事业作出贡献。各国历史文化和社会制度差异自古就存在，是人类文明的内在属性。没有多样性，就没有人类文明。多样性是客观现实，将长期存在。"[1]确立这样的人类文明的形态多样化观念，在意识形态体系上，不仅具有根本性

意义，也是国际共产主义意识形态体系的重大转变和历史性升华，是"英特纳雄耐尔"的时代新解。

二、人类文明新形态的爱国主义与国际主义境界

人类种群从封闭蔽塞，到相互争夺，进而逐步形成普遍交流融合的社会形态，走向命运共同体方向，是文明进步的长期趋势。其中，充满斗争、冲突、竞争、合作与融汇，直到现代世界，阶级阶层与民族国家仍然是人类社会基本的利益格局。在这样的人类文明世界中，中国共产党以实现民族复兴和国家强盛为己任，爱国主义是其强有力的精神能量和文化归属，中国人民的利益是其至高的奋斗目标；同时，作为以高举国际主义运动旗帜为鲜明特征的马克思主义政党，中国共产党又始终信奉和坚持国际主义精神，高奏国际歌，反对民族利己主义和国家霸权主义（在马克思主义的理论逻辑中，"国家"会最终消亡，而归于"自由人联合体"未来）。爱国主义与国际主义的结合是当代世界各国的马克思主义政党和马克思主义信仰的时代特征。

综观当今世界，与开始唱响"国际歌"的那个帝国主义时代相比，新时代为国际主义和"国际歌"赋予了新的含义。马克思主义政党和共产党人，仍然坚持体现国际主义精神的国际援助和国际合作，愿意为全人类提供更多的公共品；但那不是为了输出意识形态和政治制度，而是尊重各国人民的自主选择，倡导各国相互借鉴吸纳文明因素，而绝不强求文明形态的归一和国家政治制度的强行一致。中国所主张的国际主义，恰恰是国际平等和民族自决，明确主张不干预其他主权国家的内政和制度选择，即坚持主权平等是当代的国际主义原则精神。中国将全心全意致力于办好自己的事情，努力实现中国自己的"两个一百年"奋斗目标。中国共产党所秉持的最崇高国际主义精神和国际合作共存境界，是努力通过大胆探索和自身改革，实现国家治理体系和治理能力现代化，向世界明示一个善治中国，而与人类各种文明形态和不同国家民族共享广泛包容的国际秩序。善治中国将努力成为各类合法经济活动主体的"投资乐土"和"安全净土"，并自觉承担起推动人类健康发展的"天地人和"国际责任，特别是当其他国家和人民迫切需要并提请中国援助时，中国遵循国际规则进行人道主义的国际互助，并在参与全球治理（例如，应对环境气候和公共卫生等人类面临的共同挑战）中，发挥积极作用。

基于爱国主义和国际主义精神和基本原则，以及各民族国家的相互平等与和平共处原则，日渐强大的中国正在实现国家治理体系和治理能力现代化，而不是封闭的孤芳自赏和我行我素地独步世界。中国不仅高度关切和坚决维护自己的民族与国家利益，而且也高度关切和尊重世界各民族和国家的合理权益。

人类已经历了数千年文明史，从远古到今天，中国共产党和中国人民尊崇"现代

化"的文明形态和文明成就。而我们所理解的"现代化"本意即为，各民族和各国家，对内对外充分开放和相互尊重平等交流，而且应包括不同利益格局、政治制度和意识形态信仰的各国之间的相互尊重交流与互利合作。现代文明世界有高度复杂的社会系统和国家关系，各民族国家的利益交融，形成"你中有我，我中有你"的互利格局，是其客观趋势。甚至"敌方"或"对手"之间，也不是绝对"脱钩""对立"而完全没有共同关切和合作领域。在现代文明世界中，战争毁灭和零和博弈不再是解决问题与冲突的有效方式。以"竞争"和"对话"取代"战争"和"消灭"，是现代文明社会的基本趋势，也体现了和平与发展是当代世界主题。现代国家要创造现代世界可以接受的人类文明新形态，来促进全人类的进步。人类世界在变化，文明形态必将维新。每一个民族和国家都要面对爱国权益和国际互利之间的平衡挑战，适应这个民族国家之间"谁也消灭不了谁，谁也改变不了谁"的现实世界。这是人类文明新形态所必然要有的爱国主义与国际主义境界。

从世界历史的大趋势和现实世界的大逻辑看，这就可能产生尖锐的矛盾：一方面，各国具有不同的文明形态和不同的国家性质，由于价值观不同、利益格局有异，就必然会有不同的意见、主张和行为方式，因而，各国也就有不同的制度安排和秩序规则，却又共处于同一个世界；另一方面，处于同一个世界的人类，无法隔绝脱离，必然是利益攸关，朝夕相处，冲突难免，特别是对于观念意识，各有不同信仰和价值选择。

那么，国际秩序体系是否会因此而令人担心地"碎片化""无序化"和"冲突化"？如果各有各的理，各吹各的号，那么，不同国家和不同人群的行为规则是否不可避免地会发生标准"双重化"或"多重化"现象？如果是那样，那么，人类世界能否有可以相互理解的沟通语言，能否在复杂环境中共通共处，就取决于在不同的制度规则体系之间能否实现对话理解、妥协接轨和流动畅通。所以，全面深化改革和扩大开放的最大挑战和艰巨工程，不仅是自我行为协调和中国自己的规则秩序现代化，即实现能够适应中国国情的国家治理体系和治理能力现代化，而且要努力达到不同国家间的秩序规则相容和对接。要充分认识到，在各国之间，有些制度规则须相同，并一致遵守，避免双重规则或多重标准导致冲突、混乱和不公平；但有些制度规则却因各国主权原则或具体国情有异，区别客观存在，只能实行有差别的制度规则而不可能强求完全一致。那么，就必须相互协调，以保持和维护"和而不同"的全球秩序。总之，规则博弈和规则协调，将是人类世界新时代所面临的最深刻、最复杂的挑战。如前所述，中国的崛起深刻地改变着世界，可以说，人类还从未遇见过不同文明形态并存博弈且寻求共荣的世界格局。所以，中国共产党领导的中国改革开放，一方面，是在创造中国式现代化新道路，创造人类文明新形态；另一方面，也将承受颠覆性创造的压力和肩负人类创新发展的伟大使命。

故而，在其深刻意义上，中国全面深化改革开放是创造文明新形态的宏大工程，中国现代化的深刻意义和机理创新，不仅将内涵化于中国经济社会与民族行为精神之

中，而且要国际化于人类文明社会的命运共同体，成为人类文明的组成因素。因此，在其实践意义上，中国的改革开放不仅要实现中国的国家善治，而且要向世界明示中国善治之缘由，让不同文明形态和国家民族能够理解中国善治的文明意义。

文明现象归根到底是人类的物质和精神行为，是人际交往关系的结晶，因此，理解和沟通是文明之源，也是中国所创造的"人类文明新形态"之源。文明新形态须有民族自信基础，在当代，中国的民族自信特别体现为文明形态创造中的制度自信和改革自信，而所谓"自信"绝不只局限于自己相信自己和坚持己见；而且要充分相信，世界上的其他文明形态和民族国家，虽然各具不同的价值体系，但也是能够理解、承认至少是尊重中国的新文明形态和国家制度的。从这一意义上说，中国的体制改革必须和必然是充分对外开放和深度国际沟通的过程，封闭自傲就无法与世界沟通和相互接受。所以，与世界各国及各文明形态沟通交流、相互借鉴、畅通衔接，是国家治理体系和治理能力现代化的重要任务之一。在这样的国家治理体系和治理能力现代化条件下，国家才是真正强盛、安全的，人民的安居乐业、幸福自尊才是真正有保障和可持续的。这也才是中国现代文明形态中的爱国主义和国际主义精神境界，是当代马克思主义的国际主义新境界。

三、人类文明新形态体现了对未来之梦的向往

马克思主义所向往的是人类社会的未来之梦，马克思所追崇的"自由人联合体"社会，应是多种文明形态并存的世界。梦之向往就是实践之创造，伟大的梦想孕育了伟大的实践。实现中国梦，是中华民族通向人类社会未来之梦的实践道路，虽然因基于历史唯物主义和辩证唯物主义原理而相信客观规律的决定性力量，但在马克思的理论观念深处，即在其理论体系的底层逻辑上，并没有将人类经济社会形态的演变理解为简单的线性路径，更没有把丰富多彩的人类发展历史描述为单一文明形态的单线条延展过程。恰恰相反，马克思完全承认人类文明演进的历史丰富性和人民群众创造历史的能动性，而且还深入研究了不同文明形态（如亚细亚文明）经济社会发展的丰富历史和异质现象。也就是说，在马克思的世界观中，人类发展的历史过程的确有其客观规律的内在规定性，因而，人类发展的一般历史规律以及由其所决定的历史大趋势，不是少数人凭其主观意志就可以任意改变的。但客观规律的内在质态及其现实表现，本身就具有极大的丰富性和多元性，人类在历史进程中发挥极大的积极主动精神，可以创造出千姿百态的不同文明形态。总之，马克思主义相信，人类发展是人民实践的创造性历史，而绝不是唯一形态的宿命论历史。

中国共产党领导中国人民所创造的人类文明新形态，就是这个精彩世界中的一个壮观情景。中国改革开放近半个世纪的探索，不是对现成社会经济模式或"先进文明

形态"的模仿，而是在文明互鉴中所进行的革新创造。中华民族以其亿万人的伟大实践，创造了中国式现代化新道路，创造了人类文明新形态，世界因此而巨变。如果说，直到 20 世纪末，人们还可以相信世界上只有一种现代文明的进步模式，即"全盘西化"是世界各国实现现代化的唯一可行道路，那么，到了 21 世纪 20 年代，如果仍然认为西方道路是世界所有国家实现现代化唯一成功的现代化方式，那就是对事实的严重无视。中国式发展道路和具有中国特色的制度选择，创造了无可否认的现代化成就，使人们完全有理由相信（或不得不相信），实现现代化完全可以走有别于西方化的新道路，现代化绝不是全盘西化一条路。人类可以创造出完全能够媲美西方道路和西方文明的现代化新道路和人类文明新形态。这是中国人民的伟大创造，是中国人民奉献给人类世界的文明瑰宝。从此，世界文明的多样性和包容性，得到了人类实践的最有力证明，成为经由实践检验的真理叙事。一个和而不同的文明世界，是人类可以向往和实现的梦想。"中国梦"的实现可以告诉人类历史和世界未来：人类文明新形态的创造，是人类发展真正的生命力彰显。

如果人类文明只可能有排他的唯一形态，历史进程只能是单行线和独轨道，那么，凡不同质于这一形态，或不愿归顺于这一形态，就是不能容忍的异端另类，必须除之而后快；那就意味着，只有同类才能共存，甚至同类之间也会相互残杀，只有这样才能维护唯我独尊的霸道秩序和单一规则体系。迄今为止，强权国家仍将"以规则为基础"理解为单行线和独轨道的世界秩序和行为规范体系，实际上就是认为世界文明只可能具有唯一"合理""正当"形态的观念意识，而且强求所有民族国家都必须承认和服从这种观念意识——"顺我者昌，逆我者亡"。

不可否认，由于文明是发展中的人类现象，在世界历史上出现的各种文明形态，确会有"落后""先进"之分，原本可以相互学习、相互借鉴、取长补短，走向全球化。但数百年的全球化却是遵循这样的"优胜劣汰"逻辑：强权者要么消灭异己，将其殖民地化；要么改变异己，使其西方化，从而实现以强势文化所归一的全球化。如果按照这样的历史逻辑和叙事惯性，那么，全球化实际上就必然会导致文明冲突和国家间战争，因为，既然是求和必同，那么就只能是党同伐异，世界永无宁日。相信人类文明的力量，文明本身就具有丰富多彩的本性，世界终将明白，和而不同才是文明世界可以向往和值得追求的人类发展未来之梦；中国人所梦想的"大同世界"是大度包容的同享天下之世界。

各民族国家都会具有区别于其他民族国家的深刻特质，尤其是中华民族，有这样的漫长历史和悠久文化，加之世界第一人口大国的独特国情，更具有"中国特色"极为显著的民族心理，因而，必须要具有中国特色的政治经济社会制度与之相适应。世界上任何其他国家的政治经济社会制度，即使十分适应于他们的国家，也不可能简单移植而适应于中国。不同文明形态间的简单模仿和强行移植，绝非人类发展的善途。

中国的改革发展，归根结底是要形成中国政治经济社会的善治天下。有鉴于中国

千百年的历史，善治中国不仅要探索适合国情的国家制度，而且要力求形成强大的社会组织能力。或者说，"国家治理体系和治理能力现代化"，特别包含了社会组织能力的增强，要让中国成为中国共产党统一领导下的强大国家，能够应对可能发生的冲击和灾难。这是中国文明新形态所强烈认同的国家进步方向和治理体系特征，当然，这属于"中国特色"，并不是其他文明形态的民族国家都必须模仿的治理体系构建方向。中国的国家治理体系有自己的文明形态特征，中国以适应自己的国家善治成效向世界明示国家治理和发展的前途，但并不期望成为其他国家的制度"样板"和示范。中国可以给予世界的重要启示是：人类各民族国家的文明形态和现代化道路，可以多元殊途，世界文明因此而丰富多彩。其中，中国有中国的民族文明价值观，其他民族国家也可以有自己的文明价值观；中国有"中国特色"，其他国家也有自己的特色。"特色"其实就是存在的价值。在生命世界中，唯有人类具有抽象思维的独特能力和对幸福与痛苦的感受，即对美好生活的体验和追求，也只有人类能够知道，现实世界绝非同质一律，而且同质一律也非人类幸福美好的抽象境界。异彩纷呈、丰富多彩、包容共存，才体现人类发展的鲜活世界和壮美景象，人类因此才成为具有物质文明与精神文明的命运共同体。中国所创造的人类文明新形态，为人类世界的命运共同体，增添新光彩和新价值。中国特色社会主义所创造的人类文明新形态对全人类的伟大贡献，并以其创造精神和脚踏实地的艰难探寻，体现了对人类未来之梦的向往。

优秀而具有可持续生命力的人类文明形态，不会妄图蛮横地消灭其他文明形态，而是在不断进化中努力发展和改善自己的文明形态，努力创造人类文明形态的新鲜血液和活力；在人类发展的万年演化史上，妄图消灭其他文明形态是野蛮时代的主要特征，而使文明形态不断完善则是文明时代的重要特征。在各文明形态演化中，从落后走向先进，从愚昧走向新慧，是人类文明形态多元共存的发展历史进程，共生性和互鉴性本身就是优秀文明形态的生命力标志，不同文明形态间的基因交织，是人类文明的进化动力。

正是由于以上两节中所讨论的不同文明形态共存现象，必然导致不同制度的共存，特别是由于人类正面临越来越多的重大全球性问题，需要进行全球协同，这就需要通过全球范围的"制度配置"和国际合作（谈判和妥协）来适应于文化多元和利益交织条件下的人类文明进程。这将成为全球文明创造和文明协同的"最顶层"问题。

文明创造和文明进化是人类发展的"千辛万苦"并要"付出巨大代价"的历史过程。中国特色社会主义就是当今世界这样的一个鲜活叙事。她是实现中华民族伟大复兴的必由之路，推动物质文明、政治文明、精神文明、社会文明、生态文明协调发展，使人类世界的东方文明与西方文明，交相辉映；并且告诉世界：各国人民经过努力都可以实现适合自己国情的文明创新和文明进步，摆脱苦难，获得辉煌。当然，中国也以其文明叙事告诉世界，迄今为止，中国虽然已经历了"千辛万苦"，取得了一定的成就，但仍然还在为应对各种挑战和化解各种困难而进行艰难的创新探索，并且有充

分的思想认识和行动准备：改革永无止境，永远在路上。人类文明的历史没有终点，世界各国和各族人民都要有在磨难中前行的意志，探索适合自己的文明形态道路，为此，人类还必须协调解决不同文明形态的共存共荣问题，其中也会有各种挑战和难题。这可能注定就是人类命运共同体的另一种"宿命"：人类发展的未来之梦是协同创造一个多元而和谐的可持续文明世界。

参考文献

[1] 习近平. 让多边主义的火炬照亮人类前行之路——在世界经济论坛"达沃斯议程"对话会上的特别致辞 [N]. 新华每日电讯，2021-01-26（002）.